Andrea Heuser

WENN WIR HEIMKEHREN

Andrea Heuser

WENN WIR HEIMKEHREN

Roman

DUMONT

Von Andrea Heuser ist bei DuMont außerdem erschienen:
Augustas Garten

Die Autorin dankt der Kunststiftung NRW, der Stadt München sowie dem Freistaat Bayern für die Unterstützung bei der Arbeit an diesem Buch.

Erste Auflage 2021
© 2021 DuMont Buchverlag, Köln
Alle Rechte vorbehalten
Umschlaggestaltung: Lübbeke Naumann Thoben, Köln
Satz: Angelika Kudella, Köln
Gesetzt aus der Arno Pro
Druck und Verarbeitung: CPI books GmbH, Leck
Gedruckt auf säurefreiem und chlorfrei gebleichtem Papier
Printed in Germany
ISBN 978-3-8321-9811-4

www.dumont-buchverlag.de

Für Margot und Willi

Ewig besitzt man nur das Verlorene.
Henrik Ibsen

Erster Teil:
WIE DAS LICHT FÄLLT

1

1952, Köln

VIELLEICHT war es das Licht. Sanft, in sich gekehrt verlieh es dem kargen Raum eine gewisse Andacht, wie sie nur jenen frühesten Tagen im Jahr innewohnt, in denen die Welt, zögernd noch, ihre Augen aufschlägt.

Dieses Licht beschien nun auch die Frau und den Jungen, die sich dort im Türrahmen dicht beieinander hielten, als sei ihnen nicht recht klar, wer wen zu schützen hatte.

»Eine Wand, hier?« Wilhelm war bemüht, sich seine Verwirrung nicht allzu sehr anmerken zu lassen. Nicht ahnend, dass an diesem stillen Januarmorgen gerade etwas Folgenreiches seinen Anfang nahm, verspürte er doch eine gewisse Anspannung; eine Sprachlosigkeit, die er nicht verstand. Dies war weiß Gott nicht die erste schöne Frau, die er in seinem Leben vor sich sah. Wobei, in diesem Licht …

Wilhelm hatte eine Schwäche für gute Lichtverhältnisse. Allerdings kam es ihm dabei in erster Linie auf Helligkeit an. Scharfe Umrisse, die für Klarheit sorgten, die die wahre Beschaffenheit der Dinge zutage treten ließen. Zufriedenstellend oder unzureichend. Ja oder nein.

Die Werkzeugtasche fester umfassend, versuchte er, den Raum nun so in Augenschein zu nehmen, wie es sich gehörte. Immerhin war er hergekommen, um ein Geschäft abzuwickeln.

Wilhelm Koch, Willi genannt, war ein auffallend großer Mann.

Beim Reden hielt er sich daher stets leicht nach vorne gebeugt. Eine Haltung, die seinem Umgang mit Kundschaft, dem Gespräch auf angestrebter Augenhöhe gut bekam. Seinem Rücken allerdings nicht.

Die öffentlichen Bauaufträge waren zur Jahreswende vorübergehend eingestellt worden, angeblich wegen der Witterung. Dabei war der Winter vergleichsweise mild, es lag noch nicht einmal Schnee. Stattdessen häuften sich in der Innenstadt die Trümmer. Wenigstens, sagte sich Willi, wurde der Schutt noch vom Kölner Dom überragt. Sanierungen und die Umbauwünsche einiger Privatiers bestimmten derzeit das Tagesgeschäft und erhoben den »Aufschwung« über den Status eines Gerüchts. »Materialknappheit« hingegen war ein Wort, das nur hinter vorgehaltener Hand weitergegeben wurde.

Seit die Großbaustellen brachlagen, hatten Willis Rückenschmerzen wieder zugenommen. Keine Frage, er hielt sich lieber im Freien auf. Geschlossene Räume, Enge, nein, das war nichts für ihn. Ebenso wenig Stille. Sie machte ihn nervös, war der Hohlraum, in den *Dinge* einsickern konnten.

Sieben Jahre waren seit dem Ende nun vergangen; dem Ende des Krieges. Und alle sieben Jahre, sagte sich Willi zuversichtlich, wächst einem eine neue Haut.

Er liebte Redeweisen und Sinnsprüche, kleine Volksweisheiten wie diese. Hier und jetzt aber, so viel stand fest, war es nicht die Haut, alte oder neue, war es nicht der Rücken, der ihm zu schaffen machte.

»Die wird Ihnen da aber viel Helligkeit wegnehmen, die Wand. Frau *De Boer*?« Diesen Namen hatte er sich im Auftrag notiert. Auf der Leiste mit den Klingelschildern allerdings hatte er vergeblich nach einer Familie *De Boer* gesucht. Womöglich war ihre Auskunft deswegen so präzise gewesen: »In die dritte Etage müssen Sie, in die Wohnung ganz rechts. Bei *Heider.*«

»Frau De Boer?«

Die Frau im Türrahmen rührte sich nicht.

»Das macht nichts. Mit der Helligkeit«, sagte sie schließlich und ließ seine Nachfrage hinsichtlich ihres Namens unbeantwortet. Der Junge an ihrer Seite sah Willi an. Nicht unangenehm; mehr auf eine Weise, die Willi das diffuse, aber dringliche Gefühl eingab, dieses so sorgsam gescheitelte Haar zerwühlen zu wollen. Ihn hochzuheben, das dünne, bleiche Kerlchen da vor ihm, hoch hinaus zu Wind und Licht, ihn auf seinen Schultern reiten zu lassen. Aber momentan fiel es ihm schwer, sich überhaupt zu regen.

Die Frau, ihr Gesicht: ebenmäßig, umrahmt von offenbar naturblondem Haar, war ebenso wie ihre ganze Gestalt (schlichter Rollkragenpulli, Caprihose) von jener ruhigen Schönheit, die Willi normalerweise registrierte, ohne sich davon angesprochen zu fühlen. Doch nun – da war etwas an ihr; ihre Haltung, ihr Blick, der nicht warb, nicht kokettierte und der dennoch eine unterschwellige Aufforderung – was zu tun? – barg. Willi, seltsam betroffen, verspürte den absurden Drang, sich der Welt im Nahkampf zu stellen, jetzt gleich.

»Geh bitte in die Küche, Fred.« Der Junge, an derlei Anweisungen offensichtlich gewöhnt, löste sich umgehend von der Mutter. Ohne Willi aus den Augen zu lassen, griff er im Vorbeigehen nach einem Buch, das auf der Ablage im Flur bereitlag.

Donnerlittchen, das Kerlchen kann doch nicht etwa schon lesen, fuhr es Willi durch den Kopf, während sich Fred mit seinem Buch in die Küche zurückzog, deren Tür er weit geöffnet ließ.

Und endlich, als wäre durch den Rückzug des Jungen etwas aufgehoben worden, ein bislang unbekanntes Element der Schwerkraft vielleicht, konnte auch Willi sich wieder regen. Sein gewohntes Tempo, seine Sicherheiten aufnehmen, die in der Tätigkeit, der sich vergewissernden Rede lagen: »*Nicht mehr hausen, wieder wohnen –* was sich die Stadt da mal wieder für Fisimatenten einfallen lässt. Wissen Sie, ich bin kein Theoretiker, ich bin Praktiker. Für Wärme- und

Schallisolierungen, für Deckengeschosse hat man zurzeit offenbar nichts übrig, aber den Rundfunk unbedingt bis zum Sommer fertig bauen. Eines der modernsten Funkhäuser Europas solls angeblich werden. Und auf dem Weg dorthin, durch all den Schutt, macht man am besten die Augen zu, oder wie stellen die sich das vor? Also, wenn Sie mich fragen, lächerlich!«

Ihm wurde zusehends wohler, die Wirklichkeit kehrte zurück. Frau De Boer – oder war es Frau Heider? – strich sich eine verirrte Strähne aus dem Gesicht. Sie selbst, sagte sie, höre gern Radio, das sei so tröstend. Willi, der darauf nichts zu erwidern fand, empfahl ihr das Radiogeschäft »Simons«, »gleich hier in direkter Nachbarschaft«. Ein Geschäft, das weit und breit die besten Röhrengeräte anbot. Mit Garantie sogar: »Da wissen Sie genau, was Sie für Ihr Geld bekommen. Der Simons nimmt auch gebrauchte Geräte in Zahlung. Falls Sie, na, Sie wissen schon – und nun zu Ihrer Wand ...«

Willi stieg über einige verstreut liegende Teile von Freds Eisenbahn und legte seine Unterlagen auf das hübsch lackierte Nierentischchen. Er streifte die zwei umstehenden zierlichen Sessel mit einem kurzen, geradezu seufzenden Blick und ließ sich dann auf der alten, aber recht stabil wirkenden Couch gegenüber nieder, die bis auf einen Stoffbären unbesetzt war.

Seine recht ausführliche Darlegung des Arbeits- und Kostenaufwands ließ Frau De Boer/Heider unkommentiert. Auf seine Frage nach dem Sinn und Zweck einer zusätzlichen Wand in diesem »doch so schön übersichtlichen Raum« erwiderte sie unter kaum merklichem Erröten: »Privatsphäre«.

Privatsphäre war ein Wort, das Willi eher selten zu Gehör bekam. Wenngleich dessen Bedeutung: Intimität, Ungestörtheit, bei all seinen Innenraummaßnahmen auf die eine oder andere Art Thema war.

Nun fiel ihm erstmals auch der leichte Akzent der Frau auf. *De Boer* – dieser Name ließ eine niederländische Herkunft vermuten.

Die Holländer, die Willi von Berufs wegen kannte, sprachen Deutsch allerdings ganz anders als diese Frau. Auf eine, wie er fand, unverkennbare *Hollandweise*. Nämlich bemerkenswert korrekt und holpernd zugleich. Als hielte sie irgendetwas davon ab, sich ungezwungen in dieser Sprache zu bewegen. Frau De Boer/Heider hingegen, die soeben erwähnte, dass sie erst seit Kurzem hier wohne, sprach weder holpernd noch mit einem erkennbaren Dialekt. Allerdings hob sie ihre Stimme am Satzende beiläufig um eine Nuance an; französisch klang das, charmant. Er hatte das noch gut im Ohr. *Saint Denis, 1944* – irgendetwas an dieser Erinnerung ließ Willi von der Couch hochfahren. Er ging zur Kopfseite des Raums und klopfte sie so sorgsam ab, wie es der Arzt neulich mit seiner Brust getan hatte.

»Also, in die tragende Wand hier lässt sich kein Durchbruch machen. Außerdem laufen da ziemlich viele Stromleitungen durch ...«

Willi liebte Wände. Ihr stoisches und daher umso nachhaltigeres Versprechen von Standfestigkeit. Ein Versprechen, auf das (wenn nicht gerade Bomben auf sie niederfielen) Verlass war, an das man sich lehnen konnte. Auch ihren so offensichtlichen, fraglosen Daseinszweck liebte er. Ihre Duldsamkeit, mit der sie mancherlei Pfusch von unsachgemäßer Hand in sich ausglichen.

Nach der Bautechniker- und Maurerlehre war es für ihn mit siebzehn gleich in den Krieg gegangen. Und direkt nach dem Krieg kam, verstörend nahtlos, die Ausbildung zum Maurermeister.

In den ersten Nachkriegswochen hatten seine Hände, Soldatenhände, unter dem Schutt Schädel und Knochen hervorziehend, so unkontrollierbar gezittert, dass er seinen Gliedern schließlich nur noch hilflose Kommandos zumurmelte.

»Do kann man nit hinlore.« Jochen Schäffer, der Poliermeister und vormalige MG-Schütze, schickte ihn heim. Zu Willis Mutter aber sagte er: »Et hätt halt nit immer jot jejange. Aber der Willi, der wird schon werden.«

Und tatsächlich, nach einer Weile, in der die besorgte Mutter ihren Jüngsten nicht von den Fenstern wegbekam, die er weit aufriss, um dann reglos davorzustehen, als warte er auf irgendetwas, das sich nie einstellte, sah es ganz so aus, als würde »der Willi schon werden«. Eines Tages hörte der Schäffer ihn wieder scherzen und mit den anderen vom Trupp »verzälle«. Auch Willis Hände schienen zu genesen, sich mehr und mehr an ihr Tun vor dem Krieg zu erinnern. Die Ziegel, Streben und Steine jedenfalls fügten sich seinem Willen. Als würden sie, Mauern und Mensch, sich gegenseitig formen, aneinander aufrichten. Er ertastete ihre undichten Stellen, ihre Widerstände; spürte, wo sich Risse zu bilden drohten, welche Belastungen sie ertrugen und welche nicht. Die Resultate schienen sich wie von selbst einzustellen: Meisterbrief, Baufirma, Angestellte. Verantwortung also, die hungrig nach ihm schnappte, um mit ihm im Maul davonzugaloppieren.

»... ein Glas Wasser vielleicht?«

»Wie? Nein danke.« Doch keine Französin, sagte sich Willi. Das Französische strömte weich dahin. Ihre Worte hingegen klangen härter, geschliffener. Wo in Gottes Namen, dachte Willi, spricht man bloß so?

»Ich würde Resopal hernehmen«, sagte er laut, »für die Zwischenwand. Vor allem beim Bau von Küchen haben wir sehr gute Erfahrungen damit gemacht. Leicht zu reinigen, feuerhemmend und vor allem lichtbeständig. Außerdem kann es mit verschiedenen Glanzgraden versehen werden. Sie wissen schon, für die Optik. Und ...«, er holte tief Luft, »sollten Sie die Wand dann eines Tages nicht mehr brauchen, ist sie recht leicht wieder abzumontieren. Andere Firmen würden Ihnen wahrscheinlich Gipskartonplatten empfehlen. Das mit dem Gips kommt jetzt überall auf, aber der lässt sich zurzeit nicht ordentlich verarbeiten, und außerdem heißt das: Brandschutz, ade! Nun, jeder Jeck is anders. Der Zugang muss allerdings auch noch gewährleistet sein. Also, wenn Sie mich fragen, ich würde die Zwischenwand eher als eine Art Schiebetürvorrichtung ...«

»Es ist wieder kalt.« Fred stand vor dem Zimmer. An seiner Stimme erkannte Willi, dass der Junge tatsächlich älter sein musste, als er ursprünglich gedacht hatte. Dieser Tage waren Kinder so dünn, ihre Kleidung ausschließlich durch das noch Vorhandene bestimmt, dass jegliche Altersmerkmale an ihnen abglitten, es sei denn, man blickte ihnen in die Augen. Sieben, nein, wohl eher acht, schätzte Willi. Würde jedenfalls zum Lesen passen.

»Der Ofen, Mama.« Freds Tonfall war nicht weinerlich, wie dies bei kleineren Kindern häufig der Fall war, wenn sie über Hunger oder eben Kälte klagten. Er sprach ruhig und sachlich. Eine Mitteilung, mehr nicht.

Frau De Boer/Heider ging zu einer schönen Kommode aus massivem poliertem Eichenholz, die wie eine trotzige Behauptung von etwas Abwesendem an der kahlen Fensterseite des Zimmers stand. Mit einer offenbar unbewussten Geste, die Willi in ihrer Beiläufigkeit überaus zärtlich erschien, strich sie über die verschnörkelten Messingbeschläge. Dann zog sie das obere Schubfach auf und entnahm ein großes Baumwolltuch, das sie dem Jungen hinhielt.

Wer hat diesen Ömmes nur all die Treppen hochgewuchtet, fragte sich Willi. Zugleich begriff er Sinn und Zweck des Tuches. »Komm, ich helf dir, Junge. Die Kohlen sind doch schwer.«

Kurz darauf fand er sich samt Kellerschlüssel und Weidenkorb neben Fred auf der Treppe wieder. Jener schief getretenen Treppe, die er nun für so umgehend reparaturbedürftig hielt, dass er seine freie Hand schützend nach dem Jungen ausstreckte. Als ließe sich so die fehlende Stabilität des Zustands zumindest vorübergehend ausgleichen.

Fred jedoch hielt sich mit der einen Hand am Geländer fest, in der anderen hielt er das Tuch der Mutter, das bereits Spuren früherer Kohlegänge aufwies.

»Es klappert die Mühle am rauschenden Bach, klipp, klapp ...« Willi, dessen helfende Hand soeben ignoriert worden war, fiel nichts anderes ein, als zu singen. All die vielen Treppenstufen von der dritten Etage bis ins Parterre hinunter sang Willi allein.

»Bei Tag und bei Nacht ist der Müller stets wach ...« Willi stieß die schwere Kellertür auf und betätigte den Lichtschalter. Flackerndes Glühbirnenlicht erhellte die oberen Stufen, die steil abwärts führten. Er blinzelte – DUCKEN.

»Runter...«

»Rein hier.«

»Schneller, schneller.«

»Willi, Hans, los, los!«

»Weg hier, weg!«

»Willi ...«

»Hans! Haaans ...« –

Und nun war er, Willi, es, der unwillkürlich die Hand des Jungen packte, die das Treppengeländer freigegeben hatte. Einige Sekunden, eine Ewigkeit standen sie so, bis – »... mahlet das Korn zu dem kräftigen Brot, und haben wir dieses, so hats keine Not ...« – Freds Stimme, die jetzt klar und deutlich neben ihm vernehmbar war, Willi Ort und Zeit zurückgab: »Klipp, klapp, klipp, klapp, klipp, klapp ...«

Willi ließ die Hand des Jungen los und stieg nun ohne weiteres Zögern die Kellertreppe hinunter. Er nahm sich fest vor, auf dem Rückweg die unselige Glühbirne festzuschrauben, die sich in der Fassung gelockert haben musste.

»Welcher Verschlag ist es denn?«, fragte er, sich auf halbem Weg zu dem Jungen umdrehend. Da sah er, dass Fred ihm gar nicht gefolgt war. Er stand weiterhin oben auf der höchsten Stufe der Kellertreppe und sah zu ihm hinunter.

»Magst du nicht mitkommen?«

Fred schüttelte den Kopf.

»Na schön.« Willi ging den schmalen Gang entlang und probierte vorsichtig, als wäre er ein Einbrecher, die Schlösser der Holzverschläge rechts und links, bis eines von ihnen dem Schlüssel in seiner Hand nachgab und sich öffnete. Ohne sich weiter umzusehen, ging er auf den Kohlehaufen in der hinteren Ecke des Kellerabteils zu und füllte den Weidenkorb bis zum Rand. Schönes Gefühl. Vor nicht allzu langer Zeit waren ganz andere *Gänge* dafür nötig gewesen ...

Zurück an der Kellertreppe, tauchte Stufe um Stufe aufwärts Freds Gestalt (Schnürschuhe, Knickerbocker, Pullunder, Gesicht) vor ihm auf. Als der Junge Willi sah, trat er einen Schritt zur Seite, um ihm Platz zu machen. An seinem Arm hing, seltsam erschlafft, das Tuch der Mutter bis zum Boden hinab.

Einer Eingebung folgend, packte Willi einen Teil der Kohle in das große Baumwolltuch, dessen Ende er zu einem Knoten band, sodass der Junge das Bündel zu tragen vermochte. Freds Gesicht hellte sich augenblicklich auf, und Willi begann, die Stufen in die Stockwerke hochzusteigen.

Der Rückweg ging deutlich langsamer vonstatten. Willi, dem soeben einfiel, dass er doch eigentlich die Glühbirne im Keller hatte festschrauben wollen und dass er sich außerdem viel zu lange schon bei diesem Auftrag hier aufhielt, ging gedankenverloren und daher grußlos an der älteren Dame vorbei, die ihnen von oben entgegenkam.

Die Dame, in kornblumenblauem Hängemantel und Hut, musterte Willi und Fred mit einer Mischung aus Mitleid, Herablassung und Häme. Hätte Willi ihren Blick bemerkt, er hätte sie verblüfft zur Rede gestellt. Fred aber senkte den Kopf über sein Kohlenbündel, als hätte ihn der Blick der Frau mit einem zusätzlichen Gewicht beschwert.

»*Es blüht eine weiße Lilie in blauer Tropennacht. Sie hat einem fremden Seemann das große Glück gebracht ...*«

Aus der Nachbarswohnung drang Musik. Freds Mutter hatte die Wohnungstür einen Spaltbreit offen gelassen; für ihren Sohn, für Willi, für die Musik.

Als sie eintraten, stellte Willi als Erstes den schweren Korb neben dem Ofen ab und schob Kohlen nach. Fred legte sein Bündel daneben. Frau De Boer/Heider saß vor dem geöffneten Küchenfenster und rauchte. Ihre Beine waren in lässiger Eleganz übereinandergeschlagen, was ihre schlanken Fesseln, die die Caprihose freiließ, betonte; ihr Blick ging Richtung Fenster. Ihre Haltung strahlte ein aufreizendes Gefühl der Selbstgenügsamkeit aus, was Willi so unmittelbar erregte, wie ihn der Anblick ihrer Zigarette abstieß. Auf Rauch reagierte er empfindlich. Er verspürte den starken Drang, das Fenster aufzureißen, sofort. Nur, es war bereits geöffnet.

»Wo ist das Bad?«, fragte er, um sich mit dem erstbesten Satz Luft zu verschaffen.

Frau De Boer/Heider wandte sich ihm nun zu und drückte die halb gerauchte Zigarette aus, die in dem bauchigen Aschenbecher vor ihr zum Liegen kam wie ein gekrümmtes Insekt. Fred lief auf sie zu, legte seinen Kopf an ihre Schulter.

»Gleich hier«, sagte sie. »Sie stehen gewissermaßen schon drin.« Und nun lächelte sie zum ersten Mal, was ihrem Gesicht einen vollkommen anderen, unerwarteten Ausdruck verlieh. Willi sah etwas Mädchenhaftes, Verschmitztes in ihren Zügen aufblitzen.

Grübchenfunkeln, dachte er. Und war einigermaßen verblüfft darüber, was ihm heute so alles in den Sinn kam. Er zog den Vorhang zur Seite, der offensichtlich als Raumteilung diente. Dahinter befand sich »das Bad«: Zinkwanne, ein Waschbecken mit Spiegelschränkchen und ein Regal mit Handtüchern. Der Boden war mit demselben hellgrauen Linoleum ausgelegt wie der Rest der Küche.

»Tielsa«, die Küche, die nichts übel nimmt. Willi hatte erst vor einigen Tagen ein ebensolches Linoleum verlegt. Er ging zum Waschbecken, griff nach der Kernseife und säuberte sich die Hände bis über die Handgelenke hinaus mit jener mechanischen, präzisen Bewegung, wie sie Ärzten und Soldaten zu eigen ist, denen die Reinlichkeit in Fleisch und Blut übergegangen ist. Auch das Wurzelbürstchen benutzte er, um den hartnäckigen Kohlenstaub unter den Nägeln möglichst spurlos zu beseitigen.

»Der Teufel wohnt unter den Fingernägeln, Sohn.« – Willi sah auf. Fast erwartete er, das Gesicht des Vaters (belehrend, freundlich, menschenmüde) neben dem seinen im Spiegel vorzufinden. Es blickte ihm aber nur das eigene Spiegelbild entgegen. Markante Gesichtszüge, die niemals erröteten. So auch nicht bei dem, was er nun tat. Doch spürte Willi, dass ihm die Handflächen feucht wurden, als er mit einer Behutsamkeit, die man seinen großen, schweren Händen auf den ersten Blick gar nicht zutraute, das Spiegelschränkchen öffnete.

Seit er sie, Mutter und Sohn, dort vor sich im Türrahmen hatte stehen sehen, war er mehr oder weniger bewusst auf der Suche nach Hinweisen gewesen. Hinweisen, die für die Existenz eines Herrn De Boer oder eines Herrn Heider sprachen. Die Wohnung selbst gab derlei Auskünfte nicht preis. Weder in Form von Kleidungsstücken noch durch Möbel oder ebenjene Gegenstände, die einem Hausherrn üblicherweise zugeordnet werden. Keine Hausschuhe, Hüte, keine Zeitung auf dem Küchentisch, keine Fotografien. Alles sprach dafür, dass hier eine Frau allein mit ihrem kleinen Sohn lebte.

Doch ein Instinkt sagte Willi, dass dem nicht so war. Dass die »Privatsphäre«, die die Frau durch eine zusätzliche Wand in ihrer Wohnung herzustellen wünschte, nicht nur eine zwischen Mutter und Kind war. Er hätte nicht sagen können, woran dies festzumachen sei. Es war, als würde etwas an dem Bild, so wie es sich ihm darbot, nicht ganz stimmen, auch wenn man den Finger nicht auf die entsprechende Stelle legen konnte.

Das Wandschränkchen öffnete sich, und Willi unterdrückte einen Seufzer. Rasierpinsel und -seife, Klingen, Alaunstift, Duftwasser, Zahnbürste; sorgsam aufgereiht wie kleine wachsame Zinnsoldaten. Sogar ein Maniküreset war vorhanden.

Nicht da und doch da, dachte er etwas zusammenhanglos und schloss das Schränkchen eine Spur weniger behutsam, als er es zuvor geöffnet hatte. Plötzlich hatte er es eilig. Er zog den Vorhang auf und ging in den Küchenbereich zurück, wo Frau De Boer/Heider gerade frischen Kaffee aufgebrüht hatte. Sie wandte sich ihm zu. Ihr Gesicht war, möglicherweise vom Wasserdampf, leicht erhitzt.

»Ich habe Kaffee gemacht. Möchten Sie …?«

»Herr Rohde, mein Mitarbeiter, wird morgen noch einmal bei Ihnen vorbeischauen, Frau … *De Boer*? Wir müssen noch eine Feuchtigkeitsmessung in der Wand vornehmen. Wann würde es passen? Drei Uhr? Prima.« Willi packte mit wenigen Handgriffen seine Unterlagen zusammen und war schon halb in der Tür, als eine Hand ihn vorsichtig am Hosenbein zupfte.

»Auf Wiedersehen, Jungchen.« Er beugte sich zu Fred hinunter, und nun erlaubte er sich die Geste und strich ihm über das Haar.

Willi verließ die Wohnung, und es war ihm, als hallten seine Schritte auf der Treppe ungewöhnlich laut nach.

Trittschallschutz mangelhaft. Statik kritisch. Mängel notierten sich in seinem Kopf wie von selbst. Bestandsaufnahmen, darauf war Verlass, o ja!

Frau De Boer/Heider war in der Tür, die sie Willi aufgehalten hatte, stehen geblieben. Nun ging sie zum Treppengeländer, beugte sich ein Stück vor und rief Willi etwas zu. Sie rief es in seinen fliehenden Rücken wie ein Geständnis: »Ich heiße Margot.«

2

1952, Köln

MARGOT nebelte sich ein. Rauchen, das war wie atmen. So natürlich wars ihr mit der Zeit geworden, so organisch. Sie saß am Küchentisch und versuchte den Blick auf die zwei leeren Tassen zu vermeiden.
»*Koch, mein Name, Willi. Ich komme wegen Ihrer Wand.*« – Warum hatte er den Kaffee abgelehnt, war so überstürzt verschwunden? Gehörte sich so was? Nein.
»Fred? Fred!«
Keine Antwort. Wahrscheinlich hockte der Junge im Wohnzimmer, in einen seiner Comics versunken, oder war nach draußen gelaufen zum Spielen. Na, ihr sollte es recht sein. Sie stieß den Rauch möglichst geräuschvoll aus ...
»*Margot. Margot!*«
Wie nachdrücklich die Stimme ihrer eigenen Mutter stets gewesen war; herrisch, befehlsgewohnt. Sie lag ihr plötzlich im Ohr wie ein seltsam verschobenes Echo ihres eigenen, erfolglosen Rufens.
Ja, dachte sie leicht verstimmt. *Sie* hatte damals stets reagiert, wenn die Mutter nach ihr verlangte. Sie sah es geradezu vor sich: Aufgesprungen war sie. Vom Schneidersitz direkt hoch in den Stand. Eine so flüssige, natürliche Bewegung, wie sie nur Kindern möglich ist, deren Körper noch frei sind von den Korrekturen, den Einschreibungen des Lebens.
Damals ...

1933, Eechternoach

»*MARGOT, tout de suite.*«
»*Oui, Maman.*«

Eigentlich galt dieses »*Oui*« dem Hausmädchen. Ich kann sehr wohl gehorchen, wenn ich will, hieß das. *Du* hingegen kannst mich rufen, bis du schwarz wirst. Und tatsächlich, Clarissas Aufforderung, zu Tisch zu kommen, hatte sie mal wieder komplett ignoriert.

Bereits am Morgen hatte »das Clärchen« ihr nämlich übel mitgespielt. Mutters Lieblingshausmädchen hatte sich mit der Lebertranflasche und dem Dosierlöffel so im Türrahmen platziert, dass keiner in den Frühstücksraum konnte, ohne an ihr vorbeizumüssen.

Wenn du wüsstest, wie dumm du aussiehst, dachte Margot missmutig. Mit dieser albernen Dienstschürze und diesen steifen Schleifenbändern im Rücken. Als ob du heimlich hinten die Finger kreuzt, du falsche Schlange!

Sie selbst tat das manchmal, das mit dem Fingerkreuzen, wenn sie schwindelte. Aber das war etwas ganz anderes.

Die vier Geschwister hatten sich mal wieder brav in die Reihe gestellt, Charles und Emilie allen voran, und diese grässliche Medizin geschluckt. Selbst Jean, aber der bekam ja auch gleich danach heißen Kakao. Sie nicht. Ihr wurde dummerweise schlecht von dem Kakao. Aber bestimmt lag das nur an dem Lebertran! An der Übelkeit, die ihr da erst einmal eingeträufelt wurde.

Sie selbst stand ganz hinten in der Reihe. Aber als Mathilde, die vor ihr stand, dran war und gehorsam den Mund aufmachte, war der Moment gekommen. Flink duckte sie sich unter Clarissas erhobenem Arm hinweg und wollte gerade Richtung Esstisch stürzen. Doch Clarissa – schnell wie ein Fechtmeister war sie mit der freien Hand vorgeschnellt – hatte sie zurückgezerrt und den widerlichen langen Löffel statt in Mathildes tief in ihren, Margots, Rachen versenkt. Er war so voller Tran, dass ihr die ekelhaften Tropfen über die Mundwinkel rannen.

»MAMAN!«

Was hatte sie gespuckt und gewürgt. Die ganze klebrige Bitterkeit der Welt war da auf einmal in ihrem Mund gewesen. Und schlimmer: Nun steckte sie auch noch tief in ihrem Hals fest, wollte einfach nicht verschwinden.

Als aber die Mama herbeigeeilt kam, brachte sie vor lauter Ekel im Mund kein Wort mehr heraus. Anders als Clarissa: »Oh, Madame, es ist wohl leider alles danebengegangen!«

Woraufhin ihr unter Aufsicht eine volle, zweite Dosis verabreicht wurde.

Margot verließ ihren Lieblingsplatz, die breite Fensterbank des Studierzimmers, von wo aus sich ein wundervoller Blick auf den Garten bot.

Eigentlich war es ein Park.

Jeden Morgen, wenn Clarissa den schweren Brokatstoff unter dem verheißungsvollen Klirren der metallenen Vorhangringe zur Seite zog, lief sie rasch herbei. Doch sie kam immer zu spät. Der Morgen war stets schon vor ihr da.

Ja, und heute war von allen möglichen Tagen ausgerechnet Sonntag. Und der war mal wieder übelst langweilig.

Die letzte Stunde hatte sie damit verbracht, die Kratzspuren der Eichhörnchen auf den Vorhängen mit den Fingern nachzufahren. Sobald sich die Fenster zum Garten hin öffneten, kamen die halb zahmen Tiere, um Nüsse aus der Schale zu stibitzen, die sie ihnen heimlich hinstellte. Ihre Stickarbeit harrte derweil irgendwo hinter ihr auf dem Teppich aus. Ein schier endloses Gewirr loser Fäden ...

Die Eichhörnchen jedenfalls waren heute mal wieder unter ihren anfeuernden Rufen die langen schweren Stoffbahnen hinauf und hinunter gehuscht, hatten mit der Kordel und den Säumen der Vorhänge gespielt, bis sie schließlich – »*Schu! Schu!*« – von Clarissa mit dem Besenstiel vertrieben worden waren. Die gönnte einem einfach gar nichts. Nicht den kleinsten Spaß.

»*Margot!*«

Margot verließ das Studierzimmer, ließ es weiter vor sich hin dämmern.

»… ist zu alt, Mama. Die ganze Gruppe trägt neue. Nur ich …«

»Deine Tracht sitzt tadellos, Kind.«

»Aus, Sepp. Aus!«

Am Esstisch war wie immer etwas los. Sepp, der Rauhaardackel – Himmel, was war der stur –, hatte sich den ständigen Platz an der Seite des Vaters gesichert, sogar bei Tisch. Zu dessen Füßen thronend, bedachte er Möhrchen, den jungen Kater, jetzt mit einem lauten, vernichtenden Bellen. Der hatte nämlich die Gelegenheit gewittert und sich ihr an die Fersen geheftet, in der Hoffnung, einen der sorgsam gehüteten Leckerbissen hinter der Tür zu erhaschen.

»Schusch.« Eine Geste der Mutter, und der Kater huschte, zusammen mit Clarissa, hinaus. Sepp gab seine alarmierte Haltung auf und ließ den Kopf zurück auf die Pfoten sinken. Die Ordnung war wiederhergestellt.

Emilie aber rang jetzt geräuschvoll nach Luft. Gleich darauf ließ ein Hustenkrampf sie und den gesamten Esstisch erbeben. Seit Margot zurückdenken konnte, war die Schwester krank. Vielleicht war Emilie deshalb kaum größer als sie, obwohl sie doch fast drei Jahre älter war. Fasziniert sah sie zu, wie sich ihre Schlüsselbeine auf der schmalen Brust hoben und senkten. Das Tuch auf die Lippen gepresst, griff die Schwester nun mit der freien Hand zielsicher nach dem Wasserglas.

»… also wirklich!« Währenddessen hatte Mathilde einfach weitergeplaudert. Anscheinend ging es um die Springprozession. Und wieder einmal staunte Margot darüber, wie sehr sich die älteste Schwester von ihnen allen unterschied. So, als wollte sie sagen: Schaut her, es geht auch anders. Als Einzige von ihnen hatte sie das kräftige dunkle Haar des Vaters geerbt. Anders als sie, Emilie und die Brüder. Sie alle waren *nobelblond*. »Meine Nobelblondchen.« Mathilde nannte sie so. Sie alle, bis auf die Mutter natürlich. Obwohl sie sie doch von ihr hatten, diese Haarfarbe.

Mathilde jedenfalls war schon dreizehn – ach, wäre sie doch auch schon so groß – und war dem Vater überhaupt sehr ähnlich; sogar sein eckiges Kinn hatte sie geerbt und die einnehmende, volltönende Stimme.

»Ich habe dieses Jahr so viel geübt, und alle werden mich anstarren in dem alten Zeugs, und …«

»Sei doch froh, wenn überhaupt jemand schaut. Bei dem unrhythmischen Herumgehopse.«

»Charles!«

»Na, ist doch wahr.«

Charles war zwar schon fünfzehn, sagenhaft alt also, aber »immer noch jung und dumm genug, um seine Schwestern zu ärgern«, wie der Vater es nannte. Der Bruder wollte gerade noch weiter ausholen, aber er wurde – »Och, bitte, Papa!« – von Jean abgelenkt. Margot lächelte, weil Jeans Haar mal wieder in einem struppigen Wirbel am Hinterkopf abstand. Dass die Mama ihm das durchgehen ließ, dass er so zum Essen erschien. Bei ihr hätte es natürlich wieder einen Riesenaufstand gegeben.

»Bitteeee.«

Diese Bettelei. Kaum zu fassen, dass er älter war als sie. Wenn auch nur ein bisschen.

»Darf ich heute mal vorne sitzen? Bitte. Nur ausnahmsweise …«

Charles, das sah man ihm an, war jetzt auf der Hut. Der Vater würde sicherlich jeden Augenblick nachgeben und ihn auf der Spazierfahrt nach hinten verbannen. Zu den Mädchen!

»*C'est mon domaine, Jean.*«

»*Mais, Papa* ...«

Wie still es war – selbst das Ticken der Küchenuhr war nun deutlich zu hören. Von Fred weiterhin kein Laut. Normalerweise hatte Margot liebend gern ihre Ruhe. Heute aber machte sie ihr aus irgendeinem Grund zu schaffen.

»*C'est mon domaine, Jean.*«

»*Mais, Papa* ...«

Margot griff nach der Zigarettenschachtel. Fast leer. Sie rüttelte daran, bis ihr aufging, wie sinnlos das war. Schließlich zündete sie sich eine der noch verbliebenen Zigaretten an, inhalierte. Wie wild sie damals alle stets durcheinandergeredet hatten. Französisch, Luxemburgisch, ja, sogar Deutsch. Die Mutter hatte es gehasst.

Kaweechelchen.

Sie kicherte, als ihr dieses schöne, weiche Wort so plötzlich wieder einfiel. Als wäre sie wieder das Kind, das heimlich Eichhörnchen zähmte. *Kaweechelchen* ...

»*Kaweechelchen*, Papa, *vèier Stéck*! Und ein Grauhörnchen war auch da. Die sind noch viel flinker, weißt du, als ...« So. Jetzt war sie mal dran.

»Kein Dialekt bei Tisch, Margot.« Die Mutter sah nicht nur sie, sondern vor allem den Vater stirnrunzelnd an. Wahrscheinlich weil der so nachsichtig lächelte.

»*Pardon, Maman.*«

Die Mutter griff nach der Karaffe mit dem Tischwein und füllte das Glas des Vaters auf. Margot sah das gerne, wenn die Mutter das tat. Anders als Tante Sophie, die jetzt adelig war und andauernd bedient wurde, verzichtete die Mutter zum Glück auf »derlei Gedöns«.

»*Ich möchte, dass wir bei Tisch unter uns sind*«, hatte sie ihnen einmal erklärt. »*Wie es sich für anständige Bürger gehört.*«

»… hat sogar angedroht, das Essen zu verweigern, weil sie bei der Prozession nicht dabei sein darf. Die Ärmste. Nur weil sie sich letztes Mal den Knöchel gebrochen hat.« Mathilde wirkte empört.

»Warum wird die Choreografie der Schritte nicht endlich einmal einheitlich geregelt? Jedes Jahr dasselbe Chaos. Man könnte meinen, ihr jungen Leute lasst euch da mit voller Absicht ineinanderfallen.«

»Aber, Papa …« Mathilde errötete. Sie setzte zu einer Antwort an, doch die Mutter kam ihr zuvor.

»Immerhin handelt es sich hierbei um eine religiöse Tradition und nicht um primitive, martialische Aufmärsche, wie sie in gewissen Nachbarländern derzeit Mode sind, Georg.«

»Ach, komm schon, Johanna.« Der Vater klang jetzt verstimmt.

Ein stattlicher Mann war er, der Vater, mit seinem kantigen Kinn und dem stets sorgsam gebürsteten Oberlippenbart. Stirn und Augenpartie strahlten Eigensinn und Ehrgeiz aus. Ein Mann, der, wie der Fotograf es neulich beim Familienporträt genannt hatte, »jedem Bild seine Konturen gab«.

Margot wusste, dass er mit Blick auf die Sankt-Willibrord-Basilika geboren und aufgewachsen war. Dennoch, er verabscheute religiöse Frömmelei und Volkstümelei. Die alljährliche Springprozession war ihm zuwider. Auf die Nachbarn hingegen ließ er nichts kommen.

»Na, na, Johanna. Du sagst es doch selbst: Eine Mode ist das. Dieser Hitler und seine Bande, die werden sich nicht lange halten. Wahrscheinlich muss sich das Volk nur mal austoben nach all den Miseren. All diese Aufmärsche und Fackelzüge! Austoben, das ist einem ja hierzulande auch nicht ganz fremd, nicht wahr, Mathilde?«

Der Vater war ins Deutsche übergewechselt. Er liebte diese Sprache. Die Oma kam aus Thüringen, und sie hatte ihm als Kind, wie er gern erzählte, viele Lieder beigebracht. Lieder, die er auf seinen langen Spaziergängen mit Sepp vor sich hin sang: »*Am Brunnen vor dem Tore, da steht ein Lindenbaum. Ich träumte in seinem Schatten so manchen süßen Traum …*«

Sie hörte das gern. Die Mutter hingegen sprach nur Deutsch, wenn es um Geschäftliches ging. Ansonsten ausschließlich Französisch. Vor allem bei Tisch. Kein Wunder, dass sie leicht gereizt war. Und jetzt sprach der Vater auch noch über das, was die Erwachsenen »Politik« nannten. Über etwas also, das sie angeblich nichts anging. Margot spitzte die Ohren.

»… kommen alle wieder zu Sinnen. Wenn sie merken, dass ein Land vernünftige Lösungen braucht. Und dann ist der Hitler, überhaupt der ganze braune Spuk passé.«

»Wie der sich aufführt, unfassbar.«

»Wer ist denn dieser Hitler?«, fragte Jean, während er sich den Teller voll Pastinaken und Pasteten schaufelte.

»Niemand«, sagten der Vater und die Mutter fast zeitgleich.

Und Jean tat mit vollen Backen kauend und unter dem gestrengen Blick der Mutter einige der kleineren Pasteten in die Schüssel zurück. »Weißt du, Margot, wenn ich mal groß bin, dann kauf ich mir noch ein viel größeres Auto als das vom Papa und …«

Margot zog den Aschenbecher näher zu sich heran. Sie stieß einen tiefen Seufzer aus und mit dem rauchigen Atem zugleich, so schien es ihr, die Erinnerung: *Jean*. Der nimmersatte kleine Bruder mit den roten Wangen, dessen Hemdzipfel stets hinten aus der Hose heraushing, der bei Tisch gern begeistert und mit vollem Mund sprach. Der davon träumte, seine eigene Bande zu gründen und mit ihr durch die Straßen zu ziehen, besser noch: zu fahren. Im Auto des Papas, mit ihm, Jean, höchstpersönlich am Steuer. Zehn Jahre später war er tot. Gefallen, bei Königsberg.

»Weißt du, Margot, wenn ich mal groß bin, dann kauf ich mir noch ein viel größeres Auto als das vom Papa und ...«

»Ich sitze nachher vorn.« Charles hielt den Moment für gekommen, sich seinen Platz zu sichern. Der Vater war nach Dessert und Kaffee immer besonders empfänglich. Dummerweise fiel Margot gerade nichts ein, was sie sich erbetteln wollte.

Das mit der Spazierfahrt am Nachmittag war schon ein Spaß. Der Tag wurde damit entschieden besser.

Das Automobil – *»Nicht irgendein Auto, eine Limousine! Marmon, 69er-Modell mit V16-Motor und Rückspiegel, Margot!«* – war stets auf Hochglanz poliert. Bis vor Kurzem waren noch von überallher die Kinder herbeigeströmt, wenn der Vater den Wagen aus der Garage fuhr und den Motor, der dann immer so schön laut schnurrte, anließ. All das Winken und Rufen, als wären sie die Fürstenfamilie höchstpersönlich. An der Orangerie und der Abtei vorbei bis hoch zur alten Sauerbrücke waren sie ihnen oft gefolgt. Inzwischen aber gab es mehr und mehr davon, von diesen Limousienen. Neulich waren ihnen bereits sechs andere auf der Rue de Luxembourg entgegengekommen. Und das noch innerhalb der Stadtmauern. Die Kinder waren dann natürlich auch denen hinterhergelaufen. Schade ...

Die Mutter erhob sich und läutete die Tischglocke. »*L'heure de repos.*«

Na endlich! Margot wurde ganz kribbelig. Mittagsruhe. Und zwar genau eine Stunde und dreißig Minuten. Mathilde und Emilie mussten in der Zeit »Schönheitsschlaf halten«. Sie selbst war zum Glück noch nicht zehn. Das mit dem Schlaf und der Schönheit galt nämlich erst ab dann. Charles und Jean mussten, quatsch, durften sich »der weiterbildenden Lektüre widmen«. Anscheinend waren sie schon schön genug.

Sie liebte diese Zeit. Keine Clarissa weit und breit. Kein »Oh, Madame«-Gesäusel, kein »Das junge Fräulein war leider wieder einmal gar nicht brav«-Getue. Und sie, *nur sie* durfte mit der Mama zu den Angorakaninchen. Ganz sicher war die Sache mit ihr und der Mama und den Kaninchen allerdings nie. Das Ritual konnte jederzeit enden. Zum Beispiel als Strafe für ein »ungebührliches Verhalten«. Und tatsächlich: »Erscheine bitte das nächste Mal pünktlich bei Tisch, Margot. Und kein Dialekt. Sonst ...«

»*Oui. Bien sûre.*«

Also ging sie nun ganz besonders leise, auf Tuchfühlung, neben der Mama her über den langen Korridor, als könne sie jederzeit verschwinden ...

Schusch – Margot wedelte den Rauch beiseite. Wie schnell das ging, dass etwas verschwand. Hatte sie das als Mädchen schon gespürt? Wie schemenhaft ihr Dasein dort in dem großen, alten Haus mit den vielen blinden Winkeln im Grunde gewesen war? (Wer hatte es erbaut? Wer hatte vor ihnen dort gelebt?) Wohl kaum. Sie hatte als Kind einfach nur all diese vielen Kleinigkeiten besonders geliebt; Dinge, die sich nun einmal nicht festhalten ließen: das Morgenlicht hinter den schweren Brokatvorhängen, *Kaweechelchen*, Sepps zufriedenes Schnaufen zu des Vaters Füßen, das ofenwarme Brot im Korb, *L'heure de repos,* ja, und, *schusch,* die mit dem Kater hinaushuschende Clarissa. Von der Mutter entlassen, sozusagen. Ha! Überhaupt die Mutter, die – wie hatte sie ausgesehen?

Margot runzelte die Stirn. Aber sosehr sie es auch versuchte, das Gesicht der Mutter wollte sich einfach nicht einstellen. Ihre Stimme, gewohnt, Anweisungen zu geben, die befolgt wurden. Ja, ihre Stimme, die war da, in ihrem Kopf, in der Erinnerung. Ebenso ihr forscher

Gang durch all die Korridore und Zimmer, der Druck dieser rauen, erstaunlich warmen Hand, an der sie all die Sonntage ihrer Kindheit spazieren gegangen war. Aber ihr Gesicht? Nein, da war nichts. Nur ihr eigener Blick, Mädchenblick, der immer wieder zur Mutter hoch- und wieder weggehuscht war ...

Die Mama ansehen. Sie hatte genauso nobelblondes Haar wie sie, aber sie trug es nicht so lang und in ganz gleichmäßige Wellen gelegt. Wie gerne würde sie mal darüber streichen, um zu schauen, wie sich ihr Haar anfühlte und was dann wohl passieren würde mit diesen Wellen, aber das tat sie natürlich nicht. Das würde bestimmt das Ende ihrer gemeinsamen Sonntagspause bedeuten, wenn sie so etwas »Privates« wie das Haar der Mama in Unordnung brachte.

Alles an der Mama war hell und schön. Und streng. Ihre Haut, die schmale Nase, die Augen. Nur ihre Brauen und Wimpern waren erstaunlich dunkel, wie gemalt sahen die aus. Und ihre Kleider, die kamen aus Paris ...

Ihr Blick wurde von der Mama weg- und von dem Bild angezogen; einem großen Ölgemälde, das an der Wand im Mädchentrakt hing, neben einer Reihe anderer Porträts, auf denen hauptsächlich alte Männer mit Bärten und breiten goldenen Ketten zu sehen waren. Öde.

Das Bild der Frau aber zog ihren Blick jedes Mal magisch an, wenn sie mit der Mama über diesen Korridor ging. Vielleicht weil es nicht so rissig und dunkel aussah wie all die anderen. Und die Frau dort auf dem Bild, die war irgendwie so wie die Mama. Hell, streng und schön. Wer aber war das? Die Mama? Nein. Eine Schwester der Mama? Wer?

Margot klopfte die Glut in den Aschenbecher ab. Jetzt, wo sie darüber nachdachte: Sie sah die Mutter (wenngleich ohne klare Gesichtszüge) immer als schlanke, elegante Frau vor sich. Aber stimmte das wirklich, war sie nicht eher füllig gewesen? Ihre Arbeitsschürze, die sie über den Kleidern getragen hatte, hatte um die Brust herum doch immer ein wenig gespannt. Und ihre Haare, waren die so hell gewesen wie die ihren, oder hatte sie sich das nur so zurechtgelegt, weil Mathilde sie immer damit aufgezogen hatte, mit diesem *nobelblond*? Hatte sich die Erinnerung an die Frau auf dem Bild mit der an die Mutter vermengt? Was wusste sie eigentlich über sie?

Einmal, so viel stand immerhin fest, hatte es wohl mit dem Kinderkriegen nicht geklappt.

Sie konnte gar nicht mehr genau sagen, woher sie das wusste. Aber eines Tages hatte die Mutter etwas darüber gesagt, was sie nicht so ganz verstand. Nicht zu ihr natürlich, aber zur Tante, die mal wieder zu Besuch da gewesen war. Sie hatte gelauscht, und vielleicht hatte sie es sich deswegen gemerkt, diesen einen merkwürdigen Satz: »*Der Körper vergisst nichts.*«

Mit einer ganz ungewohnten Stimme hatte die Mutter das gesagt und etwas von *geheimen Verlusten*.

Das war seltsam, das mit den geheimen Verlusten, weil nichts an der Mutter geheim wirkte. Sie sprach stets ruhig und klar, wenn auch niemals besonders viel, sie lachte selten. Ihre Hände, ja, da war sie sich ganz sicher, waren schmal gewesen. Zupackend, warm und rau. Von all der Geschäftigkeit, vielleicht. Aber nie war sie krank oder bettlägerig. Und immer war sie in Bewegung gewesen. Vor allem ihre Schlüssel!

Sie hatte viele. Für jedes Zimmer und etliche Schränke und Fächer im Haus einen, und sie trug sie alle an einem großen schweren Ring dicht an der Hüfte. Dieser Ring gehörte ganz und gar zur Mutter oder sie zu ihm. Er regte sich – klirr, klirr – bei jedem ihrer Schritte. Was gut gewesen war, denn so hatte man immer ganz genau gewusst, wo im Haus die Mutter sich gerade befand, auch ohne sie zu sehen.

Klirr, klirr ...

Die Mama hakte den Schlüsselbund los und öffnete die Tür zu Emilies Zimmer.

Margot blinzelte. Nein, es war nichts zu erkennen. Alles sorgsam abgedunkelt. Sie stellte sich vor, wie Emilie dort drinnen in ihrem Bett lag. Ein schmaler Körper in einem riesigen, unnachgiebigen Meer aus Decken und Kissen, über das sich ihr nobelblondes Haar ausbreitete wie die langfingrigen goldenen Fäden irgendeiner verwunschenen Märchengestalt. Hatte sie die Augen geschlossen? Träumte, atmete sie?

Margot stellte sich auf die Zehenspitzen, aber sie konnte nichts erkennen. Nichts als ein intensiver Geruch war da, der ihr entgegenströmte. Eine Mischung aus Kampfer, Desinfektionsmittel und Müdigkeit. Die Mutter schloss leise die Tür. Anscheinend war alles so, wie es sein sollte.

Sie gingen weiter.

In Mathildes Raum waren die Gardinen nur halb zugezogen, eine leichte Brise umspielte den Saum der Vorhänge, doch von Mathilde war ebenfalls nichts zu sehen. Nichts als eine riesige Schlafbinde, die Decke brav bis unters Kinn hochgezogen. Dazu das fast unhörbare Aufatmen der Mutter. Sie selbst war ein bisschen enttäuscht. Eigentlich hasste Mathilde solche Dinge wie Schönheitsschlaf. Meist las sie heimlich unter der Bettdecke in einem Buch, fast immer wurde sie von der Mutter dabei erwischt. Dann gab es ein herrliches Theater. Die Mutter sah es nämlich überhaupt nicht gern, wenn sie zu lange lasen.

»*In Maßen, Mädchen, in Maßen. Ihr verderbt euch bloß die Augen.*«

Pah! Leider waren von all den vielen Büchern im Studierzimmer die wenigsten interessant für sie. Die wirklich spannenden Sachen, Romane, wurden in einem gesonderten Schrank aufbewahrt. Natürlich war er verschlossen.

»*Dafür seid ihr noch zu jung.*«

Aber es gab zwei Schlüssel. Der eine hing, unerreichbar, am Schlüsselbundring der Mutter. Der andere jedoch, der Obhut des Vaters anvertraut, lag, von einigen losen Briefbögen nur halbherzig bedeckt, im vorderen Schubfach des Sekretärs.

Natürlich hatten sie rasch herausgefunden, wann der Moment günstig und die Abwesenheit der Eltern, am besten noch die der Brüder dazu, für mindestens eine Stunde gesichert war. Dann wurde entschlüsselt.

Während Emilie und Mathilde nahe der Tür Wache hielten, öffnete sie selbst unter dem angehaltenen Atem der Schwestern den Schrank. Ihre Hände hatten die ersten Male noch ein wenig gezittert vor Aufregung, und sie hatte sich die feuchten Handflächen rasch an ihrem Rock abgewischt, in der Hoffnung, dass die Schwestern es nicht sahen. Dann zog sie stets ein Buch mit einem besonders schönen Einband hervor, aus dem Mathilde, die von ihnen dreien die schönste Vorlesestimme hatte, vorlas: »*Sie hatten schon Abschied voneinander genommen, und so sprachen sie nicht mehr. Wenn es sehr windig war, kam ihr flaumiges Haar im Nacken in wehenden Wirrwarr, oder die Schürzenbänder begannen, ihr um die Hüften zu flattern. Einmal war Tauwetter. An den Rinden der Bäume rann Wasser in den Hof hinab, und auf den Dächern der Gebäude schmolz aller Schnee. Emma war bereits auf der Schwelle, da ging sie wieder ins Haus, holte ihren Sonnenschirm und spannte ihn auf. Die Sonnenlichter stahlen sich durch die taubengraue Seide und tupften tanzende Reflexe auf die weiße Haut ihres Gesichts. Das gab ein so warmes, wohliges Gefühl auf der Haut, dass Emma lächelte ...*«

Es war verwirrend. Lag es an Mathildes Stimme? Oder saß der Erzähler etwa direkt im Kopf dieser Emma und kroch jetzt in den ihren?

»*... hatte sie geglaubt, daß sie Liebe für ihn empfinde; aber da das*

Glück, das aus dieser Liebe hätte entspringen sollen, ausgeblieben war, musste sie denken, dass sie sich geirrt habe ...«

Woher konnte jemand anders so genau wissen, was diese Emma dachte und fühlte? Dass sich jemand die Mühe machte, all das aufzuschreiben, und das so wichtig nahm. Niemand interessierte sich sonderlich dafür, was *sie* fühlte.

Margot seufzte. Nun, wo es um die Springprozession ging, wollte Mathilde offenbar doch lieber schön sein als heimlich lesen. Sie schlief oder tat zumindest so.

Klirr, klirr ...

Margot sah zu, wie die Mutter auch diese Tür wieder verschloss. Sie verließen den Mädchentrakt über den Korridor. Ab und an knarzte eine Holzdiele unter ihren Sohlen, ansonsten war nur die leise, beharrliche Regung des Schlüsselbunds zu hören. Bis sie zum Musikzimmer kamen.

Ave Maria, gratia plena ...

Charles spielte Schubert. Irgendwie hatte er es durchgesetzt, dass die Mutter das Musizieren als »weiterbildende Lektüre« durchgehen ließ. Allerdings bestand sie darauf, dass er beim Üben einen Spitzdämpfer verwendete.

Margot schloss für einen kurzen Moment die Augen. Wenn man Charles auf seiner Trompete spielen hörte, brauchte man ihn nicht erst noch zu sehen. All die starren Flure füllten sich mit seinem Atem, seinem Klang. Ach, nur ein kleines Weilchen noch stehen bleiben, lauschen.

Ave, ave dominus, dominus tecum, benedicta tu in mulieribus ...

Aber die Mutter war schon weitergegangen. Sie inspizierte den Aufenthaltsraum. Margot schaute gar nicht erst richtig hin. Hier wohnten die Möbel. Lindgrüne Samttapeten, über die ließ sich wenigstens ganz gut mit den Fingern fahren, dicke Teppiche, die alles ausbremsten. Stehlampen, denen man besser nicht zu nahe kam,

Staffelei, Sekretär, Chaiselongue und Sesselgrüppchen. Irgendwelche öden Bildbände auf Tischchen, eine Schale mit Obst. Immerhin. Trotzdem, die Botschaft des Zimmers war klar: *Du bist hier überflüssig.* Die Mutter schien das anders zu sehen.

»Jean?«, rief sie unnötigerweise.

Jean war nicht da. Der ausladende Polsterstuhl mit der breiten, geschwungenen Lehne war leer. »Biedermeier« sagte die Mama dazu, aber in Wirklichkeit war er Jeans Pferd. Er ritt es in jede Schlacht, sein »treues Ross«, und obwohl Charles ihm schon tausendmal erklärt hatte, dass »das gute Stück« von dem »wilden Herumgehampel« Schaden nehmen konnte, schrie Jean unbeeindruckt weiter seine »Attackeeee!« und rückte unsichtbaren Feinden auf »Biedermeier« zu Leibe. Nun aber war er ebenfalls unsichtbar. Offenbar genau das, was er gerade sein sollte.

Und nun endlich, endlich zog die Mutter den Riegel zurück und stieß die schwere Hintertür auf, die über eine kurze Treppe hinunter in den Garten zu den Kaninchenstallungen führte.

Licht!

Margot sog das klare Mittagslicht tief in sich auf. Es war überall, brach durch die Blätter der Eschenzweige, glitt über Büsche und Gras, überzog die Hauswand mit Glanz, streichelte ihre Stirn, Nase, die Wangen. Auch im Haar der Mutter blitzte es auf, warm und hellgolden.

»Willst du da festwachsen, Kind?«

Die Mutter streifte sich bereits die Baumwollschürze zum Schutz ihrer Kleidung über. Dann nahm sie die fünf Angorakaninchen aus ihren Ställen und setzte sie nacheinander vor sich ins satte Gras, an dem die ruhigen Tierchen sogleich genüsslich zu knabbern begannen. Den Angoras war das Tätigkeit genug. Dass sie wertvoll waren – »kein Spielzeug« –, war ihr früh eingebläut worden. Margot ließ ihre Finger durch das unfassbar weiche Fell gleiten, und wie immer durchströmte sie dabei ein sanftes Glücksgefühl.

Die Mutter ließ sich neben ihr im Gras nieder und löste die Schnallen ihrer Schuhe. Die Hände locker im Schoß zusammengelegt, saß sie so da. Von Zeit zu Zeit fuhren auch ihre Finger durch die Kaninchenfelle, langsam, bedächtig, als wollte sie ihr Wohlbehagen speichern.

Und tatsächlich, nach einer Weile hörte Margot sie summen: »*Meereenchen ass eng giedlech Saach. Net wann es sabbelt Dag fir Dag ...*«

Die Mama sah auf und lächelte sie an. »Meine Mutter hat das immer gesungen. Sie ist nicht sehr alt geworden, weißt du. Im Grunde habe ich sie kaum gekannt.«

Langsam wurde es kalt in der Küche. Margot drückte die Zigarette aus. Sie musste dringend Kohlen nachschieben.

»*Im Grunde habe ich sie kaum gekannt ...*« – ja, dort im Sonnenlicht hatten sie gesessen, im Gras, während jener stets so genau arrangierten *L'heure de repos*. Die Mutter hatte gesummt, ihr Ausdruck war weich gewesen, fast mädchenhaft.

Aber woher kam das Licht? War es nicht meist ein wenig verhangen gewesen und außerdem recht kühl im Halbschatten der Eschen? Hatte sie sich nicht stets ein Wolltuch um ihre Schultern geschlungen, weil sie so gefröstelt hatte? Überhaupt, was hatte sie zu der Mutter gesagt, dort im Gras? Hatte sie mitgesummt? Hatte sie ihr je etwas anvertraut, Hoffnungen oder Wünsche? Nach ihrer Hand gegriffen? Und die Mutter, was hatte sie wohl sonst noch so gesagt? Warum hatte sie nicht besser zugehört?

»*Sie wird Ihnen da aber viel Licht wegnehmen, die Wand.*« – Schon wieder war sie da, schob sich vor ihre Erinnerungen wie ein ungebetener Kommentar: die Stimme dieses jungen Bauunternehmers. »Helligkeit«, murmelte sie. »Nicht Licht. Er hatte Helligkeit gesagt.«

Na und? Das war doch überhaupt nicht von Belang. Und diese trübseligen Kaffeetassen, sie sollte sie endlich wegräumen.

Margot schob den Stuhl zurück. Die Tassen ließ sie stehen. Bevor sie die Küche verließ, hielt sie kurz inne. Im Grunde war sie meist ganz schön langweilig gewesen, diese Mittagsstunde mit der Mutter, dort im Gras. Und ihr Gesicht – sie hatte es verloren. Für immer.

Ein Bild hingegen war nie verblasst, wurde niemals trüb: der klirrende Schlüsselbundring an der Hüfte der Mutter.

3

1952, Köln

FREDS Geschmack im Mund war bitter. Er saß auf dem breiten Sims des Wohnzimmerfensters und schaute auf die Straße hinunter. Gerade war der große Mann mit der lauten, fröhlichen Stimme gegangen – seinen Namen hatte er sich nicht gemerkt –, und die Mutter war in der Küche vor den leeren Tassen sitzen geblieben.

Fred lehnte den Kopf gegen die Fensterscheibe, und ein kleiner nagender Teil von ihm wünschte sich, die Scheibe wäre fort. *Schweben ... und dann* – Fred spuckte auf die Scheibe. Er zerrieb die Spucke so lange, bis sie sich in immer bleicheren Schlieren auf dem Glas verlor.

Der bittere Geschmack im Mund aber blieb. Soeben hatte er die Tasse Bohnenkaffee, die der Handwerker abgelehnt hatte, in hastigen Schlucken geleert, und die Mutter hatte ihm dafür über die Wange gestrichen.

»Der ist so teuer, weißt du ...«

Also hatte er es verschwinden lassen, das Teure, und damit wohl auch den Handwerker, irgendwie. Ja, im Verschwindenlassen war er gut.

Aber auch die Mutter war jetzt verschwunden. Zumindest sah es so aus, wenn sie dort saß: am stillen Küchentisch, in Rauch gehüllt.

Die Mutter liebte Rauch, das war ganz klar. Klar war auch, dass sie wieder einmal so merkwürdig in sich hineingekrochen war.

»Was schaust du denn so?«, hatte er sie mal gefragt.

»Ach weißt du, ich denke einfach nur nach.« Dann hatte sie den Rauch ein wenig zur Seite gewedelt, aber weiter so komisch leer geschaut.

In solchen Momenten wars hier im Nebenraum auf alle Fälle besser, besonders auf der Fensterbank. Da unten auf der Straße gab es nämlich allerhand zu sehen.

Zwei Gäule zogen gerade einen hoch beladenen Karren mit Schutt die Straße hinauf, vor ihren Mäulern stand Schaum. Ein paar Jungs waren hinten auf den Karren aufgesprungen und ließen ihre Beine baumeln.

Für einen kurzen Moment stellte er sich vor, er wäre einer der Jungen, die dort saßen. Am liebsten der stämmige. Der hatte zwar keinen Schal und keine Mütze, aber ihm schien trotzdem warm zu sein. Der kleinere daneben, der hatte eine Mütze auf, sah aber so aus, als ob er arg friere. Vielleicht hatte der stämmige seine Jacke mit Zeitungspapier ausgestopft, das half. Vielleicht war der in Wirklichkeit also auch so dünn wie die zwei anderen. Aber klüger. Da, einer der kleineren warf jetzt etwas, einen kaputten Ziegel?, quer über die Straße in Richtung Café.

Vor dem Eigelstein-Café saßen Männer auf Stühlen über irgendetwas gebeugt. Sie blickten nicht einmal auf. Einer von ihnen hatte sich einen Wollschal um Hals und Mund gewickelt, doch die anderen saßen lediglich in ihren ausgebeulten Jacken da. Das würde ihm keinen Spaß machen, dachte Fred. Da draußen auf den kippeligen Stühlen. Bei dem Wetter. Aber vielleicht wussten die Männer nicht, wo sie sonst hinsollten. Vielleicht hatten die keine Fensterbank so wie er.

Bei der Gasexplosion neulich war das halbe Nachbarhaus eingestürzt. Ganz schön aufregend war das gewesen. Aber auch furchtbar. Alles hatte gebebt, und die Wände hatten so gewackelt wie der Zahn, der ihm neulich ausgefallen war. In der Küche war einiges von dem

Geschirr zerbrochen, und er hatte noch Stunden später einen fiesen Pfeifton in den Ohren gehabt. Ja, und all der Staub, der durch das Fenster reingekommen war. Einen schlimmen Husten hatte das gegeben. Und er wollte einfach nicht verschwinden, der Staub. Ganz egal, wie viel die Mutter auch wischte. Er lag einfach auf allem drauf wie eine zweite Haut.

Wenn er es vorher gewusst hätte, dass das passiert, dann hätte er sich rechtzeitig versteckt, wo mans nicht so mitbekam. Unter dem Sofa zum Beispiel. Aber die Explosion war ganz plötzlich gekommen. Den Krieg stellte er sich ungefähr so vor. Ein großer Lastwagen mit rotem Kreuz war gekommen und hatte die Kaputten, nein, die Verletzten mitgenommen.

»Keine Toten«, hatte die Mutter gesagt. Aber sie hatte so geschaut, als hätte es doch welche gegeben. Und sie hatte gezittert, dabei war *ihr* doch gar nichts passiert.

»Als gäbe es nicht schon genug Trümmer. Ja, hört das denn nie auf? Wer weiß, wo sonst noch überall Bomben vor sich hin dämmern. Wo sollen diese armen Menschen denn jetzt hin?«

Sie hatte das so vor sich hergesagt, also nicht zu ihm. Dabei hätte er die Lösung gewusst. Es gab doch so viele leere Häuser überall, gleich hier in der Eintrachtstraße und auch die Machabäerstraße hinunter, wo er und Peter immer spielten. Warum nahmen diese Leute nicht einfach eines von denen, die anscheinend sowieso keiner mehr wollte?

Bei der Explosion waren auch die Fensterscheiben vom Café zersprungen, die Frontseite war jetzt mit Holzlatten vernagelt. Und sofort war da eine Unmenge von Fotos, Steckbriefen und Zetteln drauf erschienen. Als hätten alle nur darauf gewartet, dass sie was sagen, was loswerden konnten. Einige von den Mitteilungen waren jetzt schon wieder halb abgerissen oder zu Boden gefallen. Er selbst hatte auch einen Zettel hingehängt.

Wer will mit mir Zukunft spielen?, hatte er drauf geschrieben. Nur so zum Spaß natürlich. Er hatte ja schon den Peter zum Freund. Aber der hatte heute so einen komischen Ausschlag und durfte nicht raus.

Ein Hund pinkelte an die Latten unterhalb der Zettel. War das etwa einer von denen, die diese Krankheit, Tollwut, übertrugen? »Halt dich von denen fern«, hatte die Mutter gesagt. Dieser da, der braune Zottelige, schien das Café zu mögen. Er rieb sein Hinterteil an den Latten und blieb dann liegen. Komisch, der war ganz allein. Normalerweise schnüffelten die doch zu mehreren in den Hofeingängen und weiter hinten um die Mülltonnen herum nach Essensresten; aber sie waren fast immer zu spät dran. Katzen, Ratten und Menschen waren meistens schneller.

Aber was war das? Von der Weidengasse her bildete sich plötzlich eine kleine Schlange vor dem Gemüseladen.

Eine Frau im Kittelkleid und mit Eimer in der Hand stellte sich gleich dazu. War das nicht Marie Mertensen, die da gerade ihr Putzwasser in den Rinnstein gegossen hatte? Sie nahm sich noch nicht mal die Zeit, ins Haus zurückzulaufen und ihren Mantel zu holen. Und die zwei, die da auf ihren Lambrettas vorbeifuhren, hielten nun auch an, um sich das Ganze anzuschauen. Der Geisinger hatte anscheinend neue Ware bekommen. Vielleicht war es eine von diesen »Sonderaktionen«, von denen die Erwachsenen immer so redeten, als sei das ein Geheimnis, das nicht jeder wissen durfte. Aber warum wusste die Mutter nichts davon? Sie erfuhr so was doch sonst immer rechtzeitig.

Fred richtete sich kerzengerade auf. Rasch zu ihr, in die Küche – *»Du sollst nicht stören. Hast du mich verstanden? Du sollst nicht stören!«*

Fred blinzelte.

Der war doch weg.

Der Vater ...
»*Was bist du?*«
»*Sch ...*«
»*Lauter.*«
»*Ein Scheißkerl.*«
»*Ich hör nichts!*«
»*SCHEISSkerl. Ein SCHEISSKERL bin ich.*«
Zählen. Zählen half. Und zwar laut: »Eins, zwei, drei, vier, fünf, sechs, sieben ...«
 »*Hermann, bitte ...*«
»*... neun, zehn ...*«
»*Hermann, bitte! Bitte nicht ...*«
»*Mama!*«
»*Halts Maul. Halts MAUL.*«
Null. An die Null denken. Rund ist die. Fett. Eine runde, fette Blase. Sie vor sich sehen: Kaugummiblase, Sprechblase. Comic-Blase. Micky Maus. Und Donald Duck ...
»*Komm schon, Onkel Donald! Aufstehen!*«
»*Tröööt!*«
»*Aargh! Na, wartet!*«
Tick, Trick und Track haben Tröten in der Hand. Und da ist Donald. Schimpfend springt der vom Sofa auf. Der Donald ist wütend auf diesen Bildern. Seinen Schnabel hat er ganz weit aufgerissen, sodass man hinten das Zäpfchen im Hals sieht. Die Fäuste sind geballt. Seine blaue Matrosenmütze fliegt hoch in die Luft. Gleich holt er den Teppichklopfer. Die drei Kleinen rennen raus, ihre Füße sind jetzt Räder statt Entenflossen, so schnell laufen sie, raus und dann über die Strickleiter in ihr Baumhaus hoch. Die Strickleiter wird hochgezogen, ach, wie gern hätte er auch so ein Baumhaus. Brüder. Dreisein. Ja, drei war eine gute Zahl ...
»*Du hast wieder unser Sparschwein geplündert, Onkel Donald.*«

»Wir wollen auch mal wegfahren!«
»Tja, Kinder, euer Onkel ist eben ein Pechvogel.«

Noch beim Geisinger drinnen im Laden hatte er anfangen, in dem neuen Heft zu lesen. Beim Geisinger, wo es nach allerlei aufregenden Dingen roch. Nach Schiff roch es zum Beispiel, vor allem wenn man ganz nah an die übereinandergestapelten Holzkisten heranging. Zumindest roch es so, wie er es sich auf einem Schiff vorstellte: salzig und fischig, muffig und frisch zugleich, nach Pflanzen, nach Früchten, Dreck und rauer See. Ja, und nach Metall. Schweiß und Händen. Vielen Händen.

»Na, da biste ja, Jung!« – Die Hände vom Geisinger, seine dicklich-rötlichen, erstaunlich geschickten Finger, hatten hinter der Ladentheke eine Schublade aufgezogen, und »Donald auf Wochenendfahrt« war daraus zum Vorschein gekommen. Das allerneueste Heft!

»Richtig lesen, Fred. Nicht nur dieses gestamel *aus deinen Comics ...«* – Johan hatte das neulich zu ihm gesagt. Johan war der neue Freund. Das erkannte man daran, dass er ihm stets etwas mitbrachte, wenn er zu ihnen kam. Natürlich kam er eigentlich zur Mutter. Das war immer so mit Männern. Alle von denen mochten sie. Aber weil er, Fred, nun mal auch da war, bekam er was. Ein Buch zum Beispiel. Auch die Wohnung, in der sie jetzt lebten, hatte Johan ihnen gegeben und ihnen für die Zukunft sogar ein Radio versprochen. Außerdem brachte er ihnen Geld. Also war Johan ein Freund.

Und neulich, da hatte er ihm »Robinson Crusoe« mitgebracht. Erst hatte er das gar nicht gewollt: richtig lesen. In dem Buch stand alles so eng beieinander geschrieben. Ganz schön anstrengend.

Fred griff nach dem Buch, das neben ihm auf dem Fensterbrett lag, als habe es da auf ihn gewartet. Was ja auch stimmte. Er blätterte wieder einmal darin herum. Da waren viele lange und seltsame Sätze auf jeder Seite, wie zum Beispiel diese: *»Nach der geachteten*

Familie, welcher sie [die Mutter] angehörte, wurde ich Robinson Kreuznaer genannt. In England aber ist es Mode, die Worte zu verunstalten, und so heißen wir jetzt Crusoe, nennen und schreiben uns sogar selbst so, und diesen Namen habe auch ich von jeher unter meinen Bekannten geführt.«

Das gefiel ihm, dass Robinson und seine Familie, dass die ihren Namen einfach so ändern durften und alle das Spiel mitmachten. Leider verstand er nicht, was die Worte »verunstalten« und »von jeher« meinten, und so hatte er Johan danach gefragt.

»Du bist doch ein kluger Junge. Lies schön weiter, dann wirst du immer mehr verstehen mit der Zeit.« – Das hatte Johan gesagt und ihm die Worte, die er nicht verstand, in seinem etwas merkwürdigen Tonfall erklärt, in einem Deutsch, das stimmte und gleichzeitig auch nicht.

»Auswendiglernen, das hilft auch«, sagte Johan noch. *»Wenn du willst, dass etwas schneller vorbeigeht, die Zeit zum Beispiel.«*

Ja, Johan war ihm nie böse, dass es ihn gab, dachte Fred. Er brachte ihm eben etwas mit, damit er ihn und die Mutter in Ruhe ließ, solange er da war. Wie die Bücher. Oder erst kürzlich, da hatte er ihm einen Groschen gegeben, damit er sich bei Kaisers etwas kaufen konnte.

Da unten kam jetzt Marie Mertensen wieder raus vom Geisinger, und einige andere auch. Oh, und sie hatte ihn gesehen, wie er hier oben am Fenster saß und sie beobachtete. Fred schoss die Hitze ins Gesicht. Schon wollte er sich wegducken, aber dann sah er, dass die Marie lächelte, winkte und ein Heft hochhielt, damit er es sehen konnte. Er beugte sich vor und presste die Stirn gegen das Fensterglas. Es war das neueste Micky-Maus-Heft. Und er hatte es schon! Wilder Triumph stieg in ihm hoch, ließ ihn zurückwinken. Es stimmte: Die Mutter bekam tatsächlich immer alles zuerst.

Fred lächelte. Undenkbar, dass man sich beim Geisinger einfach so etwas nahm. Aus dem Regal oder aus einer der Kisten. So wie bei Kaisers, wo er mit dem Groschen vom Johan hingegangen war. Da wurde man nämlich nicht bedient wie überall sonst. Die Ware wurde von der Ladenfrau nicht aus den Regalen genommen, abgewogen und verpackt, sondern man durfte sich die Sachen *selbst* nehmen.

Ein ziemlich großer Lebensmittelladen war der Kaisers, weiter unten, fast schon auf Höhe des Eigelsteintores. So einen großen Laden hatte er vorher noch nie gesehen. Das erste Mal, als die Mutter plötzlich angefangen hatte, die Waren einfach so aus den Regalen und Körben zu nehmen, hatte er sie am Ärmel gezupft. Wollte sie jetzt etwa stehlen? Was, wenn sie jemand dabei erwischte? Da hatte sie ihm die Sache erklärt.

Als er vom Johan den Groschen bekam, hatten er und Peter ewig lang vor dem kleinen Regal mit den Süßigkeiten gestanden, weil sie sich einfach nicht entscheiden konnten, wofür sie den Groschen hergeben sollten. Als sie so da standen und überlegten, bereute er es schon, Peter mitgenommen zu haben. Am liebsten hätte er ihn wieder weggeschickt. Aber das ging ja nicht. Und außerdem hätte Peter nur gelacht und wäre dageblieben. Vielleicht hätte er ihm den Groschen auch einfach weggenommen.

Peters Familie, die hatte es, wie die Leute hier sagten, »noch nicht geschafft«. Deswegen hatte Peter oft Hunger. Und er wollte von dem Groschen etwas kaufen, wovon man »lange was hat«.

Er hingegen wollte »was Neues«. Schließlich hatten sie sich auf ein Päckchen Kaugummi geeinigt. In ihrem Versteck, einer riesigen Lagerhausruine, hatten sie die Beute gerecht unter sich aufgeteilt.

Leider war eine ungerade Anzahl von Kaugummis in dem Päckchen gewesen. Aber da er, Fred, sich mit Zahlen, auch mit den ungeraden, auskannte, hatte er das Problem gelöst, indem sie den übrig gebliebenen nacheinander jeder eine Weile lang kauten. Peter hatte aber nicht gewusst, dass man die Kaugummis nicht hinunterschlucken darf, und nachher furchtbares Bauchweh bekommen.

Er selbst hatte Gott sei Dank nie Bauchweh. Nur zur Bestrahlung musste er einmal die Woche gehen, in so eine Klinik in der Amsterdamer Straße. Wegen der Tuberkulose, die er wohl mal als kleines Kind gehabt hatte, direkt nach dem Krieg.

Krieg – das war eines der ersten Worte, das er sich eingeprägt hatte. Wohl weil er es so oft, in so vielen verschiedenen Tonlagen gehört hatte. Und weil *Krieg* nie etwas Gutes bedeutete, sondern im Gegenteil irgendwie mit all dem zu tun hatte, was jetzt so war, hatte er sich angewöhnt, in regelmäßigen Abständen auf Nummer sicher zu gehen: »*Der Krieg ist jetzt aber vorbei. Oder?*«

»*Klar doch, du Depp.*«

Peter wusste Bescheid. Ein bisschen war er so wie der Robinson Crusoe. Er wollte immer was und tat immer was. Er, Fred, hatte ganz gern seine Ruhe.

Nachdem er das Buch vom Johan bekommen hatte, war er damit zum Ebertplatz gelaufen und hatte sich auf eine der Bänke dort gesetzt, bis er es vor Kälte nicht mehr ausgehalten hatte. Er war da hingegangen, wo mehr die alten Menschen saßen und sich nicht so viele von den großen, gefährlichen Jungs herumtrieben, die einem immer alles abnahmen.

Er hatte den Einband mit der seltsam geschnörkelten Schrift angeschaut und sich dann die ersten drei Seiten vorgenommen. Und er verstand, zumindest nach einer Weile, nachdem er die Seiten wieder und wieder gelesen hatte, bis die Worte in seinem Kopf drinblieben wie in einer Schachtel, dass der Robinson gerne ein Seemann sein wollte, obwohl weder sein Vater noch seine Mutter wollten, dass er das wurde.

Natürlich war das mit dem Robinson eine ausgedachte Geschichte. In Wirklichkeit redete kein Vater so lange und so freundlich mit seinem Sohn und erklärte so viel. Aber was sollte Robinson damit anfangen, dass der Vater da so auf ihn einredete?

Der konnte ja anscheinend nicht anders, als in die weite Welt hinauszufahren. Der *musste* das einfach tun, auch wenn er das wohl selbst nicht ganz verstand. Er, Fred, hingegen schon. Er konnte das mit dem *Tunmüssen, was man nicht verstand*, gut verstehen. Nun, so weit war er im Moment schon mal.

Gleich, dachte Fred und fuhr mit dem Finger über den Buchrücken, gleich würde Johan kommen. Dann würde er ihm erzählen, dass er wieder »richtig gelesen« hatte. Und vielleicht würde Johan ja dann sagen: »Gut gemacht, Fred.«

Er hatte auch schon ein paarmal die Mutter gefragt, ob sie ihm das eine oder andere Wort aus dem Buch erklären könne.

Gern tat er das aber nicht. Sie mochte nämlich keine Fragen. Zwar antwortete sie ruhig und erklärte ihm auch alles. Doch sie schaute dabei immer so seltsam. Erst ängstlich, dann erleichtert. Als ob sie eigentlich etwas anderes erwartet hätte.

So fing das mit dem Sammeln an. Er schrieb all die neuen unbekannten Worte, jetzt also: *Mittelstand, Sphären, Üppigkeit, Sklavendienst, Ehrbegierde, töricht, Prinzipal, Gelüste, Affaire, Humanität*, all diese Wörter notierte er sich in einem Heft, das die Mutter ihm eigens dafür gekauft hatte.

In Freds Magen begann es zu knurren. War nicht bald Essenszeit?

Wenn der Johan kam, gingen sie immer essen, Em Kölsche Boor. Johan aß so gern *Himmel un Äd*, weil es das, wie er sagte, bei ihm in Holland nicht gab. Er selbst aß lieber die Ochsenschwanzsuppe, die sie manchmal dort hatten. Immer gab es sie nicht. Wahrscheinlich musste man hier in der Stadt erst mal lange nach einem Ochsen suchen für so eine Suppe. Die Mutter kochte nur, wenn es nicht anders ging. Eigentlich benutzte sie die Küche hauptsächlich zum Kaffeetrinken oder um sich dort mit Rauch einzunebeln.

Fred runzelte die Stirn.

Sie war *anders*, wenn Johan kam. Oft wollte sie vorher ewig lang allein sein. So wie jetzt. Wein trank sie dann auch, manchmal jede Menge. Sie guckte und sprach auch anders, wenn der Freund da war. Lauter vor allem. Und sie kicherte ständig, aber nicht froh.

Deswegen, sagte sich Fred, und er sagte es sich ganz leise, deswegen war es gut, wenn der Johan dann auch wieder wegging.

»*Wir müssen Johan sehr dankbar sein, Fred. Er ist ein feiner Mann.*«

Ständig sagte sie das, als sei er schwer von Begriff.

»*Wir müssen dankbar sein. Ohne ihn wären wir gar nicht hier. Verstehst du?*«

Klar verstand er. Er war schließlich kein Depp. Oder?

»*Zu ernst für sein Alter. In der Gefühlsentwicklung spürbar zurückgeblieben. Wirkt oft abwesend, außer beim Rechnen.*« – Der Herr Neubart hatte das auf sein Zeugnis geschrieben. *Das* hatte er nicht so ganz verstanden. Und diese Worte waren jetzt trotzdem in seinem Kopf: *zurückgeblieben. Zu ernst. Zu ...* Gleich neben denen der Mutter: *Wir müssen dankbar sein, Fred. Verstehst du?*

Er war doch dankbar. Gestern hatte er sogar gebetet! Zuerst hatten Peter und er *Der Tag, an dem die Erde stillstand* gespielt. Dieses Mal durfte er Klaatu, den außerirdischen Roboter, spielen, und Peter war der Präsident von Amerika gewesen. Aber dann war ihm plötzlich die Lust vergangen ...

»Na, dann hau ab. Bis morgen, Miesnüggel.«

Peter, der nie gern heimwollte, hatte gesagt, er wolle weiter an ihrem Raumschiff bauen, und blieb, bewaffnet mit einem langen Stock, in der alten Lagerhalle zurück. Seine Finger, die erst ganz rot gewesen waren, waren nun eher bläulich weiß. Wohl vor Kälte. Aber Peter meinte, das würde mit der Zeit vergehen. Er hatte sich Zeitungspapier organisiert, das er sich jetzt mit Schnüren um die Hände wickelte: »Schau, so geht das!«

Peter wusste viel. Er hatte ihm das Fringsen gezeigt und wie man Kartoffelschalen über dem Feuer briet. *Fringsen* – Peter hatte ihm erklärt, dass das wegen einem Kardinal, also einem berühmten Kölner Kirchenmann, so hieß und so was war wie die Erlaubnis, in der Not Essen und Kohle stehlen zu dürfen. Trotz irgend so einem heiligen Bibelgebot. Die Erwachsenen sagten dazu: *organisieren*. Oder eben *fringsen*. Und obwohl er selbst derzeit gar keine Kohle oder anderes zu fringsen brauchte, fand er es aufregend, das Leben vom Peter.

Nun aber wollte er allein sein. Vorsichtig überquerte er die Straße. Auf der Turiner musste man höllisch aufpassen, weil da immer wieder Autos entlangfuhren. Hier, im oberen Teil der Machabäerstraße, war sein höchstpersönliches Versteck. Die Trümmerreste lagen windgeschützt inmitten von mehr oder weniger unbeschädigten oder bereits reparierten Häusern. Das ideale Spielgelände: seine Insel.

Nein, Robinsons.

Fred-Robinsons!

Er dachte an das Buch, an die Stellen, die er sich gemerkt, die er auswendig gelernt hatte. Das ging ganz gut. Es war, als blätterte sich das Buch, die Geschichte in seinem Inneren vor ihm auf: Nach Wochen auf hoher See war er, Fred-Robinson, also nun hier gestrandet. Das Schiff, auf dem er angeheuert hatte, war in der Felsenbucht der unbekannten afrikanischen Insel zerschellt, auf der er sich jetzt befand. Seine Mannschaft, ertrunken oder verschollen. Er war ganz allein ...

»Uff!«

Fred-Robinson streifte den Überrest seines zerschlissenen Mantels ab, in den er sich während des Sturms gehüllt hatte, um nicht zu erfrieren. Bis auf die Haut durchnässt und völlig entkräftet, war er in der Nacht an dem fremden Strand zusammengebrochen und hatte bis weit in die Mittagsstunden des kommenden Tages hinein an eben derjenigen Stelle geschlafen, wo ihn die auslaufenden Wellen gleich einem Treibholz angeschwemmt hatten. In seinen Ohren dröhnten noch die Schreie, die vom Wind und den Fluten in Fetzen zerrissenen Gebete seiner Kameraden, berstendes Holz und die wilde, aus den Untiefen der Hölle aufbrausende See; ein wütendes Ungeheuer, dem seine Beute, er, nur um Haaresbreite entkommen war.

Wenn es nach ihm gegangen wäre, hätte er eine Ewigkeit so daliegen und schlafen können. Doch irgendetwas, der Ruf eines Vogels vielleicht, hatte ihn geweckt. Der Ostwind blies trockene, heiße Luft von der Sahara her über das Ufer in Richtung des Landesinneren. Luft, die seine Kleider während des Schlafs getrocknet und ihm Sand in einer dichten Körnchenschicht auf Gesicht und Haut gelegt hatte. Nachdem er seine Augen so weit frei gerieben und an das gleißende Licht gewöhnt hatte, dass er seine Umgebung wahrnehmen konnte, entdeckte er in nicht allzu weiter Ferne einige hohe, windschiefe Bäume mit fächerähnlichem Blattwerk. In der Hoffnung, dass ihn seine erschöpften Glieder bis dorthin tragen würden, ging er langsam auf die fremdartigen Gewächse zu.

Fußballgroße Früchte mit brauner Schale wuchsen inmitten dieser Bäume. Robinson-Freds Magen regte sich schmerzhaft. Er stapelte einige umliegende Hölzer und Steine übereinander, bis er auf diese Weise zu den Früchten gelangen konnte. Sogleich brach er sich mehrere von ihnen aus dem Geäst herunter, schlug die, die ihm am besten in der Hand lag, an einem Stein auf und trank zunächst vorsichtig, dann immer gieriger die milchige Flüssigkeit in ihrem Inneren. Kraft durchströmte ihn; ein schwindelerregender Jubel: gerettet!

Als er die klebrig nassen Hände an seinem Hemd abwischte, fühlte er, wie etwas sacht gegen seine Brust drückte.

»Nanu?«

Er zog »Das lustige Monatsheft Band 1/1952« hervor, das er schützend unter seinem Hemd verborgen gehalten hatte. Die höllischen Witterungen, der drohende Untergang, sie hatten dem Heft nichts anhaben können. Er streichelte zärtlich über die Titelseite, dann legte er es beiseite und hob, einer plötzlichen Eingebung folgend, ein Loch im Boden aus. Nach einem letzten seufzenden Blick versenkte er das Heft tief in der Mulde, schaufelte sie sogleich wieder zu, bis äußerlich nichts mehr auf das Vorhandensein seines Schatzes hinwies.

Fred-Robinson faltete seine Hände über dem Versteck, das er soeben gegraben hatte.

»Du, Gott«, sprach er. »Nimm Dir ruhig dieses Heft. Auch die eine Geschichte darinnen, die vom Donald, die ich noch nicht kenne. Ich will auch dankbar sein. Wenn ich nur dafür hierbleiben darf und wir nicht wieder fortmüssen. Und der Krieg, der soll bloß auch vorbei bleiben ...«

Fred blinzelte; er hob den Kopf von der Scheibe des Wohnzimmerfensters, gegen das er sich so lange seitlich gelehnt hatte. Seine Schläfe hatte einen feuchten Abdruck auf dem Glas hinterlassen.

Gleich würde Johan kommen.

»Mittelstand, Sphären, Üppigkeit, Sklavendienst, Ehrbegierde, töricht, Prinzipal, Gelüste, Affaire, Humanität.« Er ging noch einmal all seine neuen Worte durch, während sein Abdruck, er selbst also, langsam, aber sicher auf der Scheibe verblasste.

Er wollte sich gerade vom Fenster abwenden, da sah er unten an der Ecke einen auffallend großen Mann direkt vor der Reibekuchenbude stehen. In der einen Hand hielt er eine Papiertüte mit Kartoffelpuffern, mit der freien Hand machte er eine weit ausholende Bewegung. Wahrscheinlich musste die freie Hand jetzt was erzählen, weil der Mund des Mannes voll Kartoffelpuffer war.

Der Reibekuchenverkäufer beugte sich vor. Fred sah, dass er lachte. Der große Mann – ja, tatsächlich, das war doch der Handwerker von vorhin! – holte nun etwas, war es ein Zettel?, aus seiner Hosentasche und gab dieses Etwas dem Mann in der Bude. Zu seinen Füßen stand eine Werkzeugtasche.

Fred presste seine Stirn gegen die Fensterscheibe. Und warum auch immer, er klopfte an das Glas, winkte. Aber der Mann da unten an der Bude drehte sich nicht um. Natürlich, er konnte ihn ja weder sehen noch hören, der Handwerker.

Fred gab den Versuch auf, sich bemerkbar zu machen. Doch plötzlich fiel ihm der Name wieder ein: »*Koch, mein Name. Willi. Ich komme wegen Ihrer Wand.*«

4

Köln, 1952

WILLI war ein wenig durch den Wind. Mit der freien Hand zerrte er an dem Reißverschluss seiner neuen Blousonjacke; offen stand sie ihm deutlich besser, aber es war schließlich Winter. Und eigentlich wars auch noch ein bisschen zu früh für die Mittagspause. Nun ja, man musste auch mal fünfe gerade sein lassen.

»*Ich habe Kaffee gemacht. Möchten Sie?*«

Er zwang sich, nicht zu dem Haus hinüberzublicken. Schließlich war er eben erst von dort aufgebrochen.

Aufgebrochen? Abgehauen ...

Er rückte näher an den Stehtisch der Imbissbude heran und unterdrückte den Drang, sich an das recht instabil wirkende Ding anzulehnen. Durch das Einschlagpapier strömte die Hitze verheißungsvoll in seine Hand. Er zupfte an einem der locker gebackenen Reibekuchen, bis er ein ansehnliches Stück zwischen den Fingern hielt. Ja, genauso gehörte sich das: lecker. Sättigend. Simpel.

»*Das macht nichts, mit dem Licht ...*«

Willi runzelte die Stirn. Wie konnte einem das bloß egal sein, ob man es hell hatte oder nicht? Wer wollte denn freiwillig ein Schattendasein fristen, noch dazu in den eigenen vier Wänden? Überhaupt: Heider, De Boer? Warum hatte sie ihm ihren Namen verschwiegen? Ihm dann aber – regelrecht hinterrücks – das Du angeboten. Ihm ihr »*Ich heiße Margot*« so laut hinterhergerufen, dass es im ganzen Treppenhaus zu hören gewesen war? Das schien so gar nicht zu dieser

Zurückhaltung zu passen, die sie doch eigentlich ausstrahlte. Seltsame Person.

Willi schnupperte. *Rievkooche.* Er liebte den Geruch von frisch gerösteten Kartoffeln. Heute aber roch er rein gar nichts. Wahrscheinlich wars dafür zu kalt.

Wie auch immer, von Innenraumarbeiten hatte er derzeit sowieso die Nase gestrichen voll. Alles undankbarer Firlefanz. Er würde diese Heider-De-Boer-Angelegenheit dem Hannes übergeben. Finanziell gesehen wars sowieso eher eine Art Zubrot. Ja, der Hannes, der konnte das noch gut unterbringen. Er hatte schließlich schon genug Scherereien, musste mal wieder an Größeres ran.

»*Eine neue Jacke, Willi, schon wieder? Wo wir doch die Käthe mit durchbringen müssen. Herrgott noch eins, ja, wenn euer Vater noch leben tät …*«

Dabei war er es doch, der für alles aufkam! Höchste Zeit, dass er endlich von zu Hause auszog. Er seufzte. Die Mutter würde auch so nicht aufhören, überall ihren Senf dazuzugeben. Aber dann brauchte ers wenigstens nicht jeden Tag über sich ergehen zu lassen.

»*Ausgehen? Bändel mir ja nicht wieder mit ›so einer‹ an, nicht jetzt. Wer weiß, wo uns das alles noch hinführt. Schau dir doch den Franz an, mit seinen drei Pänz und einer Frau, die nähen geht bei Fremden. Als ob wir nicht schon genug Mäuler zu stopfen hätten, und …*«

Margot. Ihre Augen sind blau. Nein, grau …

Das Stück Reibekuchen in seiner Hand war erkaltet.

Er hustete. Warum hatte er keinen Schal mitgenommen? Die Woche über sollte es ja kälter werden. Da würde draußen auf dem Bau eh nicht viel laufen. Ach, und war da drüben in der Marzellenstraße nicht erst neulich wieder eine Bombe entschärft worden? Einen Jungen hatte es beim Spielen regelrecht entzweigerissen, drei weitere waren schwer verletzt worden. Gefährliches Viertel, die

Dom-Gegend. So viel war da in den letzten Kriegswochen noch runtergekommen. Was da noch so verschütt lag, ungesichert, bereit, jederzeit einzustürzen, auszuströmen oder hochzugehen.

Ihre Augen sind grau …

Er zerrieb die kalte Kartoffelmasse zwischen seinen Fingern.

Bauen, das war es, was er wollte. Lichtspielhäuser, Cafés, Theater, Geschäfte. Stattdessen: Provisorien. All diese versehrten Häuser, mit denen er sich da abplagte, der ganze Staub, der Dreck. Auf die Lunge gings. Überhaupt: Halbherzig war das, was zurzeit überall stattfand. Das reinste Pfuschwerk. Instand setzen, ja bitte, aber bloß billig, billig. »Materialknappheit.« Pah! Dabei wusste jeder, der einfach mal die Augen aufmachte: Das war keine Zeit für Halbheiten. Schäden zogen Folgeschäden nach sich, altes Baugesetz: Ist das Fundament erst ruiniert …

Vielleicht hatte sie ja recht, diese Margot Heider-De Boer oder wie auch immer sie hieß. Dann lieber gleich alles, was an Mitteln gerade da war, dem Rundfunkneubau in den Rachen werfen. »*Ich höre gern Radio. Das ist so tröstlich.*«

Offenbar war sie jemand, der Trost brauchte. Nun ja, da war sie bei Weitem nicht die Einzige.

Schwermut nannten die Ärzte den Zustand der Schwester. Sie hatte den Tod ihres Verlobten – seinen Namen: Bruno, brachte sie längst nicht mehr über die Lippen – einfach nicht verkraftet. Er war noch in den letzten Kriegstagen gefallen.

Und jetzt? Sauteuer war sie, diese Klinik da draußen in Bad Godesberg. Da hatte die Mutter schon recht. Ganz schön gefräßig, so eine Schwermut. Verschlang stets den halben Monatsverdienst. Während das Kättchen zusehends abmagerte, vor sich hin dämmerte.

»*Eine neue Jacke, Willi, schon wieder?*«

Aber dass man sich deswegen jetzt gar nichts mehr gönnen sollte, sah er auch nicht ein. Wer nicht genießen konnte, war selbst ungenießbar. Das Leben war kurz, und es gab schließlich schon genug Verzicht und Verdruss in der Welt.

Willi sah auf seine Hände, die fettigen Brösel an den Fingern. Wenn er an den Samstagen mit der Straßenbahn oder dem Fahrrad zur Schwester hinausfuhr in die Klinik, die da wie eingeschmiegt – in einer Armbeuge des Rheins – auf einem bewaldeten Hügelchen lag, fragte er sich jedes Mal wieder, warum solch traurige Orte immer so besonders schön lagen. Tat das nicht doppelt weh, wenn alles um einen herum so üppig und zufrieden glänzte? Überhaupt, wie sollte denn Heilung von außen kommen, wenns um so eine Art Kummer ging, wie das Kättchen ihn hatte?

Er selbst nannte das, was das Kättchen da hatte, ein gebrochenes Herz. Ja, so etwas sollte es geben. Da konnte die Mutter noch so sehr lamentieren von wegen: »*Es ist bereits sieben Jahre her, Herrgott noch eins, das Leben geht schließlich weiter, was sollen denn all die anderen sagen, denen der Krieg ganze Familien genommen hat? Soll sich etwa ganz Deutschland zum Sterben hinlegen? Wir sind ja auch noch da und füttern sie durch. So was von undankbar ...*«

Was konnte das Kättchen denn dafür, dass sie so viel gefühlt hatte, dass sich das jetzt alles ohne Ausweg nach innen fraß, sie nach und nach aufzehrte? Er stellte sich das Ganze wie eine Art negative Umpolung vor. Ein schwarzes Loch, sozusagen.

»*Schau doch, Kättchen, wie schön da draußen alles blüht. Wollen wir einen Spaziergang machen?*«

»*Ja doch, Willi. Aber nur eine kleine Runde im Park. Bis zur Bank.*«

»*Gut. Dann können wir vielleicht noch ein Stück Kuchen essen, in der Cafeteria. Ich habe vorhin gesehen, es gibt Apfelstrudel.*«

»*Nein danke. Ich hab keinen Hunger.*«

Es war, als könne sie sich weder fürs Sterben noch fürs Leben entscheiden. Sie hatte einfach nicht genügend Kraft übrig behalten. Weder für das eine noch für das andere. So weit, das schwor er sich, würde er es niemals kommen lassen. So unwiderstehlich konnte gar keine sein, dass er sich in so eine Lage bringen würde. Es ging ja wohl auch noch eine ganz Spur drunter.

Willi entfuhr ein Seufzer.

Margot. Wunderschön hatte sie ausgesehen. Dort im Türrahmen, an der Seite ihres Jungen, in diesem Licht. Irgendwie war das so einer gewesen: einer dieser besonderen Momente. Ein Augenblick, für immer.

Aber darüber hinaus nichts für ihn.

5

1952, Köln

MARGOT ließ es rauschen. Sie stand da, mit locker umgebundener Küchenschürze, an die Spüle gelehnt. Ihre linke Hand hielt sie unter den geöffneten Wasserhahn.

»*Ich bin kein Theoretiker, ich bin Praktiker ...*«

Der junge Bauunternehmer – sie versuchte, nicht an ihn zu denken. Brachte ja doch nichts.

Sie drehte den Wasserhahn noch ein wenig weiter auf. Das Rauschen wurde stärker. Margot blinzelte. Es rief etwas in ihr hervor; einen Traum, den sie kürzlich erst gehabt hatte. Es war kein schöner Traum gewesen. Aber sehr eindringlich. Und da sie so selten träumte, entfaltete er nun eine gewisse Wirkung. Wie ein schattiges, halb vergessenes Märchen war er ihr vorgekommen: *An einem schönen, klaren Frühlingsmorgen trieb der Körper eines Mädchens die windungsreiche Strömung der Sûre hinunter. Östlich von Echternach, nahe des Grenzörtchens Ralingen, wurde er schließlich aus dem Gewässer geborgen. Algen hielten ihn umschlungen.*

Die Sûre wiederum war in ihr flusseigenes Dilemma vertieft. Jedoch mag sie auf ihre Weise so lange wie möglich verhindert haben, dass jene, die sich im Tode ihr anvertraut hatte, an eines ihrer Ufer geschwemmt wurde. Und das Mädchen? Es verschwand aus dem Bewusstsein derjenigen, denen es kurz zuvor noch zugehörig gewesen war ...

»Mama?«

»Ja?«

»Was machst du da?«

Das Wasser sah aus, als ob es an irgendetwas litt, wie es da so gelblich-kränklich herausfloss. Sie ließ es dennoch weiterlaufen, genoss diese kleine Auflösung im Augenblick.

»Ich komme gleich.«

Hinter ihr wartete das halb fertige Abendbrot: Fred bestreute seine Tomaten bestimmt wieder so gründlich mit Pfeffer und Salz, bis sie ungenießbar waren.

Margot betrachtete ihre Hand dort unter dem Wasserstrahl, als sähe sie sie zum ersten Mal, so abgesondert vom Rest ihres Körpers.

»Du bist frei«, sagte sie laut. Ganz so, als sei die Hand schwer von Begriff. Du bist frei …

»Wie?«

»Nichts, mach du ruhig weiter, Fred.«

Die Mosel hatte ihn weggespült.

Den Ehering. Nicht Hermann. Sie hatte ihn, den Ring, von der Römerbrücke hinunter in den Fluss geworfen. Wer weiß, wo die Strömung ihn hingetragen hatte. War ja auch egal. Die Hand jedenfalls sah jetzt wieder so aus, wie sie aussehen sollte: unauffällig.

Dafür zog sich über die Kuppe ihres Zeigefingers nun ein frischer blutender Riss. Sie war abgerutscht mit dem Messer. Beim Zwiebelschneiden.

»Kommst du jetzt endlich, Mama?«

»Gleich hab ich gesagt, Fred.«

Das Blut der Schnittwunde vermischte sich mit dem unreinen Wasser und floss nun als roter anklagender Strahl in den Abfluss.

Margot seufzte.

Hermann würde sie finden. Es war nur eine Frage der Zeit. Und dann?

»Hier seid ihr sicher«, hatte Johan sie beschwichtigt. Aber was wusste er schon? Er kannte Hermann nicht. Wie hatte sie nur so blauäugig sein können? Wahrscheinlich würde alles letztlich nur noch schlimmer werden. Falls das überhaupt möglich war.
»Soll ich dir auch so ein Brot machen, Mama?«
»Wie? Ja, mach du nur.«
Und das Mädchen? Es verschwand aus dem Bewusstsein derjenigen, denen es kurz zuvor noch zugehörig gewesen war …
Margot drehte den Wasserhahn weiter auf.
… verschwand aus dem Bewusstsein …
Das Wasser floss ihr über die Hand.
… verschwand …
Sie ließ es rauschen; weiter, einfach weiter …

1938, Eechternoach

Margot saß auf der Bettkante, die Hände im Schoß gefaltet. Ans Beten dachte sie aber ganz und gar nicht. Sie dachte an Mathilde.

Komm zurück, bitte. Komm zurück!

Sie sprach diese Worte nicht laut aus. Was, wenn das Zimmer dann auch noch verschwand?

Unsinn. Mathildes Zimmer hatte feste Wände. Wie jedes Zimmer. Was sollte da schon groß passieren? Nur Menschen passierte was. Zimmer waren höchstens mal verschlossen.

Mathildes Zimmer war jetzt immer verschlossen. Einmal in der Woche allerdings, da huschte Clarissa hinein, um den Staub von den Möbeln zu wischen. Und sie selbst war heute mit durch den Türspalt geschlüpft. Nur um jetzt untätig auf der Bettkante herumzusitzen …

»Wie viele Brote soll ich dir denn machen, Mama?«

»Wie?« Margot fühlte sich unsanft in die Gegenwart zurückgerissen. »So viele du willst, Fred.«

»Die eine Tomate ist matschig.«

»Dann nimm eine andere.«

Die Küchenspüle war angenehm unnachgiebig, kühl. Aber etwas schien da nun in ihr aufzustrudeln, in Bewegung zu geraten.

Sie sieht sich wieder auf Mathildes Bett sitzen, während Clarissa mit einem langstieligen Wedel den Staub von den Oberflächen wischt; sie folgt diesem emsigen Wedel mit den Augen, der wie eine fedrige Riesenhand den Staub vertilgt – alles ist so still. Würgend still. Sie wartet. Auf die große Schwester. Mathilde, die sich ihr zuwendet. Die nach ihrer Hand greift, mit ihr nach Hause läuft. Auf ihr Summen wartet sie, ihre Schritte, klack-klack, klack-klack, auf dem Gehwegpflaster: »*Divorced, beheaded, died. Divorced, beheaded, survived ...*«

Wie warm es ist! Das Ufer entlang der Sûre duftet nach Gras und Schierling. Die Silberweiden beugen ihre ausladenden Zweige übers Wasser, die Birnen, Holunderbeeren und Trauben hängen prall und schwer in den Ästen, Sträuchern und Reben.

Der Sommer mag sich nicht lösen. Beharrlich hat er alles mit seinem Altweiberlicht eingesponnen: Mathilde und sie, ihre weit geöffneten Strickjacken über den Kleidern, die im Takt schlenkernden Arme, ihre verschränkten Hände, die in der Sonne schimmernden Wege, er lässt die Absätze ihrer Riemchenschuhe – klack-klack, klack-klack, klack-klack – auf dem unebenen Pflaster der Altstadt und auf den breiten, gelassenen Gehwegplatten der Rue de Luxembourg und der Rue de Romain widerhallen. Namen, sie werfen, *Rue, Rue, Rue*, ein Echo; darüber ihre auffliegenden Mädchenstimmen. Hell, ein wenig kieksend ihre eigene, die von Mathilde volltöniger: »*Divorced, beheaded, died. Divorced, beheaded ...*«

»*Survived.*«
»*Died.*«
»Anne Boleyn!«
»Catherine Parr!«
Margot läuft dicht neben Mathilde. Wie schön, dass sie beide denselben Heimweg haben. Blöd nur, dass sie immer noch zur Schule gehen muss, während Mathilde schon im Geschäft mithelfen darf. Ach ja, die Schule. Heute hatten sie wieder Schwester Agathe gehabt, in Englisch …

»Und so, *mes élèves*, schickte Gott der Allmächtige den Abtrünnigen anno 1528 die *pestis sudorosa*.« Schwester Agathe war deutlich anzumerken, was sie von diesem Heinrich VIII., seiner Vielweiberei und seiner Politik hielt.
»Notieren«, ergänzte sie und schrieb an die Tafel: *Divorced, beheaded, died. Divorced, beheaded, survived.*
»Schon damals, hört ihr, prägten sich die Untertanen das Schicksal von Heinrichs sechs Frauen mit diesem Abzählreim ein.«
Die Königinnen – einzig und allein Jane Seymour schien sich in Schwester Agathes Augen eine gewisse Achtung erworben zu haben. »*Bound to obey and serve*« lautete deren Wahlspruch, den Margot sogleich im Chor mit den anderen nachsprach.
»Und so ist Lady Seymour es auch gewesen, die von Gott mit Edward, dem einzig männlichen Nachkommen, und einem ehrenvollen Tod im Kindbett belohnt wurde, weswegen … Ja, was gibt es denn, Margot?«
»Aber dieser Edward starb doch so früh. Und hat nicht Elisabeth, Anne Boleyns Tochter, England das ›Goldene Zeitalter‹ beschert?«
Ein Blick in Schwester Agathes Gesicht, und ihr wurde wieder einmal klar, dass man, außer derlei Dinge wie Reime und Mottos

nachzusprechen, am besten den Mund hielt. Ihr Blick huschte zu Charlotte, die mit einem abwesenden Gesichtsausdruck neben ihr in der Schulbank saß. Offenbar war sie mal wieder dabei, Schwester Agathe in Gedanken umzukleiden und zu frisieren. Nun aber lächelte sie. »*Good point*«, flüsterte die Freundin ihr zu.

»Wen der Herrgott liebt, den ruft er früh zu sich. Sei dir deines eigenen Schicksals bloß nicht zu gewiss, Fräulein.« Schwester Agathe, deren Wangen sich bei der Nennung Anne Boleyns leicht gerötet hatten, vermerkte etwas in ihrem Büchlein. Dann sah sie auf.

»*Schnabbelech.*« Vorlaut.

Die Nonne taxierte sie so lange mit ihrem überlegenen, abschätzigen Blick, bis Margot errötend den Kopf senkte. Ich sehe in deine Seele, Margot, schien dieser Blick zu sagen, und da ist nicht viel, was die Aufregung lohnt. Du und deinesgleichen, ihr jungen, unfertigen Geschöpfe, bildet euch sonst was darauf ein, was ihr alles so denkt und fühlt. Wie besonders ihr seid. Glaubt, ihr braucht weder Demut noch Gottes Barmherzigkeit. Und doch formt das Leben, da draußen an der Seite von Männern, euch letztlich alle gleich. »*Bound to obbey and serve*« – und darin unterscheidet ihr euch in nichts von mir und meinesgleichen.

»*Bound to obbey and serve.*«

»*Repeat!*«

»*Bound to obbey and serve.*«

»*Repeat!*«

»Anne Boleyn!«

»Catherine Parr!«

»Aber Anne Boleyn«, ruft Margot jetzt dort neben Mathilde, »war die Aufregendste.«

»Catherine Parr war die Klügste.« Mathilde bläst sich eine Haarlocke aus der Stirn. »Und sie hat überlebt. Als Einzige. Weil sie ihre

Ansichten für sich behalten hat. Offenbar war sie um einiges klüger als der berüchtigte Heinrich. Hat Schwester Agathe wohl vergessen zu erwähnen, stimmts?«

»Ja, hat sie. Aber mir ist sie mal wieder über den Mund gefahren, als ich ...«

»Warst du etwa wieder vorlaut?«

»Na, und wenn? Seit wann ist es verboten, Fragen zu stellen?«

»Seit es dich den Kopf kosten kann?« Mathilde lacht, stupst sie in die Seite. »Wär doch schad, wo du einen so hübschen hast.«

»Sehr witzig.«

»Na, du hasts doch gehört: *divorced, beheaded, died.*«

»... *divorced, beheaded, survived.*«

»*Died.*«

»*Survived.*«

Klack-klack, klack-klack ...

Entlang der Rue Gregoire Schouppe weichen die Häuser, alte, ehemalige Herrschaftshäuser, mehr und mehr vom Straßenrand zurück und überlassen das Terrain dem wuchernden Gestrüpp zu ihren Füßen.

»*Géi ewech!*« Margot läuft auf eines der halb geöffneten Gartentore zu, auf dem der Name der Eigentümer verblichen ist, geht hindurch und wedelt die verdutzte Hummel von einer spärlichen Ansammlung gelber und roter Zinnien weg, die auf dem struppigen, mit Fallobst bedeckten Rasen in Kniehöhe wachsen. Sie zerrt und rupft an den erstaunlich verwurzelten Dingelchen.

»*Fir doheem.*«

Mathilde ist ihr gefolgt. Nun nimmt sie ihr eine der roten Zinnien aus der Hand und steckt sie Margot dicht über dem Ohr ins Haar.

»Au, das pikst! Und Dreck ist auch noch dran.«

»Schön ...«

Mathildes Stimme klingt ebenso zärtlich wie abwesend. Sie sieht an ihr vorbei, als würde sich dicht hinter Margots Rücken etwas regen, das ihre volle Aufmerksamkeit auf sich zieht. Sie lächelt versonnen. Und es ist, als scheine das Licht nur für sie. Sie allein.

»*Dajee!*« Margot zieht, plötzlich ungeduldig geworden, Mathilde auf den Weg zurück.

»*Meng Strëmp, waart ...*« Die Schwester bückt sich und zieht ihr Strumpfband hoch, das sich aus einer der Ösen unter dem feinen Baumwollkleid gelöst hat. Sie hakt es mit einer raschen, geübten Geste wieder ein.

Ja, Mathilde trägt Nylon. Wie eine richtige Frau. Und sie, sie muss immer noch diese ollen Mädchenstrumpfhosen tragen, die immerzu kratzen. Margot verspürt einen heftigen Stich. Die Schwester ist zwar da, dort neben ihr, aber im Grunde ist sie ganz woanders.

»*Vor lauter Lieb, die Lieb, die Lieb-ti-ti*«, singt sie aufs Geradewohl.

Mathilde reagiert nicht. Doch sie lässt zu, dass Margot nach ihrer Hand greift und sie hin und her zu schwenken beginnt wie eine Trophäe.

»*Vor lauter Lieb, die Lieb, die Lieb-ti-ti!* Na, komm schon, Mathilde! *Vor lauter Lieb, die Lieb-ti-ti ...*«

»Ist ja schon gut.«

»*Die Lieb, die Lieb, die Lieb-ti-ti!*«

»*Die Lieb, die Lieb-ti-ti ...*«

»*Die Lieb ...*«

»*Ti-tiiii ...!*«

Sie singen jetzt quer durcheinander, dann wieder im Takt. Margot läuft ein Stück vor. Von Zeit zu Zeit trällert sie, als sei sie eine Opernsängerin.

»Bühnenreif. Du wirst mal ein Star!« Mathilde lacht. Ein Lachen, das tief aus dem Bauch heraus kommt und das Margot so sehr an ihr liebt.

»Geh heut mal allein, Margot. Mir ist nicht gut. Ja, schon wieder. Was soll ich machen? Ich bin halt unpässlich.«

Im Laufe des Winters wurde Mathilde plötzlich von einer mysteriösen Krankheit befallen. Es war verwirrend. Erst aß die Schwester alles, was ihr in die Quere kam. Und so viel! Dann war von jetzt auf gleich das Gegenteil der Fall. Sie aß so gut wie gar nichts mehr. Erst war sie noch so rosig und fröhlich wie immer, dann blass und still.

»Mir ist so übel.«

»Mir ist so schwindelig, Mutter.«

»Mir ist so ...«

Dann kam der Arzt. Und alles wurde noch verrückter.

Der Vater war nun fortwährend rot im Gesicht, die Mutter wischte sich ständig über ihr Gesicht. Selbst die Wände schienen irgendetwas auszuschwitzen. Andauernd ging etwas zu Bruch. Porzellan und andere Dinge, sogar eine Türklinke fiel plötzlich mit einem *Klirr!* zu Boden. Laut wurde es. Das Fräulein vom Amt und der Briefträger wurden strapaziert, die Stimmen in den Zimmern überschlugen sich, und immer, immer ging es um Mathilde.

»Papa, was hat Mathilde denn?«

»Das geht euch gar nichts an.«

»Aber ...«

»Kein Aber. Schluss jetzt mit dem Thema.«

»Was hat denn der Arzt ...?«

»Raus!«

Eine Weile blieb alles so, wirr und laut.

Dann wurde es still. Zu still. Besonders Mathilde.

Der Vater weitete seine Spaziergänge mit Sepp ins schier Unendliche aus, die Lippen der Mutter waren nur noch ein dünner, fester

Strich, die Vorhänge zur Straße blieben zugezogen. Es gab keine Hausmusik mehr. Charles übte ausschließlich mit Schalldämpferaufsatz. Das klang so, als hielte man seiner Trompete ständig den Mund zu. Emilie beklagte sich, dass ihr allmählich der Appetit vergehe bei all dem Schweigen, und ihre Hustenanfälle schienen an manchen Tagen das einzig weithin schallende Geräusch zu sein. Jean verschwand so oft wie möglich in der Garage, polierte den Marmon oder »tauchte«, wie er es nannte, »bei Freunden unter«. Die Spazierfahrten wurden eingestellt. Niemand kam mehr zu Besuch.

Als der erste Schnee fiel, wurde es auch im Haus immer kälter. Das Jahr 1938 brach an und brachte nichts. Doch während alles, was Mathildes »Zustand« betraf, zu einem Flüstern verkam, fiel ein-, zweimal, mehr Schrei als Wort, ein Name. Doch kaum hatten Margots Ohren ihn dem Zimmer abgelauscht, wurde er sogleich wieder von Teppichen und anderen Dämpfern verschluckt: *Simon.*

»Was ist denn mit dem Simon? Ich dachte, die Mathilde mag ihn gern?«

»Ach, Margot, er steckt da halt mit drin.«

»Wo drin denn, Emilie? Hat er Mathilde was getan? Aber sie sind doch verliebt.«

»Dummerchen. Er hat damit zu tun, dieser Wiesenthal. Mit ihrem ›Zustand‹.«

»Womit? *Womit* denn?!«

Mathilde verließ inzwischen kaum noch ihr Zimmer, nahm all ihre Mahlzeiten dort ein. Manchmal klopfte Margot vorsichtig gegen ihre Tür, wenn das Klirren des Schlüsselbundes auf dem Flur nicht zu hören war. Mathilde reagierte nur selten.

»Geh bitte, Margot«, oder wenn sie einmal besonders hartnäckig klopfte und pochte: »Hau ab. Lass mich in Frieden!«

»Aber ...«

»Nun geh schon. Alles wird gut.«

Die Eltern schienen das anders zu sehen. Ständig schnitten sie ihr und Jean das Wort ab. Als hätten sie beide auch irgendwie zu verschwinden.

Dabei war es sowieso schon so öd am Esstisch derzeit. Ohne Emilies dramatisches Herumgehuste, die deswegen seit Neustem eine Kur in der Schweiz machen durfte, und ohne Charles, der auf Orchesterreise war. Margot seufzte. Sie vermisste den großen Bruder zwar nicht sonderlich. Der hielt sich nämlich inzwischen für was Besseres und interessierte sich nur noch für seine Musik. Aber den Klang seiner Trompete vermisste sie. Es war viel zu ruhig.

»Also, wenn Mathilde wieder …«

»Wisst ihr noch, wie Mathilde neulich …?«

»Schluss jetzt. Kein Wort mehr über Mathilde.«

»Aber, Mama, warum kann Mathilde nicht …?«

»Noch einmal, Jean, und du kannst auf deinem Zimmer essen.«

»Aber …«

»Ihr habt eure Mutter doch gehört. Das Thema Mathilde ist tabu. Hast du verstanden, Margot?«

»Aber …«

»Raus mit euch. Alle beide!«

Mathilde fand nicht mehr statt.

Emilie hingegen, dort in der Schweiz, blühte auf: »Selbst an verhangenen Tagen ist es hier schön. Dann sinken die Wolken ganz tief herab, und man fühlt sich so wohlig umschlossen«, schrieb sie.

Und wenn die Sonne scheint, ist es, als würde ein Vorhang ganz weit aufgezogen. Wie dann alles glitzert und strahlt! Nicht nur der See und die Berge. Ich glaube, ich habe auch noch nie so viele Blumen auf einmal gesehen. Manche von den Beerensträuchern blühen ganz wild. Feurig. Rot, orange und lila, und welche gibts, die wachsen so hoch wie Bäume! Anbei findet ihr auch eines der Wiesenkräuter, das ich für euch gepresst habe. Ist es nicht schön? Überhaupt, alles ist so farbig! Und erst das Essen! Nicht dass es bei uns daheim nicht schmeckt. Aber wisst ihr, irgendwie habe ich hier mehr Kraft für alles, selbst fürs Schmecken. Sogar den würzigen Bergkäse bekomm ich runter, ohne allzu viel zu husten und, verzeiht, zu würgen. Und gestern habe ich bei einer Bergtour, die es für uns Patienten gab, mitgemacht. Den kleinen blauen Rundweg habe ich genommen, zusammen mit drei anderen aus der Asthma-Abteilung. Und ich habe es geschafft, den ganzen Weg von einer Stunde! Ich musste nicht einmal ausruhen zwischendurch wie etwa diese Madame Surgell aus den Vogesen. Dabei sollte man meinen, dass der so etwas leichter fällt als mir. Die ist schließlich immer von Bergen umgeben. Aber es scheint fast so, als ob es in diesem Land mehr Luft gäbe als anderswo. Und die Aussicht von meinem Balkonzimmer! Man sieht beinahe die ganze Südseite des Genfer Sees. Ich schicke euch demnächst noch Ansichtskarten. Und, Mutti, Vati, ich dachte: Vielleicht könnte ja auch Mathilde hierherkommen? Ich meine, in ihrem Zustand wäre sie hier vielleicht ganz gut aufgehoben ...

»Mama! Was machst du denn da so lange mit all dem Wasser?«
»Ich hab mich doch eben geschnitten, Fred.«
Margot blieb stehen, wo sie stand, dort an der Küchenspüle, ließ es laufen, das Wasser, ließ sie fließen, die Zeit, Erinnerungen ...

»Weißt du, wie viel Sternlein stehen, an dem blauen Himmelszelt ...« – Mathilde summt. Bei ihr am Bett sitzt sie, die Schwester. Nach Kirschen riecht sie. Nach feuchter Erde, Gartenabendluft, dem Privileg des Noch-Auf-Sein-Dürfens. Sie selbst schmeckt noch die Überreste der Zahncreme in ihrem Mund, spürt die Zeugnisse der lästigen

Abendpflege: die seifenreine Haut, Bürstenstrichglätte, die Enge des Nachthemdkragens. »Warum darf ich nicht auch noch aufbleiben? Das ist so ungerecht.«

Die Schwester streicht ihr über das Haar. »Jetzt hab dich doch nicht so, Margot. Du versäumst ja nichts. Morgen ist schließlich auch noch ein Tag.«

Mathilde summt weiter, und auf einmal ist alles gut, reicht es völlig aus, dazuliegen, ihre Stimme zu hören, so nah, so atemwarm an ihrem Ohr: »*Gott der Herr rief sie beim Namen, dass sie all ins Leben kamen. Kennt auch dich und hat dich lieb. Kennt auch dich und hat dich lieb ...*«

Mathilde – die schöne, starke Seht-her-es-geht-auch-anders-Schwester. Die Nylon trägt und kurze Haare. Die laut, so tief aus dem Bauch heraus lachen kann und von allen angeschaut wird. Die, weil sie in die erste Reihe gehört, ganz vorn in der Springprozession tanzt. Die verliebt ist. Die heimlich Illustrierte, Romane liest. Die den Kopf voller Lieder, Pläne hat. Die niemals alt, älter werden wird.

»*Sie ist in die Sûre gegangen ...*«

»Sie ist in die Sûre gegangen«, murmelten die Dienstmädchen sich beim Putzen des Silberbestecks zu.

»Und wann kommt sie wieder heraus?«

Ein mitleidiger Blick Clarissas traf sie.

Dummerchen ...

Margot machte auf dem Absatz kehrt, rannte die Treppe hoch, ließ sich in ihrem Zimmer aufs Bett fallen. Unten im Parterre schlug eine Tür zu: Der Polizeihauptmeister war gerade gegangen. Mama und Papa verschwanden gleich mit, im Studierzimmer.

»Sie wollen jetzt nicht gestört werden, Margot.«

»Aber ...«

»Nimm mich mit!« Margot erschrak selbst vor ihrem Schrei. So lange – waren es Tage, Wochen seit jenem Besuch des Polizeihauptmeisters? –, so lange hatte sie sich nicht mehr laut geäußert, dass sie nun fast krächzte. Sie war der Mutter, als die sich endlich wieder regte, durch das ganze Haus bis zu dem Schrank mit den Koffern gefolgt, die Clarissa bereits zum Entlüften hinausgestellt und entstaubt hatte. Eifersucht stieg in ihr hoch. Auf die ollen, aber reisetauglichen Koffer.

»Nimm mich mit zur Tante. Oder vielleicht könnte ich auch zu Emilie in die Schweiz?«

Doch die Mutter hatte nur den Kopf geschüttelt und die Schnallen ihrer Koffer mit einer Heftigkeit auf- und zuschnappen lassen, als wollte sie sich selbst darin verriegeln.

Vom Vater sah sie dieser Tage selten mehr als den Rücken. Selbst dem Sepp schien die Lust aufs Bellen vergangen zu sein. Fast geräuschlos tippelte er dem Vater hinterher, eine Art verlängerter Trübsinn seines Herrchens.

»Komme spät. Esst bitte ohne mich.«

Jean war auch kein Trost. Seine Hände waren ständig geschwärzt von Motoröl und Schmiere, und wenn er mal sprach, dann von irgendwelchem völlig unverständlichen Technikgedöns. Er schien jetzt in der Garage zu leben, beim Marmon.

Margot ging, nein, sie schlich durch die stillen Korridore und Flure, in denen es ohne das Klirren des Schüsselbundes, ohne die Mama, ohne Emilies Husten und Charles' Trompete und ohne Mathilde nun seltsam unwirklich war. Sie selbst schien es nirgendwo zu halten. In ihrem Zimmer nicht und auch in keinem der anderen Räume. Alle waren weg. Waren irgendwo oder bei irgendwem.

Nur sie nicht.

Nur einmal in der Woche, beim Staubwischen, huschte sie unter Clarissas wortlosem Einverständnis, immerhin, das Hausmädchen war plötzlich ganz in Ordnung, sie huschte also in Mathildes Zimmer, setzte sich auf das Bett und wartete, ohne genau zu wissen, worauf.

»*Sie ist in die Sûre gegangen.*«

Margot strich mit der Hand über die schwere, taubenblaue Tagesdecke. Wer ging, konnte auch zurückkommen. Es sei denn – ihre Hand dort über der Bettdecke stockte –, »*Malleus Maleficarum* ... «

»*Malleus Maleficarum*: Der oder die vom Teufel Besessene ist äußerlich oft von reiner, unschuldiger Gestalt, denn der Teufel versteht sich meisterlich auf das Geschäft der Täuschung und Verstellung.« Schwester Oktavias Stimme wurde laut und lauter, bis sie in Margots Ohren zu dröhnen begann: »Daher war die ›Teufelsprobe‹ seit dem 15. Jahrhundert eine weitverbreitete Methode.«

Margot blinzelte, rieb sich die Stirn.

»Neben Verbrennungen bei lebendigem Leib, besonders bei Ketzerinnen und Kindsmörderinnen, wurde auch der Tod durch Ertränken ... «

»Aufhören.«

» ... ihr Körper schwoll auf ... Lungen ... schwer vom Wasser ... Im Jahre 1782 wurde die letzte Hexe Europas ... «

»Aufhören, aufhören, AUFHÖREN!«

Margot sprang auf, die Hände zu Fäusten geballt. »Sei STILL.«

»Um Himmels willen ... « Schwester Oktavia, die Kreide in der Hand, hielt mit dem Schreiben inne. »Margot?«

»Genug, genug, GENUG!«

Margot schlug sich die Fäuste gegen die Stirn, wusste kaum, warum.

»Sch ... Margot, ist ja gut. Komm.«

Charlotte war da. Ihre beruhigende Stimme, ihr sicherer Griff. Die Freundin führte sie raus. Raus aus dem Klassenzimmer, durch all das Geraune und Geglotze, hinaus auf den Gang, die Treppe hinunter, nach draußen. Irgendwie war sie heimgekommen.

Am nächsten Tag kam ein Brief: »Lebenslanges Verbot, das Schulgelände wieder zu betreten. Schwester Oktavia hat einen schlimmen Schock erlitten. Etliche Schülerinnen weigern sich, dem Unterrichtsthema weiter zu folgen ...«

»Ich regle das«, sagte der Vater. »Ein Gespräch unter vier Augen, die entsprechende Spende ...« Er hatte ihr kurz, aber mit Nachdruck die Hand auf die Schulter gelegt. Die tiefe Verachtung für Schwester Oktavia, die in seinem Blick lag, seine Sicherheit waren tröstlich. Und endlich drehte er ihr mal nicht den Rücken zu. »Weißt du, Margot, wenn die Zahlen stimmen, ist ›lebenslang‹ bald wieder Schnee von gestern.«

Und tatsächlich, »lebenslang« war bald vorbei.

»Zeit, auszumisten.« Die Mutter, das Leben kehrte zurück. Die Vorhänge zur Straße wurden aufgezogen, der Vater fand langsam wieder früher heim und Sepp zu seiner alten Frechheit zurück. Nach einer Kette bunter Ansichtskarten kehrten auch Charles und Emilie zurück. Jean setzte die sonntäglichen Spazierfahrten wieder durch, Emilie half im Baugeschäft aus.

Und dann, eines Tages, stand die Tür zu Mathildes Zimmer plötzlich offen. Fremde Männer kamen und trugen die Möbel fort.

»Die Arbeitskommode dort unter dem Fenster bitte stehen lassen, meine Herren.«

»Aber, Mama ...«

»Du und Emilie, ihr könnt euch die Fächer teilen, Margot. Ihr seid jetzt alt genug für eine eigene Nähstube.«

»Aber ich mag da nicht ...«

»Keine Widerrede.«

Nun hatten sie also eine eigene Nähstube, Emilie und sie.

»Weißt du, Millie, was Charlie mir neulich erzählt hat?«

»Ach, Margot. Deine Charlotte erzählt viel, wenn der Tag lang ist. Wickelst du mir die da mal bitte auf? Danke. Was hat sie denn nun erzählt?«

»Na, dass die Schwester Oktavia, du weißt schon, die bei uns Geschichte gibt, heimlich trinkt. Wirklich, Charlie ist neulich an ihrem Zimmer vorbeigegangen, und da stand die Tür einen Spalt weit offen und ...«

»Unsinn! Als ob sie bei offener Türe trinkt. Wenn schon, dann tät sie das doch heimlich. Zu meiner Zeit wirkte sie jedenfalls immer völlig klar und gefasst. Wahrscheinlich wars Tee. Diese Charlotte hat wirklich eine blühende Fantasie. So wie du. Sag mal, magst du mir am Samstag vielleicht ein Paar stärkere Nadeln vom Markt ...«

Ja, sie gingen wieder auf den Markt. Die Besucher, die Freunde kehrten zurück, zusammen mit dem Frühling. Und irgendwann – »*Allouette, gentille allouette, allouette, je te plumerai ...*« – lief sie über die Sauer-Brücke, entlang der Route de Luxembourg und Rue de Romain, schlenderte über das Pflaster der Altstadt vorbei an den Cafés, Bankhäusern und Geschäften, Hand in Hand mit Emilie oder an der Seite von Charlotte.

»*Allouette, gentille allouette, allouette, je te plumerai la tête!*«

Klack-klack, klack-klack. Wars nicht schon immer so? Na klar, es war immer schon so gewesen!

»*Allouette, gentille allouette ...*«

»Was heißt das, Mama? Das mit der All-Luette?«

»Wie?« Margot drehte den Wasserhahn zu. Sie trocknete sich die nasse, aufgeweichte Hand am Küchentuch ab (was stand sie auch so lange da herum?) und kehrte zu Fred an den Esstisch zurück. Auf ihrem Teller stapelte sich ein Berg Brote.

»Hast du die etwa alle für mich gemacht?«

»Du bist ja nicht gekommen. Was ist eine All-Luette?«

Margot stutzte. Offenbar hatte sie zuletzt laut vor sich hin gesungen. »*Lerche* heißt das. Das ist Französisch. Ein Lied über die niedliche Lerche, das wir als Kinder immer gern gesungen haben. Vor dem Krieg. Dann wars verboten.«

»Och. Immer Krieg.«

»Ich sings dir mal vor: *Allouette, gentille* ... Lass das ruhig Fred, ich schneid dir die rasch.«

Margot griff nach dem Küchenmesser und legte sich die Zwiebel auf dem Brettchen zurecht.

»*Allouette, gentille allouette, allouette, je te plumerai la tête* ...«

Das Messer fuhr durch die Zwiebelhäute. HACK, HACK.

»Und jetzt du, Fred.«

»*Allu-että, schantil* ... *allu*...«

»*Allouette, gentille allouette, allouette, je te plumerai la tête* ...«

»Nicht so schnell, Mama!«

»*Lerche, niedliche Lerche* ... Ist das langsam genug? *Lerche, niedliche Lerche, ich rupfe dir den Kopf* ...«

HACK, HACK. Kopf ab – Fast hätte sie laut aufgelacht, besser noch: geschrien. Ja, mein Junge, dachte sie. Och. Och, immer Krieg.

Sie waren neutral, ihr Land war *neutral* gewesen. Was das hieß, hatte sie als Mädchen nie wirklich begriffen. Bis es vorbei gewesen war. »*Mir wëlle bleiwe, wat mir sinn!*« Töricht. Naiv.

Wie hatte dieser Gauleiter, Gustav Simon, wie hatte der das genannt, was sie im Grunde waren? Ach ja: ein »Durchgangsland«: »Als Teil des Westfeldzuges ist Luxemburg von hohem strategischem Interesse.«

Wie oft hatte sie das damals gehört, dieses tückische Wort: *Interesse*. Sie waren von hohem Interesse. Was so viel hieß wie vereinnahmt, entmündigt, abgeschafft zu werden. Nie wieder war es frei, war es wieder unschuldig für sie geworden dieses Wort, dieser Zustand: *Ich interessiere mich für dich.*

HACK, HACK.
»... *schö tö Plü-marä* ... Ich komm nicht mit, Mama.«
»Also, noch mal langsam, Fred: *Allouette*, Lerche. *Gentille*, niedlich. Das lernst du schon noch.«
Alles ließ sich lernen.
Vor allem im Krieg. Sie selbst lernte an jenem 10. Mai 1940, dass ihr fortan nur in der deutschen Sprache zu reden erlaubt war: »Das Deutschtum der Luxemburger ist nur unter einer dünnen äußeren Schicht französischen Firnisses verborgen. Mittels einer gezielten Entwelschung wird der deutsche Charakter Luxemburgs von selbst wieder hervorkommen.«
Sie war abgeschafft, zu »Margarete« geworden. Die Brüder: Charles zu »Karl« und Jean zu »Hans«. Nur Emilie durfte Emilie bleiben. Typisch, dachte sie verdrossen. Die Muttersprache, verboten. *Roude Lew.* Verboten: »*bonjour*«, »*adieu*«, »*salut*«. Ablegen: die Baskenmützen, die Marlene-Hosen, alle Kleider französischen Zuschnitts. Ablegen: Führungspositionen, Karrieren, Berufe. Umlernen: Eigennamen, Straßennamen, Ländernamen, Werte. Unwerte. Alles ließ sich lernen.

»Herrschaftszeiten!« Die Hand von Schwester Agathe, die Verordnung über Verordnung an die Tafel schreibt, wird härter. Gegebenenfalls schlägt sie ihnen auf den Mund.
»Place du ...«
»Wie bitte?«
»Markt. Marktplatz.«
»So sitzt kein anständiges deutsches Mädchen da, Charlotte. Wir schlagen die Beine *nicht* übereinander. Wir haben nichts zu verbergen. Da gibt es nichts zu kichern, Margarete. Es wird erwartet, dass ihr eure Kameradinnen bei der Verinnerlichung der arischen Gesinnungsweise tatkräftig unterstützt. Jedes zuwider gehende Verhal-

ten ist uns Schwestern fortan zu melden. Dies zu unterlassen, ich muss es wohl nicht noch einmal betonen, wird Konsequenzen nach sich ziehen.«

»*Lerche, niedliche Lerche, ich rupfe dir den Kopf.*« – Wort um Wort, das da nun auf sie einsticht, einschlägt: arisch. Nichtarisch. Entwelschung. Umerziehung. Zwangsrekrutierungen. Generalstreik. Terror. Die Standgerichte, die Erschießungen. Angst. Die Brüder werden eingezogen. Erst Jean/Hans. Dann Charles/Karl: *Beutegermanen*. Beute. Beute …

»… *schö tö Plü-mará*. Ich hab jetzt genug von dem Lied, Mama.«
HACK, HACK.
»Schon gut, Fred.«
Die Zwiebel, alles war jetzt zerkleinert.

6

Köln, 1933

WILLI stocherte in seiner Beilage herum. Die Zwiebeln schob er unter dem missbilligenden Blick der Mutter gleich an den Rand. Aber auch sonst war die Stimmung bei Tisch heute eher mies.

»Ich sehe gern, was ich esse.« Der Vater beäugte misstrauisch die Anrichte.

»Vielleicht schmeckts ja wie Fleisch, Papa.«

»Bestimmt nicht, Kättchen. Schaut euch doch nur dieses trübe blassrosa Ding an.«

»Aber beim Schwein sind doch auch keine Füße und kein Kopf mehr dran. Und es schmeckt.« Willi fand, dass die Schwester recht hatte. Ausnahmsweise. War doch gut, mal was anderes auf dem Teller zu haben. Besser jedenfalls als die Beilage. Bohnen. Karotten. Und Zwiebeln. Bäh.

»Der Feschmenger sagt, der ist vorzüglich. Und teuer genug war er auch.« Die Mutter war verstimmt. »Jesses, nächstes Mal gibts wieder Braten. Und jetzt wird gegessen.«

»Wie sieht er denn aus, so ein Lachs? Ich mein, wenn er noch lebt?«

»Spring in den Rhein, Willi, dann siehst du vielleicht einen.« Der Franz angelte mit den Gabelzinken nach einem der Brocken. Na, dem würde ers zeigen.

»Willi!«

»Komm zurück!«

»Nun mach schon.«

»Na los, Willi!«

Schwimmen. Nach Lachsen tauchen. Dem Franz einen unter die Nase reiben. Dem Vater die Beute herzeigen: »Schau mal. SO sieht der aus.«

»Willi!«

»Komm zurück!«

Mein lieber Scholli, war das kalt! Da blieb einem ja glatt die Luft weg. Egal, weiter.

Das Ufer gleitet von ihm fort. Die Strömung ist stark. Aber er hat sich schon an die Temperatur gewöhnt, schwimmt bereits auf die Flussmitte zu.

Schwimmen, ja, das kann er. Auch wenn alle immer denken, er müsse noch viel mehr können.

In einem starken Körper wohnt auch ein starker Geist, Wilhelm.« – Alle reden immerzu auf ihn ein. Dies solle er tun, oder nicht tun, oder jenes. Die Lehrer, der Vater, die Mutter, der Onkel Ludwig, manchmal auch der Franz. Dabei, was kann er dafür, dass er so groß ist? Viel größer als alle anderen aus seiner Klasse. Aber er ist nicht stark. Höchstens so, wie ein Elefant stark ist. Ein Elefant im Porzellanladen.

Im Wasser aber ist alles anders. Wie herrlich leicht sich sein Körper da anfühlt! Geschmeidig und flink wie ein Fisch. Hier ist er richtig, ist er einer unter vielen. Wenn die Welt ein Fluss wäre, ja, dann wäre alles gut.

Etwas streift seine Waden. Ein Lachs? Runtertauchen, nachsehen … Nee, die Strömung ist jetzt zu stark; sie zerrt, reißt. Rasch wendet er den Kopf zur Seite, nein, kein Schiff in Sicht! Zum Glück, das würde einen üblen Sog erzeugen …

Schwimmstoß für Schwimmstoß bewegt er sich auf das andere

Ufer zu. Sonnenlicht wärmt sein Gesicht; ja, jetzt ist alles gut. So solls bleiben. Genau so.

Treiben. Irgendwohin. Den Fluss entscheiden lassen ...

»Willi. WILLI!«

»Weiter, weiter!«

Die anfeuernden Rufe seiner Freunde, sie geben ihm Rückenwind.

»Gleich hast du's geschafft!«

»Na los!«

»Schneller, schneller!«

Der Schmerz kommt so plötzlich, dass er sich auf die Zunge beißt. Ein heftiges Ziehen, stark, stärker, im linken Bein. WADENKRAMPF.

Willi schreit. Wasser läuft ihm in den Mund. Spucken. Husten.

Ich schaffs noch. Ich schaffs ...

Da, das Ufer! Hand ausstrecken. Nach dem Gras, dem Schilf greifen.

Komm schon, komm ...

»Willi!«

»WILLI!«

»Er ertrinkt.«

»Nee, schau, er kommt hoch.«

»Jetzt geht er wieder unter. Mensch, hol Hilfe!«

»Hol – «

Die Steinplatte auf seiner Brust hob sich. Etwas Warmes, Feuchtes umschlang ihn. Weg damit, weg.

Er wollte es abstreifen, das Ding. Ging nicht. Seine Arme, Beine, alles war so schwer ... Er öffnete die Augen. Sah gar nichts, dann verschwommen. Decke. Holz? Stahl? Glocken läuteten. Dann war es wieder still. Keine Engel, keine Musik.

»Bin ich tot?«, fragte er sicherheitshalber und war erstaunt, wie zittrig und leise seine Stimme klang. So, als gehöre sie jemand anderem. Einem sehr kleinen Kind vielleicht.

»Na, Gott sei Dank, Willichen!«

»Mama?« Er blinzelte. Ja, ihre Stimme war das, ihr Geruch. So ein Gemisch aus Blumenduft, Schweiß und Wäschestärke.

»Beim Herrgott droben siehts hoffentlich anders aus, Jeckediz!« Die Stimme kam näher, und ja, jetzt konnte er die Mama auch erkennen. Sie sah eigentlich aus wie immer. Rund, fest und klein. In Arbeitsschürze. Das buschige braune Haar fiel ihr ins Gesicht. Er griff danach. Ihr Nacken war nass, feuchte Haarkringel klebten an ihrer Haut. Sie sah müde aus. Jetzt merkte er, dass sie dicht neben ihm auf einem Stuhl saß und seine Hand hielt.

Er wunderte sich. Eigentlich schlief er doch oben. Nun lag er unten im Stockbett. Neben ihm stand eine Schüssel mit einem Lappen drin.

Die Mutter strich ihm über die Wange und gab ihm einen ziemlich feuchten Kuss auf die Stirn.

»Was war denn los?«, fragte er. Jetzt umarmte sie ihn auch noch so heftig. Er versuchte sich zu befreien und auf die Seite zu drehen. Das klappte aber noch nicht so richtig. Immerhin, die Mutter ließ jetzt endlich von ihm ab. Sie lehnte sich auf dem Stuhl zurück und seufzte. Dann begann sie zu erzählen.

Dass Spaziergänger die Schreie und Hilferufe seiner Freunde gehört und ihn bei den Poller Wiesen aus dem Wasser gezogen hätten. »Gott sei Dank« war ein Arzt unter den Wochenendspaziergängern gewesen. »Gott sei Dank« war er »rasch zur Stelle« gewesen und hatte »die nötigen Schritte« unternommen. Dann hatte der Vater – »Der Junge hat Gott sei Dank Glück gehabt« – ihn hier daheim weiterbehandelt.

»Sag doch nicht ständig ›Gott sei Dank‹«, murmelte er, »Gott war ja gar nicht da.«

»Du hast einen goldenen Schutzengel«, sagte die Mutter, als hätte sie ihn gar nicht gehört. Aber er sah im Geiste nicht Gott oder den Schutzengel vor sich, sondern den Vater.

Der Vater war groß. Mit langen, aber dünnen Beinen. Sein Bart war grau und immer sorgfältig frisiert. Und immer schaute er an einem vorbei, sah einen nie direkt an. Welche Augenfarbe hatte der Vater eigentlich? Komisch, dass ers gar nicht wusste. Die Augen der Mutter waren hellgrün. Wie eine Wiese im Sonnenlicht.

»Der Vati ist jetzt wieder in der Praxis.«

Ja, dachte Willi. Da war er ja fast immer. Bestimmt stand er gerade am Fenster, auf seinen Gehstock gestützt und in dem langen weißen Arbeitskittel, den er manchmal noch unter dem Mantel anhatte, wenn er nach Hause kam. Wahrscheinlich stand er mit dem Rücken zu einem Patienten, der sich soeben hinter dem Wandschirm entkleidete.

»Er ist sofort gekommen, als er das von dir gehört hat.«

Willi stellte sich vor, wie die Tür zum Behandlungsraum nach nur einmaligem Klopfen ungewöhnlich heftig aufgerissen wurde und Fräulein Friedrich ganz aufgeregt hereinkam und sagte: »Ihr Sohn, der Willi, Herr Doktor. Es geht ihm ganz schlecht. Vielleicht muss er sogar sterben. Sie müssen sofort zu ihm!«

Bestimmt hatte der Vater Fräulein Friedrich erst einmal verwirrt über den Zwicker auf seiner Nase hinweg angeblinzelt, den er beim Untersuchen immer trug. Und dann musste er ja noch den hinter dem Wandschirm wegschicken.

»Ein Notfall. Vereinbaren Sie bitte einen neuen Termin.«

»Selbstverständlich, Herr Doktor Koch.«

Ja, und dann hatte der Vater nach dem Hut gegriffen und sich die Arzttasche geschnappt, die schon ganz schön abgewetzt war. Vielleicht, nein, sicher hatte er sich im Gehen dann noch rasch den Mantel übergeworfen und war die lange Vorgebirgstraße hinunter und über den Zollstockweg heimgeeilt. Das war der schnellste Weg. Na ja, *eilen* war wohl ein bisschen zu viel gesagt. Er musste schließlich das kaputte Bein hinter sich herziehen. Das hatte ihm der Krieg zerschossen. Es hatte also sicher eine Weile gedauert. Der Heimweg war nämlich länger geworden seit ihrem Umzug.

»*Lich, Luff und Bäumcher*« – der Onkel Ludwig hatte ihnen die neue Wohnung hier besorgt.

»Alles Erstbezug, erschwinglich für unsereiner und in bester Lage«, hatte er ihnen allen so oft eingetrichtert, bis Willi es nicht mehr hören konnte. Als Poliermeister hatte er an der neuen Siedlung mitgebaut. Aber es klang immer so, als hätte er, Onkel Ludwig, das Ganze auch höchstpersönlich entworfen und geplant.

Der Onkel hatte sich dann mit der Tante und den vier Cousinen im »Beamten-Block« eingemietet. Vom Wohnzimmerfenster aus konnte man auf die riesigen Stellwerke vom Eifeltorbahnhof schauen.

Im Eingangsbereich, gleich neben der Garderobe, hatte Onkel Ludwig ein Schildchen angebracht. »Ja, Willi, jetzt kommen neue, bessere Zeiten«, hatte er gesagt, als Willi sich bemühte, die schnörkeligen Buchstaben zu entziffern. Der Onkel hatte es sonst nicht so mit Schrift, also war er neugierig gewesen:

Heil Hitler! – So grüß beim Kommen und beim Gehen!
  Nicht: Guten Tag! – Auf Wiedersehen.
  Der deutsche Mensch im deutschen Land
  Grüßt gern mit Herz und Mund und Hand: Heil Hitler!

»Na, wenn uns diese ›bessere Zeit‹ Zentralheizung und Badewanne bringt, solls mir sehr recht sein«, hatte die Mutter gesagt. Und dann hatte sie angefangen, auf den Vater einzureden. Dass dieses aufstrebende Arbeiterviertel einen Arzt wie ihn doch dringend nötig habe und so weiter. Wie es halt so ihre Art war, wenn sie was wollte.

»Ach, Carola. Unsere Wohnung reicht doch völlig aus.«

»Sie ist alt. Der Heizkessel in der Waschküche ist ständig kaputt, es zieht aus allen Ritzen, das Bad lässt sich nicht richtig durchlüften, die Rohre sind rostig …«

»Sie ist direkt über der Praxis. Und sie ist billig.«

»Dein Bruder sagt, die Genossenschaftswohnungen …«

»Ludwig sagt viel, wenn der Tag lang ist.«

»Er tut auch viel.«

»Ich etwa nicht?«

»Na, die paar alten Leutchen, die du hier noch hast. Die meisten im Viertel gehen zum Leithäuser rüber, seien wir doch ehrlich. Und eine neue Siedlung mit neuen Mietern, das sind alles zukünftige Patienten, Karl-Maria. Ich dreh doch schon jeden Pfennig um zum Monatsende hin. Jetzt braucht der Franz wieder neue Sachen, der Willi wächst sowieso schneller, als es gut für ihn ist. Und das Kättchen …«

»Ich muss darüber nachdenken. Vielleicht hast du recht.«

»Ich hab immer recht. Und die Siedlung liegt durchaus noch fußläufig zur Praxis …«

Der Vater, nein, sein Körper schien das anders zu sehen. Immer wenn er nun heimkam, war er noch eine ganze Weile lang außer Atem, als liefe er ständig seinem Herzschlag hinterher.

Im Kinderzimmer stehend, hatte er jedoch bereits wieder »mit seiner typischen Arztruhe«, so die Mutter, seine Temperatur, den Puls und Allgemeinzustand überprüft.

»Du hast gar nichts davon mitbekommen, Willichen.«

Die Bettdecke hatte der Vater frisch aufgeschüttelt, den nassen Wickel – »das bringt nichts, Carola« – entfernt.

Was hatte er wohl sonst noch so alles nicht mitbekommen, fragte sich Willi. War sein Vater noch ein Weilchen bei ihm im Zimmer geblieben, oder war er, als es für ihn als Arzt nichts mehr zu tun gab, sofort wieder gegangen?

Hatte er sich vielleicht einen Stuhl herangezogen, sich, wie es seine Art war, langsam und etwas umständlich darauf niedergelassen, sein steifes Bein lang ausgestreckt und seinen Blick schweifen lassen? Was hatte er wohl gesehen, und warum war das ein unbehaglicher Gedanke?

Trotz der Mahnungen der Mutter hatten sie es mal wieder versäumt aufzuräumen, und alles war kreuz und quer im Zimmer verteilt, was sie jeweils zuletzt angerührt hatten. Kättchen hatte ihre langen, zum Stopfen bestimmten Strümpfe über den Lenker ihres Puppenwagens gehängt, ihre unfrisierte Puppe lag mit dem Kopf nach unten auf dem Stuhl, die Zinnsoldaten vom Franz, die er kürzlich erst säuberlich zur Schlacht aufgereiht hatte, waren oben auf der Kommode umgestürzt. Jedenfalls lagen sie ineinander verkeilt da und teilweise auch auf dem Boden, sein Baukasten war geöffnet, und sein halb angefangener Baukran sah aus, als würde er jeden Augenblick umfallen. Vor allem aber hatte er seine Kleidung vom Vortag einfach so auf den Teppich fallen lassen, anstatt sie der Mutter für die Wäsche zu bringen. Ja, und was, wenn ...

Abrupt setzte er sich auf, sank aber gleich ins Laken zurück. Nein, die Schachtel mit seinen »Geheimnissen« war sicher. Aber, dachte er mit wachsendem Unbehagen, was wenn er vielleicht wieder einmal laut im Schlaf vor sich hin geredet oder, schlimmer noch, wie ein Kleinkind geschluchzt hatte, weil er dachte, er würde sterben? Hatte der Vater das dann alles mitgekriegt?

Willi zog die Bettdecke hoch bis zum Kinn. Er konnte sich den Vater nicht als Jungen vorstellen. Dass der mal seine Schmutzwäsche auf den Boden hätte fallen lassen oder irgendwelche heimlichen, verbotenen Sachen in den Hosentaschen, in einer alten Schachtel vor den Eltern versteckt oder gar wie ein Kleinkind geschluchzt hätte? Unvorstellbar. Nein, er musste immer schon erwachsen und grau und steifbeinig gewesen sein, auch wenn er ihnen weisgemacht hatte, das sei alles erst so gekommen.

Willi seufzte. Und auf einmal, als würde da eine Schublade in seinem Kopf aufgezogen, sah er eine alte Fotografie vor sich. Einen großen, schlaksigen Jungen mit hellen Augen und streng gescheiteltem Haar, in Lederlatzhose und mit einem Schmetterlingsnetz in der Hand. Er schaute ernst, aber stolz nach vorn, dorthin, wo die Kamera gewesen sein musste. Willi grinste. Er stellte sich vor, dass er dem Jungen dort auf dem Foto einen ordentlichen Schubser verpasste, und dann würde der sich bewegen, loslaufen. Raus aus dem starren, verblichenen Bild hinein in den Volksgarten, in einen heiteren Sommernachmittag hinein, wo er über die Wiese lief und einen wunderschönen Zitronenfalter fing; oder auch nur das Licht erhaschte, das durch die Zweige der Bäume fiel ...

»Hypothermie, gefolgt von grippalem Infekt, Willi«, erklärte der Vater ihm ein wenig später.

Und es kam ihm wieder einmal so vor, als spräche der Vater nicht wirklich mit ihm, sondern mit einem jüngeren Kollegen, den er sich sehnlichst als Nachfolger wünschte: »In solchen Fällen, Wilhelm, ist die Injektion einer erwärmten intravenösen Salzwasserlösung sinnvoll, um die Körpertemperatur zu erhöhen, später dann Eukalyptus- oder Thymian-Spitzweg-Wickel, kalt und warm im Wechsel. Das Fieber aus dem Körper ziehen, viel Flüssigkeit, natürlich Bettruhe ...«

»Du brauchst Ruhe«, sagte die Mutter jetzt. »Nun ist erst mal Schluss mit dem Herumgestreune.«

Sie strich die Bettdecke glatt und schlug deren Enden so straff zwischen der Matratze und dem Lattenrost ein, als wäre er, Willi, bereits auf der Flucht. Dann stand sie auf und schloss die aus schönem orangefarbenem Garn gewebten Vorhänge, bis nur noch spärliches Licht durch einen gnädigen Schlitz ins Zimmer fiel.

»Aber gleich kommt ... Wo ist der Franz?« Empört fuhr Willi hoch, sank jedoch, schwindelig im Kopf, wieder in die Kissen zurück.

»Mama?!«

Aber die Mutter hatte bereits das Zimmer verlassen. Die Tür ließ sie allerdings angelehnt, sodass er ihre Schritte und wenig später ihr Hantieren mit den Töpfen und Pfannen in der Küche hören konnte.

»In den Krieg will ich reiten, eh ich Brautrosen pflück,
lass mein einjährig Fohlen bei der Liebsten zurück ...« Die Mutter musste den Volksempfänger erst auf- und dann so leise gedreht haben, dass er den Rest vom Lied nicht mehr hören konnte.

Willi begann sich zu langweilen. Ihm war nicht nach Schlafen zumute, aber er war auch zu matt, um sich groß zu bewegen. Er drehte lediglich den Kopf zur Seite und versuchte so zu tun, als sei das Zimmer ein bislang unentdecktes Land.

Dort auf der Kommode, im Halbschatten nur schemenhaft sichtbar, stand in kümmerlicher Zweierreihe der Rest der Soldatenarmee, die nicht umgekippt war und wie der Rest ineinandergewürfelt dalag, sondern noch so stand, wie der Franz sie nach ihrer letzten erfolgreichen »Schlacht im Priesterwald« gegen die Franzosen angeordnet hatte: Infanterie vorne, flankiert von leichter Artillerie, dahinter die Kavallerie und schweren Panzer.

Einen General hatten ihren Truppen nicht und nur zwei Offiziere. Die kosteten mehr und standen deswegen zusammen mit »Kaiser Wilhelm II. zu Pferd« und »Generaloberst von Moltke« auf der diesjährigen Weihnachtswunschliste. Einer momentan rein mündlichen Liste, die sie von Woche zu Woche umschrieben. Schließlich mussten sie noch acht Wochen warten, bis es wieder so weit war mit Weihnachten. Da wollten sie sichergehen, dass am Ende das Richtige dabei herauskam. Von wegen *et kütt wie et kütt*.

Willi wollte unbedingt so einen Soldaten mit Feldtelefon, wie er ihn bei Onkel Ludwig in der Vitrine im Wohnzimmer gesehen hatte. Franz hingegen meinte, sie bräuchten dringend noch MG-Schützen und mindestens zehn Figuren jeweils von »französischer Soldat, kniend« und »deutscher Soldat, feuernd«.

»Besser mehr Kanonenfutter als den Moltke. Ist beides gleich teuer, Willi.«

Wahrscheinlich hatte er recht, der Franz. Außerdem war der Bruder ja eigentlich schon der General, so wie der die Figuren auf dem Boden immer gezielt herumschob, dass am Ende alles passte.

»*Der Frieden ist eine faule, der Krieg eine große Zeit*«, hatte der Franz neulich im Spiel seinen Lehrer zitiert.

Der wusste viel, der Franz. Aber er war ja auch schon fast zwölf und durfte bei der Jungschar mitmachen. Sein Fähnlein war im Bann »Köln-Süd«, und die sangen nicht nur viel, die machten einfach großartige Sachen. Schnitzeljagden und Lagerfeuer und Wanderungen mit Rucksack und Zelt.

»Wenn du zehn bist«, sagte der Franz, wenn er mal wieder darum bettelte mitzudürfen. »Jetzt bist du noch zu klein.«

Das war ungerecht. Wo es doch sonst immer und überall hieß: »*Du bist zu groß.*« Er war schließlich schon achteinhalb. Und außerdem, er sah schon so aus, wie man mit zehn aussieht. Jawohl, und laufen und schwimmen konnte er besser, viel besser als die meisten, das sollte der Franz denen vom Fähnlein mal ruhig bestellen! Aber der hatte nur gelacht. Eine Zeit lang war er deswegen richtig sauer gewesen auf den Franz, stinksauer. Doch dann hatte der Bruder ihm seinen Märklin-Baukasten geschenkt.

»Weil du nun schon achteinhalb Jahre alt bist«, hatte er gesagt.

Und da hatte er wieder gewusst, dass er den besten Bruder auf der ganzen Welt hatte.

Der Franz hatte den alten Kasten richtig aufpoliert, sodass die gestanzten Metallteile, gelochten Leisten, Plättchen, Keile und Schrauben glänzten wie neu erfunden. Auch das Besitzrecht hatte der Franz ein für alle Mal geklärt, indem er in bester Schönschrift oben auf den Deckel geschrieben hatte: *Ich gehöre nun dem Willi.*

Willi schloss die Augen. Plötzlich ging es ihm wieder schlechter. Er zitterte vor Anstrengung, den Hustenreiz zu unterdrücken. Das Husten tat so arg weh.

Als der Märklin-Kasten noch dem Franz gehörte, da hatte der immer Eisenbahnen und Brücken oder Panzer gebaut. Willi hatte ihm die Plättchen zum Festschrauben anreichen dürfen, nachdem das Kättchen sämtliche Teile, so gut sie konnte, nach Formen vorsortiert hatte. Jetzt aber konnte er, Willi, bestimmen, was mit *seinem* Kasten gebaut wurde. Er hatte sich das auch schon ganz genau überlegt: eine Seilbahn.

Die Firma Pohlig, von deren Gelände er öfters schon verjagt worden war, obwohl er sich da bloß mal umgucken wollte, hatte nämlich so eine Seilbahn gebaut. In Südamerika.

»Die geht bis hoch auf den Zuckerhut«, hatte Onkel Ludwig gesagt, und es klang so, als führe sie geradewegs ins Schlaraffenland. Onkel Ludwig, der sehr gut zeichnen konnte, hatte ihm so eine Seilbahn aufgemalt. Die Schnüre hatte er sich dann selbst aus dem Nähkorb der Mutter »organisiert« und auch so kleine Häkchen, in die man etwas hineinhängen konnte.

»Wenn ich groß bin«, sagte Willi den Leuten seitdem bei jeder sich bietenden Gelegenheit, »werde ich Baumeister. Und meine Seilbahn, die fährt bis zum Mond.«

»Mama! Wann kommt der Franz heim? Mama …?«
Die Mutter antwortete nicht. Kein Wunder. Er konnte sich ja selbst kaum hören, so heiser und leise, wie seine Stimme da aus ihm herauskam. Und weh tat es auch, das Sprechen. Das ließ er jetzt doch erst mal lieber sein.
Aber auch ansonsten war es merkwürdig still.
Dabei war das Fenster zum Hof hin geöffnet, die Gardinen bewegten sich gerade sacht im Luftzug. Doch es war nichts zu hören. Kein Kinderlärm, keine Rufe, Streitereien, Hundebellen, Fußgetrappel wie sonst meistens. Auch das Brummen des Trafos, das Kreischen der Metallsägen, das Hämmern der Heimhandwerker, die Wortwechsel im Treppenhaus, das Scheppern der Müllsammelbehälter, all das war verstummt. Bis auf …
… klopf, klopf …
Jemand musste da unten im Hof einen Teppich ausschlagen.
… klopf, klopf, klopf, klopf …
Schlaf, schlaf …
Willi blinzelte. Etwas rauschte. Erst leise, dann immer stärker. Das Meer stellte er sich so vor.
»Vielleicht bin ich ja doch schon tot«, dachte er benommen. Und auf einmal fühlte er sich irgendwie betrogen. Gut wärs gewesen: im Himmel zu sein, bei all den Engeln. Ganz bestimmt. Warum, wozu war er eigentlich noch hier?

7

1945, Brno (Lazarett)

»*Der deutsche Soldat, Wilhelm, kämpft ritterlich für den Sieg seines Volkes. Grausamkeiten und nutzlose Zerstörung sind seiner unwürdig ...*«

WILLI träumte. Träumte er?
»*... unverletzlich. Ich wiederhole: Die Zivilbevölkerung ist unverletzlich.*«
»*... kein Gegner getötet werden, der sich ergibt ...*«
Der Vater. Seine Stimme hämmert da hinein, in seinen Schädel, hämmert Gebote. Als sei dies sein gottverdammtes Recht. Das Recht der Toten.
»*Drainage. Hier – halten. Abbinden.*«
»*... kann noch warten. Wen haben wir hier?*«
Noch jemand ist da. Arzt? Kommandant?
»*Der deutsche Soldat ...*« Der Vater, flüsternd, fast bittend jetzt: »*... darf nicht plündern oder mutwillig zerstören. Der deutsche Soldat darf nicht ...*«
»*... ein Krieg für ganz Europa ...*«
»*Schwester. Schwester!*«
»*Den da, sofort! Katheder legen. Sauerstoff. Und drehen Sie das lauter.*«
»*... harten ... verantwortungsvollen Krieg ...*«
»*... wiederhole: Der deutsche Soldat, Wilhelm, kämpft ...*«

»… *hart wie* …«
»*Ableiten. Schneller. Verdammte Scheiße!*«
»… *unwürdig* …«
FLAPP – Dunkles flattert auf, Riesenflügel schlagen – FLAPP, FLAPP – schwer gegen sein Gesicht.
»*Mehr Druck. Spülen. Pressen. Pressen!*«
»*Un wenn de Düvvel op Stelze kütt* …«
Die Oma. Da, unter ihrem Unterrock sitzt er jetzt, an ihre Waden gelehnt. Verstecken, verbergen. Der Strafe entkommen.
»*Nadel. Ja, die da!*«
»*Keine Zeit für Narkose. Drainage … Versuchen Sie's damit.*«
Hände. Viele Hände, Blut.
Wasser – auf Haut, übers Kinn rinnt es, seitlich hinunter jetzt, nässt, leckt, worauf er da liegt, Laken? Hände. Irgendeine unglaubliche Kraft, die – Wasser! Zu viel, zu viel, zu viel!, strömt, drängt, drückt, drückt zu.
»*Was zum Teufel tun Sie da? Kein Wasser, herrje!*«
»… *hyperventiliert.*«
»*lll … ffff* …«
»*Kompresse. Schneller. Schneller! Der Mann verblutet mir sonst.*«
»*Absaugen. Na los!*«

»Lungensteckschuss. Offener Pneumathorax. Kein Wasser, herrje! Woher kommen Sie? Plzeň? Offenbar nichts gelernt daheim.«

Schwester Eliška nahm die Zurechtweisung hin, mit angemessen gesenktem Blick. Um ein Haar aber hätte sie die Achseln gezuckt. Sie hatte dem Schwerverwundeten wie allen anderen, die mit dem neuen Schub gekommen waren, den Schreienden und den halb Bewusstlosen, den Zerschossenen und denen im Delirium, Wasser eingeflößt.

Was war auf einmal verkehrt an Wasser?

Bei dem da war Blut aus dem Mund gesickert, man hatte ihm die rechte Hand anstelle einer Bandage auf die Einschusswunde gepresst und mit dem Gürtel am Leib festgezurrt; dem Sanitäter waren wohl die Möglichkeiten ausgegangen. Ein Zwölf-Millimeter-Geschoss war unterhalb der Achsel eingedrungen, am Rippenbogen abgeprallt, wobei sich die betroffene Rippe verformt hatte, und im unteren linken Lungenteil stecken geblieben. Der Einstich mit dem Trokar hatte ihn gerettet. Ein paar Minuten später, und es wäre vorbei gewesen. An der Statistik änderte das nichts. Ungefähr zwei Drittel blieben derzeit bereits beim Transport auf der Strecke. Als wollte sich das Ende noch rasch seinen Anteil sichern.

Dieser hier hatte nun zumindest eine Chance. Auf Morphium, vielleicht, und eines der stabileren Betten. Von der Pritsche jedenfalls drohte er jeden Augenblick herunterzurollen, seine Füße überragten diese um mindestens eine Stiefellänge. Ein stattlicher Mann, ach was, fast noch ein Junge. Immerhin, er hatte die Pritsche für sich. Zurzeit wurden sie oft doppelt belegt. Schwester Eliška warf einen raschen Blick auf die Uniform. Nein. Kein Offizier.

»Coo...aaa...« Der Soldat regte die Lippen, sie trat ein wenig näher an ihn heran, aber es war nichts Deutliches zu verstehen. Offenbar war er nicht in jenen lebensgefährlichen Schockzustand geraten, der nach derlei brachialen Notfallmaßnahmen häufig eintrat. Die Versuchung, im Kokon der Betäubung zu verweilen, war groß, besonders bei den jungen Soldaten. Andererseits, wer kehrte schon wirklich von all dem hier zurück?

»*Offenbar nichts gelernt daheim.*« – Schwester Eliška wandte sich ab und blickte dem unbekannten Sanitäter nach, der sie gemaßregelt hatte und dann sogleich wieder in Richtung der Lastwagen verschwunden war. Die Transportfähigen sollten möglichst umgehend weitergeschleust werden nach Karlovy Vary. Doch nicht nur Betten und Pritschen waren hier Mangelware. Auch Schwestern,

Freiwillige wie sie, dachte Eliška und spürte Empörung über die herablassende Behandlung in sich hochsteigen.

Er hatte in kühlem Tonfall mit ihr gesprochen, doch nun, da er außer Sicht war, klang die vertraute Vibration seines Akzents in ihr nach, der so holzig war, wie man es auch dem ihren nachsagte. Moldaugegend, Krumlov vielleicht.

Střed terče. Volltreffer. Das Heimweh überkam sie so unvermittelt, dass ihr übel wurde. Verfluchter Sani, verfluchte Vibration.

»Schwester!« Doktor Niemeyer, der ältere der zwei diensthabenden Oberärzte, ein stämmiger Mann mit lichtem grau meliertem Haar, winkte sie unwirsch zu sich heran.

»Llll… oooaaa, ßa wa …« Der baumlange Soldat murmelte nun unermüdlich vor sich hin. *Ça va?* War das nicht Französisch?

»Schwester!« Eliška setzte sich in Bewegung. Allerdings, sie hastete nicht, sie ging über den Korridor der Notaufnahme, vorbei an den sich gegen die Wände lehnenden, hockenden, von Kameraden gestützten Verwundeten.

Die Tür zum Desinfektionsraum war weit geöffnet. Auf halbem Weg blieb sie stehen, um einem der Soldaten, der die Hand nach ihr ausstreckte, den verschmierten Kopfverband zurechtzurücken. So viel Zeit musste sein. Sie fing Doktor Niemeyers Blick auf, der die Stirn runzelte; offenbar machte er sich im Kopf eine Art *Schwester E., Strafversetzen*-Notiz.

Eliška unterdrückte ein Lächeln. Sie wusste, dass er sie für aufsässig hielt. Und nicht nur sie. Doktor Niemeyer war dafür bekannt, dass er die jungen Schwestern gern abstrafte. Doch diesen Luxus konnte er sich jetzt nicht mehr leisten. Die wenigen Ärzte waren auf alles und jeden angewiesen, der sich noch auf den Beinen hielt, und seitdem sah Doktor Niemeyer so aus, als hätten sich sämtliche *Später*-Notizen in ihm verkeilt. Sollte er sie doch ausscheißen, all die Notizen, dort auf dem Herrenmenschenklo, zusammen mit dem miesen Essen.

Als sie eintrat, drückte er ihr wortlos das Äther-Sprühfläschchen in die Hand und ließ sie stehen, wohl wissend, dass sie ihm ohnehin zu folgen hatte.

Die Neonröhren in den Korridoren surrten, hier und da gaben sie ein Knistern von sich wie verendende Insekten, doch bislang hatten sie noch nicht auf Notstrom umschalten müssen. Im Vorraum der Intensivstation, wo sie und Doktor Niemeyer sich rasch die Hände wuschen und desinfizierten, tropfte das Wasser entlang eines undichten Rohres mit hellem Plink, Plink auf die Fliesen. Ein Hauch von Fäulnis, oder was wars, was da den Wänden entstieg?

Doktor Niemeyer schien von derlei Nebensächlichkeiten ebenso wenig Notiz zu nehmen wie von seinem Spiegelbild. Eliška, sie alle wussten: Der Krieg hatte ihn hier stranden lassen, im klinischen Brachland weitab der Zentren, dem »Pulsschlag der Forschung«. Einst prall und funkelnd hatte sich seine Frustration jedoch nach und nach abgerieben, war stumpfer geworden über der Arbeit im Akkord, der Gewöhnung an die Allmacht des Mangels.

Medikamente, Vitamine, Ärzte, Pritschen, Betten, Verbandszeug, steriles Besteck – eine erbarmungslose Mängelliste, die stündlich, mitunter minütlich Urteile, Verurteilungen gebar: Wer war die Mühe eines Eingriffs, Morphium, Sauerstoff, wer ein Bett, wer ein trockenes Laken noch wert und wer nicht?

Das mit den trockenen Laken, dachte Eliška und rieb sich ihre Hände am Kittel, war sowieso ein frommer Wunsch. Trotz der nahen Wäscherei, die dank Zwangsarbeit auf Hochtouren lief, blieb alles stets zum Heulen feucht.

Eliška griff sich im Vorbeigehen eine der Bettpfannen vom Rollwagen. »*Bettpfannen leeren, Verbände wechseln. Das werden Sie ja wohl noch können.*«

Nun, der Krieg schien es nicht eilig damit zu haben, sich zu verpissen, nicht eilig genug. Während sie alle permanent hasteten.

Auf der Intensivstation hingegen herrschte Regungslosigkeit. Doktor Niemeyer ging vor Eliška her, an den stummen Reihen der Betten und Pritschen entlang, als nähme er eine Parade ab. Die meisten der soeben hierher verlegten Patienten, denen Eliška dann mehrmals täglich die Blechpfannen unterschieben würde, lagen in verschiedenen Stadien der Bewusstlosigkeit. So auch jener junge Soldat mit dem Lungensteckschuss. Er war fahl. Sie trat zu ihm, ließ, bevor sie weiterging, für einen kurzen Moment ihre Hand auf seiner Schulter ruhen. Er schien nichts davon zu bemerken. Nur seine Lippen bewegten sich, murmelten etwas. Ein Lied?

»*Och, wat wor dat fröher schön doch in Colonia. Wann der Franz mem Nies nom ahle Kohberg ging ...*«
»Die da drüben an der Theke versaufen schon wieder ihr Fell.«
»Der Göring kommt, heißts. An Rosenmontag.«
»Kann der Kölsch?«
»Der Führer kanns. Stimmts Oma? Der Führer kann alles!«
»Wie?« Die Oma trinkt viele kleine schwarze Liköre. Und auch ihr Gesicht wird jetzt schwarz, der Gasthaustisch, sein Teller, seine Hände, die etwas umklammert halten. Schwärze sickert, unaufhaltsam, weiter, weiter ...
»Halt. Haaalt! Raus hier. Raus!«
Die Oma, ihr Gesicht zerfließt in der Schwärze. Ihre Hand aber bleibt. Fest, mit sanftem Nachdruck, liegt sie da auf seiner Schulter: »Du, Wilhelm, DU kehrst zurück ...«

Eliška sprühte Äther. Als gälte es, dem allgemeinen Dämmerzustand entgegenzuwirken, war die Intensivstation mit hohen Fenstern ausgestattet, die Doktor Niemeyer nun allesamt aufriss, als führe er einen Vorstoß: Frischluft gegen den ätzenden, durchdringenden Gestank der Niederlage.

Exkremente, Eiter, Blut, Schweiß und Angst, die Auswürfe all dieser zerstörten Körper, die, *verloren,* das unausweichliche Ende ausdünsteten. Ein Siechen, das nur zeitweilig von der Schärfe des Äthers, den Schwaden überhitzter Garküchengerichte und jener Essigsäure überdeckt wurde, die man hier zur Reinigung der Fliesen verwendete. Eliška hatte sich an das alles gewöhnt. An alles gewöhnte man sich. Sie sprühte Äther, bis Doktor Niemeyer ihr mit einer Handbewegung zu verstehen gab: Es reichte.

»Luft!«

Die Fenster, dachte Eliška, waren die einzigen verlässlichen Verbündeten des Doktors. Und sie öffneten sich nun einer ersten, vagen Vorahnung des Frühlings; Winter hin oder her.

Bald, durchfuhr es sie. Der Krieg würde bald vorbei sein. Keiner hier würde wagen, dies laut zu sagen, noch nicht, doch spürbar drang es durch die Fenster, flackerte es auf in der Beleuchtung der Flure, tröpfelte es aus den Rohren: *bald.*

Bald schon würden die letzten Transporte über die immer weiter zurückweichende Reichsgrenze gehen. Diejenigen, die es nicht schafften, die zu schwach waren für die Evakuierung, würden in russische Gefangenschaft geraten. Arme Teufel.

Und sie?

Eliška unterdrückte rasch die in ihr aufkeimenden Impulse: Erwartung, Hoffnung. Wer wusste schon, was vorher noch alles geschehen würde. Menschen taten die verrücktesten Dinge im Angesicht des Endes. Sie ließ ihren Blick über die fiebernden, bewusstlosen, dem Tod, der Gefangenschaft, der Genesung entgegendämmernden, laut träumenden Soldaten schweifen. Ob sie den Luftzug spürten?

»Wieder ist Frühling. In der Waldlichtung aus den Gräbern der Soldaten sprießt Gras ...« – der Vater.

»Die Grabdecke ist dünn, zu dünn, von einem toten Soldaten hat der Regen die Erde weggespült, die seine Füße bedeckte, in schauriger Blöße wachsen zwei derbe rindslederne Stiefel aus dem Boden.«

Gemurmel, Greinen. Mutter? Kättchen? Keiner rührt sich. Der Vater liest vor. Zuhören ist Pflicht.

»Beine, die marschiert sind über die Felder Russlands und Frankreichs, sie haben Stechschritt gelernt und sind im Paradeschritt vorbeimarschiert an Generalen und vielleicht am Kaiser, sie konnten in Eilmärschen die Stellung wechseln und sich gegen den Boden stemmen, wenn es galt, ein Stück Stacheldraht zu verteidigen, sie waren mehr wert als ein Kopf und weniger als ein Gewehr. Millionen Beine verwesen in der Erde Europas.«

»Tauglich.«

»... all diese Toten hatten einen Vater, eine Mutter, Frauen, die sie liebten, ein Stück Land, in dem sie wurzelten, Gesichter, die, die ...«

»Tauglich.« Doktor Niemeyer stand nun neben der Pritsche und machte sich eine Notiz.

»Koch, Wilhelm. Soldat, niedriger Dienstgrad.« Er drückte Eliška dessen Soldbuch in die Hand. »Sanitäterausbildung, immerhin. Nützlich. Schaut grad nicht danach aus, was? Nun, was sie nicht tötet, macht sie hart.«

Eliška antwortete nicht. Wie die meisten Verwundeten schrie, sprach auch dieser hier im Schlaf. Murmelte was von Vater, Mutter, den Toten, Gesichtern. Wen wunderte es.

Sie musste an das Wasser denken, das sie ihm eingeflößt hatte. Wasser, *voda*, Lebensquell. Eine Routinehandlung; für diesen Wilhelm Koch war sie tödlich gewesen. Beinahe jedenfalls. Dabei hätte sie's wissen können. Irgendwer hatte ihr das schon mal erklärt, abgesehen von ihrem Landsmann, dem hübschen Hochmütigen von vorhin. *Brustraumverengung.* Offener Pneumothorax und Lungenschüsse: Ableiten der Luft aus dem Pleuraspalt über einen Katheder. Aktive Wundversorgung. Spülung, Drainagen ... Jetzt fiel ihr so einiges wieder ein. Aber damals – im Grunde war sie meist woanders gewesen mit ihren Gedanken. Bei ihren Zukunftsplänen: Stationsschwester oder doch lieber Pflegedienst? Sollte sie einen Teil ihres Gehalts, von dem sie das meiste nach Hause schickte, diesmal für Haareglätten und Seidenstrümpfe ausgeben? Und ja, sie hatte ständig an *ihn* gedacht: Doktor Michael Windstetter.

Er war auf verschwenderische Weise gut aussehend. Schlanke, penibel gepflegte Hände. Heitere braune Augen, denen man die harschen Entscheidungen, die er traf, nicht ansah.

Stockend war die Zugfahrt von Plzeň nach Prag gewesen, auf der sie sich kennengelernt hatten. Umleitungen, Ersatzhaltestellen, Stillstand. Sie beide hingegen, wie sie nun mit leiser, nicht näher ergründungsbedürftiger Bitterkeit feststellte, sie hatten die Distanz recht zielsicher überwunden. Als sie in Prag ausstiegen, war aus Doktor Windstetter Michael geworden.

Umgehend hatte er sie von der Schwesternschule abberufen und als Auszubildende zu sich in die Anästhesie geholt, wo er als Oberarzt arbeitete. Als die Stationsleitung an einen Kollegen ging, hatte er noch am selben Tag gekündigt und sich hierher nach Brno ans Lazarett versetzen lassen. Wieder war sie ihm gefolgt.

»*Schwester!*«, »*Na los, los!*«, »*Schneller!*« – die ersten Wochen, verschwommen waren sie in einem Strudel aus Übelkeit, Ekel, Überforderung. »*Bettpfannen leeren, Verbände wechseln. Das werden Sie ja wohl noch können.*«

»*Mamička!*«, *Mama!*« – die Sterbenden, ihr Schmerz gellte, hallte, bohrte, folgte ihr bis tief in den Schlaf. Hypernervös wurde sie, unleidlich vor Mitleid. Die Erschöpfung aber war stärker.

»*Ich kann hier nicht bleiben, Eli. Es ist eine Stelle frei geworden in …*«

»*Ich bleibe, Michael.*«

Sie war geblieben. Doch obgleich sie sich hier im ständigen Dauerlauf befand, fühlte sie sich seltsam still gestellt.

»*Ich komme wieder, Eli. Und dann gehen wir zurück nach Prag.*«
»*Wann?*«
»*Bald.*«

Žvanění, dachte Eliška. Faselei.

Sie hatte perfektioniert, was sich perfektionieren ließ. Den Sekundenschlaf, das Hantieren mit Drainagen, Spritzen, das Verdrängen; sie entdeckte das Rauchen und ließ sich von Doktor Niemeyer herumkommandieren. Nur, warum eigentlich? Warum tat man, was man tat?

Eliška übergab die Soldbücher der »tauglichen« Neuzugänge der Verwaltungssekretärin Marianne. Marianne, die resolute Blonde: »*Wir repräsentieren hier die deutsche Frau. Keine privaten Beziehungen zu Ärzten und Patienten. Keinerlei Alkoholkonsum, Schminke, Schmuck im Dienst.*«

Marianne, die stets schon da war, im Dienst, wenn sie, Eliška, sich gerade erst den Kittel überstreifte, der man heute jedoch ansah, dass sie diese Station möglichst rasch wieder verlassen wollte. Sie wich Eliškas Blick aus, ihre Augen waren verschattet, verquollen; sie hatte jüngst »Neuigkeiten« von der Front erhalten.

Eliška seufzte. Jung, sie alle hier, bis auf den Niemeyer. Sie, Marianne, die Halbtoten, dieser Lungensteckschuss-Soldat. So gottverdammt jung.

Sie zog jenem Wilhelm Koch die Stiefel aus. Eine mühselige Angelegenheit. Denn obgleich seine Beine über den Rand der Pritsche ragten, was ihr eine bessere Handhabe ermöglichte, lagen die Stiefel ziemlich eng an. Der Bewusstlose gab ein Stöhnen von sich.

»Aaarrr … Karl …«

Immerhin, ein Lebenszeichen. »Na los!« Sie zog und zerrte weiter. Die Stiefel mussten runter!

»*Na los!*«

Stehen. Die Hände in den Hosentaschen vergraben.

»*Ich* kneif nicht.« Der Karl geht an ihm vorbei. Hoch steigt er jetzt, all die vielen Stufen des Kölner Versorgungsamts, lässt ihn da einfach stehen.

Dabei wars seine Idee gewesen. Nicht Karls.

»Hast wohl kalte Füße gekriegt. Egal. Mich nehmen die. Ich bin schließlich schon siebzehn.«

Stehen. Tief unten am Fuß der Treppe, allein. All die älteren Jungs sind längst eingezogen, auch der Franz. Und jetzt der Karl.

»Feigling.« Die Passanten zeigen mit dem Finger auf ihn. Vielleicht tun sie es auch nicht. Karl jedenfalls ist nun da oben, am Ende der Treppe angelangt.

HOOMPF! Ein dumpfes Tuten. Auf einem Schiff steht er jetzt, der Karl, winkt. Auf seinem Rücken wippt es: auf und nieder, auf und nieder. Sein alter Schultornister.

»*Dieser hier, zwecklos.*«

»Karl? Karl …!« Der Freund schrumpft. Kleiner wird er, immer kleiner. Blut rinnt aus seinem Tornister, über die Reling. Das ganze Meer ist rot. »Klar bin ich tot, Willi. Na und? Na und?!«

»Dieser hier, zwecklos.« Doktor Niemeyer schloss für einen kurzen Moment die Augen, als unterdrücke er etwas, einen Seufzer vielleicht. Er hatte seine Notizen für den Moment beendet. Gleich würde er im Nebenraum die nächsten Operationen durchführen, bis zum Schichtwechsel war es noch lang.

»Und Schwester, glauben Sie ja nicht, ich merke es nicht, wenn

Sie hinter meinem Rücken wieder die Fenster schließen. Kalt ist es nur an der Front.«

Vor der Hölle sitzt ein Schuster, dachte Eliška, während Doktor Niemeyer auf dem Weg hinaus noch rasch eine verrutschte Schiene sicherte, eine Infusion legte, bevor er im Stehen einen Schluck Brühe trank.

»Schwester! Hier. Hiiier!«

Ja, war es das denn nicht, schustern, *ševcovat, hudlařit*, was er tat? Menschlichem Flickwerk wieder und wieder auf die Beine helfen, stümperhaft herrichten, ausbessern, zusammenstückeln bis zum totalen Verschleiß. Abgesehen von jenen armen Teufeln, denen in der sorgsam abgetrennten Abteilung für Bauchschusswunden die Scheiße bereits aus dem Innersten quoll, und all den anderen »Untauglichen«, denen man bestenfalls beim Sterben half. Die dennoch bis zuletzt festhielten an der mageren Möglichkeit eines »Morgen«.

Morgen – in einem Anfall von verschämt-wohligem Aberglauben überlegte Eliška, ob etwas von ihr, eine Art Abdruck vielleicht, in diesen Korridoren zurückbleiben würde, wenn sie längst und hoffentlich bald schon woanders war.

Anděl, einer jener schemenhaften, sich eilenden Engel vielleicht, die bis in alle Ewigkeit Hände hielten, Blicke erwiderten, aushielten. Ihre erbarmungswürdigen, kargen Gaben ausgaben: Äther, Desinfektion, Minutengespräche, währenddessen sie bereits wieder Verbände wechselten, Blut, Pisse, Speichel wegwischten, Wasser, Medizin ausgaben, Fenster, Augenlider schlossen, Bettwäsche wechselten, Spritzen setzten. So auch jetzt für jenen »Koch, Wilhelm: tauglich«.

Dieser indessen, im Fieberschlaf, schien Doktor Niemeyers Urteil und seine Folgen: Medizin, Spritzen, den Wechsel von der Pritsche in ein stabiles Bett, nicht mitzukriegen. Zumindest nicht bewusst.

»Aaa … lll …«

Eliška beobachtete, wie sich seine langen Glieder dort auf der sauberen Matratze nahe der Fensterfront gleichsam aufseufzend streckten, wie die Frischluft seine Gesichtszüge streifte. Als spürte ers auch: Frühling.

Frühlingsluft. Ohne Frühling. Die Hemdsärmel hochkrempeln, aufschauen. In den Schaukästen des »Westdeutschen Beobachters«, verblassende Karikaturen des zerbombten London: »*Sir, wo gehts denn hier lang?*«

Der Himmel über der Deutz-Kalker-Straße blinzelt vor Staub. Weiterschaufeln.

Verwaiste Häuserwände, entblößte Zimmer, Schornsteine. Treppen, ins Leere ragend. Husten, spucken.

Die Lastwagen. Hier, wo er steht, sich zusammen mit anderen am Schutt abmüht, kommen sie nur langsam voran. Alles ist im Weg. Trümmer, Helfer, Überlebende. Einer der wartenden Fahrer nickt ihm zu, zieht einen Kamm aus der Hemdtasche hervor, fährt sich durchs Haar. Ein anderer kurbelt die Scheibe runter, zählt alle zerborstenen Fenster rechts, links. Unwillkürlich zählt er mit: dreiundzwanzig, vierundzwanzig ... Als wären Riesenspinnen ausgestanzt worden.

Weiterschaufeln.

Meterhoch, dieser Haufen hier. Die Reste einer Küchenanrichte, kantig. Darin verkeilt Töpfe, na so was, ein Puppenwagen! Pudding tränt über die Speichen. Eine Frau, hochgewachsen, strähniges Haar, nähert sich dem Schuttberg. Ihr Blusenkleid, irgendwie grell vor der allgemeinen Niedergeschlagenheit des Tages, schlackert.

»Vorsicht!«

Die Frau zerrt an einem blauen Vorhang, der sich um einen Balken gewickelt hat.

»Das ist verboten.«

Die Frau zerrt weiter. Er legt eine Hand auf ihre Schulter. »Einsturzgefahr.«

»Ernst?«

Die Frau dreht sich zu ihm um. Ihr Blick verschleiert sich, ganz unvermittelt wird Gleichgültigkeit daraus. Sie wickelt sich das Stück Stoff um den Arm, geht fort.

Willi wirft eine kaputte Sirene auf den Transporter. Die heult nicht mehr.

Die Sirenen. Ihr Aufjaulen um vier in der Früh. Vereinzelt zunächst, Seufzern gleich, die ihre Kraft erproben. Ihr volles Volumen dann um fünf, um sechs, um sieben. Bis der ganze Himmel sich füllt, ein einziges, lang gezogenes Geweine.

Weiterschaufeln.

Schwitzen, fluchen. Auf die Ziegel fluchen, auf Mauerbrocken, Türen, Balken, die Tommies ... Da! Eine Gießkanne, dort, aus dem Schutt lugt sie hervor, grün. Grün wie ... Omas Gießkanne! Den Opa, Unsinn, sein Grab gießt sie damit. Sonntag für Sonntag. Nie würde sie die Friedhofskanne benutzen. *Die Oma.* Alles stürzt ein. Gesetze, Statik, Schutt, die ganze verfluchte Deutz-Kalker-Straße. Zerren, reißen! Weiterzerren.

»Hand ... Hans ...«

Eliška stutzte. Soeben hatte sie das Nachbarbett mit einem frischen Laken bezogen. Kurz vor ihrer Visite hatte ein lettischer Offizier seinen letzten Atemzug hier getan, nun wurde ein deutscher Soldat, seinem Ärmelaufnäher nach ein Obergefreiter, von den Pritschenträgern auf das Bett gehievt. Sie fing umgehend an, ihm die blutigen Glieder, den Armstumpf (gut vernäht, musste eine ältere Wunde sein) zu säubern, den Schweiß vom Gesicht zu wischen. Vorsichtig betupfte sie denjenigen Teil des Gesichts mit einem in Kampfer getränkten Tuch, den der dicke Mullverband noch freiließ.

Da er bewusstlos war, kam sie recht gut voran, sodass ihr Blick immer wieder zum Nachbarbett hinüberglitt, in dem dieser Lungensteckschuss-Soldat, den sie fast auf dem Gewissen gehabt hätte – wie war noch gleich sein Name? Ach ja, Wilhelm. Wilhelm Koch –, wie dieser nun irgendwas von »Hand« oder »Hans« brabbelte.

Ein Druck von Dürers *Betenden Händen* hing über seinem Bett an der Wand. Ob er das Bild meinte? Blödsinn, sagte sie sich, die »Hände« waren schließlich hoch über seinem Kopf, die konnte er gar nicht sehen. Außerdem war er nicht bei Bewusstsein.

»Ja, ja. Jajaja. Jawoll. Jawoll!«, brach es da jetzt aus ihm hervor, stoßweise wie sein Atem, der sich hörbar beschleunigte. Vermutlich die Folgen eines Temperaturanstiegs. Sie würde das gleich mal überprüfen.

»*Jawoll!*«

» ... rücksichtslos und aufs Energischste ...?«

»Jawohl!«

»... gegen bolschewistische Hetzer, Freischärler, Saboteure, Juden?«

»Jawohl!«

»... den geringsten Anzeichen von Widersetzlichkeit mit aller gebotenen Härte vorgehen?«

»Jawohl!«

»... der Requirierung von Nahrungsmitteln und kriegswichtigen Materialien aufs Rücksichtsloseste und Energischste vorgehen?«

»Jawohl!«

»... *Herzversagen.*«

»... aufs Rücksichtsloseste und Energischste ...«

»*Vati wurde auf dem Südfriedhof bestattet, da, wo auch der Opa liegt. Ansonsten ist daheim alles beim Alten. Und wir hoffen, dass du schon bald wieder ...*«

»Koch, Dietrichs. Sichern!«
»Vorwärts. Los, los ...«
»Verdammt, ducken!«
»Da rüber ...«
»Zu spät. Deckung!«
»Haans!«
Der Vater. Daliegen sieht er ihn. Ecke Bornheimerstraße, auf Höhe des Blumenladens, nur einige Meter entfernt von daheim. Hut, Mantel, Stock quer über dem Gehweg verstreut. Die Arzttasche vom fallenden Körper begraben. Die Augen offen, starr: »*Ach.*«
»Hans!«
»Haaaans ...!«
LICHT, warm, flutend –

Die Spritze tat ihre Wirkung, die Gesichtszüge des Soldaten Koch entspannten, glätteten sich. Eliška erhob sich. Morphium. Der einzige Kuss, dachte sie, der wirklich unter die Haut geht.

LICHT, warm, flutend.
Dasitzen. Das Gewicht der Uniform spüren, Koppel, Helm. Etwas, was?, stört, bohrt sich, drückt. Sonderbarer schiefer Baum. Harte Fasern, Feindberührung. Aufstehen. Sich regen, sofort!
Sich nicht regen können. Dasitzen müssen. Die nahen Grabsteine ahnen. Fremde, uralte Trauer. Den Marktplatz hören, das Klappern schwerer hölzerner Fensterläden, das Sichverschließen zur Straße hin. Mittag. Katzen, an der Ruhe sich wärmend, blinzelnd.
»*Tiens, là-bas, arrêt, arrêt ...*« Die geballte Plötzlichkeit der Lastwagen, knurrende, aufbrummende Motoren. Derbe, sonore Zurufe. Die Augen schließen. *Coo, coo, coo, coo ...* Wind, der Wind, der vom Meer her weht ...
»Nun schau doch mal!«

Der Hans. Da steht er plötzlich, als wäre er gerade erst erschaffen worden. Artiger Seitenscheitel, Uniform, runde, irgendwie kindliche Brillengläser. Er hält ein Notizbüchlein in der Hand. Auf der dem Friedhof abgewandten Seite der Pfarrkirche Saint-Pierre steht er. So klar, glasklar dies alles auf einmal: Namen, Ort, Gestein, Farbe des Lichts. Daten. Zahlen. Fakten: 8. September 1944.

»Schau.«

Der Hans zeigt auf jemanden, einen jungen Soldaten. Der, auf den er da zeigt, unter einem schiefen Baum sitzt er, im spärlichen Schatten, den Stahlhelm zwischen den Knien, die langen Beine ausgestreckt. Nun blickt er auf – aber, halt, das ist doch er! Er, Willi, ist das. Auch wenn er sich nicht sofort erkannt hat, alle Soldaten gleichen einander, besonders von Weitem. Nun aber blickt er also auf – »Nein, nicht, tus nicht!« Er ruft das, ganz sicher tut er das. Ja, er kann seine Stimme hören, kann sie im ganzen Körper spüren: »HALT!«

Willi dort hebt also den Blick und sieht eine junge Frau auf einem Fahrrad vorbeifahren.

Die Frau radelt langsam. Vielleicht damit ihr Kleid, dessen Saum in der Spätsommerbrise leicht aufliegt, sich nicht in den Speichen verfängt, vielleicht auch wegen ihrer Last. Sie hat einen großen, offenbar schwer beladenen Korb mit allerlei Schnüren auf dem Gepäckträger festgezurrt. Einer der Kämme, mit denen sie ihr Haar hochgesteckt hat, ist verrutscht, was ihrer Stirnpartie etwas Weiches und zugleich Verwegenes verleiht. Ihr blasses Gesicht wirkt erhitzt, was ihr die Wangen nicht rötet, ihre Augen aber aufblitzen lässt.

Augen, die in diesem Moment Hans an der Abteimauer und dann ihn dort unter dem Baum erblicken. Ein fast unmerkliches Zögern, ihr Fuß auf dem Pedal stockt – und er, nein, der andere, jüngere Willi, er denkt: schad. Schade, dass er nicht auf einem Fahrrad neben ihr herfährt, eine Hand nach ihrem Haar ausgestreckt. Schade, dass die Brise das einzig Luftige ist. Schade, dass er, Willi, der Feind ist.

Die Frau tritt in die Pedale, mit Nachdruck jetzt ihr Zögern gleichsam wieder wettmachend, als wolle sie sagen: »*C'est mon terrain.*«

»Halt!« Willi springt auf, stellt sich ihr in den Weg. Alles in ihm spannt sich, er kann es spüren, die Ströme in Kopf und Gliedern: Haltung, Wachsamkeit.

»Anhalten, Fräulein!« Hans, sofort an seiner Seite, studiert sorgsam die Papiere, die die Frau ihm aushändigt, wechselt einige Worte auf Französisch mit ihr.

Die Frau deutet in Richtung des Marktfleckens von La Sauve, ihre Lippen sind rissig. Willi wendet sich rasch ab, macht sich an ihrem Fahrradkorb zu schaffen.

»*Le voilà.*« Hans gibt der Frau die Papiere zurück. »Alles korrekt. Die Ware ist genehmigt.«

»So gehts leichter.« Willi versucht es auf Deutsch. »Mattmosell, warten Sie mal ...« Er löst die Bänder und schultert den Fahrradkorb.

Sie flankieren die Frau, die ihr Fahrrad stumm neben ihnen herschiebt. Das haltlose Klirren der Flaschen dort im Korb auf seiner, Willis, hoher Schulter, bleibt zwischen ihnen der einzige Laut.

Sie nähern sich einem Café an der Nordseite des Marktplätzchens. In einer Seitengasse bellt ein Hund, zwei Frauen verschwinden rasch in Hauseingängen, ein alter Mann, das Barett tief in die Stirn gezogen, stützt sich auf seinen Besen, schließt die Augen. Über ihren Häuptern läuten die Glocken zur Vesper.

Das Café – rustikal, schattig, abweisend. Oder kommt es ihm, Willi, nur so vor? Die stockenden Drehungen des schäbigen Deckenventilators, die Hakenkreuzfahne über dem kalten Ofen, das leise, beharrliche Ticken der Standuhr; die sich abwendenden, wie aus einem Holz geschnitzten Gesichter dreier Bauern, über ein Kartenspiel gebeugt.

»Wolla!« Er hievt den Korb vor den Augen der fülligen, offenbar stummen Wirtin auf den Tresen. Hans taxiert erst die Bauern (nichts, keinerlei Bedrohung) und begutachtet dann die alte, resigniert tickende Standuhr so konzentriert, als ließe sich ihr etwas Verschwiegenes entlocken. Die hübsche Fahrradfrau ist verschwunden.

Willi zieht es nach draußen. Er setzt sich an eines der Tischchen unter die gestreifte Markise, legt Koppel und Helm ab, streckt, wie es seine Gewohnheit ist, die Beine aus.

Leben wie der Herrgott in Frankreich. Nur war der nie als Besatzer hier, der Jeckeditz. Willi seufzt. Hier, am Arsch der Welt, ist es trist. Sonderurlaub hin oder her. Wenns nach ihm gegangen wäre, hätten sie einfach nur am Strand übernachtet. Der Hans mit seinem Kirchentick. Da gewinnen sie schon mal ein Wettschießen, bekommen freie Tage und sitzen dann in diesem Kaff fest.

Die drei Äffchen fallen ihm ein. Irgendwo neulich hatte er ihr Bild an einer Wand hängen sehen: »Nichts hören, nichts sagen, nichts sehen.« Nicht nur sind alle Häuser, alle Schaufenster mit Vorschriften und Verboten beklebt: »Allein gelassene Einwohner, habt Vertrauen zu den Soldaten des Reichs!« Es herrscht außerdem mal wieder eine Art Mittagsruhe.

Ein Radio käme ihm jetzt recht, sein Rauschen und Fiepen, bis es sich durch die feindlichen Wellen hindurch auf eine ihm verständliche Stimme, auf Musik einstellt: »*Unsre beiden Schatten sahen wie einer aus; dass wir so lieb uns hatten, das sah man gleich daraus. Und alle Leute sollen es sehen, wenn wir bei der Laterne stehen. Wie einst Lilli Marleen. Wie einst ...*«

Wo bleibt denn Hans? Ist der dadrinnen etwa eingeschlafen? Sein Magen beginnt zu knurren.

»*Rien. Il n'y a rien, Herr.*« In der kleinen Pension, in der sie untergebracht sind (die Kommandantur hatte das Haus der Schusterfamilie Angers mir nichts, dir nichts zu einer solchen »Pension« erklärt), fällt die Verköstigung leider recht mager aus. Zu mager.

»Mehr Brot. BROT, *s'il vous plaîtes!*«, hatte er am ersten Abend recht laut zu der alten, doch offenbar noch recht rüstigen Madame Angers gesagt, da er sie fälschlicherweise zunächst für schwerhörig hielt. Die aber hatte nur den Kopf geschüttelt. »*Rien. Il n'y a rien, Herr.*« – Es gab nichts.

»Sie essen jetzt Krähensuppe in den Städten«, hatte Hans ihm gleich darauf zugeflüstert. »Also, die Brüh die könnt ich nicht essen. Dann lieber die Mehldibbe hier.« Der Hans scheint immer gut informiert zu sein.

»Lasst sie doch Gras fressen«, soll der Kommandant Hans zufolge neulich erst gesagt haben. Er selbst vergisst den Namen des Kommandanten ständig, vielleicht weil er ihn bislang noch nicht zu Gesicht bekommen hat. Und irgendwie ists ihm, so viel, wie der Hans angeblich immer von allem zu wissen scheint, auch ein bisschen verdächtig. Er mag Hans, mit seiner bedächtigen Art, seinem gemütlichen osthessischen Dialekt. Aber ein Klugscheißer ist er schon. Wer weiß denn schließlich so genau, was stimmt und was nicht?

Nachdem er keinen Bissen der Kleiemischung, die sich nun »Brot« nannte, mehr heruntergekommen hatte, war er losgezogen, zu den Bauern in der Umgebung.

Nach einigen Stunden war er mit einem Pfund Butter und sechs Eiern zurückgekommen: »28 Franc, ja leck mich fett!« Und während Hans den Tisch deckte, hatte er zugesehen, wie sein Sold in der gusseisernen Pfanne der Madame Angers friedlich zerschmolz.

»*Les bières, Monsieur.*« Eine flüchtige Berührung (Stoff, die Ahnung warmer Haut) streift Willis Oberarm, dort unter der Markise. Es ist die Frau mit dem Fahrrad, das heißt: Jetzt ist sie die Frau, die offenbar hier in diesem Café bedient. Ihr Haar ist wieder sorgsam frisiert, über dem geblümten Kleid trägt sie nun eine recht spröde Schürze.

»Heiliger Dennis oder heilige Denise?«, fragt Willi, der sich bei ihrem Anblick jetzt beinahe wieder an den Namen des Nachbarörtchens zu erinnern glaubt, in dem sie untergebracht sind.

Die Frau runzelt die Stirn.

»*La village voisine*«, springt Hans ein, der sich inzwischen dazugesetzt hat, die Hände wie einen Ring um sein kühles Bier gelegt.

»*Saint Denis. Camiac-et-Saint-Denis.*« Die Frau wischt sich die vom Bier klammen Hände an der Schürze ab, will sich abwenden.

»Hübsch«, sagt Willi und lächelt sie an. Eine Umarmung für sie, die Frau, liegt darin. Fröhlich, fast keusch: »Hübsch.« Sie scheint dieses deutsche Wort zu kennen. Er sieht es ihrem Blick an, der weder feindselig ist noch geschmeichelt, lediglich leicht erstaunt.

Am nächsten Tag setzt sich Willi wieder unter die Markise. Hans hat ein Buch dabei und gibt sich vertieft.

»Seife«, sagt die Fahrradfrau und muss offenbar gegen ihren Willen lächeln, als Willi sie fragend ansieht und eine etwas unbeholfene Geste macht, als frage er nach dem Namen ihres Parfüms. Er greift nach dem Bierglas, das sie ihm gerade hinstellt, ihre Fingerkuppen berühren sich flüchtig, begriffsstutzig.

Am kommenden Tag wartet er vergebens auf sie; auf dem Tischchen unter der Markise steht eine kleine leere Vase.

Am vierten Tag erfährt er ihren Namen, Gisèle.

Willi bringt ihr Blumen, einen Gruß von allem, was die Wiesen hervorzubringen vermögen, und bittet sie mit dieser Geste um einen Spaziergang.

Es ist die Zeit der Nuss- und Traubenernte. Und jetzt, während er beinahe auf Tuchfühlung neben Gisèle hergeht, schaut er, wie Hans es einige Tage zuvor bei der Pfarrkirche von ihm gefordert hat. Er »schaut her«, sieht das Glühen der Landschaft, ihr weiches Spätsommerlicht, die sanft sich rötenden Häuserschindeln, die gewundenen Seitenwege, die tief ins Land geduckten Höfe; er atmet den satten Duft der Wiesen, die Süße der Weinhänge, die Herbstfeuer der gerodeten Felder, harzig, rauchig, und Gerüche, herber, erdiger, für die er keine Namen hat. Herrlich, denkt Willi und schreitet beschwingt neben Gisèle einher.

»Kein Gewitter heut, gut.«

»*Quit sait…*«

Ihre Augen sind braun. Ein warmes Haselnussbraun, lebhaft, mit helleren Sprenkeln. Willi räuspert sich. Das Grüngrau der Uniform, es betont seine Augen, lässt sie erstrahlen. Ihr Blick spiegelt es ihm: Auch er ist attraktiv. Stark, stattlich, jung.

Hans, der dezent einige Meter hinter ihnen hergeht, hat auf Willis Bitte hin französische Wörter auf einen Zettel notiert. Gisèle hingegen scheint keine Notizen zu brauchen.

»Was tun Sie daheim, wenn kein Krieg ist?«

»Wie?« Er, der sonst nie um eine Antwort Verlegene, stutzt. Einen langen Weg muss sein Hirn da erst einmal zurücklegen, um an diesen Worten vorbei, um dahinter, um zurückzugelangen. Daheim. Kein Krieg …

»Bauen. Ich mein, ich würd gerne bauen, später. Häuser, Cafés, so wie Ihres hier, Orte »*pour vous?*«, für viele Menschen. Mein Onkel Ludwig, also, der hat mal als Poliermeister an einer Seilbahn mitgebaut. Bis auf die höchsten Berge kann man damit rauf. Hans? Was heißt noch mal Berg?«

»*Le Montagne.*«

»Ah. Montannje, also. Als ich noch ein Junge war, da wollt ich unbedingt eine Seilbahn bauen, die bis auf den Mond …«

»*La lune.*«

»Lün, bis dahin! Aber mein Vater, der ist Arzt. Und er will … wollte immer, dass ich auch Arzt werde. Aber dafür war ich zu kurz, in der Schule mein ich. ›Du bist unser schwarzes Schaf, Willi‹, hat er immer gesagt. Und das stimmt. In jeder Familie gibts ja so jemanden, nicht wahr? Der ein bisschen anders ist. Also schwarz statt weiß, minus statt plus. Wobei, Minus und Minus ergibt Plus. Und der Herrgott, um wen hat der sich gekümmert? Um das eine, das ihm verloren ging. Das eine aus seiner Herde. Immerhin, als das alles anfing mit der Bombardierung von Köln und so weiter, da wollte ich erst mal Sanitäter werden. Was Nützliches tun. Verstehn Sie? Kurzum ...«

»Sie haben Familie in diesem ... Köln?«

»Ja. Nein. Ich mein, ich hab kein Mädchen.«

»Warum?«

»Ich weiß nicht. Was soll ich sagen ... und Sie?«

Gisèle sagt eine Weile gar nichts.

»Mein Mann – nicht. Eine Schwester habe ich noch. Und Mutter.« Ihre Stimme klingt heiser.

»Tut mir leid. Ich, wie sagt man? *Regrette* ...«

»Lassen Sie uns gehen, bitte. *Oui, retourner.*«

»Wenn wieder Frieden ist ...«

»*Une bonne journée* ...« – sie sitzen auf einer Bank. Auf einer kleinen Anhöhe am Ortsrand steht diese Bank, mit Blick auf sanft abfallende Weinhügel, die am Horizont von einem Laubwäldchen gesäumt werden. Es ist ihr letzter gemeinsamer Tag.

»Bo«, sagt Willi. Überhaupt, »schön«. Ein Wort, früher kaum je von ihm verwendet, beachtet, nun liegt es ihm ständig auf den Lippen: »Und Sie, Gisèle, sind ganz besonders schön. Wolla ...«

Er reicht ihr ein Schiffchen, das er für sie aus Fichtenholz geschnitzt hat. Zu seinem Erstaunen errötet sie leicht, wiegt das Schiffchen in der Hand, als müsse sie sein Gewicht prüfen. »*Merci* ...« Auf einem der Höfe schlägt ein Hund an. Es ist drückend, schwül. Und während sie so dasitzen, mit vor der Hitze halb geschlossenen Augenlidern, verschränken sich ihre Hände ...

Später in der Nacht, im Sog der Schlaflosigkeit, der Sterblichkeit, erinnert er alles, erinnert ihre Berührungen, Küsse dort auf der Bank als etwas Vollkommenes. Denn auf solch eine Weise küsst man nur einmal. Mit seinem ganzen entblößten, närrischen Wesen, das alles für möglich hält und alles verspricht.

»Schsch... *Oui*. Bo ... Bo!«
Die Wirkung des Morphiums ließ nach. Schwester Eliška rückte dem Soldaten Koch, dessen Schlafbewegungen zusehends unruhiger wurden, die verrutschte Decke zurecht und schloss nach kurzem Zögern das Fenster. Nicht nur an der Front ist es kalt, dachte sie und verließ den Raum. Ihre Schicht war für heute endlich zu Ende.

»Was hast du denn gedacht?« Der Hans steht eng an ihn festgebunden, den Ellbogen schmerzhaft in seine Seite gebohrt. Doch es ist Giseles Stimme, die er jetzt in seinem Kopf zu hören glaubt: »Was hast du denn gedacht?« Er weiß: Er wird es nie wirklich wissen. Wird damit beschäftigt bleiben, es immer wieder neu, immer wieder endgültig für sich zu deuten. Verrat? Zufall! Verrat! Zufall?
Sie hatten Gisèle gerade zum Café zurückbegleitet, als sich aus dem Abendschatten der Häuser ein tieferer Schatten löste, Gestalt annahm. Er selbst, umwölkt von vielerlei, Abschied, Hoffnung, zog seine Waffe, zu langsam, der Hans aber schoss, traf er? Ducken, Rückzug sichern. »Halt!« – Seine Beine sackten weg, eine kalte, harte Mündung drückte gegen seine Schläfe, Blut, metallisch, bitter, Schwärze. –
Da stehen sie nun, in einem Schuppen. Hände und Füße gefesselt, an einen vertikalen Balken gebunden, dicht beieinander. Die Seile schneiden, die Glieder des anderen bohren, prägen sich tief ins eigene Fleisch. Wie lange würden sie so durchhalten können?

Durch die Ritzen bricht der Tag, Staubkörnchen wirbeln zierlich – *schönes Licht*! Er schließt die Augen. Blödsinniger Gedanke, verschwendet nur Kraft. Hören, hören zählt, ist Hinweis.

Irgendwo kräht ein Hahn, etwas ferner ertönt der heisere, leicht stockende Bass, das Brummen eines Motors. »*Tiens, las-bàs, arrêt, arrêt ...*«

Ein beißender Geruch dringt ihm in die Nase. Das Blut auf seinen aufgesprungenen Lippen bildet den ersten zarten Schorf. Hier also stehen sie nun, in ihrer eigenen Pisse.

Vor dem Schuppen findet ein rascher Wortwechsel auf Französisch statt, den selbst Hans nicht versteht, wahrscheinlich ein lokaler Akzent.

»Geiselaustausch. Résistance«, vermutet er. Willi nickt. Dass sie beide noch am Leben sind – welchen anderen Grund könnte es dafür geben? Sein Mund ist trocken. Wann haben sie zum letzten Mal etwas getrunken?

»Heiß wirds werden.«

»Hm.«

»Wie viele Wachen?«

»Sicher genug.«

Schweigen.

Kraft sparen.

Flache Atmung, Lider geschlossen.

Zehen, Fingerspitzen bewegen, Gewicht verlagern.

Später dann, Worte. Zögernd, flüsternd zunächst, dann hastiger. Dinge, die man unter Lebenden nicht sagt.

»Weißt du«, sagt der Hans dann noch, sehr viel später. »Bei uns in der Straße, da wohnte eine Familie, die hatte eine Schneiderei. ›Schuster‹ hießen die. Ich fand das immer lustig, na ja, weil ›Schuster‹ heißen und Schneider sein ... Also, der Konrad, so hieß der Jüngste von denen, mit dem hab ich immer gespielt. Konnte der rennen! Ich war auch viel bei denen daheim. Bücher gabs da! Und der Vater vom Konrad, der hat uns oft was vorgelesen, und manchmal, da durfte ich mir was ausleihen. Wir saßen dann auch in der Schule zusammen. Eines Tages, also, da kamen dann so größere Jungs zu uns in die Straße, du weißt schon, die von der HJ. Die haben zu uns gesagt: ›Jetzt werft ihr mal bei dem Jud da die Scheiben ein.‹ Also, erst einmal wusst'sch gar net, dass der Konrad – Un dann wollt'sch weglaufe, aber das ging net, un da hab'sch dann halt auch so 'n Stein g'nomme …«

Während der Hans mehr und mehr in Dialekt verfällt, seine Stimme immer leiser, fast unhörbar wird, sackt Willi der Kopf auf die Brust.

»… der Konrad, ja, der hat mich gesehen, aber nix gesagt. Der hat seinem Vater geholfen, all die Kleider von der Straße aufzuheben. So viel Scherben waren da, und die Bücher und Möbel und … und dann haben sie, die von der HJ, mein ich, dann haben sie ihn zusammengetreten, da auf der Erd den Herrn Schuster. ›Do verreckt de Watz im Stall!‹, ham se gebrüllt. Un der Konrad, der hat geschrien, un …«

Roonstraße – eines, das aufdringlichste von vielen ungebeten aufsteigenden, einander rasch überlagernden Bildern: Scherben, seltsame Gegenstände quer über die Straße versprengt, darunter Dinge, die nicht zusammenpassen: Leuchter, Papierrollen, Frauenschuhe, ein Vogelkäfig, dichter schwelender Rauch, Feuerwehrleute, die achtgeben, dass die Flammen der Synagoge nicht auf arische Häuser übergreifen. Die ganze Volksschulklasse läuft dicht daran vorbei, der Rektor voran, alles hustet. Der sieht, wie einige, darunter auch Willi, unwillkürlich die Köpfe beugen. »Und aus euch sollen mal Soldaten werden? Köpfe hoch!« Willi hebt den Kopf. Er läuft weiter.

»Die Juden sind unser Unglück.«

Der Hans ist es wohl, der das sagt, sagen will. Doch heraus kommt ein heiseres Flüstern, das da in der stillen, stickigen Luft hängen bleibt und, wie's ihm scheint, lange nicht verklingen will; eine Frage, schräg baumelnd über ihren Köpfen ...

Der Geiselaustausch wird korrekt abgewickelt. Alles sauber vollzogen. Und dann – vier Bauern aus der Umgebung werden willkürlich herausgegriffen.
Nein, er hat es nicht selbst getan. Geweigert hat er sich. Sich krankgemeldet, rechtzeitig. Das heißt, versucht, er hat es versucht. Und die vom Widerstand, die müssen das doch mit einkalkuliert haben. So wie der gestrickt ist, der Kommandant, war ja zu erwarten, dass das passieren würde. Vergeltung –

»Halt. Halt! Schwester!«

»*Feuer.*«
Der Hans, oder ist er es, der da jetzt zielt, abdrückt? Vor ihnen, vor ihm, exakt acht Meter entfernt: Feinde. Reglos, gesichtslos. Übergestülpte Säcke. Weiche, weibische Bäuche. Hängende Schultern – »*Steh immer aufrecht, Willi.*« Er hält sich gerade. Seltsam gewichtslos die Walther P38, sein ausgestreckter Arm. Seine Hand, Hans' Hand, ihrer beider Hände – Siegerschützenhände –, Hände, die jetzt routiniert entsichern, zielen, treffen. Wer von ihnen trifft? Die vier Bauern, Jacques und Gille Limôge, Frederik Michaud, Hénri Alger – woher weiß er ihre Namen? Er weiß sie –, sacken in sich zusammen. Stehen auf. Brechen zusammen, stehen auf ...

»Sind Sie Schwimmer?«
Durch das Lazarettfenster strömte dank Doktor Niemeyers Anwesenheit nun wieder Frischluft hinein, die Glocken der Kathedrale Sankt Peter und Paul luden lautstark zur Messe, und wer wie

Willi nun den wärmeren Unterströmungen der Luft nachspürte, der roch die dumpfe Feuchtigkeit, die von den Flüssen Svratka und der trägeren, wasserärmeren Svitava zur Stadt aufstieg, das sanfte Beben der Kirschblüte.

»*Změna*«, murmelte Eliška. Veränderung.

»Sind Sie Schwimmer? Ihr Lungenvolumen ist auffallend groß. Das wird Ihnen gute Dienste leisten bei der Genesung, Soldat. Ein wenig kurzatmig werden Sie wohl bleiben; möglichst wenig Treppen steigen, schwere Lasten vermeiden, nun ja … Ach, und Ihr Gehör ist leider etwas in Mitleidenschaft gezogen. Wohl vom Trommelfeuer.«

»Ich höre Sie aber BESTENS, HERR DOKTOR!«

»Ach? Na dann …«

Eliška stutzte. Direkt neben dem Doktor stand sie am Bett des Soldaten Koch, reichte ihm gerade das Fieberthermometer. Warum sagte der Niemeyer ihm denn nicht, dass er fast schrie?

Doktor Niemeyer war offenbar mit seiner Visite fertig. Und so blieb er noch ein Weilchen an diesem Bett stehen, während sein Patient nun die Frage bejahte, dass er ein ziemlich guter Schwimmer sei, und der dann, nach kurzem Zögern, vom Baden im Atlantik und Mittelmeer erzählte. »… so blau, HERRLICH. Und sauber!«

»Ja, der Krieg lässt einen reisen.« Doktor Niemeyer schüttelte das Fieberthermometer auf Ausgangstemperatur zurück.

»Na, dann ists ja EIN GLÜCK. Dass SIE HIER sind, mein ich, HERR DOKTOR.«

»Ich tu mein Bestes. Wie wir alle, Soldat.«

Sie schauen einander nicht in die Augen, dachte Eliška, als Doktor Niemeyer, der sich bemühte, bei der Lautstärke, mit der der Soldat Koch sprach, nicht zusammenzuzucken, endlich den Raum verließ und jener Wilhelm offenbar versuchte, in die Glätte, in die Tiefe des Genesungsschlafs zurückzufinden.

Sie verteilte ihre Rationen, Wasser, Medizin, richtete Kissen, Laken, Verbände, näherte sich dem Fenster.

»Warum machen Sie eigentlich immer wieder DAS FENSTER ZU? Ist Ihnen KALT? Oder ist es WEGEN IHM?«

Eliška war verwirrt. Trotz der Redelautstärke wusste sie nicht, wen der Soldat meinte. *Wegen ihm?* – »Wegen ihm« führte sie stets unwillkürlich zu Michael.

Er war bei Kolberg gefallen. Man hatte jenes kleine Medaillon mit ihrem Bild bei ihm gefunden, das zu ihrer Verblüffung, ja Rührung über einen Kameraden kürzlich den Weg zu ihr zurückgefunden hatte. Vielleicht, überlegte sie, weil es kein echtes Silber war? »Er hat viel von Ihnen gesprochen, Schwester.« »Ach?« Sie hatte sich tagelang gesträubt, es und damit gewissermaßen *ihn* anzufassen, und das Medaillon tief unter ihrer Wechselwäsche verstaut. Doch hatten sich ihre Träume verdüstert, und nach kurzem Schlaf war sie stets auf einem nassen Kissen aufgewacht.

»Ich komme wieder, Eli. Versprochen. Und dann gehen wir zusammen nach Prag.«

Was hatte sie gewusst über das, was in ihm vorging, was ihn wirklich bewegte? Nichts. Sie hatten einander nicht gekannt. Bitterkeit stieg in ihr hoch, das herzklamme Gefühl von Versäumnis. Und so war sie gestern in einer ihrer freien Stunden nach unten an das sich langsam grünende Ufer der Svitava gegangen. Vorsichtig, um nicht die letzte Spur seiner Haut, seines Körpers zu vertreiben, hatte sie mit ihrer Fingerkuppe über das Oval gestrichen, das er offenbar so lange bei sich getragen hatte, wie sie versucht hatte, ihn zu verdrängen. »*Nejdražší!*« – Dann hatte sie es in einem Anfall von geradezu ketzerischer Wut in den Fluss geworfen. Sollte der Fluss doch seine Geheimnisse für sich behalten. *Změna.* Veränderung, pah!

Nein, *ihn* konnte dieser Wilhelm Koch nicht gemeint haben.

Eliška näherte sich wieder seinem Bett und strich unnötigerweise die Decke glatt.

»Wen meinen Sie mit ›ihm‹?«

»Na, den Doktor.«

»Ach.«

»Er mag Frischluft. Und ich übrigens auch.«

»Gut für Sie, Soldat.«

»Für Sie nicht? Frischluft, sagt man, ist gesund.«

»Glauben Sie alles, was man Ihnen sagt?«

»NEIN.« Dann, leiser und mit einem Lächeln, das seine Augen erreichte, aber nicht durchdrang: »Aber ich würds gern.«

Eliška zögerte. Sie blickte sich rasch um, aber sie war momentan die Einzige vom Personal hier im Raum. Sie setzte sich auf seine Bettkante und ergriff seine Hand. Groß war sie, schwer und warm vom Fieber; trockene, rissige Haut.

»Ich wars, die Ihnen das Wasser eingeflößt hat. Tut mir leid.«

»Wieso?«

»Na, weils falsch war. In dem Moment jedenfalls.«

»Sie haben mich also nicht gerettet.« Wieder dieses Zwinkern.

»Leider nein.« Sie wollte sich schon wieder erheben, doch nun griff er nach ihrem Arm, ein überzeugender Griff.

»Wie soll mans denn immer wissen? Was richtig ist?«

»Ich hätte aufmerksamer sein können. Mehr wissen wollen. Aber ich war abgelenkt, damals.«

Warum erzählte sie ihm das?

»Sie sind jung. Übrigens, ich heiße Willi.«

»Das ist keine Ausrede. Das mit dem Jungsein, meine ich. Davon abgesehen, jung sind *Sie* schließlich immer noch. Sie haben übrigens viel gesprochen. Im Schlaf. Ich bin Schwester Eliška.«

»Ich weiß, wir alle rufen Sie doch ständig. Und falls Sie's noch nicht wissen, Sie sind ein Engel.«

»Die gibts nicht. Auch so eine Täuschung.« Wieder hörte sie sich gänzlich Unerwartetes zu diesem Soldaten sagen. Vielleicht, dachte sie, weil sie ihn fast auf dem Gewissen gehabt hätte. Doch in diesem Moment wurde ihr klar, dass es die Wahrheit war. Es gab keine Engel, es gab keinen Gott. Doch offenbar war sie längst noch nicht fertig.

»Ich werde nach Plzeň zurückgehen, meine Heimat. Pflegerin will ich werden. Und ich werde keine Kinder bekommen. Niemals. Zu viele Soldaten, zu viel *bolest*, Schmerz in der Welt.« Sie sah ihm an, dass er etwas erwidern wollte, aber sie spürte, dass sie das jetzt nicht hören wollte.

»Ich muss weitermachen.« Eliška stand auf, zögerte. Dann beugte sie sich noch einmal über Willi, drückte ihm eine Tablette in die Hand und flüsterte: »Am Freitag beginnt die Evakuierung. Bis dahin, Willi, sollten Sie besser gesund sein. Verstehen Sie?«

März 1945

Willi betrachtete seine schmale Habe: Papiere, Druckverbände, Hoffnung. Er saß in einem der letzten verdunkelten Lazarettzüge, mit Stroh ausgekleidete Waggons, die zurück, die über Karlsbad und Marienbad heim ins Deutsche Reich fuhren. Man hatte ihn für transportfähig befunden. Im Grunde aber blieb er mehr an die anderen Invaliden gelehnt, an ihre Leiber, Wunden. Von aufrechten Positionen konnte sowieso kaum die Rede sein. Doch wen scherte noch die Haltung. Es ging heim!

Hier und da versuchte er, einen Plausch anzuregen. »Schnauze!«, »Das hier ist kein Kaffeekränzchen«, »Mensch, halt mal die Luft an!«

Er gab es bald auf. Auch der Versuch eines Kartenspiels scheiterte an den schlechten Lichtverhältnissen und den nach wie vor zittrigen Gliedern. Willi schloss die Augen. Seine Wunde nässte, er kämpfte gegen den Schwindel. Wenn der Zug abbremste und die Puffer der überfüllten Waggons gegeneinandergedrückt wurden, zog er wie alle Verwundeten scharf die Luft ein.

Ansonsten lag eine klamme Stille über den Abteilen. Einige stöhnten, murmelten oder summten je nach Verfassung und Erwartungshaltung vor sich hin, das Bedürfnis nach Regung verebbte allerdings rasch wieder. Manch einem gelang ein Nickerchen. Dicht aneinandergelehnt hielt doch jeder von ihnen erstmals Ausschau nach einer eigenen Richtung.

Willis Heimweg war weit. »*Dead city*« nannten die Amerikaner, die Briten Köln inzwischen. *Tote Stadt*. Eine geisterhafte Ruinenlandschaft, in der, so flüsterte man ihm zu, hier und da noch Menschen in Löchern hausten, Nachrichten auf Mauerreste schrieben, in Steine ritzten: *Wir leben*. Willi erwiderte nichts.

»*Wenn ich su an ming Heimat denke un sinn d'r Dom su vür mer stonn, möösch ich direk op Heim an schwenke, ich mööch zo Fooß noh Kölle jonn …*«

Er dachte an das schöne Lied von Willi Ostermann, das die Mutter so gern vor sich hin summte.

»*Mama, ich heiß ja wie der.*«

»*Ja, aber du singst lauter, Willichen. Wenn auch nicht ganz so schön.*«

Willi fuhr sich mit der Hand über die Augen. Es schien ihm tausend Jahre her zu sein, ein anderes Leben. Ihr letztes Lebenszeichen war die Todesnachricht des Vaters gewesen; auch das Kättchen hatte einige Zeilen verfasst, unter die Mitteilung der Mutter ihre rundere, weichere Schrift gesetzt, Worte über den »Vati« …

Die Mutter – er versuchte sich vorzustellen, wie sie in seltener Ruhe am Küchentisch saß, um einen Brief an ihre Söhne an der Front zu verfassen, den Kopf mit dem buschigen Haar auf die Arme, die in selbst gestrickten Ärmelschonern steckten, gestützt, vor ihr ein Blatt Papier, dann ein leichtes Aufseufzen, der Griff zur Feder ...

»... *ansonsten ist daheim alles beim Alten* ...« – Ihr Gesicht war verschwunden, der Klang ihrer Stimme, die Farben, Gerüche von daheim. Wie hatte es im Treppenhaus gerochen, wie hatte sein Zimmer ausgesehen? Nebensächliches hingegen sah er geradezu gestochen scharf vor sich: das Rosenberg-Porzellan in der guten Stube, das lange Küchenmesser, solider Griff mit hübschen blauen Messingbeschlägen darauf. Jenes Messer, mit dem die Mutter die Linzer Torte zu seinem letzten Geburtstag angeschnitten hatte. Aber welcher Geburtstag war das gewesen? Der sechzehnte? Siebzehnte?

Der Druck auf den Brustkorb nahm zu; langsam, vorsichtig verlagerte er sein Gewicht, um ein wenig aufrechter zu sitzen. Der Schmerz raubte ihm schier den Atem. Unter dem protestierenden Stöhnen aller spie er geräuschvoll Blut und Schleim in sein Tuch.

»Verdammt.«

»Mensch, rück mir vom Leib.«

Wieder bremste – »Ahh!«, »Scheiße!«, »Au!« – der Zug. Sie konnten nicht nach draußen schauen, doch es war zu spüren, dass sie – wahrscheinlich irgendwo in der Gegend von Bayreuth – auf offenem Gelände hielten: diese plötzliche, vollkommene Reglosigkeit, als läge die Welt auf der Lauer.

»*Immer schön in Bewegung bleiben, Willi.*« – Eliška. Ihr Abschiedswort, es klang ihm plötzlich so nah, als flüstere sie es ihm gerade jetzt ins Ohr. Die Wundnaht, dass die bloß hielt! Willi biss die Zähne zusammen – jeden Augenblick konnten sie bombardiert, beschossen werden – und langte vorsichtig, dennoch überlaut erschiens ihm, nach der Formaldehydsalbe. Die Salbe war fast aufgebraucht. Aber dort, in seinem Tornister eingerollt: die *Betenden Hände*. Rasch strich er über das in sich gekehrte Bild.

Eliška hatte es ihm zugesteckt, heimlich, kurz bevor sich ihre

Wege trennten. Jetzt, so im Nachhinein, schien es ihm, als hätte ihnen das Leben einfach keine Zeit gelassen. Zeit, die es üblicherweise wohl brauchte für derlei Angelegenheiten zwischen Mann und Frau. Und doch, oder vielleicht gerade deswegen, hatten sie einander Dinge gesagt … Dinge, die wahrhaftig waren. Ein Bund wars gewesen, den sie da eingegangen waren, unausgesprochen, aber wirksam.

Bindung – gabs dafür ein Maß? Wohin jetzt damit?

»Immer schön in Bewegung bleiben, Willi.«

Ihr Bild blieb.

»Ein Geschenk«, wird er sehr viel später sagen. Und dann, nach kurzem Zögern: »Sie hieß Eliška.«

Und die Enkelin, das Kind, wird lange Zeit nicht nachfragen (»Wer ist Eliška? Was hat sie dir bedeutet?«). Als sei »Geschenk« eine hinreichende Auskunft.

Die *Betenden Hände* werden stets über seinem Bett hängen. Dabei sieht das Mädchen den Opa niemals beten. Nur in der Nacht, wenn sie und ihr Bruder mal wieder bei den Großeltern in dem einen Zimmer schlafen, das tagsüber als Wohn- und nachts als Schlafraum dient, kann sie mitunter hören, wie sich unter dem unbewegten Bild die Hände des Großvaters in einer schier unablässigen Bewegung aneinanderreiben. »Warum will sich der Opa immerzu waschen im Traum?«

Wie froh ist sie, als der gestrenge schwarze Rahmen, der die *Betenden Hände* umfasst, eines Tages aus unerfindlichen Gründen zerspringt und durch ein schlichtes rahmenloses Glas ersetzt wird. Wenngleich das Bild von diesem Zeitpunkt an seltsam entblößt auf der sonst schmucklosen Wand wirkt, sein Ausdruck, seine Konturen sich auf der weißen Fläche verlieren.

Am 11. Mai, drei Tage nach Kriegsende, erreichte Willi den Kölner Hauptbahnhof. Weidenröschen wuchsen zwischen den Trümmern der Bahnsteige und dem Schutt der Gleise. Unwillkürlich bückte er sich, um eines zu pflücken, und setzte sich stattdessen auf den nächstbesten Stein. Die Zivilschuhe drückten, er lockerte die Bänder. Eine ganze Weile lang blieb er so sitzen. Die Luft war warm, tränte vor Ruß und Staub.

»*Wenn ich su an ming Heimat denke un sinn d'r Dom su vür mer stonn* ...«

Er blinzelte; der Schmutz brannte in den nassen Augen. Morgen würde er zwanzig Jahre alt werden.

8

1943, Eechternoach

MARGOT beseitigte Spuren. Sie kniete auf dem Boden des Salons und polierte das Parkett.

»*Stofflappen unterlegen, Fräulein Margot. Dann geht es besser.*«

Hätte sie's mal lieber gemacht. Aber sie hatte natürlich nichts dergleichen getan. Die Hose, die sie da zum Polieren trug, war eine aus der »aussortierten Zeit«. Sie war also ohnehin untragbar, verboten wie alles Französische, und musste deswegen jetzt herhalten. Aber das gute alte Chanel-Stück fühlte sich auf einmal merkwürdig *dünn* an, dünnhäutig auf ihrem Körper, als wäre es gar nicht da. Untauglich, das war das richtige Wort. Aber in was sollte sie sonst putzen? In Lumpen etwa?

Überhaupt, putzen. Inzwischen tat ihr wirklich alles weh, vor allem die Knie und erstaunlicherweise auch die Schultern, obwohl sie mit denen doch gar nichts tat. Die Schrammen und Verfärbungen im Parkett aber waren trotz all der Mühe nach wie vor da.

Zu allem Übel kam Clarissa immer wieder herein. Scheinbar um ihre eigenen Arbeiten zu erledigen. Aber natürlich war das nur ein Vorwand. Klar, sie wollte schauen, wie sie, Tochter des Hauses, sich beim Putzen anstellte. Margot schnaubte. Sie würde den Teufel tun und nach den Lappen greifen, die Mutters Liebling – Lieblings-*Hausmädchen*, aber trotzdem! – für sie auf das Tischchen gelegt hatte.

»*Clarissa, plus vernis, s'il te plaît.*«

Warum bloß hatten sie denn nicht daran gedacht, beim Tanzen die Schuhe auszuziehen?

Weil jetzt alles immer jäh vorbei sein konnte – sie fuhr mit den Fingern über das gute alte Fischgrät. Was für ein schöner Boden. Warum war ihr das eigentlich nie aufgefallen? Und jetzt? Überall Flecken. Verschütteter Rotwein, Asche, Scherben. Und derbe dunkle Striemen. Jacques, Luc und vor allem Will und Hans, die hatten es wirklich wild getrieben. Für all die Schrammen und Abdrücke hingegen waren wohl sie verantwortlich. Sie und die Freundinnen.

»*Das ist keine Zeit für Feste und Herumtanzerei, Margot!*«

Sie stöhnte. Die Mutter – jeden Moment konnte sie von ihrer Reise heimkommen und entdecken, dass das kostbare Parkett hin war. *Fir e Gräppche vol Fred, en Teimer voll Led.* Ja, genau so wars. Natürlich war das keine Zeit für Feste. Und natürlich hatten sie genau das getan: gefeiert und getanzt. Und zwar gleich, als die Mutter fort gewesen war. Nach Esch war sie gefahren, mal wieder, zu einem Wohltätigkeitsbasar.

Wohl-Tätigkeits-Basar – sie hatte noch genau im Ohr, wie die Mutter das mit der »Tätigkeit« ihr gegenüber so merkwürdig betont hatte.

»*Und ja, MARGOT, ich nehme all diese Sachen mit. Wir brauchen sie ja nun wirklich nicht mehr.*«

Auch das nervte: dieses Überbetonen ihrer Namen. Als gälte es, einander nun ständig darauf hinzuweisen, wer man war. Meine Güte! Sie wusste sehr wohl, wer sie war und wie sie hieß.

Margarete. Zur »Margarete« hatte der Reichsarbeitsdienst sie gemacht. Wenngleich sie bei ihrem Einsatz vom Reich nicht viel gesehen hatte außer schmutzige Böden. Dort, auf jenem elenden Hof bei Bitburg. Genauso stellte sie es sich in einer Kaserne vor.

»*Was stehst du da noch herum?*«

»*Na, wirds bald? Zack, zack.*«

»*Erst die Böden, dann den Abort!*«
»*Sparsam mit der Kernseife.*«
»*Ausmisten, auskehren. Danach gehst du der Liesel zur Hand.*«
»*Die Asche wegfegen, ja, auch unterm Herd.*«
»*Gründlicher! Wir sind hier nicht im Schweinestall.*«
»*Zum Nähen hats noch genug Zeit, wenns dunkel wird, Margarete.*«

Margarete – das war jetzt ihr Name. In ihrem Ohr klangs ungefähr so wie *Aschenputtel*.

Im Grunde hatte sie die ganze Zeit über den Blick gesenkt: auf den Boden, die Hände, die ihr zugeteilten Essensreste. Versucht, die vollen Teller der Familie, die gefüllten Kammern nicht zu sehen. Keine Aufmerksamkeit auf sich zu ziehen, nicht aufzuschauen bei Tisch, nicht in die zerstörten Gesichter der Städter zu sehen – »*Bettler, allesamt!*« – da draußen vor der Türe. Diese brennende Scham, mit der sie alles entgegengenommen hatte, an der Türschwelle: Teppiche, Ringe, Silber, Pelze im Tausch für eine Handvoll Eier, Speck. Und immer noch tiefer hatte sie den Blick gesenkt, bis weit unter den der misstrauischen Liesel, der Magd, der sie alles rasch weiterreichte. Als sehe, taste, höre sie nichts: *Es geht vorbei*. Die Berührungen des Hausherrn an ihrer Wange, den Schultern. Wie im Vorbeigehen sich, sie testend, zunächst. – *Es geht vorbei.*

Vergessen, die unterworfenen Augen, dieses Dasein auf Knien, Händen, dort unten am Boden, am Herd, am Abort, in den Ecken, in klammen, zugigen Winkeln, im Heu. Die Ausdünstungen vergessen, von Tierischem, Herrischem, diesen fremden, kalten Schweiß, der haftete; das Seufzen der müden, steifen Glieder, Nadel und Faden unter dem flackernden, schwindenden Gaslicht. *Ausbessern der Wäsche: befriedigend.*

Die Schule erinnern, ihr Abschlusszeugnis – galts nicht einer anderen? *Französisch: sehr gut. Rechnen: sehr gut. Buchhaltung: sehr gut.*

Deutsch: sehr gut. Stricken: sehr gut. Bügeln: gut. Ausbessern, Zusammenlegen der Wäsche: befriedigend. Kochen: ausreichend. Fleiß: gut. Höflichkeit, Betragen: gut. Rang in der Klasse: 13.

Die Feier der Mittleren Reife, ihr meerblaues Chiffonkleid. Das Gefühl, auf einmal ganz luftig zu sein, zu schweben, mit der ganzen Welt sanft aufwärtszugleiten. Ihr Zimmer. Ihre Zarah-Leander-Fotokarten vor dem Spiegel, ihr Gute-Laune-Lippenstift. Die Schmuckschachtelsammlung, die heimliche Packung Salems im untersten Kommodenfach, das Rauschen der Eschen im Garten, die Eichhörnchen auf der Terrasse, das träge Wirbeln der Schellackplatten auf dem Grammofon, das Morgenlicht auf den polierten Möbeln des Studierzimmers, all dies mühsam erinnern. Die frischen Brotschnitze, *l'heure de repos,* Jeans Haarwirbel, die Augenbrauen des Vaters, die kühlen Ledersitze der Limousine, Emilies ausgebreitetes Haar auf dem Kissen; Markttage, der Duft frischer Kräuter, die in der Sonne getrocknete Wäsche, *klirr, klirr,* der Schlüsselbund an der Hüfte der Mutter ... Auslöschen, die Zeit. Die abschätzigen Blicke der Hausfrau. »*Jesses, schaut euch bloß diese Hände an. Feines Madämmchen haben wir da. Na, wirst schon sehen ...*« Vergessen. Die melancholische Liesel: »*Luxemburg? Esst ihr da wirklich von goldenen Tellern, sag ...*« Vergessen. Die hohlwangige, magere Gestalt hinter den Ställen. Holz spaltend, Klafter aufschichtend. Ihren kränklichen, gestreiften Anzug. Dies ... Antlitz, indem etwas Unbegreifliches aufglomm, wieder erlosch. Die Ohrfeige, als ihre Hand sich zaghaft zu einem Gruß gehoben hatte, das Gezisch: »*Rasse*«, »*Schande*«.

Es geht vorbei. Wegscheuern. Die Arbeit. Den Dienst. *Margarete.* Die Lehmböden, großporig, schmutzempfänglich; die Ahnung vom Untergrund. Weg, weg damit. Brackwasser ausgießen, mit Kernseife einreiben. Scheuern, schnelles, kräftiges Reiben. Mit der gesamten Handfläche auf dem Putzlappen aufliegen, mit den Knien, den Unterarmen. Scheuern. *Margarete*. Na los, los! Knien. Bücken. Tiefer, gründlicher. Gründlicher …

»*Margarete.*«

»*Margarete!*«

Margot blinzelte. Der Lehmboden verschwand, ihre Hand strich über das glatte, schimmernde Parkett des Salons. Sie griff nach dem Fläschchen und verteilte noch mehr Politur auf den beschädigten Stellen. Was zur Folge hatte, dass unter all den Schrammen und Striemen die Erinnerungen an den Tanzabend nun erst recht erstrahlten.

Das Fest! Wie gelöst Emilie gewirkt hatte, geradezu leuchtend, als wäre ihr, endlich mal, ein Licht aufgegangen. Margot lächelte.

Die Schwester war ja höchst selten für eine Überraschung gut. Dieses Mal jedoch hatte sie nicht hüstelnd die übliche Langeweile verbreitet, ihre Vorbildlichkeit zur Schau gestellt. Natürlich hatte alle Aufmerksamkeit wie immer erst einmal ihr gegolten. Ihr und ihrer eleganten Hochsteckfrisur – warum bekam sie selbst so was nicht hin? Emilies schlanken Nacken hatte die Frisur geschickt betont, und selbst ihre stets etwas eingesunkenen Schultern schienen sich dadurch zu heben. Wie eine Fee hatte sie ausgesehen. Nur dass sie einem keine Wünsche erfüllte.

Aber Emilie hatte nur Augen für Jérôme gehabt. Und, o Wunder, sie hatte getanzt. Keinen Swing, das war natürlich nichts für »Mademoiselle Vornehm«. Aber fast alle Walzer, ja sogar Schlager!

»*Das kann doch einen Seemann nicht erschüttern. Keine Angst, keine Angst, Rosmarie …*«

Ihren chronischen Husten hatte Emilie an diesem Abend anscheinend völlig vergessen. Eine ganz andere Art von Beben war da in ihr spürbar gewesen. Und selbst der sonst so ruhige, gelassene Jérôme hatte erhitzte Flecken im Gesicht gehabt.

»*Wir lassen uns das Leben nicht verbittern. Keine Angst, keine Angst …*«

Und sie? Sie hatte mit wirklich jedem getanzt. Paul-Hénri, Gustav, Hans, Jacques, Will, Luc ...

Margot hielt mit dem Polieren inne. Seltsam, dass sie bislang nie über sie nachgedacht hatte. All diese Jungs. Dabei kannte sie sie von Kindheit an. Ihre Prahlereien, Spiele, Scherze. Immer über ihren Kopf hinweg. »*Meedchen! Domm Gänsen!*«

Dennoch, sie waren *assoziéiert*, einander zugehörig. Wie es halt so war, wenn die Grundstücke aneinander grenzten, man sich gegenseitig beim Aufwachsen zusah. Und jetzt waren so viele – fort.

»*... keine Angst, Rosmarie. Und wenn die ganze Erde bebt und die Welt sich aus den Angeln hebt ...*«

Wie gut kannten sie einander eigentlich? Der schöne blassblonde Paul-Hénri zum Beispiel, der ihr gegenüber immer ein wenig herablassend war, so als sei sie viel zu kindisch, um von ihm wahrgenommen zu werden, was hatte der für nervös-schwitzende Hände gehabt! Vor dem zweiten Tanz mit ihr hatte er sie wie beiläufig an seiner Hose abgewischt. Vielleicht erinnerte sie sich gerade deswegen so gut an seine Hände; sie hatten sich angefühlt, da auf ihren Schultern, der Taille, als wollten sie weit weg sein. Zu einem anderen Menschen gehören, einer anderen Zeit, was auch immer.

»*Ce soir le vent qui frappe à ma porte. Me parle d'amours mortes. Devant le feu qui s'éteint. Que reste-t-il de nos amours ...*«

Der Gustav hingegen, der doch sonst so verlegen war, der meistens woandershin sah, wenn sie mal gemeinsam in einem Raum waren, er hatte sie so energisch an sich gezogen, dass sie seinen warmen, etwas weinsauren Atem an ihrer Wange riechen, spüren konnte.

»*Der Abend gehört mir, nicht wahr, Margot?*« – Er hatte gerade so getan, als sei er Charles Trenet. Puh ...

»*Pardon me boy, is that the Chattanooga Choo Choo ... Who's the lovin' daddy with the beautiful eyes, what a pair o'shoes I'd like to try'em for size ...*«

Luc und Will wiederum hatten sich ihre Hüte so tief ins Gesicht gezogen, dass sie bei ihren Hüftschwüngen und wilden Drehungen ständig aneinanderstießen.

Margot wischte sich über die Stirn. Dass Polieren so schweißtreibend war. Dagegen war Tanzen nichts. Sie strich über eine der Striemen, die sich bis eben noch in tiefem Schwarz über das Fischgrät gezogen hatte. So, wenigstens die war nun deutlich verblasst.

»*Spiele jetzt Märsche.*« – Sie zuckte zusammen. Charles' Stimme kam über sie, so unvermittelt, als schaue er ihr geradewegs über die Schulter. Sie fuhr sich über die Augen.

Nein, der Bruder war fort.

»*Spiele jetzt Märsche.*« – Karg war sie, die Nachricht, die kürzlich von ihm mit der Feldpost gekommen war. An den Rand hatte er, offenbar hastig, einige Akkorde notiert, aus denen niemand so recht schlau wurde. Der Vater hielt sie für den Auftakt eines Militärmarsches, die Mutter für eine versteckte Anspielung auf die Marseillaise.

»*Was will er uns nur damit sagen?*«

»*Wie deutlich soll er denn noch werden?*«

Immerhin, eine Nachricht. Darin waren sie und Emilie sich ausnahmsweise mal einig gewesen. Die Deutschen als Musiker zu unterhalten war weit weniger schlimm, als an der Front für sie zu sterben.

Jean hingegen – sie schluckte. Nichts. Kein Wort. Hatte der Vater neulich nicht irgendwas von *Jannowitz* gemurmelt? Das klang ungut. Nach Osten …

»*Die Sonne bescheint auch noch die größte Scheiße, Margot.*« – Jean. Ihr Herz verspürte einen Stich. Kleiner Bruder. So oft war er ihr jünger vorgekommen als sie, besonders wenn er in der Garage lauthals singend an dem Lenkrad vom Marmon herumspielte: »*Wohin auch die Reise geht, ich fahre, fahre bis ans Ende der Weeelt!*«

Jetzt nicht mehr. Verfluchte Sonne, verfluchter Frühling.

Hollerich, Bahnhof: Schemen. Gemurmel. Andere Zwangsrekrutierte, dort, in jenem halb toten Winkel jenseits von Jean. Jean ist jetzt Hans.

»*Schaut euch die an! Ganz schön schlaff, unsere Beutegermanen, was? Na, denen werden wir schon noch Feuer unterm Hintern machen ...*«

Spucken. Ausspeien unter diesem gottlosen Himmel. Verfluchter Mandelblütenduft. *Roude Leuw!* Alles, alles: den Bahnhof, die dätschen Aufseher, den Lokführer in den hundert-, nein, tausendjährigen Schlaf schicken, damit dieser falsche lichte Himmel über einer anderen Welt sich wieder wölbe, einer Welt mit Jean.

Jean, der sie an sich drückt, stumm. Dann energisch fortschiebt. Sich abrupt umdreht, einsteigt. Auf Fahnenflucht steht Sippenhaft.

Schauen. Auf die Mutter, die wie angewachsen dasteht, den Vater, der in seiner dünnen Manteltasche herumwühlt, in einem fort sich räuspernd. Nur Emilie, typisch, weint ganz offen, zittert hemmungslos. Wie dankbar sie die große, schwache Schwester anfaucht: »Lass bloß das Geheule!« Warm, die Luft. Duftend. Die Gesichter trocknet sie nicht.

»*Die Sonne bescheint auch noch die größte Scheiße, Margot.*« – Jean ist fort.

Weiter, weitermachen. Wenn sie noch fester mit dem Lappen aufdrückte, würden die restlichen Striemen sicher auch noch verschwinden. Nur nicht nachlassen jetzt.

»*Es geht alles vorüber, es geht alles vorbei. Auf jeden Dezember folgt wieder ein Mai ...*«

Und erneut sah sie sich mit Gustav tanzen auf ihrem Fest, spürte sie sie wieder, als passiere es gerade eben jetzt: seine leicht kratzige Wange dicht an ihrer erhitzten ...

»Die nächsten Runden gehören auch mir, nicht wahr, Margot? Warum sehen wir uns eigentlich so selten? Das sollten wir ändern, finde ich.«

»Hm ...«

Sie wendet den Kopf, fängt Charlottes spöttischen Blick auf: albern. Du siehst albern aus.

»Lass mal gut sein, Gustav.«

Sie löst sich von ihm, von seiner Forderung, und lässt sich neben der Freundin auf der breiten Fensterbank nieder. Wie herrlich doch alles in dem weichen Licht des Kronleuchters glänzt! Als würde der Abend lächeln, hochzufrieden mit sich selbst. Gustav hat sich jetzt die zierliche Luise geschnappt und wirbelt sie recht gekonnt umher. Sie lehnt sich an die Freundin, summt, während da draußen im Park die Schatten langsam länger werden.

»... *es geht alles vorbei. Auf jeden Dezember folgt wieder ein Mai* ...«

Als kleine Mädchen hatten sie hier schon gesessen, die Münder schokoladenverschmiert, und ihre runden Beine baumeln lassen. Den Puppen auf ihrem Schoß hatten sie flüsternd, kichernd Schimpfworte beigebracht – *Helleg Schiet!*, *Domm Gänsen!* – und davon geträumt, groß zu sein. Wie stolz waren sie gewesen, als ihre Füße auch im Sitzen endlich den Boden berührten.

Heute stecken Charlottes lange, schlanke Beine in Nylons, sie sind elegant übereinandergeschlagen, und ihr linker perlmuttfarbener Pumps, von der Ferse gelüftet, wippt an ihren Zehen lässig auf und ab.

»*C'est enfantin!*« Charlotte zieht ein silbernes Zigarettenetui aus ihrer Handtasche und klopft mit dem Fingerknöchel leicht gegen den Verschluss.

»Tanzen zu egal was für einer Idiotie von Text, solang sich nur alles hübsch dreht. Stimmt schon, was der ... wer wars noch?, da geschrieben hat: Die ganze Welt ist ein Fußboden.«

»Ach, jetzt hab dich doch nicht so, Charlie. Mach mit!«

»*Es geht alles vorüber, es geht alles vorbei. Auf jeden Dezember folgt auch wieder ein Mai ...*«

Auch Emilie tanzt wieder. Ihre Frisur wirkt längst nicht mehr so elegant. Strähnen haben sich gelöst, fallen ihr ins Gesicht, ihre Augen leuchten ungewohnt. Vielleicht liegts am Licht.

»Gib mir mal eine.« Margot nimmt sich eine Zigarette aus Charlottes Etui.

»MARGARETE!«

Der Vater. Da steht er plötzlich, im Eingang des Salons. Rasch steckt sie die Zigarette weg. Anders als die Mutter duldet der Vater das Feiern, Tanzen. Rauchen hingegen nicht.

»*... geht alles vorbei. Doch zwei die sich –*«

Das Grammofon verstummt. Zusammen mit dem Vater haben zwei deutsche Soldaten den Salon betreten.

Spürbar, der Temperatursturz im Raum. Alles scheint von Frost überzogen. Wie schnell das geht: dieses Zu-Boden-Blicken. Die eigene Erstarrung spüren, hassen.

»Guten Abend, die Herrschaften.«

Sie kann sich nicht rühren; sieht aus den Augenwinkeln, dass Jérôme Emilie zu einem der Sessel lotst, dicht neben ihr stehen bleibt.

Der eine Soldat, der ältere, tritt vor sie hin.

»Befindet sich ein gewisser Jean-Luc, *Hans-Lukas Müller,* unter Ihnen?«

Schweigen.

Kopfschütteln.

»Ihre Papiere, bitte.«

Der ältere, genau in der Mitte des Raums bleibt er stehen. Mustert, begutachtet sie.

»Vortreten.«

Der andere: wendiger, unduldsamer. Durch ihre eng zusammenrückende Reihe geht er, verlangt, wo nötig, mit angedeutetem Griff zur Waffe den Ausweis. Den von Paul-Hénri studiert er besonders sorgfältig, hält ihn prüfend hoch gegen das ungetrübt weiche Kronleuchterlicht, das, o hoffentlich, nichts erhellt. Der Deutsche runzelt die Stirn. Hat etwa auch er Paul-Hénris nervöse Hände bemerkt? Ihr wird übel.

»Alles in Ordnung.«
»Wie ich Ihnen bereits sagte ...«
»Weitermachen. Hermann, wir gehen.«
Nur nicht allzu hörbar aufatmen jetzt. Im Vater jedoch scheint es merklich zu arbeiten. Sein Blick gleitet über die Gesichter, Uniformen.
»Meine Herren, bitte bleiben Sie doch. Wenn Ihre Zeit es Ihnen erlaubt.«
Die Deutschen wirken sichtlich erfreut. Sie legen ab, nehmen eine ungezwungenere Haltung ein. Niemand sonst regt sich.
Außer Paul-Hénri. Er ist der Einzige, der es wagt, den Raum zu verlassen.
»Davon geht die Welt nicht unter. Sieht man sie auch manchmal grau ...«
Der Vater bedient nun das Grammofon. Der ältere, etwas stämmige Deutsche, der sich als Obergefreiter Dieter Braun vorstellt, durchquert den Raum, verbeugt sich vor Charlotte.
»... einmal wird sie wieder bunter ...«
Charlotte stößt einen Seufzer aus. Aufreizend langsam erhebt sie sich vom Fensterbrett. Margot gelingt es gerade noch, ein Lächeln zu unterdrücken. Charlie wird schon einen Weg finden, sich da herauszulavieren.
»Einmal wird sie wieder bunter. Einmal wird sie himmelblau ...«
Hermann Heider, Gefreiter, steht nun vor ihr. Sie sieht ihn an. Verhalten, neutral ...

»Autsch!« Margot blickte auf ihre Hand. Ein Splitter! Nein, kein Blut. Aber weh tats. Sie legte das Poliertuch beiseite und versuchte, den Eindringling aus dem lädierten Finger herauszudrücken. Dabei fiel ihr Blick auf eine besonders tiefe Schramme im Parkett. Vielleicht hatte sich da ein abgesplittertes Stück Holz durchgedrückt? Wo war nur Clarissa? Wenn man sie mal brauchte.

»… *geht mal drüber und mal drunter. Davon geht die Welt nicht unter. Sie wird ja noch gebraucht …*«

»Clarissa? Clarissa!«

»*Darf ich um diesen Tanz bitten, Fräulein?*«

Der Deutsche.

Sie drückte an ihrer Hand herum.

»*Heider. Hermann Heider.*«

Warum hatte sie sich bloß darauf eingelassen, warum war sie nicht einfach aus dem Raum gegangen so wie Paul-Hénri?

»Clarissa!«

Das drückende, narbige Gefühl im Finger half nicht gerade dabei, sich abzulenken.

Gut aussehend war er ja schon gewesen, zugegeben. Schlank. Feine, nein, scharfe Gesichtszüge. Welliges dunkles Haar. Und da hieß es immer, alle Deutschen seien blond! Auch seine Augen waren eher dunkel gewesen. Braun vielleicht. Immer wieder war darin etwas aufgeblitzt, etwas Ungezügeltes. Eine gewisse Gereiztheit, Unruhe.

»… *mal drüber und mal drunter. Geht mal drüber und mal drunter …*«

Ach, selbst ihre Taille erinnerte sich jetzt wieder: fester Griff. Schlanke, besitzergreifende Finger.

»Fräulein Margot?«

»*Pince à épiler, s'il te plaît.*«

»Ist was passiert?«

»*Non.*«

Vom Polieren hatte sie jetzt jedenfalls genug. Sie blieb auf dem Parkett sitzen, rieb sich die Knie. Die Bluse klebte ihr inzwischen am Rücken.

Schwitzten die Deutschen eigentlich auch mal? Dieser Heider, der hatte nach gar nichts gerochen. Obwohl, nach Reinlichkeit vielleicht, Bügelstärke. Viel war da jedenfalls nicht durchgedrungen, durch die Uniform. Was trugen Soldaten eigentlich darunter? Unterhemden? So weiße, gerippte? Oder hatten sie dieselbe Farbe wie das Darüber, also grau? Bestimmt saugten die alles auf, ließen nichts durchgehen, diese Unterhemden, so wie seine Stimme.

Die Stimme …

»Darf ich fragen, wie alt Sie sind, Fräulein?«
»Siebzehn.«
»Ah. Und wie heißen Sie?«
»Mar– Margarete.«
»Ein sehr schöner Name.«
Seine Lippen, dünn sind sie. Hart und irgendwie … bedürftig.
»Sind Sie immer so schüchtern?«
»… *es wird einmal ein Wunder geschehn, und dann werden tausend Märchen wahr …*«
»Sie können mir ruhig antworten.«
»Ich habe der Musik zugehört.«
»… *so schnell kann keine Liebe vergehn, die so groß ist und so –* «

Margot sog scharf die Luft ein. Der Splitter war raus. Sie stand auf und legte die Pinzette zurück auf das Tischchen. Von Böden hatte sie nun wirklich die Nase voll.

Durst hatte sie jetzt. Clarissa hatte Wasser – Glas, Karaffe – und eine Schale mit Madeleines gebracht, die Stofflappen entfernt. Hatte es wohl endlich kapiert.

»Hups!« Das Eingießen war zu schwungvoll gewesen. Die Tropfen rannen ihr über den Handrücken. Ja, wenn Hände weinen könnten … Sie stellte das Glas zurück auf das Tischchen und leckte sich das Nass von der Haut, ganz als sei sie Chou Chou, Charlottes Abessinierkatze, die mit ihr stets »per Sie« blieb.

Charlie – seit dem Fest, seit vorgestern also, hatte sie nichts mehr von ihr gehört. Was seltsam war.

Die Freundin hatte einen Schwindel vorgetäuscht und war heimgegangen. Erst jetzt ging ihr auf, dass sie selbst doch genau das Gleiche hätte tun können. Nicht heimgehen natürlich. Aber das mit dem Schwindel. Na ja. Es war auch so vorbeigegangen.

Margot ging zu dem Möbel mit dem Grammofon. Es war wie stets verschlossen, aber seit dem Tanzabend steckte der Schlüssel noch im Schloss. Sie drehte ihn vorsichtig herum und öffnete das Schränkchen. Nach kurzem Zögern zog sie eine der nach hinten sortierten Platten aus der Hülle – alles, was die Eltern verbergen wollten, war interessant –, legte sie auf das Grammofon und setzte es in Gang:

Siehst du den Mond über Soho?
Ich seh ihn, Liebster!

»*Das ist eine empfindliche Technik. Lass bitte die Finger davon.*« – Sie sah rasch zur Tür. Der Vater würde das gar nicht gern sehen. Aber der Vater war im Geschäft. »Was ich nicht weiß, macht mich nicht heiß«, murmelte sie.

Fühlst du mein Herz schlagen, Geliebter?
Ich fühl es, Geliebte.

Wie ruhig es war. Sie blieb neben dem Grammofon stehen, die Hände in den Hosentaschen versenkt, und blickte durch die breite Fensterfront hinaus auf das Anwesen. Der Himmel hatte sich Augenringe zugezogen; verschattet hing er über den seltsam starren Baumkronen.

Wo du hingehst, will ich auch hingehen.
Und wo du bleibst, da will auch ich sein ...

Eine Zigarette, nur eine! Aber der Vater hatte die Schachtel konfisziert, und ihre heimliche Notration (in der Wäschekommode) war längst aufgebraucht.

Da, ein Eichhörnchen! Von Esche zu Esche flitzte es, sein buschiger Schwanz glich einem Fragezeichen. Für Sekunden war es noch zu sehen, dann war es im dichten Geäst seiner eigenen Welt verschwunden.

Seit der Vater die schweren Holzrollläden hatte anbringen lassen, ließen sich die Tierchen hier nicht mehr blicken. Eine merkwürdige Melancholie überkam sie. Verdunkelungsvorschriften hin oder her, im Grunde gabs seit Langem auch bei Tag schon viel zu wenig Licht.

Und gibt es kein Schriftstück vom Standesamt
Und keine Blume auf dem Altar
Und weiß ich auch nicht, woher dein Brautkleid stammt,
Und gibts keine Myrthen im Haar ...

Margot seufzte. Sie suchte erst den Park, dann den Himmel nach irgendeiner Bewegung ab, die Aufhellung versprach. Doch heute, nein, da strahlte nun wirklich gar nichts. Außer das von ihr überpolierte Parkett.

Der Teller, von welchem du issest dein Brot,
Schau ihn nicht lang an, wirf ihn fort.
Die Liebe dauert, oder ...

»Na, na. Warum so traurig?«

Sie zuckte zusammen, fuhr herum.

Und wieder stand ein Deutscher in Uniform vor ihr. Doch dieser hier hatte eine gänzlich andere Ausstrahlung als die beiden Soldaten, die in ihr Fest hineingeplatzt waren. Gelassen wirkte er und, wie er da stand und sie musterte, leicht amüsiert über ihren Schrecken. Sie – *o nein, das Lied, das Lied, verboten!* – versetzte, *zonk!*, dem Plattenarm einen heftigen Stoß. Die Nadel schlitterte mit einem harten metallischen Kreischen über die Rillen und hinterließ einen tiefen, hässlichen Kratzer auf dem Schellack.

Nun war es still.

Sehr still.

»Ich mags modern«, erwiderte sie schließlich. Bloß nicht zu Boden blicken jetzt. Schau ihm in die Augen, na los.

»Fräulein Mar... Margarete!« Clarissa betrat den Salon, offenbar ganz außer Atem. Von wegen, dachte Margot grimmig. Wahrscheinlich wars deren volle Absicht gewesen, sie derart ins Messer laufen zu lassen. Dass sie den Deutschen hier einfach so hereinplatzen ließ!

»Breuer, mein Name. Ich habe eine Verabredung mit Ihrem ... Vater? Und offensichtlich stehe ich bereits in Ihrer Schuld. Musik«, sagte er und ergriff Margots Hand, hob sie an seine Lippen, »Musik sollte niemals so zum Verstummen gebracht werden. Das hat sie nicht verdient.«

»Auch geächtete nicht?«, hörte sie sich erwidern und schaffte es gerade eben noch, ihrem Satz ein Augenzwinkern hinterherzuschicken.

»*Schnabbelech*«, flüsterte es höhnisch in ihrem Kopf. »*Du wirst es nicht sehr weit bringen, Fräulein.*«

Sie entzog dem Deutschen ihre Hand. Dieser Breuer wollte gerade etwas erwidern, aber da kam glücklicherweise der Vater herein.

»Ah, Herr Oberleutnant! Darf ich vorstellen? Meine Tochter Margarete.«

»Sehr erfreut.«

»Ja, Vater, wir hatten bereits das ... Vergnügen.«

»Allerdings. Sogar Musik gab es schon. Oh, vielen Dank, Fräulein.« Der Deutsche nahm Clarissa das Glas Selterswasser ab. Er würde sicherlich nichts davon verschütten. Keine weinenden Hände, dachte Margot, der nicht. Und Gott sei Dank verschwand er nun auch, endlich, mit dem Vater hinter den Türen des Studierzimmers, nicht ohne ihr zuvor noch einen völlig unleserlichen Blick zuzuwerfen.

»Mir ist ein wenig unwohl. Ich ziehe mich zurück, Clarissa.«

Das Hausmädchen warf ihr einen leis spöttischen Blick zu. Margot wars gleichgültig. Sie ging in ihr Zimmer, verriegelte die Tür hinter sich und warf sich dann in ihrer verbeulten Arbeitshose aufs Bett.

»*... offensichtlich stehe ich bereits in Ihrer Schuld ...*«

Sie legte ihre Hand auf ihr Herz, das aus unerfindlichen Gründen laut pochte, und schloss die Augen.

Andere Augen, dunkle, blitzten plötzlich auf. Die von diesem Heidtmann, nein, Heider. Wie er sie angesehen hatte beim Tanz. Sein Blick war so eindeutig gewesen. Beschämend. Entblößend. *Verlangend ...*

Hitze stieg in ihr hoch.

Sie sprang auf, ging zu ihrer Schminkkommode und schaute in den Spiegel.

Sie sah eigentlich ganz normal aus, bis auf einen leichten Schatten unter den Augen. Wahrscheinlich kam ihre Regel bald. Mehr war da beim besten Willen nicht zu erkennen. Und auch ihr Zimmer, die Decke, Wände, alles war wie stets.

Trotzdem. Diesem Leutnant, oder was auch immer er war, würde sie nie wieder unter die Augen treten.

»*Musik sollte niemals so zum Verstummen gebracht werden …*«

Luft, sie brauchte Luft. Sie riss das Fenster auf, schloss es sogleich wieder. Nein, das brachte nichts.

In die Nähstube lief sie schließlich, zog geräuschvoll die Tür hinter sich zu, nahm das Nächstbeste, eine halb fertige Strickarbeit aus dem Korb, und ließ die Nadeln, recht, links, recht, links in beruhigendem Fluss, *klack-klack, klack-klack,* durch die Wolle gleiten.

Wie bleich ihre Hände waren. Als hätten sie nie das Tageslicht erblickt. Seine Haut hingegen war tief gebräunt gewesen; offenbar bewegte er sich seit Langem auf der grellen, sonnenbeschienenen Seite des Lebens. Und seine Augen – *klack-klack, klack-klack* –, sie zog fest an dem Faden, der irgendwie störrisch gewordenen Wolle.

Er war deutlich älter als sie. Zehn Jahre, vielleicht sogar mehr. Fünfzehn? Nein, so viel nun auch wieder nicht. Oder? Schlank war er, trainiert. Klar, als Soldat! Wobei, die Gegend um seinen Bauch ließ bereits Anzeichen von Nachlässigkeit erkennen. Zumindest dieser Teil von ihm schien sich den Frieden herbeizusehnen. *Klack-klack, klack-klack.* Ach, und sein Haar? Na, Haar, halt. Ein sonnengebleichtes Blond –

So, nun war der Faden gerissen, sie hatte zu fest an der Wolle gezogen. Seufzend zog sie die Nadeln aus den Maschen und ribbelte die letzten Reihen des Ärmels vorsichtig von Hand auf.

»*Sogar Musik gab es schon …*«

Sie nahm das lange, wellige Ende des Wollgarns auf und wickelte es sich in vielen raschen Windungen um die Hand. Wie herrlich weich sich das anfühlte. Musste am Angora-Anteil liegen.

»*Meine Tochter Margarete.*«

»*Sehr erfreut.*«

Sein Kuss – na ja, ein Kuss wars eigentlich kaum gewesen. Mehr eine Ahnung davon; der sachte Druck seiner Lippen auf ihrem Handrücken – ihre Haut begann zu kribbeln. So, jetzt ganz vorsichtig die Nadeln wieder durch die Maschen einführen. Faden abwickeln. Rechts, links, rechts, links. *Klack-klack, klack-klack ...* Die Nadeln glitten wie von selbst aus dem Gewebe.

Ihre Fingerkuppen hatten sich berührt – »O nein.« In ihrem Schoß hatte sich ein wirres, welliges Nest aus Maschen und Fäden gebildet. Missmutig warf sie den halb aufgelösten Ärmel zurück in den Korb.

»Attraktiver Mann«, gab ihr der Vater alsbald zu verstehen. »Übrigens, er hat sich nach dir erkundigt.«

Inzwischen hatte sie jedoch etwas gänzlich anderes zu bewältigen: Die Mutter war nicht aus Esch zurückgekehrt.

Der Sicherheitsdienst hatte sie verhaftet und lange verhört. In den Kleidern, die sie beide vor Kurzem aussortiert hatten, war, im Innenfutter eingenäht, Geld für die Familien der Widerstandsopfer gefunden worden.

»*Wohl-Tätigkeits-Basar. Hast du mich verstanden? So, und nun trenne bitte dies hier auf, Margot.*«

»*Aber ...*«

»*Kein Aber!*«

Hatte die Mutter ihr vielleicht irgendeinen Hinweis geben wollen? Verzweifelt versuchte sie, sich an jede Einzelheit ihres letzten Gesprächs zu erinnern. Wenn es so war, dachte sie zunehmend zermürbt, beschämt, dann hatte sie es nicht bemerkt. Sie war in sich selbst vertieft gewesen.

Nicht nur das, flüsterte eine unbehagliche Stimme in ihr. Du bist wütend auf sie gewesen, hast geschmollt.

Ja, sie hatte einen ordentlichen Groll auf die Mutter gehabt, die ihr so mir nichts, dir nichts all ihre lieb gewordenen Dinge, ihre Erinnerungen wegnehmen wollte.

»*Ja, Margot, ich nehme all diese Sachen mit. Wir brauchen sie ja nun wirklich nicht mehr. Und das gesamte Innenfutter auftrennen, bitte!*« Die Mutter hatte ihr Vaters Wildlederjacke gereicht.

»*Warum?*«

Sie hatte Vaters Jacke auf ihren Schoß sinken lassen, und jetzt, wo sie daran zurückdachte, meinte sie sich zu erinnern, wie seltsam die Mutter sie über ihre eigene Handarbeit hinweg angesehen hatte: abwägend, prüfend.

Sei nicht so vorlaut! Überlass das mir. Diese oder eine ähnliche Reaktion hatte sie von der Mutter erwartet. Seit jeher waren derlei Sätze geradezu reflexartig gefallen, mit allem, was ihnen zugrunde lag: der Zurechtweisung, den verhassten Grenzen, aber auch dem Schutz, der darin lag. Ein Schutz vor Dingen, die, wie sie nun mit Unbehagen dachte, möglicherweise tatsächlich zu … *groß* für sie waren.

Die Mutter aber hatte sich stattdessen zu ihr hinübergebeugt und ihr nach einem kurzen Zögern liebevoll über die Wange gestrichen.

»*Ach, mein Mädchen …*«

Und sie – ja, es waren Tränen in ihr hochgestiegen –, sie hatte diesem Blick der Mama, dieser plötzlichen, unerwarteten Zärtlichkeit irgendwie ausweichen wollen und lieber all die aussortierten, *verstoßenen* Kleidungsstücke auf dem Stapel fixiert: obenauf der Wegener-Hut des Vaters. Den hatte er doch bis vor Kurzem immer getragen! Auf seinen täglichen Spaziergängen mit Sepp. Sepp, der immer schon zur Tür tippelte, wenn der Vater überhaupt erst in Richtung der Garderobe blickte. Unter dem Hut waren erst einmal einige undefinierbare Herrenkleidungsstücke auf einem breiten Stoffbügel zusammengefasst worden. Darunter mehrere Hosen, Westen (gut, die trug sowieso kaum noch jemand), doch da!, weiter unten im Stapel: die Sakkos von Charles. Sein liebster Marcel-Roche-Anzug!

Charles ...

»*The way you wear your hat. The way you sip your tea. They can't take that away from me ...*«

Gershwin. Charles' Trompete. Vertraut, innig. »*The memory of all that ... We may never, never meet again ...*«

Orangerie, Sommer – Charles, nachtblauer Marcel-Roche-Anzug, die lose geschlungene hellblaue Krawatte, das Markenzeichen seiner Band. Er, Hénri, Jacques und Luc dort vor ihr auf der Bühne, ihre in sich gekehrten Gesichter: Inseln im Sog der Strömung – »Negermusik«, »entartet« –, als habe es bereits begonnen, das Trudeln, das Auseinanderdriften. Das Auftrittsverbot für »Le Bleu«, ab morgen würde es offiziell gültig sein. Doch hier und jetzt, »*The way you wear your hat. The way you sip your tea. The memory of all that ...*«. Die Bestuhlung vor der kleinen Freilichtbühne: aufgelöst. Niemand sitzt. Die Menschenmenge drängt, Unbekannte, Bekannte schmiegen sich dicht an die Bühne, aneinander. Einige der Plastikstühle liegen umgekippt im Kies. Spatzen lassen sich dort nieder, stieben auf, sobald ihnen jemand zu nahe kommt, die Amseln jubilieren bereits anderswo. *Geh nicht vorbei. Geh nicht.* Ihr kindisches Flehen, dort dicht neben Emilie, die mitsummt: »*We may never, never meet again, on that bumpy road to love ...*«

Doch der Abend hatte geendet, war verklungen, geradezu höhnisch schnell. »*Still I'll always, always keep the memory of ...*« –

Charles war fort.

»*Spiele jetzt Märsche ...*«

Margot öffnete den Mund, wollte protestieren. Bei Musikern wurde »Verkleidung« doch manchmal noch geduldet? Da fiel ihr Blick auf Jeans Baskenmütze, und sie sah ihren anderen Bruder vor sich: den störrischen Haarwirbel unter seiner Lieblingsmütze verborgen, so natürlich lässig an Vaters Marmon gelehnt, als könne er die Welt jederzeit in Höchstgeschwindigkeit in Besitz nehmen. Jean, der – oh, aber an Jean zu denken tat weh. Rasch schob sie seine Mütze, die jetzt verboten war, zur Seite. Da war schließlich noch mehr, in diesem »Wohl-*Tätigkeits*-Basar-Stapel«.

Da! Lag da nicht eine ihrer liebsten Marlene-Hosen unter Charles' Sakkos? Ja, und auch einige von Emilies und ihren Kleidern. Interessanterweise hatte die Mutter die Blusen und Röcke aus ihrer Zeit beim Reichsarbeitsdienst nicht angerührt, *die* hätte sie liebend gern haben können.

Überhaupt, die Kleider hatten sie und Emilie kürzlich erst getragen. Der Abdruck dieses Sommers haftete den Stoffen noch an: die Erinnerungen ihrer Körper an Luftigkeit, Hitze und Brisen, an die verworrenen Düfte der Cafés, Marktstände, Parks und ebenjener Abend: Charles, »Le Bleu« in der Orangerie. Sommer. Und nun sollten Fremde das alles bekommen?

»*Aber ...*«

»*Ewig, Margot, besitzt man nur das Verlorene.*«

Verblüfft über diese derart merkwürdige Antwort der Mutter hatte sie kurz geschwiegen und sich, wie immer, wenn sie etwas nicht so ganz verstand, nervös die Nase gerieben.

»*Trenne du nur all diese Nähte da auf, ich kümmere mich dann weiter darum. Vun der Aarbecht gett kee fett.*«

»*Aber das da ist eins meiner schönsten Kleider, die Spitze ist noch ganz intakt, und ich wollte ...*«

»*Dies ist keine Zeit für Feste und Herumtanzerei.*«

»*Ja, soll denn alles nur noch traurig sein?*«

Wut war in ihr hochgestiegen. Na warte! Ich lass mich nicht so schnell unterkriegen, hatte sie sich geschworen. Allerdings im Stillen.

Als die Mutter kurz die Nähstube verließ, um, wie sie sagte, »etwas zu erledigen«, hatte Margot gehorcht, bis sich das Klirren des

Schlüsselbundes auf dem langen Korridor hörbar entfernte. Dann hatte sie ihre Chanel-Hose, das Kleid mit dem Spitzenbesatz, Charles' hellblaue Krawatte und Jeans Baskenmütze aus dem Kleiderberg hervorgezogen und ihre Beute im unteren Schubfach der Arbeitskommode versteckt, das eher selten geöffnet wurde. Hastig hatte sie dann noch die Woll- und Stoffreste darübergebreitet.

Und jetzt war die Mutter fort.

Verhaftet.

Margot betete selten. Dafür jetzt umso mehr: »Lieber Gott, da oben im Himmel! Du kannst Dir alles nehmen, was Du willst. Meine sämtlichen Kleider, wenn Du magst. Ja, auch das mit dem Spitzenbesatz, das ich, wie Du ja sowieso längst weißt, versteckt habe. Nicht vor Dir versteckt, natürlich. Ich werde überhaupt aufhören, Dinge zu verstecken. Ich weiß selbst nicht, warum ich das immer tue. Und auch die Sachen von Jean und Charles gebe ich zurück. Und die Zigaretten, meinetwegen. Alle. Ich werde überhaupt ganz damit aufhören. Mit dem Rauchen. Und Charlie sagen, dass sie ebenfalls damit aufhören soll. Weil, also allein ist das zu schwer. Ich werde außerdem nie mehr neidisch auf Emilie sein! Auch wenn alle Welt sie viel hübscher findet als mich, egal. Ich werde nicht mehr die Augen verdrehen, wenn sie ständig hustet, und sie auf keinen Fall mehr ›domm Gänsen‹ nennen. Selbst zu Clarissa werde ich netter sein, wenn es sein muss. Ich werde nicht mehr so vorlaut sein. Ich werde mich in der Lehre anstrengen und nicht mehr so viel mit Gabriele schwatzen. Du weißt schon, das ist die Ältere mit den vielen kleinen Locken, die mir im Büro gegenübersitzt. Ich werde nicht mehr heimlich auf dem Betriebsklo rauchen. Ach, das mit dem Rauchen, das hatte ich ja schon gesagt. Und noch was: Ich werde wieder mehr in die Kirche gehen. Nicht nur an den Feiertagen. Den Armen was abgeben. All das werde ich tun. Wenn Du sie mir nur zurückbringst, die Mama …«

»*Ich hole sie heim.*« Der Vater war sofort abgereist, um die Mutter auszulösen, wie er Emilie und ihr versicherte, die sich alle beide an ihn klammerten. Nicht auch noch er!

»*Ich hole sie heim. Koste es, was es wolle.*«

Wie damals bei jenem ... Vorfall mit Mathilde wurden die Vorhänge zur Straße auch nun wieder zugezogen. Das Geschäft blieb bis auf Weiteres geschlossen. Doch anders als Emilie, wie konnte sie einfach nur so still dasitzen, als sei auch sie nicht wirklich hier, herrje!, anders als die Schwester hielt sie es nicht lange aus daheim.

Zwei Verbündete gab es immerhin: Gott und den Vater. Ob das reichte? Gegen die Deutschen? Wenn die einen mal in den Händen hatten ... Genug Geflüster gabs schließlich darüber, was dann passierte.

»*Ewig, Margot, besitzt man nur das Verlorene.*«

Raus hier, sie musste raus! Mit jemandem reden, der sie kannte, der wusste, was sie jetzt brauchte, der ... Charlotte! Charlie musste her. Sie hatte sie seit dem Fest – war das wirklich erst vier Tage her? –, sie hatte sie seitdem weder gesehen noch gehört. Das war eigentlich noch nie vorgekommen. Eine so lange Funkstille. Vielleicht war sie krank?

Charlottes Elternhaus lag in einer der lang gezogenen Parallelstraßen, wo die Häuser dicht beieinanderstanden und wildwüchsige Sträucher ihre Zweige über die Zäune sprießen ließen. Meist kam Charlie ihr bereits auf Höhe des Gartentors entgegen, das stets nur angelehnt war, und schlenderte mit ihr über den durch Gras und Unkraut ausgefransten Pfad zum Haus.

Bis vor nicht allzu langer Zeit waren sie von diesem Gartentor aus noch zusammen zur Schule gegangen, Tag für Tag.

Gegen ihren Willen musste Margot lächeln. Die Nonnen hatten es wirklich nicht leicht mit ihnen gehabt. Im Unterricht hatten sie gern ungebetene Auskünfte gegeben, bei Spaziergängen im Innenhof des Klostergartens hielten sie, bis man es ihnen austrieb, die Arme umeinandergeschlungen. Wie hatte man sie genannt? *Houfreg* und *Schnabbelech. Die Fräulein »Hochmütig« und »Vorlaut«.*

Und obgleich so oft von Liebreiz, Anmut und dem adretten weiblichen Erscheinungsbild die Rede gewesen war, hatte ihnen beiden der Umstand, dass sie hübsch waren, wenig geholfen.

Allein die Art, wie sie ihre Haarbänder zur Schulgarderobe trugen, hatte ständig Grund zur Beanstandung gegeben: Ihre eigene Schleife hatte gern leicht schief, *kess,* auf ihrem Kopf gesessen und offenbar den Impuls erweckt, sie wortreich zurechtzurücken. Charlies nachlässig, *durchtrieben,* geschlungene Schleife hingegen hatte das Verlangen provoziert, sie zu lösen. Zu lösen, so stand es in den Gesichtern der Nonnen geschrieben, um sie dann umso fester binden zu können: *angemessen, korrekt.*

Der Weg durch den Vorgarten wurde linker Hand von zwei Ulmen gesäumt. Und dort, wo sich die Zweige ihrer ausladenden Blätterdächer berührten, da stand sie: ihre Bank. Meistens liefen sie gleich dorthin anstatt weiter hoch zum Haus. Mit einer Hast, als verlören ihre Botschaften bis zur Tür bereits ihr prickelndes Aroma.

»Wer Salem raucht, frisst auch kleine Kinder ...«

Margot lächelte. Ihre erste Zigarette hatten sie hier auf dieser Bank geraucht. Es war ein recht kühler, aber sonniger Tag gewesen: In den Zweigen und Büschen hatte es bereits zu knospen begonnen; eine erste Ahnung von Frühling, und ihre Handflächen waren vor Aufregung ganz feucht gewesen.

»Bist du bereit?«

»Klar. Jetzt mach schon.«

Nachdem sie sich zuvor vergewissert hat, dass niemand vom Haus zu ihnen hersieht, öffnet Charlotte die Kappenschachtel mit den Salems. Geradezu feierlich tut sie es, als seis ein Schatzkästchen.

Sie beugen sich so dicht darüber, dass sich das helle und das dunklere Blond ihrer Haare vermengt und es Margot vorkommt, als säßen sie hinter einem Vorhang.

»Wer Salem raucht, frisst auch kleine Kinder.«
»Ich dachte, es heißt Lasso. Wer Lasso raucht...«
»Schon gut. Willst du nun eine oder nicht?«
»Inhalieren muss man die. So ...«

Der Brechreiz kommt so unmittelbar, dass sie würgen muss.

»So ists nur am Anfang. Man gewöhnt sich, heißts.«

Margot blinzelt. Ascheflocken, lässig rieselnd. Charlies geräuschvoll ausgestoßener Atem. Rauch, der in der frischen Luft sofort zerstiebt. Ihr eigener bebender Brustkorb; wohl vom Husten.

»Ganz ... schön ... heftig ...«

Charlie, die jetzt nach ihrer Hand greift. Und sofort stellt sich dieses Gefühl ein, das sie nur mit ihr teilt: *Alles ist gut.*

Ziehen. Inhalieren. Ausstoßen.

»Schon besser.«
»Viel besser.«
»Besser als besser.«

Das Dach der Ulme. Durch die Zweige fällt schimmerndes Licht.

»Schön.«
»Wer, ich?«
»Ha! Ja, du auch.«

Rauchen. Hand in Hand –

Heute wirkte der Vorgarten verwaist. Es war vollkommen windstill. Durch die umliegenden Rhododendronbüsche blinkten sonst hin und wieder Umrisse der Nachbarn auf. Unkraut jätend oder Wäsche aufhängend, Kinderlärm. Doch nicht einmal ein Spatz flog jetzt auf, als sie Ulmen und Bank passierte. Wie überlaut ihr Atmen zu hören war, dachte Margot. Warum war sie auch so gerannt?

»Charlie?«

Unter ihren Schuhsohlen knirschte der Kies. Plötzlich erschien es ihr aufdringlich, einfach unangemeldet dazustehen und die Türglocke zu läuten. Was war nur heute mit ihr los? Wahrscheinlich wurde sie langsam so hysterisch wie Emilie. Wegen der Mutter. Wegen …
War da nicht eine Bewegung hinter dem Fenster?

»Charlie? Charlie!«

Die Haustür öffnete sich einen Spaltbreit. Charlottes Mutter erschien. Sie blieb jedoch im Türrahmen stehen, fixierte irgendeinen Punkt dicht hinter ihr.

Frau Schwedes: sanfte Augen, um die sich bereits die ersten Falten legten. Eine kleine, runde Person, an der alles weich zu sein schien und die, anders als Margots eigene Mutter, eine Behaglichkeit ausstrahlte, in die sie sich stets wie selbstverständlich mit hineingeschmiegt hatte.

»Charlotte ist weg.«

Als sie nicht gleich reagierte – »*Weg. Und wann kommt sie wieder zurück?*« –, sah Frau Schwedes sie auf eine Weise an, die sie nicht verstand.

»Sie haben sie abgeholt. Zur *Umerziehung*.«

Etwas Hartes trat in ihre Augen. Margot, von diesem Ausdruck wund gerieben, senkte den Blick.

»Hat Charlie … Hat sie nicht …?«

»Sie wollte sich unbedingt noch von dir verabschieden, es war ihr wichtig. Aber es ging alles so schnell.« Charlottes Mutter umklammerte die Klinke.

»Meine Mutter ist auch …«

»Geh!« Frau Schwedes schloss rasch die Tür.

Einen langen Moment stand Margot unbeweglich; eingeklemmt zwischen Verlusten. Doch der Boden unter ihren Füßen wand sich, als wollte er sie abstreifen. Sie lief den verwachsenen Pfad hinunter zum Gartenzaun, an dem Charlie so oft auf sie gewartet hatte, und zog das Tor mit einem Ruck hinter sich zu.

Der Vater hielt sein Versprechen. Die Mutter kam heim.

Sie ist wieder da, sie ist wieder da! Vor Freude, mehr noch, vor Erleichterung wusste Margot tagelang nichts Besseres mit sich anzufangen, als der Mutter hinterherzulaufen. Natürlich so, dass es nicht allzu stark auffiel. Die nahm sogleich ihr Tagwerk wieder auf wie eine zur Seite gelegte Näharbeit, ganz so, als sei sie nie fort gewesen. Allerdings »bevorzugte« sie, wie sie es nannte, fortan hochgeschlossene Blusen und langärmelige Kleider.

Wie hält sie das nur aus, fragte sich Margot. Bei den Temperaturen! Mitunter legte sie zu ungewöhnlichen Zeiten eine Arbeitspause ein. Dann ging sie mitten am Tag in den Garten zu den Angorakaninchen. Gesellschaft duldete sie dabei keine. Ansonsten aber schien sie Margot mehr oder weniger unverändert. Vielleicht war sie noch eine Spur wortkarger als gewöhnlich.

Der Vater hingegen war ungewohnt leutselig. Von Woche zu Woche wurde er, wie er selbst es nannte, »geschmeidiger im Umgang«. Er trug nun – »*besser spät als nie*« – das Parteiabzeichen der NSDAP.

Kaum hatte er seine arische Herkunft nachgewiesen und die Bürgschaft für seine *den asozialen Elementen zugeneigte* Frau unterschrieben, war ihm die deutsche Staatsbürgerschaft angetragen worden – seine thüringische Mutter, die beiden Söhne bei der Wehrmacht und er selbst Eigentümer einer kriegswichtigen Baufirma. *Gielemännchen* flüsterten die Leute nun hinter seinem, jedoch nicht hinter Emilies und ihrem Rücken.

Emilie zog zumeist die Schultern ein, senkte den Blick. Sie hingegen hielt den Kopf hoch und schaute starr geradeaus, wenngleich sie errötete. Die Einladungen, die in regelmäßigen Abständen daheim eintrafen, und es waren derer viele, sie galten nun entweder ausdrücklich der Mutter oder dem Vater.

Zweifelsohne gehörte der Vater zu den Männern der Stunde. Je krisenhafter, je mehr sich der Krieg in die Länge zog, desto stärker boomte das Geschäft. Er eröffnete eine Filiale in Trier, eine weitere war, wie er ihr und Emilie stolz verkündete, bereits für Saarbrücken in Planung.

Er habe die Nazis unterschätzt, hörte Margot ihn im vertrauten Kreise einmal sagen, doch diese Zeiten seien vorbei, endgültig.

Endgültig vorbei waren offenbar auch die Zeiten, in denen sie und Emilie nichts von den sogenannten Erwachsenenangelegenheiten mitbekamen. Die Streitereien der Eltern flammten inzwischen so abrupt auf, als sei es ihnen unmöglich, diese noch gesittet auszutragen. Ein besonders wortreicher Streit hatte erst gestern wieder im Salon stattgefunden. Die Eltern – offenbar in der Hoffnung, es würde ihre Stimmen übertönen – hatten das Grammofon laufen lassen, auf dem nach wie vor die *Dreigroschenoper* lag:

Denn wie man sich bettet, so liegt man. Es deckt einen da keiner zu. Und wenn einer tritt, dann bin ich es, und wird einer getreten, dann bist du's ...

Sie und Emilie aber, die sich, anders als das wesentlich dezentere Personal, direkt vor der geschlossenen Salontür platziert hatten, hörten fast alles:

»... hat DIR doch die Haut gerettet!«
»Engagiere dich, wie du willst, Georg. Nur WAGE ES NICHT zu sagen, du tätest es wegen mir.«
»Wer denkt denn hier nur an sich? Hast du bei deinen *Wohltaten* auch nur eine Minute lang an uns gedacht? Was aus uns werden

soll, wenn sie dich hinrichten? Du hast nicht nur mein Leben, sondern auch das der Kinder aufs Spiel gesetzt!«
»ICH habe noch ein Gewissen.«
»Offenbar kannst DU dir eins leisten.«
»Wie?!«
»Auf unsere Kosten. Wir sind dir doch egal!«
»Wie KANNST DU es WAGEN!«
»Wie kannst DU es wagen?!«

... könnt ihr nicht machen mit mir. Was aus mir noch wird, das werden wir sehn ...

»Unsere Söhne haben sie geholt. UNSERE SÖHNE! Unsere Sprache, unser Land, unser Leben. Wie soll man da ruhig –«
»Ein bisschen Klugheit könnte nicht schaden.«
»Opportunismus, meinst du.«
»Besser als sinnloses Märtyrertum, das allen nur schadet und keinem was – «
»Verrat. Verrat ist das, was du tust.«
»Ha! WEM GEGENÜBER bitte schön? Irgendeinem Abstraktum? Heilig Vaterland? Herrje, wach doch mal auf, Johanna! Mein Verhalten nützt unserer Familie, unseren Kindern. Wenns nach dir ginge, wären sie jetzt Halbwaisen. Das, DAS ist Verrat!«

... ein Mensch ist kein Tiiiier! ...

»... ihnen wenigstens noch in die Augen sehen.«
»Ja, dank mir!«
»Ich ... Du verstehst das nicht.«
»Nur allzu wahr, fürchte ich.«

Emilie schloss sich immer enger der Mutter an. Sie ging ihr in allem zur Hand, hielt sich dicht bei ihr, als würde sie erst in ihrem Windschatten zu einer Form des Antriebs, der Belebung finden. Jérôme, ihr Verlobter, war eingezogen worden.

Das Warten bekommt ihr nicht, dachte Margot bekümmert. Zumindest hoffte sie, dass dies das vorherrschende Gefühl in ihr war, wenn sie Emilie dieser Tage ansah: Mitleid. Deren Feenkörper glitt nämlich mehr und mehr zurück in die vertrauten Umklammerungen des Asthmas. Erneut wurde eine Kur in der Schweiz erwogen. Doch während sich Emilies Gesichtszüge allein bei der Erwähnung des Genfer Sees, des frischen Horizontes aufhellten, war es dieses Mal die Mutter, die auf der Anwesenheit der Schwester im Haus beharrte.

»Hier ist sie sicher.«

Seltsam, fand Margot. Was hatte die Mutter denn nur? Als ob es am Genfer See nicht sicher war. Hatte man je etwas Nachteiliges über die Schweiz gehört?

Sicher jedenfalls war, dass die Schwester irgendeinen Kummer hatte.

»Ach, schon gut, Margot. Ich schlafe momentan einfach nur nicht so gut.«

»Du vermisst Jérôme, nicht wahr?«

»Ja, schon. Weißt du, was die Wolfsstunde ist?«

»Die was?«

»Wolfsstunde – diese ... gelähmte Zeit zwischen drei und vier Uhr morgens, die die Schlaflosen zu verschlingen droht. Das ist die Wirklichkeit. *Meine* Wirklichkeit, verstehst du? Ich falle euch allen doch nur zur Last.«

»Aber Millie! Wie kannst du das sagen? Niemand findet ...«

Emilie seufzte.

Was war sie denn anderes heutzutage? Nichts als Ballast. Ein Krüppel. Nutzlos. Die chronisch Kranke, die einen Platz am Tisch in Anspruch nahm, die den hart arbeitenden Eltern eine zusätzliche Esserin aufnötigte. Welch schmaler Grat lag wohl noch zwischen ihr und der gelähmten Annie Jürgens, die von ihrer »Kur« nicht heimgekehrt war? Wie konnte sie den Eltern zumuten, sie Tag für Tag weiterhin zu schützen, indem sie ihre Unabkömmlichkeit im Haushalt vortäuschten, als sie wegen ihres Asthmas im Betrieb nicht mehr zu halten gewesen war? Wie sollte sie der Schwester das erklären? Wie es war, all diese Schübe auszuhalten, die, Jahr um Jahr, nicht einfach nur an ihrem Körper rüttelten. Die sich vielmehr in ihre Seele verkrallten, Nacht für Nacht an dem bisschen rissen und zerrten, was sie noch zusammenhielt.

»Und Jérôme. Er hat ja bereits um deine Hand angehalten, das hilft dir doch sicher auch ...«

Jérôme. Jérôme war fort. Freundliche, wohl abgewogene Feldpostsätze schickte er ihr. Worte, deren Innigkeit nur durch die hartnäckige Regelmäßigkeit, mit der er sich an sie wandte, zu ihr durchdrang. Abgeriebene Worte waren es. Zerknittert von den rastlosen nächtlichen Bewegungen ihres Kopfes, von dessen Druck auf das Kissen, unter dem Jérômes Briefe wie eine tiefere Hautschicht lagen.

»Nein, Margot, ich kann seinen Namen noch nicht einmal mehr laut aussprechen. Immer schwingt dieses ›Entwelschte‹ darin mit. Er unterschreibt jetzt auch seine Briefe so, mit *Hieronymus*.«

»Aber er schreibt dir. Mehr, als Charles uns schreibt oder Jean.«

Emilie schwieg. Aber Margot sah ihr an, dass sie an ihn dachte. Die große Schwester wandte den Kopf und blickte an ihr vorbei aus dem Fenster.

»Er schwindet, Margot«, sagte sie schließlich. »Alles verblasst. Sogar sein Gesicht. Ich versuche mich zu erinnern: an seine Augenbrauen, die er so schief hochzieht, wenn ihn etwas überrascht. An sein Lächeln. Die Energie, die von ihm ausgeht, wenn er so fröhlich neben mir herspaziert; als ob es ihm nichts ausmacht, dass ich stets so langsam bin. Seine geliebte taubenblaue Weste, du weißt schon, an der er so stur festhält, obwohl sie inzwischen längst aus der Mode ist. Seinen Blick, der, ach … Ich muss mir das alles täglich immer wieder vor Augen führen.«

»Schade, dass Mama es nicht erlaubt, dass du zur Kur fährst. Aber Wolfsstunde hin oder her. Ist es die Stille, die Dunkelheit?«

»Auch. Ich glaube, hauptsächlich ist es die Angst. Du weißt schon, dass das mit dem Asthma noch schlimmer wird.«

»Hm. Du solltest mehr aus dem Haus. Magst du nicht mit mir zum Markt? Wir könnten danach ins Café oder uns ans Ufer setzen, in die Sonne. Das tut doch immer gut. Oder …«

»Nein, Margot. Ich bin zu müde.«

»Vielleicht würdest du dann munterer?«

»Ach nein, lass gut sein.«

Was auch immer Emilie im Innersten wirklich umtrieb, dachte Margot resigniert, sie kam einfach nicht an sie heran.

Meine Güte, es war immerhin Sommer. Und die Mutter war wieder da! Und ja, das hatten sie dem Vater zu verdanken. Weswegen sie auch weiterrauchte, denn dieses Versprechen hatte sie ja nur Gott gegeben. Aber von dessen Hilfe hatte sie bislang nichts bemerkt. Das Wichtigste aber: Jean und Charles waren bislang beide, noch so ein Wunder, den Gefallenenlisten ferngeblieben. Nur der Gedanke an Charlotte …

»*Schön!*«

»*Wer, ich?*«

»*Ha! Ja, du auch.*«

Charlie fehlte. Die Lücke, die sie hinterließ, tat weh, war täglich zu spüren. Als sei etwas von ihr abgetrennt, sie selbst auf eine schwer zu beschreibende Art und Weise *weniger* geworden.

Im Ausbildungsbetrieb, wo sie eine von zwei Margareten war, war es am schlimmsten. Kaum dass sie den Kopf von den Tabellen,

Rechnungen, Listen und Büchern hob, sah sie in eines der zwei anderen weiblichen Gesichter an den Nebenschreibtischen, das dann freundlich, sachlich oder belanglos mit ihr sprach.

Du bist nicht Charlie, dachte sie jedes Mal, wenn die ältere Gabriele sie zu etwas motivieren, ihr etwas erklären oder erzählen wollte. Nichts davon interessiert mich, murrte sie innerlich, wenn die andere, jüngere Margarete über ihre Wochenendpläne plauderte. Sie lächelte, nickte höflich. Erwiderte irgendetwas. Nur mit *ihm* war es anders.

»Der Sommer ist zu schön, als dass Sie ihm den Rücken zukehren sollten, Margarete. Er kommt schließlich nicht wieder.«

»O doch. Schon im nächsten Jahr.«

»Dann ist er aber nicht mehr derselbe. Sie leben doch. Oder? Dann nutzen Sie es.«

»Ist das ein Befehl?«

»Nur wenn Sie darauf bestehen. Natürlich kann nichts so schön sein wie Sie. Aber die Natur strengt sich immerhin an …«

»Ist das die deutsche Höflichkeit? Sie bringen mich in Verlegenheit.«

»Wirklich? Na, wers glaubt. So prompt, wie Sie immer eine Antwort parat haben.«

»Ich war in der Schule, da lernt man das mit dem Antworten.«

»Ja, das hätt ich nur zu gern erlebt. Sie in Uniform und mit Schleife im Haar. Das tragen die Mädchen hierzulande doch, oder?«

»Ich weiß nicht, ob es schicklich ist, darüber zu sprechen.«

»Kümmert Sie das, Margarete? Ah, nun habe ich Sie offenbar tatsächlich in Verlegenheit gebracht …«

Inzwischen trafen sie sich regelmäßig. Auf Anraten des Vaters gingen sie und Oberleutnant Breuer nun jeden Sonntag miteinander spazieren.

Seltsam. Aber je öfter sie ihn sah, mit ihm sprach, sie neben ihm durch die Straßen und am Flussufer entlangging – war es je so sonnig, so üppig, so überströmend dort unten gewesen? –, umso mehr verblasste das Gefühl für die Zeit davor. Als sei alles *vor ihm*, jedes Erlebnis, jeder Anblick, jeder Geschmack, jedes Gespräch, überhaupt jeder Tag, nur eine schale Ahnung gewesen, die Welt noch im Schlummer, eng und trüb, während doch jetzt alles so voll, so übervoll war, dass sie manchmal eine Art Scham überkam. So schwindelnd war ihr zumute von diesem verstohlenen Glück.

Wobei: Der Vater hatte sie ja ausdrücklich zu einem »freundschaftlichen Umgang« ermutigt. Schließlich verdanke man dem Oberleutnant, wie er es ihnen und vor allem der Mutter gegenüber unmissverständlich ausdrückte: »den günstigen Ausgang jener Angelegenheit in Esch. Von meinem eigenen Engagement einmal ganz abgesehen.«

Die Mutter hingegen zog sich zurück, wann immer »die Zumutung der Uniform« in der Nähe ihres Hauses spürbar wurde.

Anfangs war sie dem Blick der Mutter noch ausgewichen. So vieles schwang darin mit, und nichts davon gefiel ihr. Die Anklage (»*Er ist der Feind, Kind!*«, »*Mitläuferin*«, »*Du bist wie dein Vater*«, »*Verräterin*«), die Verachtung (»*Du Dummerchen, himmelst ihn an. Ist es die Uniform?*«), das Mitgefühl (»*Ach, Mädchen. Du bist noch so jung. Und Liebe macht blind.*«).

Inzwischen hielt sie ihrem Blick stand, sendete ihre eigenen Botschaften: »*Er hat dich gerettet. Warum bist du nicht dankbar?*«, »*Ich bin bald achtzehn, fast erwachsen, und kann tun und lassen, was ich will.*«, »*Ich sehe alles zum ersten Mal klar und deutlich.*«, »*Er ist der Einzige, der wirklich mit mir spricht. Der mich ernst nimmt. Der sie mir zeigen will, die Welt, wie sie ist. Der keine Schränke, keine Türen vor mir verschließt.*«, »*DU siehst nur die Uniform, ICH sehe den Menschen.*«

Was davon bei der Mutter ankam, wusste sie nicht. Wahrscheinlich nicht viel. Am meisten aber wollte sie, wo das Leben doch jetzt so wunderschön für sie war, dass alle anderen es auch so gut hatten. Und trotz ihrer Wut tat ihr die Mutter im Grunde leid. Was für eine unfrohe, verhärmte, vorurteilsbehaftete Person! Sie wollte sie irgendwie berühren, nach ihrer Hand greifen, ihrem Arm, sie an sich drücken. Die Mama wiederhaben, die ihr sagte: »Mein Mädchen, alles ist gut.«

Aber sie wusste nicht, wie.

Irgendetwas hielt sie davon ab. Etwas, das nicht zuletzt von der Mutter selbst auszugehen schien. Neulich zum Beispiel, die Tür zur Nähstube war aus unerfindlichen Gründen nur angelehnt gewesen, da hatte sie die Mutter auf dem Boden vor der Kommode knien sehen; die Hände vors Gesicht geschlagen, ihr Oberkörper war keuchend vor und zurück geschnellt, eine fremde Person. *Abstoßend.* Sie hatte sich auf Zehenspitzen davongeschlichen. Geschämt hatte sie sich. Als hätte sie selbst etwas Ungehöriges getan.

Zurückgeblieben war ein dumpfes Gefühl der Unerreichbarkeit. Die Mutter, obgleich ständig zugegen, war fortgerückt, in den Hintergrund, zu Emilie. Dorthin, wo es trübsinnig und schattig war. Langweilig und bieder. Die Welt da draußen hingegen war von einer flirrenden, aufwirbelnden Hitze. Die kurzen, aber heftigen Regengüsse dieser Wochen wurden von Stürmen begleitet. Der Wasserstand der Sûre geriet aus dem Gleichgewicht, abwechselnd sank er, schwoll an, trat über die Ufer, hinterließ ein durchweichtes, erschöpftes Land.

»Das ist der Südwind, Margarete. Er ist unstet.«

Na, wenn es der Wind war, dann machte er seine Sache gut, dachte Margot. Er trieb ihr den Schweiß in feinen Rinnsalen den Rücken bis zum Steißbein hinunter, nässte ihren Nacken, die Schläfen, Achseln. Kein Talkumpuder, kein Kölnisch Wasser, nichts half gegen das unbehagliche und zugleich aufregende Gefühl, sich ständig in Auflösung zu befinden.

»In Kairo wars wesentlich angenehmer. Trockene Hitze. Klar und direkt, wenn man so will. Übrigens, ich heiße Alois.«

Bislang waren sie stets nebeneinanderher gegangen. Auf Tuchfühlung zwar, aber direkt berührt hatten sie einander nicht. Nun bot der Oberleutnant ihr nicht nur den Arm an, sondern, endlich, auch seinen Vornamen. Und nach kurzem Zögern – »*Er ist der Feind, Kind!*« –, wohl wissend, dass sie sich der gesamten Nachbarschaft damit vollends preisgab, hakte sie sich bei ihm, Alois, ein.

Er war, wie sie vom Vater erfahren hatte, im Stab von Generalfeldmarschall Rommel erst nach Nordafrika und nun hierher gekommen. Doch vom Krieg war in Alois' Schilderungen bemerkenswerterweise nicht die Rede. Vielmehr klang es für sie ganz so, als erlebte er alles mit den Sinnen eines Forschers, des jungen Professors für Brückenbau, der er im Zivilleben gewesen war.

»*Aajej?* Nein, das ist kein Gruß«, erwiderte er soeben lachend, »das ist ein Wirbelsturm, vor dem man sich am besten mit Messern schützt. Zumindest wenn man den Eingeborenen dort glauben mag.«

Sein Haar – als sähe sie dies erst jetzt – war noch von den Berührungen mit diesem fremden Kontinent gebleicht.

»Ja gab es denn Kontakt? Zu den Eingeborenen? War das erlaubt?«, fragte sie, eine Spur lauter, als sie es vorgehabt hatte.

Alois, der eben noch so heiter neben ihr hergeschritten war, blieb abrupt stehen. Sie spürte die Anspannung, die von seinem Körper über den Arm – wie stark, wie sehnig er war – in den ihren überging. Und verlegen schoss es ihr durch den Kopf, dass sie ja für ihn auch eine »Eingeborene« war, mit der er gerade Kontakt hatte.

»Glauben Sie mir, Margarete«, sagte er schließlich, und jetzt sah er sie so unverwandt und ein wenig starr an, dass sie dem Blick dieser grauen Augen nur mühsam standhielt. »Ich weiß sehr wohl, dass ich, dass wir in Ihren Augen der Feind sind. Und auch wenn Sie mir, wie man so schön sagt, die Gunst Ihrer Gegenwart gewähren, ich habe das nicht vergessen. Aber, herrje, was denken Sie eigentlich? Dass wir zu keinerlei zivilisierter Begegnung fähig sind? Dass wir alle Monster sind? Was tun Sie dann hier mit mir?«

»Ich … Davon war doch gar nicht die …«

»Wir werfen uns nicht wie wildes Vieh auf jedes Weib, bomben und brennen alles nieder, was sich uns in den Weg stellt. Zumindest die meisten von uns, wir wünschen uns auch, dass das alles …«

Er brach ab, schwieg. Offenbar hatte er bereits weit mehr gesagt, als er eigentlich sagen wollte.

»Pardon. Ich meine, Verzeihung, es ist nur so, dass …« Sie stockte und starrte auf ihre Schuhe, die ihr allerdings nicht weiterhalfen. »Es ist nur, ich bin noch nie gereist. Habe das Land noch nie verlassen. Meine Schwester Emilie, sie war einmal in der Schweiz, und Charles … also, er war mit seiner Band auf Tourneen, aber ich … Und es interessiert mich doch! Wie es woanders ist. Was andere Menschen so tun, woran sie glauben und wie sie sich kleiden. Was sie essen oder wovor sie sich fürchten. So wie Sie das eben von den Winden und den Messern erzählt haben, verstehen Sie?«

Nun war es an ihr, angespannt zu sein. Warum erzählte sie ihm das alles bloß? Sie wollte ihm gerade ihren Arm entziehen und darauf bestehen, dass er sie heimbrächte, als Alois, hörbar milder gestimmt – »Schon gut. Worüber hatten wir eben noch gesprochen?« – und vermutlich dankbar für die Möglichkeit, sich wenigstens gedanklich von hier wegtragen zu lassen, wieder von den Wüstenwinden zu sprechen begann.

»Fallwinde gibt es da, die mit vielerlei Zungen versengen. Den *arifi* zum Beispiel. Und das ist nur einer von den vielen beständigen Winden. Winde, die wie wir«, er lächelte, »ganz in der Gegenwart leben. Es gibt aber auch andere, weniger konstante Winde, die ihre

Richtung ändern. Die sich gegen den Uhrzeigersinn wieder aufrichten können ...«

»Jetzt erinnere ich mich auch wieder«, fiel sie ihm unvermittelt ins Wort. »Ein Volk, welches, weiß ich leider nicht mehr, war einmal so erzürnt über diesen bösen Wind aus der Vergangenheit, dass es ihm den Krieg erklärte. Dem Wind! Herodot. Nicht wahr? Ich lese gern.« Es klang wie ein Geständnis. »Im Gegensatz zu Romanen gehört der zur erlaubten Lektüre.« Sie spürte die Hitze in ihren Wangen.

Alois sah sie mit einem merkwürdigen Blick an, so als stelle sich ihr Bild erstmals richtig scharf.

»Ja. In voller Schlachtmontur zogen sie hinaus in die Wüste, um sich ihm, *Simoom* hieß übrigens dieser Wind, entgegenzustellen. Ihre Armee wurde vollständig begraben. Und weil Sie vorhin nach den Eingeborenen fragten: Wissen Sie, dass es in der Libyschen Wüste Dörfer gibt, in denen überhaupt keine Frauen sind? Die Männer dort tanzen für sich. *Dahhiya*-Tänze. O ja, auch hierin bin ich Herodot gefolgt. Ach, das müssten Sie mal sehen. Und hören! Der Klang all dieser Flöten und Trommeln in der Nacht – und die Nächte in der Wüste sind von einer ganz besonderen Tiefe –, Klänge also, so unbeschreiblich, als ob sämtliche Sterne zugleich von da oben auf einen herniedersausen und alles erbeben lassen. Und die Tänzer, zuckende Schatten, vor den Farben des Feuers.«

Sie waren an den Ufern der Sûre angelangt, Zeit umzukehren. Einige Kinder spielten dort, mit hochgekrempelten nassen Hosenbeinen, stocherten mit Stöckchen im feuchten Schilfgras.

»Fischer, Fischer, wie tief ist das Wasser?«

»Mitteltief.«

»Fischer, Fischer ...«

»Tief. Ozeantief ...«

»... wie Flüsse. Ja doch, Sie lachen, aber wie Ihre Sûre sind sie gewissermaßen. Diese Karawanen. Sie bewegen sich ähnlich. Kaum zu glauben, aber man findet tatsächlich immer noch Harpunen in diesem Teil der östlichen Sahara, vom Wasser auf seinem Weg zurückgelassen.«

»Wirklich?! Aber als es dort noch Wasser gab, das muss doch sehr lange, wie lang?, Hunderte, nein, Tausende von Jahren her sein, oder?«

»Stimmt. Und genau das ist es ja, Margarete, was mich so fasziniert. Die Wüste vergisst nichts. Die Nubier waren einst ein Wasservolk. Und heute, da wird das Wasser von uns in Kanistern und Flaschen mühsam dorthin zurückgetragen. Geradezu geisterhaft erscheint es einem dort: Wasser, ein Gerücht in diesem Herrschaftsgebiet der Hitze. So gänzlich anders als hierzulande. Schauen Sie nur, diese Jungs dort, knietief waten sie darin, unbeschwert.«

»Bald ist Ausgangssperre.«

»Richtig. Lassen Sie uns umkehren.«

»Rennen müssen wir aber nicht.«

»An meinem nächsten freien Tag, wollen wir da ...«

»Ja!«

Wie anders waren doch ihre ersten Verabredungen mit Alois verlaufen: im häuslichen Garten, unter Aufsicht. In gebührendem Abstand voneinander hatten sie da gesessen, unter den gleichmütigen Eschen in den unbequemen, kratzbürstigen Korbstühlen. Wenige, steife Bemerkungen über das Wetter hatten sie gewechselt oder irgendetwas über den Gang der elterlichen Geschäfte, den Ausbau der Trierer Filiale im Besonderen, worüber sie recht wenig zu sagen wusste. Vielleicht hatten sie auch die ganze Zeit über geschwiegen.

Sie erinnerte sich mehr an sein Räuspern; hier und da, ein sachtes Zueinanderneigen der Schultern, mal scharrte ihre Schuhspitze über die gestutzten Grashalme, wühlte ein wenig Erdreich auf und stieß dabei an die Ränder seines Sessels, mal streifte sein Blick wie beiläufig ihre Wange.

Nun aber: Was war der Himmel blau! Nein, blau allein, das war nicht genug. Wo es doch so viele Worte gab, die endlich einmal verwendet, beachtet werden wollten. Milde war er, der Himmel. Verwaschen, verhüllt, dann wieder strahlend, aufwühlend. Und was war nicht alles gelb! Raps, Schlüsselblume, Quitte, Honig, Butter und Ocker, das Innenfutter ihrer Markttasche, die Vasen in der Empfangshalle, das gedimmte Licht in der Bibliothek am Abend, alles war so warm, so satt.

Ist dies mein erster wirklicher Sommer?, fragte sie sich verblüfft. Alles vertiefte sich. Die Schatten, die er warf, ebenso das Licht. Selbst die vom ewigen Grau des Brückenbogens überwölbte Sûre barg auf einmal Lockungen in ihren glitzernden Wirbeln, der Feuchtigkeit, ihrer waghalsigen Unterströmung.

Die häuslichen Speisen dagegen (wie oft schob sie dieser Tage ihren Teller kaum berührt beiseite) schmeckten fade, jeglichen Geschmacks beraubt, so gänzlich anders als jener Nektar, der ihr nun ständig auf der Zunge lag. Hatte sie neue Poren, Augen, Sinne? Ja, das Leben, es strömte, es roch, schmeckte, fühlte, füllte sich ganz einfach *anders*. Und auch ihr Herz schlug einen veränderten Takt an, einen schmerzhaft drängenden, sich mehr und mehr Geltung verschaffenden Rhythmus. *Alois.*

»Das ist es also, das viel gelobte Müllertal.«

»*Mëllerdall* heißts. Oder: Mullerthal.«

»Ah … welch schönes kleines Land!«

Sie saßen dicht beieinander; Alois hielt den Arm um sie gelegt, ihre Wangen berührten sich.

Sie hatten ihre Decke auf einem sanft abfallenden Hügel ausgebreitet, von der aus sich ein herrlicher Blick auf die bewaldeten Täler bot, an deren Hänge sich das Dorf Larochette mit seinen Tuch- und Textilfabriken schmiegte. Wer lauschte, konnte das Plätschern eines unterirdischen Wasserlaufs hören, und manchmal flog wie ein verspäteter Gedanke ein Vogel auf. Über allem, den Hügelkamm dominierend, thronte die Burgruine von Schloss Fels.

Margot aber war verstimmt. Sie senkte den Blick auf ihre Hände und rückte ein wenig von Alois ab. Mit einem Mal lag auf der Idylle ein falscher Glanz, als hätte man sie zu stark beleuchtet und dadurch ihre Fadenscheinigkeit enthüllt.

»*Welch schönes kleines Land!*« – Was hatte sie nur? In seiner Stimme schien doch nichts weiter zu liegen als Freude. Dennoch –

»*Welch schönes kleines Land!*« Gönnerhaft, ja, das war er. Überheblich geradezu. Ihr Herz verspürte einen Stich. Anstößig winzig erschien ihr eigenes Land ihr plötzlich, *beschränkt*.

Kein Wunder, dachte sie missmutig, dass man es so mir nichts, dir nichts erobern konnte. Mit einem deutschen Namen versehen, als wäre es nie da gewesen, für sich, im eigenen Recht. In einer Art Lilliput lebte sie, einer Miniaturausgabe von allem, was nur außerhalb reale Dimensionen, Geltung und Bedeutung besaß.

Für einen Mann wie Alois, der die Wüste erforscht hatte, der auf fremden Kontinenten gewesen war, der Arabisch und sicher noch so manch andere Sprache sprach, der andere Dinge als Kochen, Ausbessern der Wäsche und ein bisschen Rechnen in der Schule gelernt hatte, für jemanden wie ihn, dachte sie mit zunehmender Bitterkeit, konnte dies hier wohl kaum mehr als eine Durchlaufstation sein, eine Art Zwischenstopp auf dem Weg zu bedeutsameren Orten. Zu den Metropolen und Zentren der Vitalität, der Macht. Und sie? Was konnte sie, die »Eingeborene«, überhaupt für ihn sein außer ein flüchtiger Kontakt? Ein hübscher Zeitvertreib, der sich später gut als Anekdote machte in weitaus lukrativerer Gesellschaft?

»*Dummerchen.*«

»Er ist der Feind.«
»Liebe macht blind.«

Die Stimme der Mutter klang nun eindringlicher als je zuvor; ganz so, als würde sie sich von hinten, nein, von innen her an sie heranpirschen. Trotz der sommerlichen Temperaturen begann sie zu frösteln. Woher genau kam er eigentlich, dieser Alois? Hatte er Familie? Was genau tat er in diesem Krieg? Sie kannten einander nicht.

Margot wandte sich ab und blickte sich, erstmals seit einer gefühlten Ewigkeit, nach der Schwester um.

Emilie machte in einiger Entfernung von ihnen ein Nickerchen. Sie hatte es sich im Schatten einer Kastanie gemütlich gemacht und war mit einem Buch auf der Brust eingeschlafen.

Offenbar war dies ihre Art, die Augen vor dem Unvermeidlichen, dem »Schändlichen«, wie sie es nannte, zu schließen und ihre eigene Rolle darin erträglicher zu gestalten.

Anfangs hatte sie sich lautstark gesträubt: »Ich spiel nicht den Anstandswauwau für dich!« Doch der Vater hatte sie schließlich »überredet«. Womit eigentlich?

Wie auch immer, die Schwester schlief jetzt tief und fest. Margot wandte sich von ihr ab und wieder Alois zu, der ihre Verstimmung nicht bemerkt zu haben schien.

»… wie blaue Juwelen, so liegen sie da, die Mandara-Seen inmitten der schier unendlichen Ebenen aus Gestein und Sand. Ja, ich weiß, diese Namen klingen verheißungsvoll, in Wirklichkeit allerdings …«

Er war gerade in einer gänzlich anderen Tallandschaft als der ihren unterwegs. Einer unwirtlichen Gegend von Sandmeeren, den Skeletten ungenannter verlassener Städte und verwinkelten, fratzenhaften Plateaus, die er *Wadis* nannte, was aus seinem Mund wie der Name eines alten Bekannten klang. Die »Rohlfssche Expedition« fiel und weitere Namen, die ebenso gut die von Amöben oder Sternen hätten sein können. Fremd, doch von einem kalten, fernen Funkeln erfüllt. Offenbar drängte es ihn sehr, ihr davon zu erzählen.

»Sie verstehen, begreifen das alles, Margarete ...«

Margot blinzelte. Obwohl sie immer noch verärgert war, bemerkte sie, wie ihr Gemüt fast gegen ihren Willen wieder weicher wurde. Und als sie ihre Faust öffnete, um die Grashalme, die sie zuvor mit wilder Entschlossenheit ausgerupft hatte, nach und nach auf die Picknickdecke rieseln zu lassen, saß sie längst erneut in die Umarmung seiner Schwärmerei geschmiegt, in die er sie nun, deutlicher als je zuvor, miteinbezog.

»... und auch wenn Sie sagen, dass Sie noch nie gereist sind ... Sie sind, wie soll ich sagen? Ach, es kommt mir manchmal so vor, als wären wir uns irgendwo, irgendwann anders schon einmal begegnet. Ich weiß, das klingt verrückt, aber ... Kommt das von Ihren Lektüren? Ihrem Elternhaus? Oder ... wie auch immer ... Ihnen von all dem zu erzählen, es bedeutet mir viel. So lange konnte ich nicht ...« Er ergriff ihre Hand, die Spuren von Gras und Dreck aufwies. Doch bevor sie sie ihm entziehen konnte, bedeckte er sie ganz unerwartet mit Küssen.

»Ich wünschte, du könntest das alles mit mir zusammen sehen, erleben –« Er stockte. Nun war es heraus, das Du, und die Konsequenzen, die es nach sich zog, ließen die Luft sogleich spürbar dichter, engmaschiger werden. Doch sie, die langsam ihre Kessheit zurückgewann, rief: »Na, dann nimm mich doch mit!«

Da zog er sie an sich; sein Herz schlug hart und ungestüm gegen seinen Brustkorb, als wolle es aus ihm herausspringen, um in ihr weiterzuschlagen. Doch dann löste er sich von ihr; vehement, fast grob, als habe er sich geirrt.

»Margarete ...«

»Nenn mich nicht so!« Sie wandte sich ab. Ihre frohe Erregung glitt nahtlos über in Zorn. *Margot*, sie hieß *Margot*! Sie sprang auf ihre Füße. Emilie wecken und dann los, bloß weg hier, weg von ihm, fort!

Doch Alois war ebenfalls aufgesprungen. Sie gerieten zusammen, und noch ehe sie sich aus diesem Gegen- und Aneinander der Glieder hätte lösen können, waren sie und er, Lippen, Atem, Zungen, längst ineinander gemündet. Alles begann zu zerfließen und sich zugleich zu vertiefen. Der Druck seiner Hände auf ihrem Nacken, dem Rücken, der Hüfte, den Schenkeln; ihre Finger, die nicht wie die seinen wanderten, sich vielmehr fest verankerten, dort im Griff um seine Schulterblätter, ja, sie überließ sich ihm, dem nachgiebigen Gras, der eigenen inneren Aufruhr. Hinter ihnen im Abseits Emilie, schlummernd in ihrem blinden Winkel, schlummernd, durchfuhr es sie vage, wie sie selbst, bislang. Denn dies hier, dies musste – obwohl sie nicht genau hätte sagen können, warum –, ja, es musste verboten sein, verbotener noch als jeder Kuss, etwas, das *so etwas* mit ihnen machte, mächtig, ohnmächtig – sie schloss die Augen.

Im September blieb ihre Regel aus. Zunächst war sie erleichtert. Einmal keine Unterleibsschmerzen. Doch nach einer Weile kamen Schwindel und eine merkwürdige Übelkeit dazu, die in Wellen kam und wieder abflaute, nur um bald darauf umso heftiger wiederzukehren. Was war mit ihr? War sie krank? Und wenn es was Schlimmes war?

»Aber wenn ich nun tagelang liegen muss?«

»Na, na, so schlimm wirds schon nicht sein. Ein Wachstumsschub vielleicht. Wir können Doktor Franzen konsultieren, wenn es dich beruhigt.«

Die Mutter klang wieder einmal abwesend. Doch dieses Mal wirkte ihre geringe Anteilnahme tröstlich.

»Tanzen will ich aber unbedingt. Der soll mir das ja nicht verbieten. Das sag ich ihm gleich!«

Bald würde sie achtzehn Jahre alt sein. Die Vorbereitungen waren bereits in vollem Gang, Einladungen, Dekoration, Menü – sie hatte sich einen Tanzabend gewünscht, und dieses Mal wusste sie ganz genau, mit wem sie tanzen würde. Wie Emilie das letzte Mal mit Jérôme würde sie nur Augen für *ihn* haben. Und wer weiß, dachte sie mit klopfendem Herzen, vielleicht würde er, Alois, ja danach um ihre Hand anhalten ... Ach, wenn es doch endlich schon so weit wäre!

Der leisen Übelkeit, die wieder einmal in ihr hochstieg, schenkte sie jetzt keinerlei Beachtung mehr. Die Mutter hatte recht, der Arzt würde schon dafür sorgen, dass es ihr bald besser ging. Sie lief in ihr Zimmer und durchstöberte ihren Kleiderschrank nach der passenden Garderobe. Das lindgrüne Kleid mit dem Spitzenbesatz! Obwohl, das hatte sie schon das letzte Mal getragen. Andererseits, da war *er* nicht dabei gewesen, also galt das nicht. Sie trat vor den Ankleidespiegel, hielt sich das Kleid vor den Leib, stellte sich auf die Zehenspitzen, drehte und wendete sich.

»*Schön!*«

»*Wer, ich?*«

»*Ha! Ja, du auch ...*«

Was würde Charlie für Augen machen. Ach, wenn sie doch nur dabei sein könnte!

Zu dem Fest sollte es jedoch nicht mehr kommen.

Nachdem der sonst so freundliche Doktor Franzen, der, wie Margot irritiert feststellte, während der gesamten Untersuchung kein einziges Wort mit ihr sprach und sie lediglich, schmachvoll genug, um eine Urinprobe bat, nachdem er also die Tür ungewohnt leise hinter sich geschlossen hatte, zog sich die Mutter ins Studierzimmer zurück.

»Was hat er gesagt? Was hab ich denn? Mama?«

Die Mutter gab keine Antwort. Margot lief ihr nach, und in ihrer Nervosität hämmerte sie ungehörig laut gegen die Tür, drückte, als die Reaktion weiterhin ausblieb, sogar die Klinke herunter. Aber die Tür war verriegelt.

»Mama, was ist denn? Antworte mir. Mama!«

Es kam keine Antwort. Was war denn nur los? Vielleicht war es so schlimm, dass die Mutter es ihr nicht sagen konnte? Und was dann? Musste sie vielleicht wochenlang liegen? Ins Krankenhaus? Und ihr Fest? Auf und ab lief sie vor der verschlossenen Tür, auf und ab, auf und ab. Schließlich, als sich so gar nichts tat, versuchte sie, durch das Schlüsselloch zu gucken, um irgendetwas von dem zu erkennen, was da drinnen vor sich ging.

Die Mutter saß auf dem Stuhl vor ihrem Sekretär, jenem Stuhl, den Jean als Junge so gern als Streitross benutzt hatte. Ganz vorn auf der Kante saß sie, als befürchtete sie, der Sitz könnte scheuen und sie jederzeit wieder abwerfen. Doch dann sank ihr Oberkörper wie von selbst auf die schmale Schreibfläche des Sekretärs, fegte Briefumschläge, Papiere, Fotografien und Stifte zur Seite.

Johanna Rickes achtete nicht auf die Rufe und die Anwesenheit ihrer Tochter da draußen, dicht vor der Tür. Sie vergrub den Kopf in ihren Armen. So verharrte sie eine lange tote Zeit, im bitteren Sumpf der Erkenntnis, dass sich die Katastrophe wiederholte.

»Du! Du und dein teuflischer Ehrgeiz!«

»Wie bitte?!«

»Du hast sie in seine Arme getrieben, Georg, das Spiel mit diesem Deutschen vorangetrieben, gefördert. Du hast unser Kind auf dem Gewissen!«

»Du hättest sie aufklären müssen, Johanna. Das ist DEINE PFLICHT als Mutter. Aber nein, weltfremd, wie du bist, kommt für unsere Mädchen ja nur der ›Stand der Unschuld‹ infrage. Ha! Natürlich, wenn schon unsere Karnickel zur Paarung weggesperrt werden, ist es ja kein Wunder ...«

»*In unseren Kreisen sollte das vor der Hochzeit nicht nötig sein. Und es wäre auch nicht nötig gewesen, wenn du sie nicht ...*«
»*Oho, nicht nötig! Ja, DAS haben wir ja bei Mathilde gesehen, wie wenig nötig es* –«
»*Wie kannst du es wagen?*«
»*Wie kannst du MIR die Schuld geben?*«

Der Vater, er war sogleich vom Betrieb nach Hause geeilt. Und obwohl die Eltern einander dadrinnen hinter der Tür mal wieder irgendwelche Scherben vor die Füße kehrten, war Margot erleichtert, dass der Vater so rasch gekommen war. Irgendwie hatte er es geschafft, sie wenigstens ein bisschen zu beruhigen: »Du bist nicht krank. Es geht um ... etwas anderes. Die Mutter schreibt gerade einen sehr wichtigen Brief. Dann kommt sie zu dir. Bitte warte solange und störe sie nicht.«

... bei Ihrer Ehre als Mann und Soldat beschwöre ich Sie daher, sich Ihrer Verantwortung zu stellen. Eine eheliche Verbindung mit unserer Tochter Margarete wäre für Sie, werter Herr Oberleutnant, sicherlich auch insofern ein Gewinn, als dass durch die neu eröffnete Filiale unseres Betriebs in Trier Ihr gemeinsames Kind auf deutschem Heimatboden aufwachsen könnte.
Nicht zuletzt dank der Parteimitgliedschaft meines Mannes sowie seiner aufrichtigen deutschen Gesinnung sehen wir dem weiteren Ausbau unseres Unternehmens auch in Zukunft optimistisch entgegen.
Des Weiteren haben wir vor, Margarete den familiären Vermögensverhältnissen entsprechend mit einer ansehnlichen Mitgift auszustatten, um ihrer Familiengründung auch unsererseits nach besten Kräften den Weg in ein zufriedenes Leben zu ebnen. Dass die Gefühle unserer Tochter Ihnen gegenüber zutiefst aufrichtig,

sittlich und moralisch einwandfrei sind, davon haben Sie sich in den langen Wochen Ihrer schrittweise sich vertiefenden Verbindung selbst überzeugen können.
Da Sie offensichtlich ein Mann von Charakter und Welt sind, werden auch Sie zu einer wohlwollenden Einschätzung unserer Tochter Margarete gelangt sein, deren Unwissenheit in Bezug auf die möglichen Resultate »zwischengeschlechtlicher Begegnungen« einen Beweis sowohl ihrer Reinheit und Unschuld als auch unseres Vertrauens Ihnen gegenüber darstellen, den angemessenen Umgang mit unserer Tochter zu wahren.
In der Hoffnung auf ein baldiges persönliches Gespräch, in dem diese Angelegenheit im Sinne aller zufriedenstellend zu lösen wäre, verbleibe ich mit hochachtungsvollen Grüßen,
Ihre Johanna Amalia Rickes

Johannas Hand zitterte. Doch nach kurzem Zögern schloss sie den Brief mit einem kräftig geschwungenen *»Heil Hitler!«*.

Die Antwort kam so postwendend, dass Johanna argwöhnte, der Oberleutnant habe seine Replik bereits vorbeugend verfasst. Er betonte zunächst die ebenso aufrichtige Zuneigung, die er, Alois Breuer, seinerseits für Margarete empfinde, sowie die Unvergesslichkeit der – dank des Segens der Familie Rickes – gemeinsam verbrachten Nachmittage.

Bedauerlicherweise aber käme eine eheliche Verbindung nicht infrage, da er bereits verheiratet sei. Zudem stünde sein Regiment, den Wünschen des Führers entsprechend, kurz vor der Rückversetzung an die Front. In der Tat aber sehe er sich selbst als einen verantwortungsbewussten Menschen an und schlage daher, wenn ihm dies gestattet sei, eine alternative Verbindung für Margarete vor.

So sei ihm beispielsweise zu Ohren gekommen, dass der Gefreite Heider – er schließe hier auf eine gegenseitig wohlwollende Begegnung im Haus der Rickes! – in hohem Maße von Margarete angetan gewesen sei. Und er biete gern den Einfluss, den er dankenswerterweise in seinem Stab besitze, auf, um »trotz der gegebenen Umstände« einer weiteren »günstigen Entwicklung« den Weg zu ebnen. »Und, werte Frau Rickes, lassen Sie uns über all das Persönliche nicht vergessen: Es ist ein Krieg im Gange, den wir zu gewinnen trachten.«

Nachdem Johanna Rickes seine Antwort erhalten hatte, weinte sie zum ersten Mal seit jenem Tag, als der Polizeihauptmeister ihnen die Nachricht von Mathildes Tod gebracht hatte, lang und hemmungslos.

Sie versuchte, sich ihrer Jüngsten, dem Kind zuliebe vorzustellen, der Oberleutnant habe, als er von der Neuigkeit erfuhr, in seiner Offizierskammer so dagesessen wie sie jetzt. Hatte er ebenfalls in einen Abgrund geblickt? Sich schließlich in Worte geflüchtet, die nicht die seinen waren, so wie sie? Und hatte er zuvor, vor dieser »Veräußerung«, mit sich gerungen, Bedauern empfunden? Vielleicht ja, vielleicht nein. Wohl eher nicht. Wie hieß es doch gleich? *Gelegenheit macht Liebe.*

Mit einem Seufzer richtete sie sich auf. Was am Ende des Tages zählte, allein zählte, war die Tat. Die Entscheidung, die man traf oder der man auswich.

Als sie Margot schließlich zu sich rief, waren ihre Augen trocken.

»Der Papa sagt, ich bin nicht krank! Aber warum hast du …?« Margot, immer noch aufgebracht, stürmte ins Studierzimmer.

»Setz dich bitte.«

War es der Ton, ihr Blick? Margots Knie waren plötzlich so weich, dass sie sich auf dem Nächstbesten – Stuhl? Sofa? Fußboden? – niederließ.

»Dein Vater hat es dir ja bereits mitgeteilt: Du bist nicht krank.«
Uff!

»Du bist, wie man so sagt, ›in anderen Umständen‹.«

»Was heißt das? Ist es was Schlimmes, oder …?«
»Herrgott noch eins, sei bitte nicht so schwer von Begriff. Du erwartest ein Kind.«
»Ein … was?«
»Von diesem Deutschen. Ja, du verstehst mich schon recht. Von diesem Oberleutnant.«
Alois. Aber …
»Ah, jetzt verschlägt es auch dir mal die Sprache. Ja, du bekommst ein Kind von diesem … Breuer. Es wächst jetzt in dir heran. Daher die Übelkeit, der Schwindel. Leider ist der werte Herr Oberleutnant bereits verheiratet. Davon war zwischen euch auf all den *Spaziergängen* selbstverständlich nie die Rede, nicht wahr?«
Verheiratet.
»Ich hoffe, dir ist bewusst, welches Schicksal eine Frau mit unehelichem Kind, schlimmer noch: *Kollaborateurinnen* erwartet? Oder bist du so blind und taub und gleichgültig für alles außer dir selbst, dass du gar nichts mehr mitkriegst? Sie scheren *solchen wie dir* die Haare! Du wärst für immer geächtet. Kein anständiger Luxemburger wird sich je wieder mit dir abgeben, du bist hier für immer …«
Er ist verheiratet.
»… und was daher jetzt höchste Priorität hat …«
Gelogen.
Es war alles gelogen.
»… Kind zu legitimieren. Glücklicherweise hat sich herausgestellt, dass dich ein gewisser Hermann Heider sehr wohlwollend im Gedächtnis behalten hat. Und er hat seine Bereitschaft signalisiert, dich trotz der gegebenen Umstände …«
Er ist verheiratet. Es war alles gelogen.
»Wie dem auch sei: Hier kannst du nicht bleiben.«
Margot hob den Kopf.
»Hast du mich verstanden, *Margarete*?«

Sie sah der Mutter ins Gesicht. Und als sie von ihr nichts weiter empfing als ihren Namen, begriff sie: *Ich habe mich selbst verstoßen.*

Der Vater schlug ihr kurz darauf ein Treffen mit dem Gefreiten Heider vor.

»… ganz zwanglos, hier in unserem Hause.«

Sie nickte.

»Ich erinnere mich jetzt auch wieder an ihn. Ein passabler Mann, nicht wahr? Jung, attraktiv, und er schien damals auf dem Fest sehr von dir angetan zu sein. Wäre das nicht eine wunderbare Lösung, letzten Endes?«

Sie nickte.

»Dir bliebe so vieles erspart. Die Entehrung zum Beispiel. Sogar ein Einkommen wirst du haben. Ich werde euch eine Wohnung in Trier zur Verfügung stellen. Wenn Hermann von seinem Einsatz zurückkehrt, wird er dich dort finden. Was sagst du dazu?«

Sie nickte.

»Deine kaufmännische Lehre ist dann ja auch abgeschlossen. Du kannst dem Herrn Müller, unserem Filialleiter, bei der Buchhaltung zur Hand gehen, und …«

Sie nickte.

An die Hochzeit mit Hermann Heider konnte sie sich auch später kaum bewusst erinnern. Wenn überhaupt einmal eine Erinnerung aufblitzte, dann war es die zitronenfarbene Tönung ihres Brautkleids, das klamme Gefühl erschöpfter Blumenstängel, um die sich ihre Hand so fest schloss, dass Hermann ihr das Sträußlein Margeriten schließlich mit Bestimmtheit abnahm und in eine der zahlreichen Vasen stellte, die im Haus stets zum Empfang, zum Kurzweil der Blüte bereitstanden. Zwei Tage später wurde er an die Front zurückversetzt.

Am Tag ihrer Abreise nach Deutschland, kurz nachdem sie, Margarete Heider, auf den Rücksitz der Limousine gestiegen war, den schweren, etwas unförmigen Koffer mit der Aussteuer neben sich, und während der Vater noch so einiges Nützliche im Kofferraum verstaute, klopfte es sacht gegen die Autofensterscheibe.

Es war Clarissa. Das Hausmädchen hielt eine Handtasche hoch und bedeutete ihr mit Gesten, sie mitzunehmen. Die Tasche war handlich, schick und aus Krokodilsleder.

Ihre Tasche!

Sie hatte sie damals, dreizehnjährig, unter den sorgsam versteckten Weihnachtsgeschenken entdeckt (dieses Mal wollte sie unbedingt auf Nummer sicher gehen) und die gesamte Adventszeit in still triumphierender Vorfreude verbracht. Wie innig hatte sie sich diese Tasche gewünscht! Immer wieder hatte die Verkäuferin sie für sie aus dem Regal und später aus der Auslage des Schaufensters nehmen müssen, damit sie über das für so ein Reptil erstaunlich glatte Leder streichen konnte. Und so schritt sie, die Tasche am schlanken Riemen über der Schulter baumelnd, so damenhaft wie möglich vor dem großen Standspiegel des Ladens auf und ab und konnte nie genug darüber staunen, wie plötzlich, gleichsam aus dem Hinterhalt, die unzähligen grün-grau schattierten Schuppen im Sonnenlicht aufblitzten.

Doch bis Weihnachten war es noch lang, und trotz der erschlichenen Vorfreude schienen sich die Tage mit einem Mal dunkel und müde dahinzuziehen. Ein wenig Aufregung war dringend nötig. Und so schlichen sich Charlotte und sie eines günstigen Tages in Clarissas Kammer und öffneten, zunächst unter angehaltenem Atem, doch zusehends unverfrorener, die Schubladen der Kommode, in der das Hausmädchen seine Wäsche verwahrte.

Die wenigen guten, in Seidenpapier eingeschlagenen Stücke waren unter dem kichernden Knistern des Schutzpapiers rasch ausgepackt und übergestreift. Der spitzenbesetzte Saum der Höschen nahm sich so unpassend über ihren Mädchenstrumpfhosen aus, dass sie mit ausgestreckten Fingern einander auszulachen begannen. Charlotte zog an den Ösen des Strumpfhalterbandes, als wollte sie einen Alarm auslösen, während sie selbst die zarten Strapsen in ihrer Hand wirbeln ließ, als wären es Lassos. Besonders fasziniert aber waren sie von den Büstenhaltern, deren hübsch gearbeitete Körbchen von ihren schmalen kindlichen Körpern hohl und merkwürdig unerfüllt abstanden.

Ein wohliges Gruseln überkam die Mädchen beim Anblick der schlichteren Baumwollhöschen, die aus deutlich festerem, gröberem Stoff gewebt waren und von denen es hieß, dass die Frauen sie während ihrer Regel trugen. Charlotte hatte ihre Periode bereits seit einigen Monaten, schwieg sich aber gegenüber der neugierigen und unverhohlen neidischen Margot dahingehend aus, bis auf einige gönnerhafte Andeutungen von Schmerzen und aufregenden neuen Gefühlen.

Bei Margot spannten neuerdings die Brüste, die immer noch klein und spitz waren, aber spürbar bereit, sich weiter zu formen. Auch fand sich in der letzten Zeit immer mal wieder eine blasse Spur von bräunlichem Schmier in ihren Schlüpfern, aber ob das das besagte »Zeichen« war, traute selbst sie sich nicht genauer zu erfragen. Zu groß war ihre Furcht, es könne sich dabei schlicht um mangelnde Reinlichkeit handeln.

Was hingegen die unschicklichen Unterhosen des Hausmädchens betraf, so waren sich die beiden Mädchen rasch darüber einig geworden, was damit zu tun sei.

Ach, wie herrlich klang Clärchens gellender Schrei, als sie ihre Regelwäsche zum Entsetzen der herbeieilenden Familie auf dem Tisch des Studierzimmers ausgebreitet vorfand. Das Hausmädchen, von der Köchin gestützt, lief so puterrot an, als läge sie selbst splitternackt dort vor ihnen auf dem Tisch.

Clarissas Reaktion machte die Ohrfeige der Mutter, den Wutanfall des Vaters bei Weitem wett – die Tat zu leugnen wiederum wäre ihr niemals in den Sinn gekommen –, und die wunderbare Aufregung ließ nun auch die Bescherung in spürbare Nähe rücken. Und als der Heilige Abend kam, stand da in schönster Erfüllung die Krokodilsledertasche, fraulich fein und glänzend, unter dem Tannenbaum.

Die Mutter nahm die Tasche und drückte sie, Margots ausgestreckte Arme ignorierend, dem Hausmädchen in die Hand, das sich samt dem übrigen Hauspersonal dezent im Hintergrund gehalten hatte und dessen entzückter Aufschrei Margot genüsslich zu verhöhnen schien.

Für sie verlor in diesem Augenblick die Herrlichkeit des so lang erwarteten Festes jeden Glanz; die Lichter, der Baumschmuck, der Duft von Gebratenem, von Orangeat, Zimt und Lebkuchengewürz, die feierlichen Gesichter, die sanfte Musik, all das verflachte zur stumpfen Kulisse für ihren sprühenden Zorn, der sie sämtliche andere Geschenke, mit denen sie an diesem Abend bedacht wurde, zur Seite fegen und das Festmahl verweigern ließ. Zwar wusste sie im tiefsten Inneren, dass die Strafe der Mutter gerecht war, dennoch: Das würde sie ihr, Clarissa, niemals verzeihen.

Sie, die nun Achtzehnjährige dort auf dem Autorücksitz, wandte sich beim Anblick der Tasche ab. Margot wusste wohl, dass Clarissas Geste aus Freundlichkeit und Anteilnahme herrührte. Aber alles, was sie spürte, war die erneute Demütigung. Und so wies sie, die Ausgestoßene, Clarissa ab, dankbar für diese einzig mögliche Bekundung von Würde und Stolz, und schaute hocherhobenen Hauptes an dem Hausmädchen vorbei, während der Vater den Wagen anließ. Hinter der Gardine war eine flüchtige Bewegung zu erkennen. Die Mutter? Emilie? Der Vater fuhr los, und sie, Margarete Heider, hielt den Blick fest auf die Straße vor sich geheftet. Sie sah nicht zurück.

In Trier bezog sie die Angestelltenwohnung des Vaters. Eine schattige Etagenwohnung in der Schlageterstraße. Hermann war nach Belgien, in die Nähe der Scheldemündung, versetzt worden.

»Das *gesamte* Regiment, von jetzt auf gleich, stell dir vor! Wer da wohl nachrückt? Selbst das Gebiet ums Mullerthal herum haben sie geräumt. Ich weiß, da wart ihr Mädchen immer so gern. Vor ihrem Abzug sollen sie allerdings noch ordentlich was zersprengt haben, heißt es.«

Weiter, dachte sie, wenn ihr Herz sich nach derlei *Erwähnungen* irgendwann wieder regte. Weiteratmen. Luft gibt es schließlich überall.

Ihre wenigen Habseligkeiten waren im Handumdrehen in den Schränken verstaut. Monstren aus Billigholz, in denen ihre so sorgsam zusammengestellte Aussteuer spurlos verschwand. Ihre bestickten Kissen, die gehäkelten Überwürfe – fremdelnd lagen sie auf dem funktionalen Sesselpaar, dem Bett. *Was tun wir hier,* schienen sie ihr zuzuflüstern.

»Die Lage ist gut. Sehr zentral.« Der Vater hatte beschlossen, eine Zeit lang bei ihr zu bleiben und »die Entwicklung des Geschäfts am Viehmarkt« zu beaufsichtigen.

»Und deine Lehre, die hast du ja trotz deines *Zustands* noch durchaus zufriedenstellend geschafft.«

Sie nickte.

»Meinst du, du schaffst es, Herrn Müller bei der Buchhaltung zur Hand zu gehen, solange *dein Zustand*, du weißt schon ...«

Sie nickte.

»Und wenn sich die Dinge weiterhin gut entwickeln, könntest du dich nach dem Krieg dauerhaft mit Hermann hier niederlassen. Arbeit wird es dann schon geben, für jemanden wie ihn.«

Sie nickte.

Weiter. Weitermachen. Aufstehen. Tür auf, Tür zu. Laufen, arbeiten, hinlegen. Und wieder: aufstehen. Die Schlageterstraße hinunter, sich den Weg einprägen: am Bunker »Augustinerhof« vorbei, Porta Nigra, Viehmarkt. Nicht im Schneematsch ausgleiten, lang hinschlagen. Die Einkäufe tragen, nein, schleppen. Bei Schneetreiben, Graupelregen: zur Zigarettenpause unterstellen. Irgendwo. An der Lebensmittelkartenausgabe Schlange stehen, die Bauchkrämpfe ignorieren. Geschäfte abklappern: Kurzwarengeschäft, Milchladen, Metzgerei, Bäckerei, Apotheke, Tabakladen. In der Schlageterstraße: Wäsche einkochen, Babykleidung stricken, Leibchen häkeln, Söckchen, Mützen. Kochen, bügeln, putzen, Ofen einheizen. Die Ausgangssperren, Fliegeralarm-, Feuerbereitschaftsproben einhalten, nein, nicht erstarren, nicht sitzen bleiben. Laufen, sich eilen. Mit Gas-, Licht-, Stromausfall hantieren, mit Kürzungen: Brot-, Fleisch-, Milchrationen, Kohle, Zigaretten, den Verdunkelungsvorschriften.

Verdunkelung – aber waren dies nicht eigentlich Tage, dachte sie, in denen das Licht einen Unterschied machte? Wie viel, wie wenig man davon abbekam.

Sie blinzelte. Kein Gedanke, nichts ließ sich lange halten. Alles zerstob, war nichtig. Dabei wog sie plötzlich so schwer. Ihr Körper war allem, vor allem sich selbst im Weg. Eine aufdringliche Masse; seltsame, bedrückende Schwerkraft. Die Beine zum Beispiel, was war mit ihren Beinen? Schwerfällig, hart wie Beton waren sie. Ständig geschwollen. Lästig war das, hinderlich. Sie hatte es doch eilig.

»Soll ich Ihnen das abnehmen, Fräulein?«
»Keine Ursache. Ist doch kein Weg.«
»Jesses, Fräulein Margarete. Nun lassen Sie doch, wir kochens mit ein. Keine Widerrede und her mit der Wäsche. Ich muss doch eh. Wissens, Sie könnten dafür solang nach der Kleinen schauen. Und einen Pullover für unseren Michi mitstricken?«

»Nette Nachbarn, freundlich, hilfsbereit.« Der Vater sah sie zufrieden an, als erwarte er eine Belohnung. »Man fühlt sich gleich heimisch. Nicht wahr?«

Sie nickte.

Als ihr das erste Mal die Bratkartoffeln anbrannten – wie mühsam hatte sie Zwiebeln, ein winziges Stück Speck dazu organisiert! –, stieg ihr die Schamesröte ins Gesicht. Der Vater aber war in bester Verfassung und erwies sich beim Anblick der beinahe täglich irgendwie zu rettenden, zusammengekratzten Reste, die sie ihm vorsetzte, als unerwartet geduldig. Doch sie hatte ihn im Verdacht, dass er in regelmäßiger Heimlichkeit eines der Wirtshäuser am Viehmarkt aufsuchte.

Als die Penetranz der Flieger- und Feueralarme zunahm, Gasleitungen ausfielen, auch den versierten Hausfrauen jetzt die in aller Eile zu verlassenden Töpfe anbrannten, Mahlzeiten verdarben, die Essensrationen zusehends magerer wurden und Konsumartikel fast ausschließlich im verbotenen Tauschhandel zu haben waren, verschlechterte sich die Laune des Vaters. Immer öfter sprach er nun davon, dass es an der Zeit für ihn sei heimzukehren.

»Jetzt, wo das Geschäft, wo sich alles so gut entwickelt hat und du mich eigentlich nicht mehr brauchst. Du hast dich ja wirklich prima hier eingelebt in der Nachbarschaft. Man könnte meinen, du hättest schon immer hier gelebt.«

Margot legte ihre Hände auf den stark gewölbten Bauch. Sie erwiderte nichts. Das Frühjahr war gekommen, und nichts schien zu blühen. Sie begann, kleine Mahlzeiten zu horten, von ihren täglichen Rationen abzuzweigen. Warum, wusste sie nicht. Ein Stückchen Wurst oder Ersatzstreichwurst, ein Eckchen Käse, vom Brot vorzugsweise der Kanten, »das Knäuschen«, einen halben Apfel, eine Zigarette ...

Am 11. Mai 1944 – der Vater war längst nach Echternach zurückgekehrt – fand gegen 19 Uhr der erste große Bombenangriff statt.

Dieses Datum, es prägte sich ihr ein. So unmittelbar, als habe sie soeben, als die Sirene ertönte, auf die Uhr geschaut und sich gesagt: *merks dir.*

»Wir schießen, wir schießen, wir sind ja nicht aus Papp! Unsre Flak, wir schießen, wir schießen alle ab«, sang der kleine Michi. Er trug den blauen Pullunder, den Margot ihm kürzlich gestrickt hatte. Da ihr die Wolle ausgegangen war, hatte sie die Ärmel weglassen müssen.
»Rotznoas!«
»Mamm, et mölft.« Marlene fing an zu greinen.
»Schsch …«
»Geht jetzt alles kaputt?«
»Schscht! Willst Priejel?«
»Ich muss mal …«
»Marjusebedder, mach in dei Onnerbox!«
»… Flieger, Typ Fortress II. Fliegende Festung, nennen die Tommies die. Also, da hat unsere Flak …«
»Still, Werner!«
»… hier im Hinterland, bislang haben wir ja noch Glück gehabt …«

Margot, inzwischen im achten Monat ihrer Schwangerschaft, hockte mit Michi und Marlene, deren Mutter, Großeltern und mit all den anderen, die es noch dorthin geschafft hatten, im Hochbunker »Augustinerhof« und rang nach Luft.

Sie war so vollkommen davon in Anspruch genommen, dass sie kaum bemerkte, wie der Michi dicht hinter ihr in die Ecke pieselte. Einige hatten sich bereits in ihre Hosen erleichtert, obgleich das Gerücht umging, es gebe einen Klo weiter drinnen im Bunker; andere riefen nach Wasser, murmelten, dösten aneinandergelehnt oder mit dem Kopf auf der Brust, manch einer sang, betete, brach dann ab. Sechs Stunden hockten sie nun schon so da.

Das sei noch gar nichts, rief der alte Herr Bodenburg, der aus dem Rheinland kam, vierzehn Stunden hätten sie teilweise so da gehockt, »da wirste jeck«. Und nach den Brandbomben, da seis in den Straßen tagelang »wie im Krematorium« gewesen ...

»Still da!«

»Halts Maoul!«

»... also atmen hätt da niemand mehr so recht gewollt, weils nur noch Ruß war, was da ›die Nas rinn, den Arsch wieder russ‹ wollt, Rauch, Staub ...«

»Ich bitt Sie, seien Sie doch endlich still!«

»Ruhe. Ruhe!«

»Ach Gott und all die verbrannten Leiber ...« Bis sich jemand erbarmte – der Stimme nach wars der Volkslehrer Burkhard – und den alten Bodenburg sowie jedermann übertönend eine Geschichte erzählte: »Hört zu, ich will euch von einem gutem Lande sagen, dahin würde mancher auswandern, wüsste er, wo es läge ...«

Margot, abwechselnd fahl und fleckig im Gesicht, atmete gegen die drohende Ohnmacht an. Obwohl man ihr, der Hochschwangeren, einen Platz in Türnähe eingeräumt hatte, stand es mit dem Sauerstoff wie in den gewöhnlichen Luftschutzkellern auch hier nicht zum Besten.

»... Belüftungsanlage nicht rechtzeitig fertig geworden, trotz unseres Status als luftgefährdeter Stadt erster Ordnung. Was soll man da ...?«

»Werner!«

»... aber der Weg dahin ...« Lehrer Burkhard redete unbeirrt weiter. Offenbar hatte er das »Märchen vom Schlaraffenland« schon öfter erzählt, sodass er es sozusagen auswendig konnte. »... ist weit für die Jungen und für die Alten, denen es im Winter zu heiß ist und zu kalt im Sommer ...«

Atmen. Weiter. Weiter. Sie zitterte, schwitzte. Inzwischen glich jeder Atemzug dem mühsamen Schöpfen aus einem versiegenden Brunnen. Weiter. Weiter ...

Der Lärm presste gegen die Wände, die Schläfen: *Untergang, Untergang!* Atmen. Weiter. Weitermachen!

»... denen es im Winter zu heiß ist und zu kalt im Sommer ...«

In ihren Ohren rauschte es.

»... da sind die Häuser gedeckt mit Eierfladen, und Türen und Wände sind von Lebzelten und die Balken von Schweinebraten ...«

Der Lärm umklammerte ihren Hals, die Brust.

»... ein Zaun, von Bratwürsten geflochten ...«

Atmen. Ein.

»... auf den Birken ...«

Aus.

»... und Weiden ...«

Ein.

»... wachsen Semmeln ...«

Aus. Weiter, befahl sie sich, weiter atmen.

»... unter den Bäumen fließen Milchbäche, in diese fallen die Semmeln hinein und weichen sich selbst ein ...«

»*Divorced, beheaded, died. Divorced, beheaded, survived ...*«

Ihr Atem wurde flacher, gleichmäßiger.

»*Divorced, beheaded, died. Divorced, beheaded, survived ...*«

Blut lief ihr die Waden hinunter, der Blockwart rief etwas. Sie schaffte es bis zum Fuß der Treppe.

»*Divorced, beheaded, died* ...« – Sirene. Das lang gezogene triumphierende Heulen des Alphatiers. Entwarnung!

Margot blinzelte. *Licht!* Nein, kein Tageslicht war es, das da plötzlich flutete. Grell, gleißend war es, alles zerreißend, sie, sie riss, mitten entzwei – –

Die »Barmherzigen Brüder« waren heillos überlastet. In dem beschaulichen Krankenhaus war, wie die Nachbarinnen es Margot bei ihrem Besuch zuflüsterten, über Nacht der Notstand ausgebrochen. Der Mangel an Betten hatte dazu geführt, dass auch die Korridore genutzt wurden; Ärzte und Krankenschwestern bahnten sich mühsam ihren Weg zu den Notfällen und Schwerverwundeten. Typhus und Läuse breiteten sich im Handumdrehen aus, als hätte insgeheim alles längst auf sie gewartet.

Margot lag auf der ebenfalls dicht belegten Wöchnerinnenstation, die, so gut es ging, abgeschirmt war von den akuten Wunden des Krieges, der Banalität menschlichen Krepierens.

Das vereinzelte Stöhnen, die lang gezogenen Schreie der Frauen in den Eröffnungswehen wurden nun, am Muttertag, von der forschen Stimme Gertrud Scholtz-Klinks überlagert, deren Ansprache über einen laut gestellten Sender zu ihr drang. Aber die Worte der Reichsfrauenführerin klangen merkwürdig verzerrt; »Geburtshöchstleistungen«, »Ansporn«, »heilige Pflicht der Frau« trieben wie grelle Blasen an ihrem Bewusstsein vorbei, das Margot soeben vollends wiedererlangte, als sie ein Zupfen und Ziehen an ihrer Brust wahrnahm; die Regung eines Körpers, knochig und rund zugleich. Haut, zart, kühl, an ihrer müden, wärmeren Haut: *Berührung.*

Margot besah sich das winzige Wesen mit der geröteten, leicht schuppigen Haut, das da in so sachten Bewegungen, als seien sie gerade eben erst erfunden worden, an ihrer Brust nach Nahrung schnupperte. Alles war bereits da, wie man es von den Menschen kannte; selbst die Augenbrauenbögen, die beiden winzigen Nasenlöcher, die Ohrmuscheln mit den eng anliegenden Ohrläppchen, und auf der nun an ihrer Brustwarze aufgeworfenen Oberlippe hatte sich eine Spuckblase gebildet. Sein Kopf war, anders als seine länglichen knochigen Gliedmaßen, das gewölbte Bäuchlein, die winzigen verkrallten Zehen und blassen Fingerchen, groß und rund und, wie es ihr schien, geradezu vollkommen geformt, wie er da in ihrer Armbeuge lag, so seltsam schwer, als sei dieser Kopf der Teil des Körpers, der den ganzen, schmalen Rest von ihm trüge.

»Fred.« *E Gräppche vol Fred*. Reimt sich auf *Led*, dachte sie. Und während ihr »Fred« so selbstverständlich über die Lippen kam wie eine bereits bekannte Tatsache, kam zugleich die Erinnerung daran zurück, dass sie seinen Namen ja schon einmal ausgesprochen hatte. Gegenüber einer großen stämmigen Krankenschwester mit straffer Haube, die sie fragend angesehen hatte, kurz bevor sie ihr den Säugling wegnahm, um ihn unter eine Wärmelampe oder Ähnliches zu legen.

»Neugeborenengelbsucht.« Ja, an dieses Wort erinnerte sie sich nun wieder. Vielleicht weil die Farbe Gelb darin vorkam. Ein Wort, das aus irgendwelchen unerfindlichen Gründen ihrem Hirn anhaftete, wohingegen der Rest – das Gesicht der Schwester, ihr Name, was hatte sie sonst noch gesagt, hatte Fred Gelbsucht, oder bestand nur die Gefahr? – auch jetzt schon wieder verschwamm. Wie war sie überhaupt hierhergekommen?

Das Letzte, an das sie sich deutlich erinnerte, war diese graue, harte Stufe. Dort unten im Bunker, an die sie sich gelehnt, deren Kante ihr in den Rücken geschnitten hatte. Zunächst nur leicht, wie ein eingefleischtes Wissen, sodass es ihr erträglicher erschienen war, so auszuharren, als noch einmal die Position zu wechseln. Als die Schärfe der Reibung auf Höhe der Lenden zunahm, hatte sie längst keine Kraft mehr gehabt, sich zu regen und auf den Rückhalt, den die Stufe ihr dennoch bot, zu verzichten. Dann der Druck. Das Zusammenpressen der Schläfen, der Brust, die Atemnot. Schließlich die Entwarnungssirene. Dieses tierartige Jaulen – oder war sie das gewesen? Ja, und das Licht, das Licht, das da plötzlich von oberhalb der Bunkertreppe gekommen war, grell, gleißend –

Sie versuchte sich aufzusetzen. Der Schmerz kam so plötzlich, riss von ganz tief innen kommend an ihr, dass sie sich sofort wieder in das Kissen zurücksinken ließ. Vorsichtig schlug sie die Decke zurück und sah zu ihrem Erstaunen und mit leiser Abscheu, dass ihr Unterleib mit dicken Mullbinden umwickelt war. Rasch zog sie die Decke wieder hoch, drückte sie an den Seiten fest an ihren Körper und schloss die Augen. Doch die Erinnerung an die Geburt wollte sich einfach nicht einstellen.

Später erzählten die Nachbarinnen, man habe sie ohnmächtig aus dem Bunker gezogen, und einer der Brandschutzhelfer habe ihr wegen des massiven Staubes und Rauches eine der Gasmasken übergestreift. Sie habe sich zunächst rasch erholt und darauf bestanden, heimzulaufen, um nach der Wohnung zu sehen. Dort – aber wann, Tage, Stunden später? – habe der Michi schließlich ihre Schreie gehört und die Mutter geholt. Die hätte sie auf der Erde hockend gefunden, in jeder Menge Blut, Wasser und Urin. *Sturzgeburt.*

Angeblich habe sie noch versucht, den Kopf des Babys zurückzuschieben, und immer wieder sei zwischen ihren Schreien »nein, nein, nein«, »ich wars nicht« zu hören gewesen. Andere waren wohl rasch hinzugekommen, hatten »getan, was man konnte«, den Notarzt gerufen und sie hierher ins Krankenhaus gebracht.

Margot nickte. Sie hörte sich diese Schilderungen schweigend und höflich an, doch innerlich blieb das Gefühl, all dies habe nicht wirklich etwas mit ihr, die sie eben noch dort auf der Bunkertreppe gehockt hatte, zu tun. Offenbar war diese Geburt einer anderen passiert. So viel war klar, alles andere blieb vage. Der genaue Zeitpunkt von Freds Geburt zum Beispiel.

In seiner Geburtsurkunde vermerkte man nach einigem Hin und Her schließlich den 19. Mai 1944. Der Tag, an dem ihn der Krankenhauspriester Andreas Messner auf den Namen Manfred Andreas Heider taufte.

9

1948, Trier

FRED griff nach dem Würfel. Seine Faust umschloss ihn ganz fest. Dann löste er die Finger wieder und ließ den Würfel mitten auf das Spielfeld purzeln.

»Drei!« Den Würfel zu lesen, das hatte er schnell gelernt. Ein bisschen unheimlich war nur, dass die Punkte darauf »Augen« hießen. Dabei konnte der Würfel ihn doch gar nicht sehen, oder?

Die kleine rote Gans, die durfte er jetzt genau drei Felder weit bewegen. Nicht mehr und nicht weniger. Das hatte der Würfel gesagt. Falsch! Der Würfel konnte nicht reden. Genauso wenig wie sehen. Er hatte *bestimmt*. Ja, so war es richtig: Der Würfel war der Bestimmer im Spiel.

Leider waren die Spielfelder so klein. Wie platte Perlen lagen sie da auf dem Brett, an einer langen aufgemalten Schnur aneinandergereiht. »Eins... zwei...« ZACK – die Gans rutschte ihm aus der Hand. Über das Spielfeld schlitterte sie, die Gans der Mama kegelte sie gleich mit um, immer weiter rutschte sie, bis sie vom Würfel ausgebremst wurde.

»Wollen wir noch mal neu ...?«

»NEEEEIN!!!«

Die Wut war gewaltig. Die Hand eines Riesen. Sie riss ihn vom Stuhl, fegte die zwei Kissen herunter, auf denen er gesessen hatte, um an alles, was oben auf dem Tisch war, gut heranzukommen. Aber es hatte nichts genützt. Das Spiel war kaputt. Der Riese ließ ihn mehrmals gegen das Stuhlbein treten, ließ ihn schreien. Dann weinen.

Aus den Augenwinkeln aber sah er, Fred, noch, wie die Mama sich etwas mühsam nach den Kissen bückte. »Ja, sie soll sich bücken«, sprach der Riese ihm ins Ohr. Nach etwas, das ER heruntergeworfen hatte!

Er sah aber den Riss an. Am unteren Bein der Mama zog er sich bis zum Knie hoch, wo der Rock begann. Er würde verschwunden sein, der Riss, wenn der Vater kam. Und auch die verqualmte Bluse, das lose Haar der Mama. Die Zigaretten. Dann er.

Ganz viel Frischluft würde es plötzlich geben, und alles würde nach einer Art Seife riechen. »Pfirsich«, nannte die Mama das, was so roch. Das Haar, die Haut der Mama. Die Fußböden rochen anders. »Zitrone.« Er war dann auch so eine Zitrone. Aber bei ihm nützte das nichts.

»Ich dulde keinen Gestank in meinem Haus!«

Der Vater duldete vieles nicht. »Nicht dulden«, das hatte damit zu tun, dass spätestens um die Mittagszeit herum all die Dinge langsam und bis zum späten Nachmittag dann endgültig verschwunden sein mussten, die er gernhatte. Der gemütliche Nebel, in dem er zusammen mit der Mama in der Küche saß, zum Beispiel. Das offene Haar der Mama und ihr Geruch. Und auch ihr Blick, der Mama-Blick, verschwand dann. Das geschlossene Fenster, die Wärme. Sein Kreisel, die Bauklötze und der Stoffbär. Das »lustige Gänsespiel«. Und er. Er ging dann zum Spielen nach draußen. Solange es ging.

»Ach, Fred....«

Die Mama hatte die Kissen jetzt aufgehoben, mit der freien Hand hielt sie ihren Bauch. Der Bauch war eklig dick und rund. Ein Baby war dadrin. Es hasste den Bauch. Das Baby. Alles!

Die Hand des Riesen schob ihn aus der Wohnung.

Im Etagenhaus roch es muffig. Und alt. Nach altem Essen, Kohl, Zwiebeln, feuchten Schuhen und schlechter Luft. Und so, wie die alte Frau Neumann aus dem Parterre roch, wenn sie ganz dicht an einen herantrat.

Er setzte sich auf die oberste Treppenstufe, lehnte sich an das Geländer. Rotz lief ihm aus der Nase, er rieb sich über das Gesicht.

»*Ach, Fred ...*«

Die Hand vom Riesen war jetzt weg. Der Riese auch. Er war einfach so verschwunden. Aber ebenso plötzlich war er vorhin auch auf einmal da gewesen. Er war furchtbar, aber stark. Und ihm tat er nichts. Der Riese war vielleicht so was wie ein Freund.

Jetzt war er allein.

Fred strich mit der Hand über das glatte, matte Holz der Stufe. Irgendwann früher musste es mal geglänzt haben.

Die Treppe war schön. Manchmal roch sie nach Putzmitteln, aber heute Gott sei Dank nicht. Sie war zwar leicht schief, aber breit und so gewunden wie ein Schneckenhaus, das er mal am Flussufer zwischen den Gräsern und Steinen gefunden hatte.

Das Geländer war freundlich. Es hatte nichts dagegen, wenn er sich anlehnte. Manchmal schlief er auch ganz kurz so ein. Weiter oben im Haus, wo einige der Kinder wohnten, mit denen er manchmal spielte, fehlten einige Stufen und auch Stücke von der Treppe, und es gab Löcher in der Wand. Da waren Bohlen und so ein Netz, das die Erwachsenen »Schutzgitter« nannten. Aber hier bei ihm war alles heil.

Er mochte auch die Farbe der Wände in seinem Stockwerk. So ein helles Grün wie die Blätter mancher Bäume. Wenn das Licht ausfiel, waren die Flurwände aber weniger freundlich, dann sah man in den langen Schatten komischerweise mehr von all den Rissen.

»*Bald schon würde das Licht im Bauch ausgehen ...*«

Die Mama hatte ihm mal wieder die Geschichte von Pinocchio vorgelesen. Diese Stelle war besonders gruselig und spannend. Aber er wusste ja schon, dass die Sache im Walfischbauch gut würde.

Er mochte das Bild, auf dem der alte Gepetto dadrinnen im dunklen Bauch vor der Kerze saß und so glücklich aufschaute, weil er endlich seinen Pinocchio wiedersah.

So gemütlich war es hier nicht. Aber jetzt wars ja sowieso noch hell. Jetzt – also der Wal, der hatte ja auch Möbelstücke von Schiffen verschluckt. Was gut für Pinocchio und seinen Vater war, denn so konnten sie dadrinnen im Bauch wenigstens auf Stühlen sitzen, und es gab sogar einen Tisch. Und eine Kerze. Und was zu essen! Fisch in Dosen. Was lustig war, wo doch so viele Fische da draußen im Meer frei rumschwammen. Das Wal-Monster konnte doch die alle essen. Warum schluckte es also Sachen, von denen es Bauchschmerzen bekommen musste? Oder spürte es gar nichts, einfach weil es so riesig war?

Hier ist auch alles voller Tiere, dachte Fred. Manche konnte man gleich von außen erkennen, wenn man so da saß wie er jetzt.

Drei Wohnungen gabs hier auf der Etage noch. Außer seiner. Zwei, hinter der Menschen lebten, und eine, die immer abgesperrt war und wo man nie was hörte.

An der einen von den zwei Wohnungen mit Menschen dahinter hing ein Löwenmaul, an der anderen ein Eberkopf. Beide Tiere hatten so einen Eisenring im Maul, und wenn man da drankam und wollte, konnte man damit gegen die Türe klopfen. Er wollte nie.

Lieber stellte er sich vor, dass sie etwas Spannendes bewachten. Vor allem wenn ihm langweilig wurde. Den Eingang zu einer Räuberhöhle zum Beispiel oder zu einer Schatzkammer. Aber das klappte leider nie lange, weil er ja wusste, dass das nicht stimmte. Hier gab es keine Schätze. Dafür kamen am frühen Abend all die Gerüche und Stimmen. Unter der Türritze kamen sie hindurch, hierher auf die Treppe, zu ihm.

Hinter dem Löwenmaul, da wohnten der Michi und die Marlene. Die Mama strickte oft Sachen für die. Sie waren aber schon groß, ein paar Jahre älter als er. Vor allem der Michi. Die Marlene war so dazwischen. Zwischen ihm und dem Michi vom Alter. Aber sie nahmen ihn trotzdem oft mit zum Spielen nach unten zum Fluss.

Früher, da hatte der Michi oft gesungen hinter dem Löwenmaul. Ganz schön schief, aber laut und fröhlich. »*Eine Seefahrt, die ist lustig, eine Seefahrt, die ist scheeen ...*«

Oder Marlenes helle Stimme konnte er hören, die irgendetwas rief. Oder deren Großeltern und die Mutter, die alle durcheinanderredeten und irgendwas in der Wohnung hin und her schoben, das gab dann so ein dumpfes Geräusch. Oft lief auch das Radio. Dann strengte er sich ganz besonders doll an, etwas zu hören, denn dann gab es Musik. »*Was kann mich denn ein Mann schon int'ressieren? Was kann ich denn dafür, wenn man mich liebt ...?*« – »*Mariandl-andl-andl, aus dem Wachauer Landl-Landl ... Du hast mein Herz am Bandl-Bandl ...*«

Inzwischen aber war es still hinter dem Löwenmaul. Meistens. Manchmal schlug eine Faust ein paarmal mit aller Wucht gegen die Wand. Dann eine Art Jaulen. Wenn das kam, hielt er sich sofort die Ohren zu. War das ein Tier? Oder ein Mensch? Dann hörte er Michis Mutter kurz etwas rufen. »Ernst! Ernst!«, zum Beispiel, oder: »Raus mit euch!« Dann kamen der Michi und die Marlene raus. Sie nahmen ihn dann meistens gleich mit nach unten in den Hinterhof oder eben runter ans Flussufer.

»Der Vater ist wieder da«, hatte die Marlene einmal zu ihm gesagt. »Aus der Gefangenschaft«, sagte sie noch. Aber das verstand er nicht, warum sie das so flüsterte. Es war doch sicher gut, dass er jetzt nicht mehr gefangen war, oder? Auch Gerüche, andere, fremde, kamen jetzt immer wieder unter dem Löwen hervor. Scharfes, Angebranntes und so was wie Medizin vielleicht?

Hinter dem Eberkopf schrie jetzt ein Baby. An manchen Tagen schrie es ganz schön lang.

»Koliken sind das, Fred. Das geht vorbei.« Die Mama hatte ihm das erklärt und ihm die Wange gestreichelt. Das tat sie oft. Er mochte das. Es war schön. Er wünschte nur – ja, was? Was?

»Bald schon würde das Licht im Bauch ausgehen ...«

Wenn es hier auf der Treppe mal spät wurde, stand er auf, um das Flurlicht anzuknipsen. Dann zählte er bis zehn. Und noch mal. Und noch mal. So weit konnte er nämlich schon zählen. Zählen, aufstehen, Licht anmachen, zurück auf die Treppenstufe. Zählen, aufstehen, Licht anmachen, zurück auf die Treppenstufe. Aufstehen. Licht anmachen ... bis die Mama kam. Sie nahm ihn dann ganz fest in ihre Arme, hob ihn hoch und trug ihn leise, leise in die Wohnung zurück.

»Treppenjunge.« Das war er. Alle im Haus nannten ihn so. Manchmal klang es freundlich oder fast ein bisschen traurig. Aber meistens irgendwas dazwischen. »Treppenjunge.« Er mochte das. Es klang nämlich so, als würde ihm die Treppe gehören. Obwohl doch alle sie benutzten. Aber nicht so wie er.

»Das ist mein Platz«, sagte er, wenn ihn tatsächlich mal jemand, der nichts davon verstand, fragte, warum er da saß.

»He, Treppenjunge! Kommste?«

Heute kam niemand.

Er saß hier, wenn ihm langweilig war. Oder wenn er wütend war so wie eben. Wenn er auf die anderen Kinder wartete. Und natürlich an Feiertagen und wenn der Vater heimkam. Deswegen musste er jetzt gleich auch erst mal wieder rein in die Wohnung. Es war nämlich noch nicht so weit.

Wenn er zu früh rausging, dann sah der Vater ihn, wenn er von der Arbeit kam, da sitzen. Und genau das durfte nicht sein: dass der Vater ihn sah. Denn das mochte der überhaupt nicht: ihn sehen.

Wenn sich also gegen Mittag alles veränderte, es nach Pfirsich und Zitrone zu riechen anfing, wenn die Mama schrubbte, putzte, wusch, wenn die Fenster aufgerissen wurden, als ob man ein Pflaster von der Haut ratschte, wenn die Zigaretten, seine Spielsachen unter seinem Bett verschwanden, wenn die Mama sich umzog, kämmte, wenn sie begann, anders zu gucken und anders zu sein, und spätestens wenn er sein frühes Abendbrot aß, Suppe oder Brot, dann war es »so weit«, dann begann er ganz doll auf die Schritte im Treppenhaus zu lauschen. Die Treppe warnte ihn jedes Mal.

Wenn der Vater von der Schlosserei heimkam, waren nämlich als Erstes seine Schritte zu hören: *Bin da, bin da, bin da* ... Kurz darauf das »Klonk« vom Werkzeugkasten, den er auf der Fußmatte abstellte. Dann ein Räuspern. Trocken, heiser. Er hatte die Mama nach dem Wort für das gefragt, was der Vater da tat, und sie hatte es »Räuspern« genannt.

Es war das seltsamste Geräusch, weil es keinen Grund dafür gab. Der Vater war nie heiser, egal, wie laut er schrie. Und er war nie krank, ging immer zur Arbeit, kam immer heim. Das Vater-Räuspern also. Dann das Drehen vom Schlüssel im Schloss: *Bin da. Bin da!* Er hasste den Schlüssel. Der war sein Feind. Aber er war bereit.

Der Vater schloss die Wohnungstür auf. Und sofort griffen seine Augen nach der Mama. Die Klinke noch in der Hand, noch halb in der Tür rief er sofort: »Margarete!«

»Ich bin da!« Auch die Mama war bereit. Und sie ging immer genauso auf den Vater in der Tür zu, wie sie es ausgemacht hatten. Sie stellte sich nämlich so hin, dass es zwischen ihr und dem Vater eine Lücke gab, die Mama nannte es »toter Winkel«, durch die er hindurch- und hinausschlüpfen konnte. Hinaus auf die Treppe.

Wenn er einmal zögerte, also nicht schnell genug verschwand, trat oder stieß ihn der Vater auch schon mal raus. Aber das passierte kaum noch. Er war gut geworden im Unsichtbarwerden. So gut, dass er sich manchmal selbst kaum sah. Nur die anderen Kinder sahen ihn. Sie fanden ihn auch immer, wenn er sich mal versteckte.

»He, Treppenjunge! Kommste?«

Heute aber kam keiner.

Die Kinder, mit denen er am meisten spielte, waren Michi und Marlene aus der Löwenmaul-Wohnung, dann Moni und Rudi von weiter oben und Herbert. Wo der wohnte, wusste er nicht so genau. Sie waren alle älter als er, so zwischen sechs und zehn. Moni und Rudi waren die Anführer. Sie waren beide ganz schön groß, auch die Moni. Sie hatten Sommersprossen, vor allem um die Nase herum und an den Armen, konnten sehr schnell wegrennen, wenns sein musste, und hatten viele gute Ideen. Rudi trug sogar 'ne Brille. Und Moni hatte immer so allerhand in ihrer Schürzentasche.

Am liebsten sah er ihnen eigentlich nur zu beim Spielen. Am allerliebsten unten am Fluss. Da konnte er auf einem der breiten flachen Steine sitzen oder im Gras hocken, die trägen Schiffskähne angucken und an Halmen kauen. Kauen und spucken. Oder Rauchen üben wie die Mama. Mit kurzen Stöckchen.

Einmal, da hatte Moni einen Zigarettenhalter aus ihrer Schürze hervorgekramt und ihm gegeben. Er hatte das Stöckchen da hineingesteckt und so getan, als ziehe er ganz kräftig daran, so wie es die Mama immer tat. Aber der Rudi hatte den Kopf geschüttelt. »Nä! Schaust aus wie 'ne aale Baotz.«

Fred liebte den Fluss, der grün und breit war und »Mosel« hieß. Er war friedlich und freigiebig. Das bedeutete, dass es viel gab, das frei war: das Gras zum Drinsitzen zum Beispiel. Oder wilde Sträucher, Steine, kleine Schrottteilchen und allerlei Blumen. Auch hohe Gräser und anderes Grünzeug wuchs hier. Das war gut so, denn eines der Hauptspiele war: Essen suchen.

Löwenzahnblätter und die Blätter der Taubnesseln waren ganz in Ordnung vom Geschmack her. Die Gänseblümchen auch. Von anderen Pflanzen, die auch hübsch aussahen, bekamen sie aber Bauchkrämpfe und Dünnpfiff. Die ließen sie inzwischen in Ruhe.

Neulich, da hatte Herbert, der nur ein bisschen älter war als er und dessen eines Auge immer so zuckte, tatsächlich eine Kartoffel unter einem der Sträucher gefunden! Obwohl sein Auge so komisch war, konnte er nämlich sehr gut sehen, der Herbert.

Sie hatten alle sofort wie wild angefangen zu buddeln, den ganzen Boden um die Fundstelle herum abgesucht und noch viel weiter. Und was war? Würmer, Käfer und zwei, drei Schnecken.

»Gebraten schmecken die gut.«
»Bäh! Lass, Rudi. Tu die weg!«
»Nä! Ihr Buxeschisser. Ich ess die jetzt. Wer ist dabei?«
»Ich.«
»Ich auch.«
»Na gut…«
»Da!« Die Moni hatte ein Heftchen mit Streichhölzern aus ihrer Schürze hervorgekramt, und der Michi, der das gut konnte, hatte ein Feuerchen im Uferkies gemacht. Leider war das Holz etwas feucht, und es gab viel Rauch. Sie mussten alle arg husten und immer wieder den Rauch wegwedeln. Und die Würmer und Schnecken waren dabei verkohlt und ganz eklig zusammengeschnurrt. Wie schwarze Fingernägel hatten die ausgesehen. Oder Tierkacke.

»Ooooch …«
»Ähhh … igitt!!«
»Ich bin raus.«
»Die KARTOFFEL!«
»Los, Marlene, nimm den Stock!«
»Nach vorn, mehr nach vorn.«
»Mist, die ist auch hin.«
»Unsinn. Wir kratzen die Schal aus.«
»Das reicht nicht für all«
»Also, *ich* ess die Schneck noch.«
»Was soll das, Herbert?«
»So 'n Krach. Na hör schon auf.«

Der Herbert war aufgesprungen und schlug jetzt mit einem Stock gegen ein Metallgitter. Das sah aus wie ein schiefer Zahn, wie das so mitten aus dem Gestrüpp aufragte.

»Fad ists ...«

Die Marlene rupfte Gräser aus und ließ sie in die Glut rieseln. Michi hatte einige Steine zusammengeklaubt und nahm nun einen davon in die Hand, warf ihn aber nicht. Rudi und Moni sagten und taten gar nichts. Die saßen einfach nur so da.

»Warum ist denn auf einmal so viel Wasser im Fluss?«, hatte er sich plötzlich gefragt. Anscheinend laut.

Alle hatten sich zu ihm umgedreht. Der Rudi hatte gegrinst.

»Na, weil Michi ihn vollgespuckt hat!«

»Der Biewak lässts regnen!«

Alle hatten sie gelacht, auch der Michi. Und dann hatten sie Wettkampfweitspucken gespielt.

»Bliemcher treffe! Bootschis!«

Er selbst war am Feuer sitzen geblieben und hatte mit einem Stöckchen in der Glut herumgestochert. Aber der Rudi hatte ihn so merkwürdig von der Seite her angeguckt. Ganz freundlich irgendwie. Als habe er was Tolles gemacht. Obwohl er doch gar nichts getan hatte.

Tock.

Seine Hacke trat – *tock, tock* – gegen die untere Treppenstufe. Er musste bald mal wieder rein. Das Spiel wegräumen, essen und sich von der Mama in eine Zitrone verwandeln lassen.

Tock, tock!

Gleich, sagte er sich. Er saß gerade so gut. Vielleicht kam ja Rudi oder Moni oder einer von den anderen jeden Augenblick hier vorbei. Die Schule war doch jetzt bestimmt bald aus. Wie es denn da so ist, hatte er Michi neulich mal gefragt.

»Öde. Und lang.« Aber Marlene hatte gemeint, es sei prima. »Lieder singen wir. Und malen Sachen ab. Blumen zum Beispiel, und wir lernen die Namen. Und es gibt da eine große Karte mit allen Ländern drauf, die lernen wir auch, und hinten in der Ecke, weißt du, was da steht?«

»Nein, was?«

»Ein richtiges Skelett!«

»Ui.«

»Ja, und rechnen lernen wir auch. Und schreiben. Weißt du, im Schreiben bin ich schon richtig gut, hat der Herr Augweil mir gesagt ...«

Tock, tock.

Gabs eigentlich irgendwas, wo er gut drin war? Hm. Er dachte angestrengt nach. Im Zählen. Im Verschwinden. Ach ja, und er konnte Blut sehen. Besser als all die anderen, die schon größer waren.

Als Marlene sich neulich das Knie an einem Stein aufgeschlagen hatte, sodass da ein ganzer Hautlappen herunterhing, hatten alle nur »Ähh« und »Ihh« gesagt. Also gut, die Moni hatte ein Stück Stoff aus ihrer Schürze hervorgeholt, und Rudi hatte der Marlene auf den Rücken geklopft, und Herbert hatte so was wie »wird schon wieder« gemurmelt. Aber *er* war derjenige gewesen, der Marlene das Tuch gegen das Knie gedrückt und das Blut weggewischt hatte. Michi war ganz bleich gewesen und hatte sich weggedreht.

»Auuu! Aua. Mist!«, hatte Marlene geschrien, und geweint hatte sie dann auch noch.

»Das geht vorbei«, hatte er ihr gesagt und versucht, möglichst den Ton zu treffen, mit dem die Mama das immer zu ihm sagte: »Es geht vorbei.«

Einmal allerdings, da war es nicht vorbeigegangen, da hatte seine Nase einfach nicht aufhören wollen zu bluten.

Tock, tock.

Während der Vater ihn schlug, hielt er seinen Kopf immer über die Badewanne, damit das Blut da hineinlief und er nicht auch noch den Boden beschmutzte. Wenn das passierte, weil er zum Beispiel nicht still genug hielt, musste er hinterher alles aufwischen.

An dem Tag mit der Nase hatte die Mama wie stets gerufen und gegen die Badezimmertür getrommelt. Aber sie konnte nichts tun. Im Gegenteil. Wenn sie sich, wie der Vater sagte: »einmischte«, bekam sie auch etwas ab. Und das durfte nicht sein. Die Mama musste heil bleiben.

Normalerweise machte der Vater die Tür hinter ihnen zu. Normalerweise. Er war ja Schlosser. Alle Türen gehorchten ihm. Nur dieses Mal nicht. Die Tür war, zack, ganz einfach aufgegangen.

»Was …?«

Der Vater hatte ihn so plötzlich losgelassen, dass er auf den Kacheln ausgerutscht und mit dem Kopf gegen den Badewannenrand geknallt war. An mehr konnte er sich gar nicht erinnern.

Später am Fluss hatte dieses Mal keiner weggeschaut, komischerweise. Obwohl es doch arg viel Blut war. Aber vielleicht fand er das auch nur. Es war ja schließlich seins.

Monis Tuch war schon ganz rot und nass gewesen, da auf seiner Nase, und alle hatten sie durcheinandergesprochen.

»Kopf in den Nacken, ja, Fred, genau.«

»Nö, mach lieber mal so, nach unten tropfen lassen.«

»Vielleicht Gras reinstopfen?«

Gar nichts half.

Da hatte Marlene, die ja sowieso immer gern Krankenschwester spielte, eine prima Idee. Sie lief zurück in die Schlageterstraße, bis zur Wohnung hoch, und kam mit einem seltsamen Stift zurück, der die Farbe von ganz dünner Milch hatte.

»Hier, tu den mal drauf.«

»AUA!«

»Den nimmt der Vater immer.«

»STOPP!«

So fürchterlich brannte das auf der Haut, dass er angefangen hatte, ganz laut zu heulen. Aber keiner hatte ihn deswegen ausgelacht. Und das Bluten hatte wirklich aufgehört!

Während die anderen schon wieder Verstecken spielten, war er im Gras liegen geblieben und hatte in die Wolken geblinzelt, die hoch über ihm langsam Karussell fuhren.

Wie viel Blut war wohl noch in ihm drin? Und wo verschwand das alles hin, der Dreck, das Böse, was der Vater da, wie er immer sagte, aus ihm rausschlug? Reichte das, was von ihm noch übrig war, überhaupt aus, um mal so groß und so stark zu werden wie zum Beispiel der Rudi?

Ein Flugzeug flog über ihn hinweg, ließ einen langen weißen Riss im Himmel zurück.

Er wollte auch gern da oben sein. Und spucken, auf alles runterspucken …

Tock.

Fred schaute auf den Rotz, der auf seinem Handrücken schon fast getrocknet war.

»*Ach, Fred …*«

Jetzt tat es ihm leid, dass die Mama sich vorhin nach den Kissen bücken musste. Alles tat ihm leid.

Seine Hände wollten manchmal einfach nicht so, wie er wollte. Das ganze schöne Spiel hatten sie durcheinandergebracht. Dabei war er so weit gekommen. Er war mit seiner Gans schon ganz in der Nähe vom goldenen Ei gewesen und hatte auch kein einziges Mal aussetzen müssen.

Und dann, er schluckte, dann hatten seine Hände alles kaputt gemacht. Dumme, blöde Hände. Dumme, blöde Gans.

Tock, tock.

10

1949, Trier

MARGOT sagte sich das: *Alles ist gut.* Sie saß auf dem einzigen Stuhl im Zimmer, diesem rein funktionalen, spröden Ding, und lauschte den so unterschiedlichen Schlafgeräuschen ihrer beiden Kinder.

Das Nachtlicht, das zwischen den zwei Betten aufschimmerte, tauchte die Gesichtchen in ein ebenso anmutiges wie hermetisches Gemisch aus hellen und tieferen Schatten.

Die kleine Agnes brabbelte und schmatzte, vermutlich ein Essenstraum. Fred hingegen lag so bewegungslos, dass Margot sich tief über ihn beugen musste, um jene sachten Seufzer zu hören, die sie als seine Schlafatmung wiedererkannte.

Alles ist gut.

Sie richtete sich auf und ließ sich dann, soweit dies eben möglich war, gegen die hohe, steife Stuhllehne zurücksinken. Ihre Fingerkuppen strichen mit leichtem Druck über ihre Brüste, die von dem neuerlichen Milchstau hart und geschwollen waren. An den Stellen, wo ihre wunden Brustwarzen gegen das Nachthemd rieben, war der Stoff feucht. Also nochmals die Brust ausstreichen. Irgendwann würde ihr Körper schon aufgeben.

Der Körper vergisst nichts ...

Margot fuhr sich über die Brüste. Sie hatte erst kürzlich abgestillt. Ein mühsamer Prozess, der sich einige Wochen lang hingezogen hatte, denn Agnes wollte kein Fläschchen, sie wollte die Brust. Besonders in den Nächten hatte die Unruhe der Kleinen so zugenommen, dass Margot immer wieder aufstehen musste, um sie zu füttern, sie zu beruhigen. Ganz anders als Fred. Der hatte früh angefangen durchzuschlafen. Die beiden waren überhaupt sehr verschieden. Nur im Tiefschlaf schienen sie eine Art Einheit zu bilden. Ihre Kinder … Sie horchte in Richtung Flur. Nein. Nichts rührte sich.

Hermann hatte gottlob einen festen Schlaf. Und ein weiteres »Gottlob«: Er war unversehrt geblieben. Was hatte sie stets gebangt, wenn sie all diese humpelnden, zerlumpten, zerschossenen Gestalten die Schlageterstraße, halt, Kaiserstraße hieß sie ja jetzt wieder, die Kaiserstraße entlangschlurfen sah. An die neuen Straßennamen hatte sie sich schnell gewöhnt. An den Anblick der vielen Männer, die diese Straßen plötzlich heimsuchten, nicht. Ihre Augen – sie konnte kaum hinsehen. War er dieses Mal dabei?

Nicht noch eine Bürde, hatte sie beschämt, aber inständig gebeten.

Rita zum Beispiel, die Mutter von Michi und Marlene, hatte ihren eigenen Mann kaum wiedererkannt. Die Marlene hatte geweint, als man ihr gesagt hatte, dass das ihr Papa sei, und sich tagelang hinter Stühlen und Schränken versteckt. Doch ihm waren seine Frau und die zwei Kinder offenbar ebenfalls verstörend fremd.

»Haut ab!«, hörte sie ihn mitunter geradezu verzweifelt rufen. Oder war es Rita, die das schrie? Die Wände, obgleich dünn, verzerrten hier so manches.

»Er ist geschrumpft«, versuchte Isolde, eine andere Nachbarin, die Sache mit ihrem Mann einmal zu beschreiben. »Verstehst du, Margarete? Als ob er nur noch halb da wäre. Und ich mein damit nicht sein amputiertes Bein. Na, wenigstens ist er überhaupt wieder da! Die Annemarie im Vierten, die hat ja gleich alle verloren. Mann und Söhne, schrecklich! Weiß Gott, wir haben Arbeit, wir leben. Was sollen wir weinen.«

Sie selbst hatte freundlich genickt und weiterhin bang aus dem Fenster geschaut. Der Krieg war vorbei. Doch hinter den Türen schienen sich neue Schlachtfelder aufzutun.

Und dann, eines Tages, begann sie, den Mann kennenzulernen, den sie geheiratet hatte.

Hermann kam heim. Gut aussehend und unversehrt. Nicht ganz so wendig, so geschmeidig, wie sie ihn damals auf dem Tanzabend erlebt hatte – hatte der wirklich so stattgefunden? Diese ganze Angelegenheit: der Tanz, die Hochzeit erschienen ihr seltsam fiktiv; wie ein kurzes, flüchtiges Kapitel aus dem Leben einer anderen. Einer unbeschwerten, geradezu anstößig unbedarften jungen Frau.

Dünn war er, der Hermann. Ausgezehrt. Aber seine Energie schien ungebrochen. Als er sie sah, nervös, verlegen, sich hastig das Haar und den Hauskittel glättend, lächelte er. Den kleinen Jungen, dort unten an ihrem Kleidersaum, sah er nicht.

»Das ist Fred«, sagte sie. »Dein Sohn.«

Hermann verlor kein Wort über das, was seit ihrer letzten Begegnung, ihrer Hochzeit, passiert war. Über den Krieg, das Ende, die neue Heimstatt. Auch stellte er keinerlei Fragen.

»Na, dann wollen wir mal.«

Er nahm seine Arbeit als Schlossermeister wieder auf. Arbeit zu finden war dieser Tage leicht. Ganz Deutschland, schien es, schrie nach Handfestem. Nach Gittern und Geländern. Schlössern, Schlüsseln und Türen. Türen, die sich sicher verschließen ließen.

In ihrem Haus beispielsweise waren die Waschküche und der Keller weiterhin verschüttet, Teile der Stockwerke beschädigt. Sie und die anderen Frauen kochten und schrubbten die Wäsche gemeinsam im Hinterhof. Wegen der Diebstahlgefahr ließen sie die Sachen allerdings zumeist in den Wohnungen trocknen. Woanders war es nicht besser. Intakte Wohnungen waren selten und für ihresgleichen sowieso unerschwinglich.

Vorerst blieben sie also, wo sie waren. Wobei Hermann häufig davon sprach, etwas Besseres finden zu wollen.

»Wir werden uns vergrößern, Margarete. Bald.«

Und dann war Agnes gekommen. Anders als bei Fred würde sie sich an diese Geburt stets erinnern.

»*Atmen. Pressen. Atmen. Pressen. Atmen, atmen! Herrgott noch eins: ATMEN. Ja, hat man Ihnen denn gar nichts beigebracht? Nicht unterdrücken. Lassen Sie es raus! Schwester Maria, atmen Sie mit. Ein, aus. Durch den Mund. Den MUND. Hecheln. HECHELN…*« Schlussendlich, die Steißlage. Ein Notkaiserschnitt wurde durchgeführt.

»Nie mehr. Nie mehr! Hörst du, Hermann? Schwörs.«

Alles, was da an Gutem in ihr war: Dankbarkeit, Erleichterung, dass ihr Kind endlich da war, dass es lebte, eine behutsame Regung von Zärtlichkeit – all dies wurde so wuchtig, so unmittelbar überschwemmt von einem dumpfen, bodenlosen Schmerz. Sie klammerte sich an Hermann, weinte, stammelte, weinte, bis sie erbrechen musste und Hermann sich ihr schließlich energisch entzog, um seine kleine Tochter zu wiegen.

»Agnes«, sagte er zu dem kleinen rosigen Bündel wieder und wieder, als müsse er sich vergewissern.

»Agnes. Meine Agnes.«

Sie sah, wie er ihre winzigen geschlossenen Augen betrachtete, das herzförmig verschorfte Mündchen. Sein Gesicht wurde weich. Ja, alles wurde weicher, milder, für eine kurze Zeit.

Doch es hielt nicht vor.

Was auch immer es war, dachte sie, das da so hartnäckig an ihrem Mann nagte, ihn peinigte; nach einer kurzen Atempause brach es wieder hervor, gewaltsam wie eh und je.

Hermanns Wutanfälle waren unberechenbar.

Manchmal herrschte wochenlang Ruhe, doch dann reichte eine Kleinigkeit, um sie sozusagen aus dem Nichts heraus zu entfachen.

Seine Wut kam einer Art Beben gleich; es wuchs gewissermaßen über ihn hinaus, machte ihn ebenso brutal wie – wenn alles abgeebbt war – sentimental. Dann näherte er sich ihr fast demütig, war seiner Tochter gegenüber unbeholfen, aber liebevoll. Ja, die kleine Agnes war tabu.

Fred nicht.

An Fred entzündete sich alles. Immer mehr schien der Junge das zu sein, was sich Hermann sehnlichst verschwunden, *ausgelöscht* wünschte.

»*Was bist du?*«
»*Sch... Scheiße.*«
»*Lauter!*«
»*Ein Scheißkerl.*«
»*Ich hör nichts.*«
»*SCHEISSKERL. Ein SCHEISSKERL bin ich.*«
»*Hermann, bitte! Bitte nicht ...*«
»*Mama!*«
»*Halts Maul. Halts MAUL!*«

Neulich, als sich der Vierjährige, immer noch nicht so geschickt mit Messer und Gabel, beim gemeinsamen Sonntagsessen bekleckerte, hatte Hermann ihm die befleckten Kleider vom Leib gerissen und ihn nackt hinausgejagt. Nicht ins Treppenhaus hatte er den Jungen gescheucht, sondern all die Stufen hinunter, hinaus auf die Straße.

Es war ein kühler Märztag gewesen. Wieder einmal hatte sie alles aufbringen müssen: flehen, betteln, sich erniedrigen bis hin zu Versprechungen im Bett, die sie zwar nur flüsternd aussprach, aber ohne den Blick zu senken, um ihren Jungen, Hemd und Hose im Arm, zurückzuholen.

Ein anderes Mal hatte ihre Freundin Rita den Jungen zurückgebracht. Sie hatte ihn unten mit den Freunden beim Spiel gewähnt, doch Hermann hatte ihn in die Mülltonne geworfen und den Deckel zugebunden.

Der Michi hatte sein Rufen schließlich gehört und ihn herausgeholt. »Komisches Spiel«, hatte er ihr gegenüber noch gemurmelt.

»Himmel, so geht das nicht weiter«, hatte Rita gesagt. Und Rita sagte heutzutage nicht gerade viel.

Margot sah auf die beiden Kinderbetten hinab, in das zerfließende Gemisch der Schemen und Schatten.

Nein, es war nicht alles gut.

Die Schmerzen in der Brust nahmen zu. Vorsichtig tastete sie die Ränder ihrer Brüste ab. Hart wie Beton. Wahrscheinlich kam bald das Fieber dazu. Sie würde Wickel machen müssen.

»Himmel, so geht das nicht weiter.«

Nichts war gut, im Grunde genommen.

Rein gar nichts.

»Es geht nicht«, sagte sie zu Agnes' träumendem, unruhigem Gesichtchen.

Margot stand auf. Leise verließ sie das Zimmer, um sich im grellen Licht des gekachelten Bades die Brüste auszustreichen. Milchige Tropfen rannen ihr über die Haut, in den Abfluss. Bald würde der letzte Rest versiegen.

Später, im Nachhinein, würden die Nachbarinnen zu Hermann vielleicht sagen, ihnen sei aufgefallen, dass die beiden Taschen, mit denen Margarete an jenem Sonntag das Haus in der Kaiserstraße verlassen hatte, recht schwer an den Schlaufen heruntergingen, dass sie seltsam vorgebeugt die Straße hinunter Richtung Römerbrücke gegangen sei, dass sie und vor allem Fred für die Jahreszeit recht warm gekleidet waren. Sie mussten mehrere Kleidungsstücke übereinander gezogen haben.

»Ach herrje!«, würden sie zu Hermann sagen, aber dabei die kleine Agnes anschauen.

Nur Rita sagte sicher etwas anderes, doch das verschluckten die Wände.

Hermann lief sofort hinunter zum Fluss, dann durch die Viertel zum Viehmarkt hoch, zur Polizei.

An einem der darauffolgenden Tage fand er ein sorgsam zusammengelegtes Bündel mit Strickwaren vor seiner Tür. Es waren die Sachen, die Margot damals für Marlene und Michi gestrickt hatte: »Für Agnes«.

Hermann gab dem Bündel einen Tritt. Als es Abend wurde, ging er über den Etagenflur, sammelte all die Leibchen, Söckchen, Pullunder und Mützen wieder ein, dann schloss er rasch die Tür.

»Alles ist gut«, sagte er zu der schreienden Agnes und lief mit ihr im Arm in der Wohnung auf und ab. Auf und ab.

»Alles ist gut.«

Wie jeden ersten Sonntag im Monat war Hermann mit Agnes, Fläschchen und Windeln im Gepäck, zu seiner Mutter aufs Land hinausgefahren. Die alte Frau Heider hatte sich stets geweigert, Margot und Fred zu empfangen. Einer merkwürdigen Unruhe nachgebend, war er dieses Mal jedoch früher als geplant aus Münstermaifeld zurückgekehrt. Sein Töchterchen auf dem Arm, die Reste vom Kuchen und zwei Gläser mit Eingemachtem in der Tasche, war er so rasch wie möglich die Stufen zur Wohnung hochgestiegen.

Bin da, bin da, bin da ...

Doch schon bevor er die Tür aufschloss, wusste er, dass etwas ganz und gar nicht stimmte.

Es dauerte, bis er die Nachricht fand. Er hatte kopflos, rasend, dann zusehends kraftloser, verwirrt an den falschen Stellen gesucht. Der Zettel lag im Kinderschlafzimmer, auf Agnes' Kopfkissen.

Margot saß im Abteil zweiter Klasse und schaute durch das Zugfenster ins Nichts. Fred war trotz der vielen warmen Kleider auf ihrem Schoß eingeschlafen. Beide waren sie auf sehr unterschiedliche Weise müde.

»*Alles ist gut*«, würde Hermann seiner Tochter sicherlich zuflüstern, wenn er sie beruhigte. So stellte sie es sich vor. »*Alles ist gut.*«

Er würde mit Agnes im Arm über den langen Flur laufen, auf und ab, auf und ab. Er würde unten am Fluss nach ihr suchen, wo er alle Lebensmüden, alle verkommenen Existenzen wähnte, er würde die Viertel nach ihr durchkämmen, schließlich seinen Stolz überwinden und zur Polizei gehen. Er würde poltern und toben, er würde die Nachbarinnen befragen. Sie würden nicht viel zu sagen haben.

Margot schloss die Augen. Ihre Nachricht an Hermann war kurz gewesen. Erst Jahre später ging ihr auf, dass selbst dieser Satz im Grunde ihrer Tochter galt: »*Bitte such nicht nach mir.*«

11

1951, Kinderheim

FRED blinzelte. Dicht vor dem Fenster fiel Schnee. Dicke Flocken. Selbst durch die Vergitterung konnte er ganz deutlich sehen, wie sie fielen. Mehr noch, er konnte sie spüren. Als fände die Bewegung nicht da draußen, sondern drinnen in seinem Körper statt: ein träges, willenloses Hinabsinken.

»Weitermachen.« Ein Klaps in den Nacken ließ seinen Kopf leicht nach vorn rucken. Das brachte ihn zurück. Zurück in den Speisesaal, an den langen Tisch, an dem er saß.

Der Tisch sah seltsam aus. *Entblößt*.

Entblößen, das war ein Wort, das die Nonnen oft benutzten. Als Mahnung. Sich beim Auskleiden nämlich nicht zu entblößen.

Sich unter der Bettdecke auszuziehen und dann dort gleich in das Nachthemd zu schlüpfen, ohne dass einem dabei die Zudecke hinunterglitt und man irgendetwas von sich zeigte. Das war gar nicht so einfach. Vor allem weil die Nachtschwester immer dabei war und aufpasste, dass es ja klappte. Und dann musste man die Kleider von unter der Decke auch noch wieder nach oben holen und auf dem zugedeckten Schoß so ordentlich zusammenzulegen, dass sie wie ein flaches Paket aussahen. Was natürlich nirgendwohin geschickt wurde. Die Kleider kamen ja einfach nur auf den Stuhl, der neben jedem Bett stand, und er fragte sich mal wieder, warum es den Nonnen eigentlich so furchtbar wichtig war, dass sie die ganze Nacht über so ordentlich gefaltet dalagen. Wenn sie gleich am Morgen das Ordentliche dann schon wieder zerstören mussten, um sich anzuziehen. Tobias, der noch nicht so lange bei ihnen war, der hatte seine Anziehsachen gestern siebenmal neu zusammenfalten müssen, und die Nachtschwester hatte ihnen befohlen, währenddessen mit dem Finger auf ihn zu zeigen und »Schlampe« zu sagen. Dabei war er doch ein Junge und kein Mädchen. Vielleicht gab es dieses Wort für Jungen eigentlich gar nicht? Der Tobias hatte geschluchzt, aber ganz leise, und die Tränen einfach laufen lassen. Was gut war, denn wenn er auch noch an sich herumgewischt hätte, hätte das Ganze noch länger gedauert.

Jedenfalls war es genau das, wonach der Tisch jetzt aussah: entblößt. Nur mit ihm daran und ohne die Teller und Becher darauf und ohne all die anderen Jungen, die sonst hier saßen, Seite an Seite. Gerades Kreuz, Ellbogen angewinkelt, Blicke gesenkt.

»Weitermachen.«

Er machte ja weiter. Wenn die anderen Jungen da waren, wusste man nie genau, was passierte. Manchmal passierte was, manchmal auch nicht. Der eigene Löffel verschwand. Die Einlage vom Suppenteller. Die Schnürsenkel waren plötzlich verknotet, sodass man beim Aufstehen der Länge nach hinschlug. Irgendwas wurde heimlich weitergereicht, ein Witz zum Beispiel oder ein Gerücht. Tauschgeschäfte ausgemacht.

»Gib mir deinen Apfel, Manfred.«

»Nö.«

»Na gib schon her!«

»Ich hab auch Hunger.«

»Dann sieh dich bloß vor, später.«

»Also gut ...«

Aber jetzt saß er ganz allein hier. Fast allein. Dahinten am anderen Ende saß einer von den älteren Jungen. Ansonsten war da nur noch Schwester Angelika, die aufpasste, dass sie ihre Arbeit taten und nicht miteinander redeten. Wobei, wie sollte das gehen über den langen Tisch hinweg? Ach, das wäre was, aus Holz zu sein wie dieser Tisch! Der spürte gar nichts von dem, was an ihm geschah.

Fred schaute auf seine Hände, die gerade eine dicke goldene Kugel hielten. Der Klaps in den Nacken war nicht allzu heftig gewesen. Eine kleine Ermahnung, mehr nicht. Schwester Angelika war ganz in Ordnung.

»*Der ist an Schläge gewöhnt.*« – Als er noch nicht lange da gewesen war, hatte das eine der Schwestern zu der anderen gesagt. Die eine hatte ihn geschlagen, mit einem Lineal. Nacken, Rücken, Hintern. Er wusste gar nicht, warum. Die Nonnen hatten zwar gesprochen, aber nicht mit ihm, sondern so, als wäre er gar nicht da.

»*Duldsam.*«

»*Etwas zurückgeblieben vielleicht.*«

»*Allzu viele Schwiergkeiten wird der uns wohl nicht machen.*«

Als hätte er keine Ohren. Wobei, manches hörte er tatsächlich nicht richtig oder oft erst mit einiger Verzögerung.

Melancholisch nannten die Nonnen das, was er war. Sie sagten es flüsternd, kopfschüttelnd. Bestimmt war das eine Krankheit, mindestens eine Sünde. Sie schlugen ihn jedenfalls kaum noch. Sie taten andere Dinge.

Er blinzelte. Wo waren denn nur die Fäden? Immerzu verschwand was ... Ah, halt, da lag sie doch, die Schachtel! Er nahm einen der dünnen gedrehten Goldfäden daraus hervor und versuchte, ihn durch die Öse oben an der goldenen Kugel zu fädeln.

»Pass auf, dass keine kaputt geht.«

Schwester Angelika stand jetzt hinter ihm.

Er zog die feine Schnur hindurch, band die losen Enden zu einem Knoten und legte die fertige Kugel behutsam in den großen Korb zu seinen Füßen. Er war erst halb gefüllt. Vor ihm auf dem Tisch lagen noch mehrere Schachteln mit Schnüren, großen goldenen Kugeln und kleinen silbernen. Gut!

Eine gute Arbeit war das, bei der man ihn in Frieden ließ. Und dass er sie tun durfte, bedeutete, dass er fügsam gewesen war. Es gab natürlich noch andere Aufgaben, die auch in Ordnung waren. Das Polieren des Essbestecks zum Beispiel, das Zusammenlegen der Tischwäsche, das Ausfegen des Schlafsaals. Das Stapeln und Ausgeben der Gebetsbücher.

»*Stille Nacht, heilige Nacht. Alles schläft, einsam wacht nur das traute hochheilige Paar ...*«

Irgendwo über ihnen übte der Knabenchor für das Adventskonzert. Seine Finger, die gerade in der Schachtel mit den Goldkugeln nach einer neuen greifen wollten, verkrampften sich. Er hasste Weihnachten. Er hasste es zutiefst. Weihnachten, überhaupt diese ganze dumme, nutzlose Adventszeit!

»*... selige, gnadenbringende Weihnachtszeit. Christ ist erschienen ...*«

Fred verknotete den Faden der nächsten Kugel.

Letztes Jahr, da hatte er noch ein Geschenk gebastelt. Alle mussten sie Geschenke machen, am »Geschenke-Nachmittag«. Für die Mütter. Die wirkliche Mutter oder die, die man vielleicht eines Tages bekommen würde, wenn man noch keine besaß. Er besaß ja eine, und manchmal taten ihm die Jungen, die noch keine hatten, leid. Aber nur manchmal.

Mit Steindruck hatte er für die Mutter eine Stoffserviette bedruckt. Mit Sternen und so halben Kreisen, die Monde sein sollten. »Die heilige Nacht« hatte er das Ganze genannt. Für den Fall, dass Schwester Hildegard ihn danach fragte. Wenn die Oberschwester einen was fragte, antwortete man am besten rasch. Nicht zu laut, das war »anmaßend«. Nicht zu leise, das war »verstockt«. Rasch antworten, den Blick gesenkt halten. Aber sie hatte ihn Gott sei Dank nicht gefragt.

Die Mutter hatte ihm im letzten Jahr ein Päckchen mit Weihnachtsgeschenken geschickt. Einen Schal und eine Mütze. Die durfte er behalten. Den Brief nicht. Die Tafel Schokolade auch nicht. Die wurde »gerecht«, wie Schwester Hildegard das nannte, unter den Jungen in seinem Schlafraum aufgeteilt. Als gehörte der Oberschwester alles, selbst die Gaben seiner Mutter. Was wahrscheinlich auch stimmte. Sie war ungefähr so mächtig wie der Herrgott. Immerhin war das mit der Schokolade für die Sache mit den anderen Jungen gut gewesen. Durch ihn bekamen sie was. Und außerdem, wenn er jetzt so darüber nachdachte: Hannes, Josef und Günter zum Beispiel, die hatten auch etwas geschickt bekommen, das sie teilen mussten. Und so hatte er wiederum etwas von deren Nüssen und dem Marzipan abgekriegt, ja sogar ein Stückchen Orange!

Schlimmer war das mit dem Brief gewesen. Seine Hände hatten arg gezittert, als er ihn bekam. Dann hatte er auch noch da drauf getropft, Tränen. Vielleicht auch Rotz.

»Zwei Minuten«, hatte die Oberschwester Hildegard gesagt. »Dann gibst du ihn wieder ab, in Verwahrung. Na los! Ich schaue auf die Uhr.«

Leider klappte das mit dem Lesen noch nicht so richtig. Er war zwar schon in der ersten Klasse, aber eigentlich konnte er gar nichts lesen, außer ein paar wenige, kurze Wörter. Und schon gar nichts von Hand Geschriebenes. Sie lernten die Buchstaben irgendwie anders. Oder hatte er wieder nicht so richtig gehört, was da los war, im Unterricht?

Jetzt aber hatte er ganz genau hingehört. Zwei Minuten. Das war so kurz! Er strich mit den Fingern über die Schrift. Sie war schön. Genauso schön wie die Mama. Klare geschwungene Buchstaben. Keine Unregelmäßigkeiten, keine Ausrutscher, wie wenn er etwas schrieb. Er hob den Brief an die Lippen. Die Mama hatte ihn in der Hand gehalten und ihm was darauf erzählt. Und sie hatte sich bestimmt etwas Wichtiges überlegt zu Weihnachten. Aber was? Er schnupperte an dem Papier, aber er roch nichts. Jedenfalls kein Parfüm und auch sonst nichts von der Mama. Außerdem war die blöde Nase verstopft. Er ließ die Augen über den Brief gleiten, so schnell es ging, hin und her, her und hin, bis er was erkannte. Ganz oben: seinen Namen. Moment, und das davor waren zwei recht kurze Wörter. Das erste begann mit »M«, in dem zweiten gab es ein »i«. *Mein lieber Fred ...*

»Die Zeit ist um.« Schwester Hildegard hatte die Hand nach dem Brief ausgestreckt und zog an dessen Unterseite. Er musste ihn loslassen, damit er nicht zerriss. Und dann war es passiert.

»Können Sie mir nicht daraus vorlesen? Nur ein bisschen?« Erschrocken schlug er die Hand vor den Mund. Die Frage war einfach so aus ihm herausgekommen. Er begann, am ganzen Körper zu zittern. Und dann, ja dann wurde alles an ihm irgendwie taub. Als stecke er plötzlich in einer Art Hülle. Oder als würde er mitten in einem Glaskasten sitzen. Seine Hände waren rasch wieder vor der Brust gefaltet, wie man es bei der Oberschwester machen musste. Vorsichtig bewegte er seine Finger, drückte sie ganz leicht gegen die Handrücken. Er fühlte nichts. Wenn sie ihn jetzt schlug, würde er bestimmt nichts spüren.

Die Oberschwester schlug ihn aber gar nicht. Sie schrie auch nicht, sie schalt ihn nicht, verhängte keine Strafe. Sie tat etwas anderes, Unheimliches. Sie lächelte. Mit ganz dünnen Lippen. Ihre Augen zogen sich dabei so zusammen, wie er es mal bei einer Katze gesehen hatte, die sich sonnte. Sie tat den Brief der Mama in eine Schublade und schloss diese Schublade ab. Den Schlüssel legte sie in ein Kästchen, und auch das schloss sie ab.

Er stellte sich vor, wie der Schlüssel vom Kästchen, in dem der Schlüssel zum Brief der Mama lag, in einem weiteren Kästchen verschwand, und der Kästchenschlüssel wiederum in dem nächsten Kästchen und immer so weiter, bis der letzte Schlüssel so winzig wie sein Fingernagel war.

»Lerne lesen, Manfred.«

Die Oberschwester befestigte den Schlüssel an der silbernen Kordel, die sie zusammen mit dem Kreuz um den Hals trug. »Dann kannst du noch einmal zu mir kommen.«

Fred legte die goldene Kugel zurück in den Korb. Dieses Jahr war er am »Geschenke-Nachmittag« krank gewesen.

Schwester Angelika stand nun hinter dem älteren Jungen am anderen Tischende, der da irgendwas mit Holz und Leim machte. Der Moment war günstig. Er ließ den Blick einfach so umherschweifen, entzifferte das breite Banner, das über dem Eingang zum Speisesaal hing: »Tag der offenen Tür« stand da drauf.

Lesen hatte er inzwischen gelernt.

Er seufzte. Den Tag der offenen Tür hasste er fast noch mehr als Weihnachten. Weil da wirklich genau das passierte, was jetzt über dem Eingang geschrieben stand: Die Tür ging nämlich auf. »Für die Welt«, sagten die Nonnen. Aber das nutzte gar nichts.

Die Mutter war nämlich nicht gekommen, das letzte Mal, und sie würde auch dieses Mal nicht kommen.

Fred blinzelte. Das tat er öfter in letzter Zeit. Irgendwas war mit seinen Augen, vielleicht eine Krankheit. Inzwischen hielt er eine kleine silberne Kugel in der Hand, die sich sehr zerbrechlich anfühlte. Vielleicht weil sie so klein war.

»*Der Tag der offenen Tür ist kein Besuchstag, Fred.*«

Die offene Tür war also nicht wirklich offen. Nicht für ihn. So viele Erwachsene von da draußen kamen hierher an dem Tag. Vor allem Frauen, die Mütter sein wollten und nach einem Jungen suchten. Nur seine Mutter nicht. Wollte sie ... Konnte es sein, dass sie vielleicht ... keine Mama mehr sein wollte?

Das Blinzeln wurde stärker. Nein, nein, NEIN. Die Mama würde, nein, sie MUSSTE wiederkommen. Sie hatte es ihm doch versprochen.

»Ich muss Arbeit finden. Geld, eine Wohnung für uns. Es kann dauern, aber wenn ich das habe, dann komm ich sofort zurück, Fred, und hole dich.«

»Versprochen?«

»Versprochen.«

»Geh nicht.«

»Ich muss. Verstehst du?«

»Nimm mich mit.«

»Das geht nicht.«

»Geh nicht!«

»Das ist nur vorübergehend. Hörst du? Du bist nur vorübergehend hier.«

»Versprochen?«

»Versprochen.«

»Wann kommst du wieder?«

»So schnell ich kann. Leider darf ich dich nicht besuchen, während du hier bist. Verstehst du? Das sind die Regeln. Aber ich komme zurück und hole dich. Und dann gehen wir weg.«

»Wohin?«

»Das weiß ich noch nicht. Aber weg. Woandershin.«

»Versprochen?«

»Versprochen. Großes Ehrenwort.«

»Magst du mir mal etwas vorlesen?«

»Kannst du aber schön malen!«

»Zeigst du uns den Garten? Dürft ihr da spielen?«

»Wie aufopfernd sich all diese Schwestern um euch kümmern.«

»Einen sehr guten Eindruck macht das hier. So sauber …«

Alles kam durch die Tür an diesem schrecklichen Tag. Und dass nun schon wieder »offene Tür« war, bedeutete, dass einerseits die Zeit verging und andererseits überhaupt nicht.

Außerdem brachte der Tag alles durcheinander. Sie mussten nämlich wieder »in die Hemden«. Damit »die Welt« sich nicht aus Versehen für den falschen Jungen interessierte.

»Weißes Hemd«, murmelte er, »noch zu haben. Blaues Hemd, schon vergeben.«

Er gehörte natürlich zu den *Vergebenen*. Er hatte ja bereits eine Mutter und war, wie die Mama es ihm selbst gesagt hatte, nur *vorübergehend* hier.

Vorübergehend. Was genau bedeutete das? Wie lange war das?

Wenn *er* an etwas vorüberging, an dem langen Esstisch zum Beispiel, dann ging das recht schnell. Selbst wenn er so langsam daran vorbeiging, wie er konnte. Wie langsam konnte seine Mutter eigentlich noch sein? Wann, WANN würde sie kommen?

Nach dem letzten Tag der offenen Tür hatte er wochenlang davon geträumt, dass er plötzlich ein weißes Hemd anhatte.

»*Deine Mutter kommt nicht mehr.*« – Die höhnische Stimme der Oberschwester, die fremden Menschen, Frauen, Männer, die ihn anschauten, anfassten, einer fasste ihm im Traum sogar in den Mund, um seine Zähne zu begutachten; er musste auf einem Bein hüpfen, singen, zählen, ein Gedicht aufsagen, bis plötzlich diese vertraute, verhasste Stimme, bis ER alle zur Seite schob, ihn am Kragen packte und sagte: »*Der hier gehört mir. Ich bin sein Vater.*«

Schwester Angelika hatte den älteren Jungen gerade von seiner Arbeit entlassen und kam nun wieder auf ihn zu. Rasch griff er nach der nächsten Kugel, dummerweise war es wieder eine von den kleinen. Er beugte sich dicht darüber, um die Öse zu erkennen.

»*Ich komme wieder, Fred.*«

»*Versprochen?*«

»*Versprochen. Großes Ehrenwort.*«

Was genau war ein *Ehrenwort*? Und wenn es ein großes Ehrenwort gab, musste es dann nicht auch ein kleines geben? Wie konnte die Mama da so sicher sein? Dass ihr »Versprochen« groß und nicht klein war. Und was genau war *Ehre*?

»Sehr weit bist du ja noch nicht.«

»Nein, Schwester Angelika.«

»Spute dich.«

»Jawohl, Schwester. Schwester …?«

Schwester Angelika, die ihm schon wieder den Rücken zugewandt hatte, drehte sich noch einmal zu ihm um und sah ihn stirnrunzelnd an. Aber er wusste, wenn er das überhaupt irgendjemanden fragen konnte, dann sie. Schwester Angelika war nicht gefährlich.

»Was ist Ehre?«

»Wie bitte?« Die Schwester sah ihn an. Misstrauisch und nicht besonders freundlich. Aber er sah, dass sie über die Frage nachdachte.

»Ehre, Manfred, das ist das Ansehen, die Wertschätzung, die du dir als guter Christ vor Gott und als guter Deutscher für dein Vaterland erwerben kannst. Durch Fleiß, Aufrichtigkeit, Treue, Gehorsamkeit, Sauberkeit, Demut.«

»Danke, Schwester Angelika.«

Er beugte sich wieder über die Fäden und Kugeln. Aber in ihm fielen all die vielen Worte so wirr durcheinander, als hätte Schwester Angelika sie einfach nur in die Schachtel da vor ihm hineingeworfen. Dabei war es so ungeheuer wichtig, dass er die Sache mit dem *Ehren-Wort* richtig verstand.

Was man, wie Schwester Angelika meinte, für die »Ehre« alles brauchte, das war ja noch leicht zu verstehen. Diese Worte hörte er sowieso andauernd. Man schien diese Dinge einfach immer und überall zu brauchen: »Fleiß, Aufrichtigkeit, Treue, Gehorsamkeit, Sauberkeit, Demut.«

Er ließ den Kopf hängen. Er selbst war nichts davon. Halt, bis auf eins, er war gehorsam. Und manchmal, so wie jetzt gerade mit den

Kugeln, war er auch fleißig. Oder? »*Sehr weit bist du ja noch nicht, Manfred.*«

Manfred. Dass dies sein Name war, hatte er von der Oberschwester erfahren. Die Mama sagte immer »Fred«. Und der Vater – nein, der war weg weit. Der konnte nichts mehr zu ihm sagen. Oder?

»*Sehr weit bist du ja noch nicht, Manfred.*«

Es gab also etwas, das nur er wusste. Es war sein Geheimnis. Das mit den zwei Namen. Er war nämlich *Manfred* und *Fred*. Er war also zwei Jungen. Und die beiden Jungen klangen zwar ähnlich und gehörten zusammen, aber sie waren trotzdem verschieden.

Den *Fred* ließ man in Frieden. *Fred* war nur vorübergehend hier. Er war der Kluge, der manchmal sogar vor der ganzen Klasse vorrechnen durfte und der schon zwei Freunde hatte. Hannes und Günter. Die auch *vergeben* waren, so wie er. *Fred* hatte eine Mutter, die an ihn dachte, die ihm Mütze und Schal gestrickt hatte. *Fred* hatte die Macht, dass die anderen Jungen in seinem Schlafsaal Schokolade essen konnten. Er war der, der einen Brief bekommen hatte. Der inzwischen lesen konnte. Der fügsam war und gute Arbeiten, *ehrenvolle* Arbeiten aufgetragen bekam. Wie jetzt die mit den Christbaumkugeln.

Der andere, das war *Manfred*. Der Manfred war *melancholisch* oder wie das hieß. Er hörte außerdem oft nicht richtig hin, war »abwesend« und sang zu leise und auch noch schief und durfte deswegen nicht im Chor mitsingen. Er hatte manchmal verknotete Schnürsenkel und wurde von den Größeren herumgeschubst. Und obwohl auch er *vergeben* war, konnte es sehr gut sein, dass er für immer hierblieb. Oder dass der Vater ihn holte.

Der *Manfred* musste schon mal den Abort mit einer alten Zahnbürste reinigen, nachdem sein Stück Seife »verschwunden« war. Er war auch der, der immer wieder ins Bett nässte. Dem die Nonnen deswegen den Kopf in den Urin tauchten, als »Lektion«. Der in der besudelten Bettwäsche liegen bleiben musste. Der sich vor Huhn ekelte. Der, als er es beim Aufessenmüssen mal erbrach, das Erbrochene essen musste. Der *Manfred* war ein Nichtsnutz.

So, nun war der Korb fast voll. Es waren nur noch drei Kugeln übrig. Bald würde es Abendbrot geben. Und er hatte richtig lang seine Ruhe gehabt. Das war ein guter Tag. Für *Fred*. Und *Manfred*.

Und wieder hörte er die Stimme von Schwester Angelika. Dieses Mal sagte sie nicht »weitermachen«, dieses Mal war sie nur in seinem Kopf: »*Du belügst uns, Manfred.*«

Ja, wenn er in Wirklichkeit zwei Jungen war und aber so tat, als ob er nur der eine sei, war das nicht dasselbe wie lügen?

Aufrichtigkeit, die also fehlte ihm schon mal. Ebenso wie Treue. Denn weder Manfred noch Fred waren hier irgendjemandem treu. Der Mama war er treu. Oder? Aber die war ja nicht hier. Außerdem hasste er Weihnachten. Er war also auch kein guter Christ. So viel konnte er sich selbst zusammenreimen. Er besaß also ganz viel schon mal nicht, was man dafür brauchte. Für die *Ehre*. Deswegen hatte er wohl auch kein Ehrenwort. Logisch.

Was aber war mit der Mama? Es ging ja schließlich um ihr Ehrenwort. Besaß sie Ehre? War sie das, was Schwester Angelika mit »ein guter Christ« meinte?

Er legte die vorletzte Kugel, eine dicke goldene, vorsichtig in den Korb.

Jetzt, wo er so darüber nachdachte: Er hatte die Mutter noch nie beten sehen. Sie war auch noch nie mit ihm in die Kirche gegangen. Und nur einmal, ein einziges Mal, hatte sie zu ihm gesagt: »Der liebe Gott passt schon auf uns auf, Fred.« Das war, als sie mit ihm in den Zug gestiegen und sie vom Vater und dem Säugling weggegangen waren. Sie hatte ihn, Fred, dabei ganz fest an sich gedrückt. Vielleicht erinnerte er sich deswegen stärker an das »Uns« als an den »lieben Gott«.

Und das andere, was Schwester Angelika gemeint hatte, das mit dem Deutschen? Wann war man ein guter Deutscher? Woran erkannte man die? Damit kannte er sich so gar nicht aus. War die Mutter ein guter Deutscher? Er wusste es nicht. Er konnte nur hoffen. Vielleicht war es das, vielleicht sollte er dafür beten?

Wenn die Mutter aber kein guter Christ und kein guter Deutscher war, hatte sie dann überhaupt Ehre? Und was war dann mit ihrem Ehrenwort, dem großen Ehrenwort?

»Ich komme wieder.«

»Versprochen?«

»Versprochen. Großes Ehrenwort.«

Er machte einen ganz festen Knoten in den Aufhänger der letzten Kugel. Sie war klein, aber sehr schön. Silbrig glänzend wie der Mond. Behutsam legte er sie ganz obenauf. Und bevor er sie endgültig losließ, sagte er zu ihr: »Wenn die Mama mich noch vor Weihnachten hier rausholt, dann werde ich für immer auf Weihnachten verzichten!«

Geschenke, flüsterte der Manfred dem Fred noch rasch ins Ohr, *würde es ja schließlich auch noch zum Geburtstag geben. Oder?*

12

1951, Wiesbaden

MARGOT hatte ihre Lektionen gelernt. Inzwischen servierte sie perfekt. Sie balancierte das Tablett mit den Champagnergläsern genau auf Taillenhöhe. Ihr Gang war anmutig, aber dezent. Präsenz, gepaart mit Zurückhaltung. Genau das, was dieses Etablissement von seinem Personal erwartete.

Auch wusste sie, wann es galt, die Blicke auf sich zu lenken, und wann es angesagt war – »Ihre Einsätze, bitte!« –, ein Schemen zu werden, mit dem Hintergrund zu verschmelzen.

»*Rien ne va plus.*« Das Rollen der Kugel, ihr kurzes selbstversunkenes Schnurren, dem umgehend die uneingeschränkte Aufmerksamkeit aller am Tisch galt, für Margot war es das Zeichen, die leeren Gläser, überhaupt Leere wie von Zauberhand verschwinden zu lassen, damit es wieder »prickelte«.

Das mit dem Prickeln war leicht gesagt. Dieser Tisch hatte derzeit »keinen Lauf«, die Stimmung war entsprechend gedämpft. Hier und da begannen die Blicke abzuschweifen zu möglicherweise lukrativeren Tischen. Niemand schien noch in Trinklaune zu sein.

»*Erst gehen die Blicke, dann die Gäste. Merkt euch das.*«

Margot reichte ihr letztes Champagnerglas einem hageren Mann mittleren Alters, dessen veilchenblauer Anzug tadellos saß. Leider war es offenbar das Einzige, was ihm an diesem Abend passte. Er sah noch nicht einmal auf, als er das Glas entgegennahm. Ein armseliges Häufchen grüner Jetons lag vor ihm.

»Achtzehn, rot.«

»Schon wieder rot.«

»Nun ja, man steckt nicht drin …«

Margot zog sich hinter die Rücken der Gäste zurück. Ihre Minuten an diesem Tisch waren vermutlich gezählt. Und tatsächlich, schon näherte sich die Madame: »Margarete, übernehmen Sie Tisch sieben.«

»Ja, Madame.« Aber die war bereits am Nebentisch, wo Fräulein Bösker – *les Voisins du zero* – ein Grüppchen Profispieler bewirtete.

Madame Wittig, die Chefin des Servicebereichs, hatte ihre Damen genauestens im Blick. Als seien sie es, auf die es zu setzen, durch deren idealen Einsatz es für das Haus Gewinne oder Verluste zu verbuchen galt. Nun, dachte Margot zufrieden, ihr Wert war in den letzten Monaten offenkundig gestiegen.

»Zweiunddreißig, rot.«

»Ha! Na, was hab ich euch gesagt?«

»Champagner, Fräulein!«

»Einen Kuss? Fürs Glück …«

»*Ich* nähm auch ein Lächeln.«

»Noch zwei-, dreimal Rot, meine Herrschaften, und die Karibik gehört mir.«

Tisch sieben, ihr neuer Tisch, floss geradezu über vor guter Laune. Gelegenheitsspieler. Im Gegensatz zum konzentrierten Kalkül der Professionellen, die alles um sich herum ausblendeten, genossen sie vor allem das Ambiente, den Rausch des Augenblicks.

»Auf Fortuna!«

»Fortuna!«

»Heinz, nun setz mal was Anständiges.«

»Wo bleibt denn dein Einsatz, Ulrich? Oder bist du schon reich genug?«

»Ich überlege noch.«

»Fräulein, der Herr hier braucht Hilfe beim Setzen.«
»So, Mädel, wir zwei lassen es jetzt mal krachen ...«

Margot verschmolz mit dem Tisch. Sie bekam eine Menge zugesteckt; nicht immer direkt in die Hand, manch einer bevorzugte ihre Rocktasche. Den Griff zur Bluse, die Verabredung für danach wehrte sie mit Verweis auf die Hausordnung ab. Das Erröten darüber – sie erinnerte sich noch –, inzwischen hatte sie es längst eingestellt. Noch ein Zehner? Zwanzig D-Mark? Immer her damit! Sie verteilte Lächeln, Zwinkern, Luftküsse, legte Hände auf Schultern, strahlte, schenkte Champagner aus, während sie im Geiste ihr Trinkgeld zusammenzählte. Kopfrechnen war eine ihrer Stärken, schon in der Lehre war das so gewesen. Zahlen, ja, die lagen ihr.

Wenn sie so viel beiseitegelegt hatte, dass sie die Miete für ein halbes Jahr, idealerweise für ein Jahr im Voraus zahlen konnte – abzüglich der sogenannten Provision für die Madame, der Abgaben ans Waisenhaus, an den Wirt ihrer Kammer –, dann müsste sich irgendwo doch etwas finden lassen. Ein Vermieter, der darüber hinwegsah, dass ihre ehelichen Verhältnisse bestenfalls »ungeklärt« waren. Mit so einer Wohnung könnte sie Fred nachholen, sich eine Arbeit suchen, die, nun ja, angemessener war.

Wobei, die Arbeitserlaubnis. Fälschen? Den Vater einschalten? Ihren Aufenthaltsort preisgeben?

Immer ein Problem nach dem anderen. Zuerst einmal mussten die Zahlen stimmen. Bald, flüsterten die ihr zu. Bald. Sie fing den Blick von Madame auf. Ja, hier war sie richtig. Goldrichtig.

Das war nicht immer so gewesen.

Die ersten Monate hatte sie in den hinteren Barbereichen ihren Dienst versehen. Tische hatte sie abgewischt, Aschenbecher geleert, Reste entsorgt und dabei die anderen Mädchen, die erfolgreichen unter ihnen, beobachtet, ihr Verhalten aus den Augenwinkeln heraus genauestens studiert.

In ihrer Angestelltenkammer, deren Tapete die Farbe toter Blätter hatte und in der es nach billigen Putzmitteln roch, hatte sie in den frühen Morgenstunden, wenn alles im Tiefschlaf lag, das Servieren geübt.

Gerader Rücken, Kopf hoch und los. Himmel, das Tablett nicht so umklammern. Du hältst das Ding. Nicht umgekehrt. Scheinbar locker, wie aus dem Handgelenk, so – Zack! Schon wars auf dem Boden.

Noch einmal. Geradeaus schauen und …

Zack!

Dann erst mal mit beiden Händen. Gerader Rücken, Kopf hoch, jetzt langsam die eine Hand weg vom Tablett …

Zack!

Zunächst hatte sie den Fehler gemacht, das geborgte Tablett mit ihren Büchern zu beladen. Die waren zwar schwer, aber nicht kippelig genug. Also hatte sie sich Gläser besorgt, diese mit Wasser gefüllt und in den kommenden Wochen hauptsächlich die Scherben abbezahlt. Und nicht nur die. Ständig musste etwas bezahlt werden. Die Marlies zum Beispiel. Eine Kollegin, ungefähr in ihrem Alter, aber ungleich findiger, resoluter. Sie brachte ihr das Schminken bei. Genauer gesagt: das Kaschieren.

»Schläfst du schlecht?«

»Ich weiß nicht. Vielleicht.«

»Was auch immer. Behalts für dich, Margarete.«

Was so viel hieß wie: Der Trübsinn hatte zu verschwinden. Die Augenringe.

»Entweder die verschwinden oder du. Willst schließlich nicht versauern dahinten. Oder?«

»Nein …«

»Das Rouge mehr von unten her auftragen, zu den Wangenknochen hin leicht ausstreichen. So … Nein, nicht so hoch, nicht so fest aufdrücken. Du bist schließlich nicht beim Zirkus. Das kann doch nicht so schwer sein! Wie, doch? Na, jetzt stell dich mal nicht so an. Und ja, unbedingt Wimperntusche. Wirst schon sehen. Wie heißt es doch gleich? Mit Speck fängt man Mäuse. Wenn du verstehst, was ich meine. Ach und die Haare! Also, wenn ich du wäre, würd ich die mal auf Wickler drehen.«

Wenn Marlies sie so unverhohlen musterte, als wäre sie geradewegs vom Mond gefallen, überkam Margot eine seltsame Scham. Ihr Aussehen zu optimieren, nie zuvor war das nötig gewesen. Sie hatte sich damals, daheim, stets tadellos zu präsentieren gewusst. Für Margot war das selbstverständlich gewesen. Für Margarete hingegen …

»*Hier kannst du nicht bleiben, Margarete.*«

Das mit den Augenringen war ihr selbst ein Rätsel. Sie schlief doch! Auch an ihre Träume erinnerte sie sich nie. Nur ein- oder zweimal war sie von ihrer eigenen Stimme wach geworden, die kindlich, fremd nach jemandem rief. Aber sonst war ihr nichts an ihr selbst aufgefallen.

Einmal im Monat wurde die Bettwäsche gewechselt. Ausschussware, deren grelle Blumendrucke ihr beim Aufwachen die Tränen in die Augen trieben. Aufwachen: ein stetiges Sich-aus-den-Tiefen-Ziehen, zurück an die trübsinnige Oberfläche dessen, was nun tagaus, tagein – nein, was vorübergehend – ihr Leben war.

»*… wenn ich das habe, dann komm ich sofort zurück, Fred, und hole dich.*«
»*Versprochen?*«
»*Versprochen.*«
»*Geh nicht.*«
»*Ich muss. Verstehst du?*«
»*Nimm mich mit.*«
»*Das geht nicht.*«

»Geh nicht!«

»Das ist nur vorübergehend. Hörst du? Du bist nur vorübergehend hier.«

»Versprochen?«

»Versprochen.«

»Wann kommst du wieder?«

Fred. Sein ernstes kleines Gesicht, sein aufmerksamer, unlesbarer Blick. Unlesbar wie die Linien ihrer Hand, aus der ein verwittertes Wesen ihr kürzlich die Zukunft hatte lesen wollen.

»Ich habe leider keine Zeit.«

Sie, auf dem Weg zum Telegrafenamt, hatte trotzdem den Groschen hergegeben, war rasch weitergegangen. Nur keinen Fluch auf sich laden ... Die Alte hatte Unverständliches gebrabbelt und ihr dann noch etwas hinterhergerufen, das so klang wie »Schwimmerin«. Oder »Schwindlerin«?

»Wann, Mama? Wann?«

Ach, Fred! Oft drehte sie ihn – sein Foto, nur sein Foto – mit einer möglichst beiläufigen Bewegung auf den Rücken. Die blanke Kehrseite dort auf dem Nachttisch, ach ... nein. Nichts verschwand wie von Zauberhand.

Dennoch, nach und nach verbesserte sich ihr »Service« (immer weniger verschmierte Tische, zerdepperte Gläser, wartende Gäste), ihr Hintergrunddasein (»langsam«, »flüchtig«, trübsinnig«) löste sich auf in ihrem Lächeln. Das höhnische Beben des Tabletts – *»Jesses, schaut euch bloß diese Hände an vom feinen Madämmchen!«* – verebbte.

Sie besann sich auf ihre Ressourcen: ihre Grübchen, ihr fließendes Französisch, die Botschaft ihrer (noch von daheim stammenden) Garderobe: Qualität. Diese Nähte hielten, was sie versprachen. Hier löste sich nichts auf, nichts wurde fadenscheinig. Und nicht zuletzt war da: Clarissa.

Trug sie das verfluchte Tablett, wischte sie einen widerspenstigen Tisch, näherte sie sich den Gästen, reichte (hier und da, zur Probe zunächst) Getränke, sie sah das Hausmädchen vor sich. Wie hatte sie sich gehalten, wie hatte sie geschaut, was hatte sie gesagt? Die Verabscheute, von der Mutter Gehätschelte: Clarissa nachahmen, besser noch: *Clarissa werden,* das war jetzt ihr Ziel.

Clarissa: dezent, geschickt, ausdauernd, wissend. Und, anders als sie, unersetzlich. Warum zum Teufel hatte sie bloß die Handtasche abgelehnt? Anscheinend war sie damals nicht ganz zurechnungsfähig gewesen. Was hätte sie auf dem Schwarzmarkt dafür alles gekriegt!

Das Rauchen war ein Problem. Rauchen war teuer. Sie fing an, sich hier und da eine Zigarette zu erbetteln. Bekam sie sie nicht, begannen ihre Hände leicht, aber stetig zu zittern, sie wurde fahrig, nervös. Dann mied sie, wo möglich, das volle Tablett. Schließlich zahlte sie auch hier, Schachtel um Schachtel, sparte woanders.

»*Wann, Mama? Wann?*«

Sie übte das Kaschieren. Mehr noch, das Aufleuchten. Auf der Bettkante vor dem Schlafengehen, die Hand am Lichtschalter der Nachttischlampe. »An«: Lächeln, Grübchen, Augen strahlen lassen. »Aus«: Verschwinden. »An«, »aus«. Beim Kaufen des ersten guten Make-ups musste sie einen Schluchzer über den Preis unterdrücken. Den Kohlestift und das Rouge nahm sie gleich mit dazu.

»*Sie sind ja heute so guter Dinge, Margarete.*«

»*Offenbar schlafen Sie besser.*«

Ins Sichtfeld der Madame vorrücken.

Bezahlen. Nichts schuldig bleiben.

Marlies bezahlen, bis – »*Na sieh mal einer an*« – deren Abschätzigkeit der Billigung wich, mehr noch, jener Mischung aus Genugtuung und Neid, die ihr signalisierte, sie hatte es geschafft, sie war »tadellos«.

Bezahlen. Den Wirt ihrer Kammer, die zerbrochenen Gläser. Sie übernahm zusätzliche Schichten – »*Kannst du die noch mal übernehmen? Du hast ja keine Kinder, und ich muss mit dem Franz dringend zum Zahnarzt.*«

Bezahlen. Das Waisenhaus, die Oberschwester.

Oberschwester Hildegard. *Straff,* hatte sie gedacht, als sie einander gegenüberstanden. Ihre bleiche, zum Habit hin gespannte Kopfhaut, ihr Blick, mit dem sie den an ihr haftenden Fred gemustert hatte. *Dich kriegen wir schon hin.*

Die Oberschwester war es auch, an die sie jene »barmherzige Zusatzspende« allmonatlich richtete, deren implizite Botschaft lautete: *Wie du mir, so ich dir.*

Aber war es genug? Oder empfanden die Nonnen das Kümmerliche, das sie über die obligatorische Zahlung hinaus erübrigen konnte, möglicherweise als Affront? Wäre es nicht vielleicht klüger, in größeren Abständen und dafür mehr zu spenden? Aber was würde in den Monaten geschehen, dort hinter den Türen, in denen sie die Zahlungen zugunsten einer wirkungsvolleren späteren »Spende« aussetzte? Und je mehr sie spendete, desto weniger konnte sie zurücklegen. Desto länger würde es dauern, sich freizukaufen.

Bald, flüsterten die Zahlen. Vielleicht würde sie sich bald sogar einen Rechtsanwalt leisten können, der ihr mit der Scheidung von Hermann half. Bald …

Bis dahin blieb ihr das Tagträumen:

»*Ich bin hier, um meinen Sohn abzuholen.*«

»*Wirklich? Wie bedauerlich. Er hat sich so gut bei uns eingelebt. Ein so angenehmer, fügsamer Junge.*«

»*Geben Sie ihn mir zurück. SOFORT.*«

»*Mama!*«

»*Hier bin ich. Ich habs doch versprochen.*«

»*MAMA.*«

»Jetzt ist alles gut. ALLES IST GUT.«

Tagträumen. Spazierengehen, in Sichtweite des Waisenhauses, des Besuchsverbotes:

»Sonst wird danach nicht mehr mit ihm auszukommen sein. Stellen Sie sich nur die Szenen vor, Frau Heider. Wo wir es ihnen gerade ausgetrieben haben, das Heimweh. Nach einem halben Jahr weint hier niemand mehr.«

Vielleicht, nein, sicher war es besser so. Die Nonnen hatten schließlich jahrelange Erfahrung.

Wenn der Frühling kam, vertiefte sich ihr Trübsinn. Sie begann die sonnigen Tage zu fürchten, diese natürliche Heiterkeit, an der sie keinen Anteil hatte. Ihre freien Stunden verbrachte sie mit einem Buch im Bett. Nahm sie sich dennoch vor, einmal durch den Kurpark zu schlendern, fand sie sich alsbald in Richtung Hauptbahnhof unterwegs. Die Biebricher Allee lief sie entlang, blickte aus sicherer Entfernung zu den vergitterten Fenstern der Verwahranstalt hoch.

»Wann, Mama? Wann?«

Lauschen. Auf die Stimmen, die bei günstigem Wind aus dem Innenhof herüberwehen mochten. Diese Angst, ihn nicht zu hören. Die Angst, ihn doch zu hören. Ihren Jungen. Zusammenschrecken, wenn dicht neben ihr ein Mofa aufheulte, ein Vogel zwitschernd aus einer Akazie aufflog. Die Kinderstimmen hinter den Mauern hingegen drangen nicht weit. Margot vergaß die Zeit. Ihr war, als würde sie selbst zu einem Teil des Gesteins, auf das sie da starrte.

Die Furcht vor Hermann half ihr, sich schließlich wieder loszureißen. Wie viele Kilometer lagen zwischen hier und Trier? War die Entfernung groß genug? Und wenn er jemanden anheuerte, um sie zu finden? Sie hatte von so etwas schon gehört. Detektive, die herumschnüffelten und Frauen wie sie zurückbrachten, sie der Gerechtigkeit überantworteten.

»Das Spiel ist aus, Frau Heider.«

»*Sofort mitkommen.*«

»*Ihr Mann ist außer sich. Na, da können Sie sich auf was gefasst machen.*«

»*Luder.*«

»Bitte«, flüsterte sie in solchen Momenten dort auf der Allee vor sich hin. »Such nicht nach mir.« Und dann riss sie sich jedes Mal von Neuem los. Ihre Arbeit wartete. Und die Madame.

Die Madame, die sie durchschaute. Die stets einen Teil ihres Trinkgelds als »Provision« einbehielt. Die sie in den geeigneten Momenten gern auf die fehlende Arbeitserlaubnis hinwies.

»*Arbeiten? Du? Willst du mich beleidigen? Dein Platz ist hier, Margarete. Bei mir und im Haus.*« Hermann hatte ihre zaghafte Anfrage damals sofort abgeschmettert. Nein, solange sie nicht geschieden war, würde sie seine Erlaubnis brauchen. Wenn jemand also darauf bestand, wenn jemand nachschnüffelte …

»Heider, Margarete. Mittlere Reife. Kaufmännische Lehre. Arbeitserfahrungen in der Buchhaltung, im Baugeschäft. Sprachen: Deutsch, Englisch, Französisch. Ja, ich kann mich ausweisen.«

Unter dem prüfenden Blick von Frau Wittig, die man als *Madame* ansprechen sollte, hatte sie rasch entschieden, das geradezu romantische Lügengespinst, das sie sich für das Vorstellungsgespräch ursprünglich zurechtgelegt hatte (»*Ich heiße Clarissa, bin ledig, habe als Hausmädchen in einem gehobenen französischen Haushalt gearbeitet und daher viel Erfahrung im Servicebereich*«), auf die notwendigsten Unwahrheiten zu beschränken: »Nein, keine Familie. Mein Mann gilt als verschollen. Ich möchte mich beruflich verändern.«

»Verschollen. So, so. Und Ihr Französisch ist fließend?«

Der Blick der Madame war in einer Weise über sie geglitten, dass Margot sich mit aller Macht davon hatte abhalten müssen, ihre Augen niederzuschlagen. Sie fühlte sich sehr unbehaglich. Ohne eine klare Vorstellung davon zu haben, was die Madame da gerade in ihr sah, war ihr, als sei sie bei irgendetwas Heiklem ertappt worden.

»Nun, immerhin haben Sie die richtige Besatzungszone gewählt für Ihre … Talente. Der Franzose schätzt es bekanntlich, wenn man seine Sprache spricht. Und ›sprechen‹, wie Sie vielleicht wissen, bedeutet hier auf Muttersprachenniveau. Ist das bei Ihnen der Fall?«

Margot zwang sich zu einem unbefangenen Lächeln. War das etwa eine Fangfrage? Sie entschied sich dafür, einer direkten Antwort auszuweichen und stattdessen auf Französisch ihre Kenntnisse in der Buchhaltung zu betonen, die an solch einem »Ort des Geldes« ja sicherlich …

»Schon gut!« Die herrische Handbewegung, mit der die Madame sie zum Schweigen brachte – wie die Mutter. Dabei hatten die beiden Frauen äußerlich so gut wie nichts gemein. Anders als die Mutter war die Madame klein und kompakt, das blondierte Haar aber trug auch sie in akkurate Wellen gelegt. Ihre grauen Augen schienen ständig auf der Jagd zu sein. Sie war zweifellos die Herrin ihres Reviers: des Servicebereichs dieser »exquisitesten Spielbank im gesamten französischen Sektor«.

»Geben Sie mir eine Chance. Ich wette, ich bin es wert«, hörte sie sich schließlich mit dem Mut der Verzweiflung sagen, und zu ihrer Überraschung ließ die Madame ein schmales Lächeln erkennen. »Wir werden sehen …«

»*Voici!*«
»*Alors, c'est mon jour de chance …*«
»Oha! Das läuft ja wie am Schnürchen.«
»Rot ist meine Farbe.«
»*Encore une fois.*«
»*Ici, Mademoiselle!*«

Heute residierte das Glück für Franzosen wie Deutsche an Tisch sieben. Jene Spielart des Glücks, die sich verausgaben will. Und so kam sie kaum nach mit den Bestellungen. Ein Ring von Champagnerkübeln umgab die Beistelltische, hielt das Prickeln frisch. Margot schenkte nach, lächelte, zwinkerte, küsste, hauchte auf Jetons – »*Le rouge est ma couleur, Monsieur, allez!*« –, und das Trinkgeld war so reichlich, dass es ihr kaum noch möglich war, es in gewohnter Manier nachzuhalten.

»*Faites vos jeux.*«

Hans, der Croupier an Tisch sieben, war leicht erkältet, sodass er sich erst mehrmals räuspern musste, bevor er seine Ansagen machte. Er war der Einzige, der von dem Stimmungshoch unbeeindruckt schien.

»*Mesdames et Messieurs,* meine Damen und Herren … *Rien ne va plus.*«

Die diversen Wortwechsel verstummten.

Das Prickeln, das in der Luft lag, dachte Margot, war fast körperlich zu spüren. Eine gesteigerte kollektive Anspannung, die die Atmosphäre zugleich dichter und transparenter werden ließ. Sie hatte plötzlich das sichere Gefühl, die nächste Zahl vorhersagen zu können.

»*Trente quatre, rouge.* Vierunddreißig, rot.«

»*Allez les Rouges, allez!*«

»Jau. Na, was hab ich euch gesagt?«

»*Mademoiselle,* CHAMPAGNER!«

O ja, die Kugel hatte einen sagenhaften Lauf. Die Selbstzufriedenheit ihres Schnurrens allerdings war vor allem für sie hörbar. Am Ende, *c'est la vie,* gewann immer das Haus.

Na, ihr sollte es recht sein.

Aus irgendeinem Grund schweifte ihr Blick dennoch ab, zu einem deutlich ruhigeren Nebentisch. Vielleicht war sie halb unbewusst dem Blick der Madame gefolgt, die gerade drei der Gäste dort musterte, ihrer Kleidung und dem Gebaren nach Geschäftsleute, von denen der eine, ein eleganter, leicht korpulenter Mann mittleren Alters, einen Wechsel ausstellte, den der zweite Croupier auf einem kleinen Silbertablett entgegennahm. Hier wurde offenbar mit grauen Jetons und den berüchtigten »senfgelben« gespielt. Der elegante Mann lächelte seinen Partnern zu und schob seine Spielmarke mit zielsicherer Geste auf »Impair/Ungerade«. Er hatte soeben zehntausend D-Mark eingesetzt.

Wie lange könnten sie und Fred von einer solchen Summe leben! In einer kleinen Wohnung irgendwo weit weg, wo man sie in Frieden ließ. Und dieser Kerl dort setzte sie mit einer so lässigen Geste aufs Spiel, als seis nicht mehr als ein Trinkgeld.

»Der Teufel scheißt immer auf den größten Haufen«, pflegte Marlies dazu zu sagen. Margot wandte ihren Blick ab und reichte einem älteren Franzosen mit gezwirbeltem Schnurbart ein Glas Champagner. Der verband sein charmantes Lächeln mit einem charmanten Trinkgeld. Doch irgendwie war ihr gerade die Lust vergangen, ihren Verdienst zu zählen.

Nur wer viel hineingab, zu dem floss auch viel zurück. Die Vorsichtigen, die Bedürftigen, die verbissen versuchten, sich die besten Gewinnchancen für ihre wenigen Jetons auszurechnen, die gingen oft nach ein, zwei Stunden ebenso angespannt heim, wie sie hergekommen waren.

Margot trat einen Schritt zurück, das leere Tablett dicht am Körper. Billig, ja, plump kam ihr das fröhliche Treiben an ihrem Tisch auf einmal vor. Und launisch, wie das Glück nun mal war, würde es sich sicherlich bald schon wieder davonmachen.

»Nun geh schon rüber«, zischelte Marlies ihr ins Ohr. Sie hatte ihr Tablett bereits nachgefüllt und war zur Stelle, um für Margot zu übernehmen, die jetzt das entsprechende Augensignal der Madame empfing.

An Tisch sechs, das musste ihr niemand erst sagen, war eine dezente Präsenz gewünscht. Als sei es die Stille, in der sich die wesentlichen Handlungen vollziehen. Sie hielt sich abwartend im Hintergrund. Und tatsächlich, der Elegante mit dem selbstsicheren Spiel hatte seinen Einsatz verdreifachen können.

Seine beiden Begleiter saßen entspannt zurückgelehnt da, ihre Krawatten hatten sie gelockert; augenscheinlich waren auch sie auf ihre Kosten gekommen. Ein rascher, unverständlicher Wortwechsel war zu hören, während dem der eine, jüngere kurz auflachte. Was auch immer sie da sagten, Margot war klar, dass sie nicht mehr lange bleiben würden. Sie schienen nicht zu den Menschen zu gehören, die sich vom Spiel jedweder Art hinreißen ließen. Das Kalkül behielt die Oberhand. Margot verkniff sich ein Lächeln. Der Besuch dieser drei würde auf der Verlustseite des Hauses verbucht werden. Ein Haus wie dieses konnte das zwar spielend verkraften; trotzdem, sie kannte ihre Aufgabe.

»Mögen die Herren noch etwas? Oder sind Sie zufrieden?«

Der Mann mit dem Zehntausender-Jeton wandte sich ihr zu. Sie sah, wie sich seine hellen Augen weiteten, wieder zusammenzogen. Dann lächelte er. Ein feinsinniges Lächeln, das ihn jünger wirken ließ, zugleich jedoch seine leicht schiefen Vorderzähne betonte.

»Wenn Sie so fragen, zufriedener gehts immer. Was würden Sie uns empfehlen?«

Sein Deutsch war korrekt, besaß aber einen leicht kehligen Unterton. Niederländer, schoss es ihr durch den Kopf, während sie »Martini dry, mit einem Hauch Zitrone« empfahl.

»Johan ...«

»Schon gut, Fredrik. Martini also, mitsamt der Rechnung. Eine gute Wahl, Fräulein, um den Abend zu besiegeln. *On the rocks* allerdings. Wir brechen dann auf.«

Margot nickte und nahm rasch die übrigen Bestellungen auf, derer es an Tisch sechs nicht allzu viele gab, an dem die drei Geschäftsleute mit ihrer lässigen Art derzeit den Ton angaben.

Als sie mit den Getränken zurückkam, hatten die drei Herren den Tisch bereits verlassen, der jüngere stand schon in Mantel und Hut da, sein Blick glitt zur Armbanduhr. Margot verteilte die Martinis. Er, der von seinen Kollegen als »Johan« angesprochen worden war, prostete ihr augenzwinkernd zu.

»Dann, auf die Zufriedenheit.«

»Auf das nächste Mal.« Immerhin, dachte sie mit einem Anflug von Trotz, eine Runde Getränke hatte sie noch an den Mann gebracht. Mehr war hier nicht zu holen gewesen. Sie hoffte nur, dass die Madame das ebenso sah. Momentan beaufsichtigte sie die hinteren Tische.

»Ich nehme Sie beim Wort, Fräulein. Johan, mein Name. Johan De Boer.«

Er deutete eine kleine Verbeugung an, die sich offenbar selbst nicht allzu ernst nahm. Margot lächelte ihr Lächeln, sie hatte keinesfalls vor, ihm ihren Namen zu verraten, und kehrte zu Marlies an Tisch sieben zurück. Kurz darauf hatte sie ihn schon vergessen.

Drei Wochen später war er wieder da, allein. Sie bemerkte ihn sofort, als hätte sie, ohne sich dessen bewusst gewesen zu sein, die ganze Zeit über Ausschau nach ihm gehalten.

Er gab Mantel und Hut bei der Garderobiere in Verwahrung, mit einer so routiniert-vertraulichen Geste, als handele es sich bei Fräulein Behrend um seine Sekretärin, schlenderte zu der kleinen gediegenen Bar im Eingangsbereich, bestellte Kognak und Kaffee und ließ seinen Blick gemächlich durch den Raum schweifen.

Margot wandte sich rasch ab. Keinesfalls sollte er sie zu früh ansprechen, sie war noch nicht bereit.

»Auf das nächste Mal.«
»Ich nehme Sie beim Wort.«

Dass er ihretwegen hier war, stand außer Frage. Die Frage war nur: Was wollte sie? Was wollte sie nicht? So oder so, sie musste einen kühlen Kopf bewahren.

»Die Schwarzwälder Kirschtorte ist heute sehr zu empfehlen«, sagte sie zu einem älteren Ehepaar. Um diese frühe Uhrzeit servierte sie üblicherweise Kaffee und Kuchen im Empfangsbereich. Sie hatten gerade erst geöffnet.

»Kirschtorte, so, so. Was haben Sie denn für Weißweine, Fräulein?« Der Herr hatte den Arm um seine ungefähr gleichaltrige Frau gelegt. Beide sahen Margot freundlich an. Dass es sich um ein vertrautes Ehepaar handelte, merkte man sofort. Sie sahen einander in gewisser Weise sogar ähnlich. Vielleicht war das über die Jahre gekommen, vielleicht auch von vornherein der Grund ihrer gegenseitigen Anziehung gewesen. Nun, wenns darum ging, einander ähnlich zu sehen, sollte sie sich den Niederländer gleich mal wieder aus dem Kopf schlagen, dachte sie schmunzelnd.

»Weißwein. Welchen könnten Sie uns empfehlen?«

»Wie? Oh, verzeihen Sie. Die Weine der Region sind, wie Sie sicher wissen, alle ausgezeichnet. Bevorzugen Sie einen trockenen, oder darf es eher etwas Fruchtiges sein?«

»Einer, der zu Ihrer Kirschtorte passt«, sagte die Frau und zwinkerte ihr zu. »Nicht wahr, Herbert?«

»Edelsüß also«, ergänzte ihr Mann.

»Dann würde ich Ihnen den 1949er Riesling empfehlen. Trockenbeerenauslese. Edelsüß, angenehme Fruchtsäuren, ausgewogen.«

»Wunderbar. Einen Viertelliter bitte und zweimal Schwarzwälder Kirschtorte.«

»Sehr gern.«

»Und, Fräulein?«

»Ja?«

»Würden Sie uns bitte die Kerze hier am Tisch anzünden? Meine Frau hat nämlich Geburtstag.«

»Selbstverständlich. Und alles Gute für Sie.«

Margot beeilte sich, das Gewünschte zu holen.

»So, die Herrschaften, ein kleiner Gruß aus der Küche und noch einmal: Alles Gute für Sie.«

»Oh, vielen Dank! Wissen Sie, wir kommen nicht mehr allzu oft in diese Gegend. Früher einmal, aber jetzt seltener. Damals, als unser Sohn noch …«

Genug ist genug, dachte Margot schließlich, als sich der Wortwechsel weiter auszudehnen drohte.

»Wenn Sie mich bitte kurz entschuldigen würden …« Sie beschloss, diesen Zehntausender-Jeton-Niederländer nun offiziell zu bemerken.

Als sie sich der Bar näherte, blickte er ihr lächelnd entgegen. Natürlich, dachte sie. Er hat mich längst gesehen.

»Guten Tag.«

»Ebenfalls. Nun, meinen Namen kennen Sie ja bereits. Würden Sie mir denn auch den Ihren verraten, Fräulein?«

Verheiratet. War ja klar.

Margot rang sich ein Lächeln ab. Viele Männer nahmen ihren Ehering ab, bevor sie dieses Etablissement betraten. Vielleicht wollten sie einfach ihre Bindungen und ihren Alltag für ein paar Stunden vergessen. Wenn sie nach den Gläsern griffen, ihre Jetons setzten, sah sie mitunter den Abdruck, den der kürzlich abgestreifte Ring am Finger hinterlassen hatte. *Du sollst kein Zeugnis ablegen …*

Die jungvermählten Damen wiederum, die mit ihren Liebsten auf der Durchreise zu irgendeinem exquisiten Reiseziel hier hereinschneiten, nutzten ihren ersten Auftritt als Ehefrau gern, um ihnen, den Serviererinnen, ihre Ringe vorzuführen. Je nach Charakter und

Grad der Alkoholisierung taten sie es kokett, leicht verschämt oder selbstgefällig. Hielten ihnen jenes Glück vor Augen, das sich nicht erspielen ließ.

Dieser Niederländer demonstrierte nichts und hatte es anscheinend auch nicht nötig, seine Bindungen zu verbergen. Er trug seinen Ehering und strahlte die souveräne Ruhe desjenigen aus, der aus gesichertem Hintergrund heraus flirtete, erkundete.

Nicht mit mir, schwor sie sich, während sie ihm statt ihres Namens irgendeine Nichtigkeit wie »Glück im Spiel« oder einen »guten Aufenthalt« wünschte.

»Ein Glas Selters, bitte, Marcel.«

Sie bedachte den recht jungen, noch unerfahrenen Barkeeper mit einem ihrer schönsten Augenaufschläge. Bloß nicht mit leeren Händen den Rückzug antreten.

»Sie haben es offenbar schon wieder eilig?«

»Ja, ein wenig.« Sie versuchte, das amüsierte Lächeln zu übersehen, mit dem er zeigte, dass er sie durchschaut hatte.

Du bist sowieso nicht mein Fall, dachte sie. Korpulent, arrogant. Und deine Zähne könnten auch gerader sein.

»Es sind uns nur sehr kurze Pausen gestattet«, sagte sie laut.

»Um welche Zeit wäre es denn günstiger?«

»Ich muss jetzt weiterarbeiten.« Sie machte auf dem Absatz kehrt, doch er griff nach ihrem Arm. Nicht allzu fest, aber dennoch ...

»Bitte gehen Sie mit mir aus!«

»Nein. Tut mir leid.« Sie streifte seine Hand ab und ging, ohne ihn eines weiteren Blickes zu würdigen, in ihren Servicebereich zurück.

»Private Beziehungen zu unseren Gästen sind hier nicht erwünscht, Margarete.« Die Madame bekam wirklich alles mit.

»Ich bin nicht interessiert.«

»Ach?«

»Er ist liiert.«

»Tatsächlich? Nun, wir werden sehen.«

Die Reaktion der Madame machte sie wütend. Was sollte das? Sie hatte doch gesehen, wie sie ihn abgewiesen hatte. Offenbar nicht überzeugend genug. Mehr noch, die Madame schien sich nach wie vor unsicher zu sein, ob sie auf sie zählen konnte.

»Hier kannst du nicht bleiben, Margarete.«

Sie sind nicht meine Mutter, dachte Margot trotzig. Überhaupt, meine Gefühle sind meine Sache. Basta!

Von da an ignorierte sie diesen eleganten, selbstgefälligen Niederländer, der immer öfter kam, vollständig. Ja, sie ließ sich sogar in einen anderen, weiter hinten gelegenen Servicebereich versetzen.

Das brachte ihr zwar den Respekt der Madame, jedoch auch deutlich weniger Trinkgeld ein. Das unbestimmte Gefühl festzusitzen wuchs. Ihr Zigarettenkonsum nahm zu. Allzu viel Helligkeit im Bad vermied sie, begnügte sich mit dem trüben Licht, das der November hergab. Freds Bild lag immer öfter mit der Kehrseite nach oben gewendet, und wenn nach einer Nachtschicht am späten Mittag der Wecker schrillte, waren ihre Glieder unter der dünnen geblümten Baumwolldecke kalt und taub. Die Pausengespräche mit Marlies verliefen einsilbig, sie wich deren Blicken aus.

Ich bin auf dem besten Weg, hier zu versauern …

Als sie eines Tages aus den Augenwinkeln beobachtete, wie die Madame im Vorbeigehen einige kurze, augenscheinlich einvernehmliche Worte mit dem Niederländer wechselte, wurde es ihr zu bunt. Sie war kein Steinchen in ihrem verflixten Spiel!

Sie verteilte die verbliebenen Getränke auf ihrem Tablett, drückte einer gesichtslosen neuen Kollegin kurz entschlossen den Zettel mit den Bestellungen in die Hand und ging schnurstracks zu jener kleinen Bar im Empfangsbereich, die der Niederländer offensichtlich zu seiner Basis erklärt hatte. Als er sie kommen sah, hob er sein Martiniglas und prostete ihr zu.

»Wie lange wollen Sie mich noch ausspionieren?«

»Bis Sie mit mir ausgehen.« Er ließ das Martiniglas sinken, sein Gesicht war ernst. »Ein Mal, wenigstens.«

»Ich habe keine Zeit.«

»Ein einziges Mal. An einem Ort Ihrer Wahl. Und sollten Sie sich unbehaglich fühlen, brechen wir unser Rendezvous ab, und ich werde Sie nicht weiter belästigen. Abgemacht?«

Abgemacht? Margot runzelte die Stirn. Was sollte diese saloppe Art? Sie war doch kein Geschäft, das man abwickelte.

Dennoch, seine Art, Kaufmannsart, die Faktoren ihrer Verabredung im Voraus zu kalkulieren und offen mit ihr zu verhandeln, war ihr vertraut, flößte ihr ein seltsames Gefühl von Sicherheit ein.

»*Kenne deinen Einsatz. Minimiere das Risiko, wage etwas. In Maßen, Margarete.*« Der Vater. Zum ersten Mal seit langer Zeit kam er ihr wieder in den Sinn.

Sein energisches Kinn, der Wegener-Hut, sein weit ausgreifender Schritt, der den Rest der Familie auf den Spaziergängen gern abhängte (allein Rauhaardackel Sepp hielt sich dicht bei Fuß), seine behandschuhten Finger, wie sie beinahe zärtlich auf dem Steuer des Marmon auflagen. Die flussgrauen Augen, die sie von ihm geerbt hatte, die wahlweise wässriger oder dunkler wurden, wenn er sich konzentrierte, seine heimlichen Ausflüge in den Trierer Hof, die angebrannten Bratkartoffeln, sein Blick, der unbehaglich von ihrem gewölbten Bauch über die geschwollenen Beine hinab zum Boden geglitten war, damals …

Seine Geschäfte mussten florieren, jetzt im Wiederaufbau. Immer hübsch auf der Gewinnerseite, ganz der Kaufmann. Ja, Vater, dachte Margot mit einem Anflug von Bitterkeit, ich kenne meinen Wert.

Und was auch immer er sonst sein mochte, dieser De Boer. Er schien alles andere als ein Wüstling zu sein. Abgesehen davon, was sollte bei einem Abendessen schon groß passieren, außer dass sie zur Abwechslung einmal gut speisen würde? Sie wusste auch schon, wo.

Der Nassauer Hof war unter der Woche nur selten ausgebucht. Dennoch schien Johan De Boer reserviert zu haben, denn der Concièrge warf einen kurzen Blick in sein Büchlein und deutete dann auf ein Separee in der Nähe des Springbrunnens. Er geleitete sie zum Garderobenbereich und wollte Margot schon aus dem Mantel helfen, aber De Boer gab ihm mit einer knappen Geste zu verstehen, dass er das selbst zu tun gedenke. Der Concièrge lächelte höflich und ließ sie allein.

De Boer – »Nennen Sie mich doch bitte Johan« – trat so dicht hinter sie, dass sein Atem ihren Hals streifte. Während er ihr unter einer sachten Berührung ihrer Schulterblätter aus dem schweren Wintermantel half, registrierte sie seinen Geruch: parfümiert. Irgendwas mit Hamamelis, teurer Herrenduft sicherlich, gepaart mit der feuchten Wolle seines Mantels. Sie nahm aber auch eine Art tiefer liegender Ausströmung wahr, die weder besonders angenehm noch direkt abstoßend war. Unwillkürlich trat sie ein Stück zur Seite, als sei er ihr zu nahe getreten. *Intim.* Das war es, wie er roch.

»… wunderschön. Es betont Ihre Augen, Fräulein Heider.«
»Ich heiße Margarete.«
»Ah … auch noch ein kleidsamer Name.«
Von Dior war es, ihr Kleid, taubenblau und samt des passenden Taillengürtels Teil ihrer Aussteuer gewesen. Sie hatte es ausgewählt, weil es bislang ungetragen, also keinerlei Erinnerung damit verbunden war. Wie auch – schließlich führte sie seit Langem ein Leben, in dem ein solches Kleid zu tragen schlicht undenkbar war. Dass sie es

auf ihrer Flucht vor Hermann zu den wenigen Habseligkeiten gepackt hatte, erfüllte sie mit leiser Scham. Es war, als gestehe sie sich ihren Abstieg nicht gänzlich ein; als hoffte sie auf irgendwas … Nun, hier war sie. In Dior! Sie lächelte.

Der Speisesaal war in weiches Kerzen- und Lüsterlicht getaucht, die gedämpften Stimmen der Gäste verteilten sich angenehm im Raum, und als sie ihn in Richtung ihres Tisches durchquerten, die Blicke zu ihnen her- und wieder wegglitten, war ihr, als sei sie unversehens in einen angenehm diffusen Traum hineingeraten, bis Johan, der plötzlich herzhaft niesen musste, den Zauber brach.

Nach den Horsd'œuvres bestellte er Aperitif und Menü in einem so fließenden Französisch, dass sie nicht umhinkonnte, ihre Überraschung deutlich zu zeigen.

»Nun ja, wir sind ein kleines Land. Da lernt man früh die Sprachen der Nachbarn. Anders als ihr Deutschen müssen wir das wohl, nicht wahr?« Johan sah sie über seinen Cassis hinweg an.

Ich bin keine Deutsche, wollte sie schon erwidern, aber dann hielt sie inne. Wer oder was war sie eigentlich? Und wenn sie das schon nicht mehr so genau wusste, was sollte sie von sich preisgeben? Dass sie aus Luxemburg stammte, das – »*schönes kleines Land*« – seine Nachbarn ebenfalls genauestens im Blick hatte?

Dass sie in ungeklärten Verhältnissen lebte und mühsam ihr Geld zusammenhielt? Sollte sie ihm von Hermann erzählen? Den Gründen für ihre Flucht? Dass sie Mutter eines kleinen Jungen war, den sie – vorübergehend! – ins Waisenhaus abgeschoben hatte? Dass sie aus einem wohlhabenden Haus stammte, aber verstoßen worden war? Zu viele Probleme, ermahnte sie sich. Und überhaupt, welcher Mann interessierte sich im Grunde seines Herzens schon für etwas anderes als für sich selbst oder jene reizvollen Spiel- und Seinsweisen des Weiblichen, die ihn zu ergänzen, bestätigen schienen.

»Erzählen Sie mir von Ihrer Heimat, Johan«, sagte sie schließlich und tauchte ihren Löffel in die Bouillabaisse. Sie war ein klein wenig zu salzig für ihren Geschmack, und sie schmeckte schmerzlich nach Erinnerungen. Nach Samstagen und dem Place du Marché. *Bouillabaisse* ... Ihr Silberlöffel mit dem Ährenemblem lag wieder vor ihr auf dem weißen Leinentischtuch, die Schale mit geröstetem Brot neben dem Suppenteller; der intensive Geschmack von Thymian, Lorbeer, Schalotten und Kerbel war weniger auf der Zunge zu spüren, als dass er aus einer tieferen Schicht ihrer Sinne zu ihr hochstieg; und auch ihr Binsenkorb mit dem schönen safrangelben Innenfutter schwang nun erneut an ihrer Mädchenhand, sie lief – »*Allouette, gentille allouette, allouette, je te plumerai la tête*« – neben Emilie her, bis der Markt mit seinen werbenden Rufen erscholl. Alles glänzte, das mit den Schläuchen frisch abgespritzte Pflaster, die sorgsam ausgelegten Waren, die Markisen der Stände im Sonnenlicht. (Wars nie bewölkt?) Ach, die Samstage: Markttag, Waschtag, *Bouillabaisse*. Alles stand ihr wieder so klar vor Augen. Die schweren Hüften der Köchin Estelle, wie sie an das Bord gelehnt Fische ausnahm und grimmig das Filetiermesser hob, weil sie einen der noch ofenwarmen Brotschnitze stibitzt hatte. Die Feuchtigkeit der Kochwäsche war wieder zu spüren, das Aufatmen der staubtrockenen Korridore, das Blinzeln der beschlagenen Fenster im hinteren Trakt, wenn der Wasserdampf langsam verdunstete ...

»Amsterdam, Vondelstraat. Dort ist unser Firmensitz. *Römhelm-Patente*. Man kann sagen, das Geschäft läuft sehr gut. Unsere Ideen sind gefragt, besonders im Bereich Kommunikations- und Elektrotechnik machen wir zunehmend steigende Umsätze, wobei dieser Sektor noch ausbaufähig ...« Johan besann sich, sein Tonfall wurde weicher, tastender.

»Im Frühjahr, wenn die Menschen auf ihren Hausbooten sind, ist es besonders schön. Viel Betrieb, alles blüht. Die Grachten glitzern, wenn die Sonne darauf scheint, und all diese Gerüche von den Ständen und Cafés – waren Sie schon einmal in Amsterdam, Margarete?«

Sie schüttelte den Kopf, während sie ihr Entrecote, das zart wie eine Blüte war, mit dem Messer zerteilte. Glücklicherweise stieg nun nichts mehr in ihr hoch, keine Erinnerung; dieses Gericht schien sich selbst zu gehören. Sie stellte fest, dass sie ihm eigentlich ganz gern zuhörte, diesem Johan aus dem »kleinen Land«.

»Es würde Ihnen dort gefallen, glaube ich. Es ist, wie sagt man, bunt. Jetzt, wo es wieder genügend Lebensmittel zu kaufen gibt. Man sieht sehr viel mehr Menschen auf den Straßen als in Deutschland. Viele stellen sich einfach einen Stuhl vor die Haustür und essen dort ihre Mahlzeit. Nicht alles passiert nur in den Häusern wie hier. Und die Fenster haben keine Vorhänge. Wir haben wohl nichts zu verbergen«, sagte er und zwinkerte ihr zu.

»Ich habe einen kleinen Sohn«, sagte sie unvermittelt. Vielleicht weil sie anfing, sich bedenklich wohlzufühlen, vielleicht auch nur, um dieses leutselige Zwinkern aus Johans Gesicht zu vertreiben.

»Er heißt Fred.«

Johan stutzte, ließ das Besteck sinken, fing sich aber rasch. »Fred, also. Nun, ich habe drei: Ludovik, Hendrik und Jan.«

Etwas in seinem Blick verschwamm. Margot blinzelte, griff nach dem Weinglas. Johan hatte das seine gerade geleert.

»Ja, drei Söhne«, wiederholte er. »Und eine todkranke Frau.«

Hoffnung durchflutete sie, gefolgt von einer so starken Scham über ihre Reaktion, dass ihr die Tränen in die Augen stiegen.

»Das tut mir leid«, murmelte sie.

»Schon gut. Das geht schon recht lange so. Wir sind darauf eingestellt, auf das … Ende.« Johan, der den Grund ihrer Tränen offensichtlich fehldeutete, tätschelte ihr beschwichtigend die Hand und bestellte eine weitere Flasche Rotwein.

Sie selbst leerte, wie um sich irgendwie aufzufüllen, ihr nächstes Glas Wein ungehörig rasch.

»Hören Sie ...« Sie wollte ihm sagen, dass dieser Abend am besten bald enden sollte, dass das alles zu unkalkulierbar war, dass er zu seiner kranken Frau zurückkehren sollte.

Und dann erzählte sie ihm – gerade so, als hätte ihr Leben dort begonnen – von Trier. Von der Porta Nigra, von ihrem kindischen Drang, sich beim täglichen Passieren des rußigen, schwarzen Tores ducken zu wollen. »Als wäre ich die schlechte Marie in dem Märchen von Frau Holle. Na, Sie wissen schon: die, über die das Pech ausgegossen wird.«

Von all den ausgelaugten Plätzen und Straßen sprach sie. Von den Trümmern. Den uralten römischen, hinter Glas und Absperrungen gesichert. Und den neuen, die der Krieg geschlagen hatte. Schutt, den sie und die anderen Frauen Tag für Tag abgetragen hatten, mit Schaufeln, Kochlöffeln, oft mit den bloßen Händen. Die angefeuchteten Tücher vor den Gesichtern, das war ihre ganze Ausrüstung gewesen, mit der sie sich Stunde um Stunde Schuttschicht um Schuttschicht zur freien Fläche vorgearbeitet hatten.

Dennoch, der Staub war durch die Poren gedrungen, der Schmutz unter den Fingernägeln auch bei hartnäckigem Schrubben mit der Wurzelbürste nie ganz verschwunden. Sie waren nach und nach gewissermaßen »eingedunkelt«. Ihre Haut, stetig überzogen von einer Art Grauschleier. Einer feinen, mehr spür- als sichtbaren Schmutzschicht: den Resten des »Endsieges«. Knochenschmerzen, Husten, entzündete Augen. Sie war bald krank geworden, Tag um Tag, darauf hoffend, dass man sie vergaß.

Von ihrer Wohnung in der Kaiserstraße erzählte sie. Von der lädierten Treppe, »als lehnte ein Betrunkener sich an seine Liebste«. Na, so was? Das musste der Wein ihr eingeben ... Von der so gelassen dahinfließenden Mosel, ihrem verwilderten Ufer, halb Gestrüpp, halb Schrottplatz, wo Kinder sich zusammenrotteten, Pärchen sich trafen, die Obdachlosen, die Lebensmüden. Von ihrer Überzeugung, dass es sich nur in einer Stadt, die am Fluss lag, dauerhaft aushalten ließ. »Man vergisst das sonst so schnell. Wie es fließt, das Leben ...«

Von dem väterlichen Baugeschäft am Viehmarkt sprach sie und – *ja, ich habe registriert, wer du bist, Johan* – von kaufmännischen Fragen, von ihrer Ausbildung, den Möglichkeiten, die die freie Marktwirtschaft bot.

»Aber Hermann, Freds Vater, na ja, er wollte nicht, dass ich arbeite. Er meinte, ich solle für die Kinder ... Er könne uns allein bestens ernähren, hat er gesagt. Er war so wütend, ich wusste nie, warum. Dieser Krieg ... Irgendwas davon hat er mit heimgebracht. Ich konnte dort nicht bleiben.«

Johan unterbrach sie nicht. Ab und an nippte er an seinem Weinglas, sah sie unentwegt an. Sein Blick blieb unergründlich.

»Und nun? Was wollen Sie?«, fragte er schließlich. »Die Chefserviererin der Spielbank werden?«

Dieses Mal lächelte er nicht. Seine rechte Hand, die unberingte, ruhte dicht neben der ihren auf dem Tischtuch, doch er berührte sie nicht.

Und nun? Was wollen Sie?

Etwas Fruchtiges, dezent Zuckriges lag ihr plötzlich auf der Zunge. Sie waren beim Dessert angekommen.

Margot legte den Löffel beiseite, hob den Kopf. Sie sah ihm offen und direkt ins Gesicht. »Meine Ruhe will ich. Vor Hermann, vor der Spielbank, vor der Madame. Und eine Wohnung.«

Margot lief in der zugigen Empfangshalle des Waisenhauses auf und ab. Sie wartete auf Fred. Nach feuchtem Gemäuer roch es, nach Bohnerwachs und Garküche. Still wars. Nicht friedlich. Von Zeit zu Zeit waren ein paar versprengte Laute zu hören. Hastige Schritte auf den Fluren der oberen Stockwerke, ein kurzes Rufen, eine Tür, die sich schloss. Dann wieder: nichts. Margot rieb ihre Hände aneinander, trotz der Handschuhe waren ihre Finger klamm.

Es war der dritte Sonntag im Advent. Die jüngeren Knaben waren zur Krippenspielprobe in die Kapelle beordert worden, wie die Oberschwester Margot ein wenig unwirsch mitgeteilt hatte. Dabei hatte sie ihr Kommen angekündigt, die Kündigung für Freds Unterbringung, überhaupt alles, rasch und so korrekt wie möglich in die Wege geleitet.

Die Oberschwester wirkte jedoch alles andere als vorbereitet. Sie überließ Margot so, wie sie da stand, in Mantel und Hut, sich selbst. Bot ihr weder einen Stuhl noch ein Glas Wasser an.

»Schwester Obula, holen Sie den Jungen.« Eine jüngere, recht munter dreinblickende Nonne, eine Novizin womöglich, die abwartend hinter dem Stuhl der Oberschwester gestanden hatte und sich nun aus dem Hintergrund löste, als wäre sie gerade eben erst entstanden, nickte Margot freundlich zu, geleitete sie aus dem Zimmer zurück in die Empfangshalle und verließ diese durch die hintere Seitentür. »Sie warten hier, bitte.«

Margot nickte. Aber schon während sie anfing, in der Halle auf und ab zu gehen – auf keiner Bank hätte es sie jetzt gehalten! –, kam ihr das Ganze merkwürdig unwirklich vor. Sie fuhr sich mit der Hand über die Stirn. Was war nur los? Sie spürte, wie ihr unter den Achseln der Schweiß ausbrach. Gleichzeitig aber fror sie, von innen heraus. Wurde sie etwa krank? Ausgerechnet jetzt, sie war doch nie – Da, da kam jemand! Ein Junge, der ... nein. Deutlich älter war er, stämmiger, dunkelhaarig. Er sah sie nicht mal an, sondern verschwand gleich durch eine Tür in der Wand, die sich so geräuschlos hinter ihm schloss, als sei sein Erscheinen nur eine Sinnestäuschung gewesen.

»Ja, so eine wie Sie, die bleibt nicht.« Die Madame hatte das beim

Abschied zu ihr gesagt. Und ehe Margot entscheiden konnte, ob dieser Satz kränkend oder freundlich gemeint war, hatte Frau Wittig die Schublade ihres Schreibtisches aufgezogen, ihr einen Briefumschlag entnommen, die Scheine darin abgezählt – dreihundert D-Mark! – und sie ihr in die Hand gedrückt.

»Aber ...«

»Das steht Ihnen noch zu. Von Ihrer Provision. Sie haben gute Arbeit geleistet. Zuletzt.«

»Danke.«

»Wo soll es denn hingehen?«

»Johan ... Herr De Boer hat einen Zweitwohnsitz ...« Sie war kurz davor gewesen, »in Köln« zu sagen, doch irgendetwas hielt sie davon ab. Sollte Hermann ihrer Spur bis hierher folgen, wollte sie es ihm nicht noch leichter machen, ihr weiter nachzustellen.

»Ich muss jetzt gehen«, sagte sie stattdessen.

»Ja, so schauts aus«, entgegnete die Madame, und zu Margots Überraschung hatte sie gelächelt, als sie die Tür hinter ihr schloss.

Bing! Eine Glocke schlug. Ein-, zwei-, dreimal. Margot zuckte zusammen. Sie streifte sich die Handschuhe von den Fingern, ließ sie in ihre Handtasche gleiten und wechselte die Tasche von der rechten auf die linke Schulter, dann wieder zurück.

Wo bleibt er denn nur so lange? Sie strich sich über den Rock. Vielleicht will er gar nicht kommen?

Sie merkte, dass sie nun doch saß. Spürte die harte, glatte Sitzfläche der Bank unter sich. Etwas tippte sie an. Sie drehte sich nach allen Seiten, da war nichts, blickte hoch. Sie saß unter einem vergitterten Fenster; es war geöffnet. Und es tröpfelte, auf ihre Schulter. Anscheinend hatte es draußen zu regnen begonnen. Sie stand wieder auf, ging, um irgendeine Richtung zu haben, auf den großen Gummibaum zu, der neben dem Zimmer der Oberschwester in einem wuchtigen Übertopf steil zur Decke emporwuchs. Er sah wie ein Wächter aus. Kraftvolle, fleischige, handtellergroße Blätter. Würde sie noch näher kommen, er würde, wenn er es könnte, ganz sicher nach ihr greifen. Geh weg!

Mehr aus einem Instinkt heraus, als dass sie irgendein Geräusch oder eine Bewegung wahrgenommen hätte, drehte sie sich um. Und da stand er – aus dem Nichts hervorgetreten.

Fred!

Sie schlug sich die Hände vor den Mund und versuchte zugleich, etwas zu rufen.

»Fred …?«

Seit wann war er so groß und dünn, so … spitz um die Nase? Stand da, stockstsill, blieb reglos.

WRUMMS. Etwas fiel aus Freds Hand, etwas Kleines, Hartes, ein Gebetbuch vielleicht, fiel mit geradezu ohrenbetäubendem Krach auf die Fliesen, und auch ihr Tagtraum fiel – ihr Junge, der sich bei ihrem Anblick jauchzend, jubelnd in ihre Arme warf. Nichts dergleichen passierte.

»Fred.«

Fred sah sie an, mit einem abwesenden Ausdruck, als träume er. Dann schlug er sich die Hände vors Gesicht. Ihre Knie wurden weich. Er war verwirrt. Krank. Wollte sie nicht sehen oder … Dann wurde ihr klar: Die Oberschwester hatte ihm nicht gesagt, dass sie heute kommen und ihn mitnehmen würde. Sie lief jetzt, lief auf ihn zu, schloss ihn fest in ihre Arme.

»Wir gehen weg von hier. Jetzt gleich. Ich hab es dir doch versprochen. Alles ist gut, alles ist gut, alles ist …« Fred antwortete nicht, hob auch nicht den Kopf. Er klammerte sich so fest an sie, dass sie kaum Luft bekam. So spitz, so hart war er. So viele Rippen … Und der Geruch? Hatte er erbrochen?

»Komm, geh deine Sachen holen.«

Fred schüttelte den Kopf.

»Na gut.«

Sie hob ihn hoch, so gut es ging. Die Handtasche glitt ihr von der Schulter, blieb jetzt baumelnd in ihrer Armbeuge hängen, ihr Hut rutschte aller Anstecknadeln zum Trotz über ihr Haar zur Schläfe hin. Doch sie gingen, schief und verschlungen, wie sie waren, durch die Halle zurück auf die Straße, und fort.

Freds Sachen ließen sie dort.

In Köln würden sie schon alles finden, was sie brauchten.

13

1952, Köln

FRED war jetzt Kölner. Und heute saß er auf einer umgedrehten Gemüsekiste, das Schachbrett auf dem Schoß. Der neue Freund der Mama, Johan, hatte es ihm dagelassen samt der Figuren.

»*Oefenen, Fred!*« – Aber der Johan brauchte ihm gar nicht zu sagen, dass er dies lernen, dass er üben sollte.

Als Fred zum ersten Mal den Bauern zielsicher über schwarz auf das nächste weiße Feld zog, da hatte er gewusst: Das war sein Spiel.

Er hatte auch gleich verstanden, worum es dabei ging: Der König musste geschützt werden, und die Dame war dabei seine stärkste Verbündete. Aber es gab noch andere, die ihr dabei halfen: der wendige Springer, der zielstrebige Läufer, die standfesten Türme und die kleinen tapferen Bauern. Klar, dass sie, weil sie so verschieden waren, sich auch unterschiedlich bewegten.

Johan hatte ihm die Grundregeln nur ein einziges Mal erklären müssen und staunte nicht schlecht, als er, Fred, seine Figuren über das Spielfeld zog. Dass er in sieben Zügen schachmatt gesetzt war, tat nichts zur Sache. Er hatte die Dame, so Johan, zu früh ins offene Zentrum bewegt und seine Leichtfiguren vernachlässigt.

»Schäfermatt, Fred. Trotzdem, das war sehr bemerkenswert für dein erstes Spiel«, sagte Johan und erzählte ihm, der er vor Freude errötet war, von der Magnetmatt-Partie, in der Edward Lasker George Alan Thomas in ebenfalls nur sieben Zügen matt gesetzt hatte, »und

Thomas, der war ein englischer Großmeister, immerhin. *Oefenen, Fred!* Wie sagt man bei euch? Übung macht einen Meister.«

Leider war das mit dem Üben hier auf der Gemüsekiste eine ziemlich kippelige Angelegenheit.

Der Geisinger, in dessen Wohnzimmer sich die gesamte Nachbarschaft gerade um eine recht mitgenommen wirkende Fernsehtruhe scharte, hatte an Stühlen und Sitzgelegenheiten herbeigeschafft, was eben möglich war. Ihm hatte er die Kiste zugewiesen.

Den Ofen brauchte der Geisinger, obwohl es Winter war, nicht zu befeuern, denn diejenigen, die keinen Sitzplatz ergattert hatten, standen inzwischen so dicht gedrängt, dass ihr gemeinsamer Atem die Fensterscheiben beschlug.

»Et jit Saache, do jläuvs et nit«, sagte eine Frau, die dicht hinter Fred stand. Der Stimme nach musste das Marie Mertensen sein, die unten im Gemüseladen arbeitete. Sie und die Mutter trafen sich manchmal hier bei der Frau vom Geisinger zum Rommé spielen.

»Die hät noch keiner verlore, die Saache, die dä fingk.« Auch diese Stimme, älter, rau, kam Fred vage bekannt vor, aber er hatte keine Lust, sich nach dem Mann umzudrehen. Jemand zwängte sich gerade so dicht an ihm vorbei, drängte nach vorn ins Geschehen, dass Fred Mühe hatte, Turm und Läufer zu sichern, die da am Spielfeldrand empfindlich bebten und fast vom Brett gesegelt wären. Einige Bauern waren gleich umgefallen, immerhin im Zentrum; die waren rasch wieder aufgestellt.

»Hier riechts wie alsmal im Winter in Zeilsheim«, murmelte eine Frau, die schräg rechts vor ihm stand und ihren Mantel trotz der stickigen Luft eng um sich geschlungen hielt. Sie zupfte ihren Mann, dessen Brille mit einem seltsamen riesigen Pflaster geflickt war, am Hemdsärmel und deutete mit einem Kopfnicken in Richtung Fenster. Fred folgte ihrem Blick.

Zwei Anstreicher, Lehrlinge wohl noch, verzehrten dort gerade ihre Brotzeit. Neben ihnen stand ein auffallend dürrer Mann in Hosenträgern und Achselhemd, dem die Augen zugefallen waren und dessen Kinn unter stoßweisen, lauten Schnarchern Richtung Brust sackte.

»Wer bei der Erde bleibet, der bricht den Hals nüschte nicht.« Die alte Frau Wernherr hatte sich direkt auf den Teppichboden gesetzt. So lautstark beharrte sie auf diesem Platz da unten zu Füßen ihrer Tochter, dass Fred peinlich berührt den Blick abwandte, während die Familie vom Geisinger, seine Frau und die drei Töchter, allesamt über ihr auf dem breiten Sofa thronten, in, wie die Frau Geisinger es nannte, »strategisch guter Position«: mittig und in unmittelbarer Sicht- und Hörweite des Fernsehgeräts.

Der Geisinger wiederum, im Sonntagsanzug und mit etwas »Selbstgebranntem« in der Hand, stand neben der Truhe und richtete mit der freien Hand die Antenne aus. Sein rundes, pfiffiges Gesicht glänzte vor Schweiß und Stolz.

Alles rauschte, glitt angenehm über ihn hinweg. Stimmen, Murmeln, Lachen, Zurufe, Dialekte. So war es eigentlich immer, dachte Fred, mit der Welt. Wie ein Radio, das nicht richtig eingestellt war. Ab und an allerdings funkte Verständliches dazwischen: »Fordwerke«, »Adenauer«, »Fernsehen« und immer wieder: »Versuchsprogramm«.

»Et jeit los!«

Fred sah von seinem Spielbrett hoch in Richtung der Fernsehtruhe. Ein Bild flackerte unter allgemeinen »Aahs« und »Oohs« auf, wurde nach und nach klarer. Zwei halb nackte Männer mit gesenkten Köpfen und dicken Handschuhen gingen dort drinnen in der Truhe aufeinander zu, wichen zurück und begannen, sich mit hocherhobenen Fäusten zu umkreisen.

»Na so was«, sagte die Mutter, die dicht neben ihm auf einem gepolsterten Stuhl saß, wodurch die rechte Flanke seines Spielbretts einigermaßen geschützt war. So wie seine Mutter das sagte, war klar, dass sie das, was die zwei Männer da taten, nicht die Bohne interessierte.

»Wieso wir denen dabei zuschauen?«, murmelte sie vor sich hin. Sie hatte sich für eines dieser Kleider entschieden, die er gern mochte, weil sie nicht so viel Aufhebens machten. Ein einfaches erbsengrünes mit Strickjacke.

Fred sah sie an. Er wusste, dass er das immer tat: sie wieder und wieder ansehen, wenn sie irgendwo unterwegs waren. Aber er konnte nicht anders. Im Moment schien alles ganz in Ordnung zu sein. Natürlich schauten auch alle anderen immer wieder zu der Mama hin, Männer wie Frauen. Aber daran war er ja gewöhnt, und so wandte er sich nun dem Bild in der Truhe da vor ihnen zu, das bemerkenswerterweise lebendig war. Die beiden Männer in dem Kasten bewegten sich wie Raubtiere, einander umkreisend, mal langsam, dann blitzschnell zum Angriff vorstoßend. Seile waren um sie herum gespannt. War das ein Käfig, fragte er sich, in dem die da standen?

»Jawoll!«

»Der saß!«

Jubel erhob sich. Der etwas Kleinere, Stämmigere mit dem kurz geschorenen Haar hatte seinem Gegner einen Hieb verpasst. Dessen Kopf flog zur Seite. Blut lief aus seinem Mundwinkel. Ein kleiner, flinker Mann in einem gestreiften Hemd kam herbeigelaufen und hob die Hand. Die beiden Kämpfer wichen in ihre Ecken zurück. Jemand lief auf den Blutenden zu und fummelte etwas aus dessen Mund heraus, eklig. Der Mann spuckte in sein Handtuch, trank einen Schluck aus einer Wasserflasche, dann drehte er sich wieder um, und schon ging es weiter. Kopf leicht gesenkt, Fäuste hoch … Fred blinzelte.

»Ich mag das nicht«, sagte er mehr zu sich, doch die Mutter hatte ihn gehört.

»Spiel du ruhig«, sagte sie, sich zu ihm niederbeugend, und jetzt musste sie fast in sein Ohr schreien, denn der Geisinger hatte soeben die Lautstärke hochgefahren, sodass die Leute, die sich vor der offenen Wohnungstür auf dem Etagenflur versammelt hatten, auch etwas von der hohen, schnell sprechenden Männerstimme mitbekamen, die, wie die Mutter sagte, das Ganze kommentierte.

Fred rückte seinen weißen Springer vor auf f3.

»Immer das Zentrum sichern«, hatte Johan gesagt. Aber wie ging das? Da standen schließlich noch genug auf der Seite von Schwarz herum, die dem Springer an den Kragen wollten. Die Bauern zogen gerade, schlugen schräg. Die Läufer zogen, wie sie schlugen, ebenfalls schräg; der Johan sagte: diagonal. Wenn er ehrlich war und weil er ja eigentlich beide Seiten spielte, also Schwarz *und* Weiß, dann musste er jetzt mit Schwarz den Springer schlagen, und zwar mit Bauer g4. Fred zögerte.

Der Springer war seine Lieblingsfigur. Vielleicht weil er der Einzige war, der seine Richtung änderte. Er zog nämlich erst gerade und brach dann zur Seite aus. Wendig. Nicht wie der Bauer war er, so einfach und direkt, und auch nicht so elegant und weitblickend wie der Läufer. So eine Art Dazwischen, dachte Fred vage.

Doch nun schlug ihn der Bauer. Nein, er, Fred, schlug, den Bauern führend, ihn, den Springer: *seine* Figur, also sich selbst.

Unversehens geriet er in eine Art Hochstimmung. Alles lag hier in seiner Hand, und die füllte sich nun rasch mit Figuren, schwarzen wie weißen. Wohin bloß damit? Auf seinem Schoß konnte er sie nicht alle ablegen, da war das Schachbrett, und um ihn herum schien jeder Fußbreit Boden besetzt. Wo war bloß die Schachtel, in der er sie hierhergetragen hatte? Er runzelte die Stirn. Daran hatte er gar nicht gedacht, dass er für die Geschlagenen – Johan sagte: die *Opfer* – ja auch Platz brauchte. Vielleicht konnte die Mutter sie für ihn übernehmen? Er sah sie an, und als sei dies das insgeheim vereinbarte Zeichen gewesen, wandte die Mutter sich ihm nun zu und hielt ihm ein Stück Kartoffelbrot hin.

Offenbar war Essenszeit. Alles Mögliche wurde gerade herumgereicht: Kartoffelbrot, Weckchen, hart gekochte Eier, kalte Frikadellen. Fred aber war satt. Überhaupt, er mochte dieses wilde Herumgeesse nicht. Er aß lieber daheim, am liebsten immer das Gleiche. Aber er nahm das Brot, das er hastig kaute, und ließ die Geschlagenen wie nebenbei in den Schoß der Mutter fallen.

»Los, mach schon.«

»Komm, Junge!«

»Hoch, hoch!«

Drinnen in der Fernsehtruhe lag nun einer der beiden Männer auf dem Boden, der kleine, flinke Mann trat rasch herbei und beugte sich vor, aber der da unten rappelte sich schon wieder auf. Doch auch hinter Fred schien sich einiges zu tun.

»Na, is et denn. Der Willi!«

Fred sah hoch. Der Geisinger war aufgesprungen und hatte sich durch das Gedränge bis zur Zimmertür vorgearbeitet, in der ebenjener Willi stand, einen Karton im Arm. »Sion-Kölsch« stand dadrauf.

»Loss mer eine nünne, solang mer dat noch künne«, sagte der Geisinger, nahm dem Willi die Bierflaschen ab, die sich rasch verteilten, und schlug ihm freundschaftlich auf die Schulter, wozu er sich hochrecken musste.

»Mer läv nur eimol.« Der Willi lächelte. Er sah sich rasch und gründlich im Raum um.

Die Mutter, deren Arm Fred an seiner Schulter spürte, schien plötzlich eine seltsame Hitze auszuströmen, und er fragte sich unwillkürlich, ob auch sie den Willi bemerkt hatte, der ja der Handwerker war, der neulich bei ihnen gewesen war. Oder, wie die Mutter ihn genannt hatte: der »junge Bauunternehmer«.

Doch nein, seine Mutter schaute unbeirrt geradeaus. Ihre ganze Aufmerksamkeit schien dem Kampf der beiden Männer auf dem Bildschirm zu gelten. Wenngleich sie, falls das überhaupt möglich war, mit noch aufrechterer Haltung in ihrem gepolsterten Stuhl saß, gewissermaßen *noch mehr da* war.

»Der machts nicht mehr lang. In der Zehnten ist Schluss, so wie's ausschaut. Zu viel Masse, die der da hat, zu viel Kraft. Ich sags ja immer, Plus und Plus ergibt Minus. Auf die Technik kommts an. Wie der Kleinere da den Haken setzt, so von unten her …«

Willi, der aufgrund seiner Größe alles überblicken konnte, kommentierte nun für die hinter ihm Stehenden den Kampf.

»Nä.«

»Ja, gibts denn so was! Pfui Deifi!«

Einer der Zuschauer hatte offensichtlich etwas in den Ring geworfen, der Kampf war unterbrochen worden. Der Kommentator nutzte die Gelegenheit, um Geschichten aus dem Umfeld der beiden Männer zu erzählen, die Fred nicht verstand. Sein eigenes Spiel hingegen hatte sich irgendwie festgefahren. Beide Seiten waren noch im Besitz ihrer Türme und Damen. Weiß war in leichtem Vorteil, was die Bauern anging, dafür konnte Schwarz soeben eine Rochade machen, der König stand nun etwas besser. Aber würde er den Vorteil nutzen können?

»Ja, wen haben wir denn da?« Der Handwerker bewegte sich auf sie zu. Kurz darauf stand er hinter ihm und schaute ihm über die Schulter. »Na so was, hier gibts ja nur Schwarz und Weiß.«

Fred musste unwillkürlich lächeln. Was wohl der Johan dazu gesagt hätte? Es fiel ihm nicht ein.

Der Handwerker tippte nun, geradezu behutsam, der Mama auf die Schulter. Dennoch griff Fred geistesgegenwärtig nach dem schwarzen König. Das Spiel galt es zu schützen, vor jeder plötzlichen Bewegung. Es konnte schließlich kippen.

Alles konnte jederzeit kippen.

14

1952, Köln

WILLI zögerte. Er hatte schon die Hand gehoben, um bei »Heider« zu klingeln – inzwischen war ihr Namensschild an der Haustür aufgetaucht –, und vielleicht war es ja das, dieses Konkrete, Benennbare, weshalb seine Hand sich sogleich wieder zurückzog.

Lass bloß die Finger da weg!

Plötzlich schien alles irgendwie zu schnell zu gehen. Er, wie er da stand, als seis auf einmal Frühling, mit dem so sorgfältig zurückgekämmten, pomadisierten Haar, der neuen Blousonjacke – ja, war er denn jeck? Die war zum Ausgehen da. Und die Schuhe erst.

Nun gut, an die Arbeitsschuhe hatte er immerhin gedacht. Aber warum in drei Teufels Namen hatte er keinen zweiten Mann mitgenommen? Bei all dem schweren Material! Die Resopalplatten bewegten sich nicht von allein, die Holzplanken, Schienen, Bohlen, der wuchtige Werkzeugkasten und die Leiter leider auch nicht. Überhaupt, was stand er so kurzatmig hier vor ihrem Haus. Als ob Eile nottäte, und jetzt, ja, jetzt öffnete sich auch schon die Tür.

Die Tür, gegen die er sich gelehnt haben musste, ohne es recht zu bemerken, und die sich nun mit einem lauten, etwas stockenden Summton öffnete, sodass er fast ins Haus hineinfiel.

Immer langsam mit den jungen Pferden.

Hatte er etwa doch die Klingel gedrückt? Seit wann funktionierte die Elektrik denn so einwandfrei?

»Wird 'n Weilchen dauern!«, rief er aufs Geratewohl die nach wie vor bedenklich schiefe Treppe hinauf, während er Platten, Schienen, Leiter und Planken unten im Hausflur an die Wand lehnte. Vielleicht konnte sie ihn von da oben ja hören. Am Schallschutz war hier schließlich immer noch nicht groß gearbeitet worden.

Und tatsächlich: »Wenn Sie mich meinen, ich habe Zeit!«, rief es von oberhalb zurück.

»Wen sollte ich denn sonst meinen?«

»Nun, es klingelt schon mal öfters bei uns …«

»Aber wir haben einen Termin. Na, und zu wem sollte ich auch sonst wollen? Mit all dem herrlichen Material und …«

Irgendwo über ihm wurde eine Tür geöffnet.

»Gehts noch lauter?«

»Aber sicher. FIRMA KOCH, MAURERARBEITEN und ANDERES.«

»Witzbold.«

Die Tür wurde wieder zugeschlagen.

»Na, der rührt sich nicht mehr.« Er schob den Eimer Spachtelmasse mit dem Fuß Richtung Treppenabsatz. So, das wäre geschafft. Jetzt nur noch das Werkzeug, die Abdeckplanen, Messgeräte, und dann müsste das alles eigentlich mit zwei, maximal drei Gängen nach oben zu schaffen sein.

Im zweiten Stock, die Resopalplatten rechts und links, das Messgerät über einen Riemen geschultert, trat ihm der Schweiß auf die Stirn. Das Gewicht schlang sich wie ein Eisenring um seinen Brustkorb. Die vertraute Kurzatmigkeit setzte ein. Er stellte die Platten ab, langte nach einem Taschentuch und wischte sich die Stirn. Atmen. Tief durchatmen. Zeit lassen … Hoffentlich sah sie von da oben aus nicht zu. Warum musste er auch gleich immer so in die Vollen greifen? Mit ein oder zwei Treppengängen mehr wärs leichter gegangen. Aber anscheinend lags ihm nicht im Blut. Es sich leicht zu machen.

Er rieb sich das Brustbein, als wolle er es besänftigen. Zwischen den Rippen aber stach, pochte es. Alte Kriegswunde. Immerhin, der Rücken hielt still.

»Sind Sie allein, Herr Koch?«

»Wie mans nimmt«, murmelte er, dann lauter, dass sie ihn hören konnte: »Ja! Aber dennoch gleich da ...«

Rasch nahm er das Material wieder auf und stieg mit gesteigertem Tempo ins nächste Stockwerk hoch. Das Pochen und Stechen blieb, wurde aber nicht schlimmer. Na also. *Et hätt noch immer jot jejange.*

Warum wollte sie wissen, ob er alleine kam? Er seufzte. Wahrscheinlich wäre es ihr lieber gewesen, wenn er einen Kollegen mitgebracht hätte. Nach seinem überstürzten Abgang neulich, als er das erste Mal hier gewesen war, um den Auftrag klarzumachen. Sogar ihren Kaffee hatte er abgelehnt. Dem Duft nach wars echter Bohnenkaffee gewesen. Für einen groben Klotz musste sie ihn doch eigentlich halten.

Die Feuchtigkeitsmessung der Wände hatte er dann den Rohde durchführen lassen und danach noch 'ne Weile so getan, als gäbe es gar keinen Auftrag. Erst als es nicht mehr aufzuschieben gewesen war, hatte er sich den heutigen Termin bei ihr für sich selbst gesichert. Und war mit einer Hast hergeeilt, als gälte es, seine Verzögerei von davor wieder wettzumachen. Was war nur los mit ihm? Er war doch sonst nicht so. Im Gegenteil ...

Margot – immerhin, sie hatte ihm ihren Vornamen genannt. Was schon merkwürdig war, das schien so gar nicht zu jemandem wie ihr zu passen, sich so weit aus dem Fenster zu lehnen. Ihm, genauer gesagt seinem Rücken, das Du anzubieten, wo er gerade dabei gewesen war, sich aus dem Staub zu machen.

Neulich beim Geisinger abends, da hatte sie ihn dann allerdings kaum beachtet. Was er, wenn man mal ehrlich war, nicht gerade gewohnt war. Dass man ihn quasi übersah. Er wiederum hatte sie sofort gesehen, obwohl so viele Menschen im Raum gewesen waren.

Ein herrlicher kleiner Schock war das gewesen, wie er sie da so unverhofft (unverhofft, wirklich?) angetroffen hatte. Diese Haltung, wie sie dort auf dem Stuhl gesessen hatte, inmitten all des Trubels und der Aufregung um den Boxkampf. Der gerade Rücken, als sei sie jederzeit bereit zu gehen, als gehöre sie nicht hierher. Und der Junge, wie er da neben ihr auf der Kiste gehockt hatte, das kippelige Schachspiel auf dem Schoß, in das er ganz vertieft gewesen war. Alle Nase lang rempelte, stieß jemand gegen ihn, aber das Kerlchen schien das kaum zu bemerken. Der war ganz bei sich, in sich eingeschlossen irgendwie. Während sie …

»Ah, da sind Sie ja.«

In der geöffneten Tür stand sie, in einem vergissmeinnichtblauen Kleid. Als wärs Frühling.

Das ist nicht fair, dachte er fast ein wenig verstimmt. Da musste sich doch ein jeder Mann, der noch alle sieben Sinne bei sich hatte, gleich vor sie hinknien wollen. Wer hatte denn da eine Chance, in aller Ruhe seiner Arbeit nachzugehen? Er unterdrückte den Impuls, sie aus der Wohnung zu ziehen und die Tür zufallen zu lassen. Unklar, auf welcher Seite der Tür *er* gerade am liebsten gewesen wäre.

»Noch nicht ganz.« Er nickte ihr zu und entledigte sich rasch der Platten; das Messgerät lehnte er vorsichtig an die Etagenwand. »Da unten ist noch einiges an Material. Lassen Sie die Tür ruhig auf. Bin gleich wieder da.«

»Brauchen Sie Hilfe?«, fragte sie.

An der Art, wie sie gleich darauf errötete, sah er ihr an, dass sie diesen Satz sofort bereute. Was für sie sprach. Er tat, als hätte er ihn nicht gehört.

Während er all die schiefen Treppenstufen zurück ins Erdgeschoss nahm – beim Laufen musste man sich quasi zum Ausgleich in die Gegenrichtung lehnen –, dachte er flüchtig über einen Arztbesuch nach. Wenn das mit dem Stechen in der Brust jetzt wieder so zunahm ...

Nach einer schieren Ewigkeit oben wieder angekommen, zog er die Tür hinter sich zu, die Margot für ihn angelehnt gelassen hatte. Sie selbst, wie er in gewisser Weise erleichtert feststellte, hatte sich offenbar in die Küche zurückgezogen. In dem noch lichten Wohnzimmer, das es nun raumzuteilen galt, stand eine Flasche Wasser für ihn auf dem Sofatischchen. Er legte die Planken und Schienen vorsichtig auf den Boden. In der Ecke, fein säuberlich in ihre Einzelteile zerlegt, lag die Eisenbahn, über die er bei seinem ersten Besuch beinahe gestolpert wäre.

Die gute alte Märklin. Er lächelte. Wie die vom Franz und von ihm, früher. Was hatten sie nicht alles für Fahrten damit unternommen. Franz war der Zugchef gewesen und hatte die Orte und Abfahrtszeiten ihrer Züge auf seiner Schiefertafel notiert. Er selbst war für die Weichenstellung zuständig gewesen. Diese kleine kitzelnde Freude, wenn alles lief wie am Schnürchen. All diese Waggons, ihre Wege, Ziele, die der Franz ihnen so wortreich ausmalte, sie hatten sich seiner Hand so herrlich gefügt, er brauchte nur den kleinen Hebel umzulegen, und, zack, fuhr der Zug mal nach rechts, mal geradeaus ...

Er widerstand dem kindischen Impuls, die Eisenbahn aus der Ecke hervorzuholen und sie wiederaufzubauen. Sie hätte nichts zurückgebracht. Und sowieso: Bis auf ein paar zerlesene Comics auf dem Sofa gabs keine Spur von dem Jungen, dem sie gehörten. Er war wohl in der Schule. Schule – ach, was war das lang her!

Er ging in den Flur zurück und hängte seine Blousonjacke an die Garderobe, an der nur ein einzelner eleganter Damenwollmantel hing. Er schmunzelte. *Gegensätze ziehen sich an ...*

Willi wechselte seine Schuhe und wollte sich, alte Gewohnheit, schon die Ärmel hochkrempeln, als er bemerkte, dass er heute trotz der kühlen Temperaturen ja ein kurzärmeliges Nylonhemd trug. Gute Entscheidung! Diese Margot hatte den Kohleofen so ordentlich befeuert, als wolle sie nicht nur den Winter, sondern auch jede Erinnerung an das leiseste Frösteln ein für alle Mal vertreiben. Bloß rasch das Fenster öffnen.

Die frische Winterluft blies ihm über die Stirn. *Komm schon, Jung, leg los!*

Er pfiff ein kurzes Melodiechen und nahm Maß. Ja, schien alles zu passen. Die Schiene war lang genug, eventuell musste er eher ein Stück mit der Metallsäge kürzen.

Wobei, der eigentliche Maßstab war das Licht. Es war das, was die Verhältnisse bestimmte. Wie es seine Schatten warf, gnädig oder erbarmungslos; wie es die Konturen, das Wesen eines Raumes hervortreten ließ oder kaschierte. Nein, er würde nie müde werden, darüber zu staunen. Und je nachdem wie viel Sinn diese Margot für derlei Verhältnisse hatte, würde sie seine Schiebevorrichtung hoffentlich auch dafür nutzen, um mit den Möglichkeiten, den Öffnungen und Schließungen wenigstens etwas zu spielen. So ein Raum war schließlich keine Kiste, in der man sich selbst und die Dinge einfach nur verstaute. Aber sie schien mehr das Zweckdienliche im Sinn zu haben.

Privatsphäre ...

Ja, sie verstand es, sich gewählt auszudrücken. Klar, wer im Alltag so ein schickes vergissmeinnichtblaues Kleid mit weißem Gürtel trug und so dicke Bücher las, wie er sie hier im Regal entdeckt hatte, der war sicher was Besseres gewohnt als das hier. Edlere Luft. Immerhin hatte er sie zu der Schiebetür überreden können. So viel beweglicher, flexibler, lichtfreundlicher war das als eine feste Wand. Ein wenig irritierend war es schon, wie wenig sie das zu kümmern schien. Wo sie selbst doch so, na, so *ästhetisch* aussah.

Er schnupperte. Nein, es roch noch nicht nach Zigaretten. Die Vorstellung von dem kalten Rauch, der sich als schaler, bitterer Geschmack dort in ihrer Mundhöhle einnistete, half, sich das Ganze mit ihr – *Momentchen, welches Ganze?* – aus dem Kopf zu schlagen. Wollte er etwa Asche schmecken?

Er packte Wachskreide und Winkelmaß zurück in die Werkzeugtasche. Am besten, er brachte das hier möglichst rasch hinter sich.

Die Fixierung der Planken verlief problemlos. Scharniere und Bohrer taten ihre Arbeit. Aber was hatte er denn auch erwartet? Dass sich hier der Boden unter ihm auftat? Im Grunde war das mit der Innenwandvorrichtung ein Klacks, nichts Kompliziertes. Ja, und gleich danach würde er sich ein Kölsch genehmigen. Oder auch zwei. Auf einem Bein konnte man schließlich nicht stehen. Das galt allerdings auch für die Holzplanken hier.

Die Unterbauelemente waren mir nichts, dir nichts montiert. Doch als er die Schiene für die Schiebevorrichtung am Boden fixiert hatte und gerade dabei war, sie fest zu verschrauben, fiels ihm wieder ein: Monika. Ach herrje! Jetzt hatte er sie doch glatt versetzt. Nicht wirklich versetzt – offen gehalten hatte er sich das heutige Treffen mit ihr und sich dann nicht gerührt. Er hätte Bescheid geben müssen ...

»*Schon wieder?*« Ihre Stimme, von angenehmer Mittellage war sie eigentlich. In der Erregung aber schraubte sie sich rasch ins Schrille hoch.

Monika – hübsch, lebhaft, aufregendes Muttermal auf Höhe des Schlüsselbeins, das sie leider meist unter hochgeschlossenen Blusen oder Rollkrägen verbarg, die ihr nicht standen. Seit einigen Wochen erst gingen sie miteinander aus. Sie war eine hervorragende Tänzerin, nur mochte sie leider ganz andere Musik als er. All diese schnellen Walzer, bei denen er sich wie ein aufgezogener Kreisel vorkam und ihm spätestens nach dem dritten schwindelig wurde.

»Ist mal wieder irgendwo was eingestürzt, dass du gleich losmusst?« Ihr rundes Gesicht war leicht spöttisch verzogen, was ihre akkuraten Augenbrauenstriche betonte. »Wirklich, was soll das, Willi?«

Sie stellte das Bein auf ihrer Seite des Bettenrands auf, um, links, rechts, in ihre Nylons zu schlüpfen, und wandte ihm beim Einhaken der Strümpfe den Rücken zu.

Er ließ seinen Blick einen Moment lang auf jener schönen Linie von Strumpfband und Haut ruhen, dem konnte er nie wiederstehen. Dann fiel das Unterkleid gleich einem Vorhang darüber, und er kämpfte gegen den Drang, das Zimmer fluchtartig zu verlassen. Stattdessen trat er dicht hinter sie, schloss ihr das Kleid am Rücken, küsste ihr den Nacken und murmelte irgendwas. Sie aber ließ nicht locker. Dieses Mal nicht.

»Willst du mich nicht endlich mal vorstellen? Na, wo schon? Bei dir daheim …«

»Ich bin keine von denen … Dat jehört sich su nit.«

»Was willst du eigentlich von mir, Willi?«

Warum hatten es Frauen bloß immer so eilig? Damals im Krieg, ja, das war etwas anderes gewesen. Da hatte es kein Morgen gegeben. Nun aber gab es reichlich davon. Jede Menge Zukunft, die gefüllt werden wollte. Jetzt, wo die Welt überhaupt erst einmal wieder da war, warum sich gleich die Luft abschnüren, fürs ganze Leben festlegen? Konnte man sich denn nicht einfach mal entspannen, ohne gleich Verpflichtungen einzugehen, Erwartungen erfüllen zu müssen? Mal fünfe gerade sein lassen, wie es so schön hieß.

Zufrieden sah er auf die verschraubte Schiene. Eins a. So, *das* da hielt für die Ewigkeit, wenns sein musste! Nicht mal kürzen hatte er müssen. Jetzt noch das Resopal, alles schön dübeln…

»*Wir sind die Eingeborenen von Trizonesien, hei-di-tschimmela-tschimmela-tschimmela-tschimmela-bumm …*« Er summte vor sich hin. Zwischenräume dämmen, verfugen, Tür rein und fertig. Er bückte sich, griff nach der Mineralwolle.

Schwindel, der Drang, raus an die frische Luft zu müssen – er überkam ihn so plötzlich, dass er laut »Nicht jetzt!« rief.

Zu viele Überstunden. Zu viel Innenraum. Ein paar freie Tage, das war es, was er brauchte. Einfach mal wieder den Rucksack packen und ab. Ins Schiefergebirge, zum Beispiel. Ach, herrlich, dieser Duft von Fichten, Moos und Farn, die schönen Höhenunterschiede beim Laufen …

Er rieb sich die Schläfen, atmete ein paarmal tief durch, der Schwindel ließ nach. Na also. Geht doch!

Er klopfte gegen das fertige Wandsystem. Einwandfrei, da gab es nix. Von Wänden verstand er was. So, noch mal die Schrauben nachziehen, fertig.

»Herr Koch?«

Margot stand vor ihm; ihre Finger streiften über ihr Kleid, als wolle sie unsichtbare Flusen entfernen. Er hatte sie gar nicht hereinkommen sehen. Kein Wunder, schließlich hockte er ja hinter der frisch eingezogenen Wand, die offenbar bereits ihren Zweck erfüllte.

»Brauchen Sie vielleicht etwas?«

Einen Kuss …

»Nein danke.« Er erhob sich etwas mühsam aus seiner gebückten Haltung, zog ein Stofftuch aus seiner Hosentasche und säuberte sich die Hände.

»Ich bin fertig. Einen weiteren Termin braucht es nicht. Nicht nötig, noch mal herzukommen, heißt das.«

Jetzt habs doch nicht ganz so eilig, herrje. Was hat sie dir eigentlich getan? Mein lieber Scholli …

»Gut.« Sie räusperte sich. »Gut sieht das aus. Mit der Schiebetür. Nimmt nicht so viel weg vom Licht. Das sagten Sie ja auch.«

»Na, wenn Sie so schauen, wirds auch ohne Licht gleich viel heller, Frau Heider.«

»*... when waking from a bad dream, don't you sometimes think it's real ...*«

Von irgendwoher, vermutlich aus der Küche, erklang Musik.

»*... and your blues keeps getting bluer with each song. Remember ...*«

Offenbar hatte sie inzwischen ein Radio. Er lächelte. Wer wollte da schon Schallschutz?

»Dann begleite ich Sie noch zur Tür ...«

Ach ja, die Tür ... Wer wollte denn gehen?

»*... can be found behind a cloudy sky. So let your hair down ...*«

Plötzlich war er ganz ruhig. Er streckte seine Hand nach ihr aus, fragend, während ihre Blicke einander längst umfingen.

»Wollen Sie tanzen?«

15

1952, Köln

MARGOT dämmerte so vor sich hin. Nicht dass das ein neues Gefühl war.

Wann war sie das letzte Mal aufgestanden, hatte die Decke zurückgeschlagen, voller Tatendrang, in Vorfreude auf den Tag? Sie konnte, nein, sie erinnerte sich nicht.

Heute war es der Wind, der dicht vor ihrem Fenster die Außenwelt auffrischte, mit einem sachten, aber stetigen Rauschen. Sie hielt die Augen noch ein kleines Weilchen länger geschlossen, spürte ihm nach. Diesem diffusen, fragilen Gefühl, unbehelligt zu sein, untergetaucht …

»Mama.«

Dicht neben ihr regte sich was. Ein Arm streifte ihre Schulter. Fred schlug die Bettdecke zurück, setzte sich auf und war mir nichts, dir nichts aus dem Raum verschwunden, bevor sie auch nur »Guten Morgen« hervorgebracht hatte. Da, jetzt erst klingelte, nein, schrillte der Wecker. Fred war bereits auf der Toilette, die Wasserspülung rauschte, gurgelte. In der Wohnung über ihr verschob jemand einen Stuhl oder ein anderes Möbelstück. Ein dumpfer Ausruf.

Viel zu hellhörig wars.

Sie zog die Bettdecke wieder enger um sich. Dass alles, dass die Wände so durchlässig waren! Hier, wo man jedes Geräusch, jede stärkere Regung mitbekam, schien es ihr mitunter, dass selbst ihre Gedanken Mithörer hatten.

Aber, nanu? Margot setzte sich auf, sog die Luft ein. Irgendetwas roch. Ein strenger, leicht scharfer Geruch.

Sie schlug Freds Bettdecke zur Gänze zurück, seufzte. Eingenässt. Schon wieder. Hoffentlich hatte der Matratzenschoner das Schlimmste verhindert. Johan sollte nichts davon mitbekommen. Schließlich war das ja sein Bett, streng genommen, seine Wohnung.

Vielleicht sollte sie den Jungen immer im Wohnzimmer schlafen lassen? Und nicht nur an den Tagen, an denen Johan hier war? Es hielt so einiges aus, das robuste alte Sofa, zumal mit all den Zusatzlaken darunter. Mehr als die kostbare Matratze zumindest. Sie jedenfalls hatte mal wieder einen Tag in der Waschküche vor sich.

Halt – heute wurde doch die Zwischenwand im Wohnzimmer eingezogen! Dann hatte der Junge sowieso endlich seinen eigenen Schlafbereich. Richtig. Heute, da kam nicht der Johan, sondern jemand anderes. Dieser junge Bauunternehmer …

Eine merkwürdige Unruhe stieg in ihr hoch. Sie setzte sich auf die Bettkante und schlüpfte in ihre Hausschuhe. Den Geräuschen nach zu urteilen war Fred nun in der Küche. Gut, es war höchste Zeit für sein Frühstück.

Sie stand auf und griff nach ihrem Morgenmantel, der über dem Stuhl am Bett bereitlag. Er war rosa, mit einer zarten Beimischung von Grau. »Asche der Rosen« hieß dieser Farbton. Wunderschöner Name.

Leider aber hatte sich auf Höhe der Taille kürzlich eine Naht gelöst; Nähen stand also heute auch noch auf dem Programm.

»*Wissen Sie, ich bin kein Theoretiker, ich bin Praktiker.*« Margot lächelte. Sie schlang den Bademantelgürtel zu einem flüchtigen Knoten, hastete Richtung Küche. Sie musste Fred noch das Pausenbrot machen. Falls er das nicht schon wieder selbst erledigt hatte.

»Bis später, Mama!«

Fred zog bereits die Wohnungstür hinter sich zu.

Zu spät. Mal wieder. Sie atmete hörbar aus. Einen Moment lang stand sie einfach nur so da, unschlüssig, dann ging sie zurück ins Schlafzimmer.

Der Wind hatte nachgelassen. Der Himmel klarte auf, warf einen Streifen blassgoldenen Lichts quer über das Bett. Aber was kümmerte sie das Licht! Margot zog die Nachttischschublade auf und angelte nach der Zigarettenschachtel.

Sie warf sich samt Hausschuhen und Bademantel auf das Bett, zündete sich eine Zigarette an. Wieder einmal nahm sie sich vor, auf eine billigere Marke zu wechseln. Ernte war doch auch in Ordnung. Oder selber drehen, da konnte man ordentlich was einsparen.

Sie inhalierte tief und staute, eingefleischte Gewohnheit, das Nikotin einen Herzschlag lang in ihrem Mund, bevor sie den Rauch wieder hergab, ausstieß.

Doch die seltsame Unruhe wollte nicht verschwinden. Sie drückte die Zigarette geradezu gewaltsam aus und stand, nein, sprang auf.

Nachdem sie die Zähne zweimal mit Doramad geputzt hatte – ein wunderbarer Spurenverwischer! –, drehte sie ihr Haar auf große Wickler. Mit einem langen Blick in den Spiegel entschied sie sich gegen den Lippenstift, den sie schon halb aufgetragen hatte, runter, runter damit, und nahm nur etwas Puder. Mit dem vierten Kleid, einem heiteren »Ich kann kein Wässerchen trüben«-blauen Hemdklusenkleid, war sie endlich zufrieden.

Dann nahm sie ein Staubtuch aus der Besenkammer und fing an, über sämtliche Oberflächen zu wischen. Konnte schließlich nicht schaden.

Als es klingelte, war sie bereits an der Tür, betätigte den Summer – da fiel ihr ein, dass sie ja noch die Wickler im Haar hatte. Sie hastete zurück in die Küche hinter den Vorhang, zog die Wickler aus dem Haar und bürstete vorsichtig nach. Herrje, die Eile tat dem Ganzen gar nicht gut.

Unfertig sah sie aus. Als hätte sie sich aus einem dämmrigen Winkel hervorgezogen wie ein ungebügeltes Stück Stoff. Sie strich sich über das Kleid, rückte den Gürtel zurecht. Immerhin hatte sie wenigstens an den gedacht. Der wertete das Ganze sichtlich auf.

Was hast du denn schon groß vor? Nichts. Außer die Türe zu öffnen, schalt sie sich.

Sie lief in den Flur zurück. Nicht dass die Tür wieder zufiel. Es konnte recht zugig sein im Treppenhaus. Vielleicht war er schon oben?

»... ein Weilchen dauern ...«

Ja, das war seine Stimme. Also war er tatsächlich selbst gekommen. Irgendwas war plötzlich mit ihrem Magen nicht in Ordnung; sie wurde doch nicht etwa krank?

»Wenn Sie mich meinen, ich habe Zeit!«, rief sie die Treppe hinunter.

»Wen sollte ich denn sonst meinen?«

»Nun, es klingelt schon mal öfters bei uns ...«

Warum sagte sie das? So ein Unfug!

»Aber wir haben einen Termin, und ...«

Beruhigend unnachgiebig, das taube Holz der Tür, gegen das sie sich lehnte, während er noch so einiges mehr zu ihr herrief, das sie nicht deutlich verstand.

»Sind Sie allein, Herr Koch?«

»Ja. Aber dennoch gleich da ...«

Tatsächlich wurde er nun, Gerätschaften über der Schulter und kantige Platten unter den Armen, Schritt für Schritt sichtbar. Er lächelte zu ihr hoch, ein wenig verhalten allerdings, so als versuche er ein Keuchen zu unterdrücken. Ein sehr einnehmender Mann. Stattlich, markant. Ganz so, wie sie ihn – *ja, gibs ruhig zu* – in Erinnerung gehabt hatte. Dennoch, irgendetwas an seinem Anblick – aber was, was? – setzte ihr zu, machte sie nervös.

»Ach, da sind Sie ja.«

»Noch nicht ganz. Da unten ist noch einiges an Material. Lassen Sie die Tür ruhig auf.«

Der junge Bauunternehmer wuchtete die Gerätschaften von der Schulter und lehnte sie samt der Platten behutsam gegen die Etagenwand.

»Brauchen Sie Hilfe, Herr Koch?«

Röte schoss ihr ins Gesicht. Was redete sie denn da? Herrje, jetzt musste er denken, dass sie ihn für einen Schwächling hielt. Er verschwand auch recht prompt wieder, ohne sie einer Antwort zu würdigen. Sie sah ihm nicht nach, widerstand auch dem Reflex, Platten und Gerätschaften schon mal ins Wohnungsinnere zu schaffen. Sie waren keine Partner. Er hätte schon jemanden mitgebracht, wenn er Hilfe gewollt hätte. Und sie war, ja, was? Teil einer anderen Verbindung … Sie ließ die Tür angelehnt und zog sich zurück.

Auf dem Küchentisch lag schon die Zigarette bereit. Doch ausnahmsweise war ihr nicht nach Rauchen zumute. Kaffee, schwarz, stark. Das war es, was sie jetzt brauchte. Sie drehte das Gas auf, entzündete die Herdflamme. Gut so. Kein Grund, die Küche in absehbarer Zeit zu verlassen. Dieser Willi Koch war wahrscheinlich froh, wenn sie ihm nicht noch mal ihre Hilfe oder Sonstiges anbot. Mit Angeboten schien er es nicht so zu haben.

Überhaupt, morgen würde Johan kommen. Sie sah zu, wie Wasser in dem kleinen Emailletopf zu köcheln begann, nach und nach kleine Bläschen an die Oberfläche stiegen.

Johan – sein sicheres Auftreten. Seine Art, einen Raum zu betreten, ihn sich sofort in seinem Sinne nutzbar zu machen. Die ebenso lässig wie perfekt sitzenden Anzüge: *Seht her, ich habe meinen Platz im Leben gefunden.* Sein feines Lächeln, das seine schiefen Zähne durchaus vorteilhaft betonte. Seine klugen Augen. Die Art, wie er sich mit Fred über das Schachspiel beugte. Nicht beiläufig, sondern ganz bei der Sache. Wie er sich freute, wenn der Junge Fortschritte machte. Wie geschickt er Fred abzulenken, zu beschäftigen wusste, damit er in Ruhe allein mit ihr sein konnte, um, ach, diese Sexsache halt …

Sie drehte die Flamme aus, nahm den Topflappen, hob den Topf von der Herdplatte und goss das heiße Wasser peu à peu durch den Filter in die Kaffeekanne. Ich spreche gern mit dir, Johan, dachte sie. Mit wem kann ich sonst so reden?

»Fast zehn Millionen Flüchtlinge hat Deutschland laut Statistischem Bundesamt inzwischen aufgenommen. Stell dir das doch mal vor, Margarete, wie …«

»Ach, du mit deiner Statistik, Johan.«

»Na, das ist schon eine Leistung, die man anerkennen muss.«

»Mag sein.«

»Du tust ja gerade so, als ginge dich das nichts an.«

»Es ist nicht mein Land, Johan.«

»Wieso? Lebst du etwa nicht hier?«

»Das gilt dann aber auch für dich. Kommst regelmäßig her, hast sogar diese Wohnung gekauft. Kennst die Gepflogenheiten hier. Sprichst die Sprache perfekt …«

»Ach komm …«

»Ja doch, du sprichst perfekt Deutsch. Aber ist das deswegen gleich ›dein Land‹?«

»Nun ja. Eigentum macht schon was aus. Schafft eine, wie sagt man, Verbindung?«

»Bindung.«

»Es rechnet sich nun mal mehr. Und immerhin, dadurch hab ich mein Dauervisum bekommen. Im Grunde bin ich also auch ein Flüchtling, wenn du so willst.«

»Ja? Wovor flüchtest du denn?«

»Du meinst: wohin. In deine Arme stets, mein *meisje*.«
»Ach, hör schon auf.«
»Wieso? Unsere Verbindung trägt schließlich zur ›deutschen Gesundung‹ bei, wie's heutzutage so schön heißt. Auf ›geestelijk-cultureel Gebiet‹, wenn du verstehst, was ich meine.«
»Dann sollten wir vielleicht mehr in Museen gehen.«
»Oder in neue investieren. Was sagst du zur Wehrdebatte?«
»Davon versteh ich nichts. Mich wundert es nur, dass die meisten Leute anscheinend noch nicht genug vom Militär haben. Geschweige denn vom Krieg. In Korea gehts auch immer weiter.«
»Also, ich halte das für einen klugen Schachzug. Ebenso wie die Montanunion. Das wird dieses Land recht schnell wieder nach vorne bringen, der Wirtschaft, wie sagt man, Impuls schenken.«
»Impulse verleihen. Du sprichst wie ein Geschäftsmann.«
»Der bin ich ja auch, Liebling. Nur euer alter Herr, der rührt zuweilen an meiner ›Gevoeligheid‹. Hat uns mal wieder als Holländer bezeichnet, deren ›Empfindlichkeit‹ man nicht reizen dürfe. Empfindlichkeit nennt der das doch glatt, als wäre nichts weiter gewesen als –«
»Du meinst den Adenauer? Komischer alter Kauz. Mürrisch.«
»Aber mit Gold im Instinkt.«
»Goldrichtigem Instinkt. Mag sein.«

So, der Kaffee war fertig. Sie schnupperte. *Ist doch alles dufte,* schien er zu sagen, *entspann dich.*

Sie schenkte sich eine Tasse ein. Noch zu heiß. Sie stand wieder auf und öffnete das Fenster. Im Hintergrund hörte sie den jungen Bauunternehmer bohren, hämmern und zuweilen vor sich hin pfeifen. Jetzt wars irgendwie zu laut. Sie schloss das Fenster wieder, ging zurück zu ihrer Tasse Kaffee. *Ist doch alles dufte …*

Das mit der Entspannung wollte einfach nicht klappen. Sie musste noch in die Waschküche, vielleicht sollte sie das jetzt gleich erledigen. Elisabeth ist jetzt Königin von England, schoss es ihr völlig unzusammenhängend durch den Kopf.

»Da bist du mit deinem Mann in Kenia, ganz sorglos, und dann wirst du mitten in der Nacht aus dem Schlaf gerissen, und von jetzt auf gleich ist dein Leben ein völlig anderes. Du gehörst nicht mehr dir, sondern –«
»Ich würd sagen, da gibt es härtere Schicksalsschläge, Margarete.«
»Das weiß ich doch, Johan. Aber sie ist doch noch so jung, und –«
»*Meisje*, du sprichst mit einem Niederländer. Was willst du? DU bist meine Königin, und wenns nach mir geht, so darfst du mich ewig regieren – «
»Johan. Bleib doch mal ernst. Überhaupt, die Vorhänge sind noch offen. Man sieht uns. Johan ...«

Sie langte nach dem Feuerzeug – den Johan störte es nicht, dass sie rauchte, jawohl – und legte es wieder beiseite. Warum war es so still? Wieder stand sie auf, stellte das Radio ein und drehte, drehte an dem Knopf, bis sich ein störungsfreier Sender fand.
»... *when waking from a bad dream, don't you sometimes think it's real* ...«
Die Musik ließ sie das Wohnzimmer betreten. Und außerdem – hatte er nicht irgendwas gerufen, der junge Bauunternehmer?
Der Raum hatte sich bereits verändert. Er war kleiner geworden durch die Schiebetürvorrichtung, das ja, aber zugleich auch haptischer irgendwie. Ganz so, als wollte er sie wohlig umschließen. Was hatte er noch gesagt? Sehr viel flexibler sei das als eine durchgehende Wand. Raum- und lichtfreundlicher. Er hatte offenbar gewusst, wovon er sprach.

»*... when waking from a bad dream, don't you sometimes think it's real ...*«

»Herr Koch?« Sie zögerte. »Brauchen Sie vielleicht etwas?«

»Nein danke.«

Er erhob sich etwas mühsam aus seiner gebückten Haltung, zog ein Stofftuch aus seiner Hosentasche und säuberte sich rasch und routiniert die Hände. Sie zwang sich, den Blick von diesen Händen zu lösen.

Haltet mich fest ...

»Ich bin fertig. Einen weiteren Termin braucht es nicht. Nicht nötig, noch mal herzukommen, heißt das.« Er sah sie nun an.

»Ah. Gut.« Sie räusperte sich. »Gut sieht das aus. Mit der Schiebetür. Nimmt nicht so viel weg vom Licht. Sagten Sie ja auch.«

»*... when waking from a bad dream, don't you sometimes think it's real ...*«

»Na, wenn Sie so schauen, wirds auch ohne Licht gleich viel heller, Frau Heider.«

Sie waren keine Partner.

»Dann begleite ich Sie noch zur Tür ...«

»*... and your blues keeps getting bluer with each song. Remember ...*«

Alles ist dufte. Entspann dich.

»*... can be found behind a cloudy sky. So let your hair down ...*«

Irgendetwas war passiert.

Er streckte seine Hand nach ihr aus. Sie wollte sich zurückziehen, als sie merkte, dass sie sie längst schon ergriffen hatte, diese Hand.

»Wollen Sie tanzen?«

16

1952, Köln

WILLI versuchte, sich möglichst gerade zu halten. Das führte jedoch unweigerlich dazu, dass dieser Johan De Boer genötigt war, zu ihm aufzublicken. Der Holländer war deutlich kleiner als er. Das passte nicht. Für beide nicht. Willi räusperte sich, sein Blick glitt zur Tür, durch die Margot soeben geradezu fluchtartig verschwunden war. »Dringende Besorgungen.« Er konnte es ihr nicht verdenken.

»Gute Arbeit, Herr Koch. Bestens, bestens. Ich werde Sie weiterempfehlen.«

»Das hör ich gern«, erwiderte er. Doch in seinem Kopf hörte er etwas ganz anderes. *Depp. Depp!*

Als er den zufriedenen Blick des Herrn De Boer auf der von ihm vorgelegten Rechnung gesehen hatte, war klar gewesen: Er hätte deutlich mehr verlangen sollen. Mal wieder. Vor allem jetzt, wo ihm der Franz andauernd mit seiner Konkurs-Panik im Nacken saß.

»Wir müssen anders haushalten, Willi. So geht das nicht mehr lange gut. Du weißt doch, dass die Materialkosten jeden Winter steigen und …«

Ihm entwich ein Seufzer. Für Gelddinge hatte er einfach kein Händchen. Es floss ihm nur so durch die Finger, als wärs Wasser. Aber dafür war schließlich der Franz da. Der Franz mit seiner ständigen Ermahnerei. Er hasste Mahnungen …

»Wie liegen denn die Schulferien in diesem Sommer, Herr Koch?«

»Wie?« Dieser De Boer wollte ihn nicht so schnell von der Angel lassen.

»Keine Ahnung. Ist lang her mit der Schule.« Er blickte nun betont Richtung Tür. »Ich müsste dann mal langsam ...«

Doch der Holländer legte nach. »Wissen Sie, ich spiele, wie sagt man, mit dieser Idee, dahin zu fahren. Zur Olympiade nach Helsinki.«

»Ach?«

»Ja. Wenn ichs zeitlich einrichten kann. Mit der Firma. Und meinen anderen Verpflichtungen. Wäre doch sicher schön für Margot. Und Fred. Nennen Sie mich sentimental, aber ihr Glück liegt mir im Herzen. Sagt man nicht so bei euch?«

»Am Herzen ... Helsinki, na, das ist ja was! Ist Ihnen der Sommer bei uns etwa zu heiß?«

Der Holländer lachte laut auf.

Ja, darin bin ich gut, dachte Willi verdrießlich. *Lach du nur. Nach Helsinki fahren. Mit Margot und dem Jungen. Könnt ich mir im Traum nicht leisten.*

Und wie immer, wenn es ihm um die Brust herum zu eng wurde, begann er drauflos zu reden: »Sicher gute Temperaturen da oben, schön kühl solls da ja sein im hohen Norden. Lange Nächte, heißt es. Gute Bedingungen. Für die Läufer vor allem. Die kriegen da bestimmt keinen Sonnenbrand. Apropos Sport: Also, *ich* glaub ja, dass der VFB es diesmal schafft mit der Meisterschaft. Ja, leider. Alles nur eine Frage der Taktik. Die waren diese Saison einfach am besten aufgestellt. Vor allem im offensiven Mittelfeld. Da kann sich der FC mal 'ne Scheibe von abschneiden. Wie siehts denn bei euch in der Liga so aus?«

Der Holländer erwiderte was von Dominanzen und guten Spielerkäufen bei irgendeinem Verein – wars Eintracht Eindhoven? –, und während er hier und da ein »Aha« und »Ach so« einspeiste, nutzte er die Gelegenheit, sich den Kerl da vor ihm einmal genauer anzusehen.

Attraktiv war er nicht gerade, dieser Johan De Boer, wie er zu seiner Genugtuung feststellte. Mit diesen leicht schiefen Zähnen, dem Bauchansatz und dem bereits recht schütteren Haar. Aber was das anging, hatte er Frauen noch nie richtig einzuschätzen vermocht. Ein angenehmes Lächeln hatte er jedenfalls. Wache Augen. Der Anzug, sündhaft teurer Stoff, man konnte es sehen, saß tadellos. O ja, Geschmack hatte der. Und er war wohlhabend, hatte es offenbar geschafft im Leben.

Anders als er. Dieser De Boer finanzierte Margot offenbar die Wohnung. Er hielt sie aus, wie man so schön sagte. Damit war wohl auch die Herkunft des Radios geklärt.

Was hingegen konnte *er* ihr schon bieten? Sie schien aus gutem Hause zu sein, irgendein vornehmer Hintergrund. Das sah man sofort, egal, wie bescheiden sie nun lebte. So was wie Herkunft, das war wie eine Art Fingerabdruck. Das legte man nie ab. Genauso wenig wie er die seine. Da hatte seine Mutter schon recht. »Stallgeruch« nannte die das recht unverblümt. Unruhig trat er auf der Stelle. Warum verglich er sich mit diesem Mann?

»Offenbar habe ich Sie aufgehalten?«

»Ja, schon. Ein wenig. Aber das macht nichts.« Er zwang sich zu einem Lächeln. O ja, der Holländer war alles andere als ein Depp.

Er schüttelte ihm zum Abschied, so kräftig es höflicherweise eben noch ging, die Hand und verließ die Wohnung. Keinesfalls fluchtartig dieses Mal, das nicht. Dafür umso entschlossener.

Lass bloß die Finger davon, Willi, ermahnte er sich. *Wie heißt es doch so schön? Beiß nicht mehr ab, als du kauen kannst.*

Er brauchte jetzt dringend ein Kölsch. Am besten gleich zwei.

Um diese Uhrzeit war der Eigelstein voller Menschen, die irgendetwas zu erledigen, die ein Ziel hatten oder sich eines einredeten. Willis war denkbar schlicht: Kneipe. Kurz vor dem Boor wäre er allerdings beinahe mit einem Mann zusammengestoßen, der aus irgendeinem Grund rückwärtslief und der, als Willi »Hey, immer langsam mit den jungen Pferden!« rief, schuldbewusst zusammenzuckte. Er hatte eine Kamera dabei, die er hochhielt, aber es war nicht zu erkennen, wen oder was er da soeben fotografiert hatte. Gerade wollte Willi ihn fragen, um was für ein Modell es sich dabei handelte – Canon?, er liebte Fototechnik! –, da packte der Mann die Kamera in seine Umhängetasche und lief, ihn dabei erneut anrempelnd, hastig an ihm vorbei.

»Ts … Manieren!«, rief Willi ihm hinterher, aber dann tauchte er bereits ein in die wohlige Betriebsamkeit vom Kölschen Boor. Er fand einen leeren Ecktisch, wo er genüsslich die Beine ausstrecken konnte. So war es gut!

Das erste Kölsch hatte er runtergekippt, bevor ers richtig merkte. Die Flönz war vorzüglich, sogar ausreichend Kartoffeln gabs. Na, so schlecht war dieser Tag doch gar nicht. Und damit noch was Sinnvolles damit geschah, würde er heute mal im Büro vorbeischauen, all den liegen gebliebenen Schreibkram erledigen und jene Papiere, die der Franz ihm schon vorsortiert und zur Unterzeichnung vorbereitet hatte. *Was du heute kannst besorgen …*

Nach dem zweiten Kölsch fiel ihm ein, dass er ja mit dem Firmenwagen unterwegs war. Der lief auf den Namen vom Franz. Er musste aufpassen. Das dritte lehnte er ab. Der Köbes runzelte die Stirn.

»Ganz asketisch heut, was?«

»So Tage gibts. Ein Wasser noch.«

»Na, wenns denn sein muss …«

Willi sah dem Köbes nach, der schon wieder mit seinem Bierkranz zum Nachbartisch unterwegs war, dann nahm er den Bierdeckel mit den zwei einsamen Strichen in seine Hand, drehte und wendete ihn.

»*...when waking from a bad dream, don't you sometimes think it's real ...*«

Sie hatten miteinander getanzt. Margot reichte ihm nur bis zum Brustkorb, und da, auf der Höhe, wo's Herz sitzt, hatte sie ihren Kopf an ihn gelehnt, und er hatte ihr Lächeln mehr gespürt als gesehen. Aber alles war plötzlich so merkwürdig zurechtgerückt, an seinem Platz gewesen ...

»Zahlen, bitte!«

Er zog die Kneipentür lautstark hinter sich zu. Das wilde Gebimmel der Glöckchen schlug ihm um die Ohren. Hui, was wars auf einmal frisch draußen. Beim Bäcker nahm er einen Laib Graubrot mit, den er sich unter den Arm klemmte. Willi legte einen Zahn zu. Heut war ein Besuch bei der Mutter fällig. Inzwischen hatte sich da so einiges an Reparaturen angesammelt. Der Garderobenschrank, mehrere defekte Lampen, der Wasserhahn ...

»*Na, lässt du dich auch mal wieder blicken?*« So oder so ähnlich würds sicher wieder heißen. »*Schau dich doch an, läufst herum wie Falschgeld. Das dünne Flöppchen! Bei dem Wetter. Du holst dir noch den Tod, Jung.*«

Es war wohl mal wieder Zeit für ein paar Blumen. Da vorne an der Ecke, gleich neben dem Radiogeschäft, da hatte er neulich doch gestanden, der Blumenmann, oder nicht? Ein Bund Nelken vielleicht oder Erika? Viel Auswahl gabs derzeit nicht. Nun ja, man nahm, was man bekam.

Ich hab sie nicht geküsst.

»Momentchen ...« Er nahm einer alten, recht krumm gewachsenen Frau das Einkaufsnetz ab und half ihr über die Straße. Als er es ihr zurück in die Hand drückte, sah er, dass ihre Haut oberhalb des Handgelenks, auf das der verschlissene Mantel den Blick freiließ, voller Blutergüsse war.

»Haben Sie es weit? Soll ich Ihnen die Einkäufe heimtragen?«

Die alte Frau legte den Kopf schief, als würde sie lauschen. Dann schüttelte sie den Kopf.

»Sind Sie sicher?«

Die Frau riss mit einer Schnelligkeit, die ihr Willi gar nicht zugetraut hätte, das Netz an sich. Dann lief sie fort, so schnell sie konnte, das eine Bein hinter sich herziehend. Was war denn los? Erst der Mann mit der Kamera, dann die Alte. Offenbar waren heute nur Verwirrte unterwegs.

Der Blumenmann war nirgends zu sehen. Dafür war er inzwischen beim Wagen angelangt. Na wenigstens kein Knöllchen. Um diese Uhrzeit verteilten die Strafzettel wie nix.

Ich hab sie nicht geküsst.

Er stieg ins Auto. Nun aber los! Sonst war der Tag bald wieder um, zumal wenn er nach dem Büro noch all die Reparaturen erledigen wollte. Doch anstatt den Motor anzulassen, blieb er einfach so da sitzen, die Hände auf dem Lenkrad.

Er hatte sie nicht geküsst. Ein Versäumnis, na gut. Aber warum nagte das derart an ihm? Was wusste man denn schon von einer Frau, die man nicht geküsst hatte? Nichts! Herrgott, schließlich war es besser so. Er hätte sonst nicht wieder gehen können, das hatte er irgendwie gespürt. Und wie sich nun herausgestellt hatte, war es gut, dass er gegangen war. Gerade noch rechtzeitig …

Da! Da vorne lief sie. Mit hochgeschlagenem Mantelkragen und erhobenem Kopf. Ihre Mütze saß schief, und ihr Einkaufsnetz war leer. Von wegen »Besorgungen erledigen« …

Seine Hand lag schon auf dem Griff, er stieß die Wagentür auf, um zu ihr zu laufen. Doch dann zog er sie wieder zu, ließ den Motor an und fuhr, zügig jetzt, davon.

»… *zur Olympiade nach Helsinki fahren. Wäre doch sicher schön für Margot. Und Fred. Ihr Glück liegt mir im Herzen …*«

Es war besser so. Alles war abgewickelt. Es gab keinerlei Beanstandungen. Er würde sich mal ein paar Tage freinehmen. Die Reparaturen erledigen, ausgehen, kegeln mit Freunden. Vielleicht Rothaargebirge. Vielleicht würde er Monika anrufen.

Monika. Ihre Augenbrauenstriche, ihr prüfender Blick.

»*Wirklich, was soll das, Willi? Erst hü und dann hott. Was willst du eigentlich?*«

Ja, was wollte er?

Aber im Geiste hörte er nun nicht mehr Monikas, sondern jene andere, seiner Seele anvertraute Stimme: »*Immer schön in Bewegung bleiben, Willi.*«

Willi gab Gas.

17

1952, Köln

MARGOT war außer sich. Sie lief die Straße hinunter, durchs Eigelstein-Tor bis zu dem großen Springbrunnen am Ebertplatz, dessen aufsprühende Gischt sie nicht spürte, obwohl sie sich direkt zu seinen Füßen niederließ. Die Fontänen hätten genauso gut aus Bindfäden sein können oder Konfetti oder Tränen. Egal! Ein Wunder höchstens, dass sie bei den Temperaturen nicht zu Eis gefroren.

Gestern, da haben wir noch getanzt.

Als Johan ihr, kaum war er selbst angekommen, mitteilte, dass gleich jemand von der Firma Koch vorbeikäme wegen der Abnahme des fertigen Umbaus, da hatte sie inständig gehofft, er, Willi, würde jemand anderen schicken. Aber im Grunde hatte sie es besser gewusst. Er würde natürlich selbst kommen. Schon um zu sehen, wer er war, dieser Johan De Boer. Ihr – ja, was? Freund, Partner, Geliebter, Gönner? Und sie? Wer, was war sie?

Einige versprengte, auf dem Platz ausharrende Tauben flogen urplötzlich auf. Erstaunlich, diese Vögel. Von der Ruhe im Nullkommanichts zur Aufruhr. Sie sollte sich besser auch wieder rühren. Eiskalt war es hier. Winterhart. Gestern hingegen – alles war so weich, fließend gewesen. Die Musik, das Licht …

Margot zog sich die Wollmütze tiefer ins Gesicht. Immerhin hatte sie bei ihrem überstürzten Aufbruch noch so viel Verstand besessen, sich außer dem Mantel auch Mütze und Handschuhe anzuziehen. Sie schlug den Mantelkragen hoch. Verstohlen sah sie sich um.

Nein, ihr war niemand gefolgt. Oder? Sie seufzte. Dieses beständige Auf-der-Hut-Sein, sie wurde es einfach nicht los.

Dabei war inzwischen viel Zeit vergangen. Vielleicht war Hermann froh, dass er sie los war? Sicher hatte er längst eine Geliebte.

Du bist ersetzbar. Wer ist das nicht?

Es war jetzt ganz entschieden zu kalt. Margot sprang auf. Sie klopfte sich mögliche Schmutzspuren vom Mantel und verließ den Ebertplatz Richtung Neusser Straße. Vor dem nächstbesten Geschäft blieb sie stehen, besah sich die fein säuberlich beschrifteten Auslagen des Kurzwarengeschäfts Kessler: Ein Set Kaffeelöffel und Kuchengabeln »für die süßen Stunden« war heute im Angebot. Brauchten sie die nicht? Nein, sagte die Kauffrau in ihr ruhig, aber bestimmt. Die brauchten sie nicht. Und von wegen »Angebot«. Immer noch zu teuer für billige Messingware wie diese. Ebenso das geblümte Kaffeeservice daneben. Tand. Sie lächelte. Schön, etwas nicht zu brauchen. Befreiend. *»Na, wenn Sie so schauen, wirds auch ohne Licht gleich viel heller ...«*

Was war denn schon groß passiert? Ein paar sehnsüchtige Blicke im Türrahmen, kurze, belanglose Wortwechsel und ein einziger Tanz. Rein gar nichts, was ihren Aufruhr rechtfertigte. Ganz im Gegenteil, sie war kurz davor, sich lächerlich zu machen. Und nun war die Sache abgewickelt; die ganze Angelegenheit war bereits vorbei, sozusagen im Keim erstickt, noch bevor etwas daraus erwuchs, das wuchern, das Wurzeln in ihr schlagen konnte.

»Gut so«, sagte sie. Keine halben Sachen. Und es tat ihr wohl, dies laut auszusprechen, auch wenn das taube Schaufenster mit all dem Tand ihr einziger Zeuge war. Und dennoch – sie fühlte sich seltsam betrogen. Er hatte etwas in ihr geweckt, das besser unangetastet geblieben wäre. Sie hatte alles so gut im Griff gehabt. Doch nun war er da, nagte, zerrte von ganz tief innen an ihr, dieser ... *Hunger.*

Die Konditorei Schmidt war um diese Uhrzeit fast menschenleer. Eine recht füllige, sichtlich gelangweilte Dame mittleren Alters arrangierte ein Tablett mit Kuchenstücken, rückte die drei Torten in der Glastheke in ein besseres Licht, wischte den Verkaufstresen.

Margot setzte sich auf ein lindgrünes Plüschsofa, in dessen Nachgiebigkeit sie geradezu versank. Sie bestellte bei der nun herbeischlendernden Bedienung – anscheinend hatte die sie schließlich doch noch bemerkt – ein Stück Schwarzwälder Kirschtorte und eine Tasse Kaffee. »Schwarz, bitte.«

»Gern, Fräulein.«

Fräulein. Es gefiel ihr, wie die Serviererin das Wort betonte. Freundlich. Ohne irgendeinen Hauch von Unterton. Als sei sie das wirklich: ein unschuldiges junges Fräulein.

Leichte Arbeit, dachte Margot, während sich ihr Mund mit Sahne und einem dezenten Geschmack von Kirschlikör füllte. Anders als in der Spielbank ...

Die Bedienung – »Nelli« könnte sie heißen, dachte Margot; ja, das würde gut zu ihr passen –, Nelli also, die gerade einen Anruf hinter dem Verkaufstresen entgegennahm, wickelte sich beim Sprechen gedankenverloren eine ihrer langen dunklen Locken um den Finger ihrer freien Hand. Jetzt, wo sich die Spuren von Langeweile in ihrem Gesicht etwas geglättet hatten, wirkte sie mit ihren üppigen Kurven und der gesunden Gesichtsfarbe sinnlich und vital.

Appetitlich, schoss es Margot durch den Kopf, und gleich darauf musste sie ein kindisches Kichern unterdrücken. Was für ein unpassender Vergleich.

Sie gab ein ebenso unpassendes hohes Trinkgeld, was auch noch die letzten Spuren des Gelangweiltseins aus dem Gesicht der Nelli wischte.

»Danke, Fräulein. Kommen Sie bald wieder. Was für ein schöner Mantel. Der Schnitt steht Ihnen ganz hervorragend.«

Während sie über den Ebertplatz zurück nach Hause lief, nahm sie sich vor, mit Johan über den Stand der Dinge zu sprechen. Ihre Reserven aus der Wiesbadener Zeit waren längst aufgebraucht. Dabei hatte sie so gut gehaushaltet. Sie sollte sich nach einer Arbeit umsehen, und zwar bald.

»He da, Fräulein!«

Ein paar Halbstarke pfiffen ihr nach. Sie hob den Kopf ein Stück höher, ließ sie pfeifen und bahnte sich einen Weg durch das Gewusel am Eigelstein. Frauen mit ihren Einkäufen, Hunde ohne Herrchen, Männer in Arbeitskleidung, mit hochgeschlagenen Krägen, viele mit gesenkten Köpfen, Kinder – die meisten viel zu dünn angezogen, vielleicht rannten sie deswegen, womöglich waren sie auf dem Rückweg von der Schule –, ja, und auch die Schlendriane und Streuner waren unterwegs. Menschen ohne ein offenkundiges Ziel. So wie sie. An den meisten Tagen ignorierte sie ihr Umfeld, abgesehen von jenem Ausschauhalten nach Anzeichen einer möglichen Verfolgung – heute aber fiel es ihr auf; vielleicht aus dem vagen, aber starken Drang heraus, sich hier irgendwem zugehörig zu fühlen.

Aus alter Gewohnheit wechselte sie kurz hinter dem Boor die Straßenseite. Den Kaisers ignorierte sie. Keine Einkäufe heute. Wenn Fred von der Schule heimkam, würden sie im Boor essen gehen. Sie war zwar noch satt von der Torte, aber ein Stück Fleisch schadete nie.

Moment mal – Margot blieb so abrupt stehen, dass sich einige Frauen murrend an ihr vorbeischoben. War er das nicht? Da vorne in der Seitenstraße, im Auto sitzend?

Ein seltsamer Schmerz durchfuhr sie. Eine schachttiefe Leere und quälende Fülle zugleich. War das Begehren?

Sie hob den Kopf und ging weiter. Ob ers nun war oder nicht. Es war nichts passiert. Und es würde auch weiter nichts passieren.

Das Auto, kastenförmig, ein Ford-Transporter, löste sich aus der Parkbucht und war schon bald außer Sicht.

Margot seufzte erleichtert.

Nein, sie brauchte das nicht. Konnte es sich nicht leisten. Diese nutzlose, beschämende Art von Schmerz.

18

1952, Köln

WILLI plagten Träume. Träume vom Wasser. Seine Nächte waren geradezu überschwemmt davon: Flüsse, Seen, das Meer, mal schwarz, mal trügerisch schimmernd, voller Rauschen, Schreien, Rufen, Stimmen. Wasser, das ihm langsam, aber stetig bis zum Hals stieg, ihn mit einem unaufhaltsamen Sog in die Tiefe zog, ihm den Atem nahm, über ihm zusammenschwappte, den Himmel verschloss, das Licht, die Tür …

»*Sind Sie Schwimmer?*«

»*Na, dann schwimmen Sie doch.*«

Er strampelte, ruderte mit den Armen, schrie, rief …

Nachdem er das fünfte oder sechste Mal des Nachts zitternd und schweißgebadet hochgeschreckt war, beschloss er, etwas zu tun. Er ging in ein Rahmengeschäft. Die *Betenden Hände* – bislang hatte er sie mit Reißwecken nahe der Eingangstür im Flur befestigt –, fortan waren sie in einem schwarzen Holzrahmen eingefasst, den er über sein Bett hängte.

»Wollen Sie nicht etwas Fröhlicheres?«, hatte der Verkäufer vorsichtig gefragt. »Sieht ein wenig nach Traueranzeige aus, wenn Sie es so rahmen lassen. Ich hätte da ein schönes Weinrot im Angebot. Oder Silber, das würde sich auch gut machen … «

Willi bestand auf Schwarz. Und tatsächlich, nach und nach wurden seine Nächte wieder ruhiger. Doch sie hinterließen ein merkwürdig ausgelaugtes Gefühl in ihm; eine Art *Gestrandetsein*.

Er fuhr zum Kättchen in die Klinik. Obwohl sie tief im Sumpf ihrer Traurigkeit feststeckte, war es allein ihre Gesellschaft, die er momentan wirklich ertrug.

Doch anstatt sie wie sonst aufzumuntern und ihren Stuhl Richtung Fenster zu schieben, ihr Blumen oder Konfekt unter die Nase zu halten, ihr aus der Illustrierten vorzulesen und die Haare zu kämmen, setzte er sich an diesem Nachmittag an ihr Bett, nahm ihre Hand und suchte nach Worten für seine nächtliche Angst, ertrinken zu müssen.

Er holte tief Luft, als nähme er Anlauf, und sprach stattdessen von dem besonderen Licht an jenem frühen Januartag, von der Frau und dem Jungen im Türrahmen, seinem spontanen Tanz mit ihr, Margot, in dem umgebauten Zimmer und, ja, dem Gefühl, irgendwie fortzutreiben.

Das Kättchen sagte nichts. Wie so oft war sie auch dieses Mal während seiner Rede eingeschlafen. Aber als er ihre Hand vorsichtig auf die Bettdecke zurücklegte, sah er, dass sie lächelte.

Von da an veränderten sich seine Träume. Nun rannte er ewige spiralförmige Treppen hinauf und hinunter, durch lange Korridore und Fluchten, ohne je an ein Ziel zu gelangen. *Was du heute kannst besorgen, das verschiebe nicht auf morgen. Was du heute kannst besorgen, das verschiebe nicht ...* Er fuhr durch Straßen, Gassen, Winkel, über Zubringer, Unterführungen, nahm Umleitungen, fuhr und fuhr ohne Unterlass, verirrte sich hoffnungslos, konnte die Schilder nicht lesen, die Sprache der Menschen nicht verstehen. *... nicht auf morgen. Was du heute kannst besorgen, das verschiebe nicht auf ...* Die Autotür klemmte, mit aller Kraft stemmte er sie auf, er rannte, rannte und kam nicht vom Fleck. Die Monika – »*Also wirklich, Willi, was willst du eigentlich?*« – schwirrte hier und da wie ein Falter durch seine Träume, die Mutter schreiend, rufend, die Oma schwarz verhüllt, Onkel Ludwig ohne Arme und Beine, manchmal sogar der

Hans, der ganz unversehrt pfeifend irgendetwas in sein Büchlein schrieb, was er nicht lesen konnte.

Von ihr hingegen träumte er nie. Doch wenn er aufwachte, dann dachte er als Allererstes an ihr Gesicht. *Margot.*

Irgendwann war der Winter vorbei. Und der Frühling, der sich ihm nahtlos anschloss, hieß Peter Alexander. Überall war der jetzt zu hören. Er und sein penetrantes Gesäusel: »*Ein bisschen mehr, ein bisschen mehr. Ein bisschen mehr könntest du mich schon lieben …*«

In den Kneipen, Geschäften schaltete er auf Durchzug, dachte an irgendeine knifflige Montage, bis es vorbei war. Daheim drehte er das Radio leiser oder suchte gleich nach einem anderen Sender. Verdammt auch!

Eines Tages, der Peter-Alexander-Frühling war glücklicherweise fast vorbei, fuhr er zu Günters Rievkooche am Eigelstein. Die Reibekuchen vom Günter waren nunmal weit und breit die besten. Herrlich, dieser Duft nach gerösteten Kartoffeln, nach heißem, frischem Fett, das Versprechen, das sie verströmten: *Dich krieg ich satt.*

Und dann, einfach so, als folge er einer Eingebung – vielleicht wollte ers auch einfach hinter sich bringen, die Sache mit dem irgendwie noch ausstehenden Kuss –, jedenfalls stand er nun da, die noch dampfenden Reibekuchen in der Hand, und klingelte an ihrer Tür. Hoffentlich war der Zeitpunkt günstig …

»Tja, da bin ich mal wieder …« Das war alles, was er über die Lippen brachte.

Ihr Gesicht. So oft hatte er es sich in den vergangenen Wochen und Monaten vorgestellt, und doch war das nun etwas ganz anderes, ihr tatsächlich wieder in die Augen zu sehen. Weniger geschönt, das Ganze. Aber auch, ja, was? Näher … Das war keine gute Idee, schoss es ihm durch den Kopf.

Margot wurde rot. Dann blass. Ihre Stimme aber klang fest. Kühl.
»Was wollen Sie denn hier?«
Er räusperte sich.
»Sind Sie allein?«
»Geht Sie das etwas an?«
»Also ja. Darf ich kurz reinkommen, bitte?«
»Ich wüsste nicht, wieso.«
»Weil ich … Ich war ein Idiot.«
»Aha.«
»Ja. Aber wollen wir die nicht vielleicht essen, bevor sie ganz kalt sind?« Er hielt das Einschlagpapier mit den Reibekuchen hoch, als wären sie eine Art Eintrittskarte. »Die können schließlich nichts dafür. Die Rievkooche, mein ich.«

Margot antwortete nicht. Weder schlug sie ihm die Tür vor der Nase zu, noch ließ sie ihn hinein. Sie blieb einfach so stehen. Aber ihr Gesichtsausdruck veränderte sich, wurde ein klein wenig weicher. Er drückte ihr den Imbiss in die Hand.

»Da, bitte schön. Was man hat, hat man …«
Und dann küsste er sie.

»Ich bin nicht frei, Willi. Noch nicht. Für niemanden«, hatte sie irgendwann sehr viel später an diesem erstaunlichen Tag zu ihm gesagt und noch eine ganze Menge mehr.

Sie war dem Holländer, diesem De Boer, tief verbunden. Ja, das hatte er sofort gemerkt. Mehr, als sie selbst es allerdings ahnte oder vielleicht sogar wollte. Attraktiv fand sie ihn offenbar nicht. So viel war immerhin schon mal klar.

Ja, und der Junge? Fred war wohl von dem Mann, dessen Namen, Heider, sie trug. Aber vor dem war sie, wenn er ihre Andeutungen richtig verstanden hatte, geflohen. Was so viel hieß wie: Sie war nicht geschieden. Und ließ sich nun von diesem Johan aushalten. Himmel noch eins, was brachte das, wenn er da jetzt auch noch mitmischte? Überhaupt, solche ungeklärten Verhältnisse machten ihn nervös. Sie gaben ihm das Gefühl, entweder zu mächtig oder zu ohnmächtig zu sein für seinen Geschmack. Im Grunde beides zugleich, was die Verworrenheit nur verstärkte. Zu kompliziert das Ganze. Viel Sollen/Nichtsollen, wenig Können. Was wollte, was erwartete sie von ihm? Hoffentlich nicht zu viel. Schließlich war sie gebunden. Punktum. Während er ...

»Immer schön in Bewegung bleiben, Willi.«

Im Grunde seines Herzens sah er sich als Junggesellen, der am besten zu sich selbst passte. Ja, so war das nun mal. Da machte er sich nichts vor.

Was also taten sie da?

19

1952, Köln

FRED schwitzte. Die Mama hatte auf dem Pullunder bestanden. Plötzlich kümmerte sie so was. »Vorsorglich«, nannte sie das. Als sei dem Sommer noch nicht wirklich zu trauen.

Aber er ist doch längst da, dachte er, und zog den Pullunder aus. Es war Juni! Und gleich, ja, gleich würde auch der Willi da sein.

Eine weitere Straßenbahn bog um die Ecke. Fred reckte den Hals. Linie sechzehn. Nein, Willi kam immer mit der Zwölf. Aus Zollstock.

Willi war sein Freund. Und sein Fußballtrainer. Er mochte Fußball nicht so richtig. Er mochte lieber Schach. Einen Schachtrainer hatte er ja auch: den Johan. Aber den Willi mochte er vielleicht sogar noch mehr als den Johan. Also spielte er Fußball mit ihm, da unten an den Rheinwiesen.

»Der Junge braucht Frischluft«, hatte er Willi erst neulich wieder zur Mama sagen hören. »Danach kann die Nase zurück ins Buch.«

Das fand er lustig, die Idee, dass seine Nase im Buch war. Leider rochen Bücher nicht so stark, dann hätte sich das mit der Nase wenigstens gelohnt. Nur die ganz alten. Nach Staub, und eines, das hatte mal nach Leder gerochen. Am liebsten las er sowieso Comics. Und die waren zu bunt und zu dünn und zu neu und zu schnell ausgelesen, um nach was zu riechen. Abenteuer las er auch gern. Die Bücher von Karl May, zum Beispiel, und alles über den Weltraum.

Eigentlich war es ja sein Kopf. Sein Kopf war *im Buch*. Mit ihm las er, da tat er alles rein, wie in eine große Höhle, in der man sich auch gut verkriechen konnte. Bücher brachten ihm alle beide immer wieder mit: Johan und Willi. Aber der Willi kaufte ihm vor allem Comics. *Micky Maus, X-Männer, Supermann* und *Jerry Cotton*. Manchmal lasen sie die auch gemeinsam.

»*Ich muss mal vor die Tür, mich bewegen.*« Auch der Willi schien immer wieder Frischluft zu brauchen. Anders als die Mama. Die konnte stundenlang herumsitzen. Und rauchen. Und stricken. Und lesen. Willi hingegen, der wurde, wenn er allzu lange Zeit gesessen oder sonst was drinnen getan hatte, irgendwann unruhig. Dann stand er erst mal auf, ging zum Fenster, machte es auf. Nach einer Weile machte er es wieder zu. »Ich muss mal vor die Tür, mich bewegen«, sagte er dann. »Willst du mit, Fred?«

Er wollte mit. Meistens. Es sei denn, er war gerade an einer unheimlich spannenden Stelle im Buch oder probierte neue Züge am Schachbrett, die der Johan »Eröffnungen« nannte.

Manchmal, eigentlich immer öfter inzwischen, gingen sie dann alle drei, also zusammen mit der Mama hinaus.

Aber am Ebertplatz abholen durfte er den Willi immer allein. Willi kam meistens an den Wochenenden zu ihnen, da hatte er nämlich frei. Und er selbst natürlich auch, schulfrei.

Der Johan kam fast immer an denselben zwei Tagen unter der Woche, von Mittwoch auf Donnerstag. Das konnte man sich recht gut merken. Sonst wäre es in der Wohnung auch ziemlich eng geworden, wenn alle auf einmal da gewesen wären.

Wenn der Geisinger und seine Familie oder nur dessen Frau bei ihnen vorbeikam oder die Marie Mertensen, die eigentlich fast jeden Tag mal kurz reinschaute, wie sie das nannte, dann saßen die Erwachsenen meistens in der Küche. Das war ziemlich langweilig und dauerte außerdem immer ewig. All dieses Essen und Reden, Trinken und Rauchen.

Er hatte aber jetzt seinen eigenen kleinen Raum gleich hinter dem Wohnzimmer, da konnte er die Wand, die eigentlich eine Türe war, zuschieben. Und wenn man Lust hatte, konnte man sie auch aufschieben, dann war der Raum plötzlich größer, und es gab auch mehr Licht.

»Die hat uns der Willi gebaut«, hatte die Mutter ihm neulich erklärt, und sie hatte ganz stolz geklungen. Als hätte *sie* was damit zu tun gehabt. »Ja, der kann schon so einiges, der Willi.«

Dabei wusste er selbst am besten, was der Willi konnte. Er konnte zum Beispiel alles so herrlich reparieren, dass es fast war wie neu. Das war sehr praktisch, weil um sie herum ständig was kaputtging. Die Wasserhähne, zum Beispiel, oder der Ofen. Die Elektrik. Und zuletzt das Lattenrost von seinem Bett. Ganz schief hatte er dagelegen, bis Willi die Sache gerichtet hatte. Er hatte auch den einen kaputten Eisenbahnwaggon repariert. Ach ja, und auch das ging besonders gut mit dem Willi: Man konnte sehr gut mit ihm spielen. Eisenbahn, Karten oder »Mensch-ärgere-dich-nicht«. Inzwischen spielte auch die Mama immer wieder mal mit. Ein bisschen nervte es aber, dass es allen beiden anscheinend egal war, ob sie gewannen oder verloren.

Er wollte immer gewinnen. Wieso spielte man sonst so ein Spiel? Die Mama sagte dann gar nichts, höchstens »Herzlichen Glückwunsch, Fred«. Willi tat wenigstens so, als würde er sich ärgern, wenn er verlor. Als ob er nicht merkte, dass der Willi nur so tat.

Er ließ einen auch immer machen. Möbel zu Raumschiffen umbauen oder Experimente in der Küche. Die Mama sah das nicht gern, wenn sie in der Küche alles durcheinanderbrachten. Besonders wenn sie das Feuerzeug benutzten. Aber bislang war nie etwas passiert.

Und stark war der Willi! Er konnte ihn stundenlang auf der Schulter tragen, durch die ganze Stadt, und dabei Geschichten erzählen. Von Tünnes un Schäl, zum Beispiel, und was die so alles anstellten.

Da, da kam die Zwölf! Fred trat aufgeregt von einem Fuß auf den anderen. Die Türen öffneten sich, Leute stiegen aus, aber Willi nicht.

Fred hockte sich auf den Boden. Das lange Stehen machte keinen Spaß. Die nächste Linie zwölf, so viel hatte er sich inzwischen ausgerechnet, würde erst in fünfzehn Minuten kommen. Da konnte er genauso gut auf seinem Pullunder sitzen solange.

Der Willi konnte auch einiges nicht. Jetzt zum Beispiel, da war er wieder einmal zu spät.

»*Wenn ich da bin, bin ich da.*«

Er sprach auch so laut. Wenn er allein mit der Mama war, weniger. Aber vor allem, wenn mehrere Leute da waren. Das war manchmal, besonders unterwegs, ganz schön peinlich. Weil dann die Leute immer so zu ihnen herguckten. Meistens schauten sie eher verwundert oder freundlich, aber das konnte sich ja jederzeit ändern.

»Das kommt noch vom Krieg«, hatte die Mama einmal gesagt, als er sie danach fragte. »Die Nerven sind das.«

Das hatte er leider überhaupt nicht verstanden. Die meisten Erwachsenen sprachen nicht mehr vom Krieg inzwischen. Und wenn, dann nur leise und ganz bestimmt nicht laut. Der Willi sprach auch nicht vom Krieg, sondern von jeder Menge anderer Dinge. Und was überhaupt waren Nerven? Er hatte aber keine Lust mehr gehabt, noch mal nachzufragen.

Egal ob laut oder leise, der Willi redete ganz schön viel. Manchmal auch ein bisschen sehr viel. »Is ja gut, Willi!«, sagte die Mama dann nur, wenn zum Beispiel der Geisinger mit seiner Familie gleichzeitig da war. Und dann lachten alle. Willi, die Mama und die Geisingers. Es war schön, wenn die Mama so war. Auch wenn er nicht verstand, warum sie über so etwas wie »Is ja gut, Willi« lachten. Es war ja eigentlich nichts komisch daran. Aber Hauptsache, der Mama gefiel das. Und ihm gefiel halt, dass Willi jetzt immer so regelmäßig zu ihnen kam.

Gestern, da hatten sie Ameisen beobachtet. Der Willi hatte ihm eine Lupe mitgebracht und eine kleine Schachtel, in der er zerquetschte Ameisen sammeln konnte für Ameisenpüree. Und immer, ja, immer brachte er ihm ein »Nüssli« mit.

Fred sah, dass sich wieder eine ganze Reihe von Menschen angesammelt hatte, die wie er auf die Straßenbahn warteten. Eine ältere Frau schaute ihn böse an und murmelte etwas von »unerzogen«, wohl weil er auf der Erde saß.

Er stand auf, klopfte seinen Pullunder ab und kramte in der Hosentasche nach den Überresten der Kaugummipackung. Zwei waren noch drin. Er nahm eines und steckte es sich in den Mund. Die Frische war angenehm. Nach einer Weile aber verlor sich der Geschmack, und er zog das Papierchen heraus, um das ausgekaute Kaugummi da hineinzuwickeln. Die fünfzehn Minuten mussten doch eigentlich längst um sein. Fred stellte sich auf die Zehenspitzen, um mehr zu sehen, als schon da war.

Jetzt sollte die Bahn, sollte der Willi aber langsam mal kommen!

20

1952, Köln

WILLI atmete den Sommer ein. Was für ein prächtiges Wetter heut! Er pfiff vor sich hin, irgendein in ihm auffunkelndes Melodiechen, während er die Straßenbahnlinie zwölf bestieg.

Es waren noch jede Menge Sitzplätze frei. Allerdings nicht für ihn. Seine Knie stießen dabei nur ungut gegen den Vordersitz. Er stand lieber, besonders wenn es so warm war wie heute. Im aufrechten Zustand gabs mehr Luft.

»*Eifelstraße …*«

Mit welch schöner Regelmäßigkeit die Bahnen nun wieder durch die Innenstadt ruckelten. Wie Fäden zogen sich ihre Schienen nach und nach durch die Viertel, jeder neue Anschluss ein kleiner Triumph.

Eigentlich lief er gerne zu Fuß. Nur dauerte das länger. Obwohl – Willi schaute auf seine Armbanduhr: Genau siebzehn Minuten brauchte die Zwölf von daheim, also von Zollstock, bis zum Ebertplatz. Wenn er stramm lief, brauchte er im Grunde auch nicht sehr viel länger, maximal eine halbe Stunde. Zu ihr. Zu *ihr*.

»*Hier ei äm, hier ju a. Wei its truli wunderbar! Wunderbar …*«

Fast hätte er das Lied, das ihm da durch den Kopf ging, laut gesungen. Gerade konnte er sichs noch verkneifen. Einige Fahrgäste schauten eh schon zu ihm her beziehungsweise hoch. Hatte er mal wieder vor sich hin gepfiffen? Wie auch immer, das war er ja gewohnt, dass stets irgendwer schaute. Also ran: »Herrliches Sönnchen heut. Soll ja so bleiben …«

»Ja. Man braucht nicht mal mehr 'ne Jacke am Morgen.«
»Nur 'n Käffchen.«
»Oder 'n Kölsch.«
»Schönen Tag noch.«
»*Barbarossaplatz.*«

Sie hielten jetzt ziemlich lang. Signalstörung offenbar. Willi seufzte, verlagerte sein Gewicht von einem Bein aufs andere und addierte in Gedanken weitere zehn Minuten hinzu, bis er endlich bei ihr sein würde. *Margot.*

Da, eine kleine Menschentraube vorm Hochhaus. Willi beugte sich ein wenig vor. Anscheinend gab die Sparkasse Köln, für die sie kürzlich erst den Fassadenanstrich gemacht hatten, ein Sommerfest. Jetzt erinnerte er sich auch wieder an die Einladung. Mensch, da hätt er doch mit den beiden hingehen können heute! Was heißt da hätte, es ging ja im Grunde immer noch. Wobei, bis sie dann hier waren, vielleicht wars dann schon wieder vorbei? Immerhin, jetzt, wo sie hier eh stillstanden, konnte er doch rasch aussteigen und einen Ballon fürs Jungchen holen. Und so wie es aussah, verteilte die Frau da vor der Tür auch Bonbons und Kugelschreiber. Nichts wie hin. Er konnte ja dann die Sechzehn nehmen, die fuhr schließlich auch zum Ebertplatz ...

Die Bahn setzte sich mit einem leichten Ruck wieder in Bewegung. Auch gut, weiter gings.

»*Geysing daun ät die Jungfrau from auer ziekret Schalé for tu. Let as drink, Liebchen mein. Wunderbar, wunderbar ... Wei its truli wunderbar ...*«

Er genoss es, wenn das Leben Fahrt aufnahm.

»*Nächste Haltestelle: Zülpicher Straße.*«

Letzte Woche, da war er mit Margot und Fred ins Vorgebirge gefahren. Den Ford Taunus hatte er sich vom Franz geliehen.

»Mach mir ja keinen Kratzer rein, Willi. Du weißt, wir können uns gerade keine Extravaganzen leisten.«
»Jetzt übertreib mal nicht, Franz.«
»Von wegen! Wir sollten sparsamer – «
»Ich arbeite wie 'n Jeck. Die Aufträge fließen.«
»Die Ausgaben fließen auch, fürs Material. Ach, und hast du die AOK-Sache geregelt?«
»Klar ...«
»Nicht dass uns die Arbeiter aufs Dach steigen. Sonst fliegt uns noch alles um die Ohren. Mit der Versicherung ist nicht zu spaßen und –«
»Ja, ja. Ich kümmer mich drum.«
»Hast du gestern auch schon gesagt ...«

Was der Franz nur immer hatte. Und von wegen Kratzer! Er hatte die Klapperkiste gewaschen, ja sogar poliert, bis die Karosserie geglänzt und gefunkelt hatte wie dieser ganze, schöne Ausflugstag. Zunächst zumindest. Er hatte sie daheim abgeholt. Das Treppenhaus war immer noch schief und krumm; jedes Mal musste er sich geradezu verbiegen, um überhaupt bis hinauf zu ihrer Wohnungstür zu gelangen, aber wen kümmerte schon die Statik dieser Tage ...

»*Da bist du ja.*«
Margot hatte einen ansehnlichen Picknickkorb zurechtgemacht, aber es dauerte eine Weile, bis er den bemerkte. Wie jedes Mal machte sein Herz bei ihrem Anblick diesen kleinen Hüpfer: *wunderbar, truli wunderbar.* Und wo er schon bei *wunderbar* war: Heute trug sie ein Kleid, das die Farbe von Butterblumen hatte.

Grasgrün – das wäre die passende Taschenfarbe dazu. Neulich hatte er so eine in einem der Schaufenster auf der Schildergasse gesehen, da würde er die Tage noch mal hingehen. Na, heute gabs erst mal was anderes.

»Schon wieder ein Geschenk, Willi? Danke … Aber das sollst du doch nicht. Das brauchts doch gar nicht. Treib dich bloß nicht in den Ruin.«

»Ach komm schon, wie heißt es doch gleich? Tritt niemals ein ins Haus mit leerer Hand …«

Margot schmiegte sich an ihn. Und wieder einmal staunte er über die Veränderung in ihrem Gesicht. Man konnte richtig dabei zusehen. Als ob ein Vorhang aufgezogen wurde. In sich gekehrt, fast ein wenig verschattet fand er sie meist vor, sodass er anfangs immer wieder einen Schritt zurückgetan hatte innerlich: *Vorsicht, kompliziert.*

Doch dann hellten sich ihre Züge stets auf; sie wurde gelöster, und nach einer Weile leuchtete sie geradezu. Heute hatte sie ihr Haar in Wellen gelegt, dadurch sah es etwas kürzer aus, als es eigentlich war. Es umschmeichelte ihren Nacken und ihre Wangenknochen, betonte ihre Grübchen. Er liebte diese Haarlänge bei Frauen. Nicht zu lang, nicht zu kurz. Feminin.

»Was ist das, Willi?«

»Wie?«

Er hatte sich gerade Picknickkorb und Decke geschnappt. Was gut war, weil er dem Jungen sonst wahrscheinlich wieder das sorgsam frisierte Haar verstrubbelt hätte. Er hatte sich das aus irgendeinem Grund so angewöhnt, ihm immer mal über den Kopf zu streicheln.

»Die Melodie? Du hast doch eben was gepfiffen.«

»Ach so, das …«

Er hatte das gar nicht gemerkt. Aber es gefiel ihm, dass der Junge immer so genau hinhörte. Dass er was wissen wollte. Also brachte er ihm auf dem Weg zum Auto und die halbe Fahrt über, bis kurz vor der Ausfahrt »Siebengebirge«, das Lied bei, das ihm derzeit durch den Kopf ging: »*Gejsing daun ät die Jungfrau from auer ziekret schalé for tu. Let as drink, Liebchen mein ...*«

Auch Margot sang mit. Allerdings leicht schief, ebenso wie Fred. Oder war er derjenige, der den Ton nicht so richtig hielt? Egal.

»*Hier ei äm, hier ju a. Wei its truli wunderbar! Wunderbar, wunderbar...*«

»Aber das ist doch Englisch, Willi. Warum kommt denn dann immer wieder dieses *wunderbar* dazwischen?«

»Tja, mein Junge. Das ist der Witz bei dem Lied, dass da Deutsch reingemischt ist. Ihr habt noch kein Englisch in der Schule, oder? Aber das kommt sicher bald. Ich hab damals nicht so viel davon mitgekriegt, und dann kam ja der Krieg ... Kurzum, ich lerns so vom Hören. Ist gar nicht schwer. Die Amerikaner sind ja jetzt überall.«

»Das ist Zarah Leander, Fred. Von der hast du doch bestimmt schon mal gehört, oder?«

»Ja, Mama. Ich glaub schon.«

»*Not a cloud, near or far, why it's more than wunderbar ...*«

»Wunderbar ...«

»Wunderbaaaar.«

Sie breiteten ihre Decke nah am Ufer aus, weil Fred so gern Steine ins Wasser warf.

»Ich rechne mir immer aus, wie weit ich komme, Willi.«

»Aha.«

»Ja, wenn der Stein schwerer ist, ich aber fester werfe, zählt das dann mehr als das Gewicht vom Stein? Oder wenn der Stein leichter ist, ich aber genauso so fest werfe oder ...«

»Hm. Also wenn du die flachen nimmst, kannst du sie sogar springen lassen. Schau, ganz gerade werfen. Möglichst dicht über die Wasseroberfläche. Als ob du den Fluss aufschlitzen willst. So ...«

»Ui!«

»Jetzt du. Hier, nimm den.«

»Ooooch ...«

»Probiers noch mal. Schau, der hier ist schön flach. Ja, gut, schon viel besser, Fred.«

»Dreimal. Hast du das gesehen? Jetzt du, Willi.«

»Oha! Das waren ja sieben!«

»Das kannst du auch. Mit ein bisschen Übung ...«

»Johan sagt immer: Übung macht einen Meister. Willi?«

»Wie? Ja, stimmt. Da hat er recht, der Johan.«

Irgendwie war ihm plötzlich danach, sich hinzusetzen. Wieder einmal kam er sich vor wie der Elefant im Porzellanladen. Bei jedem Schritt, den er tat, konnte leicht etwas zerbrechen. Wie gut, dass er hier mitten im weichen Ufergras stand. Sollte der Junge das Flussaufschlitzen ruhig ein Weilchen alleine üben.

»Wird schon, Fred.«

Er nickte ihm noch mal aufmunternd zu und ließ sich dann neben Margot auf der Decke nieder. So auf der Erde herumsitzen mit seinen langen Gliedern, das war eigentlich nichts für ihn. Aber was tat man nicht alles. Er sah, dass sie ein Buch in den Händen hielt, jedoch nicht darin las.

Das Sonnenlicht spielte unablässig mit ihrem Haar, er konnte es dem Sönnchen nicht verdenken. Er legte den Arm um sie und küsste ihre Schläfe, damit selbst dem Licht klar war: *Jetzt bin ich dran.*

»Du liest ja gar nicht. Wir sind wohl spannender? Als dein Buch?«

»Viel spannender. Und lauter.«

Sie lächelte und griff nach seiner Hand. Das tat sie gern. Nach seiner Hand greifen, mit ihren Fingern über seinen Handrücken streichen, sacht, aber beharrlich. Er stellte sie sich in ihrer gestreiften, etwas zu großen Baumwollschürze vor, in der sie immer ein wenig verkleidet wirkte. Wie sie da vorhin in der Küche gestanden hatte, bei offenem Fenster (ihm zuliebe, das war ihm klar), und die

Butterbrote für ihren Ausflug, eins nach dem anderen, geschmiert hatte. Ruhig, konzentriert und in stiller Vorfreude, die wohl, wie er vermutete, dafür umso tiefer reichte. Er lächelte.

»Das steht dir gut. Das Lächeln.« Nun war sie es, die sich ihm näherte, ihn küsste.

Ich brauche eine Abkühlung, dachte er unbestimmte Zeit später, krempelte den Saum seiner sandfarbenen Nylonhose hoch und lief zum Ufer, um seine Fußsohlen für einen Moment der trägen Strömung auszusetzen.

Fred hatte inzwischen offenbar genug vom Steinewerfen. Er lag bäuchlings im Gras, den Kopf auf die Arme gestützt, und beobachtete, wie's ausschaute, die Ameisen.

»Na, tut sich was?«

»Schon. Die sind so viele. Man würde doch meinen, sie krabbeln da einfach wild herum. Tun sie aber nicht. Die laufen wie an einer langen Schnur. Komisch ...«

»Fred!«

»Ja, Mama.«

Der Junge überließ die Ameisen sich selbst und lief zu seiner Mutter. Willi sah ihm dabei zu, wie er den Dreck von seinen Knickerbockers abklopfte. War er in dem Alter auch so folgsam gewesen? Er wusste es gar nicht mehr. Wohl eher nicht.

Fred jedenfalls machte sich jetzt über die Brote her. Gut so, er war immer noch recht dünn. Dann setzte der Junge sich in den Schneidersitz und versenkte seine Nase tief in ein ganz schön dickes Buch.

Willi schmunzelte. Wie die Mutter, so der Sohn. Er zog die Füße aus dem Wasser, ließ sie im warmen Ufergras trocknen. Eigentlich hatte er vorgehabt, mit den beiden zum Drachenfels hochzulaufen. Die Kinder konnten dort auf Eseln reiten, es gab Kaffee und Kuchen – er liebte Torten! –, und die Ruine wäre sicher spannend für den Jungen. Aber so, wie's ausschaute, waren die zwei sehr zufrieden dort auf der Decke. Und Zufriedenheit war 'ne Menge wert.

»Nächste Haltestelle: Rudolfplatz.«

»Magst du auch etwas essen, Willi?« Margot blickte zu ihm herüber, als hätte sie seine Gedanken gelesen. Ja, so etwas war ihr durchaus zuzutrauen.

»Gern. Bin schon im Anmarsch.«

Er zog sich seine Slipper an und ging zu Margot und Fred hinüber.

»Hab nur noch mal die Lage überprüft. Alles roger. Und hier, alles ameisensicher?« Er zwinkerte Fred zu. Der Junge sah von seinem Buch auf und schenkte ihm sein seltenes Lächeln.

»Magst du auch was von dem Käse, Willi? Oder lieber Frikadelle, Ei oder Schinkenbrot?«

»Wie wäre es mit genau der Reihenfolge? Alles davon also. Ist denn genug da?«

»Aber sicher.«

Er streckte seine Beine aus. Margot lehnte sich an ihn. Ihre Arme und die Wangen waren von der Sonne erwärmt. Er räusperte sich.

»Kennst du die Geschichte vom Schäfer?«, fragte er Fred. Die Erinnerung war ihm vorhin gekommen, als er dem Jungen beim Steinewerfen zugesehen hatte.

»Schäfer? Nein.«

»Schön. Also, pass auf, die geht folgendermaßen: Eines Tages verließ der König seine Residenz, um in seinem Lande nach dem Rechten zu sehen. Er hatte sich vorgenommen, die Fähigkeiten des Bürgermeisters zu testen. Als sie einander gegenüberstanden, sagte der König: ›Bürgermeister, ich stelle dir folgende Fragen: Erstens, wie tief ist das Meer? Zweitens, wie hoch ist der Himmel? Drittens, was hält der König von dir? Viertens, was denkt der König über dich? In einer Woche kehre ich zurück. Kannst du mir meine Fragen dann nicht beantworten, so bist du deines Amtes enthoben.‹ Ratlos und verzweifelt blieb der Bürgermeister zurück. Wer auf der Welt konnte solch schwierige Fragen beantworten? In seiner Not fragte er den weisesten Mann um Rat, den er kannte, einen alten Schäfer. Der hörte sich sein Problem an und lächelte. ›Wenns weiter nichts ist, lass mich nur machen‹, sagte er, und der Bürgermeister ging mit bangem Herzen, aber doch etwas getröstet heim. Am Tag der Rückkehr des Königs verkleidete sich der Schäfer als Bürgermeister und stellte sich an seiner Statt den Fragen des Königs ...«

»Du hattest da nur einen Krümel am Kinn, erzähl ruhig weiter.«

»Danke. Kurzum ... Der König sah den Bürgermeister prüfend an und sagte: ›So, Bürgermeisterchen! Hast du über meine Fragen nachgedacht?‹ ›Ja, Herr König.‹ ›Na, dann wollen wir doch mal sehen. Also: Wie tief ist das Meer?‹ ›Einen Steinwurf tief.‹ ›Soso. Und wie hoch ist der Himmel?‹ ›Einen Vogelflug hoch.‹ ›Nicht schlecht, nicht schlecht. Aber kommen wir zur dritten Frage ...‹«

Er war jetzt ganz in seinem Element.

»›Und was, Bürgermeister, hält der König von dir?‹ ›Nichts.‹ ›Sehr richtig.‹ ›Und was denkt der König von dir?‹ ›Dass ich der Bürgermeister bin. In Wirklichkeit aber ...‹«

Er hob den Finger und machte eine bedeutungsvolle Pause, so wie es sein Volksschullehrer, der Herr Nitrichowsky, damals getan hatte.

»*Nächste Haltestelle: Friesenplatz.*«

Den hatte er gemocht, den Nitrichowsky. Einer von den wenigen Guten war er gewesen, die sie an der Schule gehabt hatten. Streng, aber gerecht.

Lange hatte er nicht mehr an ihn gedacht. Aber nun sah er ihn wieder vor sich, als wäre es gerade eben erst gewesen, dass er ihnen die Geschichte vom verkleideten Schäfer erzählt hatte.

Der Herr Nitrichowsky war früh ergraut. Sein linkes Auge hatte stets ein klein wenig gezwinkert, als steckte da was drin, irgendein Fremdkörper. Und er hatte diesen wunderbar gezwirbelten Schnurrbart gehabt. Er war ein prima Geschichtenerzähler gewesen. »*Und zum Schluss noch ein kleines Anekdötchen, Kinder ...*«

Er hatte außerdem einen Schrebergarten gehabt, in dem ein recht windschiefer, aber üppiger Kirschbaum wuchs. An den freien Tagen sah er den Lehrer manchmal dort mit seiner Tochter auf Klappstühlen sitzen. Die Tochter, wie hieß sie noch gleich?, mit einer großen Emailleschüssel voller Kirschen auf dem Schoß.

Diese Schüssel – weiß war sie gewesen. Mit kleinen blauen Blüten darauf. Am oberen Rand war die Beschichtung schon ein wenig abgeblättert, aber hübsch war sie trotzdem gewesen. Und sie hatte gut zu der Tochter gepasst, die zwar taubstumm war, aber ebenso schönes schwarz glänzendes Haar hatte wie Schneewittchen. Und Augen so rund und braun wie Kirschkerne. Wobei, manche von den Kernen waren ja auch hell gewesen, wie er dann festgestellt hatte.

Ab und an durfte er nämlich in den Garten kommen, zum Kirschkernweitspucken. Und Lotte, ja, richtig, so hatte das Mädchen geheißen, jetzt fiel es ihm wieder ein – Lotte und ihr Vater hatten über Handzeichen und Laute, die in seinen Ohren fremd und auch ein wenig unheimlich klangen, so jaulend und abgehakt, miteinander kommuniziert. Er hatte sich trotzdem nicht ausgeschlossen gefühlt, sondern während sich die beiden auf ihre Art unterhielten, jede Menge Dinge für Lotte gezeichnet.

Im Zeichnen war er immer spitze gewesen. Im Zeichnen und im Sport, wenn auch in sonst nichts. Lotte hatte seine Bilder gemocht. Sie hatte dicht neben ihm gesessen, die Knie angewinkelt. Nach Gartenerde hatte sie gerochen, nach den Kirschen, nach Sommer. Und wenn sie etwas besonders mochte, hatte sie kurz in die Hände geklatscht und dann mit Daumen und Zeigefinger eine Art »O« geformt.

»*Liebe Fahrgäste. Dies ist ein außerplanmäßiger Halt. Bitte steigen Sie nicht aus. Es geht gleich weiter.*«

Der Tag, an dem der Herr Nitrichowsky ihnen die Geschichte mit dem verkleideten Bürgermeister erzählt hatte, war zugleich das letzte Mal gewesen, dass er ihn gesehen hatte. Kurz danach waren er und Lotte verschwunden. *Sonderurlaub.* – Er hatte eine ganze Weile darauf gewartet, dass sie allem Geflüstere zum Trotz wiederkämen.

Aber dann hatte eines Tages eine andere Familie unter dem Kirschbaum gesessen, eine Frau mit großer Sonnenbrille, die in einer Zeitschrift blätterte, ein Mann, der mit seinem Sohn Federball spielte.

Diebe! Er nahm sich fest vor, bei der nächstbesten Gelegenheit ihre Kirschen zu stehlen. Sollten sie doch mal sehen, wie das war, wenn man *ihnen* was wegnahm.

»›*… in Wirklichkeit aber*‹, *sagte der Schäfer und nahm seine Verkleidung ab,* ›*bin ich der Schäfer.*‹ *Also, Kinder, schaut immer ganz genau hin, mit wem ihr es wirklich zu tun habt.*« – Ja, das hatte der Nitrichowsky zum Abschied gesagt. Es hatte einen tiefen Eindruck auf ihn gemacht, das schon, aber wirklich begriffen hatte er es damals wohl nicht.

»›*… in Wirklichkeit aber …*‹« Er räusperte sich. Etwas stimmte nicht mit seiner Stimme – Fred, dicht neben ihm auf der Picknickdecke, sah ihn gespannt an. »»In Wirklichkeit bin ich der Schäfer!‹, sagte der Schäfer und nahm seine Verkleidung ab. Der König war beeindruckt.«

»Ja, und dann? Wurde er der neue Bürgermeister?«
»Wie? Wer?«

»Na, der Schäfer. Weil er doch die Fragen beantworten konnte und nicht der Bürgermeister.«

»Hm. Das verrät die Geschichte nicht.«

»Aber«, Fred setzte sich kerzengerade auf, »das ist doch das Wichtigste. Dass der Richtige dann das Land oder Dorf oder was regiert. Darum ging es doch.«

»Findest du? Aber der Bürgermeister war doch auch ein cleveres Bürschchen. Er hat den richtigen Mann gefragt und an seiner Seite gehabt.«

»Auf jeden Fall«, schaltete sich Margot ein, »ging es den Untertanen anscheinend gut. Mit einem König, der sich dafür interessiert, ob in seinem Land alles mit rechten Dingen zugeht, und der sogar zu den Menschen hinfährt.«

»Hm.« Fred vertilgte gerade eine besonders große Frikadelle. Zu Willis Bedauern war es die letzte. »Wer aus der Geschichte wärst du gerne gewesen, Willi?«, fragte er ihn.

»Ich? Na, wer wohl. Der Schäfer natürlich. Und du?«

»Der König.«

»Ach, und mir lasst ihr den ollen Bürgermeister übrig? Komm, Willi, lass uns mal da oben die Burg oder was das ist ansehen. Hast du nicht etwas von Kaffee und Kuchen gesagt?« Margot packte die Picknickreste zusammen.

»*Nächste Haltestelle: Breslauer Platz.*« Willi zog ein Taschentuch aus der Hosentasche, schnäuzte sich. Jetzt war es nicht mehr weit bis zum Ebertplatz.

Zu seiner Freude waren sie dann doch noch zum Drachenfels hochgelaufen. Ein bisschen die Beine vertreten nach all der Herumhockerei.

»Der Fels sieht ja gar nicht aus wie ein Drache«, sagte Fred enttäuscht. »Wieso heißt er denn dann so?« Er wollte auch partout nicht auf einem der friedfertigen Eselchen reiten, die da für die Kinder parat standen.

»Umso besser, dann kann er auch kein Feuer auf uns speien, der Fels.«

»Willi, das da vorn sieht doch nett aus. Da gibts bestimmt auch Eis, Fred.« Margot zeigte auf das Ausflugslokal mit den hübschen sonnengelben Schirmen, die vor dem alten Gemäuer einladend aufleuchteten.

»Au ja, Eis!«

»Schau mal, Fred, das da ist das Maul. Wenn du dich so hinstellst, da, mehr ins Licht, kannst du es sehen und ... oha!«

Wie oft schon hab ich am Rheine gedacht: Kinder, wie wäre das schön, wenn überraschend so ganz über Nacht zu mir ein Zauberer käm. Er hielt seinen Zauberstab dann über mich, mit Hokus und Pokus und so. Und eins, zwei, drei wär ich ein munterer Fisch und schwämme im Rhein irgendwo ....«

Vor dem Lokal spielte eine kleine Blaskapelle auf.

»Wenn das Wasser im Rhein gold'ner Wein wär, ja dann möcht ich so gern ein Fischlein sein ...«

Er griff nach Margots Hand.

»Ei, was könnte ich dann saufen, brauchte keinen Wein zu kaufen, denn das Fass vom Vater Rhein wird niemals leer ...« Er sang lauthals mit. Und zum ersten Mal, seit er sie kannte, lachte Margot aus vollem Halse und ließ sich von ihm im Takt herumwirbeln.

»Wäre ich aber den Rheinwein mal leid, schwämme zur Mosel ich hin. Und bliebe dort dann für längere Zeit ...«

Sie fühlte sich einfach gut an, da in seinem Arm.

»Wenn das Wasser im Rhein gold'ner Wein wär, ja dann möcht ich so gern ein Fischlein sein ...«

Alles war gut. Ja, war es denn zu glauben?

»... und fände mich schließlich am Rhein wieder ein, weil das ja der Ausgangspunkt war ...«

»Zwei Kännchen Kaffee, schwarz. Für den jungen Herrn hier den Cup Dänemark.«

»Ui, da ist ja richtige Sahne drauf!«

Freds Gesicht war hinter einem riesigen Eisbecher verschwunden.

»Na klar. Sonst ist ja gleich nichts mehr drin im Becher. Wo doch das Eis so schnell schmilzt.« Er zwinkerte Fred zu.

»*Wenn das Wasser im Rhein gold'ner Wein wär, ja da möcht ich so gern ein Fischlein sein ...*«

Am Ende hatte Fred Bauchschmerzen. Also bestellten sie noch einen Kamillentee.

Für den Rückweg ins Tal nahmen sie die Zahnradbahn.

Glücklicherweise hatten sie eine Kabine für sich. Willi nahm den Platz in unmittelbarer Nähe zur Tür und streckte, soweit es ging, die Beine aus.

»Wie hoch wir wohl sind? Tausend Meter?«

Der Junge drückte sich die Nase an der Scheibe platt, während Margot, die in der Mitte saß, jedes Mal kurz die Augen schloss, wenn das Seil mit einem deutlichen Ruckeln über die Spulen lief. Während sie so langsam, aber stetig auf das in der Abendsonne blinzelnde Königswinter zuglitten, stellte er mit Erstaunen fest, wie angenehm diese Stille war, in der sie da saßen. Eingefasst in sanftes Gleiten, Schaukeln, Licht.

Später im Auto sangen sie allerdings wieder, wenngleich ziemlich durcheinander.

»*Einmol em Johr well mer dr Drachenfels sin, wo käme mer sons hin ...?*«

»*... Herr Kapitän ...*«

»*... man kann so schön im Dunkele ...?*«

»… *schunkele*. Das heißt, sich so zur Musik hin und her zu bewegen. Passt mal auf, ich sings noch mal vor. Das hat man ganz schnell mit dem Text: *M'r kann su schön em Dunkele schunkele, wenn üvver uns de Sterne funkele. Heidewitzka, Herr Kapitän! Mem Müllemer Böötche fahre mer su gähn* …«

»… *mim Mühlheimer Böötchen* …«

»*Müllemer Böötche* …«

»… *fahren wir so gärn.*«

»… *mer su gääähn.*«

»*Heidewitzka, Herr Kapitääään* …«

»Jawoll!«

»*Heidewitzka, Herr* …«

»Ja, Himmel, Arsch und Zwirn … Pardon!«

Ein Polizeiwagen überholte sie, bedeutete ihnen durch Kelle und Blinken, rechts ranzufahren.

»Was ist denn jetzt passiert?«

Er parkte den Ford am Seitenstreifen, kurbelte das bereits geöffnete Fenster bis zum Anschlag herunter und beugte sich dem Polizisten entgegen, der mit einem unbestimmten Gesichtsausdruck auf sie zukam. Aus den Augenwinkeln sah er, dass Margot sehr konzentriert ihre Schuhspitzen betrachtete. Aber was sollte schon groß passieren, er hatte bloß ein wenig zu sehr auf die Tube gedrückt. Aber war das ein Wunder, an so einem herrlichen Tag?

»Einen schönen guten Abend, Herr Wachtmeister …«

»Ihre Papiere, bitte.«

»Gern.«

Er gab dem Polizisten die Wagenpapiere.

»Ihren Führerschein.«

»Wie? Tja, den … hab ich nicht dabei.«

»Verstehe. Haben Sie den Wagen gestohlen?«

»Wie bitte? Natürlich nicht!« Empörung stieg in ihm hoch. »Der

Ford gehört meinem Bruder Franz. Sie können ihn anrufen. Hier, bitte, ich schreib Ihnen gleich mal die Nummer –«

»Das erledigen wir schon selbst. Sie bleiben solange hier sitzen.«

Der Polizist ging zu seinem Wagen zurück und sagte etwas zu seinem Kollegen, der dann irgendwas durch ein Funkgerät weitergab.

»Ja, haben die denn nichts Besseres zu tun? Man sollte meinen, es gäb plötzlich keine Verbrechen mehr auf der Welt. Die sollten sich doch mal lieber um Raub und Diebstahl kümmern, anstatt harmlose Bürger …«

»Wo ist denn dein Führerschein, Willi?«

»… unmöglich! Und jetzt lassen die uns auch noch stundenlang hier rumsitzen. Sehe ich etwa aus wie ein Dieb? Die sehen doch, dass da ein Kind hinten im Wagen sitzt. Den Wagen gestohlen! Ja, lüg ich denn? Was wollen die eigentlich …?«

»Du hast aber einen Führerschein. Oder?«

»Wie?«

»Sag …«

»Na, fahren kann ich ja längst, wie du siehst. Habs schon früh gelernt. Die Prüfung muss ich halt demnächst noch machen. Unnötig, wenn du mich fragst, wenn mans doch kann. Ein Kinderspiel …«

»Du hast keinen Führerschein?!«

»Noch nicht. Aber das müssen die ja nicht wissen.«

»Das finden die aber rasch heraus. Und dann musst du ordentlich Strafe zahlen und –«

»Warum haben die mich überhaupt angehalten? Sooo schnell sind wir doch auch wieder nicht gefahren …«

»Demnächst werden wir gar nicht mehr fahren, ohne Führerschein.«

»Ja, ja. Den mach ich dann schon …«

»Aber …«

Fred da hinter ihnen auf dem Rücksitz bekam einen Lachanfall, der in Schluckauf überging. Und aus irgendeinem Grund fing auch Margot plötzlich an zu lachen. Vielleicht war das ganz gut, denn als sich der Polizist nun endlich wieder näherte, war der größte Teil seiner Aufregung schon verraucht.

Nächste Haltestelle: Ebertplatz.

So, nun war er endlich da. Wer brauchte schon ein Auto? Sein Rücken jedenfalls dankte es ihm, dass er derzeit so viel wie möglich stand oder lief.

Fred war bereits da. Der Junge wartete immer an der Haltestelle auf ihn. Rasch klopfte er seine Hosentasche ab. Hatte er das »Nüssli« dabei?

Willi stellte sich dicht an die Tür und winkte. Und tatsächlich, der Junge hatte ihn gleich entdeckt. Er sah, wie sich sein Gesicht erhellte. Wie sehr er gerade seiner Mutter glich.

Er pfiff vor sich hin.

Wunderbar. Truli wunderbar ... Willi lächelte und stieg rasch aus.

21

1954, Köln

MARGOT nahm es zur Kenntnis. Sie sah auf das Formular, das der Vater – *er ists tatsächlich!* – ihr soeben hingeschoben hatte. Aber die Schrift verschwamm vor ihren Augen, setzte sich zu nichts Lesbarem zusammen.

Ich bin frei, schoss es ihr durch den Kopf. Aber da war keine Freude, keine Erleichterung. Stattdessen wurde ihr übel.

»Ich glaube, ich brauch bald eine Lesehilfe«, sagte sie, nur um etwas zu sagen. »Mir ist ein wenig schwindelig.«

Der Vater schwieg. Er schien in den »Stadt-Anzeiger« vertieft. Ob wirklich oder nur vorgetäuscht, konnte sie nicht sagen. Immerhin, er ließ die Zeitung aufraschuln. *Nimm dir Zeit,* schien das zu heißen. Vielleicht aber auch: *Behalte deine Gefühle für dich.*

Sie zog das Formular näher zu sich heran, fixierte jedoch nur dieses eine Wort, buchstabierte es wieder und wieder aus: »Scheidungsurkunde«.

Hermann kann dem Jungen nichts mehr tun. Ich muss ihn nie wiedersehen. Ich brauche nichts mehr von ihm. Gar nichts. Ich bin frei.

Frei – das war doch alles gewesen, was sie gewollt hatte. Warum nur fühlte sich das jetzt so trügerisch an? Als würde sie etwas Wesentliches nicht begreifen?

Ihr Blick glitt über das Dokument hinweg zum Vater, doch sie sah lediglich seine Hände, die die Zeitung umfasst hielten. Alles andere war hinter den raschelnden Seiten verschwunden.

Dennoch, da saß er, der Vater. Wenn er die Zeitung sinken ließe, würde sie seinen taubenblauen Nadelstreifenanzug mit dem bordeauxfarbenen Einstecktuch sehen, die silbernen Manschettenknöpfe in Rautenform, sein starkes eckiges Kinn, die strengen Augenbrauen, den gebürsteten Schnurrbart, der ergraut war: *Gegenwart*. Doch noch erhob sich der »Stadt-Anzeiger« zwischen ihnen.

»Wir haben uns lange nicht gesehen ...«

Warum sagte sie das so neutral? Er war abgehauen, hatte sie schmählich im Stich gelassen. Davongemacht, *verpisst* hatte er sich, als sie mitten im Bombenalarm kurz vor der Niederkunft stand.

Der Vater antwortete nicht. Margot schob die Scheidungsurkunde zur Seite.

»Magst du noch Kaffee, Papa?«

»Wie? Ja, gern.«

»*Wir haben uns hier ja schon wunderbar eingerichtet, Margarete.*« Gehasst hatte sie ihn dafür. Es gab kein Wir, hatte es wohl niemals wirklich gegeben.

Und nun war er hier, saß ihr gegenüber am Küchentisch, als sei nichts gewesen. Als sei keinerlei Zeit, kein *Leben* vergangen, als sei dies ihr normaler Alltag. Sie, den Kaffee servierend, er – »Na endlich! Ab sofort braucht es kein Visum mehr für Frankreich. Das erleichtert so einiges« – den Wirtschaftsteil der Zeitung studierend.

Unwirklich erschien er ihr. Unwirklicher als all die letzten Jahre (zehn, es sind zehn!), die er nur in ihren Gedanken (keinen schönen Gedanken) existiert hatte.

»All diese Grenzen schaden nur dem Geschäft.« Er griff nun selbst nach der Kaffeekanne, und da erst fiel ihr auf, dass sie ihm gar nicht nachgeschenkt hatte.

Seine Hände, mit denen er ein Geschäft nach dem anderen abgewickelt hatte, wirkten fahrig, wie sie da von der Zeitung zur Kanne und weiter zur Tasse glitten, wie sie mit dem Löffel in dem schwarzen Kaffee rührten, als würde er dadurch milder. Seine Finger waren knochiger, als sie sie in Erinnerung hatte. Die Nägel waren nicht sauber gefeilt, die Nagelhäute teilweise eingerissen. Das wäre früher undenkbar gewesen. Und – der Ehering fehlte.

»Was wirst du jetzt tun, Kind?«

»Wie?« Margot fuhr aus ihren Gedanken hoch. Er konnte also doch noch mit ihr reden.

»Na, neunundzwanzig wirst du ja jetzt bald. Die Scheidung von Hermann ist nun durch …«

Sein Blick, der nun tatsächlich einmal ihr galt, war immer noch so durchdringend wie früher. Aber er hatte sich verändert. Dünner war er geworden, der Vater, irgendwie *weniger*. Vielleicht gab ihr das die Kraft, ihm einfach ins Wort zu fallen.

»Ich werde mir hier eine Arbeit suchen. Jetzt, wo ich Hermanns Erlaubnis dafür nicht mehr brauche. Und wie geht es dir? Den Geschäften?«, schob sie rasch nach, als sie sah, dass er bereits zu einer Erwiderung ansetzte.

»Läuft alles prächtig.« Er schwieg. Während sie in ihrem eigenen Kaffee rührte und innerlich noch nach dem Mut suchte, um nach »daheim«, nach der Mutter zu fragen, sprach er bereits weiter.

»Ich wohne jetzt übrigens in Saarbrücken.« Er schob ihr eine eierschalenfarbene Visitenkarte zu. Das Emblem des heiligen Blasius, Schutzpatron der Maurer und Bauleute, war rechts oben darauf zu sehen, wie er zwei ineinandergeflochtene Kerzen in der Hand hielt. Bieder, dachte sie, dann riss sie sich zusammen.

»Noch mehr Kaffee?«

»Nein danke, ich bin auf Diät. Mein Magen macht mir derzeit ein wenig zu schaffen. Hast du einen Schluck Wasser?«

»Aber ja!« Fast sprang sie auf, ging zur Spüle und ließ das Wasser eine Weile vorlaufen. Manchmal war der erste Strahl noch leicht eingefärbt vom Rost der alten Rohre. Sie wartete.

»Deine Mutter ist zu ihrer Schwester gezogen. Nach Luxemburg Stadt. Das Haus haben wir nach der Scheidung verkauft.«

Scheidung. – Im ersten Moment, als ihr Herz kurz stockte, dann zu rasen begann, um das kurze Pausieren wieder wettzumachen, war sie so verwirrt, dass sie es beinahe laut ausgerufen hätte: *Aber ICH bin doch geschieden! Oder?*

Als wäre alles ein Missverständnis gewesen. Nein, sie hatte es doch mit eigenen Augen gesehen, ihre Scheidungsurkunde. Und was hatte der Vater gerade eben noch gesagt? »*Die Scheidung von Hermann ist nun durch.*«

Aber ja, das mit den Eltern war doch nur eine Frage der Zeit gewesen. Was hatte sie denn gedacht? Dass das *Gielemännchen* im Vater wie ein böser Spuk verschwand, nur weil der Krieg vorbei war? Dass die Mutter ihre weiche Seite in sich entdeckte, dass sie bereit war, zu vergeben oder wenigstens zu verstehen? Wem vergeben? Dem Vater natürlich. Und … oh …

Das Wasser lief immer noch.

Nichts war vorbei. Nicht wirklich. Was man tat, hatte keine Folgen, sondern Folgen, Folgen, Folgen. Wer wusste das besser als sie?

»Es gibt kein *Wir*«, murmelte sie.

»Wie bitte?«

»Schon gut. Dann willst du wohl auch nichts essen, wenn du auf Diät bist?«, hörte sie sich sagen. Eigentlich hatte sie gehofft, sie würden später, wenn Fred von der Schule heimkam, am Eigelstein einkehren. Der Vater aß schließlich gern deftig. Zumindest war das früher so gewesen. Der alte, weniger dünne Vater hatte gern üppig gespeist. Sie angelte in dem hohen Regal über der Spüle nach einem Glas, füllte es.

»Wollen wir nachher noch einen Spaziergang machen? Dann könntest du auch den Fred endlich –«

»Ein anderes Mal. Ich muss leider gleich wieder den nächsten Zug nehmen. Termine. Emilie hat sich übrigens nach dir erkundigt.«

»Ach?« Sie war froh, dass sie ihm immer noch den Rücken zuwandte. Sie drehte den Wasserhahn zu.

»Ja, das wird dich sicher freuen zu hören: Deiner Schwester geht es hervorragend. Sie und Jérôme – er ist heimgekehrt, wusstest du das eigentlich schon? Also, sie haben im Frühjahr geheiratet und sich ein kleines Häuschen draußen auf dem Land gekauft. Die Stadtluft, du weißt ja, ist nichts für Emilie. Im Mullerthal ist es ja immer noch recht idyllisch ...«

»Hm.«

Sie stellte das Wasser vor ihn hin, bemüht, nichts zu verschütten. Am liebsten hätte sie es ihm ins Gesicht geschüttet, das Glas gegen die Wand geschmissen. Beruhigendes Klirren, handfeste Scherben.

Mullerthal ... Müllerthal ... Mëllerdall ...

... idyllisch ...

Schönes kleines Land ...

Halts Maul. HALTS MAUL!

Etwas schien mit der Luftzufuhr nicht zu stimmen. Sie rang nach Atem.

»Alles in Ordnung? Soll ich –«

»Nein!« Sie japste. All das Ungefragte, Ungesagte ließ sie husten, keuchen. Dann quoll anderes hervor, sinnlos, haltlos: »Also, wir haben es hier auch recht schön. Und Fred, Papa, der ist ein richtig großer Junge inzwischen. 'ne kölsche Jung, würde man hier sagen. Aber das ist er natürlich nicht. Kölsch, meine ich. Der Willi, ein lieber Freund von uns, der ist Kölner. Mein Fred ist viel draußen mit ihm, unten in den Rheinwiesen, und auch sonst ist er viel an der frischen Luft. Ist ja wichtig. Selbst in der Stadt. Und einen Freund hat er, Peter. Der Familie geht es zwar nicht so gut, der vom Peter, heißt das. Aber es kann ja leider nicht jeder so viel Glück haben, wie wir es hatten. Die haben immerhin sieben Kinder, sieben! Stell dir vor. Ja, und die alle zu ernähren, das ist nun wirklich kein Kinderspiel. Da hab ichs ja gut, ich hab ja nur – Ach, und rechnen kann der Fred. Wie ein kleiner Kaufmann. Das würde dir gefallen. Vielleicht wird aus ihm ja auch mal ein so guter Geschäftsmann wie sein Opa. Wer weiß, vielleicht ...«

Das scharrende Geräusch der Ungeduld, der Stuhl, der vom Tisch zurückgeschoben wird. Der Vater stand auf, legte ihr im Vorbeigehen die Hand auf die Schulter.

»Ich muss jetzt leider los. Aber noch mal zurück zu Emilie, das hier ist ihre Adresse. Melde dich doch mal bei ihr, sie würde sich so freuen.«

Er war bereits in Hut und Mantel (wann hatte er sich die Sachen übergestreift?) und griff nun nach seiner Tasche. Sie begleitete ihn zur Tür, die er bereits geöffnet hatte, als – »Ach, da ist ja noch ...« – er sich einer Sache besann, die er augenscheinlich fast vergessen hatte. Er klopfte seinen Mantel ab und zog dann etwas aus der Innentasche hervor. Einen dicken Briefumschlag. »Ich dachte mir, vielleicht magst du die ja haben. So, nun muss ich aber wirklich los ...«

Der Vater war fort. Wieder einmal.

Margot ging in die Küche. Auf dem Tisch lag seine Visitenkarte. Sie legte den Briefumschlag ab und nahm das Kärtchen auf. Eine Weile blieb sie einfach so stehen, die Anschrift des Vaters in der einen, die der Schwester in der anderen Hand, unschlüssig und mit dem merkwürdigen Gefühl, mit leeren Händen dazustehen.

Sie verließ die Küche und ging ins Wohnzimmer. Ohne noch einmal einen Blick darauf zu werfen, warf sie die beiden Adresskarten in die oberste Schublade ihrer Kommode.

Die Kommode! Johan hatte das gute alte Stück von Trier hierher nach Köln holen lassen, gleich nach ihrem Einzug. Und irgendwie schien diese Geste, diese Tat ihren Bund für sie zu besiegeln.

»Ein bisschen was von daheim muss schon sein. Nicht wahr, Margarete?« Sie hatte ihn nie gefragt, wie er das angestellt hatte. Sie hatte es nicht wissen wollen, und er hatte nichts gesagt.

»Lass mich nur machen.« Auch die Scheidung mit Hermann hatte er vorangetrieben; sie hatte ihm Dokumente kopiert und Unterschriften gegeben, sich auf sein Betreiben hin und in seinem Beisein mit einem Rechtsanwalt getroffen. Doch auch hier hatte sie nicht weiter nach dem Stand der Dinge gefragt. Fragen führten zu Gegenfragen. Sie hatte sich für Johan entschieden, der ein Macher war, wie man so sagte. *»Das muss geregelt werden. Ich nehme Kontakt auf mit deinem Mann, diesem Heider. Auch mit deinem Vater. Lass mich nur machen.«* Es schien nichts zu geben, was er nicht regeln konnte.

Ach, und als er damals in Wiesbaden, in ihrer Kammer mit dem grellen, elektrischen Licht, das sich nicht mildern ließ, als er da eines Abends die geblümten Vorhänge zuzog, dicht hinter sie trat, ihr Kleid öffnete und es zu Boden gleiten ließ, als stattdessen seine heftigen Küsse ihren Nacken, ihre Schultern bedeckten, da hatte sie so sehr, so inständig gehofft …

»Wissen Sie, ich bin kein Theoretiker, ich bin Praktiker.« Willi. Margot seufzte. Jetzt funkte er auch noch in ihren Gedanken an Johan dazwischen. Er war ein guter, ein feiner Mann, der Johan. Er gab ihr so viel. Sie strich über das schimmernde Holz der Kommode.

»Scheiße, gottverdammte!« Vorhin, ja, da hätte sie schreien sollen, als der Vater noch da gewesen war: »Das Haus verkaufen, das dürft ihr nicht! Es ist doch auch unseres. Überlasst es mir. Gebt mir meinen Pflichtanteil. Ist euch denn alles egal?«

Nichts dergleichen hatte sie gesagt. Lediglich Kaffee angeboten, als wäre sie noch immer eine Servicekraft. Es gab kein *Wir*. Also, was hätte das gebracht, sich so zu echauffieren? Im Grunde machte es für sie (anders als für Emilie, die ewige Madame Perfekt) doch gar keinen Unterschied. Ihr war ja sowieso nichts geblieben, von daheim.

»Nur du«, sagte sie zu dem stummen, treuen Möbelstück, das all die Jahre über so bereitwillig Dinge (Verbotenes, Vertuschtes) für sie verborgen gehalten hatte. Jetzt ebenso wie damals.

Die Haare von Emilies Lieblingspuppe mit dem schönen blauen Musselinkleid zum Beispiel, die waren schon früh dort gelandet, nachdem sie der Puppe in einem Wutanfall die Haare abgeschnitten und es der Schwester gegenüber abgestritten hatte.

Oder die Scherben der kostbaren japanischen Vase, deren Zerstörungsursache offiziell nie geklärt wurde. Ihre verpfuschten Handarbeiten, die verbotenen Groschenromane (wie aufgeregt war sie immer gewesen, wenn sie die ersten Seiten heimlich unter der Bettdecke aufschlug), der korallenfarbene Lippenstift, der früher einmal Mathilde – ach, Mathilde. Immer wieder geriet sie ihr aus dem Sinn. Heiße Scham überflutete sie. Auch darin waren die Eltern erfolgreich gewesen: Worüber man nicht spricht, daran muss man auch nicht denken …

Mathildes Lippenstift also. Zigaretten. Kleine Notizen, die Charlotte ihr schrieb, und jenes Foto, das einzige Bild, das sie von *ihm* besaß (irgendwann würde sie es Fred zeigen müssen – schau, *das* ist dein Vater –, aber nicht so bald, nein, das hatte noch Jahre Zeit!). Ja, und natürlich Jeans Baskenmütze. Charles' Krawatte, seine Postkarten …

Charles lebte inzwischen in Amerika. Hermann hatte die erste Nachricht, die von ihm kam, abgefangen und argwöhnisch beäugt: »*Wer schreibt dir denn da?*« Als sie schließlich selbst einen Blick darauf werfen konnte, war ihr erster Gedanke: So bunt kann es nur sehr weit weg von hier ausschauen.

Und tatsächlich, die Ansichtskarte stammte aus New Orleans und war so voller Briefmarken und Stempel, dass Charles' säuberliche, kleine Buchstaben dagegen fast zu verschwinden drohten. Die Karte erzählte davon, wie gut es ihm da drüben gehe, wo die Musik »noch richtig lebt«. Margot war mit den Fingern viele Male über seine Worte gestrichen, als ob dadurch eine Berührung möglich würde. Doch alles, was sie registrierte, war die Entfernung. Wie weit weg er doch war, dort drüben inmitten eines bunten, fremden Daseins. Der Ozean aber, der zwischen ihnen lag, fühlte sich tief an und still.

Plink, plink!

Margot schloss die Augen. Auf einmal sah, nein, hörte sie sie wieder: die Tropfen, die von dem Riss ihrer Zimmerdecke in der Kaiserstraße in den Messingeimer fielen; das trübe, seltsam starre Licht der zusammengetragenen Kerzen, kein Luftzug, dafür das Rauschen und Knacken der unsteten Stromleitung. *Gefallen.*

Gefallen. In den plärrenden, armselig-provisorischen Herbst des Jahres 1945 hinein sickerte, tränte es – *plink, plink!* – mit einer Endgültigkeit, die alles andere verstummen ließ. Ein fremder Säugling neben ihr auf der Matratze schrie plötzlich nicht mehr vor Hunger, sie spürte nicht mehr Freds Gewicht in ihrem Arm. Sah lediglich, dass er offenbar an ihrem Haar zerrte, das Gezetere der alten Frau Wagner – »WERNER, et mölft!« – wurde dumpfer, das Schluchzen vom Marlenchen, weil der Michi ihrem Teddybären die Ohren abgeschnitten hatte.

»Heulsuse!« »Mama, der Michi ist soo gemein.« »Jetzt gebt mal Ruh!« »Mir ist so langweilig …« »Die Frau Wagner stinkt.« »Haben Sie vielleicht meinen Mantel gesehen?« »Wo ist meine Decke?« »Wieso Ihre?« »Wer schaut nach den Kohlen?« »Na, SIE sind doch dran, freitags!« – Dahinein also schrillte das Telefon, die Nachricht von Jeans Tod. Von dem unbeschädigten Teil der Wohnzimmerwand, wo das Telefon hing, schrillte sie herab, der Vater – erstes und einziges Mal – ließ von sich hören: »… *mitteilen, dass … wir … dennoch … untröstlich …*« Seine Stimme hatte mehrfach gestockt. Verzögert und halb verschluckt war sie durch das Knacken und Rauschen, immer wieder unterbrochen durch das Fräulein vom Amt, irgendwie zu ihr vorgedrungen. »Hey, rutscht mal.« »Wer is es denn?« »Pscht!« »Können Sie bitte mal fragen, ob ...« »Ruhe, bitte!« »Ich verstehe nichts!« »Gefallen. Bei Königsberg. Im März, so spät noch ...«

»Ja.« Das war ihre einzige Erwiderung gewesen. Bestätigung dessen, was ihr Herz längst gewusst hatte: Jean war tot.

Plink, plink!

Jeans Baskenmütze. Charles' Krawatte, das Puppenhaar, der Lippenstift, das Foto. Karge, strapazierte Indizien dessen, was einmal ihr Leben gewesen war – all die Jahre mit Hermann hatte sie sie im untersten Fach der Kommode unter den Woll- und Stoffresten verborgen gehalten. Als sie fortging, beanspruchten diese Dinge kaum Platz in ihrer Tasche. Und nun lagen sie wieder in der Kommode, zusammen mit zwei neuen Relikten: den Adressen von Vater und Schwester.

Margot ging zurück in die Küche. Gleich würde Fred aus der Schule heimkommen.

Der Vater hatte nicht gewartet. Wollte seinen Enkel nicht kennenlernen.

Margot wischte sich über die Augen. Sie musste endlich mit dem Kartoffelschälen anfangen. Stattdessen setzte sie sich an den Tisch und griff nach dem Briefumschlag, den der Vater ihr zuletzt noch in die Hand gedrückt hatte. Er war recht schwer. Dem Tasten nach waren Fotos darin. Der Umschlag war nicht zugeklebt, die Pfalz war lediglich so eingeschlagen worden, dass der Inhalt nicht herausfallen konnte. Sie legte ihn zurück auf den Tisch und zündete sich eine Zigarette an. Sie rauchte sie halb auf, drückte sie aus, griff nach der zweiten.

»*Meereenchen ass eng giedlech Saach. Net wann es sabbelt Dag fir Dag ...*« Die Mutter. Im Gras hockte sie, ihre gestreifte Arbeitsschürze über dem Kleid war nachlässig gebunden. Sie sah jung aus. Eines der Angorakaninchen saß auf ihrem Schoß, sie lächelte. »*Ewig, Margot, besitzt man nur das Verlorene.*«

Margot stand auf. Sie nahm erst die Zeitung, die durch die Hände des Vaters gegangen war, dann den schweren Briefumschlag und warf beides in den Abfalleimer.

22

1955, Mëllerdall

FRED saß so da. Inmitten der Wiese saß er, an einen einsamen Baum gelehnt, die Augen halb geschlossen. Die Sonne stand hoch, ihre Wärme legte sich wie eine weiche Hand auf seine Stirn. Von Zeit zu Zeit ertönte hinter seinem Rücken ein mehrstimmiges bauchiges »MUH«.

Alles war gut.

»Schläfst du etwa?«

»Wie? Nö ...«

Er blinzelte zu Rosie hinüber, die im Gras an einer Gänseblümchenkette flocht.

Dass gerade alles gut war, hatte ganz viel mit ihr zu tun. *Rosie.* Eigentlich naheliegend, so ein Name für ein Mädchen, dachte er. Aber er hatte ihn nie zuvor gehört. Daheim in Köln hieß keines der Mädchen so. Gut, er war jetzt seit Neuestem auf einem Jungengymnasium, aber trotzdem.

Auch Rosen sah er daheim nicht allzu oft, überhaupt Blumen. Hier hingegen war alles voll von ihnen. Die Wiesen und Balkone der Häuser, aber auch der Garten von Tante Mielchen.

Die Tante hieß eigentlich Emilie. Aber er nannte sie Mielchen.

Bis vor Kurzem hatte er gar nicht gewusst, dass es sie überhaupt gab. Aber dann war sie aufgetaucht; als ein Brief zunächst, den die Mutter in der Hand gehalten hatte, als er neulich, kurz vor den Ferien, aus der Schule heimgekehrt war.

Glücklich hatte sie dabei nicht gerade ausgeschaut, wie sie da stand, mit all den Worten von der Tante in der Hand. Eher nachdenklich und ziemlich, wie hieß das noch mal, wenn man aufgeregt war, ohne viel dazu zu sagen? Er hatte das doch neulich erst irgendwo gehört, das Wort. Ach ja: aufgewühlt.

»Wollen wir in den Ferien zu deiner Tante aufs Land fahren?«, hatte sie ihn schließlich gefragt und ihn dabei so komisch von der Seite angesehen, als hoffte sie, er würde vielleicht Nein sagen. Er sagte aber nie Nein.

Also waren sie gefahren.

Und nun waren sie schon über eine Woche hier, fast zwei. Aber es fühlte sich immer noch ein wenig unwirklich an. So als träume man. Einen dieser seltenen, wirklich schönen Träume, in denen alles passte.

Hier roch, hier duftete es überall. Die Wiesen, die Wege, in die sich das Gras hineinfraß, dabei hatte es doch auch so genug Platz. Die Kühe, die nach Stall rochen, nach Wärme und Dung. Und erst die Luft! Ganz anders war die als in der Stadt, wie weich gespült. Richtung Waldrand hin aber wurde sie würziger, sodass er fast schon Appetit bekam auf den Wald. Auf das, was da wohl so alles im Halbschatten vor sich hin wuchs. Beeren und Pilze wahrscheinlich, aber da durfte er allein nicht hin. Und die Rosie wollte nie. Sie hielt sich lieber in der Sonne auf.

»*Vom Wald hältst du dich fern. Hörst du, Fred! Da ist es gefährlich.*«

Seltsam, die Mutter verbot sonst kaum etwas. Daheim konnte er eigentlich immer hingehen, wo er wollte, zum Spielen. Auch als er noch kleiner gewesen war. Es hatte sie nie gekümmert. Dabei war es damals in den Trümmern wirklich gefährlich gewesen, wie er jetzt wusste. Immer wieder war da plötzlich was eingestürzt, runtergekommen, zusammengebrochen oder hochgegangen. Ein Blindgänger, eine Bombe, Mienen oder sonst was.

Und ausgerechnet hier sollte es jetzt gefährlich sein? Wo es im Vergleich zu Köln doch sowieso kaum Menschen gab. Keine Banden von Halbstarken, wie die Erwachsenen die großen Jungs nannten, die da in den Straßen herumlärmten und alles kaputt schlugen. Wobei er nicht wirklich verstand, warum die so genannt wurden. Die waren stark, ganz ohne »Halb«. Denen ging man lieber sofort aus dem Weg.

Ja, und auch sonst gab es hier doch überhaupt nichts, was störte. Keine Kriminellen, Sittenstrolche, Obdachlose oder sonst irgendwelche Verrückten, von denen er vergessen hatte, wie die Erwachsenen sie nannten. Auch kaum Autos oder einen breiten Fluss wie den Rhein, in den man reinfallen und ertrinken konnte.

Hier war alles gut.

Die Tante war gut. Wunderschönes Haar hatte sie. Lang und glänzend. So stellte er sich das Haar von Rapunzel vor. Er las zwar keine Märchen mehr, aber er hatte sie noch gut im Kopf.

Auch der Garten der Tante sah ungefähr so aus, wie er sich den Garten der Zauberin immer vorgestellt hatte. Insofern wäre die Tante im Grunde beides: Rapunzel und die Zauberin. Allerdings eine gute. Nur dass sie ihr Haar meist hochgesteckt trug und nicht zu Zöpfen geflochten. Klar, sie war ja kein Mädchen. Es hätte auch gar kein hohes Fenster gegeben, aus dem sie es hätte herablassen können, denn ihr Haus hatte nur eine Veranda und einen oberen Stock. Das war nichts gegen die hohen Häuser in der Stadt.

Zwei Katzen hatte sie. Einen Kater und eine Katze, die sich so ähnlich sahen, dass er sie anfangs ständig verwechselt hatte. Beide mit hellrotem, glänzendem Fell, wie er es sich bei Füchsen vorstellte. Aber um so einen mal zu sehen, hätte er in den Wald gehen müssen.

Luzie und Luc hießen die Katzen, und die eine von beiden huschte immer gleich fort, wenn er kam. Die andere aber, wahrscheinlich wars der Kater, Luc, der hatte einen etwas eckigeren Kopf, der Luc also setzte sich gern auf seinen Schoß dort auf der Verandatreppe und ließ sich von ihm hinter den Ohren und am Hals kraulen.

Das fühlte sich wunderbar an, dieses weiche warme Fell unter seinen Fingern. Und dieses leise Schnurren vom Kater, das von tief innen kam. Aber eigentlich hätte es ebenso gut aus ihm, Fred, herauskommen können.

Dass alles gut war, hatte also auch mit den Katzen zu tun. Mit dem Auf-der-Veranda-Sitzen und damit, den Kater streicheln zu können. Wenn er groß war und endlich alles selbst bestimmen konnte, würde er auch Katzen haben. Zwei. Das Zahlenverhältnis war wichtig. Man sollte immer möglichst Teil von etwas Geradem sein und auf keinen Fall in der Unterzahl.

Ja, mit Zahlen kannte er sich aus. Und mit dem Unsichtbarwerden. Mit Blut-sehen-Können, mit Büchern und Comics. Neuerdings auch mit Griechisch und Latein. Er mochte das. All diese fremden Wörter nach und nach zu entziffern und zu etwas zusammenzusetzen, das man verstand. Es war ein bisschen so, wie noch einmal neu lesen zu lernen. Oder so wie vor einigen Jahren, als er das erste Mal ein ganz schwieriges Buch gelesen hatte: *Robinson Crusoe*. Und jetzt kannte er sich also auch noch mit Katzen aus.

Nur mit der Mutter war es schwer, sich richtig auszukennen. Weil sich mit ihr ständig etwas veränderte. Er hasste Veränderungen, sie machten ihm Angst. Aber hier bei der Tante, da war die Änderung mal gut.

»Wir bleiben nur kurz. Vielleicht ein oder zwei Tage«, hatte die Mutter ihm die ganze Zugfahrt über eingeschärft, als sei er wieder einmal taub oder schwer von Begriff. »Hörst du, Fred? Und dann fahren wir gleich wieder zurück.«

»Aber warum haben wir denn dann so viel mitgenommen?«

»Du meinst die zwei Koffer? So viel ist das doch gar nicht. Und sicher ist sicher.«

»Wieso?«

»Das sagt man so. Und jetzt lass mal gut sein, Fred.«

Dann hatten sie stundenlang in Zugabteilen gesessen. In dem ersten Zug am längsten, da hatte sie ihm irgendwann ein paar Fotos gezeigt, nachdem das alte Pärchen, das anfangs mit ihnen dagesessen hatte, ausgestiegen war und sie das Abteil für sich alleine hatten.

Die Bilder waren in einem Umschlag drin gewesen, der mit all diesen dunklen eingetrockneten Flecken darauf schmuddelig aussah. Eklig. So als hätte er mal im Abfall gelegen. Dass seine Mutter so was überhaupt anfasste und auch noch mit sich herumtrug! Aber sie hatte den Umschlag tatsächlich auf ihren Schoß gelegt, mitten auf den schönen grünen Rock, und eine Handvoll Bilder herausgeholt. Die meisten tat sie gleich wieder in den Umschlag zurück.

»Ich möchte dir ja nur die Tante zeigen. Damit du schon mal weißt, wie sie aussieht.«

»Ist diese Tante, wie heißt die noch mal?«

»Emilie.«

»Ist die etwa noch ein Kind?«, hatte er gefragt, weil auf den drei oder vier angegilbten Aufnahmen, die die Mutter ihm hinhielt, diese Tante kaum älter aussah als er.

»Sei nicht albern. Das war halt vor langer Zeit.«

»Das klingt wie im Märchen.«

Darauf hatte die Mama dann gar nichts mehr gesagt und die Bilder samt Umschlag wieder weggesteckt.

Überhaupt war alles in einer Art Geschwurbel an ihm vorbeigezogen im Zug: Felder, Hügel, manchmal auch Häuseransammlungen, größere, kleinere, mit und ohne Kirchturm, die allesamt nicht so aussahen, dass er gerne dort ausgestiegen wäre.

Die wollen keinen Besuch, hatte er mitunter gedacht, weil fast alle Fenster trotz schönem Sonnenschein geschlossen waren und die Häuser so grau aussahen wie in der Stadt. Aber im Grunde fuhren sie einfach zu schnell vorbei, um was von den Orten zu kapieren.

»Mach ruhig das Fenster wieder auf, Fred. Ist sowieso gleich die Letzte, die ich rauche.«

Und während er in regelmäßigen Abständen den Rauch der Mutter wegwedelte, weil es bei offenem Fenster einfach zu laut geworden war – der Fahrtwind und das ganze Geratter, Geschnaufe und Getute der Lok –, währenddessen also sah er das Bild ganz klar und deutlich vor sich, das die Mutter ihm zuletzt gezeigt hatte.

Die Tante war darauf zu sehen gewesen, in einem weißen Kleid mit Schleier auf dem Kopf und Kreuz um den Hals, weil sie gerade zur Erstkommunion ging. Dabei hatte sie tatsächlich wie Rapunzel ausgesehen, das heißt, wenn der Schleier nicht gewesen wäre. Ihr blondes Haar war nämlich zu zwei langen Zöpfen geflochten, in denen weiße Blumen steckten. Erst hatte er gedacht, sie würde heiraten, weil sie genauso aussah, wie er sich eine Braut vorstellte: schön und weiß. Auch feierlich, wie sie da so heilig aus dem Bild herausschaute, irgendwie ... gar nicht wie ein Kind. Aber erstens war die Tante da ja wirklich noch ein Mädchen, und zweitens stand kein Mann neben ihr, sondern seine Mutter. Als noch kleineres Mädchen!

Die Mama war auf dem Bild auch weiß angezogen, und sie hielt ein Körbchen in der Hand. Einer ihrer Kniestrümpfe war unter dem kurzen Kleid ein wenig heruntergerutscht; sie hatte den Kopf, auf dem eine Schleife saß, leicht schief gelegt und zog eine Schnute.

»Wer ist das denn?«, hatte er gefragt, und die Mutter hatte »Na, ich« geantwortet.

Aber wie konnte sie das gewesen sein?

Natürlich war klar, dass sie irgendwann auch einmal ein Kind gewesen sein musste. Man kam schließlich nicht groß auf die Welt. Man wuchs in sein Leben hinein. Leben, das war so ungefähr dasselbe wie Entwicklung. Das hatte er in Biologie gelernt, und es war eigentlich auch logisch. Denn wenn sich nichts mehr bewegte, dann wäre ja alles nach einer Weile stillgestellt. Man selbst und auch alles andere auf der Welt. Und es könnte nichts mehr entstehen und nichts mehr vergehen.

Trotzdem, die Mutter so klein zu sehen, jünger, als er jetzt war, war komisch. Als ob man durch ein Schlüsselloch guckte und etwas sah, das man nicht verstehen konnte.

Das allein war es aber gar nicht. Auf dem Bild zog sie eine Schnute. Und das passte so überhaupt gar nicht! Er konnte sich inzwischen allerhand vorstellen an seiner Mutter. Am bekanntesten, nein, am vertrautesten war sie, wenn sie auf dem Wohnzimmersofa lag und ein dickes Buch las oder in der Küche am Fenster saß, Kaffee trank und rauchte, wenn sie eine lange Weile nichts sagte und nur so in sich hineinguckte. Dann war alles normal. Oder wenn sie mit ihm über etwas sprach, sie zusammen Radio hörten, ein Brettspiel spielten, wenn sie etwas für ihn oder sich strickte oder das Abendbrot machte.

Alles, was laut war, wenn sie zum Beispiel mal schimpfte oder herzhaft lachte, das war dann zwar ungewohnt. Genauso, ja, mehr noch, wenn sie kicherte oder so verwaschen sprach oder lallte. Aber das kam halt auch immer wieder mal vor.

Aber nie im Leben würde die Mutter, die er kannte, so eine Schnute ziehen. So ... Wie würden die Lehrer an der Schule das nennen? So *aufmüpfig* wie auf dem Bild. Das war irgendwie ein ganz anderer Mensch.

Er jedenfalls hatte seine Mutter nie so erlebt. Immerhin war dieses Bild von ihr vergilbt und sowieso nur schwarz-weiß. Also im Grunde weniger wirklich als alles, was jetzt war. Oder?

»Wann sind wir endlich da?«

Irgendwann hatte er dann wirklich genug gehabt vom Nachdenken und Rauch-Wegwedeln. Er hatte das Micky-Maus-Heft inzwischen mehrfach durchgelesen. Dummerweise waren die Bücher im Koffer, und um den Koffer war ein Seil mit vielen Knoten drumgeschlungen, damit da ja nichts rauskam, und seine Gedanken verschwurbelten sich mehr und mehr wie die Landschaft da draußen und wurden immer fader.

Am Zielbahnhof, der »Echternach« hieß, hatte dann gar nicht die Tante gestanden, um sie abzuholen, sondern der Onkel. Von dem hatte die Mutter gar nichts erzählt.

Erst war sie mit ihm, Fred, und den zwei Koffern einfach so mitten auf dem Bahnsteig stehen geblieben. Sie hatte die Hände vors Gesicht geschlagen und sich nicht mehr bewegt. Den dünnen Mann in Hose und Weste, der da zögernd auf sie zukam und die Hand hob, hatte sie gar nicht beachtet.

Was will denn der, hatte er sich gefragt, und ob sie jetzt gleich schon wieder heimfahren würden, weils nicht weiterging. Aber dann hätten sie ja gar nichts mitzunehmen brauchen! Er hatte am Arm der Mutter gezogen, damit sie die Hände endlich wieder runternahm. Das hatte tatsächlich funktioniert. Sie hatte sich dann umgeblickt und schließlich »Schau mal da vorn, das ist dein Onkel« gesagt und war auf den Mann zugegangen. Er selbst dann natürlich gleich hinterher. Allerdings langsamer, mit den zwei Koffern in den Händen, die die Mutter ganz und gar vergessen hatte und deren Gewichte seine Arme stark nach unten zogen. Was hatte sie da nur eingepackt? Steine? Der Onkel fand ihn schließlich: »Und du bist also Fred. Wie groß du schon bist! Ich bin Jérôme. *Salut, mon cher.*«

Der Onkel beugte sich über ihn und drückte ihm eine ungerade Zahl von Küssen auf die Wange. Links, rechts, links … Immerhin kratzte dieser Onkel nicht. Seine Wangen waren glatt rasiert. Er roch nach Tabak und irgendeinem Gewürz. Und er nahm ihm endlich die Koffer ab.

Sie stiegen gleich hinter dem Bahnhof in ein etwas unförmiges Auto ein, die Automarke sagte ihm nichts. Es ruckelte jedenfalls eine Weile ganz schön heftig. Vielleicht lag das daran, dass er seine Stirn gegen das Autofenster presste, während sie über das Kopfsteinpflaster fuhren. Das Bahnhofsgelände sah eigentlich ganz spannend aus. Ein leerer Waggon stand auf einem stillen Gleis, und sein Metall blinkte im Sonnenlicht durch die Zweige der Bäume herüber; die Autos, die in der Nähe der Busstation wie eine antriebslose kleine Herde zusammenstanden, hatten alle gelbe Nummernschilder. Gleich auf der anderen Seite schien es in die Innenstadt oder so zu gehen, die hohen breiten Häuser dort wirkten alt und geschäftig zugleich, einige hatten ihre Markisen ausgefahren, rot-weiße oder blau-weiß gestreifte. Er konnte einige Worte lesen: *Hôtel de la Gare, Restaurant, Marchant* ... Am schönsten aber waren die vielen kleinen Blumentöpfe, die überall aus dem Ziegelmauergestein des Bahnhofsgebäudes herauslugten, und die Bahnhofsuhr mit den spinnenbeindünnen Zeigern, die über dem Eingang angebracht war, sah aus wie ein riesiger runder Knopf.

»Der Charly fährt nicht mehr. *Et ass eriwwer. C'est fini.* Seit letztem Sommer schon. Ja, alle finden das schad. Wir fahren jetzt immer mit dem Auto nach Lëtzebuerg und auch sonst.«

»Hm.«

»Möchtest du vielleicht in die Innenstadt, bevor wir rausfahren? Ist tatsächlich noch so einiges kaputt. Die Basilika zum Beispiel wird noch rekonstruiert ...«

»*Non. Merci.*«

»*Alors, kommt goën!*«

Es war merkwürdig, wie Mutter und Onkel plötzlich mitten im Satz die Sprache wechselten. Aber nach einer Weile, als das, was er von ihrem Gespräch verstand, immer weniger wurde, gewöhnte er sich daran. Er fuhr gerne Auto, und es gab genug für ihn zu sehen.

Erst wirkte alles ganz gewöhnlich. Grüne Hügel, ab und zu ein paar Baumgruppen. Aber nach und nach schob sich alles irgendwie zusammen und gleichzeitig in die Höhe. Felsen und Schluchten tauchten auf, die Bäume sahen ernst zu nehmender aus, wurden zu Wäldern, während die Wege umgekehrt schmaler wurden und sich in lang gezogenen Kurven wanden. Immer wieder glitzerte ein Wasserlauf auf, und es gab weite Täler und Wiesen. Vielleicht lag es daran, dass dies ein anderes Land war, die Straßenschilder gelb anstatt weiß, die Kennzeichen fremd und auch die meisten Worte, die nun gewechselt wurden, jedenfalls kam er sich plötzlich vor wie in einer Raumfahrtkapsel: »*Major Fred an Ground Control. Ich habe außerirdische Lebensformen entdeckt.*«

Zwar setzte sich fast alles um ihn herum im Grunde aus bekannten Dingen, nämlich Grün, Himmel und Gestein, zusammen, und trotzdem wirkte alles, als wäre es gerade eben erst entstanden.

Manchmal, wenn er seinen Kopf von der Fensterscheibe löste, sah er im Rückspiegel die Augen des unbekannten Onkels auf sich gerichtet. Sein eines Auge unter den struppigen Brauen schaute aufmerksam und war von freundlichem, hellem Braun. Das andere aber blickte seltsam starr. Er zuckte zusammen. Der Onkel schien das bemerkt zu haben.

»Glasauge. Vom Krieg«, sagte er. »Keine Angst. Beißt nicht.«

»Du hast aber einen Führerschein, Onkel. Oder?«, brach es plötzlich aus ihm heraus.

»Aber ja. Wieso?«

Die Mama erzählte dem Onkel von ihrem Ausflug damals, mit dem Willi ohne Führerschein. Dabei lachte sie so laut, als schüttele sie etwas von sich ab. Er hatte aber gar nicht an Willi gedacht, sondern daran, dass der Onkel womöglich halb blind mit ihnen durch die Gegend fuhr.

»Da seid ihr ja!«

Die Tante hatte vor dem Haus gestanden, die Hände vor der Brust gefaltet, als stünde sie mitten in einem Bild. Die Mama war nicht sofort ausgestiegen, obwohl der Onkel ihr doch so geduldig die Wagentür aufhielt. Fred schon. Auf dem Drei-Königs-Gymnasium hatte er inzwischen eine Menge über Höflichkeit gelernt. Wie wichtig das war. Wie eine weitere Sprache, die man lernen musste, wie Latein oder Griechisch, um in der Welt zurechtzukommen. Und er wollte zurechtkommen! Also war er ausgestiegen, war auf die Tante zugegangen und hatte ihr die Hand geschüttelt.

»Guten Tag, Tante. Ich heiße Fred.«

Die Tante aber, nachdem sie ihn erst einmal ganz merkwürdig angeschaut hatte, so als hielte er irgendetwas vor ihr versteckt in seinem Gesicht, hatte ihn an sich gezogen, und ebenso wie zuvor beim Onkel hatte er plötzlich links, rechts, links, Küsse auf den Wangen. Das gefiel ihm gar nicht, diese Küsserei. Aber sie schaute ihn so freundlich an, dass er vergaß, sich das komische Gefühl vom Gesicht zu reiben.

»Willkommen, Fred. Du kannst mich gern Mielchen nennen.«

Im Haus der Tante roch es nach Holz und Kaminfeuer, nach unbekannten Kräutern und feuchten Schuhen. Und Kuchen!

»Magst du dein Zimmer sehen, Junge?« Der Onkel war mit den Koffern hereingekommen. Von Mutter und Tante keine Spur. Er zögerte.

»Keine Sorge, die Mama sitzt mit deiner Tante vor dem Haus auf der Veranda. Sicher haben sie eine Menge zu bereden.« Er zwinkerte Fred mit seinem gesunden Auge zu. »Zur Kaffeezeit kommen sie bestimmt gleich wieder herein.«

Er hatte den Kuchen dann schließlich doch mit dem Onkel allein gegessen, obwohl es ihm schwerfiel, ruhig dazusitzen. In ihm summte noch die Aufregung über das eigene Zimmer – unterm Dach mit so schweren geschnitzten Balken und einer riesigen bunten Holztruhe! –, aber er konnte die Mutter beim Kuchenessen durch das Küchenfenster dabei beobachten, wie sie mit der Tante auf der Verandabank saß. Dicht beieinander saßen sie und wandten ihnen den Rücken zu. Das sah lustig aus, die beiden gleichblonden Köpfe mit den unterschiedlichen Frisuren: kinnlang die der Mutter und hochgesteckt die der Tante; ab und an hob entweder die Tante oder seine Mutter mal die Hand, ihre Schultern rückten näher zusammen. Er fand, dass sie so von hinten aussahen wie Mädchen. Plötzlich war er froh, dass sie da draußen waren.

»Träumst du wieder, Fred?«

Etwas pikste ihn recht unsanft in die Seite. Er schlug die Augen auf und rieb sich die Stelle. »He, lass das! Gib mal her.«

Die Rosie kicherte und ließ sich dicht neben ihm nieder. Er nahm ihr den Stock ab, mit dem sie ihn gepikst hatte, und begann etwas willkürlich, daran herumzuschnitzen. Wie gut, dass er sein Taschenmesser mitgenommen hatte. Leider glitt die blöde Klinge ständig ab, aber er tat so, als wäre es Absicht.

»Was wirds denn?«

»Wirst du schon sehen …«

Er versuchte sich zu konzentrieren, was gar nicht so einfach war, weil einer von Rosies langen Zöpfen nun seine Wange streifte. Was hatte der Willi noch gesagt? *Immer schön von dir wegschnitzen, Fred. Kurze Schnitte. Dann wieder neu ansetzen.*«

»Dem Willi, dem würds hier gefallen. Du weißt schon. Mit all den Blumen und Gärten und so viel Platz zum Spazierengehen«, hatte die Mutter erst gestern gesagt, als er ihr beim Abwasch half.

»Hm.« Ihm war gerade nicht nach Reden zumute gewesen.

Einmal telefonierte die Mutter auch mit Johan. Aus irgendeinem Grund hatte sie darauf bestanden, dass er auch mit ihm sprach. Dabei hatte er gar keine Lust. Er wollte nämlich gerade auf Jérômes Traktor mitfahren.

»Na, und wie gefällt es dir bei deiner Tante auf dem Land?«
»Gut.«
»Und habt ihr schönes Wetter?«
»Ja.«
»Übst du auch fleißig Schach?«
»Schon.«
»Gut, Fred. Na dann … Du passt auf deine Mutter auf, nicht wahr?«
»Ja. Mach ich.«
»Gut. Das ist wichtig. Deine Mutter braucht dich.«
»Also dann. Tschüss, Johan.«

Dann war er gerannt, um Jérôme mit dem Traktor noch zu erwischen, froh, dass das mit dem Telefon vorbei war. Er telefonierte nicht gern.

Und was Johan zum Schluss gesagt hatte, hatte ihn geärgert. Die Mutter war doch kein Kind! Mütter passten auf ihre Kinder auf. Nicht umgekehrt.

Die Mutter hatte eine ganze Weile gebraucht, um ihre Koffer auszupacken. Erst gestern, als er in ihr Zimmer trat, lag da endlich der geöffnete, leere Koffer auf dem Bett. Die Mutter hatte am Fenster gestanden, ein Foto in der Hand, auf das schräg das Sonnenlicht fiel. Hübsch hatte das ausgesehen, wie die vielen Staubkörnchen im Licht herumgewirbelt waren, weswegen man den Weg des Lichts so gut erkennen konnte. Er wollte sie gerade fragen, was das für ein Foto sei, aber da hatte sie es schon weggesteckt.

»Nichts passt so richtig«, hatte sie dann noch zu ihm gesagt und ihn dabei angelächelt, was irgendwie ebenfalls nicht so wirklich passte. Der Satz und das Lächeln. Er hatte nicht verstanden, was sie damit meinte, und das mochte er inzwischen immer weniger leiden: wenn er etwas nicht verstand. Wahrscheinlich meinte sie ihre Kleidung. Zu sehr »Stadt«. Unpraktisch.

Rosie hatte das an einem der ersten Tage auch gleich zu ihm gesagt: »Man merkt sofort, dass du aus der Stadt kommst.«

»Wieso?« Er hatte ein wenig beleidigt an sich heruntergeschaut: kurze Hose, Hemd, Pullunder. Ihm war nichts Besonderes aufgefallen. So sahen doch alle aus. Auch die Jungs, die er hier auf den Wiesen oder den Wegen mit ihren Fahrrädern sah, trugen kurze Hosen und Hemden.

»Nun sei nicht gleich eingeschnappt. Ich mein ja bloß.«

»Was? Was denn?«

»Na, ihr habt so Sachen an … Fürs Auge halt. Deine Mutter und du. Nur drin stecken, also das stell ich mir nicht so bequem vor. In die Wiesen zum Beispiel würd ich so nicht gehen, in deinen dünnen Schuhen da.«

»Autsch. Mist!« Er ließ das Schnitzmesser fallen und lutschte sich den Finger. »Hab mich geschnitten.«

»Zeig mal … Ists arg viel Blut?«

Die Rosie beugte sich über seine Hand, und er sah mit einer gewissen Befriedigung, wie weitere Tropfen aus dem Schnitt hervorquollen. Plötzlich hatte er eine Idee.

»Wollen wir Blutsbrüderschaft machen?«

»Wie?«

»Na, wie bei Winnetou und Old Shatterhand. Indianer machen das so.«

»Warum?«

»Na, weil …« Er kam etwas aus dem Konzept. Rosie sah ihn ganz neugierig an. Ihr Mund stand ein wenig offen, sodass man einige ihrer runden weißen Zähne sehen konnte. Ihre Wimpern waren so hell, ihr Gesicht so dicht an seinem …

»Weil man das eben so macht, wenn man richtig befreundet sein will. Für immer. Wie Brüder.«

»Du meinst, wie Bruder und Schwester.«

»Ja, zum Beispiel.«

»Tut das weh?« Ihre Stimme klang ein wenig heiser jetzt.

»Nö«, sagte er aufs Geratewohl. »Du musst dich halt piksen mit was. Damit bei dir auch Blut kommt.«

»Klar. Bin ja nicht blöd«, erwiderte sie etwas schroff. »Gib mal her.« Sie bückte sich nach dem Messer und hielt es über den Zeigefinger ihrer rechten Hand. Ganz gerade mit der Spitze nach unten hielt sie es, als sei es eine Nadel. »Also, los!« Mit einer raschen, kräftigen Bewegung stach sie sich in den Finger. Sie beugten sich beide darüber, es kam kein Blut.

»Du musst ein bisschen drücken«, sagte Fred fachmännisch und griff nach ihrer Hand. »So …«

»Autsch! Ah, jetzt kommt was raus, schau!«

»Gut. Und jetzt schnell, sonst ist bei mir schon wieder alles weg.«

Sie pressten ihre blutenden Finger gegeneinander, so fest sie konnten.

»Meine Schwester.« Freds Feierlichkeit verlor sich irgendwo in Rosies wimpernhellen Augen.

»Mein Bruder.« Rosie klang sanft. Dann lösten sich wie auf ein Kommando ihre Finger. Fred streifte die seinen an seiner Hose ab und starrte auf seine Schuhspitzen, doch Rosie griff erneut nach seiner Hand und hielt sie so fest, dass er sich gezwungen fühlte, ihr den Blick wieder zuzuwenden.

»Und jetzt?« Sie lächelte. Ein unsagbar süßes Lächeln.

»Jetzt«, flüsterte er, und seine Stimme klang auf einmal sehr viel weiter weg von seinem Körper, als sie es beim Telefonieren je sein könnte. Er hob seine freie Hand und strich Rosie über die Wange, so behutsam, als könnte auch dort jeden Augenblick Blut hervorquellen. Rosie beugte den Kopf, sodass sich ihre Wange noch mehr in seine Hand schmiegte, doch plötzlich veränderte sich ihr Gesichtsausdruck. Erschreckt sah sie aus, dann panisch. Sie sprang auf.

»O nein, die Kühe, DIE KÜHE ...!«

»ROSIE!«

Rosie rannte, die Arme fuchtelnd und irgendetwas wie »Schu! Schu!« rufend, Richtung Wiesenabhang.

Die Kühe hatten sich unbemerkt von ihrem Weidegrund wegbewegt und fraßen sich nun durch eine fremde Butterblumenwiese.

Fred lachte. Ihm tat bald der Bauch weh, ob vom hastigen Hinterherrennen oder vom Lachen, egal, er konnte, einmal angefangen, einfach nicht mehr aufhören.

Schließlich sank er keuchend mitten auf der Wiese ins Gras. Er lachte und lachte, bis ihm die Tränen die Wangen hinunterliefen.

23

1956, Köln

WILLI stand vor dem Nichts. Aus. Alles aus. Er vergrub das Gesicht in den Händen.

Dabei stand er gar nicht vor dem Nichts. Er saß. An einem Tisch zusammen mit Franz und diesem Mann vom Finanzamt. Ein Herr Richarzhagen oder so ähnlich, dessen gesamte in ihrer Alltäglichkeit nur getarnte, im Kern aber teuflisch-tückische Gestalt jetzt vor ihm verschwand. Zusammen mit all den Zahlen, Papieren und dergleichen.

»Ja, hätten Sie mal … Warum haben Sie denn nicht wenigstens …? Nun nehmen Sie doch bitte wieder die Hände runter.«

Seine Hände, ach ja. Er nahm sie vom Gesicht. Und wohin jetzt damit? In den Schoß? Die Hosentaschen? Auf den Tisch? Nutzlos erschienen sie ihm. Ausgediente Lumpen. Während die Hände dieses Richarzhagen geschmeidig, zielstrebig durch seine sämtlichen Papiere glitten wie Raubtiere durch den Dschungel. »Konkurs«, »Ruin«, »lebenslange Zahlungen …«. Und daneben der Franz, still, bleich, versteinert.

»Und da es nachweislich Ihre alleinige Verantwortung ist, müssen natürlich auch Sie allein für den Schaden aufkommen. Hören Sie mich, Herr Koch?«

»Ja. Ich höre Sie.«

»… Entschädigungen …«

»*Ich hab es dir so oft gesagt, Willi. SO OFT!*«

»… all die unversichert beschäftigten Arbeiter …«

»Ich habe dir alles immer so ordentlich vorbereitet. Jede Zahlung vorgelegt, dich erinnert. Menschenskind, ich kann deine Schritte doch nicht ständig kontrollieren wie bei einem Kleinkind.«

Willi zog ein Tuch aus seiner Hosentasche, tupfte sich über die Stirn.

Das Sparbuch, das er für Fred angelegt hatte – würden sie ihm wenigstens das lassen? So viel war da ja bei Licht besehen noch nicht drauf. Vielleicht konnte er das irgendwie weiterführen?

»Natürlich ist Ihnen bekannt, dass das widergesetzlich ist, die Arbeiter nicht zu versichern, nicht wahr? Fahrlässig. Und dazu all die unnötigen Überziehungsgebühren, bei dem hohen Zinssatz. Sehen Sie sich doch allein einmal die Kontoauszüge der letzten drei Jahre an. Was für eine Misswirtschaft! Verzeihung, aber das muss ich Ihnen leider so sagen, Ihnen beiden.«

Margot. Er musste es ihr sagen. Wahrscheinlich ahnte sie es längst. Was für ein Versager er war. Was für ein –

»Herr Koch?«

Konkurs. Bankrott.

Er schloss die Augen.

»Nun heben Sie mal wieder den Kopf, Sie sind schließlich noch nicht tot, und schauen bitte mal her! Sehen Sie diese Beträge hier zum Beispiel? «

»Ja. Ich SEHE sie.«

»Schreien Sie bitte nicht so.«

»Ich rede GANZ NORMAL.«

Gut, dass der Holländer da war. Sie wusste schon, warum sie an ihm festhielt. Weiblichen Instinkt nannte man das. Wie sich zeigte, zu Recht. *Er* konnte ja nun ganz sicher nicht für sie sorgen. Für sie und den Jungen. Nein, auf ihn war kein Verlass.

»Ich habe Ihren Schuldenplan auf zwanzig Jahre festgelegt.«

Im Grunde hatte er es doch immer gewusst. Dass so etwas passieren konnte, dass er keinen Überblick hatte in Sachen Geld. Aber er hatte es einfach laufen lassen. Als ob es kein Morgen gäbe.

»Vom Verkauf Ihrer Firma …«

Am besten, er zog sich von Margot und dem Jungen zurück. Das hätte er natürlich längst tun sollen. Wenn er, wenn sein Herz nicht so dumm, so selbstsüchtig gewesen wäre. Himmel noch eins, was hatte er sich eigentlich dabei gedacht, die heilige Familie zu spielen?

»Als Angestellter bleibt Ihnen nach all den Abzügen dann monatlich … also ausreichend. Um sich durchzubringen.«

»Ausreichend. Verstehe.«

»Gut. Dann unterschreiben Sie hier, Herr Koch. Dann bitte noch auf Seite sechsundfünfzig unten links und dort oben, rechte Spalte.«

Willi zog seinen Füllfederhalter aus der Brusttasche seines Hemdes. Musste er das eigentlich auch abgeben? Gegen seinen Willen lächelte er. Wie hieß es doch gleich? *Das letzte Hemd hat keine Taschen.*

Erstaunt sah er, dass seine Hand, die nun den Füllfederhalter hielt, mit dem es den Ruin zu unterschreiben galt, nicht zitterte.

»*Wilhelm Koch. Maurermeister*« – die Mutter hatte ihm den Füllfederhalter, einen sagenhaft teuren Montblanc, geschenkt und gravieren lassen. Damals, zur Meisterprüfung. Wie stolz sie gewesen war!

»*Der Willi ist unser schwarzes Schaf.*« Als Junge hatte er sich immer vorgestellt, dass der liebe Gott auf der Suche nach ihm war. Das war doch der Job vom Herrgott, oder? Nach den Außenseitern zu suchen, den Taugenichtsen.

An dem Tag, als er Meister wurde, war jedoch von Schafen ausnahmsweise mal nicht die Rede gewesen.

»*Wenn das der Vater noch erlebt hätte. Er wäre stolz gewesen*«, hatte die Mutter stattdessen gesagt und ihm ein bisschen ungeschickt, als sei sie aus der Übung damit, über den Arm gestrichen.

Von wegen stolz, hätte er der Mutter gern erwidert. Allzu weit hab ichs ja nicht gebracht. Immerhin, der Vater wäre wohl erleichtert gewesen, dass doch noch was aus ihm geworden war. Ein »nützliches Mitglied der Gesellschaft«. Ja, der Meisterbrief hätte das ein wenig gemildert: die stille Enttäuschung, die er stets auf des Vaters Gesicht zu sehen glaubte, spätestens, als klar wurde, dass er nicht aufs Gymnasium gehen würde. Dass es bei ihm »im Oberstübchen« dafür einfach nicht langte. Schon gar nicht, um Arzt zu werden, die kleine Praxis zu übernehmen, die schon zu Lebzeiten des Vaters mehr schlecht als recht gelaufen war.

Und dann hatte der Krieg alles verändert, in seinen langen Schatten getaucht. Käthe, das Kättchen, die als Chefsekretärin in einer angesehenen Textilfirma gearbeitet hatte, war kurz davor gewesen, in eine reiche Diplomatenfamilie einzuheiraten. Doch Bruno war im Krieg gefallen. Seitdem war sie »schwermütig«. Die Mutter konnte nicht verstehen, dass sie sich davon immer noch nicht erholt hatte.

»*Wirft alles weg. Ihren Beruf, ihre Aussichten. Andere Mütter haben doch auch schöne Söhne, Herrgott noch eins.*«

Nun ja, sie hatte den Bruno eben von ganzem Herzen lieb gehabt. Ein Blinder hätte das noch gesehen!

Ein eher stilles, verschlossenes Mädchen war das Kättchen gewesen. Aber wenn sie mit dem Bruno zusammen war, dann hatte sie geleuchtet, »so wie die Sonne sching«. So hübsch war sie anzusehen gewesen in ihren schwingenden Tanzkleidern und wenn sie bei ihrer Rückkehr schon im Treppenhaus Lieder gesummt und dann im Wohnzimmer noch weitergetanzt hatte, allein, mit geschlossenen Augen. Und jetzt, tja, jetzt war alles dunkel. Wobei, er selbst war ja schon vorher sozusagen »schwarz« gewesen, das schwarze Schaf der Familie.

Und Franz, der mit dem amputierten Arm sein Sportstudium hatte aufgeben müssen, der hatte die Susanne aus dem Nebenhaus, die er während des letzten Heimaturlaubs geschwängert hatte, geheiratet. Da musste schnell Geld her, da war nichts mehr mit Studium. Also hatten sie die Firma gegründet. Er hatte rangeschafft, der Franz hatte die Aufträge entgegengenommen, organisiert und die Kundenakquise betrieben.

Die »Gebrüder Koch«. Einmal, vor ein paar Jahren, war er mit der Mutter im Firmenwagen durch die Kölner Viertel gefahren und hatte ihr jedes Haus, jedes Geschäft gezeigt, das er, wenn schon nicht entworfen, so doch gebaut hatte. Zuletzt das Möbelhaus Pesch in Weiden.

Sie waren die breite Rolltreppe bis hoch in den vierten Stock gefahren. *»Schau, wie schön das Licht hier oben durch die Schrägen einfallen kann. Alles Doppelverglasung natürlich.«*

»So viele Sachen gibt es jetzt wieder zu kaufen. Man möcht meinen, die ganze Welt sei auf einmal reich. Sieh mal dort, die Einbauschranksysteme, Willi.«

Er hatte ihr dann eine neue Sofagarnitur gekauft. Kakifarben. »Oh, Willi, das ist gerade der letzte Schrei. Wenn das dein Vater noch erlebt hätte. Ein Macher bist du. Wie der Onkel Ludwig.«

»Ich hoffe nicht, der ist schließlich gefallen.«

»Wilhelm Koch. Maurermeister« – Willi beugte sich über die Papiere und unterzeichnete schwungvoll, wie er nun einmal unterschrieb, den Konkurs. Jetzt zitterte seine Hand doch. Er wünschte, er würde wenigstens etwas von der Standfestigkeit, der Solidität der Wände in sich spüren, die er so gekonnt baute. Gebaut hatte.

»So, meine Herren. Das wäre dann erledigt.«

»Aha.«

»Kann ich dann bitte schon einmal gehen? Oder brauchen Sie mich noch? Sag, Willi, soll ich …?«

»Nein, Franz. Geh nur.«

»Ja, von Ihnen habe ich alles, was ich brauche. Sie, Herr Koch, bleiben bitte noch einen Moment, sodass wir die Details des Verfahrens noch einmal durchgehen können. Am besten, Sie setzen sich so, dass Sie dabei mitlesen können.«

Willi versuchte, all den Details, den ersten Schritten seines Gefangenen-Daseins – denn das war er ja jetzt im Grund genommen, gefangen, geknebelt –, er versuchte zu folgen, so gut es ging. Doch statt der Zahlen sah er Margots Gesicht vor sich. Ihren ruhigen, festen Blick, die zwei winzigen Einkerbungen um den Mund, die nun nicht auffunkelten, die wie eingesunken dalagen, ihr Mund, der – »*ach, Willi …*« – Rauch ausblies, Atemzug für Atemzug direkt in sein Gesicht.

»Sie sehen also, Herr Koch, so wird es gehen. Das ist inklusive der Zinsentwicklung, der Anpassungsrate für die kommenden zwanzig Jahre, also bis zum 31.6.1977, alles genauestens festgelegt. Danach können Sie wieder frei über Ihre Einkünfte verfügen. Wie alt sind Sie dann? Herr Koch?«

»Zweiundfünfzig.«

»Na, in Rente sind Sie da immerhin noch nicht. Da kann man noch etwas herausholen, wenn Sie mich fragen. Sehen Sie mal her …«

Erneut wurde ihm eine Liste vorgelegt. Willi warf einen Blick auf die Tabelle. Gitterstäbe, deren Verriegelung sich erst im Jahr 1977 wieder öffnen würde.

Zu spät.

Sein Blick wanderte zu dem Schuldnerdokument, seiner eigenen vertraut-unvertrauten Unterschrift. Es war ihm, als hätte er ein Geständnis unterzeichnet. Ja, dort stand es, schwarz auf weiß.

Er würde sich nie gewachsen sein.

24

1957, Köln

MARGOT blickte zur Küchenuhr. Sie *wollte* auf die Uhr schauen. Dabei war es nicht so, dass sie jemanden erwartete. Niemand würde jetzt kommen, nicht um diese Zeit. Nichts und niemand forderte, drängte; es war ihr freier Tag. Fred aß jetzt gerade höchstwahrscheinlich sein Pausenbrot, dort unten auf dem Schulhof.

Aber wie spät war es? Sie konzentrierte sich. Nein, es gelang ihr nicht, die Ziffern der Uhr klar und deutlich zu fixieren. Seit wann hatte sie eine Sehschwäche? Das Lesen funktionierte doch. Margot blinzelte, begann zu zittern und fuhr sich zum wiederholten Male über die Augen. Das Einzige, was sich einstellte, war ein leichter Schwindel und ein so starker Sog von Müdigkeit, dass sie automatisch Richtung Schlafzimmer ging. Sie lag bereits im Bett, die Decke bis zum Hals hochgezogen, als ihr aufging, dass sie noch die Hausschuhe anhatte.

Irgendetwas stimmte nicht mit ihr. Vielleicht war sie krank?

Jetzt ist es doch gut. Alles ist gut! Sie setzte sich auf, polsterte sich den Rücken mit einem Kopfkissen und griff nach dem Päckchen mit Zigaretten, das auf dem Nachttisch bereitlag. Seit sie angefangen hatte, im Bett zu rauchen, musste sie mehrmals am Tag querlüften.

Rauch – Fred bekam das nicht. Und dem Willi erst, dem war das regelrecht zuwider, dieser kalte Nikotingeruch. Nur Johan wars egal. Vielleicht weil er selbst bis vor Kurzem geraucht hatte. Jetzt hatte er es aufgegeben. Für seine Frau.

»Ihrer Gattin bekommt das gar nicht, in ihrem Zustand.« So oder so ähnlich hatte der Arzt sich Johan gegenüber wohl ausgedrückt. Wobei, was war an Rauch schon gefährlich, außer dass man ihn nicht gern roch?

Verdammt – nun hatte sie auf die Bettdecke geascht. Hastig drückte sie die Zigarette aus, pustete die Flocken vom Bezug. *Asche*. Das würde einen hässlichen Schmierstreifen geben, wenn sie nicht jetzt gleich aufstand und sich darum kümmerte. Feuchter Lappen, nur wenig kaltes Wasser ... *Asche*.

Sie griff ganz automatisch neben sich, nach dem Fläschchen auf dem Nachttisch – leer. Sie hatte das Tonikum im Drogeriemarkt zunächst tatsächlich wegen des schönen Namens, Frauengold, aus dem Regal mit den Stärkungsmitteln genommen. Und erst als sie merkte, dass dessen Wirkung sie angenehm matt und ruhig, gewissermaßen *verschwommen* werden ließ, ohne dass sie deswegen weniger funktionierte, ja, sie sogar eine gewisse Heiterkeit dadurch gewann, erinnerte sie sich wieder an die Werbung: »Frauengold schafft Wohlbehagen. Wohlgemerkt, an allen Tagen!«

Sie wollte die Bettdecke zurückschlagen, sie wollte aufstehen – und schlang die Arme um sich. Fest. So fest, dass sie kaum Luft bekam, ihre Fingernägel krallten sich in ihre Arme, krallten sich um das heftige krampfartige Beben, das sie plötzlich schüttelte – *der Aschefleck, der Fleck!* –, presste, um sich irgendwie zu begrenzen, die Arme noch fester gegen den Körper. Das Wasser lief ihr aus den Augen. Was war nur los? Es war doch im Grunde alles ganz in Ordnung.

Alles ist gut.
Alles ist gut.
Alles ist gut ...

25

1957, Köln

FRED stieß einen Jubelschrei aus. Er saß hinter Willi auf der Lambretta und hielt ihn fest umklammert. Der milde Fahrtwind pustete ihm in den Nacken, genau an der bloß gelegten Stelle oberhalb des Jackenkragens, ganz so, als wollte er sagen: *Na los, los!*

»Schneller, Willi!«

»Ay, ay!«

Willi legte einen ordentlichen Zahn zu. Beim Anblick der sich rasant nähernden Kurve machte Freds Herz einen panischen Hüpfer. Aber dann nahm Willi das Tempo rechtzeitig wieder heraus. Auf Willi konnte man sich verlassen. Irgendwie wusste er immer genau, was er machen musste, damit alles passte.

»Alles roger dahinten?«

Fred nickte. Dann wurde ihm klar, dass Willi das ja gar nicht sehen konnte. Er hatte schließlich keine Augen im Rücken.

»Ja. Jetzt aber wieder schneller. Bis zur nächsten Kurve.«

»*As we stroll hand in hand*
Two blue hearts will seem lighter
If you understand,
Sail along, silvery moon ...«

In Bewegung sein, das war das Schönste. Unterwegs, da hinter Willi sitzend, Sonne und Fahrtwind, den Kopf voll Musik. Weg. Weg von ihr ...

Sie musste noch liegen.

»Wird schon wieder. Ist nichts Schlimmes. Ich bin nur noch etwas müde.«

Aber er war ja kein Depp. Als ob er das nicht kapierte, dass es nicht die Müdigkeit war, bei der Mutter.

»Macht euch einen schönen Tag, ihr zwei.«

Die Spätsommersonne tauchte das Laub des Königsforstes, dessen Ausläufer sie gerade auf der Landstraße passierten, in so weiches goldenes Licht, dass Fred die Augen schloss, als täte ihm ganz tief drinnen etwas merkwürdig weh.

»*Trail along lovers lane*
Sail along, silvery moon ...«

Willi sagte was von »herrlich«, vielleicht wars auch »gefährlich«. Der Wind zerrieb seine Worte irgendwo auf halbem Weg, und er war zu träge, um nachzufragen.

»*Along, silvery moon ...*«

Fred lockerte den Griff um Willis Taille ein wenig. Er freute sich auf die Waffeln. Bergische Waffeln. Mit heißen Kirschen und Sahne. Die aßen sie immer, wenn sie nach Altenberg fuhren. Es war, wie Willi es nannte, »ihr Ritual«. Leider kam er inzwischen nicht mehr so oft wie früher, der Willi.

Früher, als er noch kleiner war, waren sie sonntags oft in den Märchenwald gefahren.

»Ich bin der Puck. Komm her zu mir, ich brauch Papier.« Fred musste lächeln. Was hatte er sich vor diesem sprechenden Mülleimer mit den glotzenden Augen und dem offenen Maul gefürchtet, der den Eingang des Parks sozusagen bewachte. Damals. Jetzt war er dreizehn und hatte natürlich längst begriffen, dass er, Fred, nicht aus Papier war und der Puck ihm daher nichts tat. Willi hatte ihm den Mechanismus erklärt. Ein Tonband steckte in dem Kopf vom Puck, das in regelmäßigen Abständen den immer gleichen Text abspulte. Er hatte dennoch nie Lust gehabt, seinen Müll, um den es hier offenbar ging, in das Innere vom Puck zu werfen und dann dieses blecherne, lang gezogene »Daaanke« zu hören. Und Maschine hin oder her, wie konnte man bloß für Abfall dankbar sein?

»Du hältst hier also alles schön sauber«, hatte Willi gesagt und dem Puck mit der freien Hand auch noch den Kopf getätschelt. Willis andere Hand hatte er selbst damals ganz fest gehalten, er hatte daran gezogen und gezerrt, bis sie an dem Puck vorbei waren und zu den Märchen kamen, die er kannte.

»*Vor langer Zeit, als das Wünschen noch geholfen hatte, lebte einmal ...*« Sie hatten das irgendwie geschafft, dass alles lebendig wurde, dort im Wald.

»Magisch«, hatte Willi das genannt.

Ja, es war toll gewesen, wie sie da unter den Bäumen, über die Holzbrücken entlang des Flüsschens, der kleinen Scheunen und Hütten spaziert waren, und plötzlich heulte der Wolf, und die sieben Geißlein sprangen in ihre Verstecke – »*Kommt nur herein, liebe Kinder*« –, die Hexe aus Hänsel und Gretel kam tief gebückt und säuselnd aus dem Knusperhaus, Rapunzel ließ ihren langen Zopf von oben aus dem Turmfenster herab, und der Fluss murmelte: »*Wer aus mir trinkt, der wird ein Tiiiiger ...*«

Auch später, wenn sie dann an anderen Tagen mit der Mutter im Königsforst oder sonst wo spazieren gingen, wenn der Wald also nur Wald war, blieb der Schatten unter den Bäumen für ihn doch stets voller Stimmen, Geheimnisse und Geschichten, die wie im Märchen alle irgendwie gut ausgingen. Und auch wenn man sie nicht direkt sah, die ganzen Königstöchter, Prinzen, Hexen, Kinder, Feen und Zwerge, so waren sie doch da. »*Und wenn sie nicht gestorben sind, dann leben sie noch heute.*«

Der eigentliche Grund aber, warum er jahrelang immer wieder nach Altenberg in den Märchenwald gewollt hatte, war: Gold.

»Fredchen, halt doch mal die Hände da drunter«, hatte Willi, als sie das allererste Mal dort waren, zu ihm gesagt, und er hatte zögernd seine Hände unter das aufgebäumte Hinterteil eines großen Esels gehalten. Dass der Esel nicht echt war, sondern aus Stein, Blech oder sonst was, hatte er schon begriffen. Sonst hätte er nämlich niemals seine Hände unter dessen Hinterläufe gehalten, egal, was der Willi auch sagen mochte.

Und dann war es passiert. Auf einmal waren seine Hände voll funkelndem Gold gewesen.

Große, blanke Taler waren in seine Handteller gefallen und dann durch die Ritzen zwischen seinen Finger gepurzelt; langsame, begriffsstutzige Finger, die gar nicht so schnell zugreifen konnten. Gold, so viel Gold!

»Jetzt sind wir reich!«

Was hatte Willi da gelacht. Er hatte den Arm um ihn gelegt und ihm die Sache erklärt. Und dann hatte er ihm ein echtes Geldstück gegeben. Aus Silber war es gewesen und ziemlich klein.

Komischerweise war er damals nicht enttäuscht gewesen, oder er hatte das Gefühl inzwischen vergessen. Vielleicht hatte er es insgeheim auch schon gewusst, dass das, was da aus dem Esel herauskam, im Grunde kein echtes Gold sein konnte. So wie der Puck am Eingang auch nicht wirklich sprach. Komisch nur, dass all das, was nicht echt war, trotzdem so eine große Wirkung hatte.

Jedenfalls hatte er immer wieder zu dem Goldesel hingewollt und das Gefühl genossen, wenn sich seine Hände dann so plötzlich füllten. Und die Schokolade, aus der die Taler bestanden, schmeckte auch gut.

Irgendwann war er dann gesättigt gewesen, sozusagen. Seine Hände flossen auch gar nicht mehr über, die paar Schokotaler, die der Blechesel ausschied, schmeckten längst nicht mehr so gut wie eine Tafel Nussschokolade zum Beispiel, von der man auch sehr viel länger was hatte. Und die Puppen, die die Geschichten erzählten, von denen waren einige hinter Glas, und sie bewegten sich nur, wenn Willi oder er auf einen Knopf drückten. War das immer schon so gewesen?

»Du bist halt jetzt schon groß«, hatte Willi zu ihm gesagt, als er sich vorsichtig beschwerte. Aber ihm kam es genau umgekehrt vor. Als sei der Märchenwald mit einem Mal geschrumpft oder einfach nur weniger wirklich.

Längst schon fuhren sie nur noch bis zu dem Café und aßen Bergische Waffeln. Die schmecken immer gleich gut.

Da vorn kam jetzt der Altenberger Dom in Sicht. Ganz schön wuchtig, das Ding.

»… gleich da«, hörte er Willi sagen. Dabei sah er das ja selbst. Und auf dem Weg bereiteten einen außerdem schon jede Menge Schilder darauf vor.

Er war froh, dass Willi nicht darauf bestand, dass sie da reingingen, in den Dom. Erwachsene taten das ja gerne, in Kirchen gehen, nur um zu gucken.

Er war einmal mit der Mutter und Willi dadrinnen gewesen. Es hatte ein Orgelkonzert gegeben, das die Mutter unbedingt hören wollte. Es war stinklangweilig gewesen. Das harte Holz der Kirchenbank hatte sich mit jeder Minute mehr in ihn hineingebohrt, bis er sich gar nicht mehr rühren konnte. Es hatte furchtbar gezogen, überall kalte Luft, und das Licht, das durch die zugegebenermaßen hübschen hohen Glasfenster fiel, hatte ihn auch nicht gewärmt.

Willi, der die Hand der Mutter gehalten hatte, hatte die ganze Zeit über die Augen geschlossen, und die Mutter hatte sich an ihn gelehnt. Die beiden schien nichts zu drücken, und sie sahen auch nicht so aus, als sei ihnen kalt. Im Gegenteil.

Nur er hatte sich überflüssig gefühlt, und die Orgel hatte in seinen Ohren gedröhnt und unschön vibriert. Bach oder so hieß der Komponist, der schon sehr lange tot war.

»Wunderschön«, hatte die Mutter das hinterher genannt. »Für die Ewigkeit.«

Fred lehnte seinen Kopf an Willis Rücken. Das sachte Rattern, die Vibration der Lambretta, die durch Willis Lederjacke hindurch auf ihn übergriff, war angenehm. Sie waren in Bewegung, und gleichzeitig war alles so beruhigend unbewegt.

Warum konnte es nicht immer so sein?

Dass die Mutter nun noch für einen oder zwei Tage im Krankenhaus liegen würde, war im Grunde gut. Man kümmerte sich dort um sie, und er musste sich nicht davor fürchten, dass wieder etwas passierte. Wie er diese Angst hasste! Klein und hilflos machte die einen. Die Angst.

Inzwischen hatte er sich angewöhnt, wenn er in der Schule war, vom Pausenhof aus zu den angrenzenden Häusern, zu ihrem Haus hochzuschauen, um zu überprüfen, ob da weiterhin Licht brannte oder ob er was hörte. Sirenen zum Beispiel.

Gut, dass seine Schule gleich ums Eck von daheim war. Oft erwischte er sich dabei, dass er nach Schulschluss nach Hause rannte und ihm dann, wenn sie ihm die Tür aufdrückte, ein mächtiger Seufzer entfuhr, so als habe er die ganze Zeit über die Luft angehalten.

Sie war »beim Kochen gestürzt«, wie sie ihm später mit noch schwerer Zunge mitteilte, und hatte auf die Kante vom Krankenhausbett geklopft, damit er sich ganz nah zu ihr setzen konnte. Dabei hatte er schon eine ziemlich lange Weile nichts anderes getan, als gesessen, da draußen auf dem Flur. Die Marie Mertensen hatte ihn zur Mutter ins Marienhospital gebracht.

»Keine Angst, das mit deiner Mutter wird wieder. Sie ist zäh«, hatte sie zu ihm gesagt und ihm eine Spur zu heftig auf die Schulter geklopft.

Bei dem Wort »zäh« hatte er an ein Stück Fleisch denken müssen, auf dem man lange herumkaut. Und das war so eklig, dass er verpasste, der Marie zu sagen, dass er dieses Mal gar keine Angst gehabt hatte. Denn sie hatte ihn ja gleich von der Schule abgeholt, sodass er die Mutter nicht daheim hatte vorfinden müssen wie schon mal; voller Blut und nicht ganz bei Sinnen.

»Gehirnerschütterung«, hatte ihm die Mutter dieses Mal noch erklärt. »Aber nur eine leichte. Vom Sturz. Keine Sorge, das wird wieder. Ich bin nur etwas müde.«

Er hatte genickt, aber dann erfahren, dass ihr der Magen ausgepumpt worden war. Wie passte das denn zusammen? Wenn was am Kopf war, warum behandelte man dann den Bauch?

Immerhin war Willi nun so lange bei ihm, bis sie aus dem Krankenhaus wieder rausdurfte.

»*Macht euch einen schönen Tag, ihr zwei.*«

Klar, die Tage mit Willi waren immer schön, dachte Fred und verstärkte den Griff um dessen Taille wieder. Nur, er fühlte sich trotzdem irgendwie komisch. Weil er einerseits froh war, dass die Mutter noch im Krankenhaus blieb, also in Sicherheit, und er dadurch mit dem Willi zusammen sein konnte. Andererseits war er aber auch traurig darüber, dass die Mutter im Krankenhaus war und sie nichts zu dritt unternehmen konnten, so wie früher. Irgendwie schien alles nicht mehr so richtig zu passen.

»Wir müssen nun einmal beide viel arbeiten«, hatte die Mutter gesagt, als er sie darauf angesprochen hatte, dass Willi nun schon etliche Wochen hintereinander nicht bei ihnen gewesen war.

»Aber du bist doch immer zu Hause, wenn ich von der Schule komme«, hatte er protestiert.

»Dann bin ich ja auch fertig mit der Arbeit im Geschäft«, hatte sie gesagt.

»Und wann ist Willi fertig mit der Arbeit?«

Inzwischen stritten sie auch manchmal, der Willi und die Mutter.

Nie, wenn er dabei war, aber er war ja kein Depp. Wenn sie dachten, er würde etwas lesen oder für die Schule lernen oder sonst was tun, dann zogen sie sich in die Küche zurück, und die Mutter schloss die Tür.

»Das ist mir egal!«, hatte sie neulich zum Beispiel ganz ungewohnt laut geschrien. Er hatte sich die Ohren zugehalten, weil das so unheimlich war. Aber im Nachhinein fand er, dass es noch viel unheimlicher gewesen war, dass er vom Willi bei diesem Streit gar nichts gehört hatte, außer vielleicht einer Art Gemurmel, wenn er sich arg anstrengte beim Hinhören. Dabei redete Willi doch sonst immer so laut und so viel.

Auch Johan kam jetzt teilweise seltener. Aber das hatte die Mutter ihm sehr viel besser erklären können.

Johans Frau lag nämlich im Sterben, und er kümmerte sich um sie.

Wenn Johan da war, spielten sie viel mehr Schach als früher. Vielleicht lag es daran, dass er besser geworden war. Ein »ernst zu nehmender Gegner«, wie Johan neulich gesagt hatte, und es hatte sich angehört wie ein Lob.

Johan hatte ihn sogar für die Kölner Jugendmeisterschaften angemeldet, und er hatte tatsächlich den ersten Platz gemacht. Alle hatten sich darüber gefreut. Die Mutter, Johan und auch Willi. Nur er irgendwie nicht so sehr. Keine Ahnung, warum. Aber einen Preis hatte es gegeben.

»Was willst du mit dem Geld anfangen, Fred? Willst du einen Tipp von einem alten Kaufmann?«, hatte Johan ihn gefragt und ihm zugezwinkert.

»Ich will es sparen«, hatte er zu seiner eigenen Überraschung geantwortet.

»Gute Entscheidung. Und wofür willst du sparen?«

»Weiß nicht.« Irgendwie hatte die Frage ihn verunsichert. Warum brauchten die Erwachsenen eigentlich immer ein »Wozu« und »Wofür«?

Aber als sie jetzt am Altenberger Dom vorbeifuhren und die leicht ansteigende Straße zum Märchenwald-Café hochbrausten, kam ihm das Wort »Zukunft« in den Sinn.

»Damit aus euch mal was wird«, hatte sein Mathematiklehrer einmal auf die recht dreiste Frage eines Mitschülers geantwortet, wozu sie das eigentlich alles lernten. Aber den Herrn Neumann schien die Frage nicht zu stören. Vielleicht weil ein »Wozu« darin vorkam.

»Wir sind ein humanistisches Gymnasium mit hohen Ansprüchen. An jeden von euch. Ihr könnt später sehr viel zum Gelingen unserer Gesellschaft beitragen, einen guten Beruf ergreifen. Und unser Land besser machen.«

Besser. Fred lächelte. Sein Griff um Willis Taille lockerte sich. Er hatte gute Noten, teilweise auch sehr gute. Aber das reichte nicht. Er wollte besser sein. Der Beste, womöglich. Denn dann würde er später einen guten Beruf haben. Er würde sein eigenes Geld verdienen. Geld bedeutete Sicherheit. Ja, er würde endlich über sich selbst bestimmen. Er würde sicher sein. Vor … Er würde sicher sein.

26

1959, Köln

MARGOT fremdelte. Sie lag auf dem Rücken, den Blick unverwandt auf die dunkle Zimmerdecke gerichtet.

»... *weet het niet* ...« Neben ihr murmelte Johan unentwegt im Schlaf etwas vor sich hin. Sie veränderte ihre Haltung nicht, streckte aber ihre Hand aus und strich ihm über das Haar. Er schien nichts zu bemerken. Weder das Ungelenke ihrer Geste noch das Tröstende. Oder vielleicht doch, denn nach einem kurzen Seufzer schien er in eine tiefere Schicht seines Schlafes zu sinken, das Murmeln hörte auf.

Margot zog ihre Hand wieder zurück. Dankbar, dass er seine Träume nun für sich behielt. Wahrscheinlich würde er jetzt bis »zu einer zivilen Uhrzeit«, wie er es nannte, durchschlafen.

Wie immer, wenn er sich ihr körperlich genähert hatte – Liebe machen, Geschlechtsverkehr oder auch das neumodische »Sex«, keines dieser Worte erschien ihr auch nur annähernd zu passen –, »danach« jedenfalls war es ihr oft über Stunden nicht möglich, einzuschlafen.

Die erste Zeit – halt, waren es nicht Jahre inzwischen? – hatte sie dieses Gefühl, diese merkwürdige Mischung aus Frust und lethargischer Unruhe, einfach nicht beachtet. Es würde, wie alles, schon vorbeigehen. Seit ihrer Scheidung von Hermann aber, seit sie morgens zumindest versuchte, spätestens mit Fred aufzustehen, um vor der Arbeit – im Grunde wars mehr ein Dazuverdienen der symbolischen Art, das sie irgendwie beruhigte –, um also vorher noch in

Ruhe ihren Kaffee zu trinken, seitdem das so war, spürte sie den Schlafmangel, der vom nächtlichen Wachliegen kam, schmerzlich. *Ich werde alt ...*

Margot seufzte. Einer plötzlichen, kindischen Anwandlung folgend, streckte sie ihre Zunge gegen Unbekannt heraus, schnitt Grimassen. *Hässlich, ich bin so hässlich, bäh, bäh, bäh ...*

Die gleichgültige Dunkelheit, in die ihr Schlafzimmer getaucht war, schluckte dies. Und andere Details. Oft war es hilfreich, nicht allzu genau hinzusehen.

Sie wusste zum Beispiel, dass Johans Pyjama-Oberteil jetzt am Rücken feucht anlag. Er neigte beim Sex – jetzt also doch dieses Wort – zum Schwitzen, was er im Alltag gar nicht tat. Überhaupt, diese Penetranz des Flüssigen! Auch Johans Küsse waren nass, sein Atem auf ihrer Haut zu feucht für ihren Geschmack. Dabei waren sie sich doch ansonsten so nah, geschmacklich. Was Mode, was Bücher, Politik, Interieurs und alles andere betraf.

Leider hatte Johan eine ausgeprägte Vorliebe für ihren Mund, den er ständig überall an sich zu spüren wünschte. Selbst tagsüber, ob im Restaurant, beim Kaffeetrinken oder wenn sie nebeneinander in der Küche in ihren Zeitungsteilen lasen. Dann unterbrach er seine Lektüre oft, um sie zu küssen oder ihr, seine liebste Geste, mit dem Zeigefinger, den er zuvor in ein Glas Leitungswasser getaucht hatte, langsam über die Oberlippe zu streichen. Als wolle er sie mit einem besonderen Glanz überziehen, der in ihrem Fall anscheinend nur mit Hilfsmitteln zu erzeugen war.

Und jetzt, wo sie gerade über Flüssigkeiten nachdachte, überkam sie das dringende Bedürfnis, sich in die Badewanne zu stellen und abzubrausen, inklusive ihres Munds. Andererseits, wozu der Aufwand? Aufstehen, sich regen? Sie könnte höchstens noch ein paar Kohlen in den Ofen schieben. Für mehr Wärme. Es war schließlich Winter. Später, sagte sie sich. Später.

Überhaupt, Flüssigkeiten ... Vorhin, da hatte sie eine ganze Flasche Château Latour à Pomerol geleert. Von einer samtigen, üppigen Schwere war er gewesen, die nicht nur hervorragend mit der Fasanenbrust harmonierte – es war auch genau das Gefühl auf ihrer Zunge, nach dem sie sich gerade sehnte: eine samtige, gehaltvolle Schwere.

Johan hatte hauptsächlich dagesessen, dort in der Hanse Stube, das Champagnerkraut und vor allem die Kartoffel-Mousseline gelobt – sie sagte ihm nicht, dass sie »daheim« schon weitaus besser gegessen hatte – und sie über sein Rotweinglas hinweg, dessen Inhalt kaum weniger wurde, so intensiv angesehen, als wolle er sich irgendetwas an ihr ganz besonders einprägen, sich dessen vergewissern. Ein Blick, der ihr eigenes Glas in Bewegung gebracht hatte: leeren, auffüllen, leeren. Wobei, anfangs, da hatten sie sich wie immer angeregt unterhalten: »Wie werden die Amerikaner reagieren, was meinst du, Johan?«

»Nach so einem Tritt in den Hintern? Sie werden *kwaad met kwaad vergelden*. Und diesen Tritt möcht ich nicht abbekommen, sag ich dir.«

»›Tritt‹ triffts gut. Und dann auch noch von den Kommunisten ...«

»Dieser Batista hat sich abgesetzt. Weißt du, Margarete, wie hoch man sein Vermögen schätzt? Über vierzig Millionen US-Dollar. Netter Ruhestand.«

»Na ja, ob der Ruhe gibt, wird man ja noch sehen. Das Volk hatte den jedenfalls satt. So ein Despot!«

»Tja, die Amerikaner haben es leider nicht geschafft, dort für Ordnung zu sorgen.«

»Was diese Militärs immer so unter ›Ordnung‹ verstehen ...«

»Dieser Fidel Castro scheint mir aber auch nicht ganz lupenrein. Wenn das die Alternative ist? Die haben sofort losgelegt mit den ›Säuberungen‹. Ist hierzulande ja auch nicht gerade ein Fremdwort, nicht wahr?«

»Ich fühl mich nicht berufen, für dieses Land zu sprechen, Johan.«

»Ja, ja, schon gut. Also, der Castro und seine Bande! Deren Erschießungskommandos, so wie die da in der Hafenfestung losgelegt haben, passt das etwa zur *revolución*, der feschen?«

»Wieso fesch?«

»Na, schau dir doch diesen Che Guevara an. Ich wunder mich ja schon, dass *du* noch kein Bild von ihm aufgestellt hast. Bei uns ist der inzwischen überall, in fast jedem Café sieht man dessen Visage jetzt, auf jedem Hausboot eine Fahne, als ob er uns gleich mit erobert hätte.«

»Ich habs nicht so mit Götzendienst.«

»Aber attraktiv findest du den schon. Gibs zu.«

»Ich müsst lügen, wenn ich sagen würde, er sei hässlich.«

»Na, schöner als ich ist der allemal, nicht wahr?«

»Bist du etwa eifersüchtig?«

»Auf ein Bild? Vielleicht …«

»Hm. Übrigens, der Säureanschlag auf den Rubens neulich, also, das hat mich wirklich schockiert. Wie kann man nur so etwas tun?«

»Eigentlich sollte doch ein Dürer dran glauben, oder? Aber da standen wohl gerade zu viele Leute davor. Dann halt der ›Höllensturz‹, hat sich dieser Kerl wohl gedacht. Irgendwie ja auch passender für so einen Verrückten …«

»Sei nicht so zynisch. Ist doch unfassbar. Etwas, das allen, das zu unserer Ewigkeit gehört, so an sich zu reißen. Was für ein Egomane! *Er* habe der Menschheit was Entscheidendes sagen wollen damit und –«

»›Unsere Ewigkeit‹? Na, wenn das mal nicht hübsch pathetisch ist. Nun schau doch nicht so! Sie restaurieren ja schon wie die Teufel. Was das wohl kostet …«

»Ach, Johan. Du und deine Zahlen. Was sagst du denn zu dem Abkommen?«

»Welches?«

»Na, das deutsch-niederländische natürlich.«

»Du meinst, dass wir jetzt ganz offiziell aneinander verdienen dürfen? Längst überfällig, würde ich sagen, mein Schatz.«

Sie war inzwischen beim dritten Glas Wein und fühlte sich jetzt angenehm ermattet und heiter zugleich.

»Und? Hat sich unser ›Abkommen‹ schon ausgezahlt?«

Sie kicherte.

»Mehr als das …« Er griff nach ihrer Hand, dabei zielsicher das aufwendige Gedeck und den Tischschmuck umschiffend. Den Kuss auf ihren Fingerspitzen spürte sie erst, als seine Lippen längst wieder von ihnen gelassen hatten. Alles war so hübsch verlangsamt.

»Ich schwelge im Zins und Zinseszins mit dir.« Er zwinkerte ihr zu, während der Ober ihre Crème brûlée direkt am Tisch flambierte, sodass ihr die fremde Hitze der Flamme kurz, aber heftig zu den Wangen hochschoss. Der Ober füllte ihr Glas nun zum vierten Mal nach. Johan lächelte.

»Deine Wangen sind rot. Nein, keine Sorge. Es steht dir.«

»Ich bin wohl entflammt.« Sie kicherte. Schon wieder.

»Es ist schön, wenn du so ausgelassen bist, Margarete. Dich einfach mal laufen lässt …«

»Du meinst: gehen lässt.«

»Ja. Mehr davon!«

»Wie unersättlich du bist.«

»Nur wenns um dich geht.« Wie ernst er plötzlich geklungen hatte. Ohne das übliche Augenzwinkern. Ganz im Gegensatz zu ihrem ständigen Gekichere. Eine Auflösung, die der gute Wein in ihr erzeugte.

»*Mehr davon!*«

Margot drehte sich auf die andere Seite und wickelte sich tiefer in die wärmende Bettdecke.

Johan kann nicht weinen.

So unvermittelt kam ihr das in den Sinn, dass sie die Bettdecke wieder ein wenig zurückschob und sich im Bett aufsetzte.

Sie sprachen so gut wie nie darüber. Über Marlis, Johans todkranke Frau.

»Es ist ihr letzter Winter.« »Die Jungen sind recht tapfer. Nun ja, sie sind ja auch schon groß, gewissermaßen. Älter als Fred, zumindest.« »Sie beklagt sich fast nie.« »Meistens schläft sie. Morphium.«

Das war alles, was er ihr in den letzten Monaten und auch erst auf ihre vorsichtigen Nachfragen hin mitgeteilt hatte, wenn er auf jene kurzen »Stippvisiten« zu ihr kam.

Sie schwieg, ließ ihn in Frieden. Sie wusste, er wollte vergessen. Sich vergessen. Mit ihr.

»Du könntest auch zu einer Prostituierten gehen«, murmelte sie. Sie ließ sich wieder ins Bett zurücksinken, zog die Decke hoch bis zum Kinn.

Prostituierte. Sie hatte dieses Wort noch nie laut ausgesprochen. Doch selbst so undeutlich vor sich hin gemurmelt hatte sie das Gefühl, dass es sich nun über ihre Lippen bis in ihr Innerstes hineinfraß.

Prostituierte, leichtes Mädchen, Nutte, Hure ...

Ja, sie fühlte sich *benutzt.*

Von Johan? Aber nein, sie war dankbar, sie achtete ihn. Und sie wusste doch, dass er sie vergötterte. Überhaupt, wenn sie sich vorstellte, er sei nicht mehr da. Ihr Puls beschleunigte sich spürbar. War das die Angst? War das ...? Was? Was war es?

Lass das, schalt sie sich selbst. Unsinnige Gedanken waren das, die ihr nichts einbrachten außer mehr Müdigkeit am Morgen.

Du hast mich da rausgeholt, damals. Margot schloss die Augen.

Johan. Guter Johan … Sie drehte sich wieder zur fensterabgewandten Seite und versuchte in den Schlaf hineinzufinden wie in ein von verschlungenen Pfaden umwundenes Schloss. *Schlaf doch, schlafe ein, schlafe ein …* Doch sie wurde immer wacher. *Dring, dring, dring …* Die nächste Erinnerung stieg in ihr hoch, hielt sie wach, gnadenlos.

Dring, dring, dring!
»Mannomann, ist der Rucksack schwer.«
»Tu ihn doch hinten drauf.«
»Nö … geht schon.«
»Wie lange seid ihr denn unterwegs, Willi?«
»Abend wirds wohl werden. Sonst kommen wir ja nicht weit.«
»Tschüüüüß!«
Das synchrone dreifache Dring-Dring-Dring der Fahrradklingeln.
Sie selbst steht da, mit dem Rücken zur Haustür, winkt. Dem Fred, dem Willi, dem Michael. Dem Michael ganz besonders. Endlich hat der Junge mal einen richtigen Freund! Bald würde wohl auch das mit den Mädchen losgehen. Ach nein, das hatte sicher noch Zeit.
»Ich fahre vor, Michi.«
»Hey, warte auf mich! Willi, der Fred fährt einfach schon los …«
»Immer langsam mit den jungen Pferden. Ab nach hinten mit euch. Hinter mich. Alle beide, na los! Also wirklich, bei dem Verkehr!«
»Och …«
»Na gut.«
Nehmt mich mit, denkt sie. Dann: Unsinn. Genau so hab ich es doch gewollt. Ich wollte hierbleiben. Nachdenken wollte ich.
Willi. Er hat ihr gefehlt, wird fehlen, fehlt. Wie eine leise, aber beständige Irritation ist das. Eine Art dumpfer, aber bohrender Schmerz. Ein Piesacken, das der Körper ihr mitteilt.

»Seht ihr, da vorne gehts links, Jungs. Links!«

Fast läuft sie los. Hinter den drei Fahrrädern und ihrem fröhlichen Geklingel, hinter ihm, Willi, her. Festhalten will sie ihn. Seine Stimme. Den empfindsamen Rücken, seine großen Hände, den verschmitzten Blick in seinen Augen, den ganzen lautstarken Kerl. Er ist so anders als sie. Und heißt es nicht: »Gleich und gleich gesellt sich gern«? Was würde er, der derlei Volksweisheiten und Sprichwörter doch so liebt, darauf wohl erwidern?

»Plus und Plus ergibt Minus.«

Ja, Willi, will sie ihm jetzt sagen, aber Minus und Plus ergibt auch Minus.

Gott sei Dank hält sie nicht viel von Sprüchen. *Gegensätze ziehen sich an ...*

Sie merkt, dass sie längst wieder in der Küche sitzt. An ihrem Lieblingsplatz mit Blick auf das Fenster, das zur Hofseite hin geht, zum Hinterhaus, einem alten Ziegelbau. Schmale, hohe Fenster, aus denen die Bettwäsche quillt, zum Auslüften.

Der Kastanienbaum im Hof wirkt trotz des kümmerlichen Erdreichs gesund, unverwüstlich. Manchmal regen sich dort Vögel. Spatzen, Amseln. Sie liebt diesen Ausblick aus dem Fenster, das Willi immer so gern aufreißt: *»Komm, Margot, wir lassen das Sönnchen rein.«*

»Margott« – liebenswert klingt das, wenn er ihren Namen so unverdrossen rheinländisch ausspricht.

»›Margo‹ sagt man. Das ist Französisch. Das ›t‹ in ›Margot‹ bleibt stumm.«

»Aha! Na, das kann sicher nicht schaden. Etwas Stummes im Namen ...«

»Margott« – inzwischen hat sie sich daran gewöhnt. Und so wie Willi, wie nur der Willi sie anspricht, klingts wie ein Kosewort.

Privat. Zärtlich.

»Das ist mir egal! Hörst du? EGAL.«

Sie hält jetzt ein Glas in der Hand. Beruhigend klein ist es, fragil geradezu. Eines aus der »Drink doch ene mit«-Serie von Schnapsgläsern, die es zurzeit überall im Angebot gibt. Da passt eh nicht viel rein. Sie könnte es zwischen Daumen und Zeigefinger zerquetschen, wenn sie wollte. Sie kippt den wasserhellen Birnenschnaps in einem Zug herunter, reibt sich über die Lippen, den Mund, der in letzter Zeit so einiges tut, was ihr fremd ist. Im Zusammenhang mit Willi ist es Schreien.

»Das ist mir egal! Hörst du? EGAL.«

»Mir aber nicht. Und glaub mir, das sagst du jetzt …«

Auch seinen Mund sieht sie nun schon seit Längerem ungewohnte Dinge tun. Zittern, zum Beispiel, oder so leise sprechen, dass sie selbst ganz still werden muss, um überhaupt etwas zu verstehen. Sie hört ihn. Ja, das schon. Aber verstehen, nein! Wie auch, wenn er sich anscheinend selbst nicht versteht.

»Ich kann keine Familie ernähren. Ich bin nicht frei. Und du auch nicht. Noch viel weniger als ich. Also, was soll das, Margot?«

»Ja, und was tust du dann hier? Dann HAU DOCH AB. Na los! Nein, halt, warte, Willi. Es tut mir leid, hörst du? Bitte bleib. BLEIB.«

Brennend, direkt. Das Gefühl des Hochprozentigen in ihrer Mundhöhle, angenehm rein. Die etwas spröde Süße der Birnen, die schmeckt sie erst so langsam nach, die Wärme, die sich in ihr ausbreitet. Klarheit bringt er ihr, der Schnaps, Ruhe. Und manchmal auch diese reinigende Wut. Auf Willi. Auf die Tränen in seinen Augen. Weibische Tränen, schwach, lächerlich! Aber was soll sie auch von jemandem erwarten, der von sich selbst nichts erwartet?

»Ach, Margot …«

»Ja, was, WAS?«

Dring, dring,

Dring!

Am Morgen wurden Johan und sie beinahe zeitgleich wach, zu einer »zivilen Zeit«. Doch sie standen nicht auf.

»Komm, lass uns heute einmal im Bett frühstücken.« Johan tastete im diffusen Morgenlicht nach ihrer Hand, die noch die Bettdecke umfasste, ergriff sie und hielt sie fest. »Willst du?«

Sie nickte. Wissend, dass dies im Grunde eine Art Probelauf für jene andere Frage war, die er, Johan De Boer, ihr irgendwann in den nächsten Monaten, vielleicht auch erst im kommenden Jahr stellen würde. Und es beruhigte sie in diesem Augenblick sehr, dass sie wusste, wie ihre Antwort lauten würde. Sie würde Ja sagen.

27

1961, Amsterdam

FRED ließ sich Zeit.

Wie jeden Morgen blickte er kurz zu dem Erkerfenster des Eckhauses hoch. Niemand daheim. Und das, obwohl Licht brannte. Die Stehleuchte war wieder eingeschaltet. Und auch die Bibliotheksleuchte auf dem Fensterbrett. Diese Lampen! Dabei schien doch die Sonne und tauchte alles in so strahlendes Licht, was sollte da dieses künstliche Herumgeleuchte?

»Achtunddreißig«, murmelte Fred mit einer gewissen Befriedigung und überquerte die Vondelstraat. Achtunddreißig Tage »Erkerfenster« ohne irgendeine Veränderung.

Inzwischen war es eine Art Sport. Egal, zu welcher Tages- oder Nachtzeit er hier vorbeilief, er blickte stets hoch. Aber nie war dort oben jemand zu sehen. Und immer, wirklich *immer* brannten die beiden Lampen unbeeindruckt vom Tageslicht, ganz so, als wären sie allein auf der Welt.

Anfangs hatte er sich zusammenreißen müssen, um nicht vor jedem Haus stehen zu bleiben und durch die mannshohen, vorhanglosen Fenster in die Wohnungen hineinzuschauen. Alles war so hell! Sämtliche Tür- und Fensterrahmen waren weiß gestrichen. Zusammen mit den rostroten Ziegeln sahen die Häuser so einladend aus, als ob die Menschen hier tatsächlich gerne wohnten. Seltsame Vorstellung, dass man irgendwo heimisch war. Und nicht nur untergebracht.

Über Köln, über all den Straßen und Häusern hatte immer diese feine Spur von Dreck und Staub gelegen. Die Fenster – fingernagelgroß schienen sie ihm nun im Vergleich zu denen hier zu sein – waren entweder verschlossen oder mit Rollläden oder Gardinen gesichert. Was den Fassaden, die stets grau oder braun waren, etwas Blindes gab. Er hatte bislang gedacht, es müsse so sein. Mehr noch, er hatte es nie als trübsinnig empfunden.

Bald begann der Unterricht. Dennoch schlenderte er die Vondelstraat entlang, genoss dieses traumwandlerische Gefühl, das er heute aus irgendeinem Grund besonders stark empfand.

Er hatte sich bislang erst ein Mal in seinem Leben ähnlich gefühlt; damals bei der Tante auf dem Land. Und obwohl er von Anfang an gewusst hatte, dass sie nur zu Besuch dort waren, dass das Schöne also vorübergehend war, hatte er am Morgen ihrer Abreise bitterlich geweint. Natürlich so, dass es niemand mitbekam. Ein ganz neues Gefühl trat da in sein Leben: Er ließ etwas Gutes zurück. *Rosie.* Die Tage mit ihr auf der Wiese.

Aber als sie dann wieder in Köln waren, verblassten die Erlebnisse im Mullerthal nach und nach. Zunächst holte er seine Erinnerungen immer wieder hervor, versuchte, sie lebendig zu halten. Doch das verbrauchte offenbar eine Art von Kraft, von der er nicht allzu viel besaß, und so wurde mit der Zeit alles fadenscheiniger, unwirklicher. Als wäre er in Wirklichkeit nie fort gewesen.

Vielleicht war das Leben ein Traum?

Und jetzt, hier in Amsterdam, war das Dasein plötzlich in Farbe getaucht: bunte Fassaden, Markisen, mehrfach übereinandergeklebte Plakate, überladene Stände, Blumen, halb fertige Gewächshäuser, Hausboote und Fahrräder, sodass er manchmal gegen das aufblitzende Licht über den Grachten anblinzeln musste, um sich zu vergewissern, dass er das alles wirklich sah.

Dass sie hier wohnten! Und er hatte sein eigenes Zimmer. Direkt unter dem Dach. Das Beste an dem Raum, dessen Wände in einem schönen Meerblau extra für ihn neu gestrichen worden waren – zumindest stellte er sich das Meer so blau vor –, das Beste daran war der Schlüssel. Er konnte die Tür hinter sich verschließen, und seit er es das erste Mal getan hatte: Schlüssel herumgedreht, sich so, wie er reingekommen war, mit Schuhen, Tasche und allem Drum und Dran, aufs Bett geworfen und gewartet hatte, darauf gelauscht hatte, dass irgendwas passierte, aber nichts zu hören gewesen war, rein gar nichts, seit diesem Tag war da dieses seltsame Gefühl gewesen, das sich zaghaft erst, aber dann mehr und mehr in ihm ausgebreitet hatte: Freude.

Fred überquerte die Straße auf Höhe der Kerk und stieg über die Absperrungskette, an der recht nachlässig ein Verbotsschild runterhing, als seis mehr zur Zierde; ein Angebot, sich daran zu halten, mehr nicht. Er hielt sich nicht daran und nahm die übliche Abkürzung, die verwachsenen Stufen des Kirchengärtleins hinunter zum Vondelpark.

Inzwischen ging er an den Rändern des Weihers entlang, anstatt das winzige Gewässer an seiner schmalsten Stelle bei den Trauerweiden zu überspringen. Das hatte ihm nämlich einmal eine Rüge eingebracht, da er ins Wasser gefallen, sich komplett hatte umziehen müssen und so viel zu spät zum Unterricht erschienen war. Das sollte ihm nicht noch mal passieren. Das hier war seine Chance, so viel hatte er durchaus kapiert, und er würde sie nutzen. Hier wollte er bleiben. Und zwar für immer. Wenn möglich als Klassenbester, mittelfristig zumindest. War eh schon schlimm genug, dass er ein Jahr zurückgestuft worden war, wegen der neuen Sprache.

»Ich möchte Zusatzstunden«, hatte er zu Frau Erpenbrink, seiner Niederländischlehrerin, gesagt, die Johan noch in Köln für ihn aufgetan hatte.

Eine hoch aufgeschossene, ältliche Person war diese Frau Erpenbrink. Mit wirrem, schlohgrauem Haar, die jedes Mal wenn er recht unvermittelt etwas sagte, so aussah, als habe er sie zutiefst erschreckt. Außerdem roch es in ihrer dämmrigen Erdgeschosswohnung stark nach Katze, ohne dass er je eine zu Gesicht bekam. Er ging dennoch hin, und zwar jeden Tag.

»*Mijn naam is Fred.*«

»*Ik ga, je gaat, hij gaat, we gaan.*«

Er stolperte mehr von Wort zu Wort, als dass er sich erkennbar vorwärtsbewegte. Aber er blieb dran, bat auch Johan, mit ihm fortan nur noch Niederländisch zu reden. Der schien sich über seine Bitte zu freuen.

Immerhin begann sich Frau Erpenbrink langsam an ihn zu gewöhnen. Vielleicht hatte sie sich damit abgefunden, dass er jeden Tag kam, vielleicht war sie auch bloß froh über das Geld. Und nach ein paar Wochen schließlich setzten sich hier und da die einzelnen Sätze in seinem Kopf zu etwas zusammen, das er sich wie eine Art Holzbrücke vorstellte, wie er sie aus diversen Abenteuergeschichten kannte. So ein wackeliges Ding mit morschen Planken, auf dem man sich mehr schlecht als recht von hier nach da, meist noch über einen Abgrund hinweghangelte, aber wenigstens, dachte er, kam man vom Fleck.

Einmal, kurz vor ihrem Umzug nach Amsterdam, er hatte Frau Erpenbrink gerade eine Art Sprichwort vorgetragen, das er bei Johan aufgeschnappt hatte – »*Alle dingen laten zich zeggen, en kaas en brood laten zich eten ...*« –, da verzog sie ihr Gesicht zu etwas, das vielleicht ein Lächeln sein wollte, vielleicht wars aber auch nur ein Anflug von Wehmut.

Im Park war es recht ruhig; vereinzelt gingen oder radelten Menschen ihrem Tagwerk entgegen. Niemand schien sonderlich in Eile zu sein.

Eine leise Verstimmung überkam ihn. Gestern im Klub hatte er bloß Remis gespielt. Dabei war er zwischenzeitlich durchaus im Vorteil gewesen, hatte ihn aber dann nicht ausbauen können. Die Grünfeld-Indische Verteidigung war einfach nicht sein Ding, zu aggressiv.

Piet schien das zu wissen. Dennoch hatte er sich anfangs tapfer gegen ihn geschlagen: Nach der klassischen Lehrbucheröffnung d2 d4 Sg8 f6, gefolgt von c2 c4 g7 g6 und natürlich Sb1 c3 d7 d5, hatte er sich über die Läuferlinie, über ein Seitensystem also, einen Vorteil herausarbeiten können, während Piet klar auf den Mattangriff in der Abtauschvariante gezielt hatte. Doch Piet, der zwar zwei Köpfe kleiner und außerdem jünger war als er (obwohl er älter und zäher wirkte mit seinem kantigen Kinn und dem starren Blick), er hatte ihm während der gesamten Partie deutlich zu verstehen gegeben, dass er genau wusste, wie er ihn, Fred, als Gegner handhaben musste. Wohingegen er selbst zwar konzentriert geblieben war, aber sich doch mehr von Zug zu Zug vorwärtsgehangelt hatte, als sei auch dies im Grunde eine fremde Sprache für ihn. Dabei spielte er Schach seit seinem achten Lebensjahr. »*Hey daar!*« Ein Milchwagen fuhr mit schrillem Gebimmel dicht an ihm vorbei, er konnte gerade noch ausweichen. Ein paar Tauben flogen gleich mit auf. Fred atmete tief durch. Er musste sich unbedingt abgewöhnen, beim Laufen nur auf seine Füße zu schauen. Der Vondelpark wirkte am Morgen stets so verschlafen, aber das täuschte.

Er passierte das Blauwe Theehius, das die Form einer fliegenden Untertasse hatte. Auch jetzt, nach all den unzähligen Malen, die er an dem Café schon vorbeigegangen war, stieg der Impuls in ihm hoch, hineinzulaufen. In seiner Vorstellung sah er sich jedes Mal irgendeinen Schaltknopf betätigen und mit diesem seltsamen Gebäude losdüsen. Nicht wegfliegen wollte er, sondern nur hoch. Einfach lässig über all dem Neuen, dem Farbigen in seinem Leben schweben und winken.

Vor dem Café hockte, an einer langen Schnur angekettet, ein Papagei auf seiner Stange. Er hatte seinen Kopf ins Gefieder gesteckt und schlief. Fred erinnerte sich beschämt daran, wie er das erste Mal an dem Vogel vorbeigelaufen war; zusammen mit Johan, der ihm seinen neuen Schulweg gezeigt hatte.

Der Papagei hatte seinen Kopf gehoben, ihn aus seinen dunklen, blanken Augen ganz direkt angeschaut und mit seltsam menschlich-krächzender Stimme »*Goede dag*« und »*Welkom*« gesagt. Fred war zusammengezuckt. Irgendwie hatte es sich so angefühlt, als seien er und der Vogel in diesem Moment ganz allein auf der Welt.

»Der spricht ja Niederländisch«, hatte er aus seiner merkwürdigen Verwirrung heraus laut gesagt, und Johan hatte schallend gelacht. Sie hatten dem Besitzer eine Tüte mit Sonnenblumenkernen für das Tier abgekauft, und Fred, der gar keine Lust darauf hatte, den Vogel mit dem scharfen, spitzen Schnabel zu füttern, aber nun nicht mehr aus der Nummer herauskonnte, er hatte sich gefühlt, als sei er wieder törichte sechs und nicht etwa sechzehn Jahre alt.

Am Leidseplain kaufte er sich an einem der Stände eine Tüte mit *kaascrackers*, wischte sich die Krümel von seinen Fingern und ließ sie im Gehen auf die Straße bröseln. Für die Tauben, die im Gegensatz zu dem Papagei angenehm stumm vor sich hin pickten.

Richtung Prinsengracht und Lijnbaansgracht sah er hier und da ein bekanntes Gesicht über einen Fahrradlenker gebeugt; offenbar war er nicht der Einzige, der heute spät dran war. Und als er schließlich in der De Weteringschans die schwere hohe Eichentür des Baleaus-Gymnasiums aufstieß und die breite Treppe bis zu seinem

Klassenzimmer im dritten Stock hochstieg, den Geruch von Bohnerwachs, Staub und altem Gemäuer einatmete, fragte er sich mal wieder, ob eigentlich alle humanistischen Gymnasien der Welt gleich aussahen. Nämlich ungefähr so, als habe ein altehrwürdiger, aber auch etwas verschrobener griechischer Gott sie ausgebrütet und dann auf gut Glück über alle Herren Länder verstreut.

Nicht nur das Schulgebäude selbst, der Geruch, das Treppenhaus und die Klassenräume glichen denen seines Kölner Drei-Königs-Gymnasiums aufs Haar. Auch der Unterricht, besonders in Griechisch und Latein, aber ebenso in Mathematik und selbst im Turnen, lief erstaunlich gleich ab. Ja, man konnte den Eindruck gewinnen, dass selbst die Lehrer austauschbar waren, wie sie einen durch ihre Augengläser – kaum ein brillenloses Gesicht unter ihnen – ansahen, als sei mit jeder falschen oder unzureichenden Antwort, die man ihnen gab, der Fortbestand der Zivilisation gefährdet.

»In *Reinschrift*, Manfred«, hatte Herr Renfield, der Deutschlehrer, in einer der ersten Stunden zu ihm gesagt und ihm den so säuberlich von seinen Notizen in Schönschrift übertragenen Aufsatz unbesehen wieder zurückgegeben. Er hatte auf seine Bögen geschaut und nichts gesehen, was da nicht »rein« gewesen wäre. Im Gegenteil, er war so rasch fertig gewesen – simples Thema, die Erörterung von Goethes Symbolbegriff anhand eines Gedichts –, dass er genügend Zeit für die saubere Abschrift gehabt hatte. Er hatte sogar weit vor allen anderen abgegeben! Doch wie er so dastand mit seinem fertigen Text und nicht so recht wusste, wo er hinsollte mit sich und seinen Händen, die die dicht beschriebenen Blätter hielten, während alle anderen noch schrieben, fiel ihm auf, dass wahrscheinlich genau dies das Problem war. Dass ihm, dem Deutschen, offenbar etwas so leichtfiel, woran sich alle anderen abarbeiteten. Es war also nicht gerade überraschend, dass ausgerechnet Deutsch von den Zensuren her sein schlechtestes Fach hier in der Schule war.

Zwei Dinge allerdings kamen absolut unerwartet. Erstens die *meisjes*. Niemand hatte ihn darüber aufgeklärt, dass er an eine gemischte Schule kommen würde. Das Drei-Königs-Gymnasium war eine reine Jungenschule gewesen.

Anscheinend war er an seinem ersten Tag vor lauter übler Aufregung halb blind durchs Treppenhaus gelaufen. Denn als er in dem Raum ankam, den man ihm als sein Klassenzimmer anwies, hatte er das erste Mädchen, eine zierliche, hübsche Dunkelhaarige, die sich direkt vor ihm halb auf dem Tisch hockend die Strümpfe hochzog, mit offenem Mund angestarrt.

Tanya – die Namen hatte er allesamt schnell gelernt – hatte sich auf das Grinsen und Nicken der anderen hin zu ihm umgedreht, eine Augenbraue hochgezogen und ihn spöttisch angesehen: »Na, was ist? Noch nie einen Rock gesehen?«

Das noch Erstaunlichere aber war, dass ihn, von seinem Deutschlehrer einmal abgesehen, anscheinend alle mochten.

Sein Niederländisch war inzwischen gut. So gut, dass Doktor Van Gelten, sein Niederländischlehrer, ihn manchmal seltsam fragend, ja erstaunt von der Seite her ansah, wenn er glaubte, er, Fred, merke es nicht.

»Aber du bist doch Deutscher«, war es ihm einmal herausgerutscht, als er ihm eine Schularbeit mit der Höchstnote, einer Zehn, zurückgegeben hatte. Fred war ganz warm geworden vor Stolz. Er sprach kaum noch Deutsch. Am liebsten hätte er diese Sprache ganz abgelegt wie ein altes, zu eng gewordenes Kleidungsstück. Wenn die Mutter nicht gewesen wäre. Der wollte es einfach nicht gelingen, Niederländisch zu lernen. Dabei waren sie nun schon weit über ein Jahr hier. Und zwar ihretwegen!

»Sprich Niederländisch«, hatte er mal von ihr gefordert, als sie wie stets auf Deutsch etwas zu ihm sagen wollte.

»Das fällt mir schwer, Fred.«

»Dann streng dich mehr an. *Du* wolltest doch hierher. Es geschieht doch eh immer alles nur wegen dir«, hatte er erwidert, und, *klatsch,* da hatte sie ihm eine Ohrfeige verpasst. Er war so erstaunt, ja verblüfft gewesen – sie hatte ihn noch nie geschlagen, nie –, dass er nichts mehr gesagt hatte.

»Der große Schweiger« war er anfangs auch für seine Mitschüler gewesen, da er wochenlang im Grunde nichts anderes tat, als ihren raschen Wortwechseln angestrengt zu lauschen, und dabei gleichzeitig versuchte, so auszusehen, als verstünde er etwas, während er all die Nächte hindurch wahllos Bücher auf Niederländisch in sich hineinfraß – Gartenkunde, Liebesroman, Sachbuch –, mit dem Wörterbuch daneben, und sein Heft, darin eine alte Gewohnheit aufnehmend, mit lauter unbekannten Worten füllte. Widersacher, allesamt!

Nach und nach lockerte sich seine Anspannung wie ein überstrapazierter Muskel, ein zögerndes, leicht erschöpftes Nachlassen, ein kurzes Es-laufen-Lassen hier und da, dann wurden diese Phasen länger, und er begann zu bemerken, dass er *dabei* war.

Tatsächlich, er war dabei, wenn der Ludovik und der Piet in den Pausen ein Kartenspiel oder einen Comic hervorzogen, es wurde ihm ein Platz im Rauchereck freigehalten, obwohl keiner von ihnen bislang rauchte. Er war dabei, wenn es hieß: nach der Schule, *Broodjes*! Er verbrachte seine Mittage mit Tanya, Piet, Thomas, Ludovik, Erica und Meike im Café von Ericas Vater, von wo aus sie sich oftmals die Stühle nach draußen mitnahmen, die dann so dicht an der Gracht standen, dass Fred fürchtete, er würde eines Tages mal so unversehens hineinkippen, wie es neulich mit dem Wagen ihres Turnlehrers passiert war. Ein alter Buick, dessen Handbremse sich offenbar gelöst hatte, und, platsch, war er drin gewesen im trüben Gewässer der Lijnbaansgracht!

Er war dabei, wenn sie am Abend die Parkwiesen belagerten, sie mit Musik aus Piets Transisterradio beschallten. Piet, der inzwischen mit ihm im selben Schachklub spielte, in dem Johan ihn angemeldet hatte. Der kleine, stämmige Piet, der stets ein bisschen so aussah, als wolle er sich gleich unter ein Auto legen, um es auseinanderzunehmen, der seine Hemden immer sorgsam hochgekrempelt trug, und gegen den er fast immer verlor.

»*Oefenen, Fred. Üben macht einen Meister.*«

Dass er hier in Amsterdam eine Klasse zurückgestuft worden war, hatte ihn gewurmt.

»Ich bin doch nicht auf den Kopf gefallen, Johan.«

»Natürlich nicht, Fred. Aber dein Kopf wird eine ganze Menge aufholen müssen. Du wirst sehen.«

Immerhin, dieser Kopf überragte die der anderen Jungs dafür nun um ein Stück, denn er war mehr als ein Jahr älter als alle anderen. Er war aus einem anderen Land, wohnte in einer guten Gegend, er schlug sich wacker beim Sport und war, wenn man den Blicken der *meisjes* trauen konnte, *interessant*.

Das war neu.

Daheim in Köln hatte er nur zwei Freunde gehabt. Die anderen Jungen hatten ihn stets komplett ignoriert. Aber die zwei, die hatten ihm gereicht. Karl Petri und Michael Ring. Der Peter von früher war irgendwann einmal aus der Straße verschwunden, von heute auf morgen sozusagen. Keine Ahnung, wo die Familie hingezogen war.

Gleich am ersten Schultag am Drei-Königs-Gymnasium hatte Michael ihn während der Pause angesprochen. Er selbst hatte sich in ein stilleres Eck zurückgezogen, sich hinter seinem Comic verschanzt.

»*Was liest du denn da? Zeig mal her. Ui, schau mal, Karl! Jerry Cotton ...*«

Der stille, aber clevere Karl und der lebhafte, etwas großspurige Michael waren alles gewesen, was er, Fred, brauchte. Sie taten alles gemeinsam, aßen auch wechselseitig in ihren jeweiligen Familien zu Mittag und verbrachten die freien Tage am Rhein oder in ihren Wohnzimmern beim Musikhören und Comiclesen. Am liebsten bei ihm, Fred, denn da war ja noch Willi gewesen, der mit immer neuen Platten für sie ankam, der die Musik voll aufdrehte und lauthals mitsang, der lange Radtouren mit ihnen unternahm und Fußball mit ihnen unten in den Rheinwiesen spielte und der den Michael, heimlich natürlich, auch schon mal sein Kölsch hatte austrinken lassen. »*Der Willi. Na, der ist vielleicht 'ne Nummer! Du hasts echt gut. Bei euch daheim ist immer was los.*« – Ach ja, der Willi ...

Wie auch immer, der Karl und der Michael besuchten ihn auch hier weiterhin regelmäßig, kamen an den langen Wochenenden oder in den Ferien mit ihren Fahrrädern her und erkundeten mit ihm die gesamte Gegend um Amsterdam und Haarlem. Es hatte ihm damals völlig gereicht, sie an seiner Seite zu haben, an jeder Seite sozusagen einen Freund. Aber jetzt war er Teil einer Gruppe, und er wusste nicht so recht, wie er damit umgehen sollte, mit all den vielen, noch dazu mit den Mädchen.

Tanya, die hübsche Halbindonesierin, die eben auch zu den *Interessanten* gehörte und zudem nie ein Blatt vor den Mund nahm, zog ihn irgendwann mal zur Seite: »Hör zu, das nervt! Erst willst du immer und überall der Beste sein. Und wenn du dann gut ankommst, guckst du dumm aus der Wäsche. *Tu* doch wenigstens so, als sei es normal, dass man dich mag.«

So, jetzt war er auf dem Gang angekommen, in dem sein Klassenzimmer lag, und die Tür schloss sich gerade. Er rannte die letzten Meter. So kurz vor den Ferien wollte er sich keinesfalls noch eine Rüge wegen Zuspätkommens einhandeln.

Zandvoort – eine frische Brise wehte von der Nordsee her, überzog seine bloßen Arme mit einer hauchdünnen Kälteschicht und zerfaserte – »*If everybody had an Ocean ...*« –, was die Beach Boys gefiltert durch Piets Transistorradio dort unten am Strand zu ihm und Tanya herübertrugen. Sie beide hatten sich ein Stück weiter oberhalb von der Gruppe in die Dünen zurückgezogen.

»*... body'd be surfin' ...*«

»*Like Californi-aaa!*« Tanya sang so betont mit, als wolle sie dem Wind ein Schnippchen schlagen. Hoffentlich fror sie nicht, so wie er es jetzt gerade tat. Sollte er sie fragen? Aber vielleicht wollte sie dann hinunter, sich einen Pullover aus dem Rucksack holen, und wenn sie erst mal wieder da unten bei den anderen am Strand war, wer weiß, ob sie dann wieder zu ihm zurückkäme.

»Schönes Wetter. Stimmts?«

Er hielt recht lässig, wie er hoffte, den Arm um sie gelegt. Tanya erwiderte gar nichts, vielleicht hatte sie ihn nicht gehört.

»*We'll all be planning that route, we're gonna take real soon ...*« Sie sang weiter leise vor sich hin, den Kopf an seiner Schulter, und ließ den feinen Sand durch ihre nackten Zehen rieseln. Ja, sie machte tatsächlich keinerlei Anstalten, sich irgendwie von ihm wegbewegen zu wollen.

So weit, so gut.

Allerdings war dies hier nicht etwa ein Traum, wie er ihn sich mehrfach vorgestellt und in allen Einzelheiten bis zu einem bestimmten Punkt – *Und dann? Ja, und dann?!* – durchgespielt hatte, sondern Wirklichkeit. Und für den Moment konnte »den Arm um Tanya legen« mit Sicherheit noch als ein guter Anfang gelten. Dennoch, er war sich nicht sicher, ob das mit der Wirklichkeit die bessere Variante war.

In seinem Traum jedenfalls hatte er nicht gefroren, und all die anderen da unten am Strand, von denen immer mal wieder jemand zu ihnen hersah, winkte oder irgendwas rief – »*Wat doe je daar zo lang?*« –, waren auch nicht darin vorgekommen. Überhaupt. Tanya war so … bei sich. Aber ihre Haut, dicht an seiner Halsbeuge, war warm, immerhin.

»*We'll all be gone for the summer …*«

Er küsste sie auf das vom Schwimmen im Meer noch leicht nasse, ein wenig salzige schwarze Haar, das ihn plötzlich an Seetang erinnerte.

Treibgut.

Resigniert spürte er, wie ihn die alte, wohlbekannte Regung überkam: Sein Körper wurde »hölzern«. Immer passierte ihm das in den ungünstigsten Situationen, er konnte nichts dagegen tun. Rein gar nichts.

»*Der Junge muss an die frische Luft!*« Er lächelte, obwohl ihm so gar nicht danach zumute war. Vielleicht weil es irgendwie komisch war, dass ihm das gerade jetzt einfiel. Willi hatte das immer gesagt. Er war sich nie sicher gewesen, ob er nur ihn damit gemeint hatte oder nicht gleichzeitig auch sich selbst. Der Willi – plötzlich hatte er, seltsam, verstörend, Heimweh. Nach was? Köln?

Etwas an seiner Körperhaltung musste sich verändert haben, denn Tanya entwand sich nun seinem Arm und sah ihn an. Er wich ihrem Blick aus, heftete ihn ans Nächstbeste, den Ausschnitt ihrer Bluse. Sie war aus leichtem geblümtem Stoff und ging ihr bis auf die Oberschenkel. Darunter trug sie nur einen Bikini. Das Holz, das sein Körper war, blieb unnachgiebig, aber seine Handflächen wurden feucht. Er konnte seine Augen nicht von der Bluse lassen. Na los, sagte er sich, wenn du schon so starrst, dann knöpf sie auch auf …

»*… on safari to stay. Tell the teacher we're surfin' …*«

Sie tat es nun selbst, mit einer beiläufigen, geradezu sachlichen Bewegung, ließ den dünnen geblümten Stoff von ihren Schultern hinab und auf ihre Hüften hinuntergleiten, sodass er ihren nackten, flachen Bauch unter dem Bikini-Oberteil sehen konnte.

Auberginenfarben war er, dieser Bikini; verwirrend appetitlich auf ihrer gebräunten Haut.

Tanya lächelte, als habe sie seine Gedanken gelesen. Sie nahm seine feuchte Hand, legte sie auf ihre Brust, als gehöre sie dorthin. Die Hitze schoss ihm ins Gesicht. Er hielt seinen Blick auf ihren Brustansatz geheftet, als hinge sein Leben davon ab. Was zum Teufel sollte er nun tun, mit der Hand? Sollte er sie jetzt nicht irgendwie über ihren Körper gleiten lassen? Er schloss kurz die Augen, wünschte sich verzweifelt wissender, erfahrener, um mindestens zehn Jahre älter oder wenigstens in einen anderen, selbstgefälligen siebzehnjährigen Körper hinein, wünschte sich nah, näher, viel näher hin zu ihr und gleichzeitig sehr, sehr weit weg.

Tanya schien von alledem nichts zu bemerken. Sie zog ihn an sich, küsste ihn auf die Augenlider, die Wange, die Lippen, küsste ihn in einer Weise, dass er auf einmal seine Poren wahrnahm, die sich öffneten so wie sein Mund jetzt, sie sah ihn an, mit einem Blick, aus dem alles Spöttische verschwunden war.

»*Yeah, everybody's gone surfin'* ...«

Seine Hand, sie war längst unterwegs, nicht länger hölzern, er hörte Tanya dicht an seinem Nacken aufseufzen.

»*Surfin'* ...«

Ein sehr merkwürdiges, strömendes Gefühl breitete sich in ihm aus; alles andere als unangenehm war das, wie es da so von ganz tief innen in ihm hochstieg, sacht, dann sich immer hartnäckiger ausdehnend, an ihm zog ...

Erst viel später, in der Erinnerung, stellte er fest, dass es wohl Glück gewesen war.

28

1961, Amsterdam

MARGOT wusch ab. Die Spülmaschine ignorierte sie. Der Vorgang des Abwaschens, etwas Schmutziges zurück in einen sauberen Zustand zu versetzen, war schon immer befriedigend gewesen. Zwar nur höchst flüchtig, aber immerhin. Das brachte sie schon noch fertig.

Sie mochte diese pragmatische, steingraue Küche, die zur Innenhofseite lag. Durch das hohe, wenngleich schmale Fenster fiel zwar immer noch recht viel Licht, aber niemand konnte von außen hineinsehen. Anders verhielt es sich mit den Räumen, die zur Straße hinausgingen. Wie sie das hasste, dass fremden Blicken hier alles so zugänglich war. Aufdringlich. Aber nicht mit ihr! Sie hielt sich meistens in der Küche auf. Außerdem war sie so etwas wie eine Durchlaufstation. Die Küche, nicht sie. Wobei, manchmal war sie sich nicht sicher, ob es einen so großen Unterschied gab zwischen ihr und diesem zweckdienlichsten aller Räume (vom Schlafzimmer vielleicht einmal abgesehen).

»*Einen Nachschlag noch?*«
»*Magst du ein Vesperbrot mitnehmen?*«
»*In Kühlschrank ist noch Vla.*«
»*Gern. Wann kommt ihr heim?*«

Während Fredrik, der Älteste, vor Kurzem nach Den Haag gezogen war, gingen Jan und Ludovik beide auf eine internationale Handelsschule und waren lediglich an den Wochenenden zu Hause. Für das Alltagsgespräch mit Johans Söhnen reichte ihr Niederländisch gerade noch aus. Die beiden waren stets höflich zu ihr. Jan äußerte sich mitunter etwas wortreicher, Ludovik blieb eher einsilbig. Aber jedes Gespräch entsprach vom Vokabular her ungefähr dem, was sie sich aus der Lektion »In der Küche« *(Niederländisch für Anfänger)* herausgeschrieben hatte. Die beiden schienen sie als eine Art angenehme, zweifellos nützliche, etwas gehobene Haushaltskraft zu betrachten. Aber was kümmerte sie's. Es gab keine Konflikte mit ihnen. Davor hatte sie sich am allermeisten gefürchtet. Nein, sie war dankbar. Und was das Reden anging, dafür hatte sie ja Johan. Und Fred. Wobei – »*Sprich Niederländisch*«, hatte Fred neulich zu ihr gesagt. In einem derart herablassend-arroganten Tonfall, dass sie sich völlig überrumpelt, ja bestürzt gefragt hatte, ob das wirklich ihr Sohn war, *ihr Junge,* der da so zu ihr sprach.

»*Es geschieht doch eh immer alles nur wegen dir!*«

KLATSCH.

Johan war entsetzt gewesen. »Wie kannst du dich so gehen lassen, Margarete, und den Jungen schlagen? Siehst du nicht, wie sehr er sich anstrengt, um das alles hier zu schaffen?«

Ja, sie war selbst erschrocken über sich gewesen. Und es hatte sie durchaus gerührt, dass Johan für Fred Partei ergriff.

Tu bloß nicht so, hatte sie dennoch nicht umhingekonnt zu denken. Sich-gehen-Lassen, das ist doch sonst immer genau das, was du von mir willst. Im Bett.

Einmal, bei Freds Schulanmeldung, war sie tatsächlich kurz davor gewesen, »sich gehen zu lassen«. Der Rektor des Baleaus-Gymnasiums, ein gewisser Doktor Rubeus Vandergelt – weit ausholende Gesten, manikürte Hände, parfümiertes Einstecktuch, Siegelring, eitler Pfau, Emporkömmling! –, er hatte sie, die sie immerhin Freds Mutter war, keines Blickes gewürdigt.

»Der Junge ist also Deutscher. Hm … Unser Niveau ist, wie Sie sicherlich wissen, werter Herr De Boer, recht hoch. Nichts für jedermann. Drei-Königs-Gymnasium, nun ja, nun ja ...«

»Schlechte Kinderstube«, hatte sie gedacht, aber kaum hatte sie begonnen, fast unmerklich das Gewicht von einer Seite auf die andere zu verlagern, sich dort auf dem devoten Besucherstuhl ein wenig höher aufzurichten, da hatte sie bereits Johans Hand auf ihrem Unterarm gespürt, kurz, aber mit Nachdruck: *Lass mich das machen. Ich regle das!*

Und er hatte es, wie immer, geregelt.

»Wenn Sie das so ausdrücken, Herr De Boer ... Nun, so könnte man es auch betrachten. Spenden sind selbstverständlich immer willkommen ... Der Kreis der Freunde und Förderer ... lange, stolze Tradition ... Ich werde den Jungen in Betracht ziehen. Sie werden bald von uns hören.«

Margot griff nach der Stahlwolle und scheuerte das Innere des Kochtopfes, bis dessen Boden glänzte, als wäre er ein Spiegel.

Dass sie jetzt De Boer hieß, war erleichternd. Weg mit diesem *Heider*, ein für alle Mal, weit weg! Nun ja, Fred hieß weiterhin so, würde diese Spur sein Leben lang hinter sich herziehen.

Und wenn sie ganz ehrlich war, dachte sie, legte die Stahlwolle beiseite und griff nach dem Spüllappen, hatte sie sich von dieser Erleichterung schon etwas mehr versprochen. Dass sie, ja, was? Tiefer ging ...

Dass sie nun Johans Frau, dass sie hier war, ein ganzes Land, eine weitere Ehe zwischen sich und Willi gebracht hatte ... Sie hatte gehofft, nein, erwartet, dass diese Entscheidung sie zur Ruhe bringen, die Zerrissenheit tilgen würde.

Margot würgte den Lappen über dem Spülbecken aus.

»... *immer alles nur wegen dir!*«

Der Junge war gewachsen in der letzten Zeit. Weit über ein Jahr, fast zwei schon waren sie jetzt hier. Ja, er hatte sich rasant entwickelt, jüngst. Nicht nur körperlich. Während sie ... Das eingetrübte, verbrauchte Wasser rauschte gurgelnd in den Abfluss, sie ließ rasch frisches nachlaufen.

Eine Entscheidung, irgendeine, ist immer noch besser, als gar keine zu treffen, dachte sie. Jedenfalls war das mehr, als *er* zustande gebracht hatte. Eine Wut stieg in ihr hoch, deren Kraft, deren Lebendigkeit sie nach all der Zeit überraschte. Passenderweise hielt sie gerade ein Wasserglas in den Händen. *Komm schon, na los. Mach Scherben! Glasklare, handfeste Scherben.*

Sie stellte das Glas vorsichtig auf das Abtropfgitter, griff sich einen der großen, flachen Porzellanteller.

Halt mich ...

An sich gezogen hatte er sie stets, der Willi, sobald sie allein waren. Ja, dachte sie, während sie den Teller mit dem Lappen abrieb. Er hatte sie so genommen, als würde damit etwas getilgt, ein Zustand des Mangels, für sie beide ...

Der Teller glitt ihr aus den Händen, fiel mit einem dumpfen Platschen ins Spülbecken und ließ das Wasser aufspritzen. Nun, in dieser körperlichen Hinsicht war er alles andere als umständlich gewesen. Ganz im Gegensatz zu seinen ausschweifenden Reden. Sie fischte den widerspenstigen Teller wieder aus dem Becken und stellte ihn ins Abtropfgitter.

Seltsam, aber irgendwie hatte ihr das Zusammensein mit Willi mehr Raum gelassen. Mehr Raum jedenfalls als Johans feuchte, recht ausgefeilte Intimitäten, die in jeden Winkel von ihr vordrangen, alles von ihr verlangten. Johan, der Anspruchsvolle. Der jedoch, wenn dann endlich der kurze Höhepunkt dieses ganzen Aufwands erreicht war, abrupt von ihr abließ und in einen tiefen, geradezu komatösen Schlaf fiel, während sie dalag und versuchte, sich irgendwie wieder zusammenzufügen.

Willi hingegen hatte sie danach stets lange im Arm gehalten, ihr ab und an einen Kuss auf die Schläfe, aufs Haar gegeben. Und in diesem Nachspüren, das er glücklicherweise nie durch allzu viele Worte störte, hatte eine so tiefe Zärtlichkeit gelegen, die sie, jeder so ganz bei sich und doch miteinander liegend, bis ins Innerste durchströmt hatte. Konnte man *Liebe machen*? Wenn, dann war das so gewesen, mit ihm …

Der Abwasch war fertig. Margot seufzte, entließ das Wasser gurgelnd aus dem Becken.

Er hat sich nicht für dich entschieden. Hat nicht für dich gekämpft. Und du hast Johan dein Wort gegeben. Hast eine Entscheidung getroffen.

Gefühle hin, Gefühle her. Was am Ende des Tages zählte, war die Tat. Sie trocknete sich die Hände ab und verließ die Küche, um sich für den Markt fertig zu machen.

Das Grün war schnell durchquert – aus irgendeinem Grunde mochte sie den Vondelpark nicht; zu lässig, zu viel Jungvolk, und ihr Schritt wurde erst langsamer, als sie über die Koningsplein Richtung Bloemenmarkt ging.

Sie liebte diese üppig blühenden schwimmenden Kähne, die sacht auf dem Wasser schaukelten. Wobei sie sich das Schaukeln wohl dazuerfand, denn im Grunde war »der Blumenmarkt« zu fest verankert, lag zu schwer im Wasser für ein derart kippeliges Gefühl, das sich bei ihr dennoch stets einstellte, wenn sie über die kurzen, schmalen Stege die Boote betrat, zwischen all den Geranien, Tulpen, Farnen, Orchideen, Rosen und dergleichen umherstreifte, ohne sich je für etwas zu entscheiden. Sie ging stets, wie sie gekommen war, mit leeren Händen. Das kippelige Gefühl nahm sie mit.

Auf dem Begijnensteeg wäre sie beinahe mit einer Gruppe Fahrradfahrer zusammengestoßen, die auf den hier ja recht schmalen Gehweg geraten waren, sodass ihr nur der rasche Sprung vom Bürgersteig hinunter auf die Straße blieb. »*Sorry, Ma'am!*«, hörte sie eine flüchtende Stimme über ihren Kopf hinwegschwirren. Wahrscheinlich irgendwelche Touristen, die nicht wussten, wie man sich hier benahm. Johan hatte ihr ein Damenrad, so ein schickes, aber stabiles mit großem Korb hintendrauf gekauft – »*Alle fahren hier Fahrrad, das ist doch so praktisch*« –, aber sie ging weiterhin hartnäckig sämtliche Wege zu Fuß.

Inzwischen waren ihre Einkaufsnetze allerdings bis an die Nähte gefüllt, sodass das beidseitige Gewicht ihre Arme schmerzhaft nach unten zog. Sie ignorierte das Ziehen in den Schultern, fand zurück auf den Gehweg, ging durch eine Einfahrt hindurch und betrat den Begijnenhof.

Hier war es angenehm schattig, ruhig. Ein Ort der halb geschlossenen Augenlider. Sie ließ sich auf dem Rasen nieder, der die etwas plumpe, aber friedlich dreinblickende Frauensteinskulptur in der Mitte des Innenhofs umgab, und stellte die schweren Netze so neben sich ab, dass die Milchflaschen darin nicht umkippten. Die meisten Fenster des Frauenwohnheims waren geschlossen, nur hier und da stand eines offen, hing ein Kurzteppich oder ein Laken zum Auslüften heraus. Aber viel war nicht zu hören. Einmal wurde über ihr kurz ein Fenster geöffnet, die Töne eines unbekannten klassischen Musikstücks drangen zu ihr in den Hof. Dann schloss sich das Fenster, es war wieder still. Bis auf ein stetiges, sachtes Wasserplätschern, für das sie aber keine Quelle ausmachen konnte.

Margot schloss die Augen.

Wie schnell man einfach so aus dem Leben heraustreten konnte. Man verließ kurz den Weg, bog um eine Ecke oder ging durch eine Toreinfahrt und schon … Vielleicht würde sie eines Tages ihr Leben so beschließen, fuhr es ihr durch den Kopf. Hier, in der schattigen Stille des Frauenwohnheims, bei dem versponnenen Plätschern.

»*Am Ende gleichen sich alle Ehen, weil es Ehen sind. Im Grunde ist es ganz egal, wen man liebt.*« – Die Käthe, Willis Schwester, hatte das einmal zu ihr gesagt. Aber es war ihr, ebenso wie jetzt in diesem Augenblick, schon damals wie eine Art Echo vorgekommen. Nur von was, von wem?

»Das Kättchen« hatte Willi seine jüngere Schwester stets ebenso salopp wie liebevoll genannt. Neben der ruhigen, eleganten Käthe hatte ihr Willi – *es ist nicht dein Willi!* – allerdings eher wie der Jüngere gewirkt, mit seinen weit ausholenden Gesten, seiner Unruhe.

»Sie war lange Zeit schwermütig«, hatte er ihr vor dem ersten Zusammentreffen mit seiner Schwester noch rasch zugeflüstert, als hätte sie sich irgendwie in Acht zu nehmen. »Ihr Verlobter ist gefallen. In den letzten Kriegstagen noch. Sie kommt nicht darüber hinweg.«

Na, das kann *dir* wohl nicht passieren, hatte sie damals schon mit einem leisen, unschönen Anflug von Bitterkeit gedacht. Und Sympathie für die noch unbekannte Schwester war in ihr aufgestiegen.

Die Käthe jedoch, wie sie ihnen da in ihrer schicken, sonnigen Bad Godesberger Dachgeschosswohnung die Tür öffnete: freundlich, aber dezent herablassend und mit einem Blick, als seien sie die liebenswerten, aber bescheidenen Verwandten vom Lande – sie war ihr alles andere als *gebrochen* vorgekommen.

Gut, ein wenig gedämpft vielleicht. Aber wer wirkte das neben Willi nicht? Sie schien jedenfalls ziemlich patent zu sein. Die Petits Fours stammten, das sah sie auf den ersten Blick, aus einer erlesenen Konditorei und waren farblich mit der beige- und eierschalenfarbenen Tischdekoration genau abgestimmt. Für den Bruder gab es Buttercremeschnitten und Linzer Torte, sie kannte ja seine Vorlieben. Für sie hatte Käthe einige Obstkuchenstücke der raffinierteren Sorte zur Auswahl besorgt, als traue sie ihr, der Unbekannten an des Bruders Seite, nur leichteres Gebäck zu.

Und während sie Willi einen Birnenschnaps einschenkte – sie selbst lehnte dankend ab –, erwähnte Käthe ihre bald anstehende Verlobung mit dem Juniorpartner der Anwaltskanzlei, in der sie seit ihrer Rekonvaleszenz als Sekretärin arbeitete, in einem so beiläufigen Plauderton, dass Willi sie gleich unterbrach: »Ah, der Richard von der Arbeit also. Hab ichs mir doch gedacht. Wieso? Na, hör mal! So wie du in der letzten Zeit immer von ihm geredet hast, als wärt ihr zwei ganz allein da bei euch in der Kanzlei. Also, nichts für ungut. Eine gute Partie, Kättchen! Da könnt ihr euch auch bald vergrößern. Und wenn du Hilfe beim Umzug brauchst, ihr müsst euch dann ja auch anders einrichten, also ich hab da neulich im Möbelhaus Pesch, an dem ich ja, wie ihr wisst, mitgebaut habe, eine wunderschöne ...«

Es war gut gewesen, dass der Willi für drei geredet hatte, denn sie und seine Schwester, sie hatten einander nicht allzu viel zu sagen gehabt. Sie hatten die üblichen höflichen Floskeln ausgetauscht, einander freundlich und sich möglichst dezent taxierend über ihre Teller hinweg angelächelt und sich ansonsten dankbar von Willis Lebhaftigkeit überfluten lassen.

»*Am Ende gleichen sich alle Ehen, weil es Ehen sind. Im Grunde ist es ganz egal, wen man liebt.*«

Dieser Satz war ebenso wie die Ankündigung ihrer Verlobung ganz beiläufig, beim gemeinsamen Abräumen der Kaffeetafel, gefallen. Margot hatte überrascht von den verwaisten Kuchentellern auf- und zu Willis Schwester hingeblickt. Weniger wegen des Satzes selbst, dessen Bedeutung erst so langsam in sie einsickerte, sondern wegen des merkwürdigen, harschen Tonfalls. Aber die Käthe hatte nicht sie angesehen, sondern starr aus dem Fenster geblickt, als befände sie sich in einem Verhör.

Dicht hinter ihr flatterte nun kreischend ein Vogel auf. Margot zuckte zusammen. Sie schlug die Augen auf, besann sich, wo sie war. Ihre Einkaufsnetze zusammenraffend, erhob sie sich vom Rasen, klopfte sich die Hose ab und verließ den Begijnenhof.

Sie überquerte den Begijnensloot und ließ sich trotz der schweren Taschen über den Spui in Richtung Kalverstraat treiben, erstaunt, wie hell es im Weitwinkel der geschäftigen Straßen plötzlich war.

Als sie zwei Ecken weiter das Café passierte, in dem sie mit Johan an den Nachmittagen öfter einen Kaffee trank, hielt sie kurz inne und überlegte, ob sie allein hineingehen sollte, entschied sich dann aber dagegen. Sie mochte diese Kaffeestunden mit Johan, ihr Miteinander in diesem fliederfarbenen kleinen Raum, in dem es mitunter so intensiv nach Gras roch, dass sie sich vorkam, als wäre sie selbst eine Art Gewächs, das im angenehmen Halbschatten auf dem Humus ihrer Gespräche gedieh; Gespräche, deren angenehmes Changieren zwischen Plauderei, Flirt und ernsthaften politischen Diskussionen der eigentliche Nährstoff ihres Daseins hier waren.

Auf der Kalverstraat war es angenehm geschäftig. Ein groß gewachsener, attraktiver Kerl parkte gerade seine Lambretta zwischen dem Henri-Willig-Käseladen und einem eleganten Schuhgeschäft. Da durfte man doch gar nicht stehen?

Margot blinzelte. Nein, natürlich war ers nicht. Wie auch! Sie straffte die Schultern und schlenderte zu ihrem Lieblingsladen hinüber, betrachtete die neu dekorierte Auslage der Handtaschen von Prada, Dior, Hermès und Gucci. Die Kleinode standen, ebenso wie eine Auswahl von Sonnenbrillen, geschützt auf kleinen Sockeln inmitten einer dekorativen Strandszenerie, die mit feinem Sand, Muscheln und Kunstmöwen angedeutet war.

Margot musste lächeln. Wer in aller Welt verirrte sich wohl mit einer Dior-Tasche an die Nordsee? Wobei, natürlich waren die Käuferinnen dieser Taschen weit lukrativere Domizile gewöhnt. *Man ist, was man trägt.* Johan hatte ihr eine Dior-Tasche, taubengrau, zu ihrem letzten Geburtstag geschenkt. Doch sie trug sie nur selten, und wenn, im Grunde nur, um ihn nicht zu kränken. Sie selbst sah sich einer solchen Tasche einfach nicht »gewachsen«. Nicht mehr.

»*Alas, my love, you do me wrong, to cast me off discourteously …*«

Margot drehte sich verblüfft um. Die Stimme des Straßenmusikers – sie hatte ihn zuvor gar nicht bemerkt – kam so dicht an sie heran, als sänge er direkt in ihr Ohr. Dabei stand er tatsächlich ein ganzes Stück weiter hinter ihr, in einer der gegenüberliegenden Häusernischen. Ein Mann mittleren Alters, Dreitagebart, abgewetzte Tweedjacke, Engländer vermutlich, mit einer schlichten Gitarre, von der lediglich ein paar spröde Akkorde zu hören waren. Sie trat näher, stellte die Einkaufsnetze neben sich ab. Außer ihr stand nur noch ein junges Pärchen hier, die anderen Passanten gingen einfach weiter oder blieben kurz stehen, ließen eine Münze in die ausgelegte Mütze fallen, entfernten sich wieder.

»*… for I have loved you oh so long, delighting in your company …*«

Sie hatte dieses Lied, einen *evergreen* nannte man so was wohl, ungefähr schon ein Dutzend Mal gehört. Überorchestriert, weich gespült. Nun aber ergriff sie dieser einfache, innige Bardenton, senkte sich tief in sie hinein.

»*Your vows you've broken like my heart, oh why did you so enrapture me?*

*So I remain in the world apart, but my heart
remains in captivity ...«*

Das Nächste, was Margot irgendwann wieder wahrnahm, war eine Hand, die sie unsanft am Oberarm packte.

»*Hey, wacht u!*«

Sie sah auf ihre Füße. Eine der Milchflaschen in ihrem Einkaufsnetz war zersprungen, die sämige Flüssigkeit sickerte aus dem Netz, breitete sich langsam auf dem Straßenpflaster aus.

»*... was my heart of gold, and who but my
Lady Greensleeves ...*«

29

1962, Köln

WILLI fuhr noch eine Extrarunde. Nur so zum Spaß. Der Prüfer, der hinter Herrn Bodenburg, seinem Fahrlehrer, auf der Rückbank saß, kurbelte das Fenster herunter, ließ frischen Fahrtwind herein.

»Na, dann wollen wir mal!« Willi bog auf die Nord-Süd-Fahrt ab und gab auf der linken Spur mal kurz so richtig Gas.

»Nun übertreiben Sie's aber nicht gleich, Herr Koch. Sie wollen den Führerschein doch nicht nach einer Stunde schon wieder los sein, oder?«

»Nee, der bleibt«, sagte Willi, ging vom Gas und fädelte sich geschickt in den Stadtverkehr ein. Im Agnesviertel harrte er geduldig hinter der Straßenreinigung aus, bis er in der Einsteinstraße schließlich einen passablen Parkplatz fand.

»Das klappt ja wie am Schnürchen. Na dann wünsche ich Ihnen mal alles Gute, Herr Koch.«

Ja, Einparken, die Dinge mit Augenmaß, die lagen ihm. Schließlich, dachte er, muss ja nur der Wagen in die Lücke reinpassen, nicht ich.

Eigentlich hatte er vorgehabt, den bestandenen Führerschein mit dem Franz zu feiern. Aber dann hatte der ihm kurzfristig abgesagt, weil bei ihm daheim die Scheißerei ausgebrochen war. Irgend so ein fieser Magen-Darm-Virus hatte die gesamte Familie lahmgelegt, na vielen Dank. In solchen Momenten war er mal wieder froh, dass er nur für sich selbst sorgen musste und er sein Bad für sich hatte.

Trotzdem, ein bisschen war die Euphorie über die bestandene Prüfung schon wieder verpufft. Vielleicht weil er sie mit niemandem so recht teilen konnte. Das ging schnell dieser Tage, dass seine Stimmungen, egal welcher Art, nicht lange hielten, oftmals mir nichts, dir nichts ins Gegenteil umschlugen. Die Tage – vom Morgengrauen bis mittags auf dem Bau, Mittagessen, ein bisschen Sport und irgendwo mit irgendwem ein kurzes oder längeres Stelldichein, ein paar Kölsch, die ihn sozusagen ins Bett spülten –, sie verrannen wie Treibsand. Rasch und stetig, doch irgendwie sackte er jeden Tag ein kleines Stückchen tiefer ein. Nur in was?

»Am Wilhelmsplatz, da spielt heute 'ne Band.«

»Nö, lieber rüber zum Ebertplatz ...«

Die Jungs, die ihm da jetzt auf der Neusser Straße entgegenkamen, aßen Eis. Eis! Wars nicht erst vor einem Augenblick noch Winter gewesen? Aber auch er selbst trug ja bereits ein kurzärmeliges Hemd, und die Sonne, die ihm heute ins Gesicht schien, war klar, voll unverbrauchter Kraft; die Fassaden glänzten, und immer wieder blitzte Grünes, Blühendes an den Straßenrändern, im Schmutz der Häusernischen auf.

Als es das letzte Mal so ausgeschaut hatte draußen in der Welt, im vergangenen Jahr – nein, halt, inzwischen wars schon das zweite Jahr –, da hatte er ihren Abschied vorgefunden. Und zwar schriftlich, per Postkarte: »*Wir ziehen um. Unsere neue Anschrift lautet: Vondelstraat 25, 1088 Amsterdam. Margarete und Johan De Boer, Fred Heider*«

Margarete – anscheinend war das ihr eigentlicher Name, den er nun, nachträglich sozusagen, zum ersten Mal und schwarz auf weiß zur Kenntnis nahm. Keine Ahnung, wie lange er so dagestanden hatte, im Hauseingang vor all den Briefkastenschlitzen – womöglich bargen sie noch mehr solcher Abgründe –, dieses »*Wir ziehen um*« seltsam schwebend vor Augen, während sich in seinem Körper langsam ein Taubheitsgefühl breitmachte. Das Einzige, was so nach und nach in ihn einsickerte, war ein Gefühl der Entfremdung – sie war nicht mehr seine Margot, wahrscheinlich war sie's nie gewesen, sie war nun, schwarz auf weiß, die Frau dieses Holländers, eine gewisse Margarete De Boer.

Na, meine Schiebetürvorrichtung braucht sie ja nun nicht mehr, schoss es ihm absurderweise durch den Kopf. Das Nächste, was er spürte, war: Erleichterung.

Die Kuh ist vom Eis. Und wenn er mal ehrlich war, dann kam das jetzt doch alles andere als unerwartet. Sie hatten in den letzten Monaten endlos lange darüber geredet, gestritten, und irgendwie wars schon mühsam geworden. Er hatte sich, bei aller Liebe, mehr und mehr bedrängt, in die Ecke gedrängt gefühlt. Es gab einfach zu wenig Luft, mal wieder, da half auch kein Fensteraufreißen.

Und schließlich war es zum allseitigen Besten so gekommen. Er hätte diese Verantwortung für ihr Glück und das des Jungen nicht übernehmen können. Erst recht nicht in der Lage, in die er sich gebracht hatte.

Der Holländer hingegen, der war eindeutig der Richtige dafür. So patent, so *erwachsen* wie der konnte er gar nicht sein. Ja, sie hatte ganz klar die richtige Entscheidung getroffen. Und so was wie eine Entscheidung hatte anscheinend hergemusst. Gabs nicht auch einen Spruch für so was? Es wollte ihm allerdings keiner einfallen. Dieses Mal nicht.

Er verwahrte die Karte mit ihrer neuen Anschrift in seiner Sockenschublade. Warum er ihre »letzten Worte« ausgerechnet dorthin tat, wo er sie jeden Morgen beim Ankleiden wieder von Neuem, wenngleich halb verdeckt, vorfand, war ihm selbst ein Rätsel.

An diesem Abend betrank er sich zum ersten Mal seit langer Zeit so richtig. Was er danach tat, vergaß er. Ebenso die Tage danach, im

Grunde auch die folgenden Wochen, vielleicht Monate. *Margarete* – hübscher Name, blumig.

»Am Wilhelmsplatz, da spielt heute 'ne Band.«

»Nö, lieber rüber zum Ebertplatz ...«

Willi sah erstaunt, dass er sich bereits in Nippes, auf Höhe der Florastraße, befand. Gut so, das Agnesviertel hatte er noch nie so richtig gemocht. Die Häuser, Geschäfte und Plätze dort strahlten so etwas Seriöses, Selbstgefälliges aus.

»Tach.« Vor dem Golde Kappes stand der Köbes und machte ein Zigarettenpäuschen. Willi nickte ihm zu, blieb dann aber unschlüssig seitlich vom Eingang stehen, als sei er ein zweiter, unbestellter Türsteher. Irgendwie war er heute nicht darauf eingestellt gewesen, seinen Erfolg mit dem Führerschein allein zu begießen.

»Nicht ganz so entschlossen heut, wie?«

»Nö ...«

»Mir gehts mit immer besser als ohne.«

»Wie?«

Der Köbes schnippte den Zigarettenstummel auf die Erde, trat die Glut aus. Er ging zur Eingangstür, hielt sie auf. »Na, wat is?«

Willi zögerte, dann schüttelte er den Kopf. »Ich glaub, ich bin heut mal lieber ›ohne‹.«

Unten an den Poller Rheinwiesen sammelte er sich eine Handvoll flacher Steine zusammen. Dann hockte er sich ans Ufer und ließ sie über das Wasser springen. Die ersten waren nichts, gingen mit einem fast unhörbaren »Plöpp« gleich unter. Aber dann: Sechsmal, siebenmal, acht...

Flussaufschlitzen. Ob der Junge sich daran überhaupt noch erinnerte? Wie er nun wohl aussah? Wahrscheinlich immer noch ernst, immer noch dieser brave Seitenscheitel, die Nase im Comic oder im Buch. Andererseits, knapp zwei Jahre, das war viel Zeit in Freds Alter. Der Junge würde sicher, hoffentlich!, inzwischen ganz andere Dinge tun. Vor allem, wo es doch hieß, in Holland sei alles so viel toleranter, auch mit den Mädchen ...

Willi griff nach dem nächsten Stein. Nun, er war anscheinend für so was noch nicht zu alt, für derlei Flussspielchen. Der Stein sprang, fünf-, sechsmal.

»*Immer schön in Bewegung bleiben, Willi.*«

Plötzlich stand, nein, sprang er auf, als habe er es im Grunde die ganze Zeit schon eilig gehabt, ohne es zu bemerken. Die ausgezogenen Socken vergaß er im Gras. Er schlüpfte nur in seine Slipper.

Morgen war Samstag. Er würde seine Lambretta klarmachen, jetzt gleich. Ja, das war genau die richtige Jahreszeit dafür.

Amsterdam, Vondelstraat.

Er würde nur mal nachsehen. Einfach nur so. Ob auch alles in Ordnung war ...

30

1963, Amsterdam

FRED war ungeduldig. Wie lange dauerte das denn noch?

»... combien de foi je me suis dit ...«

Die Mutter machte eine abwehrende Geste, dann drehte sie ihm wieder den Rücken zu, sprach weiter leise und ungewöhnlich hastig mit der Tante, die Telefonschnur hatte sie um ihr Handgelenk gewickelt. Sie sprachen Französisch, und er war ganz froh, dass er nichts davon verstand. Er wollte ja nicht lauschen, er wollte nur, dass sie endlich aufhörte. Tanya wartete auf seinen Anruf! Sie mussten die Details des Wochenendausflugs besprechen, das war wesentlich wichtiger als ihr Schwätzchen. Das Mielchen rief doch eh einmal die Woche an, meine Güte, was konnte da inzwischen schon groß angefallen sein, wo die Mutter doch nichts weiter tat außer kochen und einkaufen. Und ab und an mal den Willi treffen, wenn Johan in Haarlem war.

»Ich muss auch telefonieren, Mama. Dringend!«

Sie ignorierte ihn einfach und sprach weiter.

»... non, Millie, ce n'est pas vrai! Il est ...«

Na schön. Fred verließ den Flur, schnappte sich den Hausschlüssel vom Brett und zog die Tür ziemlich geräuschvoll hinter sich zu. Wahrscheinlich kam er schneller weiter, wenn er einfach direkt zu Tanya lief. Die Mutter würde schon merken, dass er gegangen war. Es schien sie eh nicht sonderlich zu interessieren, wo und mit wem er seine Zeit so verbrachte. Was interessierte sie eigentlich überhaupt, fragte er sich manchmal. Außer rauchen, lesen und, na klar, der Willi.

Der Willi – das war schon gut, dass er jetzt wieder da war. Im Grunde, dachte Fred, und stieg auf sein Fahrrad, war er ja nie wirklich weg gewesen aus ihrem Leben. Er zumindest hatte oft an ihn gedacht, besonders wenn Karl und Michael aus Köln zu Besuch da gewesen waren.

»Ja, und weißt du noch, wie der Willi ...«

»Der Willi hat die immer zuerst gehabt. Gerade mal einen Tag frisch auf dem Markt, und schon ...«

»Und da hat Willi dem aber die Meinung gesagt. Weißt du noch, Fred?«

Die beiden taten gerade so, als seis ihr Zuhause gewesen. Fred stieg vom Fahrrad und überquerte die verkehrsreiche Van Baerlestraat. Tanyas Vater legte sehr viel Wert auf Etikette. Deswegen kaufte er im Laden an der Ecke rasch noch ein Schokoladenkonfekt. Für die Mutter. Mira arbeitete immer bis zum späten Abend. Einmal hatte er Tanya recht spät heimgebracht, da waren sie zeitgleich mit ihrer Mutter angekommen. Als Mira ihn umarmte, hatten ihre Haare und Kleider nach dem ranzigen Fett aus der Gaststätte gerochen. Sie hatte fröhlich ausgesehen, aber auch sehr müde. Anders als seine Mutter, die kaum je etwas zu tun hatte. Aber Johan verdiente ja auch sehr gut an seinen Patenten. Wobei der auch ziemlich müde aussah, in letzter Zeit, irgendwie abwesend. Fred runzelte die Stirn. Das war ihm früher nie aufgefallen.

Vielleicht arbeitete er zu viel?

Was man von Tanyas Vater nicht gerade behaupten konnte. Der saß ziemlich oft zu Hause herum. Soviel er wusste, tat der irgendwas mit Import / Export oder so.

Fred packte das Konfekt in seine Tasche und schob das Fahrrad die letzten Meter bis zu Tanyas Haus. Hoffentlich machte der alte Drahtesel die Tour noch mit bis Köln. Willi hatte ihm versprochen, das Rad jetzt am Wochenende zu reparieren.

»*Das ist dann wieder tipptopp. Wie neu. Du wirst sehen.*«

Bis Oberhausen würden sie mit dem Regionalzug fahren. Da hatte Tanya sich durchgesetzt.

»*Ich fahre mir nicht den Hintern wund, Fred. Sonst haben wir ja nichts mehr von Köln.*«

Er sah es schon kommen – wahrscheinlich würden sie bis Düsseldorf im Zug hocken bleiben. Ein Anflug von Unmut überkam ihn. Mit Karl und Michael hätte er die ganze Strecke runtergekloppt wie nichts. Immerhin hatte sie sich bereit erklärt, mit ihm zu zelten. Wo hätten sie auch sonst schlafen sollen? Die Eltern seiner Freunde waren längst nicht so großzügig wie seine Mutter und der Willi, damals.

Karl hatte jetzt auch eine Freundin. Gisela. Leider hatte die einen Schäferhund, den sie überallhin mitnahm. Er hasste Hunde. Anders als Tanya.

»*Tiere spüren es, wenn du Angst vor ihnen hast. Bleib am besten ganz locker.*«

Tanya hatte gut reden. Sie war ja immer locker. Während er im Grunde nur so tat. Aber ihr hatte er von Anfang an nichts vormachen können. Manchmal nervte das. Aber meistens war es irgendwie befreiend.

»He! Bei euch daheim ist ständig besetzt.« Tanya, ein Handtuch wie einen Turban um das offenbar frisch gewaschene Haar gewickelt, steckte von oben den Kopf aus dem Fenster.

»Ja, ich dachte, es ist besser, ich komm rasch vorbei und –«

Der Summer ertönte. Das Fenster hatte sie weit offen gelassen. Er drückte rasch die Tür auf, und als Tanya ihn barfüßig und nur mit Slip und T-Shirt bekleidet in den mit bunten Tüchern und kleinen plumpen Holzfiguren verzierten, von intensiven Gewürzen durchzogenen Hausflur hineinzog, wusste er plötzlich, dass *dies* – dies hier – das war, was galt. Da sein. Bei ihr.

31

1963, Amsterdam

WILLI hielt Margots Hand. Ja, hier, in den recht abseits gelegenen Straßen von Westpoort, trauten sie sich das. Dennoch, egal, wie fest sie seine Hand nun ihrerseits hielt, er kam sich vor wie ein Dieb.

Und wenn man mal ehrlich war, dann hatte er sich ja quasi wieder hineingestohlen in ihr Leben.

Sie war auch alles andere als begeistert gewesen, als er sie an jenem Nachmittag abgepasst hatte, nur wenige Hundert Meter von ihrem Haus entfernt – wie lange hatte er zuvor aus sicherer Entfernung zu den hohen, offenen Fenstern hingeblickt, halb um sich Mut zu machen, halb um sich die ganze Sache wieder auszureden. Dann aber tat er so, als käme er eben erst vorbeigefahren.

Sie sah ihn sofort, immerhin. Und kurz schoss ihm durch den Kopf, dass sie vielleicht Ausschau nach ihm gehalten hatte. Dann aber ließ sie ihre Einkaufstasche unvermittelt zu Boden gleiten, während er die Lambretta weit weniger lässig als beabsichtigt neben ihr zum Halten brachte. Und obwohl sich ihre Wangen röteten, was ihr hervorragend stand, schien nicht die Wiedersehensfreude, sondern vielmehr Wut der Grund dafür zu sein.

»*Das ist nicht richtig.*«
    »*Ja, schon. Aber ...*«
    »*Was soll das, Willi? Was tust du hier?*«

Sie hatte natürlich recht. Es war nicht richtig. Aber, hatte er gedacht, während er versuchte, seine feuchten Handflächen möglichst unauffällig an seiner Hose abzuwischen, ebenso wenig war es richtig gewesen, sie gehen zu lassen.

»Ich ... «

»Ja?«

»Also, die Sache ist die ... «

Jetzt erst ging ihm auf, dass er sich gar nichts zurechtgelegt hatte. Kein Wort der Erklärung, keine Rechtfertigung, weil ...

»Na, was denn. Du bist doch sonst nicht gerade auf den Mund gefallen.«

... weil, na schön! Er hatte nicht nachgedacht. Sondern war, als der Impuls sich nicht mehr länger verdrängen ließ, das Gefühl, dass er nach ihr schauen müsste, immer unbezwingbarer, immer drängender geworden war, einfach drauflos gefahren. Und wenn er ehrlich war, dann hatte er auch gedacht – und nun war er es, dem spürbar die Hitze ins Gesicht stieg –, dass vielleicht keine großen Worte nötig waren. Dass es reichte. Dass *er* reichte.

»*Na ja ... Also, du machst es mir ja nicht gerade leicht.*«

»*Ach?*«

Was für ein unglaublicher Idiot er doch war, stellte er tief ernüchtert fest. Dass das nicht reichte, nach so einer langen Zeit des Schweigens einfach holterdiepolter wiederaufzutauchen, als sei ihr Leben, als seien ihre Entscheidungen, die sie sich abgerungen hatte, nichts wert, bereit, jederzeit wieder weggewischt zu werden von ihm, und dann noch zu denken, dass sie sich freute, sich gar schluchzend in seine Arme warf ... Herrje, das hätte ihm doch klar sein müssen! Wie sollte sie sich denn da ernst genommen fühlen ... Was hatte er sich bloß dabei gedacht?

»*Jetzt warte doch mal!*«

Sie hatte ihre Tasche wieder aufgenommen und ging nun hocherhobenen Hauptes weiter, ließ ihn einfach stehen, als wäre er Luft. Rasch schaltete er den Motor ein, fuhr, leicht panisch jetzt, im Schritttempo neben ihr her. Sein Puls hingegen, der raste. Oder wars das Herz?

»Margot!«

Er konnte sie verlieren. Das war, wie er erst jetzt in diesem Moment – *zu spät, zu spät!* – begriff, eine Tatsache. Und auch das war eine Tatsache: Er konnte nicht ohne sie sein.

Dabei war er durchaus mit anderen Frauen zusammen gewesen, zwischenzeitlich.

Ja, er hatte es sogar recht oft versucht mit der, wie die Mutter das gern so abfällig nannte, »Anbändelei«.

»*Bei mir lässt du dich ja eh kaum noch blicken, sparst dir deinen Charme offensichtlich für anderswo auf. Also sag ichs dir jetzt noch mal klipp und klar: Was du auch tust, lass dir bloß kein Balg unterjubeln! Du hast, wir haben auch so schon genug Schulden.*«

Manches davon war gut gewesen, für den Moment. Für ein paar Wochen hier und da, besonders im Frühling, dessen laue Abende geradezu danach verlangten, verliebt und beschwingt, verheißungsvoll zu sein. Und so war es auch gewesen.

»*Natürlich sehen wir uns wieder. Wie wärs denn gleich mit morgen? Von mir aus könnte ›morgen‹ auch jetzt schon beginnen.*«

»*Sie sind eine hinreißend schöne Frau. Sicher bin ich nicht der Erste, der Ihnen das so sagt.*«

»*Sie machen mich ganz nervös. Ja, auf die wunderbarste Art ...*«

Aber es hatte nie vorgehalten. Nach einer Weile, mal früher oder, wie bei Monika – »*Mal hü, mal hott. Was willst du eigentlich, Willi?*« –, durchaus auch mal später, war stets dieselbe nagende Unruhe in ihm hochgestiegen, dann die Gewissheit: Ich kanns nicht.

Er hatte zusätzliche Aufträge angenommen, längst überfällige

Arbeiten erledigt, Reparaturen daheim, das alte Rückenleiden wurde wieder stärker …

Und dann, zu allem Überfluss, hatte sie sich wieder eingestellt, genauer gesagt: Sie hatte sich in ihn zurückgeschlichen, die Erinnerung daran, wie es war, sie anzusehen. Margot. Ihr Gesicht, von Nahem. So vertraut war ihm das; auf eine wunderbar sanfte Art aufwühlend. Ihre Augen, die die Farbe von Flüssen hatten; nicht blau, nicht grau, sondern eine vollkommene Mischung von beidem. Ihre Grübchen, die sich oft tagelang verbargen, dort in ihren Mundwinkeln, um dann plötzlich wieder aufzufunkeln. Ihr Geruch auf seiner Haut, wenn sie intim gewesen waren. Dieses ruhige, gesättigte Gefühl, bei ihr zu liegen. Mit ihr zu sein. Gar nichts zu sagen oder groß zu wollen. Sie einfach nur im Arm zu halten.

»Halt!«

Er schnitt ihr den Weg ab. Ja, fast hätte er sie angefahren.

»*Was soll denn das? Du verschwendest meine Zeit.*«

»*Ich kann nicht. Dich wieder gehen lassen, mein ich.*«

»*Ach?*«

»*Nein. Ich mein: Ich weiß ja, ich bin nicht gerade der Schnellste. Außer wenns darum geht, dir den Weg mit dem Mofa abzuschneiden vielleicht.*«

»*Willi …*«

»*Kurzum: Ich bin da. Hier, bei dir. Und ich geh auch nicht wieder weg. Wenn du das auch so willst, natürlich nur …*«

Sie hatte gar nichts gesagt. Ihn nur angesehen, mit dieser einfältigen Einkaufstasche in der Hand, die beharrlich an ihr zu ziehen schien, und mit einem nicht zu deutenden Blick.

Aber vielleicht lag das an seiner Unruhe – Angst, es war Angst –, dass er plötzlich gar nichts mehr deutlich sah, dort in ihrem Gesicht. Aber hören konnte er noch. Und sie sagte nicht: »*Wunderbar. Na, endlich! Ich will doch auch mit dir sein. Für immer.«* Sie sagte nichts von all dem, was er sich erhoffte. Aber auch nichts von dem, was er befürchtete: »*Es ist zu spät. Was glaubst du eigentlich, wer du bist? Ich bin jetzt Johans Frau. Also respektier das gefälligst!*«

Stattdessen stieg sie einfach nur hinten auf seine Lambretta auf, schlang den Arm um ihn. »*Wir müssen los. Der Markt schließt.*« Und dann fuhren sie ihre Einkäufe erledigen. Ein Anfang war das. Mal wieder.

»… da drüben ist ein hübsches Café. Mit Stühlen draußen, zum Ausstrecken für deine Beine.«

Margot holte ihn aus seinen Gedanken zurück. Willi folgte ihrem Blick, ja, das sah doch ganz verlockend aus. Es war sowieso Kuchenzeit. Und wenns nach ihm ging, würde es einer mit einer ordentlichen Portion Sahne drauf werden. Er ermahnte sich, ihre Hand nicht loszulassen, als sie die Straße überquerten und auf einen der wenigen freien Tische unter der moosfarbenen Markise zusteuerten.

Dennoch, er musste das unangenehme Gefühl niederkämpfen, dass jeden Moment jemand aufspringen und mit dem Finger auf ihn zeigen würde, so, als habe er seine Rechnung nicht beglichen.

»*Der da, haltet ihn! Er ist ein Dieb!*«
»Wann musst du wieder fahren?«
»Wie? Also jetzt jedenfalls noch nicht.«
»Das ist mir klar …«
»Morgen um sechs muss ich auf der Baustelle sein. Soll ich …?«
»Nein, schon gut …«
Der Kaffee, den die Bedienung brachte, schmeckte bitter, leicht verbrüht. Er tat etwas von der Sahne hinein, die auf seinem Teller neben dem recht schmalen Stück Apfelkuchen in sich zusammensank. Offenbar wars nicht mehr die frischeste. Margot trank nur Kaffee. Und sie trank ihn wie immer schwarz. Kuchen, Süßes gene-

rell war nicht ihr Ding. Er sah ihr gern dabei zu, wie sie Kaffee trank, die Tasse zum Mund führte. Sie tat dies mit jener unbewussten, angeborenen Eleganz, die noch der alltäglichsten Geste einen gewissen Glanz verlieh. Allerdings war er heilfroh, dass sie gerade nicht rauchte.

»In ein oder zwei Wochen könnte ich mir freinehmen. Wollt ihr da nicht nach Köln kommen, der Fred und du? Wir könnten vielleicht ...«

»... Johan?!«

Margot stand, nein, vielmehr sprang sie auf, als wäre plötzlich der Teufel in sie gefahren. Dass sie dabei das Tischchen nicht umstieß, lag im Grunde nur an seiner Geistesgegenwart, denn er hatte blitzschnell danach gegriffen, es mit beiden Händen vorm Umkippen gesichert.

»Momentchen, was ...«

Aber sie war schon losgerannt, quer über die Straße, in Richtung eines Mannes, der dort in einiger Entfernung an der Bordsteinkante stand und zu ihnen hinübersah und den sie unbegreiflicherweise für Johan hielt. Na schön, er sah ihm ein wenig ähnlich, von der Statur her und der Haltung, aber wenn man mal genauer hinsah ... Dazu war sie offenbar nicht bereit. Sie war nun auf der anderen Straßenseite und ging mit raschen Schritten auf ihn zu.

Willi ließ den Tisch los. Sein nächster Impuls war, ebenfalls aufzuspringen. Ihr hinterherzulaufen oder besser noch: in die entgegengesetzte Richtung, auf und davon. Aber er tat es nicht.

Er blieb, wo er war. Wartete.

32

1963, Stad Lëtzebuerg

MARGOT stand am Fuße der hohen, einschüchternden Stufen, die zum Besuchereingang des Sankt-Marien-Hospitals hinaufführten.

Ich sollte den Dienstboteneingang nehmen.

Sie umklammerte ihr Handköfferchen – warum hatte sie es überhaupt mitgenommen, sie hatte doch gar nicht vor, hier irgendwo zu übernachten – und schalt sich nun schon zum wiederholten Male hysterisch, überspannt. Und überhaupt: Wahrscheinlich war sie noch nicht einmal bei Bewusstsein, die Mutter.

»*Sie dämmert nur noch so vor sich hin. Seit Wochen. Die Ärzte sagen …*« Die folgenden Worte hatte Emilie mehr geflüstert als gesprochen, sodass sie ihr Ohr fest gegen den unbeugsamen Telefonhörer hatte pressen müssen: »*… es geht dem Ende entgegen.*«

Dem Ende. Sie hatte eine Weile gebraucht, um die Bedeutung dieses Wortes zu begreifen.

Was soll das Geflüster? Ist doch schließlich nichts Neues, das mit dem Ende, hätte sie der Schwester beinahe laut und recht unwirsch erwidert. Sie hatte sich gerade eben noch bremsen können. Aber wohl nur, weil Emilie nun wieder in normaler Stimmlage weitersprach. Irgendwelche medizinischen Details erörterte, die Auswirkungen des Schlaganfalls, die unmittelbaren und weiterführenden Behandlungsmethoden und so weiter und so fort. Margot hörte nur halb hin. Immerhin, dachte sie mit einem Anflug von Erleichterung und Genugtuung, ließ die Schwester sie mit der Kostenfrage zufrieden.

Sie hatte schließlich schon genug bezahlt.

Tückisch, wie viele Spielweisen des »Endes« es gab, hatte sie gedacht und ihr Handgelenk mit einigen entschlossenen Bewegungen der Telefonschnur entwunden. War eh eine dumme Angewohnheit von ihr, sie sich beim Reden um den Arm zu wickeln wie eine Nabelschnur. Gab es das überhaupt, spiralförmige Nabelschnüre? Wohl kaum.

»... *hat die Stationsschwester gesagt. Aber Jérôme spricht heute Nachmittag noch einmal mit dem behandelnden Arzt ... Es geht dem Ende entgegen.*«

Es geht dem Ende entgegen. Was für ein grotesk verspäteter Satz. Geradezu zynisch.

Aus ihrer Sicht. Allerdings nicht aus Emilies.

Hatte sie deswegen so geflüstert? Um das Ganze irgendwie abzumildern, um nicht mehr heraufzubeschwören, als gerade eben nötig war?

»*Wir werden dann gleich morgen früh wieder nach ihr sehen und ...*«

Sie war dabei gewesen, die Schwester. Damals, an jenem Tag – vor, ja was, zwanzig Jahren? –, als es für sie mit der Mutter zu Ende gegangen war, als sie, schwanger, versehrt – Unsinn, *versehrt*; zerstört, *zerbrochen* war sie gewesen –, als sie in das Auto gestiegen, abgeschoben worden war. Margot umklammerte den Hörer. Es brachte nichts. Brachte ihr das, was Emilie dort am anderen Ende hineinsprach, nicht näher. Haltlos, diese Verbindungen.

Als die Nabelschnur zwischen ihr und Fred durchtrennt worden war, war sie bewusstlos gewesen. Keinerlei Erinnerungen an den Moment der Geburt, seinen ersten Atemzug, den Lebensschrei, wie man das wohl nannte; nichts. Nur dieser grelle, gleißende Schmerz, das Licht, das von oben durch die Bunkertür fiel, das Jaulen der Sirene – Sturzgeburt. Ja, vom Stürzen verstand sie was.

»... möglicherweise die Verlegung in ein anderes Krankenhaus ... mehr Pflege ... präventiv ...«

Emilie sprach jetzt sehr schnell. Allerlei fachmännische Begriffe, als wolle sie eine ganze Armee zur Rettung der Mutter mobilisieren, während auf sie urplötzlich alles Mögliche – »*Schönes, kleines Land*«, »*Liebe macht blind*«, »*Hier kannst du nicht bleiben, Margarete*«, »*Was sie mit deinesgleichen machen, Kollaborateurinnen*« – einstürzte. Was sollte das, was war nur los?

Der Vorhang zur Straße hin hatte sich sacht bewegt, hinter dem die Schwester damals mit der Mutter gestanden hatte bei ihrem Fortgang, *Abgang*. Das war alles gewesen, die einzige Regung. Bis auf ...

»*Was ist eigentlich aus Clarissa geworden?*«, war sie der Schwester ins Wort gefallen.

»*Wie bitte?*«

»*Na, unser Hausmädchen damals. Die mir die Handtasche –*«

»*Ich weiß sehr wohl noch, wer Clarissa ist. Aber wie kommst du denn jetzt darauf? Soviel ich weiß, hat sie ... ja, sie hat geheiratet und lebt irgendwo in der Nähe von Bitburg. Wieso?*«

»*Ach, schon gut. Vergiss es.*«

Vergiss es einfach, vergiss *mich*, Emilie, wollte sie sagen. Wer ich war und wer ich geworden bin und die Rolle, die unsere Mutter dabei gespielt hat, und vergiss auch gleich die deine als Zuschauerin. Bist du zu mir hinausgekommen auf die Straße, ans Auto an jenem Tag? Nein, das war Clarissa. Hast du mich je in Trier besucht? Dem Vater Grüße aufgetragen oder etwas für den Jungen mitgegeben? So bequem hattest du es immer, dort im Windschatten! Schön durftest du sein, so vorbildlich mit dem Segen der Mutter, deiner Unabkömmlichkeit im Haushalt, dem Hüsteln hinter vorgehaltener Hand, dem sicheren Freund an deiner Seite, der dich bis heute anbetet. Nein, *du* musstest dich nie perfektionieren. Dich nirgendwo andienen. Durftest bleiben. Gedeihen. Und jetzt, jetzt geht sie, die Mutter.

Schau mal einer an! Tja, in der Tat, alles geht einmal dem Ende entgegen …

»Ich muss jetzt Schluss machen, Millie. Der Johan wartet, wir essen gleich zu Abend.«

»Aber …«

»Ich meld mich wieder. Comme toujours. À plus.«

Johan hatte gar nicht gewartet, natürlich nicht. Er gehörte nicht zu der Sorte von Menschen, die sich gelassen oder resigniert auf leere Zeit einließen. Am Küchentisch hatte er gesessen, die Tageszeitung vor sich ausgebreitet wie eine noch unfertige Patentskizze, die es zu begutachten galt, und als er bei ihrem Eintreten kurz aufsah, bevor sein Blick gleich wieder wegglitt, zurück zur Zeitung, traf sie die abgrundtiefe Traurigkeit in seinen Augen so unvermittelt, dass sie sich nicht regen konnte. Es erschien ihr mit einem Mal ganz unmöglich, die wenigen Schritte zu ihm hin an den Tisch zu tun. Als flösse ein Strom zwischen ihnen, der sie, Inseln, die sie waren, unaufhaltsam voneinander forttriebe.

Ich kann nichts dafür … Ein heftiger Impuls, ihn zu umarmen, ihn festzuhalten, half ihr dabei, sich wenigstens wieder zu rühren. Sie ging zur Küchenanrichte, riss die obere Schranktür geradezu gewaltsam auf, holte Gläser, Teller hervor.

»Das war Emilie, eben am Telefon.«

Sie begann, den Tisch für zwei zu decken. Er zog die Zeitung ein Stück zurück.

»Isst Fred nicht mit?«

»Nein, er ist noch bei Tanya.«

»Hm.«

»Ich hab noch Feigen und Trauben geholt, vorhin auf dem Markt, sie sahen gut aus.«

»Schön.«

Johan faltete die Zeitung zusammen und griff nach der Butterdose. »Anfang der Woche, wenn Ludovik wieder hier ist, werde ich ihn mitnehmen, auf den Kongress nach Genf. Da brauchst du also nicht ganz so viel einzukaufen.«

»Es kann sein, dass ich dann nach Luxemburg fahren muss. Ins Hospital. Emilie sagt –«

»Ja, ja. Schon gut.«

Margot zuckte leicht zusammen. Es war so gar nicht Johans Art, sie mitten im Satz zu unterbrechen. Nicht dass sie nicht auch erleichtert darüber war. Der Satz, der »*meiner Mutter*« galt, wäre ihr nur schwer über die Lippen gekommen. Dennoch ...

»Ja, willst du denn nicht wissen, was ich dort tue?«

»Ehrlich gesagt, nein. Spielt Fred jetzt eigentlich morgen mit? Gestern war er sich noch nicht sicher. Blitzschach ist ja nicht seine Stärke.«

»Ach, morgen ist das schon, dieses Turnier? Ich weiß nicht ...«

»Aber ihr sprecht schon noch miteinander, oder?«

»Wie meinst du das, Johan? Er ist sehr mit sich selbst beschäftigt und ...«

»Verstehe. Reichst du mir bitte mal das Brot?«

»Johan ...«

Er sah sie über den Brotkorb hinweg an. Sein Blick war nun ruhig und fest.

»Lass gut sein, Margarete.«

Die wenigen, aber hohen Stufen des Hospitaleingangs wirkten immer noch einschüchternd. Möglicherweise, dachte Margot dort unten zu ihren Füßen, waren sie gar nicht mal so hoch. Vielleicht war sie es, die geschrumpft, die wieder klein war. Ein Kind, plötzlich.

Hat sie nach mir gefragt, die Mama? Wenigstens ein Mal?

Margot umklammerte das Köfferchen. Ihr Herz klopfte so wild, als sei sie kilometerweit gerannt. Einfach so ins Blaue hinein, aber schwer in Eile und ohne Pflaster für das aufgeschlagene Knie. »*Vor lauter Lieb, die Lieb, die Lieb-ti-ti, Lieb-ti-ti* ...«

Sie blickte an sich hinunter. Der Kleidersaum ging ihr bis über die Knie, alles war heil und unversehrt. Kein Riss im Nylon, nichts. Saubere, polierte Pumps. Sie war erwachsen. Eine gestandene Frau.

Jetzt war ihr übel. Ja, war denn hier nirgendwo eine Bank? Einfach mal kurz hinsetzen, verschnaufen. Verschnaufen. Von was?

Ich komme ungebeten.

Emilie besuchte die Mutter regelmäßig. Jérôme fuhr sie vom Mullerthal hierher. Die Schwester kam zur Mutter und ging, wie es ihr passte. Als habe sie ein Recht darauf. Was ja auch stimmte.

Anders als ich. Ich habe es verspielt ...

Erst jetzt, wo sie hier war, wo sie vor dem abweisenden Portal herumstand wie die dreizehnte Fee im Märchen – nur, wen sollte sie verfluchen? –, fiel ihr auf, dass sie der Schwester gar nicht Bescheid gegeben hatte, dass sie kommen würde.

»*Was soll das, Margot? Sie will dich doch gar nicht sehen. Ich halte dich schon auf dem Laufenden. C'est mon domaine* ...«

Ja, die Furcht, Emilie könnte etwas dergleichen sagen, hatte sie davon abgehalten, sich ihr mitzuteilen.

Hat sie denn nie nach mir gefragt?

Gewachsen war es in ihr, das Ungesagte. Zunächst halb schlummernd, wie ein Keim, dann aber begann es spürbarer, sich zu regen, zu sprießen, emporzuranken, zu wuchern, Platz zu beanspruchen. Während sie selbst zunehmend verschwand. Ihre Konturen, wer sie war, so schien es ihr, verschwammen von Tag zu Tag mehr.

Margot Rickes – Margarete Heider – Margot – Margarete De Boer – Margot –

Ja, sie hatte gewartet. Trotz allem. Emilie, die die Mutter ja sah, die mit ihr sprach, sie hatte ihr doch berichtet, wo und wie sie inzwischen lebte.

»*Richtest du's aus?*«

»*Ja. Sicher ...*«

Aber da war nie etwas gekommen von der Mutter, in all den Jahren. Keine Karte, kein Gruß ... Und immer war da dieser leichte, aber konstante Druck auf der Brust gewesen; eine Art eingefleischter Kummer, der mit jeder weiteren, täglichen, alltäglichen Enttäuschung (wieder kein »Gruß zurück« über Emilie, wieder keine Nachricht in der Post) ein Stückchen tiefer in sie einsank. Die schmerzhafte, entlarvende Scham, als habe sie sich selbst bei etwas ganz Ungehörigem ertappt: Erwartung.

Irgendwann hatte das wohl aufgehört, wie ihr jetzt im Nachhinein bewusst wurde, seit durch Emilies Nachricht vom Sterben der Mutter alles wieder aufbrach wie eine alte, längst schon vernarbt geglaubte Wunde. Abwesenheit. Die grausamste Form von Nähe.

»*Es geht dem Ende entgegen.*«

Das war kein bewusster Entschluss gewesen, dass es ihr irgendwann gleichgültiger wurde, jenes »Ende« zwischen der Mutter und ihr. Es war vielmehr unmerklich vonstattengegangen: ein ganz langsames Versanden, Ausbluten von Hoffnung.

Schluss jetzt damit!, dachte Margot. Ich bin schließlich noch da, bin längst erwachsen. Man kanns auch übertreiben.

Sie straffte die Schultern, ging rasch die Stufen hinauf, durch die Drehtür – war doch gar nicht so schwierig gewesen –, und fragte an der Auskunft nach Madame Rickes. Die Auskunft wurde ihr ohne Weiteres erteilt. Alles war plötzlich möglich ...

Die Caféteria ließ sie buchstäblich links liegen und nahm zügig die Treppenstufen hoch in den zweiten Stock. Nein, kein Aufschub, kein Innehalten mehr. Schließlich war sie im Vorteil, dachte sie zunehmend selbstsicherer, denn sie führte diese Begegnung ja bewusst herbei. Und damit war es jetzt endlich, endlich einmal an der Mutter, etwas hinzunehmen. Ob sie sie überhaupt wiedererkennen würde nach all den Jahren? Margot wechselte das Köfferchen nervös von rechts nach links, wischte sich die feuchte Handfläche kurzerhand am Kleid ab.

Bei der Stationsschwester fragte sie nach Zimmer zweiunddreißig. Eine ältere, müde, aber nicht unfreundlich dreinblickende Dame in Schwesterntracht – sieht mehr aus wie eine Bibliothekarin, die sich verirrt hat, dachte Margot – schaute von irgendwelchen Papieren hoch und lächelte sie durch das geöffnete Glasfenster an.

»Ihre Mutter?«

Margot nickte.

»Den Gang runter, linke Seite.«

»Gut. Vielen Dank.«

Margot wandte sich zum Gehen.

»Schön, dass Sie mal vorbeikommen. Sie müssen Mathilde sein.«

»Wie? Ja ...«

Sie drehte sich wieder um und blickte zu dem Glasfensterchen hin.

»Äh ... nein. Ich bin ...«

Aber die Schwester war bereits mit einer Kollegin beschäftigt, drückte der soeben eine Art Klemmbrett in die Hand.

Etwas stimmte nicht.

Mit ihr. Mit diesem Ort. Sie stand nun mitten auf dem Gang der Station, das Zimmer zweiunddreißig im Blick. Die Tür, die sich bis auf die Klinke kaum von der weißen Wand abhob, war geschlossen. Außer ihr war niemand da. Keine Ärzte, keine Schwestern, die vorbeieilten, keine anderen Besucher oder Patienten. Nichts. Nur weiße Fläche. Und es war still.

Sehr still.

Träume sind so. Oder der Tod. – Margot blinzelte. Sie wartete. Darauf, dass irgendetwas passierte. Eine dieser zufälligen, banalen

Regungen des Lebens: eine Tür, die sich öffnete, jemand, der vorbeikam, irgendein Zuruf, ein Husten hinter der Wand, etwas, das sie ganz unwillkürlich ins Handeln trieb; eine Handlung, die dann aus sich selbst heraus an Bedeutung gewann. Gehen, hinein und hindurch, durch die Tür des Zimmers zweiunddreißig oder daran vorbei, die Station verlassen, weitergehen.

Aber es passierte nichts. Sie stand einfach nur da. Und zum allerersten Mal in ihrem Leben begriff sie: Sie war allein. Wirklich ganz und gar allein.

Vielleicht wäre es möglich gewesen.

Vielleicht. Die Mutter hätte sie, nach einigem Stutzen, innerem Widerstand, durch den Dämmer ihres Zustandes hindurch erkannt. Nicht umsonst gab es das schließlich: Langzeitgedächtnis. Familienbande. Vielleicht hätte sie gelächelt. Oder wenigstens genickt. Und auch wenn sie gar nichts getan oder gesagt hätte oder hätte sagen können, die Mutter – sie hätte sich an ihr Bett gesetzt, ihre Hand gedrückt und ihr mit Blicken zu verstehen gegeben, dass es gut war …

Vielleicht. Das musste genügen. Dieses Wörtchen. Sein bescheidener, karger, aber unabschließbarer Raum. Jenes Zimmer mit der Nummer zweiunddreißig hingegen blieb für sie unzugänglich.

Margot befand sich bereits wieder auf Höhe des Bahnhofs, bevor sie ihren Schritt erstmals seit Verlassen des Hospitals verlangsamte.

Sie bog zum Fernsprechamt ab, ließ sich eine Kabine zuweisen und wählte die Rufnummer, die sie in- und auswendig kannte. Sie hatte etwas zu sagen. Und hierbei gab es kein Vielleicht.

Er stand am Bahnsteig, als ihr Zug langsam in den Kölner Hauptbahnhof einfuhr, sich unter leichtem Ruckeln in das für ihn bestimmte Gleis einfädelte. Und auf einmal, so von jetzt auf gleich, wurde

Margot leicht ums Herz. Ein luftiger, wunderschöner Schwindel war das, der sie da überkam. So als habe sie eine lange, unendlich lange Zeit unbewusst den Atem angehalten.

Sie sah ihn gleich, den Willi. Die Art, wie er nach ihr Ausschau hielt, leicht vorgebeugt, Hände in den Hosentaschen, die Augen ein klein wenig zugekniffen, als könne er auf diese Weise schärfer sehen. Sie stieg aus. Das Köfferchen samt ihrer Papiere vergaß sie im Abteil, doch das merkte sie erst viel später. Willi kam ihr bereits entgegen, sie musste kaum mehr als ein paar Schritte tun. Er schloss sie fest in die Arme.

»Bleib.«

»Ja«, sagte sie.

33

1965, Wadi Araba

... *Allahu akbar, Allah* ...

FRED lag auf der Pritsche seiner Zelle, die Hände im Nacken verschränkt, und lauschte den lang gezogenen Gebetsseufzern des Muezzins. Selbst bis in diese abgelegene Oase drang dessen Ruf, wenngleich um einiges verhaltener, als er ihn aus den Kairoer Tagen noch im Ohr hatte. Vielleicht war es ja nur ein Echo; eine Erinnerung, die das Galala-Felsplateau aus einem ganz anderen Teil der Arabischen Wüste zu ihm herüberwarf.

Nah und fern, so viel hatte er inzwischen begriffen, waren in diesem Teil der Welt höchst trügerische Anhaltspunkte.

Wähle dir einen Reisegefährten und dann erst den Weg.

Ein vereinzelter, irgendwie unfroher Glockenton riss ihn unsanft aus seinen Gedanken, die im Atemfluss der gedämpften »Allahs« bis eben so wunderbar weich, nachgiebig dahingeströmt waren.

Vesper.

Das koptische Kloster, in dem er sich vor einer Woche eingemietet hatte, wurde tagsüber von Pilgern heimgesucht, aber zum Abend hin hatte man hier seine Ruhe. Es gab nur wenige Fremdenzimmer im Dair al-Anba Antuniyus. Derzeit war er zusammen mit einem ältlichen englischen Geologen der einzige Gast. Der hatte sich stets Lappen um die Fußgelenke gewickelt und hielt sich weitestgehend im Schatten des Palmenhains auf. Wo er seine vielen Notizbücher mit einem Eifer vollschrieb, als würde morgen die Welt untergehen. Wohingegen er, Fred, von den Mönchen des heiligen Antonius streng beim Wort genommen wurde: Gabe, Gegengabe. Unterkunft gegen Arbeit.

Fälle nicht den Baum, der dir Schatten spendet.

Wenn er ehrlich war, hatte er gehofft, bezüglich seiner Hilfe bei der Obst- und Olivenernte handele es sich – bei der Hitze! – eher um einen symbolischen Akt. Von wegen … Ihm tat alles weh, so als habe er seinen Körper, Arme, Schultern, Rücken nie zuvor benutzt. Schmerzhaftes Erwachen.

Wer Honig essen will, der ertrage das Stechen der Bienen. Man yurid'an yakul aleasl …

Schluss! Er machte eine fahrige Handbewegung – ah, das tat weh –, als ließen sich all die Sprichwörter, die ihm nun ständig im Kopf herumschwirrten, auf diese Weise verscheuchen. Aber sie blieben hartnäckig, kehrten so lästig zurück wie Stubenfliegen. »Erstens«, murmelte er also geradezu gegen seinen Willen, »wähle dir einen Reisegefährten und dann erst den Weg. Zweitens, fälle nicht den Baum, der dir Schatten spendet. Drittens: Wer Honig essen will, der ertrage das Stechen der Bienen. *Tahmil lidughat alnahl …*«

Nach zwei Arabischkursen an der Volkshochschule hatte ihm sein Lehrer ein Büchlein mit arabischen Weisheiten und Sinnsprüchen mitgegeben, die aufzusagen hier in der Wüste so etwas wie eine Art Tick geworden war.

Das wär was für den Willi, hatte er gedacht, als sein Lehrer mit den Sprüchen angekommen war. Sein eigener Bedarf an Lebensweisheiten, fand er, war bereits mehr als gedeckt.

Der Weise wird nicht satt an schönen Sprüchen.

Eigentlich hatte er gehofft, er könne sozusagen gleich an den Honig ran, es jetzt einmal mit dem Qurān probieren, mit den *Märchen aus Tausendundeiner Nacht* oder auch mit *Kalila und Dimna*.

Aber der Herr Anwai hatte nur lächelnd abgewinkt. Das hatte ihn ganz schön gefuchst. Hielt der ihn etwa für blöde? Er hatte immerhin ein Einserabitur. Und so hatte er die Bücher mit hierher in die Wüste geschleppt. Wie schwer die wogen! Immerhin gabs hier draußen keine Kakerlaken. Anders als in Kairo.

In Kairo hatte er die *Märchen aus Tausendundeiner Nacht* – das dickste Buch – hauptsächlich dazu benutzt, Viecher zu erschlagen. Aber die Kakerlaken waren nicht kaputt zu kriegen. In seinem Rucksack waren sie gewesen, seinen Socken, in der Kekspackung. Widerlich! Nur bis ins Bett waren sie nicht vorgedrungen. Die wackeligen Pfosten hatten in Schalen mit Wasser gestanden, sodass er sich beim Schlafen vorkam wie auf einem Floß.

Wasser, *ma'an* – Quelle des Lebens. Alles drehte sich darum. Dafür brauchte es, in Tuchfühlung mit der Wüste, keinerlei Sprichwort. Und in seinem schäbigen Hotelzimmer hatte dieses Wasser zwar nicht die Wanzen, aber wenigstens die Kakerlaken aus seinem Bett ferngehalten, deren unablässig schabend-kratzende Bewegungsgeräusche aus den Eingeweiden des Bodens zu kommen schienen. Sie verbanden sich mit dem flügellahmen *Schrabbschrabb* des Deckenventilators und den derben Rufen, dem jäh aufjaulenden Motorenlärm der heißen Kairoer Nacht zu einer konstanten Vibration der Ruhelosigkeit.

… *lawla aldumue likanat aldlwe tahtariq* … Wenn es nicht Tränen gäbe, würden die Rippen verbrennen.

Er begann, vom Meer zu träumen. Einem kühlen, horizontverschlingenden Ozean, der alles, einfach alles weg-, mit sich riss. *Wasser. Ma'an, Tanya …*

Sie war mit ihren Eltern nach Indonesien zurückgegangen. Per Schiff. Zum Abschied hatte sie ihm ein Buch geschenkt: *Kalila und Dimna*.

»*Ich werde dich nie vergessen.*« Sie hatte noch eine ganze Menge mehr gesagt, unter Tränen. Aber das hatte er alles gleich wieder vergessen. Waren eh nur Worte gewesen. Was sollte er damit? Tatsache war: Sie machte Schluss. Verließ ihn. Ging fort. Scheiße auch. Indonesien – gleich drei Meere hatte sie zwischen ihn und sich gelegt. Und darin, auf lichtlosen Grund hinabgesunken, dümpelte sein Leben nun, die gesamten letzten drei Jahre mit Tanya. All das, was schön, was hell gewesen war – »*Surfin*«. Einander *unter die Haut* gehen, das gab es offenbar tatsächlich.

Wobei, bis heute wusste er nicht so genau, wie er sie eigentlich angeschaut hatte, nur dass sie ihm manchmal mit der Hand die Augen verdeckt hatte: »*Komm raus da aus deinem Kopf, Fred.*«

Ja, raus, weg, weg damit!

Vergessen, wie es gewesen war, sich unbeschwert zu fühlen, die Treppen zu ihr hinauf und hinunter zu laufen, es so wunderbar eilig zu haben, ihre Taschen ins Gras zu werfen, dazuliegen, im Park. Die Hände verschränkt. »*Wouldn't it be nice if we could wake up in the morning when the day is new …*«

Dem Regen zuhören – »*The times they are a-changing …*« –, dem Regen, wie er auf das Zeltdach trommelt. Er da draußen, der Regen, sie beide drinnen, unbehelligt. Geborgen.

Nebeneinander im Sommerlicht radeln – sie mit Sonnenbrille und Tuch, er mit Sonnenbrand –, radeln, unter dem tiefen Himmel des Niederrheins, entlang der Pappeln und Höfe, dann wieder die raue Nordsee, Wettläufe am Strand, Tanyas vom Baden nasses, dunkles Haar. Die Zehen im warmen Sand einbuddeln, auf die Wolken schauen, den Horizont.

»*I keep a close watch on this heart of mine, I keep my eyes wide open all the time, I keep the ends out for the tie that binds, because you're mine, I walk the line.*«

Geheimnisse hatten sie geteilt, jedenfalls kams ihm so vor, weil Tanyas Tage voller kleiner Geständnisse waren, und einmal, an jenem Abend auf der Hohenzollernbrücke in Köln, als hinter ihnen der durchfahrende Zug alles erbeben ließ, da teilten sie auch ein großes ...

»*I won't cry, I won't cry, no I won't shed a tear. Just as long as you stand, stand by me.*«

Vorbei, all das. Was er mit ihr gelebt, geteilt hatte, was ihn so überrascht, so erstaunt hatte – war das wirklich so gewesen?

»*Ich werde dich nie vergessen, Fred.*«

Nie.

Genauso gut hätte er tot sein können. Hätte sie tot sein können. Was sie ja auch war. Für ihn.

Tot.

Ein guter Ort, die Wüste. Weit. Still. Nichts war wirklich nah, aber auch nicht wirklich fern. Die Wüste wollte einem nichts erzählen, einem nichts weismachen. Sie gehörte nur sich selbst. War nicht für Menschen gemacht. Ein guter Ort. Man durfte in der Nacht – die immer mit einer Plötzlichkeit hereinbrach, an die es sich nicht gewöhnen ließ –, in der Nacht durfte man nur nicht allzu lange in den Himmel schauen, der dann, uralt, wie er war, erblühte – Unsinn! Er pulsierte. Vor Sternen. Kühlen, fernen Sternen. Fern wie das Leben. Sterne, deren Distanzen, deren Masse und Gewicht man berechnen konnte. Anziehung und Schwerkraft, Krümmung des Raums, Licht, dessen messbare Qualität in der Geschwindigkeit lag, mit der es sich ausbreitete, brach, bündelte. Wellen, Beschleunigung der Teilchen, Ursache und Wirkung.

»*Immer machst du alles kaputt!*«

Der Abendschatten warf einen spitzen Keil ins Tiefgold des schwindenden Lichts. Die Stille glühte, es war und blieb heiß.

»*Dann bleib ich eben alleine hier.*«

Fred schloss die Augen. Liegen. Einfach nur liegen bleiben. Sie über sich ergehen lassen, die Erinnerungen.

»Das geht nicht, Fred, wir kehren zurück nach Köln. Zum Willi. Du magst doch den Willi?«

Ein Esel brüllte; Schwaden von etwas Fettigem, Gebratenem drangen zu ihm in die Kammer. Würzig roch es. Kurkuma, Kümmel? Egal. Irgendwie war er zu müde zum Essen.

»Na klar! Aber der kann uns doch auch weiter hier besuchen.«
»Du bist inzwischen alt genug, um zu verstehen, dass das nicht geht.«
»Und was ist mit Johan?«
»Johan und ich, wir … wir können nicht mehr zusammen leben.«
»Und was ist mit mir? Immer machst du alles kaputt!«
»Wie bitte?! Wie kannst du nur …?«
»Ja, ist doch wahr! Dann bleib ich eben alleine hier.«
Fred drehte sich zur Wandseite hin.
»Ich hasse dich.«
»Fred …«
»Lass mich. Geh weg. Geh weg!«

Die Mutter. Sein ganzes Leben lang hatte sie ihn irgendwohin geschoben, und er konnte zusehen, wie er damit fertigwurde. Und immer, wenn er sich gerade eingewöhnt, wenn er sich *sicher* gefühlt hatte, kam wieder was. Eine Änderung, sozusagen von jetzt auf gleich, und sie mussten wieder weg, und er musste von Neuem anfangen.

Als ob er eine Spielfigur wäre, die man nach Belieben rumschieben konnte, je nachdem, wie die Würfel gerade fielen. Was hatte er als Kind immer gesagt? Der Würfel war der Bestimmer.

»Ich werde dich nie vergessen, Fred.«

Und bevor er es verhindern konnte, boxte er mit Wucht gegen die Zellenwand. Es war ein dumpfer Schlag, er zog bis in die Schulter, von dort aus weiter in den Nacken, hoch zur Schläfe. Alles war fern und zugleich nah, war miteinander verbunden.

... lawla aldumue likanat aldlwe tahtariq ... Wenn es nicht Tränen gäbe, würden die Rippen verbrennen.

»Du musst heim, Fred.«

Ausgerechnet Johan war es gewesen, der das zu ihm gesagt hatte. Freundlich, aber bestimmt hatte er ihn über seinen Kognak hinweg angeblickt. Er hatte erschöpft ausgesehen, wie immer in letzter Zeit – vermutlich zu viel Arbeit –, und so, als wäre er innerlich in irgendeinem unwegsamen Gebiet unterwegs, aus dem er nicht wieder herausfand. Fred hatte ihn vor seinem Büro abgepasst, und sie waren zusammen ins Bleuwe Teehuis gegangen. Erst als sie so dagesessen hatten und er Johan lautstark darum gebeten hatte, bei ihm bleiben zu dürfen, war ihm zweierlei klar geworden. Erstens, er war seit einer Ewigkeit nicht mehr mit ihm gemeinsam unterwegs gewesen, außer hier und da mal im Schachklub bei einem Mannschaftsturnier. Und zweitens: Es war falsch.

»Du musst heim, Fred.«

»Aber ...«

»Deine Mutter braucht dich.«

»Hm.«

»Ja, meinst du nicht?«

»Schon ... Aber ich bin doch noch gar nicht fertig hier. Mit allem ...«

»Also, Schachspielen, das kannst du jetzt. Da macht dir keiner mehr was vor.«

Er war so verblüfft gewesen über den Scherz, dass er etwas erwiderte, was ihm, das wusste er genau, weder vorher noch nachher je in den Sinn gekommen wäre.

»Ik hou van je, Johan.«

Der Johan hatte genickt. Dann hatte er seinen Stuhl abrupt und recht heftig zurückgeschoben und war auf die Herrentoilette gegangen. Und während er, Fred, auf Johans Rückkehr wartete und sich vor seiner leeren Teetasse bald zu langweilen begann, hatte er sich gefragt, was er wohl mit dem Rest des irgendwie verkorksten Tages anfangen sollte.

Fred schrak auf. Dicht vor seinem Zellenfenster flatterte unter lautem Rufen ein Vogel auf. Er hatte keine Ahnung, was für einer das war. Vögel waren ihm vollkommen gleichgültig. Ein gutes Gefühl. Er ließ sich wieder auf die Pritsche zurücksinken.

Die Zweige geben Kunde von der Wurzel.

Ganz so neu hatte er dann gar nicht anfangen müssen, daheim in Köln. Tatsächlich hatte er sogar in seine alte Klasse am Drei-Königs-Gymnasium zurückgekonnt und jetzt im Frühjahr zusammen mit seinen Freunden dort das Abitur gemacht.

Gelernt hatten sie beim Michael daheim. Michael hatte auf seinem Bett gehockt, Karl und er zu seinen Füßen auf dem Teppich. Um sie herum die Bücher und die Teller mit belegten Broten, die Michaels Mutter regelmäßig vorbeibrachte.

Bei ihm, Fred, trafen sie sich, anders als früher, so gut wie nie. *Ihnen* hätte das nichts ausgemacht. Der Willi, seine Platten und Comics, das zog immer. Aber seiner Mutter. Sie schämte sich, weigerte sich, »in diesen Räumen Besuch zu empfangen«, wie sie das etwas förmlich nannte. In ihrer provisorischen Unterkunft, einer Souterrainwohnung in der Spichernstraße, gab es noch nicht mal ein eigenes Zimmer für ihn. Er schlief auf der Wohnzimmercouch. Seine Bücher und Sachen stapelten sich in der Zimmerecke.

»*Der Willi und ich sind nicht verheiratet. Am besten wird sein, du suchst dir bald was Eigenes.*«

Er war dann gleich nach dem Abitur nach Rodenkirchen ins Studentenwohnheim gezogen. Willi gab ihm ein bisschen Geld, außerdem jobbte er bei Bayer und gab Nachhilfe in Mathe. Zum Essen ging er aber immer nach Hause. Er hatte zwar jetzt ein eigenes Auto, einen weißen R4, den der Willi irgendwie für ihn zum Abitur aufgetrieben hatte, aber Benzin war ganz schön teuer.

Eigentlich hatten sie mit dem R4 bis nach Spanien runterfahren wollen, Karl, Michael und er, quer durch Andalusien. Es war schon alles geplant gewesen für diesen Sommer, bevor sie alle drei zu arbeiten begannen oder zu studieren. Doch dann war ihm etwas dazwischengekommen. Etwas, das ihn zwei Arabisch-Schnellkurse belegen und ihn allein hierher reisen ließ. Nein, nicht ganz allein. Er hatte ein Bild mitgenommen. Von seinem Vater.

Seinem *richtigen* Vater.

Fred setzte sich auf. Er griff unter das Kopfkissen und zog das Foto hervor. Es war kaum handtellergroß; die gezackten weißen Ränder waren teilweise eingerissen, es war schon leicht vergilbt. Er hielt es ein weniger höher in Richtung des Fensters, ins Abendlicht.

Alois. Alois Breuer.

In der kurzen Zeit, die er es besaß, hatte er es so oft angesehen, hatte es *studiert*, bis er das frustrierende Gefühl bekam, von Mal zu Mal weniger darauf zu erkennen. Je genauer er es betrachtete, desto unschärfer, unwirklicher erschien es ihm. Es war, als zöge sich das Bild in sich selbst zurück.

Er räumte es weg.

Erst in den Schrank, aus dem er es aber gleich wieder hervorholte, um es in die innere Rucksacktasche zu stecken, Reißverschluss zu, Reißverschluss auf. Dann tat er es zwischen die Buchseiten der *Arabischen Sprichwörter*, legte es aber nach kurzer Zeit auf das Nachttischchen neben der Pritsche. Schließlich war es unter seinem Kopfkissen gelandet. Und jetzt hielt er es mal wieder in der Hand.

Der Mann, der dort neben einer Palme stand, braune Uniform, die Hände in die Hüften gestemmt: Das war er selbst. Ein wenig kleiner zwar, auch etwas breitere Schultern, aber dasselbe Gesicht. Dieselbe Form, die hohe Stirn, der dünne Haaransatz, dieselbe Nase, dieselben Augen. Nur mit einem vollkommen anderen, irgendwie verstörenden Ausdruck darin. *Selbstzufriedenheit.*

Der Mann dort, das war er und war so ganz und gar nicht er. Es war, als ob man in einen halb blinden Spiegel schaute. Der Mann dort war fremd. Fremder als ein x-beliebiger Passant, und er war sein Vater.

»*Wo ist das?*«

»*Kairo. Er war dort stationiert. Im Krieg.*«

»*Aber du warst nicht dort, oder?*«

»*Nein.*«

Auch die Mutter zog sich vor ihm zurück, so wie das Bild. Sie beantwortete seine Fragen, doch zugleich wurde alles irgendwie immer ungenauer.

»*Er hat mir aber davon erzählt. Von der Wüste. Es klang immer so, als sei er ein Forscher. Vielleicht wäre er das gern gewesen.*«

»*Was war er denn, von Beruf? Und in welchem Teil der Sahara war er dann nach Kairo und warum und wie lange? Was hat er dort getan? Und wo ...?*«

Anfangs, als sie ihn mit diesem merkwürdigen Gesichtsausdruck zur Seite nahm und ihn ernst, beinahe streng bat, sich zu ihr an den Küchentisch zu setzen – was war denn los, gabs etwa Ärger wegen dem Auto, es war ja noch auf Willi gemeldet –, als sie sich dort eine Zigarette anzündete, sie aber nicht rauchte, sondern gleich wieder ausdrückte, als sie zu sprechen ansetzte, dann schwieg. Dann über den Tisch hinweg nach seiner Hand griff, sie wieder losließ. »*Ich glaube, du bist nun alt genug, Fred, um zu erfahren ...*« – Da hatte er gar nichts gefühlt. Aha, hatte er einfach nur gedacht. Also noch ein Mann. Na, was solls.

Und dann ganz plötzlich, von jetzt auf gleich, überkam ihn eine so heftige Übelkeit, dass er mit beiden Händen die Tischkante umklammerte. Er erbrach sich auf seine Hausschuhe, das Linoleum.

»*Fred!*«

Und während die Mutter aufsprang, vor sich hin murmelte und aufwischte, ihm die besudelten Schuhe von den Füßen zog und sie in den Mülleimer warf, das Fenster aufmachte und sich die Hände und ihm das Gesicht mit einem feuchten Lappen wusch, während er all dies geschehen ließ und weiter die Tischkante umklammerte, weil er sich nicht rühren konnte, machte sich in seinem ganzen Körper ein starker Schwindel breit: *Erleichterung.*

»*Was bist du?*«
»*Sch… scheiße.*«
»*Lauter!*«
»*Ein Scheißkerl.*«
»*Ich hör nichts.*«
»*Scheiße … Ein SCHEISSKERL bin ich …*«
»*Hermann, bitte …*«

Es war nicht sein Vater, der ihn so gehasst hatte. NICHT SEIN VATER. Er war also gar nicht so verkehrt. Nicht verdorben. Er war einfach nur der Sohn von jemand anderem. Jemandem, der den seltsamen Namen Alois trug. Der im Afrika-Feldzug gewesen war. Der die Wüste mochte und im zivilen Leben Professor für Brückenbau gewesen war. Dessen Aussehen er geerbt hatte und, ja, da war er ganz sicher, auch dessen Intelligenz. Denn, wenn man mal ehrlich war, was wusste die Mutter eigentlich schon?

»*Wo genau hatte er denn seine Professur vor dem Krieg?*«
»*Ich weiß es nicht. Ich glaube in Koblenz. Oder wars Aachen?*«
»*Sieht gar nicht wie ein Professor aus, da auf dem Bild. Wie alt war er denn, als ihr euch kennengelernt habt?*«
»*Ich weiß nicht. Deutlich älter als ich auf jeden Fall.*«
»*Aber du sagst, dass du in ihn verliebt gewesen bist.*«
»*Fred …*«
»*Ist doch wahr! Warum weißt du dann so wenig?*«

Das bohrende, bittere Gefühl, irgendwie betrogen, um etwas

Wesentliches gebracht worden zu sein, ließ ihn immer lauter, schärfer sprechen.

»*Du musst dich doch erinnern können!*«

»*So um die zwölf Jahre älter war er wohl, schätze ich. Allerhöchstens fünfzehn. Aber es waren andere Dinge wichtig damals.*«

»*Ach ja? Was denn, zum Beispiel?*«

»*Na, ob man sich verstand. Ob man sich einander anvertrauen konnte ...*«

»*Und sicher fand er dich wunderschön. Wie alle Männer. Und er sah ja auch gut aus und ...*«

»*Nicht alles geht dich etwas an, Sohn.*«

»*Er ist mein Vater!*«

»*Er wollte nicht ... Er konnte uns nicht wollen. Deswegen habe ich ja dann den Hermann genommen. Damit du legitimiert bist. Einen Vater hast.*«

»*Schöner Vater!*«

»*Das konnte ich nicht wissen.*«

»*Was weißt du überhaupt?*«

»*Fred!*«

»*Ja, wer weiß, vielleicht wäre ja doch noch alles gut gegangen später. Wenn du gewartet hättest.*«

»*Die Möglichkeit hatte ich nicht. Ich ...*«

»*Aber vielleicht hätte er sich noch gemeldet, später. Sich nach dir erkundigt. Nach mir ...*«

»*Er ist gefallen. In den letzten Kriegsmonaten.*«

»*Bist du sicher? Wann denn genau? Und wo?*«

»*Schluss jetzt.*«

»*Aber –*«

»*Nein. Schluss!*«

Ja, dann war Schluss gewesen. Er hatte gewusst, dass er nichts mehr von ihr erfahren würde.

Zrrk ... zrrk! Fred blinzelte. Schon wieder dieser Vogel. Er legte das Bild unter sein Kopfkissen zurück und lauschte.

Zrrk ... zrrk!

Vielleicht würde er hierbleiben. Hier bei den Mönchen. In der Einfachheit, der Abgeschiedenheit. Unbehelligt.

Freue dich nie, dass jemand weggeht, ehe du nicht weißt, wer sein Nachfolger wird.

Im Herbst würde in Köln das Physikstudium beginnen. Er hatte sich auch noch für einen Zweitstudiengang eingeschrieben: Ägyptologie und Philosophie. Man konnte nie genug wissen wollen. Aber im Grunde hatte er es nicht eilig. Genauso gut konnte er hierbleiben.

Zrrk ... zrrk ...

Eine angenehme Ruhe breitete sich in ihm aus; ein langsames, stetiges Strömen. Es war ein Vorgang, den er bislang nur einmal so bewusst erlebt hatte, damals im Waisenhaus, als die Oberschwester ihm den Brief der Mutter abgenommen hatte. Als würde er von Kopf bis Fuß in Taubheit getaucht. Nur fühlte es sich dieses Mal deutlich besser an; wohlig, gedämpft.

Und woher auch immer diese Einsicht plötzlich kam, klar war: Es würde so bleiben. Nach Tanya. Nach der Entdeckung des Vaters. Als hätten sich alle tieferen Gefühle, die noch in ihm gewesen waren, die er, so wie er war, für sein Leben insgesamt zur Verfügung gehabt hatte, erschöpft.

34

1969, Köln

MARGOT *und* WILLI, so erzählten sie es sehr viel später ihrer Enkeltochter, »heirateten schließlich«. An einem schlichten Werktag im September.

Herr Doktor Marcus Preuss, der Standesbeamte, der danach noch bei einer Tasse Kaffee und einer Handvoll Schnäpse mit dem Brautpaar zusammensaß, gestand den beiden, dass er versucht habe, sich seine Verblüffung nicht anmerken zu lassen.

Darüber etwa, dass sie, die Braut, in rotem Rollkragenpullover und Caprihose erschienen war. Zweimal geschieden bereits, hatte er außerdem noch gedacht. Herrje, kein sehr hoffnungsvolles Omen. Aber, hui, mein lieber Schwan!

Die Braut schien ihm das Unausgesprochene irgendwie angesehen zu haben, daher nahm er es sich jetzt, in der immer gelöster werdenden Feierlaune, heraus zu sagen: »Also, Sie, werte Frau Koch, hätte ich, mit Verlaub, schon gerne in einem Kleid gesehen. Aber der Ehering«, er gestattete sich eine Art freundschaftliches Augenzwinkern, »steht Ihnen ganz vorzüglich. Sehr kleidsam.«

Ja, und er, der Bräutigam, trug ein Nylonhemd – weiß, immerhin – und eine beige Hose, die zwar auf Bügelfalte getrimmt war, aber sie wäre dennoch problemlos bei jedem Handwerker als Arbeitshose durchgegangen. Dabei machte auch er durchaus was her, allein schon aufgrund seiner Größe.

»Was für ein stattlicher, markanter Mann, hab ich da so bei mir gedacht. Aber damit«, sagte er und nickte Willi wohlwollend zu, »erzähle ich Ihnen ja nichts Neues.«

Alles in allem, resümierte er schließlich, sei *er* ja durchaus fürs Pragmatische zu haben. Aber ein bisschen mehr, nun ja, fürs Gemüt ... also, da wäre schon noch etwas Spielraum nach oben gewesen.

»Mit Blumen haben Sie beide es wohl nicht ... Aber nun sagen Sie, Herr Koch, ja gerade, dass Sie gerne einen eigenen Garten hätten. Ah, verstehe, nur Schnittblumen mögen Sie nicht ...«

Jedenfalls hatte er, Doktor Marcus Preuss, dem eleganten Lilienstrauß auf seinem Amtstisch einen vielsagenden Blick zugeworfen. In der Hoffnung, dass sich seine dezente Botschaft dem Paar dort vor ihm vermittelte. Man hatte schließlich auch hier, jenseits des kirchlichen Brimboriums, seine Standards.

Schließlich, das konnte er sich in seiner kleinen Rede dann doch nicht verkneifen zu betonen, hatten sich die beiden immerhin für diesen Ort entschieden: eine Trauung mit Blick auf den Dom. Wenn man hier im dritten Stock die Fenster zum Innenhof öffnete, konnte man nicht nur die Glocken hören, sondern blickte auch auf große Teile des Seitenschiffs, die gerade aus- beziehungsweise nachgebessert wurden. Derlei Details flocht er gern in seine Ansprachen mit ein, genoss deren Symbolik, die ihm hier geradezu auf dem Silbertablett serviert wurde.

»... bedeutsam, so ein Ausblick. Ein Monument der Ewigkeit. Das stets nachgebessert wird, damit es Bestand hat.«

»Tja, das Licht stimmt«, hatte der Bräutigam gesagt und ihm zugezwinkert.

Die Braut sagte nichts. Sie stand dicht, sozusagen auf Tuchfühlung, neben ihrem Mann in spe, griff nach dessen Hand und lächelte.

Ja, sie lächelte. Auf eine Art und Weise ... Marcus Preuss wusste auch nicht, warum, aber auf einmal hatte er sich stark räuspern müssen. Und obwohl außer dem Paar nur noch die Trauzeugen anwesend waren – ein junger, etwas linkisch wirkender Mann, offenbar der Sohn, und eine zierliche blonde Frau, die der Braut ähnelte –, wirkte der Raum doch plötzlich so, als sei er voller Menschen.

So viel Gelebtes, dachte er unwillkürlich. Und da ihn dieser Gedanke überraschte – er war selten überrascht –, lächelte nun auch er.

Margot und Willi bezogen eine Ein-Zimmer-Einliegerwohnung in der Mariawaldstraße, mit Garten.

Eine ruhige kopfsteingepflasterte kleine Straße in Köln-Lindenthal, in der Nähe des Stadtwaldgürtels mit wenigem, aber schönem alten Baumbestand – dies stellte Marcus Preuss bei seinem ersten Freundschaftsbesuch dort fest. Die vier Zimmer in dem Stockwerk über ihnen vermietete der geschäftstüchtige Besitzer offensichtlich an Studentinnen. Der ockerfarbene Klinkerbau mit den schweren alten Holzrollläden war ein Haus mit vielen Winkeln und im Zustand konstanter Reparaturbedürftigkeit, sodass »der Bräutigam«, wie er Willi gern weiterhin scherzend nannte, gegen ein wenig Mieterlass neben der Pflege des Gartens auch die Hausmeistertätigkeit übernahm.

Nun, Marcus Preuss war, wie sollte er es sagen, »andere Wohnverhältnisse« gewohnt. Aber er kam gerne auf einen Kaffee in dieser schlichten, hellen Küche vorbei, in der es sich mit »seinem Brautpaar« so herrlich »verzällen« ließ.

Wenn Margot dieser Tage frühmorgens aufwachte, oftmals noch vor dem Wecker, vom sanften *Coo-coo-coo-coo* der Tauben, war sie stets von einer Art leisem Erstaunen erfüllt. Wohlwissend, dass nichts von Dauer war, versuchte sie, es nicht weiter zu ergründen.

Ihr Schlaf war tief und fest. Nur einmal, kurz nach ihrer Hochzeit, hatte sie von einem Mädchen ohne Gesicht geträumt, das einen Fluss hinuntertrieb. »*Such nicht nach mir –*«

Anders als früher stand sie jetzt gern auf, freute sich auf ihre erste Zigarette, die ruhige Tasse Kaffee vor der Arbeit. Dort am Tisch unter dem Küchenfenster hatte sie zudem einen guten Blick auf Willis hoch aufgerichteten Rücken.

»Ksch! Ksch!«

»Willi! Nicht so laut …«

Wenn sie die Küche betrat, stand er stets schon an der Brüstung ihrer kleinen Terrasse, die über eine kurze Steintreppe hinab in den Garten führte, und verscheuchte die Vögel vom Rasen.

Bleib. Dachte sie nur.

Willi wachte auch an seinen arbeitsfreien Tagen stets mit dem Licht auf. Sein erster Blick galt stets Margot. Und er lächelte darüber, dass sie so ungestört weiterschlief, während sie durch den leicht geöffneten Mund von Zeit zu Zeit kurz, aber so laut aufschnarchte, dass im Grunde kein Wecker mehr nötig war.

Er schwang sich – wegen seiner nachtsteifen Glieder ein wenig ächzend – aus dem Bett, putzte sich die Zähne und ging dann so, wie er war, barfuß und im Pyjama, im Garten nach dem Rechten sehen.

Das Stückchen Grün, für das er jetzt sorgen durfte, erfüllte ihn mit stiller Freude.

»Ja, Kättchen«, dachte er mitunter. »Das würde dir gefallen.« Aber die Schwester war mit ihrem Mann nach Brüssel gezogen. Manchmal kam eine glänzende Postkarte. Sie war aus seinem Leben verschwunden. Ebenso wie Franz. Nun gut, dem Franz konnte ers nicht verdenken, nach all dem Schlamassel mit der Firma. Dennoch … Er fuhr sich rasch über die Augen. Seit dem Tod der Mutter war immer deutlicher geworden, dass allein sie es gewesen war, die sie hier und da noch zusammengebracht hatte, in ihrer penetranten, aber warmherzigen Art. Ihr zuliebe hatten sie so getan, als gäbe es dies noch – Familienbande. Ach, alles Schnee von gestern.

Während hier … Alles wuchs und gedieh so prächtig! Das Weidenkätzchen-Bäumchen und die Margeriten, der Rhododendron und die Nelken, der Kirschlorbeer und die Vergissmeinnicht im Schatten des Apfelbaums, dessen ausladende Zweige bis weit ins Nachbargrundstück hineinragten und so auch die Kinder dort mit Äpfeln beschenkten. Herrlich!

Wenn nur nicht die Vögel gewesen wären. Zur frühen Morgenstunde kamen die Plagegeister und pickten mit nervtötender Regelmäßigkeit nicht nur nach Käfern und Würmern, sondern auch nach den frischen Grassoden, den Samen und Setzlingen, die er so sorgsam eingepflanzt und mit farbigen Etiketten versehen hatte.

»Ksch! Ksch!«

Die Amsel stob auf, flog davon.

Willi war zufrieden. Wachsam stand er an der Brüstung. Hoffend, dass seine Saat aufging.

Zweiter Teil:
DAS WINKELHAUS

Für Fred und Philip

1

1972, Café

SIE hatte ihm alles gesagt, was es zu sagen gab. Er hatte allerdings auch nicht viele Fragen gestellt. Zumindest weniger, als sie befürchtet hatte. Aber was wusste sie schon darüber, wie ein Detektiv genau arbeitete.

»Wann haben Sie Ihre Mutter …?«
»Heider. Margarete Heider.«
»Gut.« Er machte sich eine Notiz.
»Wann haben Sie Ihre Mutter denn zum letzten Mal gesehen?«
»Aha. Und ihr letzter bekannter Aufenthaltsort?«
»Haben Sie ein Foto?«
»Bestand noch Kontakt zu Ihrem Bruder Fred?«
»Verstehe. Ja, das wäre natürlich das Einfachste gewesen … «
»Und Ihr Vater, Hermann Heider?«
»Soso. Aber wäre es nicht sinnvoll, wenigstens diesen Kontakt wieder …. «

Sie hatte ihre Hände erst unter dem Tisch hervorgezogen, als es ums Bezahlen ging.

Als sie nach dem Kleingeld für den Kaffee kramte, war er kurz zusammengezuckt. Fast unmerklich; er hatte sich recht gut im Griff. Sollte man auch, in seinem Beruf, dachte sie. Aber sie hatte es dennoch gesehen. Wie sein Blick auf Höhe ihrer Handgelenke – den Narben, Wülsten – erstarrte und dann rasch wieder weggeglitten war, als könne er sich vom bloßen Hinsehen bereits etwas eingehandelt haben. Mitleid oder Ekel. Letzteres sicher. Ja, sie sah so manches. Als sie sich verabschiedeten, gab sie ihm nicht die Hand.

»Darf ich fragen, warum …?«

»Nein«, unterbrach sie ihn. Höflich, aber bestimmt. »Suchen Sie sie einfach.«

2

1972, Köln

FRED faltete die Tageszeitung sorgfältig zusammen: »Bahr überraschend in die Sowjetunion« – »Massive Aktion gegen Araber. Büros geschlossen. Vermögen beschlagnahmt. Zur Abwehr weiterer arabischer Terrorakte haben Bund und Länder umfangreiche Sicherheitsmaßnahmen ergriffen.« – »In Nordrhein-Westfalen und Hessen drohen Kampfmaßnahmen an den Schulen. Die NRW-Bürgerinitiative Grundschulnotstand erwägt wegen der ihrer Ansicht nach ›unzumutbaren Verhältnisse‹ an den Grundschulen einen landesweiten Warnstreik« –»Tür zur EWG bleibt noch offen« – »Von Guttenberg erlag schwerer Krankheit« – Hamburger SV – 1. FC Köln: 0:0«

Fred lächelte. Es hatte schon spektakulärere Tage gegeben. Dennoch, er würde die Zeitung aufheben und sie Lara zum achtzehnten Geburtstag schenken. »Schau«, würde er zu ihr sagen, »das war der Tag deiner Geburt.«

Was auch immer heute da draußen in der Welt passierte, hier drinnen geschah gerade nichts. Anne war erschöpft eingenickt. Sie lag, das verschwitzte lockige Haar wirr im Gesicht, quer in dem Klinikbett. Ihr nacktes linkes Bein ragte über den Rand des Bettgestells, und die Stationsschwester hatte Lara soeben zu einer Neugeborenenuntersuchung mitgenommen. Er überlegte, wie lange das dauern würde und ob er noch einmal schnell ins Institut fahren sollte.

»Das wird mal eine lebhafte junge Frau. Da werden Sie viel Freude haben«, hatte der Kinderarzt mit Blick auf das Neugeborene gesagt und Anne, deren Gesicht ganz aufgeweicht war – »Meinen Sie wirklich? Ach, wie schön!« –, noch einmal den Blutdruck gemessen.

Schwer vorstellbar. Nicht nur, dass dieses winzige Wesen einmal eine ausgewachsene Frau so wie Anne sein würde, sondern auch alles andere. Denn Lara war mit ihren achtundvierzig Zentimetern – der Schnitt bei Mädchen lag laut seiner Information bei einundfünfzig Zentimetern – nicht nur zart und winzig, sondern auch still. Es hatte eine ganze Weile gedauert, bis sie den ersten Schrei, den »Lebensschrei« tat, und die Schwester hatte etwas von »Extremitäten bleich« im Mutterpass notiert. Nur acht von zehn Punkten hatte sie in diesem ersten Gesundheitscheck erhalten. Von »lebhaft« schien ihm die momentane Faktenlage: »winzig«, »still«, »Extremitäten bleich«, noch recht weit entfernt zu sein.

»Ist wirklich alles in Ordnung?«, hatte er die Hebamme daher gefragt. Doch statt einer eigenen Meinung hatte diese nur leicht ungehalten erwidert: »Doktor Franzen entbindet hier seit über zwanzig Jahren. Der weiß, was er sagt. Ihre Tochter ist wohlauf.«

Meine Tochter – Fred schloss für einen kurzen zufriedenen Moment die Augen. Nun war sie also da.

Lara – wie wohl ihre Chancen standen für ein gutes Leben, gemessen auf einer Punkteskala wie jener im Mutterpass, also von null bis zehn?

Die Null fiel natürlich im Grunde von vornherein aus. Sie war ja noch nicht mal eine natürliche Zahl! Kurz war er versucht aufzustehen, um im Mutterpass nachzusehen, ob die Null darin überhaupt vorkam. Wäre ja ein Unding. Müsste man eigentlich beanstanden. Aber erstens saß er gerade so gut – die Besucherstühle waren tatsächlich bequem –, und zweitens ging die Skala höchstwahrscheinlich von eins bis zehn. Wobei, eins – das musste ja schon Lebensgefahr, Intensivstation oder Ähnliches bedeuten. Gab es das? War ein Kind mit nur einem Punkt überlebensfähig? Vielleicht ging es vernünftigerweise erst mit drei Punkten los. Alles darunter war Notstand, Schweben zwischen Leben und Tod. Wenn es aber erst bei drei losging, was bedeutete dann die Acht, Laras Acht? Sechs komma fünf wäre dann ja erst der Durchschnitt, also lag zumindest Laras physische Ausgangsbasis nur etwas über dem Durchschnitt. Zog man wiederum ihre biografischen Ausgangsbedingungen in Betracht, also Geburtsort, Nationalität, Geschlecht, Herkunft und Einkommen der Eltern …

»*Das wird mal eine ganz lebhafte junge Frau.*«

Dass der Arzt, der eigentlich ganz seriös wirkte, dies so sicher in einem Säugling zu erkennen glaubte. Solche Dinge ließen sich natürlich herleiten über das Aussehen und das Auftreten der Eltern. Erbmassefaktor. Wobei, Anne war zu erschöpft, um als besonders »lebhaft« aufzufallen, und er selbst zählte sich eher zu der ruhigeren Sorte Mensch. Und wenn man mal ehrlich war: Was gabs denn da an einem Neugeborenen schon groß zu *sehen*? Ein bisschen Haut und winzige Glieder … Er lächelte. Das Prinzip der Unschärfe. Je genauer man eine Sache betrachtete, desto unschärfer wurde sie. Desto weniger Wissen gab es. Denn der Blick des Betrachters wirkte ja auf das Objekt seiner Betrachtung ein, veränderte es und –

»Ja, is et denn … ! Wo sind sie? Jetzt bin ich aber mal gespannt!«

Fred öffnete die Augen. Er setzte sich ein wenig aufrechter hin, schmunzelte. Kein Zweifel, wer sich da hörbar näherte. Und tatsächlich, kurz darauf ging schon die Tür auf, und Willi trat ein. In einem weißen Hemd, als ginge es zu einem Vorstellungsgespräch. Normalerweise ließ er der Mutter immer den Vortritt, aber das schien er heute völlig vergessen zu haben.

Die Mutter schob sich jetzt aber an ihm vorbei und ging direkt auf Anne zu, mit einem großen Blumenstrauß in der Hand. Irgendwas an ihrem Auftritt ließ ihn an ein großes Ausrufezeichen denken.

Anne öffnete die Augen und setzte sich etwas mühsam auf. Sie war jetzt wieder wach. Kein Wunder, bei dem Getöse, das der Willi da veranstaltete.

»Oh, ein Geschenk …«, sagte sie. »Margeriten, meine Lieblingsblumen. Wie schön! Vielen Dank, Margot.«

Und wo die Tür schon offen war, traten nacheinander nun noch mehrere Personen hinzu. Pflegerinnen wohl, sodass es gleich unangenehm gedrängt im Raum wurde. Die eine Schwester setzte ein Tablett mit Essen auf Annes Beistelltisch ab, die auch sofort zu essen begann, als hätte sie nur darauf gewartet. Ihm fiel auf, dass er auch Hunger hatte.

»Das ist gut, du brauchst Kraft«, sagte seine Mutter zu Anne. Und dann, ihm nur halb zugewandt: »Hallo, mein Junge. Was für ein Tag!«

Er setzte an zu sagen, dass er schließlich auch seinen Anteil an Laras Geburt habe, aber dann ließ er es. Bloß keine Diskussion heraufbeschwören.

»Ah! Ja, da ist sie, da ist sie ja endlich! Darf ich sie halten?«

Eine andere, ihm noch unbekannte Schwester war mit Lara im Arm hereingekommen, die in der Decke, die sie umhüllte, kaum zu sehen war. Sie legte die Kleine Willi in den Arm, wofür sie sich ein wenig zu ihm hochrecken musste.

»Ja, hallo! Hallo, mein Sönnchen!«

»Sie müssen der Vater sein – «

Anne lächelte, allerdings ein wenig schief. »Nein, das ist der Großvater. Der Vater freut sich offenbar stiller. Kannst du bitte eine Vase holen, Fred?«

Seine Mutter beugte sich nun ebenfalls über Lara. »Wie friedlich sie aussieht.«

Er hatte sich sowieso gerade erhoben, um auch mal wieder einen Blick auf Lara zu werfen. Kurz dachte er daran zu protestieren. Warum eigentlich er? Was hatte er mit Vasen zu tun? Andererseits war es nicht schlecht, dem Gedränge für einen Moment zu entkommen.

Er trat auf den Gang der Wöchnerinnenstation und hielt Ausschau nach jemandem, den er nach derlei Dingen wie Geschirr, nein, *Vasen* fragen konnte. Sicher gab es hier irgendwo ein Schwesternzimmer.

In dem Studentinnenwohnheim am Mauritiussteinweg hatte er sich immer, wenn er Anne besuchen wollte, bei einer Pförtnerin mit Namen und Ausweis anmelden müssen. Auf den Gängen mit den vielen Zimmern, Türen und Frauen war er sich stets wie ein Eindringling vorgekommen. Gut, dass das vorbei war.

Fast wäre er damals gar nicht mitgekommen auf die Party dort, auf der er Anne dann kennengelernt hatte. So war das mal wieder mit den Zufällen im Leben. Wäre er nicht hingegangen, und er hatte es wirklich nicht vorgehabt, gäbe es diesen ganz speziellen Menschen namens Lara heute nicht.

Wie banal das Ganze war und zugleich, wenn man über die Bedingungen des Lebens an sich nachdachte – allein schon die Wahrscheinlichkeit, dass es einen Planeten mit Wasser in diesem einen Universum von allen möglichen gab –, ungeheuer komplex. Die Kette der Bedingungen, die für die Enstehung von Leben Glied um Glied ganz genau so, ohne die minimalste Abweichung, gegeben sein musste, ließ sich berechnen, und bei so vielen Stellen hinter dem Komma war reiner Zufall eigentlich auszuschließen.

»Vasen? Neben der Besucherküche, in dem kleinen Raum dort, linke Seite.«

»Danke.«

Wie auch immer, Karl und Michael hatten alle beide darauf bestanden, dass er an diesem Abend endlich einmal wieder mit auf eine Party kam. Was Karl dort wollte, der doch seit Ewigkeiten mit Gisela zusammen und inzwischen sogar verlobt war, war ihm ein Rätsel. Gut, Michael war auf »Weibersuche«, wie der das so unverblümt nannte. Er selbst aber suchte gar nichts und niemanden. Aber er hatte sich mal wieder überreden lassen. Wohl einfach, weils letztlich bequemer war, als nach Ausreden zu suchen.

»The first cut is the deepest ...«
Die Luft im Raum war abgestanden, das orange Fusellampenlicht qualmumnebelt. Als sie in der Tür standen, lief gerade ein Song von Cat Stevens aus. Und in der kurzen Stille vor dem nächsten Lied blickten einige aus dem Grüppchen, das dort auf dem breiten Sofa und dem Fußboden hockte, unwillkürlich Richtung Tür. Unter anderem auch eine wild gelockte Brünette, nein, Rothaarige, die sofort aufstand und auf sie zukam. So zielgerichtet, wie sie das tat, war klar, dass sie sich weniger zu ihnen hin-, als von irgendetwas wegbewegte.

»Ich bin Anne. Und ihr, ihr seid neu. Ich mein, ich hab euch noch nie hier gesehen.«

Sie musterte sie alle drei, vor allem Michael, der mit seinem Clark-Gable-Schnurbart und in seinem senfgelben Cordanzug eindeutig der Interessanteste von ihnen war, und zeigte dann auf die Küchenzeile. »Da ist Sangria. Bedient euch.«

»Willst du auch einen Becher?« Er hatte sie angelächelt, mehr um aus der Situation des Angestarrtwerdens heraus- und zu dem Bereich mit den Getränken hinzukommen, wo es eindeutig schlichter zuging. Wo augenscheinlich gerade keiner stand, der groß reden wollte, aber sie folgte ihm einfach.

»Gern. Nein, lass, ich mach das schon selbst.«

Hier, im kühleren Licht der Küchenzeile, wirkte ihr Haar weder braun noch rot, sondern wie eine gelungene Mischung aus beidem, die Locken eher wellig als wild. Licht, dachte er, konnte wirklich trügerisch sein. Je nachdem, wie es sich brach ... Das ungeschminkte Gesicht mit der markanten Nase hingegen war trotz der veränderten Belichtung so, wie es offenbar war. Attraktiv.

»*... oh, very young, what will you leave us this time? You're only dancin' on this earth for a short while ...*«

»Schmeckt gar nicht schlecht.« Fred strich sich das Haar, das ihm gerade mal wieder über die Augen fiel – zu lang, zu fein –, aus dem Gesicht.

Dann ging ihm auf, dass er ja noch gar nicht probiert hatte. Rasch trank er einen Schluck, wie um wenigstens im Nachhinein den Beweis dafür anzutreten. Anne zog die Augenbrauen hoch.

»Urteilst du immer, bevor du probierst?«

Ihm schoss die Wärme ins Gesicht. Sie hatte grüne Augen. Selten sah man das, ein so helles, klares Grün, ohne irgendeine Beimischung; keinerlei Spuren von Braun oder Blau. Wie alle anderen Frauen im Raum trug sie T-Shirt und Jeans. Und ein ziemlich buntes Halstuch. Allerdings war sie barfuß, was man unter den breiten, ausgestellten Hosensäumen gerade noch erkennen konnte.

»*They will vanish away like your Daddy's best jeans ...*«

»Mir ist vorhin der Absatz abgebrochen«, sagte sie, seinem Blick folgend, und zuckte die Achseln. »Was solls. Aber, hey«, sie stieß ihn leicht in die Seite, »du musst nicht irgendwelche Sätze absondern. Wir müssen ja nicht reden.«

»Dass die Sangria gut schmecken muss, liegt nah. Lässt sich folgern aus den vielen geleerten Bechern und der Wirkung, die das Gesöff offenbar zeigt, wenn man sich hier so umblickt.« Er war erstaunt. So schlagfertig war er sonst nie. Anne schien weniger beeindruckt.

»Redest du immer so geschwollen daher?« Doch noch bevor er verlegen werden, sich unbehaglich fühlen und einfach weggehen konnte, fügte sie deutlich weicher hinzu: »Jetzt, wo du das so sagst, schmeckt mir das Zeug schon besser. Wie heißt du eigentlich?«

»Fred.«

»Klingt wie 'ne Abkürzung.«

Das brachte ihn zum Lachen. »Stimmt. Eigentlich heiße ich Manfred. Aber so nennt mich nie einer. Noch nicht einmal meine Mutter. Niemand. Nur die Nonnen damals, als Kind.«

»Nonnen?«

»Ja. Ich war im Waisenhaus, früher. Einem katholischen. Aber nur vorübergehend. Meine Mutter kam dann zurück. Also kein Thema!«

»Oh ...« Sie nahm einen ziemlich kräftigen Schluck von der Sangria. »Na, vielleicht war es ja ganz gut, dass die dich anders genannt haben, die Nonnen. Also Manfred anstatt Fred. Dann waren sie nicht so nah an dir dran. Wussten nicht, wer du wirklich bist –«

»Hm. Ja, vielleicht.«

»*Hello darkness, my old friend. I've come to talk with you again. Because a vision softly creeping ...*«

»Was studierst du eigentlich?«, fragte er, um das Thema irgendwie umzulenken. Der Becher in seiner Hand war inzwischen leer.

»Psychologie. Ich dachte, ich kanns vielleicht brauchen. Leider nur ein paar Vorlesungen, Seminare. Mehr ist nicht drin. Mit dem BAföG ist ja jetzt leider Schluss ... Aber bald fängt das Referendariat an. Da verdiene ich dann schon. Ich will nämlich Grundschullehrerin werden. Das wollte ich schon immer. Früher mussten all die kleineren Kinder im Block mit mir Schule spielen.«

»*... people writing songs that voices never share, no one dared. Disturb the sound of silence.*«

Michael war tief in dem breiten Sofa versunken, in eine wilde Umarmung abgetaucht mit einer aus dem Grüppchen, von der von hinten nicht viel zu erkennen war außer einer Pobacke und dem Ansatz eines recht prallen Oberschenkels. Karl war nirgends zu sehen.

»Und du? Was studierst du? Sicher was ganz Gescheites.«

»Wie mans nimmt. Physik halt. Kernphysik. Bin jetzt aber auch bald fertig. Aber ich bleib noch an der Uni. Habe da jetzt eine Stelle am Institut, bei Professor Haidu, meinem Doktorvater.«

»Hui.« Anne war schon beim zweiten Sangria-Becher angelangt. Oder wars der dritte? Jedenfalls lächelte sie jetzt deutlich mehr.

»Klingt kompliziert, das mit den Kernen ... Hey!«

Ein Kerl mit breiten Koteletten und Sonnenbrille torkelte gegen Anne, sodass etwas von der Sangria auf ihr T-Shirt schwappte. Aber bevor er, Fred, etwas hätte sagen können, hatte der sich mit einem »'tschuldige« schon wieder in die Tiefe des Raums verzogen, eine Spur verschütteten Rotweins hinter sich herziehend.

»... *can't get no satisfaction. 'cause I try and I try* ...«

»Im Grunde geht es um Anziehung. Ist eigentlich gar nicht so kompliziert.« Er goss sich noch einen Becher ein.

»Ach ja?« Ihr Augenaufschlag war irritierend; als wisse sie etwas, sehe etwas in ihm, das ihm selbst unklar war. Was tat man da? Weiter. Einfach weitersprechen ...

»... Oberflächenzustände und Oberflächenströme im Magnetfeld. Also, stell dir vor, jedes kleinste Teilchen, jedes Atom besitzt ein Kraftfeld.« Er trat etwas dichter an Anne heran. »Eine Art unsichtbaren Ring um sich. Nur dass dieser Ring nicht so statisch, nicht so fest ist wie die Ringe da an deiner Hand zum Beispiel.«

»... *hey, hey, hey, that's what I say* ...«

Er griff jetzt tatsächlich nach ihrer Hand; die mit den Ringen war idealerweise die becherfreie. Zu seiner Erleichterung entzog sie sie ihm nicht gleich wieder.

»... die sich anziehen und abstoßen. Wenn man nun genug Energie aufbringen könnte, die Teilchen so zu beschleunigen, dass ...«

Eine gesteigerte Unruhe war von Richtung des Gangs her zu spüren. Stimmen, Rufe, Schritte.

»Es geht daher hauptsächlich um Energien und die Frage, wie alles, unsere Welt, unser Kosmos und so weiter, zusammengehalten wird.«

»... *how white my shirt can be* ...«

»… Wellenteilchenbeschleunigung … Rotation …«

»… *no, no, no, hey, hey, hey* …«

»So, die Herrschaften. Nun ist hier aber mal Feierabend!«

Die Tür ging nicht auf, sie wurde regelrecht aufgestoßen. Zwei Polizisten standen in der Tür. Anne drückte sich an ihn. Er merkte, dass er den Arm um sie gelegt hatte.

»Ooooch …«

»Schon?«

»Ist doch erst Mitternacht.«

»Scheißbullen!«

»Sie da, Sie kommen wohl am besten mal gleich mit.«

»Was sind denn das für Gesetze? Von vorgestern!«

»Wir lassen uns nicht mehr alles gefallen!«

»Die Hausordnung ist klar. Oder wollen Sie alle eine Anzeige wegen nächtlicher Ruhestörung?«

»Nä, wat biste för 'ne fiese Möpp.«

»Und das da geht jetzt aus!«

»*I can't get no girl reaction* …«

»Was gegen die Stones? Wohl nur Schlager und Marschmusik im Hirn.«

»Hey …!«

»Schade«, sagte Anne und sah ihn an, ohne auch nur eine Spur von Trunkenheit. »Ich hätte so gern noch getanzt.«

Fred stieg im Flur über eine halbherzig weggewischte Lache von Erbrochenem und hörte, wie hinter ihm die Diskussion mit den Polizisten noch ein Weilchen weiterging. Einige wurden noch mal recht laut. Wahrscheinlich auch der Depp mit der Sonnenbrille. Verschwendete Energie, dachte er. Die zogen sowieso den Kürzeren. Er selbst, dachte er hochzufrieden, war da wesentlich effektiver gewesen. Anne und er hatten sich für den nächsten Tag in der Mensa verabredet.

Hineingeglitten waren sie in ihre Beziehung; fraglos, einfach so, von einem Schritt zum nächsten.

Was wohl jetzt kommt, dachte er, während er in der Kammer wahllos nach der nächstbesten Vase griff. Ganz so friedfertig würde es sicher nicht bleiben, mit Kind, mit all den schlaflosen Nächten, von denen die, die bereits Eltern waren, immerzu sprachen, als handele es sich dabei um ein schwarzes Loch. Vielleicht konnten die Mutter und Willi helfen.

Mit beiden verstand Anne sich blendend. Vor allem mit Willi. Die gesamte Fußballeuropameisterschaft hatten die beiden zusammen vor dem Fernseher verbracht, in dem einen Zimmer der Eltern, das sich zu seinem Glück raumteilen ließ.

»*Der Müller, der hat einfach eine einzigartige Technik. Sagenhaft, wie der den Ball da immer reinhaut, da gibts kein Vertun. Und, hui, wie schnell der ist. Da kommt keiner mit! Der hebelt den Gegner einfach aus.*«

»*Ja, und weißt du noch, Willi, wie der Netzer den Elfer gegen England verwandelt hat, das war entscheidend. Also, ich finde, der hat was, der Günter Netzer. So kernig ist der, dem macht keiner was vor! Der hat echt seinen eigenen Kopf. Der Fred hat ja jetzt die Haare so wie er.*«

»*Ja, und vergiss nicht den Schwarzenbeck, Anne, der ist der Macher da im Mittelfeld.*«

Anne und Willi hatten Kölsch getrunken und wie wild herumgebrüllt, wenn die richtigen oder falschen Tore gefallen waren. Er selbst hatte nur das Endspiel mitgeschaut, um wenigstens informiert zu sein. Nach dem 2:0 für Deutschland wars eigentlich klar, wie er Anne und Willi erklärte, die das überhaupt nicht zu kümmern schien, dass die Sowjets keine Chance mehr hatten. Also harrte er ihnen zuliebe bis zum Ende, dem 3:0, aus.

»Die Zeit der Willis. Jetzt gibt es gleich zwei tolle Menschen, die so heißen. Deinen Vater und Willy Brandt«, hatte Anne nach dem

Endspiel gesagt, und er hatte lächeln müssen bei dem Gedanken daran, wie unterschiedlich die beiden waren.

Die Mutter hatte die Küche für sich gehabt während des gesamten Turniers. Sie selbst besaßen keinen Fernseher in ihrer Wohnung, und er vermisste ihn auch nicht.

Der Zimmertausch kam immer dann, wenn Willi seine Platten auflegte: »*Tanze Samba mit mir, Samba, Samba, die ganze Nacht ...*« Dann tanzte Willi mit der Mutter, und Anne hüpfte irgendwie mit dazu herum, während er sich mit seinem Schach-Magazin in die Küche zurückzog.

»*Oh, Schmidtchen Schleicher, mit den e-lastischen Beinen, wie der gefährlich in den Knien federn kann ...*«

Anne verstand ihn nicht.

»*Mach doch mal mit! Sind schließlich deine Eltern.*« Aber das war einfach nicht seine Musik. Und außerdem, er tanzte nun mal nicht so gern. Der Raum war eh viel zu eng, als dass er da auch noch hätte mittun müssen. Und irgendwie wars auch albern.

Anne schien das nicht zu stören.

Auch wenn sie mal woandershin gingen, eingeladen waren: Anne verstand es, sichtbar zu sein, einen Raum mit Leben zu füllen. Sie fand sofort Zugang zu jedem, kam rasch ins Gespräch oder wurde ins Gespräch gezogen. Er fand es angenehm, das Reden ihr zu überlassen, tauchte gern im Hintergrund ab und war froh, dass sie dennoch eines gemeinsam hatten: wenige, dafür enge Freunde. Nur mit der Mutter hatte es anfangs ein Weilchen gedauert.

»*Sie ist ein bisschen misstrauisch. Hat sie mal schlechte Erfahrungen gemacht?*« Das gemeinsame Rauchen in der Küche schien geholfen zu haben. Keine Ahnung, worüber sie dort geredet hatten. Vielleicht wars ja um Bücher gegangen. Auch Anne las nämlich gern und viel, allerdings nichts Sachliches. Nur Romane. Sie beriet den Willi beim Bücherkauf.

»Na, da hab ich mir ja was Feines angelacht«, hatte Willi neulich gesagt, als sie alle drei: er selbst, Anne und die Mutter, mal wieder im Garten gesessen und gelesen hatten, während Willi die Sträucher nachschnitt und das Unkraut jätete. In puncto Film hatten sie immerhin so ungefähr denselben Geschmack.

»Wenn es ein Mädchen wird, nennen wir es Lara.« Anne hatte sich bei ihm eingehakt, während sie die Zülpicher Straße hinunterliefen, vorbei an den billigen Klamotten-, Schmuck- und Plattenläden, den Imbissbuden und Kneipen. Irgendwer rief ihnen was zu, während in seinem Kopf noch in Leinwandbreite die Weite der stillen russischen Birkenwälder vorbeizog. Da würde er gerne einmal hin, durch diese riesigen, lichten Wälder wandern, in so einer Datscha unterkommen …

»… und wie Juri da zufällig aufschaut, als er mit der Kutsche durch ihre Straße fährt und dieses schwache Licht ihrer Schreibtischlampe hinter dem fast zugefrorenen Fenster aufscheint, und er lächeln muss, ohne zu wissen, dass sie es ist, die dort wohnt und für dasselbe lernt wie er, Medizin …«

Anne war mal wieder in Fahrt. Als sie geradezu beiläufig den Satz mit dem Kind einspeiste – *»Wenn es ein Mädchen wird, nennen wir es Lara«* –, hatte er erwidert: »Ja. Hübscher Name.«

Erst im Nachhinein, als Lara schon unterwegs war, fiel ihm auf, dass das der Moment gewesen war, in dem sie sich übers Kinderkriegen verständigt hatten. Über eine Fiktion. *Doktor Schiwago.* Ganz unkompliziert war das gewesen.

Manchmal wunderte er sich allerdings, um was für Dinge Anne dann wiederum eine Riesenaufregung, einen Stress verbreitete. Dabei war gar nichts los!

Am Ende ihres Referendariats hatte sie hochschwanger die Prüfung für ihr zweites Staatsexamen abgelegt. Sie hatte trotz der anhaltenden Übelkeit, der Müdigkeit und Reizbarkeit dafür gelernt, als ginge es um ihr Leben. Dabei, das bisschen Pädagogik. Er hatte Tabellen, Statistiken über kindliche Lernkurven und allen möglichen Stuss zum Thema Leseerwerb ausdrucken und mit ihr durchackern müssen. Was für ein Gelabere er da über sich hatte ergehen lassen müssen. Das waren doch alles vage, höchst unwissenschaftliche Vermutungen, fragwürdige Methoden. Stochern im Nebel der kindlichen Psyche. Vererbung, Erziehung, Umwelteinflüsse. Mal hü, mal hott.

Anne waren schon mal die Tränen runtergelaufen, angeblich weil es so viel, so verworren war. Wahrscheinlich waren das die Hormone. Aber er hütete sich natürlich, das zu sagen. So viel hatte er inzwischen begriffen, dass so etwas nie gut ankam bei Frauen.

»*Du wirst eine gute Lehrerin sein. Der Rest ist doch egal.*«
»*Ist es nicht. Ich will einen guten Abschluss!*«
»*Den interessiert doch später niemanden mehr.*«
»*Dir war deine Note auch nicht egal.*«
»*Doch nur, weils für die Promotion wichtig war.*«
»*Ja klar, deine Sachen zählen immer mehr. Sind ja sooo wichtig. Und wenns mal um mich geht ...*«
»*Wer sagt das? Ich nicht.*«
»*Du verhältst dich aber so.*«

Ach ja, sein Verhalten. Das war leider immer wieder mal Thema, vor allem wenn sie von Annes Eltern aus Duisburg, nein, Walsum hieß das Kaff, zurückkamen. Daheim stritten sie so gut wie nie. Das heißt: Vor der Schwangerschaft hatten sie nie gestritten. Auf diesen Rückfahrten von Annes Eltern dafür regelmäßig. »*Hättest du nicht ein bisschen mehr reden können? Du hast ja mal wieder die Zähne nicht auseinandergekriegt.*«

»*Wieso? Deine Brüder sagen doch auch nicht viel.*«
»*Das ist doch was ganz anderes. Wir sind schließlich der Besuch.*«

Seltsam. Er hatte nie das Gefühl, Besuch zu sein, wenn sie bei der Mutter und beim Willi waren. Und jedes Mal brachte Anne ihrer

Familie irgendwelche Geschenke mit, für die sie lange zuvor sparte. Als ob sie ihnen etwas schuldete, so kam ihm das manchmal vor. Aber er hielt natürlich seinen Mund. Ein solcher Kommentar hätte sie nur noch mehr aufgeregt.

»*Meine Mutter ist immer so freundlich zu dir.*«
»*Ich finde sie doch auch nett ...*«

Annes Mutter hatte er anfangs nur schwer verstanden. Ihr schlesischer Dialekt war schon etwas gewöhnungsbedürftig. Während er sich darauf konzentrierte, was sie da gerade von ihm wissen wollte – woher er seine guten Zähne habe, ob von der Mutter oder dem Vater? –, stieß Anne ihn unter dem Tisch bereits auffordernd an. Dabei war er noch mit Verstehen beschäftigt. Seine Antworten fielen wohl nicht sehr geistreich aus.

»*... nü, Manfred, davon kommt nüschte nichts.*«

Sie sagte von Anfang an Manfred. Obwohl Anne ihn als Fred vorgestellt hatte. Ihre ganze Familie tat das. Von Abkürzungen schienen sie nicht viel zu halten.

Annes Mutter hatte zudem die Angewohnheit, am Kaffeetisch nach seiner Hand zu greifen und mit ihren kräftigen Fingern ganz fest über seinen Handrücken zu reiben, als wolle sie überprüfen, ob seine Haut auch echt sei. Er war erstaunt, wie glatt ihre eigene Haut noch war, wie feines Sandpapier, und wie wenig Anne ihr ähnelte. Bis auf die Augenfarbe. Und immer war Annes Mutter in irgendeinen Schal oder eine Decke gewickelt, als sei ihr trotz der überhitzten Zimmertemperatur ständig kalt.

Viel hatte Anne nicht von ihr erzählt. Nur dass die Mutter im letzten Kriegsjahr mit ihnen auf einem Treck geflohen sei, mit allen vier Kindern und Geldscheinen im Schuh. Was für ein durchsichtiges Versteck, hatte er gedacht. Gesagt aber hatte er: »*Wieso vier Kinder, du hast doch nur zwei Brüder, also wart ihr doch drei?*« – »*Der Dieter ist damals gestorben.*«

Wie auch immer, Anne selbst konnte von alldem nicht allzu viel mitbekommen haben, sie war schließlich noch ein Säugling gewesen. Deswegen hatte es auch keinen Sinn, weiter nachzufragen, sie hätte eh nichts aus erster Hand dazu sagen können. Und ein Thema für die Kaffeetafel schien ihm das auch nicht gerade zu sein. Also lobte er lieber die Kuchen, den Braten und die Hefeklöße. Und das meinte er auch vollkommen ernst. So was hatte seine Mutter nie hinbekommen.

»*Der Mohnkuchen ist sehr gut. Dürfte ich noch ein Stück davon haben?*«

Ihre Mutter hatte ihn angestrahlt. Und plötzlich hatte sie ihn an Anne erinnert. Die aber hatte auch dazu wieder etwas zu sagen.

»*Klar kann sie kochen und backen. Was anderes durfte sie ja auch nicht lernen. Sie war eins von acht Kindern auf einem Großgrundbauernhof und –*«

»*Was ist denn ein Großgrund–*«

»*Ach, vergiss es!*«

Vom Vater, der, wie Anne das nannte, »ein Eisenbahner« war, »aus der Nähe von Krakau« – ein einprägsamer Mann mit starken Wangenknochen und Brauen, tiefen Augen und einer markanten Nase, die er offensichtlich all seinen Kindern vererbt hatte –, von dem sprach Anne kaum. Sie hielt immer einen gewissen Abstand zu ihm, saß meist am anderen Ende des Tisches.

»*Ein Tyrann, der Alte*«, sagte sie nur. Nach kurzem Zögern hatte sie noch hinzugefügt: »*Er kann wohl auch nichts dafür. Eigentlich ist er sehr großzügig. Trinkt und feiert gern. Hat aber nie was gehabt hierzulande. Schon gar nicht für sich.*«

Annes Vater hatte ihn gemustert. Misstrauisch, aber noch unentschieden. Als er von seinem Physikdiplom erfuhr, das Anne zu seiner Verlegenheit fast zeitgleich mit seinem Vornamen ins Spiel brachte, hatte er anerkennend genickt, seine Pfeife ausgeklopft und vor sich hin gepafft.

Nach dem Essen holte der Vater stets den Schnaps aus dem Schrank und verteilte großzügig »die Kurzen«: »*Jetzt aber, Manfred.*«

»*Vielen Dank, aber ich muss ja später noch fahren.*«

Die beiden Brüder Wolfgang und Manni sahen aus wie der Vater in jünger und weicher. Sie arbeiteten im Kohlebau. »Unter Tage.« Anne beschrieb das als: »*mit den Kumpels in die Zeche fahren und dann ab unter die Kaue*«.

Nach ein paar »Tach wie stehts?«-Worten« klopften sie ihm auf den Rücken oder lächelten. Ansonsten sagten sie nicht viel. Und während dann später die Kurzen kreisten und Anne mit den Brüdern Skat spielte – ab und zu entwich ihnen ein zotiger Scherz –, verzog er sich mit seinem Buch aufs Sofa und freute sich auf das Abendessen.

Es schien doch alles zu passen. Keiner aus der Familie hatte ihn je schräg angeguckt oder ihm ein ungutes Gefühl gegeben. Alle waren zufrieden. Bis auf Anne. Er verstand überhaupt nicht, was sie hatte. Konnte sie denn nicht einfach mal nur *sein*? Immer musste irgendwas durchleuchtet, hinterfragt oder besprochen werden. Inzwischen hatte er sich angewöhnt, auf der Rückfahrt von ihren Eltern gleich das Autoradio einzuschalten.

»*My Lady d'Arbanville. Why do you sleep so still? I'll wake you tomorrow …*«

»*… mal wieder komplett rausgezogen.*«

»*Nicht schon wieder diese Leier.*«

»*Immer muss ich alles übernehmen, die ganze Unterhaltung, alles am Laufen halten. Mir fällt auch nicht immer was ein.*«

» *… and you will be my fill. And you will be my fill …*«

»*Dann lass doch die anderen mal.*«

»*Die denken bestimmt, du bist arrogant. Stimmt ja auch. Du interessierst dich kein bisschen für sie. Oder für mich. Immer nur deine Bücher …*«

»*Du liest doch auch.*«

»*Aber doch nicht dann. In solchen Situationen! Ich krieg schon noch was mit, von den Menschen. Menschen, Fred. Schon mal davon gehört?*«

»*Your lips feel like white. Your skin has turned to white ...*«

An ihre Hochzeit dachte er gern zurück. Sie hatten alle Möbel in ihrer kleinen Wohnung in der Unkeler Straße zur Seite gerückt, bis auf den Tisch mit dem Büfett, das Anne und ihre Mutter in der Nacht davor zubereitet hatten, und sie hatten fast den ganzen Tag getanzt.

»*Siehst du, Fred. Geht doch!*«

Aber da hatte ja auch er die Musik bestimmt, abwechselnd mit dem Willi hatte er die Platten aufgelegt. So viele Menschen waren gar nicht da gewesen, und doch schien das Wohnzimmer aus allen Nähten zu platzen. Seine Mutter und Willi, Annes Familie, Michael, Karl und Gisela und Annes zwei Freundinnen Andrea und Eveline. Vor allem die Eveline tanzte und trank für zehn, ließ den Arm vom Michael gar nicht mehr los. Aber sie war schließlich auch Annes »Feierfreundin«, wie die das nannte. Zu seiner Erleichterung zogen die beiden auch an Karneval alleine los; er floh da regelmäßig aus der Stadt. Annes Trauzeugin Andrea wiederum war genau das Gegenteil: eine ziemlich versponnene Literaturwissenschaftlerin mit Mandelaugen und schlampigen Klamotten, die über ihre Zigaretten hinweg ständig über Kleist monologisierte. Als am kommenden Morgen schließlich alle gegangen waren, waren sie vor lauter Müdigkeit inmitten der Überreste der Feier eingeschlafen. Anne schleppte sich irgendwann ins Bett, und er kurierte den ersten Kater seines Lebens auf dem Wohnzimmerteppich aus, dessen grelle kreisförmige Muster in ihm Wellen der Übelkeit erzeugten.

Die Vase, die er da jetzt über den Gang der Wochenbettstation mehr schleppte als trug, war ziemlich schwer. Offenbar Porzellan. Das war mal wieder so eine der zahlreichen Unverhältnismäßigkeiten der

Dinge. Dieses Gewicht, fand er, stand doch in keinerlei Relation zu deren Inhalt. Waren Blumen nicht leicht und eher zart?

Als er ins Zimmer zurückkam, spazierte Willi mit Lara im Arm durch den Raum, die Mutter saß neben Annes Bett, sie lösten gemeinsam ein Kreuzworträtsel. Die Blumen lagen auf der Fensterbank und sahen recht geknickt aus.

»Ah, da bist du ja wieder.«

Er füllte Wasser in die Vase und tat die Blumen hinein. Die Vase, das sah er jetzt, war viel zu breit, dafür aber nicht hoch genug. Die Blumen kippten fast wieder heraus.

»Wohin damit?«

»Wie? Na da, auf die Fensterbank.«

Als er die Hände wieder freihatte, ging er zum Willi, nahm ihm die Kleine ab und schaute auf seine Tochter hinab, die in seiner Armbeuge friedlich weiterschlief, als habe sie den Wechsel vom Opa zum Vater nicht bemerkt. Er lächelte. Ja, das Leben ging weiter. Und vielleicht würde ja eines Tages noch ein Geschwisterchen kommen. Das stellte er sich schön vor. Er hatte das ja leider nicht gehabt.

3

1978, Parkbank

SIE nahm das Brot, das sie aus der Kantine hatte mitgehen lassen, zerrte an der Kruste, bis sie brach. Dann pulte sie das Innere heraus und warf die bröseligen Krumen den Tauben hin. Da, fresst. Und dann verpisst euch! Sonst dreh ich euch den Hals um.
    Es gefiel ihr, so zu reden. Auch wenn die Worte nicht laut aus ihr herauskamen, sondern sich nur drinnen, in ihrem Inneren regten. Drecksviecher, allesamt. Bakterienschleudern!
    Sie trat plötzlich und so heftig mit dem Fuß auf, dass die arglos herumpickenden Tauben, die ihr am nächsten waren, erschrocken aufstoben und sich in sicherer Entfernung von ihr niederließen. Sie wartete ein kleines Weilchen. Dann warf sie erneut ein paar Bröckchen, und schon waren sie wieder da. Gierten nach dem Brot, als sei nichts gewesen. Erbärmlich!
    »*Kommst doch nur wieder, weil du was zu fressen brauchst.*« Die Stimme des Vaters, erstaunlich hoch, schrill für einen Mann, war ihr auch nach all den Jahren, in denen sie jetzt so gut wie keinen Kontakt mehr zu ihm hatte, noch präsent. Aber er hatte ja recht gehabt. Essen musste man. Meinetwegen auch fressen. Ohne das gings nicht. Zweimal war sie weggelaufen, damals, von daheim. Dann hatte sie sozusagen den Schwanz eingezogen. Und auf dem Tisch hatte tatsächlich stets was gestanden, denn irgendeine hatte es immer gegeben, die es eine Weile bei ihnen aushielt. Aber nur den Namen der einen, der Ersten, den hatte sie sich gemerkt: Dora. Sie hatte ihren

Geruch gemocht: nach nicht mehr scharfen, gekochten Zwiebeln, nach Küchendunst und Ofenhitze. Und ihre Augen; umarmende Augen hatte sie gehabt. Wenn sie nicht gerade zugeschwollen waren.

»Ach mei, mei«, hatte sie immer zu ihr gesagt und versucht, ihr die störrischen Haare mit den Händen zu glätten. »Mei, Mädchen, man kann es sich halt nicht aussuchen ...«

Eines Tages war sie weg gewesen. Danach wars gewissermaßen Schlag auf Schlag gegangen.

»Deine Mutter? Eine Dirne war sie. Wie die meisten Frauen. Nichts weiter.«

Manchmal, in den stabileren Zeiten, wenn sie den Gedanken ertrug, fragte sie sich, wie sie wohl ausgesehen hatte, ihre Mutter, die Dirne. Dann stellte sie sich vor den Spiegel, stellte sich bewusst so hin, dass der Spiegel ihr gesamtes Gesicht einnahm, und sah sich an. Vielmehr, sie versuchte, etwas zu sehen. Irgendwas ... Ihre schmale Nase, die Augenfarbe, ja auch das eckige Kinn, das alles hatte sie ganz offenbar vom Vater. Ja, den Vater, den sah sie deutlich vor sich. Sie zog die dünnen Lederhandschuhe aus ihrer Manteltasche, streifte sie über. Es wurde schon kühl.

»Darf ich mich dazusetzen?«

»Meinetwegen.«

Sie machte einem älteren Herrn in Sportjacke Platz, der recht umständlich eine Thermoskanne aus seiner Tasche hervorkramte, sie öffnete und sich einen Kaffee eingoss.

»Auch einen?«

»Nein danke.«

Dass die Menschen, Männer vor allem, immer so verzweifelt Anschluss suchten. Sie schaute ganz bewusst in eine andere Richtung. Beim Anblick der Tauben und Spatzen, die eine Parkbank weiter gerade eine Mutter mit Plastiktüte umkreisten, aus der ihr Junge mit vollen Händen das Futter warf, musste sie grinsen. Ja, auch Männer waren so. Egal, ob man sie in den Hintern trat, sie kamen stets zurück, schnappten nach jedem Krumen an Zuwendung, den man ihnen hinwarf. Und auch das konnte sie im Grunde gut verstehen. Mit dem Sex war es wie mit dem Fressen. Ohne das gings nun mal nicht.

Sie schloss den Mantel, der ihr inzwischen viel zu weit war. Sie musste wirklich dringend etwas mehr essen.

Der Junge vor der anderen Parkbank war das Futterwerfen nun wohl leid. Er nahm einen Stock und zielte damit wie mit einem Gewehr auf die Vögel.

Sie selbst hatte als Kind, wenn die anderen Räuber und Gendarm, Fangen oder Verstecken spielten, immer gern »Altsein« gespielt. Diese Rolle war stets die ihre gewesen, und sie hatte ihr das ständige Mitspielendürfen gesichert. Sie war auf jedem Schiff der alte, ausgediente Matrose, in jedem Indianerstamm die weise Squaw gewesen. Und während die anderen »wenn ich mal groß bin, werde ich Feuerwehrmann oder Astronaut« in ihre Alben schrieben, träumte sie einfach nur davon, älter zu sein. Alt genug, um allein zurechtzukommen. Um weiterzukommen. Wohin, war egal. Hauptsache: weg.

Ja, das hatte sie damals gedacht. Heute wusste sie, dass sie vor allem davon geträumt hatte, »widerständiger« zu werden. Alles zu wissen, was nur die alten Leute wissen. Und dieses Wissen zu überleben. Es einfach auszusitzen. So lange, bis es gleichgültig wurde.

4

1978, Köln

LARA klebte mehrere Bögen aneinander, bis sie einen langen weißen Papierstreifen hatte. Eine Geschichte wollte sie malen. Von den Indianern.

»Na, das wird aber eine lange Geschichte.« Der Opa lächelte. Er freute sich immer so, wenn sie was machte. Das war schön. Schön war auch, dass er ihr auf die erste Seite ein Wappen gemalt hatte. Der Opa konnte toll malen.

»Ein Wappen braucht man immer«, hatte er gesagt, und ganz sicher gab es bei den Indianern auch welche. Selbst jede Stadt hatte schließlich eines. So wie Köln.

Das hatte der Opa ihr neulich mal aufgemalt. Es hatte drei goldene Kronen auf Rot im oberen Teil für die »Heiligen Drei Könige« – *»Sind das nicht die, die dem Jesuskind im neuen Jahr immer Geschenke bringen?«* – *»Ja, genau die! Deren Knochen liegen hier im Kölner Dom begraben.«* – *»Ähhh, igitt!«* – und elf schwarze Tropfen auf Weiß im unteren Teil. *»Sind das Tränen?«* – *»Ja genau. Für die elftausend Jungfrauen der heiligen Sankt Ursula, die damals, vor langer Zeit, in Köln gestorben sind.«* – *»So viele? Warum das denn?«* – *»Weil Ursula nicht die Frau des Hunnenkönigs Etzel werden wollte, und da hat er zur Strafe auch all die anderen jungen Frauen getötet.«* – *»Aber die hätte er doch eh nicht alle heiraten können. Wie ungerecht!«*

Sie wollte ein tolles, ein spannendes Wappen. Eins, das zu Indianern passte. Und das keine toten Frauen und Knochen von Königen drin hatte wie Köln. Bei den Indianern gab es sowieso keine Könige. Nur Häuptlinge.

Der Opa hatte in ihr Wappen einen Adler gemalt, und der Adler trug einen Tomahawk in den Klauen.

»Ich will noch was Buntes.«

Also hatte er bunte Federn drumherum gezeichnet, solche, wie die Häuptlinge sie im Haar trugen.

»Gut, Opa. Das passt.«

»Na, da kanns ja jetzt losgehen.«

»*Winnetou-ou-ou, der große Held. Bei seinen Freunden, tapfer und bescheiden* ...«

»Opa, die Platte ist schon wieder zu Ende!«

»Na so was. Ja, willst du die denn noch mal hören?«

»Ja-a!«

»Das ist doch immer dieselbe Geschichte ...«

»Ich mach ja jetzt eine neue. Kann ich noch was Süßes? Gummibärchen. Nein, Schokolinsen. Beides!«

»Aber sicher, Sönnchen.«

Eigentlich war ihr schon ein kleines bisschen übel von den Süßigkeiten davor. Aber dann würde die Oma später eben wieder einen Kamillentee kochen.

»*Willi, übertreibs nicht. Das Kind ist schon ganz weiß um die Nase. Komm, Schätzchen, ich mach Tee. Und da, iss doch ein bisschen Obst* ...«

Iiih ... Obst. Jetzt konnte die Oma aber gerade zum Glück nichts sagen. Sie spielte nämlich mit Daniel Fußball, unten im Garten. Der Garten war riesig. Aber der Daniel war noch so klein, der stolperte ständig über den Ball. Das war so langweilig.

»*Daniel in der Löwengrube.*« – Die Mama sagte das manchmal, und es klang irgendwie feierlich und so, als würde sie es in diesem Moment zum allerersten Mal sagen. Sie verstand das nicht.

»Aber der Daniel sitzt doch gar nicht in der Grube.«
»Das ist eine sehr alte Geschichte. Aus der Bibel, Lara. Der Daniel von damals, also nicht dein Bruder, war ein Prophet, ein heiliger Mann. Und der böse Herrscher in seinem Land, der eifersüchtig auf ihn war, wollte Daniel den Löwen zum Fraß vorwerfen. Aber sie taten ihm nichts. Die Löwen konnten ihm nichts anhaben.«
»Hm. Und was ist mit meinem Namen? Ist der auch heilig?«
»Nein, Maus. Dein Name ist aus einem berühmten Roman von Boris Pasternak. Eine sehr schöne Liebesgeschichte ist das, die in Russland spielt zur Zeit der Russischen ... also, in einer vergangenen Zeit. Und die Heldin ist eine ganz tolle junge Frau, die Krankenschwester ist und Lara heißt.«
»Ooch ...«
Sie war enttäuscht. Krankenschwester! Was sollte denn daran so besonders sein? Und Liebesgeschichte klang erst recht langweilig. Typisch. Daniel hatte es wieder mal gut. Der konnte Löwen und wahrscheinlich auch andere Ungeheuer besiegen und musste sich vor nichts fürchten. Er war zwar erst drei und sah überhaupt nicht so aus, wie sie sich einen mutigen und mächtigen Magier vorstellte, aber das konnte ja noch kommen, wenn er größer wurde. Der Name war jedenfalls schon mal da. Ungerecht!
Aber gut. Dafür kannte die Mama ihr Geheimnis ja auch nicht. Nur der Opa wusste Bescheid: dass sie in Wirklichkeit überhaupt nicht Lara hieß. Sondern »Leiser Wolf«. Vom Opa auch »Sönnchen« genannt. Zur Tarnung. Der richtige Namen war geheim, den träumte man erst. Das hatte sie schon, daher wusste sie ihn ja – und dann musste man ihn sich, wenn man älter war, auch noch verdienen, bevor einen alle, also der ganze Stamm, so nennen durften. Aber so eine »Visionssuche«, die hatte sie natürlich noch nicht gemacht. In dem Buch über Indianer, aus dem sie im Kindergarten manchmal vorgelesen bekamen, stand, dass so eine Suche sehr

mühsam war. Da war man wochenlang allein in der Wildnis unterwegs und durfte nicht viel essen …

Lara griff in die Schale mit den Schokolinsen.

Der Traum von dem Wolf, der ihr den Namen gegeben hatte, war ganz stark und deutlich gewesen. Sie hatte danach noch lange im Bett gelegen, die Augen geschlossen, um ihn festzuhalten. Dass jetzt bloß keiner reinkam und sie störte!

Sie war, wie ganz oft, wenn sie träumte, durch einen Wald gelaufen, auf dem Weg irgendwohin. Ein bisschen wie bei Rotkäppchen, nur ohne Korb. Es war ein schöner Wald, durch den sie lief. Mit hellen Blättern, durch die die Sonne schien. Sie fühlte sich wohl und hatte gar keine Angst. Im Gegenteil, der Wald war ihr Zuhause.

Aber plötzlich war etwas hinter ihr gewesen. Sie konnte sich nicht danach umdrehen, aber sie spürte ganz deutlich, dass da etwas war. Und dieses Etwas machte ihr Angst. Es wollte ihr was tun. Sie lief, so schnell sie konnte, aber das nützte nichts. Das *Etwas* war immer da, egal, was sie tat. Wenn sie rannte, dann rannte das *Etwas* auch. Sich hinter einem Busch verstecken, Steine, Stöcke werfen, schreien – nützte nichts. Auf einen Baum klettern auch nicht, da sprang es dann zu ihr hoch wie ein Raubtier. Und als sie sich befahl zu fliegen: »Flieg, flieg!«, und sich ihre Arme tatsächlich wie Flügel bewegten und sie ein paar Meter über dem Boden schwebte, da schnappte es nach ihren Beinen.

Schließlich, nachdem sie so lange und so schnell gerannt war, wie sie konnte im Traum, war sie über irgendwas gestolpert und gestürzt. Und das Seltsame war: Sie hatte schon vorher gewusst, dass das gleich passieren würde. Gleich falle ich hin.

Sie war also hingefallen, hatte auf dem Rücken gelegen und einfach nicht mehr weitergekonnt. Dann war dieses *Etwas* da gewesen und hatte sich über sie gebeugt. Es war dunkel und bedrohlich und hatte kein richtiges erkennbares Gesicht, denn jetzt war auf einmal auch die Sonne weg, und es war Nacht. Aber sie konnte seinen Atem hören und auf sich spüren. Ja, und es hatte *etwas* zu ihr gesagt. Das Dumme war nur, dass sie vergessen hatte, was. Dabei war es doch was sehr Wichtiges gewesen!

Aber plötzlich war da im Traum, als es gerade ganz schlimm war, der Wolf gekommen. Direkt zwischen sie und das *Etwas* war er gesprungen. Sozusagen aus dem Hinterhalt. Sie hatte vorher gar nichts von ihm bemerkt. Leise war er. Sein Fell war hellgrau und ganz gepflegt. Das Mondlicht fiel darauf. Ein schöner, starker Wolf. Mit strahlenden grünen Augen. Was sehr besonders war, denn normalerweise waren die Augen von Wölfen doch gelb. Oder blau. Oder? Jedenfalls hatte der Wolf den Kopf gehoben und geheult, in den Himmel hinein, und das *Etwas* war verschwunden. Aber nicht so, *puff,* wie in einem Zaubertrick. Nein, es löste sich ganz langsam, ganz friedlich in Luft auf. Und auf einmal war in ihrem ganzen Körper ein sehr schönes Gefühl gewesen. Wie schweben.

Der Wolf hatte weitergeheult, und da hatte sie gemerkt, dass er ganz nah bei ihr war, so nah, dass sie sein Fell auf der Haut spüren konnte, mehr noch: dass sie selbst mittendrin in dem Körper vom Wolf steckte. Ja, so fühlte es sich plötzlich an: dass *sie* jetzt der Wolf war. Der Wolf, nein, sie begrüßte den Mond am Himmel, und alles war gut. *Wasch-te.* »Leiser Wolf«. Ich bin »Leiser Wolf«.

»*Das war der Donnervogel. Er hat mit den Flügeln geschlagen. Er hat die Worte Winnetous gehört ...*«

Lara malte ein großes Zelt neben das Wappen vom Adler. Sie malte es fast ganz braun aus, für das Leder, aus dem die Zelte ja waren. Aber in die Mitte malte sie eine große orange Sonne: »Sönnchen«. Sie überlegte. Und jetzt? Sollte sie die Helden, den Krieger und das Mädchen, die in ihrer Geschichte die Hauptpersonen sein sollten, danebenmalen? Damit man gleich wusste, dass es um sie ging? Oder würde das schon zu viel verraten?

»*Winnetou will die Sprache des Weißen Mannes lernen. Um so zu denken wie er ...*«

Neulich, da hatte sie ein Gewehr hier im Wäscheschrank gefunden. Sie hatte sich nicht getraut, es anzufassen. Irgendwie war es ein bisschen unheimlich gewesen, dass das dort stand, weil es so gar nicht zu all der weißen, blaugestreiften und rosa Bettwäsche passte. Normalerweise ging sie auch gar nicht an die Schränke von Oma und Opa. Sie wusste selbst nicht, warum. So richtig verboten war das nicht, aber Oma und Opa würden das bestimmt nicht so gern sehen, wenn sie einfach, ohne zu fragen, überall dranginge. Aber als die Oma neulich ein Küchenhandtuch zum Abtrocken aus dem Schrank im Schlafbereich herausgeholt hatte, da hatte sie die Tür wohl aus Versehen nicht richtig zugemacht, und da war das Gewehr gewesen.

Eigentlich war es oft so, dass sich bei Oma und Opa hinter den Türen etwas ganz anderes befand, als man dachte. Wenn man die Besenkammer in der Küche öffnete, war da zum Beispiel ein Klo drin. Der Opa hatte das eingebaut, weil es sonst nur die Toilette gleich vorne im Eingangsbereich neben der Haustür gab. Und da gingen ja auch immer die Studentinnen drauf oder auch dran vorbei, wenn sie heimkamen oder das Haus verließen. Und dann hätten Oma und Opa zum Beispiel nachts im Nachthemd und Schlafanzug über den Flur gemusst, der allen gehörte, nur um mal aufs Klo zu gehen.

Auch ein Badezimmer gab es nicht, so wie daheim bei Mama und Papa. Sondern neben dem Tisch in der Küche war ein Vorhang, dahinter gab es ein Waschbecken mit Spiegelschrank, eine Waschmaschine und eine eingemauerte Sitzbadewanne. Dafür gab es aber auch Dinge, die »zu viel« da waren. Ein kleines Stück Treppe im Flur zum Beispiel, das nirgendwohin führte, sondern einfach in der Wand endete. Ebenso wie eine niedrige Tür, durch die man auch nicht gehen konnte.

»Da wurde was zugemauert«, hatte der Opa ihr erklärt. »Ach ja, unser Winkelhaus. Häuser sind wie Menschen, weißt du, Sönnchen. Unberechenbar. Nie ist klar, wann und wo der nächste Schaden auftaucht. Und so verbaut, die vielen Nischen. Du müsstest erst mal den Keller sehen ...«

Aber das wollte sie nicht. Keller waren unheimlich. Immer! Sie saß dafür oft auf den oberen Stufen der »toten Treppe« mit ihrem Fernrohr und spielte Pirat oder Wikinger oder Indianer.

Mit dem Gewehr im Wäscheschrank hatte sie nicht spielen dürfen. Der Opa hatte es für sie herausgeholt, und sie hatte es einmal kurz anheben dürfen. Es war ganz schön schwer gewesen.

»Wofür brauchst du das Gewehr denn, Opa?«

Der Opa hatte irgendwas gemurmelt, was sie nicht verstanden hatte. Aber das Gewehr war dann verschwunden.

»*Winnetous Herz ist schwer. Er ahnt, dass bald noch mehr Weiße Männer in sein Land kommen werden, um das Feuerross zu bauen ...*«

Wenn sie auf der Terrasse oder im Garten Indianer spielte, dann nahm sie Omas größten Holzkochlöffel als Gewehr, und Daniel bekam einen kleinen. Aus den Liegestühlen konnte man prima Zelte bauen. Und sie durfte sich mit Omas rotem Lippenstift Striche ins Gesicht malen. Die Oma benutzte den eh nie.

Mit Daniel konnte man gut spielen, wenn er nicht gerade hinter einem Ball herrannte. Er machte meistens, was sie sagte.

»Ich nehme heute den gefährlichen Pfad, kleiner Hirsch, durch die Verbotenen Wälder, wo es noch Nachfahren der berüchtigten Krähenfuß-Indianer gibt, die ...«

»Und was mache ich? Kann ich dein Pferd haben?«

»Nein! Du sammelst im Hauptquartier Beeren und andere Vorräte für den Winter.«

»Ja, großer Häuptling! Aber wo ist denn dieses Kwarier?«

»Quartier. Bei der Oma natürlich!«

»Ah so. OMA!«

»Nimm den Korb mit. Wenn ich bei Anbruch der Dunkelheit nicht zurück bin, musst du einen Suchtrupp ausschicken.«

»Ja, mach ich. Ich komme dann!«

Der Opa sah ihnen oft zu beim Spielen. Und dann lachte er oder klatschte in die Hände und sagte etwas sehr Ärgerliches. Er sagte es immer wieder: »So harmlos. So harmlos, das alles!«

Dabei waren ihre Abenteuer nicht nur spannend, sondern auch gefährlich. So ein Marterpfahl zum Beispiel. Als ob der harmlos wär! Der Daniel hatte da festgebunden gestanden, und sie hatte Messer auf ihn geworfen und ihn mit Feuerscheiten geblendet.

Und der hatte auch so geschrien, als ob es echte Messer und echtes Feuer gewesen wären.

»Wenn der Große Geist den Häuptling der Apachen eines Tages zu sich ruft, werden seine Krieger in seinem Namen weiter für das Gute kämpfen, sie werden den Ruhmestanz für ihn tanzen ...«

Die Oma tanzte manchmal mit ihr. Wenn Daniel mitmachen wollte, dann tanzten sie auch im Kreis.

»Schön ist es, auf der Welt zu sein, sagt der Igel zu dem Stachelschwein. Du und ich, wir stimmen ein, schön ist es, auf der Welt zu sein ...«

Der Opa mochte das Lied auch besonders gern, und so tanzten sie manchmal drei- oder viermal hintereinander zum selben Lied.

Mit der Oma war sie am liebsten in der Küche. Der Opa war fast nie in der Küche, nur zum Essen. Er war eigentlich immer auf der Terrasse oder im Garten. Oder im Wohnzimmer. Die Küche gehörte der Oma. Da war es ruhig, aber trotzdem gemütlich. Vor allem im Rauch.

Es machte Spaß, der Oma beim Zigarettendrehen zuzusehen. Sie hatte eine große Tabakdose, aus der sie den Tabak herauszupfte und dann in ein kleines Gerät hineinstopfte, das ungefähr so aussah wie ein aufgeklapptes Feuerzeug. Dann nahm sie weiße Hüllen aus einem Kästchen, steckte sie auf die Spitze von dem Gerät und zog den Tabak da hinein. Manchmal durfte sie für die Oma eine Zigarette drehen. Nur rauchen durfte sie sie nicht. Aber wahrscheinlich hätte ihr das eh nicht geschmeckt. Die meisten Dinge, die die Erwachsenen mochten, schmeckten ekelhaft. Der Kaffee war einfach nur bitter, und das Kölsch, das der Opa trank, war total scheußlich.

Wenn die Oma nicht rauchte und Kaffee trank oder kochte, dann strickte sie. Lesen tat sie in der Küche nie, nur auf ihrem Bett, das tagsüber wie ein Sofa war. Sie strickte sehr schnell, *klack-klack, klack-klack* machten die Nadeln in ihren Händen, das klang sehr gemütlich, und man konnte richtig dabei zusehen, wie aus der Wolle all die Sachen herauswuchsen, die sie und Daniel im Winter dann trugen: Pullis, Schals und Mützen.

Die Apfel- und Orangenstücke, die die Oma ihr immer hinschob, aß sie meistens mehr aus Versehen. Weil sie auch was mit ihren Händen machen wollte, so wie die Oma. Nach Äpfeln roch auch das Shampoo, mit dem die Oma ihnen hinter dem Vorhang immer die Haare wusch. Und dann drehte sie ihnen aus Handtüchern tolle Turbane, und sie saßen dann eine Weile ganz still damit vor dem Fernseher, damit sie nicht runterfielen.

»Oma, erzähl von früher!«

Egal, ob die Oma gerade rauchte oder strickte, sie fing an zu erzählen, wenn sie sie darum bat. Auch wenn sie sonst nicht so viel sagte – nicht so viel wie der Opa jedenfalls –, erzählen konnte die Oma gut.

»Damals gab es noch nicht so viele Autos auf den Straßen, weißt du, und wenn wir dann sonntags zur Spazierfahrt den Wagen aus der Garage geholt haben – ach, eine schöne glänzend schwarze Limousine war das! Da standen schon die Kinder aus der Nachbarschaft vor unserer Tür und warteten. Die wussten schon, wenn es so weit war, und sind uns dann rufend und winkend hinterhergelaufen, manchmal bis zur alten Sauerbrücke hoch. Ich weiß noch, wir wollten immer, dass der Vater schneller fährt, um sie abzuhängen, aber er ist dann manchmal sogar extra ein bisschen langsamer gefahren, damit sie noch länger mithalten konnten.«

»Jetzt habt ihr aber kein Auto in der Garage, du und der Opa.«
»Nein.«

Das war ein ganz komisches Gefühl, sich vorzustellen, dass die Oma mal woanders gewohnt haben sollte. Sie gehörte doch hierher, in die Küche oder auf das Sofa. Und zum Opa. Sie war auch immer da. Noch nie war sie zum Beispiel einkaufen gewesen, wenn sie kamen, oder woandershin unterwegs. Sie selbst und Daniel waren noch nie mit dem Opa allein im Haus gewesen. Mit der Oma schon. Sie konnte sich auch gar nicht vorstellen, dass die Oma mal nicht da war. Dann wäre alles irgendwie *leer*.

»… und meine Mutter, hui, war die streng. Streng, aber gerecht! Sie trug immer einen großen Schlüsselbund an der Hüfte, der bei jedem ihrer Schritte klirrte. Und wir Kinder …«

Also, dass die Oma mal ein Kind gewesen sein sollte, so wie sie, nein, das konnte nicht sein! Da nützte es auch nichts, dass sie wusste, dass jeder Mensch erst mal als Baby auf die Welt kam und dann erst mit der Zeit groß wurde. Die Oma hatte immer diese Erwachsenenhaut gehabt und diese Frauenhaare mit den blonden Wellen, und sie hatte ganz bestimmt immer geraucht. Und solche Dinger, wie Oma und auch Mama sie hatten, diese *Busen*, wollte sie nie haben! Aber die Oma hatte ihr schon ganz früh erklärt, dass sie die auch bekommen würde, wenn sie mal groß war.

»… und einmal, da haben die Charlotte und ich dem Clärchen einen Streich gespielt«, die Oma kicherte jetzt ganz seltsam, »und ihre Unterwäsche …«

»Wem?«

»Na, unserem Hausmädchen. Die hab ich nicht ausstehen können als Kind...«

»Was ist noch mal ein Hausmädchen?«

»Jemand, der in einem großem Haushalt mithilft. Der das Essen aufträgt oder den Besuch an der Haustüre empfängt und in den Salon führt, der die ganzen Zimmer in Ordnung hält, die Betten bezieht, putzt und Staub wischt und so weiter.«

»Hm. Aber jetzt machst du den Staub weg, und der Opa kauft ein...«

»Ja, Kind. Jetzt ist alles anders.«

»Und was sagt ihr Herz? Ihr Herz sagt: Winnetou...«

Lara zog an dem langen Papierstreifen, um mit dem nächsten Blatt weiterzumachen. Der Anfang der Geschichte war jetzt fertig. Aber es gab noch ganz schön viel zu tun.

Das Beste war, dass sie heute wieder hier übernachten durfte. Weil sie dann nicht immer auf die Tür horchen musste, ob Papa oder Mama klingelten und sie schon wieder heimmussten. Es war also richtig schön viel Zeit. Noch ein ganzer langer Abend und ein Morgen.

Sie wollten eigentlich immer hier übernachten, Daniel und sie. Mama und Papa waren ja auch sehr oft mit hier. Das war natürlich das Allerbeste, wenn alle da waren. Eigentlich hatte sie ja zwei Zuhause, in denen sie ungefähr gleich viel war: das in der Unkeler Straße, nur mit Mama und Papa, und hier bei Opa und Oma.

Aber wenn Mama nicht dabei war, dann durften sie viel mehr Fernsehen gucken. Dem Papa war das egal. Dem war fast alles recht.

Der Fernseher war in einem Extraschrank, bei dem man die Türen aufklappen konnte, und dann erst war er da, der Fernseher. Ihre Lieblingsserien, die sie immer zusammen mit Opa und Daniel guckte, waren »Captain Future«, »Daktari«, die »Sesamstraße« und

»Dick und Doof«. Sie hätte auch unheimlich gerne mal so ein Rieseneis wie der Ernie in der »Sesamstraße«. Mit mindestens zehn Bällchen übereinander.

Der Opa schaute Nachrichten. Am gespanntesten war er immer auf das Wetter wegen dem Garten, und außerdem liebte er *Raumschiff Enterprise*. Nur sprach er die Namen immer ganz anders aus, als die im Fernsehen. Zu Spock sagte er »Spuck« und zu »Käptän Körk« sagte er »Kirk«. Das war lustig. Die Oma schaute sich überhaupt nur Lustiges an. Ihr Liebling war so ein komischer Franzose, der immer verrückte Grimassen schnitt, wahnsinnig schnell sprach und vor irgendwelchen Leuten davonrannte, obwohl er doch ein Polizist war. Rannten die nicht eigentlich hinter den anderen her, hinter denen, die etwas angestellt hatten?

Wenn es Schlafenszeit war, dann holte der Opa für Daniel und sie zwei Betten aus dem Keller, die man so aufklappen konnte.

»Ich baue jetzt die Betten«, sagte der Opa immer dazu. Komisch. Die Mama *machte* immer die Betten. Und das Bett in ihrem Kinderzimmer war auch ganz anders. Mit einer weichen, knuffeligen Bettdecke, unter die sie kriechen und in die sie sich wickeln, mit der sie sich hin und her wälzen konnte.

Beim Opa war die Bettdecke so straff gezogen und an den Seiten um die Matratze herum eingeschlagen, dass sie gar nicht ins Bett krabbeln oder sich reinlegen konnte. Sie musste da unter die Decke gleiten, sich *hineinstecken* wie ein Brief in einen Umschlag.

»Das hab ich so gelernt. Als Soldat«, sagte der Opa, als sie ihn mal danach fragte. Klar, Soldaten mussten ja auch schlafen. Aber so eingewickelt? Vielleicht damit sie nicht abhauten?

Über Omas Bettseite war die Wand leer, nur eine große Stehlampe mit rot-weiß gestreiftem Lampenschirm stand wie ein freundlicher Aufpasser neben ihrem Bett, wo auch jede Menge Bücher lagen. Über Opas Bettseite hing ein Bild mit Händen. Es war schwarz-weiß, und die Hände sahen aus, als würden sie beten. Das war merkwürdig, weil sie den Opa noch nie hatte beten sehen. Und er ging auch gar nicht in die Kirche.

»Warum hängt das Bild da?«, hatte sie ihn mal gefragt.

»Das ist ein Geschenk, Kind.«

Und als sie dachte, Opa hätte schon fertig geredet, sagte er noch: »Sie hieß Eliška. Sie war Krankenschwester. Hat mich gepflegt, im Krieg. Und mir das Leben gerettet.«

Ui, Krieg. Und Krankenschwester. Wie die, von der sie, wie die Mama meinte, ihren Namen hatte: Lara.

»Hast du dafür das Gewehr aus dem Schrank gebraucht, für den Krieg? Opa?«

Der Opa hatte das wohl nicht mehr gehört. Er stand jetzt mit dem Rücken zu ihr, schaute aus dem Fenster.

»Was es wohl morgen für ein Wetter gibt?«

Ja, das Wetter war dem Opa immer sehr wichtig. Wenn sie spielten, sagte er immer so Sätze wie: »Bestimmt kommt bald ein Sturm auf«, oder: »Das Wetter schlägt um, wir müssen uns in Acht nehmen, Herr Kapitän.«

Wie ein Wikinger sah der Opa aus. Nur ohne Hörnerhelm. Und ohne Waffen. Denn die Wikinger hatten ja noch keine Gewehre gehabt, nur Äxte und Messer. Aber er hatte helle blaue Augen wie das Meer. Aber so wie wenn sie mit Wasserfarben malte und das Blau ganz lange auf dem Blatt ausstrich, bis es durchsichtiger, blasser wurde. Sie sah da gerne hinein, in die Augen vom Opa. Sie lachten sie immer an. Obwohl, manchmal, wenn sie nur kurz zu ihm hinschaute, ohne dass er es merkte, waren sie auch irgendwie bedeckt. Als ob Wolken drüber hingen …

Jedenfalls: Es war schön, bei Opa und Oma zu schlafen. Nur wenn sie mitten in der Nacht mal aufwachte, weil sie aufs Klo musste oder so, dann war das Zimmer manchmal voller Geräusche.

Daniel war fast ganz still, nur ab und zu murmelte er was oder schmatzte. Aber die Oma, die schnarchte ganz schön laut. Nur kurz, aber dafür immer wieder. Sie rief dann: »Oma, hör auf!« Aber das nützte nichts. Sie versuchte immer, möglichst schnell wieder einzuschlafen, weil das Geräusch so nervte.

Aber auch Opa war laut. Nur anders. Das war ein bisschen unheimlich. Er sprach oft ganz viele kurze Worte vor sich hin: »Jawoll, jawoll, jawoll!« Oder: »Nein. Nein, nein, nein.«

Und dabei rieb er sich die Hände. Die ganze Zeit. Als wolle er sich waschen, im Traum.

Wenn sie am Morgen aufwachte, war sie immer die Letzte. Alle waren schon aufgestanden. Oma, Opa und auch Daniel. Sie blieb dann gern noch ein Weilchen liegen. Das Licht fiel durch die Ritzen der Rollläden auf ihre Bettdecke und den Zimmerboden, das sah aus wie kleine goldene Körnchen. Sie stellte sich vor, dass all das Licht nur für sie war. Dass sie ein Vogel sei, der die ganzen Goldkörnchen aufpicken würde, bis er satt und ganz warm war und aus dem Bauch heraus leuchtete. Ja, und dann drang, ab und zu, von draußen dieses Geräusch zu ihr herein, auf das sie immer schon wartete, weil es zum Morgen dazugehörte. Es war wie ein sanfter Ruf, aber aus irgendeinem Grund tat es auch auf eine merkwürdige und zugleich schöne Art weh: »*Coo-coo, coo-coo …*«

5

1979, Köln

MARGOT machte sich einen Tee. Eigentlich verabscheute sie Tee. Besonders Kamille. Zu mild, zu lasch für ihren Geschmack, und außerdem zog er die Erinnerung an Zustände von Unwohlsein und Übelkeit nach sich. Zwar hatte sie ihn bis vor Kurzem ständig gekocht, aber bloß für die Kinder. Zum Ausgleich. Denn Willi musste es ja immer übertreiben; mit vollen Händen teilte er die Süßigkeiten aus, als gäbe es kein Morgen. Heute aber war ihr übel, mehr noch: Ihr war richtig schlecht. Und dass auch der Willi jetzt einen Tee wollte, war fast noch beunruhigender.

Margot schob den Heizstrahler ein wenig näher an den Küchentisch heran, obgleich sie doch ihren Winterpullover trug. In diesem Jahr hatte sie lavendelfarbene Wolle dafür genommen. Leider roch er aber nicht nach Sommer. Nichts duftete.

Willi hatte still bei ihr gesessen, bis eben. Er hatte ihre Hand gehalten und sich mit der anderen über die Stirn gewischt. Dabei trug er nur ein kurzärmeliges Hemd.

Die Terrasse und der Garten waren unter einer dichten Schneedecke verschwunden, die sämtliche Geräusche der Welt verschluckte.

Es war ihrer beider liebste Zeit. Diese weichen, stillen Tage des neuen Jahres.

Heute aber würde es nicht still bleiben. In einer guten Stunde würden die Kinder kommen. Zum ersten Mal seit dem letzten Sommer.

Margots Blick glitt zu der treuen, abgegriffenen Tabakdose, die neben dem Aschenbecher bereitstand. Nein, das brachte nichts.

»Sie müssen sich erst einmal an die neue Situation gewöhnen. Dann dürfen sie euch gerne wieder besuchen kommen.«

Sicher waren sie gewachsen in der Zeit. Lara war jetzt ein Schulkind, im Juli war ihr der erste Milchzahn ausgefallen, als sie auf der Terrasse – war das wirklich erst einige Monate und nicht bereits ein ganzes Leben her? –, als sie hier Kirschkuchen mit Sahne gegessen und auf einen Kern gebissen hatte. Daniel war weiterhin im Kindergarten, nun allerdings in einem, den sie nicht kannte, der ein ganzes Stück weiter weg war. Er stolperte längst nicht mehr über den Ball; im Fußball war sie ihm keine würdige Gegenerin mehr. Wahrscheinlich wollte er jetzt lieber Brettspiele mit ihr spielen oder Kopfwettrechnen, wie Fred damals in seinem Alter. Das »lustige Gänsespiel«.

Margot stieß geräuschvoll den Rauch aus. Offenbar hatte sie sich doch eine Zigarette angezündet. Die Hände, dachte sie, taten nun mal, was sie taten.

Fred war ein schlechter Verlierer gewesen als Kind. Was hatte sie damals für Wutanfälle über sich ergehen lassen müssen, wie oft sich nach den vom Tisch gefegten Würfeln, Figuren bücken müssen.

»Möchtest du vielleicht noch mal neu ...«

»Nein! NEIIIIN!«

Und jetzt, ach, jetzt hatte er wirklich verloren.

Anne hatte ihn verlassen. War mit den Kindern zu einem anderen Mann gezogen. Diesem Robert.

Sie hatte es ja kommen sehen.

»Du musst aufpassen, Fred.«

»Wieso?«

Sie hatte sich schließlich ein Herz gefasst, ihn zur Rede gestellt. Obwohl sie das im Grunde ja gar nichts anging. Sie wusste das, und auch der Willi hatte es ihr mehrfach gesagt: »Halt dich da raus.«

Aber schon den Kindern zuliebe – nein, sie musste sagen, was sie sah. Was so klar, so offensichtlich war.

»*Sie erzählt ständig von diesem Robert. Und du steckst die Nase ständig ins Buch.*«

»*Was hast du denn? Er ist ihr Schulleiter. Sie sind Kollegen. Sie erzählt doch immer viel von der Arbeit. Ewig das Gleiche übrigens.*«

»*Du könntest dich mehr für sie interessieren.*«

»*Das tue ich doch. Wir sind doch andauernd zusammen.*«

»*Ach, Fred.*«

»*Und außerdem ist das ein Depp. Ich hab ihn ja ein paarmal auf diesen Schulfesten gesehen, wo Anne mich mit hingeschleppt hat. Außer zu feiern hat der nicht viel im Hirn. Und ist auch viel älter.*«

»*Sei bitte nicht so arrogant. Das bringt dich nicht weiter.*«

»*Jetzt reichts aber, Mama. DU willst MIR Tipps geben? Gerade du.*«

»*Ist ja schon gut.*«

Nichts war gut gewesen natürlich. Sondern zu spät. Als Anne dann mit den Kindern ging, war Fred zusammengebrochen.

Ihr Sohn. So hatte sie ihn noch nie erlebt. Er hatte auf ihrem Sofa im Wohnzimmer gelegen, eingerollt und schluchzend wie ein Kleinkind. Mit bebenden Schultern. Alles bebte. Jetzt. Und du willst ein Mann sein – aber sie hatte einfach nichts mehr zu sagen gewusst. Also hatte sie geschwiegen, ihm den Rücken getätschelt und Tee gekocht, den er komplett ignorierte.

Willi war wohl eine größere Unterstützung gewesen. Er hatte ihm geholfen, eine neue Wohnung zu finden, und war ihm beim Tapezieren und Einräumen der wenigen Möbel zur Hand gegangen. Fred kam weiterhin jedes Wochenende her, las, sie machte ihm seine Bratkartoffeln. Manchmal hörte er mit Willi Platten, meist war er still.

Weniger still war es in ihrem letzten Gespräch mit Anne zugegangen.

»Es ging nicht mehr. Aber wir haben uns in Freundschaft getrennt. Er kann die Kinder jederzeit sehen, und ich hoffe, er tut es. So wenig, wie er sich bislang ...«

»Ich will das nicht hören!«

»Klar. Dein Sohn wollte auch nie was hören.«

»Du machst es dir ganz schön leicht, finde ich. Wir haben dich geliebt wie eine Tochter.«

»Ich weiß ... Aber ... Ach, du verstehst das nicht. Ich bin so GOTTVERDAMMT EINSAM!«

»Das ist nun wirklich jeder mal im Leben.«

»Ich habe so lange mit mir gerungen. Schon wegen der Kinder! Auf ihn eingeredet. Gebettelt. Es hat sich nichts geändert. Wird sich nie ändern. Noch nicht mal Weihnachten wollte er feiern. Keine Feste, nie mal ausgehen, keine lieben Worte, nichts. Alles so freudlos.«

»Wir hatten doch Freude. Sehr viel Freude.«

»Du weißt genau, was ich meine, Margot. Als Paar. Ich bin noch nicht achtzig. Und als er das Angebot aus Amerika bekam, von dieser Harvard-Uni, da habe ich wirklich noch mal gehofft –«

»Ein anderes Land ändert nichts.«

»Das weiß man nie. Anders ist anders. Ich hätte alles hier stehen und liegen lassen, neu angefangen. Ausprobiert. Aber was macht Fred? Nicht nur, dass er ablehnt, nein! Der Herr will dann gleich noch mal lieber was ganz anderes studieren.«

»Eben. Was anderes.«

»Ja, aber irgendwann muss man auch mal erwachsen werden. Er kann sich doch nicht ewig in sich selbst verstecken. Er ist Vater! Kein Ehrgeiz, keinerlei Mumm, sich mal wirklich richtig einzulassen –«

»Das ist kein Grund, jemanden nicht zu lieben.«

»Es ist verdammt egomanisch. Selbstbezogen.«

»Und du? Was tust du? Läufst gleich dem Nächstbesten in die Arme wie ein Flittchen.«

»Margot! Du vergisst dich. Anne, setz dich.«
Der Willi hatte dann interveniert, so ungewohnt förmlich, wie sie selbst ausfallend geworden war. Sie war aufgesprungen, hatte das Haus verlassen. Und während sie zur Tür ging und nun Willi es war, der mit Anne sprach, hatte sie gerade noch gehört, dass ihre Schwiegertochter ihr – offenbar mehr verblüfft als gekränkt – hinterherrief: *»Dass alles so glatt aufgeht im Leben wie bei dir und dem Willi ist halt selten!«*
Margot schaute an sich herunter. Immerhin, sie hatte Schuhe an. Und während die Füße liefen, wie sie liefen, es sie Richtung Haltestelle, Ecke Zülpicher Straße/Gürtel trieb, zum Lärm, den gleichmütigen, geschäftigen Bewegungen all der Unbekannten, waberte die Scham in ihr. Wie hatte ihr nur *so ein Wort* über die Lippen kommen können?! Woher kam diese Wut? Was verlor sie denn eigentlich?
»Wir haben dich geliebt wie eine Tochter.«
Konnte sie es Anne denn wirklich übel nehmen, dass sie, wie sie sagte, leben wollte? Aber was hieß denn das? Und warum musste sie sie deswegen gleich verlassen? Ein so drastischer Schritt, und das mit den Kindern! Denen nahm sie ja schließlich auch was weg. Stellte ihr Leben völlig auf den Kopf, mutete ihnen einen für sie völlig fremden Mann zu …
»Wir hatten doch Freude. Sehr viel Freude.«
Ja, die Kinder hatten so viel Lebendigkeit gebracht. Willi war aufgeblüht, und sie hatte, wenn Lara um sie herumwirbelte und sie mit Daniel Fußball spielte oder Topfschlagen, das Gefühl, Sekt getrunken zu haben. Alles prickelte.
Margot ließ sich auf der Bank an der Straßenbahnhaltestelle nieder. In regelmäßigen Abständen kam die Linie neun. Türen öffneten, schlossen sich, Leute stiegen ein und aus; beruhigend, irgendwie, dieser Rhythmus, der alltägliche Lauf der Dinge.

»Dass alles so glatt läuft im Leben wie bei dir und dem Willi ist halt selten!«

»Nein. Sie hat ›aufgehen‹ gesagt. Dass alles so glatt aufgeht.« Ein älterer Herr, der neben ihr auf der Bank saß, sah sie verwirrt an. Offenbar hatte sie laut gedacht.

»Alles in Ordnung. Ich …« Sie stand auf und machte sich auf den Rückweg. Dieses Mal nahm sie die Nebenstraßen.

Sie hatte Anne so gut wie nichts von sich und ihrer Vergangenheit erzählt. Wozu auch? Aber Fred … Irgendwie hatte sie angenommen, dass … Hatte er? Offenbar nicht. Ihre Gedanken verhedderten sich. Warum sprach er nicht? Anne hatte sicher Fragen gestellt. Sie war doch eine, die den Menschen gern auf den Zahn fühlte.

Margot wechselte die Straßenseite. Fred – wer war er, wie war er eigentlich? Ihr Sohn, der, seit er Kind war, eine Unmenge roher Zwiebeln auf seine Tomatenbrote tat und dann Kaugummi kaute gegen den schlechten Atem. Der, während er als Junge an ihrer Hand durch die Straßen gegangen war, Comics gelesen, sich ganz auf ihre Führung verlassen hatte. Der lange nachts schlecht geschlafen, ins Bett genässt und sich vor Huhn geekelt hatte. Der das Spielbrett vom Tisch fegte, wenn er verlor. Der blitzschnell laufen, verschwinden konnte. Der jahrelang Eisenbahnschienen sammelte, stapelte, ohne sie je aufzubauen. Der stundenlang bäuchlings im Gras liegen und die Ameisen beobachten konnte.

»Kein Ehrgeiz, keinerlei Mumm, sich mal wirklich richtig einzulassen …«

Fred. Ihr Sohn, der ihr nie Schereien gemacht, der stets alles so reibungslos gemeistert hatte. Der perfekt Niederländisch gesprochen hatte. Der Amsterdamer Schachmeister geworden war. Der eine Stelle als Physiker an der Uni hatte und zusätzlich am Gymnasium als Mathelehrer arbeitete. Der jetzt an seiner zweiten Doktorarbeit schrieb. Der Fahrradtouren liebte und lange Spaziergänge. Der manchmal in sich hineinlächelte, aber niemals lachte, niemals schrie. Der ein einziges Mal in seinem Leben als Erwachsener einen Wutanfall bekommen hatte: als sie zusammen beim Postamt in einer langen Warteschlange gestanden hatten und dann der Schalter geschlossen hatte, bevor sie bedient worden waren. Der da knallrot im Gesicht geworden war, der gebrüllt hatte: »*Das darf doch nicht wahr sein! Wir stehen hier seit Stunden. Was sind das für Scheißkerle hier! Ist doch alles SCHEISSE. Dieses ganze Land!*«

Fred, der auf dem Sofa lag und ins Buch schaute. Freundlich, friedlich.

»*Ich bin so GOTTVERDAMMT EINSAM!*«

Der lebendig wurde, geradezu lebhaft, wenn es um das alte Ägypten ging, um Begräbnisrituale, das Frühchristentum oder um das, was das Universum zusammenhielt. Um schwarze Löcher und Krümmungen im Raum. Der ihr begeistert und geduldig die Teilchenphysik erklärt hatte und Kants *Kritik der reinen Vernunft*. Der die Dimensionen der Welt im Kopf erforschte, aber nicht wusste, wie man einen Nagel in die Wand schlug oder den Grill bediente. Der niemals persönliche Fragen stellte. Der lautstarkes Singen hasste, Karneval und Weihnachten. An dem das Gejauchze, das Genörgel der Kinder abglitt, ihr Süßigkeitenkonsum und die mit Filzstiften bekritzelten Wände.

Ach, Anne, dachte sie und fand sich endlich in ihrer Straße wieder. Was hast du denn erwartet? Warum hast du nicht mehr Geduld gehabt? Margot holte den Hausschlüssel aus ihrer Handtasche.

»*Dass alles so glatt aufgeht im Leben wie bei dir und dem Willi ...*«

Was hatte Fred von sich erzählt? Offenbar nicht allzu viel. Und was wusste er wiederum von Anne? Wie ihre Kindheit gewesen war und was sie vom Leben wollte? Warum sie sich immer so abstrampelte, zum Beispiel. Sich alles so zu Herzen nahm und ständig in Bewegung war, nach irgendetwas sah – meistens den Kindern –, etwas richtete, organisierte, tat. Wie nah waren sich die beiden überhaupt gekommen?

Margot drückte mit der freien Hand gegen die schwere Haustüre. Im Flur brannte kein Licht. Sie tastete nach dem Schalter. Was muss man von einem Menschen wissen, um ihn lieben zu können? Und kann man einen Menschen kennen, von dem man nur die Gegenwart sieht?

»Lass mal frische Luft rein.« Willi war zurück in die Küche gekommen. Er legte ihr die Hand auf die Schulter, und sie drehte den Regler des Heizstrahlers nach unten. Da er sich nicht rührte, wollte sie gerade aufstehen und das Fenster öffnen, als es an der Tür klingelte. Mehrfach und dicht hintereinander.

»Das sind sie. Die Kinder ...«

Willi räusperte sich. Es klang, als wolle er einen bestimmten Tonfall wiederfinden. Sie streifte sich unsichtbare Fussel von Pullover und Hose, beschloss, vorerst sitzen zu bleiben.

»Na, is et denn ...! Da kommen sie ja! Da kommen sie ...«, hörte sie den Willi bereits wieder in seiner üblichen Lautstärke rufen, während er sich der Haustür näherte, die er, so stellte sie es sich vor, regelrecht aufriss.

6

1982, Supermarkt

SIE hatte wieder einen dieser Momente. Stand bei Edeka vor dem Regal mit den Gläsern und Konserven – warum hatte sie heute nicht den weiteren Weg zu Aldi auf sich genommen? Anscheinend wollte sie es mal wieder wissen, jetzt zum Monatsende hin. Nach den drei Konserven »Erbsen und Möhren«, »Goldmais« und »Linsensuppe«, die bereits neben der Milch und der Vierer-Joghurt-Box im Wagen lagen, hielt sie nun ein Glas mit Apfelmus in der Hand. Darauf hätte sie jetzt Lust. Sie brauchte aber neben dem Toilettenpapier auch noch Toast. Meinetwegen auch Scheibenbrot. Dann käme sie allerdings in jedem Fall drüber. Mal wieder.

Sie zögerte. Aber nur kurz. Dann nahm sie das Apfelmus und tat es zu den anderen Waren in den Einkaufswagen, bewegte sich Richtung Kasse.

Wer sagte denn, dass es noch in diesem Monat sein musste? Diese Frage stellte sie sich oft. Warum jetzt? Und, leiser, warum *nicht* jetzt?

Sie hatte die Adresse nun schon so lange. Alles, was der Detektiv ihr besorgt hatte, hatte sie in einen Umschlag gesteckt und erst einmal weggetan. Lange hatte er in der Nachttischkommode gelegen, bis sie sich einbildete, dass sie dann noch schlechter schlief als sowieso schon. Nun lag die Adresse samt Foto des Hauses und so weiter in der Schublade vom Küchentisch. Neben dem Umschlag mit dem Geld, das sie für die Fahrkarte nach Köln zurückgelegt hatte.

Bislang hatte sie noch an jedem Monatsende mindestens einen Zehner wieder aus dem Umschlag rausgenommen, weil sie ansonsten nicht hinkam mit dem Geld. Und am Anfang des nächsten Monats wieder zurückgelegt.

Sie stand jetzt in der Kassenschlange, rückte recht zügig vor. Sie hatte bewusst die längere gewählt, weil in den Wagen der Leute, die sich vor ihr eingereiht hatten, im Schnitt deutlich weniger drin lag als in denen von der kürzeren Parallelschlange, in der zwei Frauen offenbar einen Großeinkauf für ein Heim oder eine vielköpfige Familie tätigten.

Wollte sie das Apfelmus wirklich? Im Grunde mochte sie gar keine Äpfel. Nicht wirklich. Aber da gings ihr wohl so wie den Leuten, die keine Tomaten mochten, aber Ketchup aßen.

Der Mann vor ihr war jetzt gleich an der Reihe. Er hievte einen Sixpack Krombacher-Pils auf das Band, gefolgt von Tiefkühlerbsen und einer Packung Rostbratwürste.

»Schöner Tag heut, was?«, sagte er zu der Kassiererin, die halbherzig nickte. »Zumindest könnts noch einer werden.«

»Entschuldigung«, murmelte sie – warum eigentlich und zu wem? Sie scherte aus der Schlange aus und verließ den Laden. Den Einkaufswagen ließ sie stehen.

7

1982, Köln

LARA schaute aus dem Autofenster. Sie waren in der richtigen Richtung unterwegs: *weg*.

»Mercedes, BWM, Mercedes, Opel ...« Daniel zählte die Marken der vorbeiflitzenden Autos auf. Das mit Abstand Langweiligste, was man während einer Autofahrt tun konnte. Und er tat es auch noch laut. Aber die Mama schien das nicht zu stören. Sie hatte eine Kassette eingelegt und hörte schon zum dritten Mal hintereinander dasselbe Lied: »*... turning, turning, turning around. And all that I can see is just another lemon tree ...*«

»*Lemmen-Tri*« – das war Englisch und hieß *Zitronenbaum*. Das hatte die Mama ihr erklärt.

»Du bekommst jetzt ja auch bald Englisch in der Schule, dann kannst du das alles selbst verstehen.«

»Ja. Endlich!«

Die ganze Welt war nämlich eigentlich auf Englisch. Zumindest fast die ganze Musik. Sie verstand zwar nicht, was an einem Zitronenbaum so besonders toll sein sollte, dass man so ein Lied gleich mehrmals hören musste. Aber sie tat das ja auch. Wenn sie in ihrem Zimmer eine Kassette einlegte, dann spulte sie die auch immer wieder auf die Lieder zurück, die sie gerade besonders mochte: »*Ein bisschen Frieden, ein bisschen Freude auf dieser Erde, auf der wir wohnen ...*«

»*Sing mit miiiiir, ein kleiiines Lied. Dass die Wääält nicht zu viel weint!*«

»... Audi. BMW!«

»... *just another lemon tree* ...«

»... *Schreie der Vögel im Wind. Und singe aus Angst vor dem Dunkeln eiiiiin Lied* ...«

»Nicht ganz so laut, bitte! Ich muss mich noch konzentrieren beim Fahren.«

»Der Daniel war lauter ...«

Also gut, dann dachte sie eben über Lieder nach, anstatt welche zu singen. Lara lehnte sich in ihrem Sitz zurück. Am liebsten mochte sie Falco. Der sang aber so schnell, dass sie die Lieder ganz oft hören musste, bis sie sie so ungefähr mitsingen konnte.

»*Da-didl-dumm, oh, oh, oh. Tschau, tschau, der Kommissar geht um, oh, oh, oh* ...«

In der »Bravo«, die ihre Freundin Susi immer gekauft bekam, war neulich ein Poster von Falco drin gewesen. Susi mochte Falco nicht so. Also hatte sie das bekommen, und es hing jetzt in ihrem Zimmer direkt neben den zwei Winnetou-Postern.

»Warum hängst du denn das Winnetou-Poster gleich zweimal auf? Es ist doch genau dasselbe«, hatte Mama sie gefragt.

»Ist doch schön«, hatte sie gesagt, weil ihr gerade nichts Besseres einfiel und weil es ja auch stimmte. Aber dann hatte sie darüber nachgedacht.

Als sie damals hierher, zu Robert, gezogen waren und sie ihr Zimmer bekommen hatte, da hatte sie das lange nicht kapiert, dass das jetzt wirklich ihres war.

»Wir fahren heute den Robert besuchen.« Ja, das hatte Mama gesagt. Genau so.

Deswegen hatte sie sich nicht nur gar nicht richtig von Papa verabschiedet, sondern auch ihre vielen Sachen, die Mama für sie von daheim mitgenommen hatte, gar nicht erst alle ausgepackt. Das hatte die Mama dann irgendwann getan. Und nachdem sie jeden Tag von

Neuem gefragt hatte, wann sie denn wieder nach Hause fahren würden, hatte Mama irgendwann nicht mehr »morgen« gesagt. Sondern, dass das »Besucher-Zimmer« jetzt ihres sei und das andere »Besucher-Zimmer« das von Daniel. Und dass sie sich am Telefon zwar weiter mit »bei Müller« melden sollte, wenn es klingelte, aber dass sie bleiben würden und die Sommerferien jetzt vorbei seien und sie hier in die Schule gehen würde. Und überhaupt, dass dies jetzt ihr neues Zuhause sei. Bei Robert und seinem Sohn Carsten.

»Warum?«
»Weil der Papa und ich nicht mehr zusammen leben können.«
»WARUM?«
»Weil … Ach, das verstehst du erst, wenn du größer bist. Aber wir werden euch immer lieb haben. Und der Papa kann euch besuchen und euch sehen, sooft er will.«
»Ich hasse Besuche!«
»Aber …«
»Und ich will nicht hierbleiben. ICH WILL NICHT. Ich will zurück zu Papa! Oder zu Opa und Oma. Da ist es sowieso viel schöner!«
»Ja, hast du mich denn nicht auch lieb?«
»NEIN, du hast mich angelogen.«
»Ich wollte, dass du dich erst einmal eingewöhnst.«
»Ich will, dass alles wieder so ist wie früher.«
»Das geht leider nicht.«
»Ich will aber. Ich will wieder klein sein. Und bei dir UND Papa sein. Bei allen beiden!«
»Du hast uns doch beide.«
»Nein! Habe ich nicht!«

Ja, sie hatte sich das Winnetou-Poster gleich zweimal besorgt und es doppelt an die Wand gehängt, weil: Eins reichte einfach nicht, um sich gut zu fühlen. Und auch die guten Lieder musste man mehrmals hintereinander hören, am besten so oft, wie es ging. Wenn etwas mal schön war, dann musste man das ganz fest halten. Musste es immer wieder ansehen, anfassen oder anhören, damit man möglichst viel davon abbekam.

Sie hatte deswegen auch eine ganze Zeit lang eine große Tasse mit Zucker unter dem Bett gehabt, bis die Mama sie dabei erwischt hatte. Die hatte sich dann furchtbar aufgeregt und gesagt, das sei ja wie bei Opa und Oma, und außerdem sei das Gift für die Zähne und ganz schlimm ungesund. Bestimmt hatte sie recht, aber sie fühlte sich trotzdem kein bisschen gesünder ohne den Zucker.

Sie lebten jetzt schon so lange in der *Schattensiedlung*. Die ja eigentlich gar nicht so hieß, die Siedlung. Aber die Mama hatte mal ein Buch gelesen, das *Schattenland* hieß. Und sie fand, dass der Titel vom Buch genau auf ihr Wohnen bei Robert passte. Und bei Carsten, dessen Sohn. Der war sieben Jahre älter als sie, also schon fast erwachsen. Hier in den Schatten war sie jedenfalls kein Sönnchen wie beim Opa. Manchmal, wenn sie alleine zu Hause war, machte sie ihr Fenster auf und schrie: »*Scheiße! Pisse! Kacke! Furzgesichter! Arschlöcher! Scheißkackhaufen!*« Dann duckte sie sich und wartete. Aber nie passierte was, es war einfach nur still. Und gleichzeitig fühlte sich alles, das ganze Leben, so an, wie wenn man seinen Kopf unter die Bettdecke steckte: stickig und dumpf. Die Nachbarn in ihrem Weg, dem Böhmweg, grüßten sie nie, sondern guckten immer nur komisch. Aber *sie* musste *die* immer grüßen, sonst beschwerten die sich beim Robert. Und der beschwerte sich dann bei der Mama. Dann stritten sie mal wieder über sie. So laut, dass sie alles mitbekam.

»*Kein Benehmen. Du bist viel zu nachgiebig.*«

»*Und du bist zu streng mit ihnen. Mit deinen Ansichten von anno dazumal. Zu mir bist du doch auch nicht so. Da bist du großzügig und liebevoll. Wieso –*«

»*Lara hat neulich schon wieder bei den Hupprechts geklingelt und nach Schokolade gefragt. Ich habe mich in Grund und Boden geschämt.*

Als ob es bei uns nicht genug zu essen gäbe! Carsten hat nie um Süßigkeiten gebettelt.«
»*Kein Wunder, der arme Junge kriegt ja den Mund nicht auf. Die eigene Mutter wollte ihn nicht nach eurer Trennung, und du hast kaum ein liebes Wort für ihn und –*«
»*Unsinn! Wir verstehen uns prima. Nur weil bei dir und Lara die Nabelschnur noch nicht durchtrennt ist ...*«
»*So ein Blödsinn!*«
»*Manchmal komm ich mir vor wie das fünfte Rad am Wagen.*«
»*Wie kannst du eifersüchtig auf die Kinder sein? Sie sind doch diejenigen, die sich anpassen mussten!*«
»*Opel!*«
»*... lemon tree ...*«

Lara schloss die Augen, schnappte nach Luft. Manchmal fiel ihr das Atemkriegen schwer. Dann war da so ein leichter Druck auf der Brust.

»*Seltsam. Woher das so plötzlich kommt, Kind?*«

Die Mama war mit ihr zum Arzt gegangen, aber der hatte nichts gefunden.

»*Kein Asthma jedenfalls. Nichts Körperliches.*«

Das hatte sie merkwürdig gefunden, dass der Arzt das gesagt hatte, denn es war doch ihr Körper, der das ganz klar fühlte, dass da nicht genug Luft war. Nicht ständig. Aber oft! Der Arzt schien ihr das aber nicht zu glauben und die Mama dann plötzlich auch nicht mehr. Nur weil es ihr leichtgefallen war, einen Luftballon aufzublasen, und in dieses Röhrchen hineinzupusten.

»*Vielleicht zu viel Druck?*«

Er hatte sie dann gefragt, wie es ihr in der Schule so gefalle. Als ob die Schule was dafürkönnte! Die Schule war gut. Dort war es hell und freundlich, und es war sicher dort. Frau Sußbauer erklärte alles immer so, dass sie es nicht nur verstand, sondern dass es auch spannend war. Zum Beispiel die Reihenfolge der Planeten im Sonnensystem, ihren Abstand zur Sonne, dafür hatte Frau Sußbauer ihnen diesen Merksatz beigebracht: »Mein Vater erklärt mir jeden Sonntag unseren Nachthimmel.«

»Mein Papa erklärt mir den Himmel aber immer am Samstag«, hatte sie mal gesagt. Und das stimmte! Samstag war Papa-Tag. Da fuhren sie und Daniel jede Woche erst mit ihm schwimmen und dann zu Opa und Oma. Und der Papa hatte ihr eben auch dieses Buch geschenkt, das *Der Weltraum* hieß. Da drin konnte man die Planeten richtig aufklappen, und er hatte ihr alles erklärt. Wie das mit der Anziehungskraft war und warum die Planeten überhaupt um die Sonne kreisten und woraus sie bestanden. Auch das mit den schwarzen Löchern hatte er ihr erklärt. Dass die alle Energie einfach so wegschluckten. Aber das war ihr sowieso längst klar, dass das so war. Deswegen waren sie ja schließlich schwarz. Dafür musste man nicht erst draußen im Weltall herumforschen.

»*Also: Erst kommt der M̲erkur, dann die V̲enus, dann wir, also die E̲rde, dann der M̲ars ...*«

Der Arzt hatte das mit der Schule dann aber gar nicht mehr so genau wissen wollen. Dabei hätte sie gerne noch von ihren Freundinnen erzählt. Und den Spielen, die sie zusammen spielten, denn sonst wäre die Geschichte mit der Schule ja nicht vollständig. Doch dafür war anscheinend keine Zeit mehr gewesen. Mama hatte sie dann zur Strafe beim Ballett angemeldet.

»*Das ist gut für die Haltung.*«

Das war stinkend langweilig. Sich zu drehen wie ein Blatt im Wind oder auf Zehenspitzen zu laufen wie ein Storch. Wie albern!

»*Japst du wieder so dämlich? Hör sofort auf! Oder soll ich dich knebeln?*« Carsten durfte das mit der Atemnot nicht allzu oft mitkriegen. Er hasste sie sowieso schon genug. »*Wegen dir!*« Das sagte er ständig. Wegen dir habe ich jetzt das kleinere Zimmer im Keller. Wegen dir gibts immer nur Streit. Wegen dir gibts heute keine Nudeln mit Tomatensoße. Wegen dir habe ich schlechte Laune. Wegen dir ist alles so beschissen. Wegen dir …

Zu Daniel sagte er gar nichts. Im Gegenteil. Zu ihm war er eigentlich ganz nett, spielte sogar manchmal Quartett oder Lego mit ihm. Aber der war ja auch ein Junge. Und von »Leiser Wolf« wusste ja niemand was. Schon gar nicht Carsten.

Nein, der war der Letzte, von dem sie wollte, dass er irgendwas Wichtiges über sie wusste. Wenn sie endlich größer und stärker war, dann würde sie ihn eines Tages umhauen. Mit einem einzigen Fausthieb! So wie Old Shatterhand seine Gegner. Sie würde so fest zuschlagen, dass er nicht mehr aufstand. Ihr nichts mehr tun konnte … Denn leider klappte das mit dem Aus-dem-Weg-Gehen nicht so gut. Und Carsten war stärker. Noch. Und da war niemand, der sie schützte. Ein paarmal hatte sie versucht, der Mama was zu sagen, aber das hatte nicht geklappt. Sie hatte das nicht verstanden. »*Ach, Schätzchen, ich rede natürlich mit dem Carsten. Ja, und ich schimpfe auch. Aber … was? Nein, das hast du dir ganz bestimmt eingebildet. Er will dich oder Daniel doch nicht töten! Und ein Verbrecher ist er auch nicht. Du hast zu viel Fantasie. Er wollte dich ganz sicher nur auf so eine dumme Art erschrecken oder ärgern, so sind Jungs nun mal. Das ist alles nicht so leicht für Carsten, weißt du … Geh ihm einfach aus dem Weg.*«

Nein, da war niemand. Kein »Großer Wolf« oder so. Vor allem nachts nicht, wenn Mama, Robert und Daniel schliefen, wenn alle die Augen zuhatten, das ganze Haus, die ganze Straße, die ganze Welt. Nur sie nicht. Und wenn dann Carsten in ihr Zimmer kam, um, wie nannte die Mama das?, sie zu erschrecken – nichts half da. Da nützte es auch nichts, wenn Mama mit Carsten schimpfte. Sie hatte gar keine Macht über ihn. Aber Carsten hatte Macht. Wie in ein schwarzes Loch gesaugt zu werden, so war das. Keine Sterne gabs da, nichts … *Merkur. Venus. Erde. Mars, Jupiter, Saturn, Uranus, Neptun. Mein Va-*

ter erklärt mir jeden Samstag unseren Nachthimmel. Merkur, Venus ... Aufsagen. Dinge aufsagen, das half. Und manchmal half auch singen.

Der Papa hatte ihr mal eine Kassette mit Liedern aufgenommen. Liedern, die er mochte. Da war so ein Sänger, der in einer fremden Sprache etwas sang, das klang, als würde man einen Ton so lang ziehen, wie sie es ab und an mit einem Kaugummi tat. Seltsam. Sehnsüchtig irgendwie.

»*Das ist der Muezzin. Er singt ein Gebet an den Gott Allah. Und die Sprache ist Arabisch. Ich habe das in Kairo von meinem Hotelzimmer aus aufgenommen. Die Geräusche im Hintergrund kommen von der Straße. Es erinnert mich an Ägypten. Und die Wüste, weißt du?*«

»*Wie ist die Wüste?*«

»*Hm. Ehrfurcht gebietend.*«

»*Was ist das?*«

»*Na, wenn man staunt und sich dabei ganz klein fühlt. Als Teil eines unfassbar großen Ganzen. Besonders nachts. Der Himmel ist dann so riesig wie ein Ozean. Unendlich viele Sterne sieht man da. Geheimnisvoll. So ähnlich wie Hieroglyphen.*«

»*Kannst du mir das mal beibringen, das mit den Hieroglyphen?*«

»*Gern. Dann habe ich mit jedem von euch ein Projekt. Der Daniel lernt von mir Schach ...*«

»*Ich will auch Schach lernen!*«

»*... und du die ägyptischen Schriftzeichen.*«

»*Mama hat mir Skat beigebracht. Das, was sie immer mit den Onkeln spielt. Ich darf jetzt auch mal mitspielen, wenn wir da sind.*«

»*Das ist fein. Grüß deine Onkel von mir. Euch scheint es ja sowieso gut zu gehen, beim Robert.*«

»*Nö ...*«

»*Tja. Und ich bin ja jetzt auch immer sehr viel unterwegs. Aber das mit dem Schwimmen, das holen wir nach.*«

Die anderen Lieder auf der Kassette hörte sie auch ganz gern. Die

Mama ebenfalls. Manchmal taten sie die Kassette beim Autofahren rein. Das waren alles so sanfte Männerstimmen mit schönen Melodien. Aber sie klangen ganz anders als Falco und Trio, Nena, Modern Talking und Wham und all die anderen Sachen, die sie und Daniel sonst so im Radio hörten.

»*Ich will Spaß, ich will Spaß. Ich geb Gas, ich geb Gas! Deutschland, Deutschland* ...« – Das war Daniels Lieblingslied. Das sang er aus vollem Hals und konnte gar nicht mehr aufhören. Neulich waren sie dazu so wild auf ihrem Bett herumgesprungen, dass das Lattenrost heftig geknarrt hatte. Fast wäre die Matratze eingebrochen.

Bei Papas Liedern ging so was nicht. Das ist Cat Stevens, sagte die Mama. Simon and Garfunkel, die Beatles.

»Freut ihr euch auf den Ausflug mit Opa und Oma, Kinder?«
»Jaaaa!«
»Gibts da auch Schießereien, Lara?«
»Na klar. Ist doch Cowboys gegen Indianer.«
»Ich bin für die Cowboys.«
»Das sind aber die Bösen, Daniel!«
»Wieso? Da können doch auch liebe drunter sein.«
»Dann wäre die Geschichte aber nicht spannend. Man braucht ja auch Gegner. Und außerdem, Old Shatterhand und Sam Hawkins, die sind ja schon die Guten unter den Weißen.«
»Ich bin auch gut.«
»Du spielst aber nicht mit.«
»Ich will lieber ins Phantasialand.«
»Dann bleib halt da.«
»Du bist blöd!«
»Selber blöd.«
»Immer machen wir das, was du willst!«
»Stimmt ja gar nicht!«
»Hey! Fangt jetzt bitte nicht an, euch zu zanken, Kinder.«

Sie fuhren endlich von der Zoobrücke runter – andauernd war da Stau – auf die Innere Kanalstraße. Hier gings etwas schneller voran, aber immer noch viel zu langsam für ihren Geschmack. Sie kannte den Weg und alle Straßen bis zu Opa und Oma auswendig. Wenn sie durch die Unterführung auf Höhe der Uni fuhren, waren sie schon fast da. Dann kam Weyertal, die Uni-Klinik und dann … Ihr Herz machte einen kleinen Hüpfer.

Sie durften wieder die gesamten Ferien bei Opa und Oma sein. Eine ganze Woche! Und das Allerbeste an diesen Herbstferien war, dass sie dieses Mal sogar noch einen Ausflug machten. Über Nacht. Nach Elspe, zu den Karl-May-Festspielen. Und zwar jetzt gleich!

Als sie in die Mariawaldstraße einbogen und aufs Winkelhaus zufuhren, hupte die Mama. Aber Opa und Oma standen schon draußen vor der Türe. Die Oma hielt ihre Handtasche vor dem Körper. Zu ihren Füßen stand eine noch etwas größere braune Tasche, die sie noch nie gesehen hatte. Der Opa winkte mit beiden Armen.

»Als ob man dich übersehen könnte«, sagte die Mama und fuhr mit dem Wagen vor die Garage.

»Warum sind Oma und Opa denn draußen?«

»Na, weil wir doch gleich losfahren, du Hirni!«

»Ich bin kein Hirni! Mama, Daniel hat ›Hirni‹ zu mir gesagt.«

Es war schon sehr ungewohnt, sie so da draußen stehen und warten zu sehen wie bestellt und nicht abgeholt. Normalerweise standen und warteten, klingelten *sie*, und dann hörte man den Opa schon von drinnen vor sich hin reden und ihnen Richtung Tür so was zurufen wie: »Na, da sind sie ja«, »Ja, wer kommt denn da?« Und wenn er dann die Tür aufriss, dann warf sie sich immer gleich in seine Arme, und Daniel flitzte, »Hallo, Opa!«, an ihm vorbei zur Oma in die Küche. Und wenn sie, ach!, wieder wegmussten, kam der Opa mit zum Auto und hauchte an die Fensterscheibe. Malte mit seinem Atem eine Sonne für sie und ein lachendes Gesicht für Daniel. Sie sah dann zu, wie sie – Weyertal, Innere Kanalstraße, Zoobrücke, Autobahn, Schattensiedlung – langsam an der Scheibe verblassten.

»Hallo, Margot, hallo, Willi. Na, dann steigt mal ein. Wir sind ja schon spät dran …«

Die Mama setzte sie am Hauptbahnhof ab, und auf der kurzen Fahrt dahin sprachen die Erwachsenen alles Mögliche, Uninteressantes. Opa saß natürlich vorn und Oma hinten bei ihnen. Sie selbst war in die Mitte gerückt, um der Oma Platz zu machen. Sie roch heute ganz anders als sonst. Irgendwie muffig, nach Kleiderschrank. Und süßlich. Wahrscheinlich Parfüm. Es war komisch, dass sie hier neben ihr im Auto saß. Dass sie nicht im Winkelhaus war, in der Küche oder auf der Couch im großen Zimmer. Die Oma passte nicht in ein Auto. Opa auch nicht, aber bei ihm war das anders, er war einfach zu groß. Er hatte den Sitz wegen seiner langen Beine so weit nach hinten schieben müssen, dass die Sitzlehne jetzt so dicht und hoch vor Omas Knien stand wie eine Wand.

»… ständig was zu regeln.«

»… diese Schnarcher auf dem Amt …«

»… endlich die Schulden weg und dann wieder was …«

»… Versicherungsfrage …«

»… Rentenpapiere …«

Der Opa war jetzt *Frührentner*. Das war ein komisches Wort, und weil es in letzter Zeit so häufig gefallen war, hatte sie es sich gemerkt. Auch wenn sie es nicht ganz verstand. Mama sagte, das sei ein Lebenszustand für Menschen, die alt seien und nicht mehr arbeiten müssten.

»Opa und Oma haben nicht so viel Geld. Also denkt bitte daran und verlangt nicht andauernd nach was. Ihre Rente ist klein.«

Rente – klang ein bisschen so wie »lahme Ente«. Und das passte so gar nicht zu Opa. Und er war doch noch gar nicht so alt. Oder?

»Wie alt ist denn der Opa?«
»Siebenundfünfzig.«
»Ui!«

Die Oma meinte, er sei auf dem Bau von einem Gerüst gestürzt und hätte sich den Rücken dabei so sehr verletzt, dass er nicht mehr arbeiten könne. Außer Dinge im Winkelhaus zu reparieren und den Garten zu pflegen und einzukaufen. Sie fand, dass der Opa eigentlich trotzdem immer in Bewegung war.

Das mit dem Rücken, das war ihr aber auch aufgefallen. Dass sich der Opa jetzt immer ganz langsam und so ächzend bückte. Und er trug sie auch nicht mehr auf den Schultern, so wie früher. Gut, da war sie noch kleiner gewesen. Sie war ja jetzt schon fast zehn. Aber früher war er mit ihr auf den Schultern den ganzen Weg bis zur Straßenbahn und dann nach dem Aussteigen bis zum Dom, bis zu dem Platz mit dem großen Brunnen gelaufen. Sie hatten dort immer Eis gegessen und danach noch die Schiffe auf dem Rhein angeguckt, und Opa hatte ihr jede Menge Witze von »Tünnes un Schäl« erzählt, und ihr machte das auch nichts, dass es nach einer Weile immer dieselben Witze waren. War doch schön, Dinge schon zu kennen und sich darauf zu freuen. Dem Daniel machte das inzwischen aber was: »Opa, den kenn ich doch schon!«

Im Zug hatten sie ein Abteil ganz für sich allein. Und erst als sie sich auf ihren Sitz plumpsen ließ, Opa die Fensterklappe aufstieß und Oma für Daniel schon gleich die erste Frikadelle auswickelte, fiel ihr auf, dass sie sich gar nicht so richtig von Mama verabschiedet hatte. Plötzlich war da so ein merkwürdiges Ziehen in ihr, mitten in der Brust. Aber dann – die Mama kommt ja wieder – war es so, dass der Zug immer schneller fuhr und draußen die Landschaft an ihr vorbeiflitzte und alles auf einmal so weit und aufregend wurde.

Die Züge wurden allerdings immer langsamer, *tuckeliger,* und kleiner. Bis Elspe mussten sie zweimal umsteigen, und jedes Mal wenn der Zug um eine Kurve oder in einen Tunnel hineinfuhr, gab er so ein hohles, heiseres »Tuuut« von sich, als wäre er ein Gespenst auf Rädern.

Karl-May-Festspiele, Elspe – sie gingen unter dem großen Schild hindurch, das über dem Eingang hing, und, oh, sie spürte, wie ihr Herz klopfte, das war ja alles wie in echt! Es war, als liefen sie plötzlich mitten durch den Wilden Westen. Von irgendwo drang fröhliche Klaviermusik zu ihnen her. Alle Häuser waren aus Holz, viele Leute trugen Cowboyhüte und Lederwesten und manche Indianerschmuck oder Mokassins.

»Ich geh in den Saloon!« Die Musik war nämlich von dort gekommen, und tatsächlich saß dort jemand am Klavier und spielte. Und auch sonst war es auf eine schöne Weise laut in dem Raum; fast alle der vielen kleinen Tische waren besetzt.

Lara blinzelte gegen den Rauch an. Sie ging zu einer Wand in Fensternähe, an der neben einer Reihe von Fellen und Gewehren auch einige alte Schwarz-Weiß-Postkarten hingen. Auf allen waren Indianer zu sehen; Männer und Frauen mit dunklen geflochtenen Haaren und ernsten Augen, die sich auf eine schwer zu beschreibende Weise ähnlich sahen. Und die sie sehr streng anguckten. Sie guckte zurück. Das war ein merkwürdiges Gefühl, denn irgendwie kam ihr Blick nirgendwo an.

»*Da* bist du. Der Opa hat schon einen Tisch. Jetzt komm doch endlich mal!« Der Daniel zog an ihrem Jackenärmel, und sie ließ sich mitziehen zu dem Tisch, an dem Oma bereits in die Speisekarte schaute. Auch ihr Koffer war da, neben dem leeren Stuhl. Den hatte sie draußen ganz vergessen.

Alle drei, Daniel, Oma und Opa, bestellten sich eine »Westernpfanne« mit Speck und Bratkartoffeln. Sie selbst aß die »Tomahawk-

Würste«, und zum ersten Mal in ihrem Leben durfte sie eine Cola trinken.

Nach dem Essen gingen sie erst einmal in ihre Pension, die zum Glück auch mitten im »Wilden Westen« lag, weil die Oma sich unbedingt noch »frisch machen« wollte. Dabei sah sie ganz frisch aus. Aber Opa wollte auch dahin, das Gepäck loswerden. Daniel und sie packten gar nichts aus. Sie ließen sich auf ihre Beistellbetten fallen und warteten darauf, dass es endlich weiterging.

»Können wir nicht schon mal raus, Oma?«

»Nein, Kind, dann verlieren wir uns nur.«

»Ich will mir aber noch all die Sachen ansehen ...«

»Das können wir doch. Wir haben ja noch ein wenig Zeit, bis die Show beginnt.«

»Welche Show?«

»Na, dein Indianerstück.«

»›Der Ölprinz‹.«

»Ja, das.«

»Und es ist mit dem richtigen Winnetou. Mit Pierre Brice nämlich.«

»Ja, ich weiß. Ein schöner Mann.«

»Oma?«

»Ja?«

»Darf ich ein Gewehr?«

»Oh, und ich will was Indianisches.«

»Willi! Kommst du? Die Kinder wollen los.«

Sie bekam ein Perlenstirnband und ein Monchhichi-Äffchen mit Lederweste, Daniel bekam eine Pistole mit Platzpatronen, die ganz furchtbar knallten und stanken. Kurz hatte sie ein bisschen ein schlechtes Gewissen, als ihr das mit der »Rente« wieder einfiel. Was die Mama gesagt hatte. Aber da hatte sie das Monchhichi und das Stirnband schon.

»Du bist ja so still. Alles in Ordnung?«

Lara nickte. Sie saß jetzt zwischen Oma und Opa und krallte ihre Finger in das Monchhichi. Sie saßen ziemlich weit vorne, und die Bühne war gar nicht aus Pappe oder so, wie sie gedacht hatte. Das war gar keine Bühne, das war richtig echt. Es wuchsen Bäume dort, und auch ein steiniger Hügel war da, zu dessen Füßen einige richtige Zelte standen, und weiter vorne war genauso eine Blockhütte wie der Saloon, in dem sie vorhin gegessen hatten.

Da! Ein Planwagen kam angefahren, jemand auf dem Kutschbock spielte Mundharmonika, und einige Männer mit Cowboyhüten auf Pferden ritten daneben her. Die Pferde schnaubten und warfen die Köpfe. Hoffentlich gingen die nicht durch?

»Hier wäre ein guter Platz für die Nacht.«

»Wird auch Zeit, dass wir endlich was zu essen in die Mägen kriegen.«

»Mama, ich bin müde!«

Lara zitterte. Irgendwie war sie jetzt selbst dort in dem Planwagen bei der Familie mit den Siedlerkindern, die ja lieb waren und nur einen Platz zum Leben suchten. Woher sollten die denn wissen, dass es ausgerechnet dort Öl gab? Und dass sie diesem gierigen weißen Bösewicht, der das alles für sich allein haben wollte, im Weg waren. Wobei, es war ja sowieso Indianerland, das war schon mal von vornherein das Allerungerechteste. Und der Ölprinz wollte natürlich auch die Komantschen austricksen. Wie gut, dass die Siedler Old Surehand dabeihatten, der ihnen zeigen konnte, wie man sich wehrte.

Und dann, ja, dann kam Winnetou. Ganz oben auf dem Hügel tauchte er plötzlich auf, so stolz und schön und so … *frei*, auf seinem Pferd Iltschi saß er und hob die Hand. Die Winnetou-Melodie erklang, und Lara liefen die Tränen runter. Es war so, als käme diese Musik mitten aus ihr heraus, alles war so wunderschön und so gut und fühlte sich gleichzeitig so weh an wie nie …

Sie bekam gar nicht richtig mit, was Oma und Opa und der Daniel nach dem Stück so alles sagten. Sie lief einfach nur neben ihnen her, aß noch irgendwas Halbes und schlief dann später in dem quietschenden Bett in der Western-Pension, aber alles war wie im Traum.

Nur beim »Pierre-Brice-Fanklub-Stand« war sie kurz stehen geblieben und hatte ihre Adresse in eine Liste eingetragen und auch beim »Meinhold-Pape-Fanklub«, der den Häuptling der Komantschen gespielt hatte und so toll auf einem gescheckten Wildpferd geritten war. Ganz ohne Sattel! Sie stellte sich vor, wie aufregend es sein musste, Post von anderen Menschen zu kriegen, die Winnetou und die Indianer auch so sehr liebten wie sie. Die sie verstanden. Dann würde es vielleicht manchmal auch für sie etwas Schönes geben, wenn sie von der Schule heimkam. Etwas, das aus der *wirklichen Welt* zu ihr kam. Das auf sie wartete, im Briefkasten oder, falls Mama oder Robert vor ihr die Post rausgeholt haben sollten, auf dem Schreibtisch in ihrem Zimmer.

»Können wir nicht hierbleiben? Nur noch eine Nacht?«, hatte sie Opa beim Frühstück über ihre Kakaotasse hinweg gefragt. »Ich tu auch was von meinem Taschengeld dazu fürs Hotel. Mein ganzes Geld!«, hatte sie gebettelt. Aber Opa hatte natürlich Nein gesagt, genau wie sie es geahnt hatte.

»Das geht leider nicht, Sönnchen. Der Zug fährt gleich. Wir können ja noch mal herkommen.«

»Wann denn?«

»Nächstes Jahr.«

Da hatte sie nichts mehr gesagt und weiter ihren Kakao getrunken, aber der hatte nach gar nichts mehr geschmeckt. »Nächstes Jahr«, das war so wie: »nie«. Sie kniff die Augen zusammen. Wie konnte sie die Erinnerung am besten festhalten? Vielleicht, indem sie sich möglichst wenig bewegte …

»Oma, die Lara hat sich bekleckert!«

Sie öffnete die Augen und sah, wie Oma nach einer Serviette griff. Dann beugte sie sich zu ihr herüber und begann damit an ihrem Pullover herumzutupfen.

»So ... schon wieder gut.« Die Oma sah sie an und lächelte. »Du konntest dich schon immer schwer trennen, Kind.«

Als sie daheim in Köln in die Mariawaldstraße einbogen, sangen sie alle vier das Lied, das Opa angestimmt hatte: »*Heidewitzka, Herr Kapitän, mem Müllemer Böötche fahren wir so jän ...*«

»*Heidewitzka ...*« Sie lief ein kleines Stück vor den anderen, froh, dass sie noch für eine ganze Weile bei Opa und Oma sein durften, dass sie noch nicht wieder wegmussten. Sie würde eine Geschichte schreiben. Jetzt gleich, auf ihrem Lieblingsplatz am Wohnzimmertisch. Sie hatte extra ein leeres Schreibheft mitgenommen. »Der Ölprinz 2. Die Jahre danach.« Ja, das klang toll!

Auf den Treppenstufen vor ihrem Haus saß eine Frau. Lara blieb stehen, blinzelte. Sie hatte noch nie einen Erwachsenen einfach so auf den Stufen sitzen sehen.

Als die Frau sie sah, stand sie auf und kam ihr entgegen. Sie sah hübsch aus, aber ein bisschen unordentlich. Und sie guckte sie so komisch an, dass sie sich – »Opa, da ist jemand!« – zu Opa und Oma umdrehte, die jetzt ebenfalls stehen blieben.

Nur Daniel rannte – »*Heidewitzka, Herr Kapitääään ...*« – an der fremden Frau vorbei, die Stufen hoch und zur Haustür. Er begann, wie wild zu klingeln, obwohl ihm ja jetzt gar keiner öffnen konnte.

Die Frau beachtete ihn gar nicht. Sie ging auf die Oma zu, ihre Hände waren in den Manteltaschen vergraben, der Mantel war geöffnet und schlackerte ziemlich.

»Ich bin Agnes«, sagte sie. »Deine Tochter.«

8

1983, Köln

MARGOT war müde. Tiefmüde. Und ganz egal, wie lange sie in diesem Zustand auch auf dem Sofa lag und ruhte, sie nichts anderes tat, als die Zeit mit Lesen totzuschlagen oder in der Küche zu sitzen und zu rauchen – die Müdigkeit haftete. An manchen Tagen, Gott sei Dank wurden es langsam weniger, fiel es ihr immer noch schwer, überhaupt aufzustehen. Warum nicht gleich liegen bleiben …

Der Willi sagte nicht viel dazu. Er hatte auch nicht viel gesagt, als *sie* da so plötzlich vor der Tür gestanden hatte. Die Kinder hatte er sich geschnappt und war mit ihnen in den Garten verschwunden. Und sie, sie hatte es irgendwie mit Agnes in die Küche geschafft …

»Wie hast du mich gefunden?«, war das Einzige, das sie hervorgebracht hatte. Und schon während sie es mit dieser fremden, heiseren Stimme aussprach, kam sie sich erbärmlich vor. Als habe sie all die Jahre nicht gelebt und gewohnt, sondern sich bloß versteckt gehalten.

»War nicht allzu schwer. Wusste nur lange Zeit nicht, ob ich dich wirklich kennenlernen will.«

Agnes hatte ihren Mantel nicht ausgezogen. Sie saß vorn auf der Stuhlkante, die Hände unter dem Tisch offenbar verschränkt, das Glas Wasser vor ihr rührte sie nicht an.

»Wir sehen uns nicht ähnlich.«

»Nein … Aber du bist sehr hübsch, Agnes.«

Wieder so ein unmöglicher, floskelhafter Satz. Aber die bedeutsamen Sätze waren noch viel unmöglicher. Und sie steckten fest, irgendwo, tief drinnen. Sie spürte, wie sie ihr fast die Luft nahmen ...

»Geht es dir gut?«

Sie griff nach der Tabakdose.

»Nein. Gehts mir nicht. Aber dir offenbar. Hübsches, heiteres kleines Leben. Nette Enkel.«

»Ach, Agnes ...«

»Ja, so heiße ich. Schön, dass du das noch weißt. War das deine Idee, der Name?«

Wenn sie doch jetzt lügen könnte! Aber natürlich wusste Agnes es längst, wollte es nur von ihr hören, wie sie selbst das abgegeben hatte.

»Dein Vater fand diesen Namen schön. Seine Oma hieß so ...«

Agnes griff nach dem Wasserglas. Und nun sah sie die blassroten Wülste an ihrem Handgelenk. Margots Magen krampfte sich zusammen.

»Es tut mir leid ... Ich konnte nicht. Dein Vater, er ...«

»Ja, ich kenn ihn. Dich kenn ich nicht.« Sie stand auf. »Das Ganze hier ist reine Zeitverschwendung.«

Sie wollte ebenfalls aufstehen, die Hand auf Agnes' Schulter legen, irgendetwas tun, etwas lösen, aufweichen, aber sie schaffte es nicht. War bewegungsunfähig.

»Ich dachte, er würde gut für dich sorgen. Er hat dich geliebt ...«

»Anders als du.« Agnes' Stimme, leiser, kindlicher jetzt, verschwand fast gänzlich hinter ihrem bereits abgewandten Gesicht. An der Küchentür drehte sie sich noch einmal um, räusperte sich. »Übrigens, ich brauche Geld. Für die Rückfahrt. Und es darf ruhig ein bisschen mehr sein.«

In den kommenden Monaten hatte Agnes immer wieder angerufen. Hauptsächlich ging es um Geld, das sie brauchte, weil sie sonst nicht über die Runden kam. Wenn Margot zögernd ansetzte, dass sie doch selbst nicht viel hätten, legte Agnes meist auf. Bis zum nächsten Mal, da kam sie mit derselben Forderung, als habe das letzte Gespräch überhaupt nicht stattgefunden. Sie hörte zu, ließ sich beschimpfen. Hier und da versuchte sie, zu Wort zu kommen. Manchmal schluchzte sie auch nur, sagte dann: »Agnes. Ach ...« Weiter kam sie auch hier nie. Wieder legte die Tochter auf. Rief wieder an ...

»So geht das nicht weiter!«, hatte Willi schließlich gesagt. Fortan ging stets er ans Telefon. Bis er eines Tages wie nebenbei sagte: »Sie wird nicht mehr anrufen.«

Sie fragte ihn nicht, warum. Es schien ihr, als habe sie ihr Recht auf Fragen verwirkt. Das eigentliche *Warum* hingegen nagte; wucherte. Warum hatte sie nie nach ihr gesucht, nie nach ihr gefragt? Ihrer TOCHTER.

»Na komm schon, steh auf.«

»Nein, Willi.«

»Setz dich doch wenigstens ein bisschen in den Garten. Das Sönnchen scheint doch so schön.«

»Nein.«

»Du musst etwas essen.«

»Kein Appetit.«

»Lass dich bitte nicht so gehen!«

»Lass mich!«

»Wollen wir einen Spaziergang machen? Willst du ein neues Buch?«

»Bin müde.«

»Was kann ich tun?«

»Geh weg.«

»Das meinst du nicht so.«

»Doch, geh!«
»Margot ...«
»GEH.«
»Sie wird nicht mehr anrufen.« Von diesem Moment an war es besser geworden. Nicht sofort. Aber mit der Zeit. Als sie begriff, dass Willis Satz tatsächlich Gültigkeit besaß. Agnes stellte ihre Anrufe ein, blieb fortan stumm.

Es ist zu spät für uns –

Irgendwann stand sie wieder auf. Las, rauchte, wusch sich. Kochte. Saß mit dem Willi beim Kaffee in der Küche. Lächelte über dies oder das.

Es dauerte allerdings noch Monate, bis sie beim Klingeln des Telefons nicht mehr zusammenzuckte, ihr nicht mehr der Schweiß ausbrach.

Meistens war es Emilie. Inzwischen sprach sie fast täglich mit der Schwester. Ließ sich deren heiteren Kampf gegen allerlei tückisches Unkraut im Garten schildern und erfuhr, dass Werner, ihr Sohn, jetzt ein Autohaus leitete, aber aus unerfindlichen Gründen dennoch ständig von Geldsorgen sprach.

»Dabei hat er mir erst letzte Woche wieder versprochen, vorbeizukommen, den Rasen zu mähen und die Sträucher unten zum Fluss hin zurückzuschneiden. Aber natürlich gabs wieder ein Problem bei der Arbeit. Irgend so ein Lieferungsstau. Weißt du, Margot, dem Willi würde es hier so gut gefallen. Da könnte er nach Herzenslust gärtnern, während wir zwei auf der Veranda Madeleines essen. *Très sure* ...«

Sie erfuhr, dass Jérômes Prostatakrebs inzwischen im Endstadium war. Wie sie die Zeit, die ihnen zusammen noch blieb, nutzten. Meist zog es sie hinaus in die Natur. Der letzte Sommer, das bisschen Licht ...

»Ich muss aufpassen, dass er mich nicht ständig dabei erwischt, wie ich ihn ansehe. Aber es ist fast wie ein Zwang. Versuche, mir alles einzuprägen, dass mir ja nichts entgeht ... Warte, Margot, ich muss mich mal schnäuzen. Pardon ...«

Meist ging sie nach diesen Gesprächen selbst in den Garten. Zum Willi, der an den Pflanzen herumzupfend aufschaute und lächelte.

Das bisschen Licht ...

»Ich brauche eine Veränderung, Willi.« Es war einer dieser Tage, an denen alles ebenso fragil wie eingerostet schien und sie ihn wieder einmal mied, den Blick auf das Telefon. Wo sie bei plötzlichen, unvermuteten Geräuschen – Tür? Kam da wer? Wer wollte was von ihr? – zusammenzuckte.

»Ich kann hier nicht bleiben.«

Lara und Daniel waren gerade abgeholt worden. Die Liegestühle standen noch wie Zelte zu zwei Dreiecken zusammengeklappt und mit Badetüchern umwickelt auf dem Rasen, und Willi klaubte gerade Daniels Fußball aus einem der Beete.

Es war wieder so ein tränenreicher Abschied gewesen, besonders von Lara, die sich inzwischen immerhin nicht mehr in irgendeinem Winkel des Hauses versteckte, wenn Anne sie holen kam.

»Nicht sofort«, sagte sie rasch bei einem Blick auf Willis Gesicht. »Aber wenn die Kinder ein bisschen größer sind und uns nicht mehr so brauchen ...«

Willi sah sie an.

»Ja«, sagte er. »Noch ein kleines Weilchen ...«

9

1983, Tagesklinik

SIE sah dem Arzt – zum Glück keine Frau – ruhig ins Gesicht. Er schien es gewohnt zu sein, Menschen wie ihr derlei Befunde möglichst sachlich zu vermitteln – keinerlei Blabla – und die Bewertung gänzlich ihr selbst zu überlassen. Nun, immerhin ging es ja nicht um Leben oder Tod. Zumindest nicht für sie.

»… dritte, vierte Woche, wie es ausschaut. Ist das Ihre erste Schwangerschaft, Frau Heider?«

Sie machte eine vage Geste – sollte er sie selbst deuten – und überlegte, ob es notwendig sein würde, denjenigen, der dafür infrage kam, zu einem Vaterschaftstest aufzufordern. Streng genommen kamen zwei dafür in Betracht. Aber bei dem, an den sie dachte, hatte es Probleme mit dem Kondom gegeben. Es war abgerutscht; war eh so ein tapsiger Typ gewesen, wirre braune Locken – bestimmt stand bei ihm daheim noch die Gitarre in der Ecke –, ein bisschen Ich-komm-nicht-so-richtig-zu-Potte, ein bisschen verspult. Sie hatte das liebenswert gefunden, es hatte sie irgendwie beruhigt. Also hatte sie es im wahrsten Sinne des Wortes laufen lassen. Nicht so wie sonst die »Pille danach« eingeworfen, beim kleinsten Anzeichen einer möglichen Panne. Na und?! Sie konnte ja schließlich immer noch …

»… möchten Sie eine Beratung haben? Wir arbeiten eng mit Pro Familia zusammen.«

Er reichte ihr ein Kleenex, damit sie sich das Gel vom Ultraschall selbst vom Bauch wischen konnte. Minimalster Kontakt.

Eine starke Übelkeit stieg in ihr hoch. Sie würgte.

»Alles Ordnung? Brauchen Sie Hilfe?«

»Nein, geht schon wieder.« Sie übergab ihm das nasse, zerknüllte Tüchlein, damit er es entsorgte.

Normalerweise hatte sie diese Art »Anfall«, wenn plötzlich ein aufdringlicher Geruch aufwallte. Da war sie sehr empfindlich. Aber in diesem Untersuchungsraum hier, nein, da roch es nach gar nichts. Erstaunlich eigentlich. Nicht der kleinste Hauch, nicht die geringste Note von irgendwas. Alles hübsch steril. Erleichtert spürte sie, dass die Übelkeit langsam wieder abflaute. Sie erhob sich von der Liege und schlüpfte hinter dem Wandschirm in ihre Ballerinas, Jeans, den lockeren Pullover.

Filter coffee, not people – das hatte auf seinem T-Shirt gestanden. Sie mochte keine Sprüche; ganz generell nicht. Hatten die Leute denn nichts Eigenes mehr im Hirn? Und erst recht fand sie es lächerlich, damit herumzulaufen. Aufdringlich wie eine Art Permanentauskunftsstelle. Als er ihr den Wein an ihr Tischchen brachte, gemächlich durch das lärmige Gedränge zu ihr hinlavierend, sah sie, dass der kleine Fingernagel seiner linken Hand schwarz lackiert war. *Weibisch.*

»Zum ersten Mal hier, stimmts?«

»Kann sein.«

Sie hatte keine Lust auf dieses Alltagsgeschwätz, so gar keine. Sie war bloß zum Trinken hergekommen. Um ihre Gedanken schwimmen, besser noch, verschwimmen zu lassen.

»Wie jetzt? So was weiß man doch. Ob man schon mal wo war oder nicht. Sie sehen nicht so aus …«

Sie besah sich ihre eigenen Nägel – blank –, bemühte sich nicht mal um Blickkontakt.

»Wie?«

»Na, als ob Sie nicht wüssten, was Sie tun oder sind, mein ich. So schätze ich Sie nicht ein.«

»Ich hätte jetzt ganz gern meine Ruhe.«

Sein kurzes Zögern nahm sie durchaus wahr. Dann zuckte er die Achseln.

»Das machen Sie gut. Hier in der Ecke. Mit … *Wein*. Na dann …«

Als er sich abwandte, ihr seine knochigen Schultern, den flachen Hintern zudrehte, musste sie lächeln. Recht hatte er. Normalerweise ging sie nicht in diese Art von *Pub*; ein Ort, der um diese Zeit unablässig »Pubertät« zu morsen schien. Immerhin dröhnte derart lauter Irish-Folk-Pop vom Band, dass keiner von den Kerlen, die sich im Pulk mit ihren Guinness die Kante gaben, zum Quatschen herkam.

Bis auf den Typ, der hier bediente. Und der seinem Blick zufolge, den er ihr von drüben hinter der Bar in regelmäßigen Abständen – offenbar wider besseres Wissen – zuwarf, irgendwie mit ihr beschäftigt schien. Wahrscheinlich so einer von den Söhnchen aus gutem Hause, der es irgendwie geschafft hatte, sich so halb abzunabeln. Mit einer Studentenbude ein paar Straßen entfernt von zu Hause, irgendein verträumtes Studium, finanziert von Papi. Der sich mit so was wie hier ein paar Mark im Monat aus Anstand dazuverdiente und dafür die Wäsche weiterhin der Mama mitgab. Jemand, der offensichtlich davon träumte, dass es ihm eine Mittdreißigerin wie sie mal ordentlich besorgte. Der ein bisschen aus der Bahn geworfen werden wollte; nicht allzu heftig, nicht allzu weit – ein bisschen halb kalkulierter Taumel, bevor er sich dann eines Tages mit der hübschen, netten Lehramts- oder Sonst-was-Studentin in ein Leben im Reihenhausformat oder gar in ein etwas großformatigeres Dasein mit Kindern, Hund und Garten draußen auf dem Land hineinzähmte, die Gitarre weiterhin in der Ecke.

Ihr Glas war leer. Das gefiel ihr, diese Art von Gedankenspiel; inspirierend. Sie lächelte, winkte ihn zu sich heran. Mehr Wein!

Er brachte das nächste Glas bereits mit, ohne ihre Bestellung abgewartet zu haben. Als er sich zu ihr setzte, für sich selbst nichts weiter dabei als eine Pausenzigarette, lächelte er nicht.

»So.« Sagte er.

»Ich bin nicht schwach. Verstanden?« Hatte sie das tatsächlich soeben gesagt? Laut?

Die Antwort des Arztes wartete sie gar nicht erst ab. Sie riss ihre recht schlapp daliegende Handtasche an sich und ging einfach raus. Die Tür ließ sie offen. Und während sie die Stufen des grellen, schäbigen Kliniktreppenhauses hinunter Richtung Straße hastete – wobei, was erwartete sie da draußen denn schon? –, sprach sie innerlich mal wieder direkt zu ihr; in einem ähnlich drängenden Tempo, mit dem sie gerade die Treppen nahm, so als hockte die Mutter dort drinnen in ihr, am anderen Ende der Leitung, gezwungen, ihr zuzuhören: Ich bin nicht schwach. Nicht so wie du! Ich mach nämlich nicht einfach die Biege, wenn was nicht so hinhaut, verstanden? Verstanden?!

Die U-Bahn-Station ließ sie links liegen. Kein Bedarf an Unterirdischem. Ganz gut, dass die Luft recht kühl war, das half ihr, einen klaren Kopf zu bekommen, die Mutter wieder da raus, aus ihrem Hirn wegzukriegen. Was hatte der Arzt sie doch gleich gefragt?

Ob sie etwa Drogen nähme. Fast hätte sie laut aufgelacht, wenngleich das wohl sehr unfroh geklungen hätte. Sah man so etwas nicht in den Augen? So weit war er natürlich gar nicht erst gekommen. Aber das war ja das Übliche. Wer schaute denn schon genauer hin? Sein Arztblick war bei ihren Handgelenken verweilt. Auch so eine Art Permanentauskunftsstelle ...

Sie lächelte. Ja, ich bin süchtig. Aber nicht nach dieser Art von Drogen, Herr Doktor. Nein, sie war süchtig nach Bekenntnissen. Schuldbekenntnissen.

»*Ach Agnes ...*«

»*Es tut mir leid … Ich konnte nicht. Dein Vater, er …*«

Wie sie da vor ihr gesessen hatte, diese Frau, die wohl tatsächlich ihre Mutter war, in dieser kleinen, bescheidenen Saubermann-Küche. Alles wohlgeordnet, wie es schien. Nichts ging da verloren …

So adrett zurechtgemacht war sie gewesen; anscheinend war die glückliche Familie gerade von einem Ausflug heimgekehrt. Und diese Frau – Mutter, sie ist meine Mutter – hatte sie angestarrt, als wäre sie, Agnes, der Teufel höchstpersönlich, der da so mir nichts, dir nichts vor ihrer Haustür gestanden hatte. Wartend. Sie grinste. Vielleicht war sie das ja auch. Der gefallene Engel. Der fleischgewordene Widerhaken. Hübsche Vorstellung.

»*Wir sehen uns nicht ähnlich.*«

»*Nein …*«

»*Aber du bist sehr hübsch.*«

Sie hatte ihre Hände, solange es ging, in den Manteltaschen verborgen gehalten. Die der Mutter waren zittrig gewesen, als sie in der erstarrten Küche nach der Tabakdose gegriffen hatte.

Immerhin, sie rauchte. Selbstgedrehte. Eine Angewohnheit, die älter zu sein schien; eingefleischter als das adrette Twinset, diese Ich-finde-mich-zurecht-Küche, das in Wellen gelegte Haar. Sie selbst hatte ihren Mantel anbehalten, am liebsten hätte sie ihn noch fester um sich geschlungen, sich darin verschnürt. Der Raum schien gar keine Temperatur zu haben. Weder zu warm noch zu kalt, er war einfach … Kulisse. Und die ganze kurze ewige Zeit dort auf der Stuhlkante war sie – obwohl sie sich das Ganze doch vorher so lange überlegt, diese Begegnung innerlich zigmal durchgespielt hatte, also gewissermaßen gewappnet war –, hatte sie dennoch auch innerlich auf einer Art Kante gesessen. Aber warum? Was hatte sie eigentlich erwartet?

Erst als sie längst wieder im Zug zurück saß, den Fahrtwind ausgesperrt, sie hasste Zugluft, und aus dem Abteilfenster sah, ohne wirklich etwas zu erblicken, erst da war etwas in ihr hochgestiegen –

eine Art schwarze Sehnsucht. Danach, diesen Ausdruck auf ihrem Gesicht noch mal zu sehen: fassungslos, *entgleist*.

Daheim angekommen, rief sie sie an, wählte die Nummer der Frau, die ihre Mutter war. Als dieses kurze, spröde »Koch« zu hören war, grausam neutral, legte sie auf. Doch von da an tat sie es wieder und wieder, sprach schließlich mit ihr. Erst knapp und kurz, dann von Mal zu Mal länger, begierig nach – ja, was? Dieses Flehen in ihrer Stimme wieder zu hören, vielleicht. Ein Flehen, das allerdings hauptsächlich um etwas warb, was sie ihr nicht geben konnte, nein, wollte: in Frieden gelassen zu werden.

Anfangs hatte sie sich darauf beschränkt, sich alle zwei Wochen bei ihr zu melden, dann wöchentlich, inzwischen war es alle paar Tage so weit, dass sie der Mutter ihre Stimmungen, all den angesammelten Untertageschrott vor die Füße kippte, wie eine volle Lore – sie hatte das gar nicht in dieser Weise vorgehabt, es brach stets einfach so aus ihr heraus. Nun, die sollte sich das ruhig mal anhören, sie hatte schließlich jahrzehntelang ihre Ruhe gehabt!

Und da die Mutter nie etwas von sich aus sagte, redete sie halt. Außerdem, wer konnte es ihr verübeln, hier und da auch ein bisschen Kohle einzufordern (was sollte sie auch sonst fordern …?). Schließlich hatte sie sich lang genug ganz allein durchschlagen müssen. Das Brüderchen hast du sicher gepäppelt.

Aber all das war im Grunde zweitrangig. Sie war süchtig nach dem, was da in jedem kargen Halbsatz der Mutter mitschwang: »*… wir haben doch selbst nicht so viel. Wie viel brauchst du denn?*« – »*Ach Agnes …*«

Ja, sie war süchtig. Nach diesem schwimmenden, hilflosen Ton der Mutter. Nach ihrer *Schuld*. Sie kostete sie wieder und wieder, kam nicht davon los, und ihre Furcht bestand jedes Mal darin, dass die Mutter eines Tages nicht mehr ans Telefon gehen, die Verbindung einfach kappen würde. Erneut …

Sie war in die Fußgängerzone eingebogen, fädelte sich zwischen all den Rücken, den schlenkernden, hastenden Schritten in die Shoppingmeile ein, wählte den Kaufhof. Groß, anonym, viele Möglichkeiten.

So, dachte sie, als sie die Rolltreppe in den dritten Stock, Abteilung: Kurzwaren, nahm.

Aufwärts.

Anrufen musste sie ihn jetzt wohl tatsächlich, diesen Kai. Den Namen hatte er ihr dagelassen, samt seiner Telefonnummer. Sie hatte ihn mit zu sich genommen, in ihr Bett. Über so einiges hatten sie da zuvor schon geredet. Aber sein Name hatte sie dabei nicht groß interessiert. Aber jetzt – schöner Name, eigentlich. Kurz und bündig. Schlicht. Positiv. *Kai.* Vielleicht käme das Kind ja nach ihm. Überhaupt, die schönen lockigen Haare, das Schlaksig-Lässige, irgendwie Unverstellte, *Unverdorbene* wäre für später auch nicht schlecht. Es fühlte sich ganz nach einem Jungen an, dort drinnen in ihrem Bauch … Erstaunt stellte sie fest, dass sie wohl ernsthaft darüber nachdachte.

Muttersein.

Sie sah, dass sie inzwischen ein Set Jersey-Bettwäsche in den Händen hielt – »Wie man sich bettet, so liegt man« stand über dem Tisch mit den Sonderangeboten. Idyllische Farbe, dachte sie. Grasgrün. Frisch.

Sie ging zur Kasse, das gute Gefühl in ihr nahm zu.

Na bitte! Dies war schließlich weiß Gott nicht das Ende des Lebens.

10

1986, Köln

LARA strich den letzten Satz »bis an ihr beider Lebensende« wieder durch. Nein, das war kein guter Schluss. Zu abgedroschen. Vielleicht ging es ja so:

Der Koboldkönig sah sehr müde aus. »Ja, es stimmt. Hier in der Unterwelt verrinnt die Zeit zu schnell. Ich habe keine Macht mehr über dich. Und deine Ansprüche haben mich erschöpft. Nimm deinen Bruder und geh. Geh zurück in deine Welt, Sarah, lebe dein Leben.«

Sarah sah Jareth an. Schon wollte sie den kleinen Tobi nehmen, der in seinem geringelten Schlafanzug so ahnungslos vor ihnen auf dem Boden herumkrabbelte, immer der hübschen Kristallkugel hinterher, und gehen. Die dreizehnte Stunde war fast vorbei. Es wurde höchste Zeit! Nur noch ein paar Minuten ... Doch irgendetwas hielt sie zurück.

»Nein«, sagte sie erst zögernd, doch dann wurde ihre Stimme entschlossener. »Ich werde bleiben. Wir werden bleiben. Hier bei dir. Und dein Reich zu einem schönen machen. Zu einer Welt ohne Strafen und Furcht.«

Sie zwang sich, ihm klar und fest in die Augen zu sehen. »Ich liebe dich, Jareth. Schon seit ewigen Zeiten.« Der Koboldkönig versuchte seine Erleichterung zu verbergen. Er lächelte eins seiner seltenen Lächeln. »Und ich liebe dich.«

Er schloss sie fest in die Arme.
ENDE

Ja, das war gut. Genauso sollte es sein. Sie schrieb die Zeilen noch einmal in ihrer schönsten Schrift ab, dann schnitt sie sie aus und klebte sie über die Seite im Buch, die mit dem üblen Ende. So, jetzt konnte sie »Die Reise ins Labyrinth« mit all den schönen Fotos darin genießen, ohne wie schon im Film ertragen zu müssen, dass am Ende mal wieder alles kaputtging, weil Sarah Jareth entmachtete und in ihre Welt zurückkehrte.

» ... *down in the underground you find someone true* ... «

Was war an dieser Welt denn schon so toll? Anstrengend wars. Einsam und trüb und kein bisschen magisch. Außerdem würde sowieso bald alles vorbei sein. Wenn die Verseuchung um sich griff. Der saure Regen kam und alles Essbare verstrahlt war. Einem nach und nach die Haare beim Kämmen ausfielen, das Atmen schwerfiel und dann das Schlucken, bis man hohes Fieber bekam, unlöschbaren Durst und schließlich unausweichlich starb.

»... *lost and lonely. That's underground, underground!*«

Lara stand auf, ging zum Plattenspieler, hob die Nadel und schob den Plattenarm ein Stück weit vor.

Sie liebte David Bowie. Ja, das war das richtige Wort. Sie liebte ihn ganz einfach. Seine Stimme, die alles in ihr so tief aufrührte, irgendwie.

»*There's such a sad look deep in your eyes, a kind of pale jewel opened and closed within your eyes* ... «

Der sie *verstand*, das Leben und wie es sich anfühlte. Und der deswegen immer anders aussah. Als Koboldkönig Jareth hatte er langes, zotteliges blondes Haar. Als Ziggi Stardust kurzes rotes. Beide Poster hingen dicht nebeneinander über ihrem Bett, neben denen von The Cure. Von ihrem Schreibtisch aus konnte sie die vertrauten Gesichter mit den tiefen, dunkel umrandeten Augen ansehen. Das half beim Schreiben. Und Träumen.

»... *that's such a fooled heart / Beatin' so fast / In search of new dreams / A love that will last / Within your heart / I'll place the moon / Within your heart ...«*

Sie nahm ein Blatt Papier und probierte in so ähnlich geheimnisvoll verschnörkelten Buchstaben, wie The Cure sie auf ihren Alben benutzten, ihren Namen zu schreiben. *L a r a*. Darunter schrieb sie *S a r a h*.

»*I'll paint you mornings of gold / I'll spin you Valentine evenings / Though we're strangers 'til now ...*«

Sie waren einander so ähnlich. Sarah in »Labyrinth« hatte zwar keinen Stiefvater, aber eine Stiefmutter, die mindestens genauso unerträglich war wie der Robert. Und sie hatte auch einen kleinen Bruder, um den sie sich kümmern musste, und lange dunkle Haare und einen so ähnlich klingenden Namen. Und beide wollten sie am liebsten weit weg sein. Dorthin gehen, wo es magisch war und aufregend und wo man sich verlieben konnte ...

Sie hatte »Die Reise ins Labyrinth« jetzt schon viermal gesehen. Das erste Mal mit der Mutter.

»Das klingt nach einem Film für dich«, hatte sie gesagt, ihr die Ankündigung aus der »Prisma« ausgeschnitten und auf den Schreibtisch gelegt. Der Text war total uninteressant gewesen.

Aber das Bild! David Bowie als Koboldkönig Jareth war darauf zu sehen, in den allercoolsten Klamotten, die man sich nur vorstellen konnte. Mit so einem hoch aufgeschlagenen dunklen Mantelkragen und einer Bluse, die wunderbar breite, spitzenbesetzte Manschetten hatte. Geheimnisvoll und wild. Und genau die richtige Mischung Abenteuer strahlte das aus: verlockend und aufregend, ohne allzu gruselig zu sein. Außerdem hielt er drei kleine Kristallkugeln in der Hand und schaute ihr, Lara, mit diesem typisch durchdringenden und zugleich irgendwie verschleierten Blick geradewegs ins Herz.

»*... as the pain sweeps through, makes no sense for you ... Every thrill is gone ...*«

Als sie vom Film zurück nach Hause fuhren, hatte die Mama ununterbrochen auf sie eingeredet.
»Dir scheint es ja wirklich gut gefallen zu haben. Wie fandest du denn die Musik?«
»Hm.«
»Lara?«
»Gut. Natürlich.«
»Und die Puppen waren doch wirklich toll gemacht.«
»Welche *Puppen*?«
»Na, die Kobolde! Für Daniel wäre es aber wirklich noch zu früh gewesen. Meinst du nicht auch, dass er Angst gehabt hätte? Lara?«
»Wie? Kann schon sein.«
»Oh, ist etwa heilige Stille angesagt?«
Die Mutter verstand mal wieder gar nichts. Das war nicht nur ein Film. Das war *sie*. Sie war da in dem Film, und nun war er zu Ende. Ihr ganzes Taschengeld war dafür draufgegangen, dass sie ihn noch zweimal sehen konnte. Aber keine ihrer Freundinnen wollte danach noch mal mit ihr darein. Selbst Jutta, die zweimal mit ihr drin gewesen war, hatte jetzt genug. Immerhin war sie bereit, ein Hörspiel mit ihr zu machen, das sie mit dem Rekorder von Juttas Bruder aufnahmen. Sie nannten es »Leben im Labyrinth«. Fortan ließ sie sich von ihr Sarah nennen. Das war nur gerecht. Denn seit »A Chorus Line«, was ja auch ein wirklich toller Film war, wollte Jutta anstelle von Jutta jetzt Cassi genannt werden und zwang sie, alle möglichen Tanzschritte mit ihr einzuüben. Wenn sie sich in der Schule Briefe schrieben, taten sie das nun unter ihren Codenamen. Das tat gut. Über ihre Not aber konnte sie mit niemandem reden. Bald. Bald schon würde der Film aus den Kinos verschwinden …
»Lara … Lara!«
Schon wieder die Mutter. Immer wollte sie was. Jetzt klopfte sie auch noch an die Tür und rüttelte an der Klinke.

»*As the world falls down. Falling. Falling ...*«
»Ja-a ...«

Warum ließ sie sie nie einfach mal in Ruhe? Wie nervig konnte man eigentlich noch sein?

»Abendbrot.«

»Hab keinen Hunger.«

»Komm bitte. Noch mal rufe ich nicht!«

Puh.

Immerhin gabs auch ein paar Dinge, die gut waren. Carsten war ausgezogen, und sie hatten einen Schlüssel für ihr Zimmer, sodass niemand reinkonnte ohne ihre Erlaubnis. Sie mochte ihr Zimmer. Es war gemütlich, das sagten auch ihre Freundinnen. Mit den zwei Palmen und den vielen Büchern, Postern und bunten Kissen auf dem Bett und einer kleinen »Café-Ecke« mit Regal, Tischchen und Sitzkissen, wo sie Tee für sich und die Freundinnen machen konnte. Da standen auch ihre Leonardo-Gläser für Fruchtpunsch, und ein kleines Poster mit Sonnenuntergang hing darüber wie in der Karibik. Auch Daniel wollte eigentlich ständig rein. Inzwischen ließ sie ihn ein wenig öfter, wenn sie gerade las oder malte und keine Musik hörte und träumte.

Denn Daniel hatte sie neulich gerettet. Er war es nämlich gewesen, der ihr sein eigenes Taschengeld abgetreten hatte, damit sie noch ein viertes Mal ins »Labyrinth« gehen konnte.

Eines Morgens war sie aufgestanden – wie immer auf den letzten Drücker – und irgendwie noch nicht so ganz da – auch das wie immer –, ja, und da hatte dann ein Umschlag, auf dem »Für Lara-Sara« stand, vor ihrer Tür gelegen. Mit dem Kino-Geld. Genau abgezählt. Dass man Sarah eigentlich mit ›h‹ schrieb, wusste Daniel nicht. Aber er wusste trotzdem vieles auf seine Art. Sie war so gerührt gewesen, dass sie gar nicht weinen konnte, was sie ja sonst gerne tat, wenn etwas schön und bewegend war. Sie war erst einmal hingegangen und hatte ihm eine Haribo-Jumbo-Tüte gekauft. Das Geld hatte ihr dann natürlich gefehlt, aber das hatte sie der Mutter abgeschwatzt. Was weit besser war, als schon wieder die gesamte Summe zu erbetteln. Dieses Mal war sie allein ins Kino gegangen. Das war ganz ungewohnt gewesen. Aber irgendwie hatte es auch gepasst.

»*As the world falls down / Falling. Falling ...*«

Sie würde das »Labyrinth«, bevor es verschwand, aber noch ein fünftes Mal sehen. Bei der Vorstellung, wie sie dem Opa davon erzählte, musste sie lächeln. Er würde sich sicher am meisten für das »Türwächter-Rätsel« interessieren: wie sich Sarah an einer Zweigstelle im Labyrinth zwischen zwei Türen entscheiden muss, von denen die eine direkt zum Ziel, also ins Schloss zu ihrem kleinen Bruder, führt und die andere in den sicheren Tod. Sie darf nur eine einzige Frage stellen, um zu erfahren, hinter welcher Tür sich welcher Weg verbirgt. Aber der eine Wächter sagt immer die Wahrheit, und der andere lügt immer. Und sie weiß natürlich nicht, welcher von beiden der Lügner ist. »Logik. Herrlich!«, würde Opa sagen, die beiden Türen aufmalen und laut vor sich hin philosophierend die unterschiedlichen Möglichkeiten ausprobieren. Und sicher würde er es dann lösen. So wie Sarah. Der Witz im Film war nur, dass sie zwar die richtige Frage stellte, weil sie das Ganze nämlich schon mal vorher irgendwo gehört hatte, aber dann trotzdem in die Falle lief. Anscheinend funktionierte das mit der Logik im Labyrinth nicht so gut.

Dafür war es umso logischer, Opa um das Geld fürs Kino anzuhauen. Opa gab ihr immer alles. Deswegen hatte sie sich ihn als sichere Option sozusagen auch bis zuletzt aufgespart. Vielleicht ging er ja sogar mit ins Kino?

Gleich morgen. Sie würde die letzte Stunde schwänzen und dann direkt von der Schule aus hinfahren. Es war jetzt tatsächlich schon einige Wochen her, dass sie bei Oma und Opa gewesen war. Sie runzelte die Stirn. Komisch. Aber sie war eben so abgelenkt gewesen vom Film ...

Lara lief die Mariawaldstraße entlang. Ihr war ein wenig flau im Magen.

Dass etwas nicht stimmte, merkte sie erst, als sie nur noch wenige Schritte vom Haus entfernt war. Sie blinzelte. Was waren das zum Beispiel für seltsame gelbe Vorhänge vor dem Fenster? Sie hatten doch Rollläden! Und was stand da für ein Auto vor der Garage? Wer war denn zu Besuch? Es kam doch außer ihnen so selten jemand ...

Lara ging die Treppenstufen hoch, streckte die Hand nach der Klingel aus. Sie sah den fremden Namen – »Ludowinsky« – erst, als sie die Klingel schon gedrückt hatte. Sie ging einige Schritte rückwärts, dann setzte sie sich auf die kalten Treppenstufen.

Sie sind weg.

Einfach so.

Sie haben mich verlassen.

Als hinter ihr die Haustür aufging – »Willst du zu mir?« –, sprang sie auf. Ohne sich umzudrehen, lief sie die paar Stufen hinunter und rannte, rannte die gesamte Straße entlang, weg.

11

1988, Mëllerdall

FRED tat die Schachfiguren zurück in die hölzerne Box, während Daniel zurück ins Haus lief, um zu sehen, was Lara machte. Er versuchte, sich zu sagen, dass es doch prima war, dass sein Sohn ihn mattgesetzt hatte. Hatte er nicht sowieso vorgehabt, ihn möglichst unauffällig gewinnen zu lassen?

Die Ausläufer eines hellen Gelächters wehten zu ihm auf die Veranda herüber. Kurz überlegte er, ob er in den Garten gehen und sich zur Mutter, dem Mielchen und Willi dazusetzen sollte. Aber eigentlich war es schön, mal seine Ruhe zu haben. Außerdem hatte er noch einen Rest Rotwein im Glas. Vielleicht hätte er den lieber erst nach dem Spiel mit seinem Sohn trinken sollen.

Er hatte eine Weile gebraucht, um sich daran zu gewöhnen, dass sie jetzt nicht mehr da, nicht mehr in seinem Alltag waren. Keine Bratkartoffeln am Wochenende, kein Nickerchen auf dem Sofa, keine Schwätzchen, die der Willi im Grunde stets allein bestritt. Über die verheerende Kölner Stadtpolitik, das Wetter und sein ewiges Sprüchlein, dass Minus und Plus Minus ergäben, aber Minus und Minus Plus. »Ach, Willichen«, sagte die Mutter dazu bloß.

Dafür hatten die Kurzurlaube mit den Kindern jetzt ein neues Ziel. Beziehungsweise: Sie hatten überhaupt eins. Wenn die Mutter und Willi hier jetzt nicht wohnen würden, wäre er doch niemals im Leben mit ihnen zur Tante aufs Land rausgefahren.

Überhaupt: Luxemburg. Ein seltsames Land; nicht französisch, nicht deutsch. Und überall schien es nur ums Geld, ums Geschäft zu gehen. Na ja. Es ging ihn ja nichts an. So als Besucher herzukommen war nett und entspannt. Wenn das Benzin nur nicht so teuer wäre. Aber da tankte man halt vor der Grenze, die nicht mehr wirklich eine war. Es sei denn, man versuchte in die Vergangenheit zu reisen.

»*Das kann doch nicht alles weg sein.*«

Er goss sich ein weiteres Glas von dem Rotwein ein. Nicht gerade der beste Bordeaux seines Lebens. Ein bisschen zu schwer für seinen Geschmack. Zu viel Tannin. Aber trinkbar. Vor allem hier auf der Veranda, mit diesem ungebremsten, ruhigen Blick aufs Grün.

Vor einigen Jahren war er einmal mit der Mutter durch Echternach gelaufen. Hübsches, altes kleines Städtchen. Sie hatte ihm die Orangerie gezeigt – »*Schöne Konzerte gab es hier, früher. Dein Onkel hat da auch immer gern gespielt.*« – »*Welcher Onkel?*« – »*Na der, der jetzt in Amerika lebt.*« – »*Ah.*« –, und natürlich das Kloster, in dem sie damals als Mädchen zur Schule gegangen und das immer noch eine Mädchenschule war. Sie hatten sich im Innenhof auf eine Bank gesetzt; offenbar war gerade Unterricht, denn es war recht still. Die Mutter hatte mal wieder eine ihrer »Meine Freundin Charlotte und ich«-Geschichten zum Besten gegeben und dabei auf diese fremde Art gekichert, die er nicht mochte. Zum Glück tat sie das selten. Danach hatten sie auf dem Marktplatz einen wirklich sehr guten Kaffee getrunken. Ja, und die Sankt-Willibrord-Basilika war wieder vollständig aufgebaut und restauriert worden. Mit einer guten Dokumentation über die »sinnlose deutsche Wüterei«, wie die Mutter das nannte.

Die Beschämung, die ihn dort in der Kirche eher gestreift als erfasst hatte, war ein widersprüchliches, komplexes Gefühl. Er hatte auf die in Glaskästen eingefassten, darin irgendwie gebändigten Bilder geblickt – auf all den Schutt und die Panzer, auf die breitbeinigen Wehrmachtssoldaten und die am Rande noch halb mit eingefangenen Schemen, eine Ahnung von Zivilbevölkerung – und mal wieder das Gefühl gehabt, dies alles habe so gar nichts mit ihm zu tun. Und gleichzeitig alles. Die Mutter hatte sich die Bilder gar nicht erst angeschaut. »*Wozu?*«

Und dann war die Suche nach ihrem Elternhaus losgegangen. Das war seltsam gewesen, etwas zäh und letztlich unproduktiv, denn die Mutter hatte sich plötzlich nicht mehr an den genauen Straßennamen erinnern können. Sie waren vom Place du Marché in Richtung der flussabgewandten Seite gelaufen, doch nach einer Weile war die Mutter immer konfuser geworden.

»*Das kann doch nicht alles weg sein.*«

Durch die eine oder andere Straße, Rue de Luxembourg, Rue Grégoire Schouppe, waren sie dann mehrfach gelaufen. Und obwohl es sich dabei im Grunde um schnurgerade, stets ähnlich aussehende Straßen und Sträßchen handelte – mit Vorgärten, bewachsenen Zäunen und wuchtigen oder schmaleren, etwas zurückgezogenen Häusern –, hatte er plötzlich das Gefühl gehabt, sie würden sich andauernd in Sackgassen, Umwegen, Abzweigungen verlieren und überhaupt nichts mehr sehen. Die Mutter hatte erst ihre Handtasche und dann seine Hand so fest umklammert, als könne jederzeit wieder etwas verloren gehen.

»*Wir könnten doch in der Touristik-Zentrale nachfragen. Oder im Stadtarchiv. Da gibt es sicher auch die alten Straßenpläne.*«

»*Nein.*«

Auf dem Rückweg zu seinem Auto – den Weg hatte er sich glücklicherweise gut eingeprägt – waren sie noch eine Weile auf der alten Sauerbrücke stehen geblieben. Die Mutter hatte sich an die steinerne Brüstung gelehnt und auf die Sûre hinuntergeblickt. Er hatte verwundert festgestellt, wie stark die Strömung hier noch war. Die Mutter wiederum war mit ihren Gedanken offenbar ganz woanders gewesen. Er hatte sie mehrmals ansprechen müssen, ehe sie reagierte. Er wollte aber nicht in den Berufsverkehr geraten und hatte deswegen zum Aufbruch gedrängt.

»Ach ...« – hatte sie nur gesagt. Dann waren sie wieder heimgefahren, zurück nach Köln.

Hier beim Mielchen aber wars gut. Land war Land, das war schließlich überall gleich. Er lächelte, als er an Rosie und die Kühe dachte. Wie lange das her war! Er hatte die Tante natürlich nach ihr gefragt. Die Rosie hatte einen Landwirt geheiratet und wohnte inzwischen irgendwo in Belgien.

»Neein! Lass das!«

Fred sah von seinem Weinglas auf. Durch das geöffnete Fenster drang Laras gereizte Stimme aus dem oberen Stockwerk zu ihm her. Und kurz darauf Daniels wütende: »Waruuuum?«

Er seufzte. Musste er sich jetzt etwa darum kümmern?

»Mach die Tür zu!«

»Machs doch selbst!«

RUMMS. Jetzt war wieder Ruhe. Na also. Derlei Dinge erledigten sich meist von selbst. Er griff nach der Flasche, schenkte sich noch mal nach.

Lara war derzeit sowieso sehr mit sich selbst beschäftigt. Sie hatte unbedingt mit hierhergewollt, aber eigentlich lag sie nur oben im Gästezimmer auf ihrem Bett, hörte Musik mit ihrem Walkman, weswegen man sie nicht einfach rufen konnte, sondern ständig zu ihr hochlaufen musste, was ungeheuer lästig war. Oder sie telefonierte unten in der Küche stundenlang mit irgendwelchen Freundinnen. Gestern beim Abendbrot hatte sie das Mielchen allen Ernstes gefragt, ob sie auch hier bei ihr auf dem Land wohnen dürfe, so wie Oma und Opa.

»Wenn es mit der Welt noch weiter den Bach runtergeht. Früher im Krieg gings den Menschen auf dem Land doch auch viel besser als denen in der Stadt, stimmts Tante?«

Das Mielchen hatte nur gelächelt und genickt. Wie immer, wenn Lara etwas sagte. Und dann hatten Willi und sie gleich ganz begeistert angefangen, Pläne zu schmieden, wie man das Haus umbauen könnte für den Notfall. Er war nur froh, dass sein Cousin Werner nicht hier war. Das Thema »Zukunft des Hauses« war nämlich durchaus heikel.

Erst kürzlich hatte der ihm gegenüber mal wieder durchblicken lassen, dass er seinen Anteil gern ausbezahlt bekäme, um sein Autohaus »auf den richtigen Kurs zu bringen«. Seine Mutter könne doch auch zu ihm in die Stadt ziehen oder in eine Art »Betreutes Wohnen«. Was sollte sie denn mit dem ganzen Platz hier, so allein? Aber dann waren ja die Mutter und der Willi hierhergekommen, nachdem die Mutter Willi endlich überredet hatte. Das war gar nicht so leicht gewesen, den Willi aus Köln, aus seinem »Winkelhaus«, wie er es nannte, wegzubekommen.

»Es ist doch auch ihr Zuhause. Was sollen wir den Kindern sagen, Margot?«

Aber die Mutter hatte ja recht gehabt. Die Kinder, Lara vor allem, waren jetzt in einem Alter, in dem sie sie nicht mehr so brauchten. Umso mehr hatte er sich gewundert, als ihn Lara eines Tages angerufen hatte, völlig aus dem Häuschen. Dass alle sie verlassen würden. Einfach so. Ohne was zu sagen!

Sie hatte sich gar nicht mehr eingekriegt, ihn überhaupt nicht richtig zu Wort kommen lassen. Und bevor er ihr erklären konnte, dass der Umzug doch schon lange beschlossene Sache und nicht gerade geheim gewesen sei – Daniel hatte Oma und Opa bereits eine Karte geschickt –, hatte sie schon aufgelegt. Er hatte die Sache dann auf sich beruhen lassen. Die meisten Aufregungen erledigten sich schließlich von selbst. So wie eben.

Ein brandiger Chlorophyll-Geruch stieg ihm in die Nase. Ein wenig aufdringlich, aber nicht unangenehm. Wahrscheinlich verbrannte der Nachbar nebenan Unkraut und Laub. Er stand auf und schlenderte hinters Haus in den Garten.

Was lebt, vergeht, dachte er.

Am Grab gestern, da hatte es geregnet, und alles, das Gestein, die Pflanzen, der geharkte Weg, die Rücken, die gesenkten Köpfe der Friedhofsbesucher, hatte geglänzt.

»Als hätte der Himmel Reinmachetag.« Die Tante hatte das gesagt. Er hatte sie und die Mutter zum Grab des Großvaters begleitet. Im Grunde nur, um diesen scheußlich geblümten, aber ausreichend großen Familienschirm, den Willi irgendwann mal angeschafft hatte, über sie zu halten, während die Mutter und das Mielchen das Gesteck auf dem Grab austauschten und eine Kerze anzündeten.

Nach dem dritten Versuch und als sich die Flamme wieder waagerecht legte und erlosch, gaben sie es auf. Er hätte ihnen das gleich sagen können; bei der Feuchtigkeit und den Windverhältnissen betrug die Wahrscheinlichkeit, dass Kerzenlicht dem für einige wenige Sekunden standhielt, ungefähr drei Prozent. Und das auch nur, wenn man das Flämmchen mit den Händen gegen die Witterung so abschirmte, dass der Wind im richtigen Winkel an der Handoberfläche entlangstreifte. Aber er hielt sich zurück, hielt lieber den Schirm.

»Gehn wir, Millie? Es ist recht kühl ...«

Er hatte den Großvater gar nicht gekannt. Nicht ein einziges Mal hatte er ihn gesehen.

Das Foto, das ihm die Mutter irgendwann um sein Abitur herum einmal in einem Anflug von Gefühligkeit gezeigt hatte – »*Schau mal, Fred, das da ist dein Großvater. Er wäre bestimmt sehr stolz auf dich gewesen.*« – »Aha ...« –, dieses Bild hatte nicht viel hergegeben. Die Situation selbst war allerdings ziemlich unbehaglich gewesen. Die Mutter wirkte ganz so, als wolle sie was von *ihm* hören. Aber was? Sollte er ihr Fragen stellen, über den Großvater? Die Mutter mochte doch keine Fragen! Daran war er sein Leben lang gewöhnt gewesen. Und er mochte es gar nicht, nein, er hasste es regelrecht, wenn plötzlich die Regeln geändert wurden. So *hinterrücks*.

Also hatte er nichts gefragt, stattdessen irgendwie höflich genickt, mehr in Richtung der Mutter, als dass er sich diesem Foto zuwandte, und gehofft, dass das Ganze bald vorbei wäre.

Was gab es denn da schon groß zu sehen? Das Bild war recht vergilbt; vielleicht tat das dem Ausdruck im Gesicht dieses Mannes, der sein Großvater sein sollte, ganz gut. Eitler Mann, so viel war zu sehen, schicker Anzug. Keinerlei Ähnlichkeit mit der Mutter. So wie er da stand, die Hände zu einer ausholenden Geste gehoben, schien es, als sei ihm das Format der Kamera, in die er blickte, nicht groß genug. Durch die Brüchigkeit des Lichts wirkte allerdings alles ein wenig verschwommen. Weniger wie ein Bild als wie der Entwurf, die Erinnerung eines Bildes. Fern, fiktiv.

Was lebt, vergeht.

Heute regnete es Gott sei Dank nicht.

Die Mutter, das Mielchen und der Willi hatten sich die gepolsterten Gartenstühle ins Gras gestellt. Die Mutter hatte einen schönen lavendelfarbenen Wollpullover an und ein Buch auf dem Schoß, las aber nicht, das Mielchen war in eine von Mutters selbst gestrickten Decken gewickelt. Nur Willi saß wie immer im kurzärmeligen Hemd da, hoch aufgerichtet, und erzählte gerade irgendetwas, worüber die beiden Frauen herzlich lachten. Sie sahen ihn gar nicht kommen. Er nahm sich einen Stuhl von der Terrasse und setzte sich dazu.

»Ah, da bist du ja.«

Die Mutter lächelte ihn an; ein Grübchen blitzte auf. Er bemerkte erstaunt, wie schön sie immer noch war. Und wie sie da so neben der Tante saß, entspannt und zugleich vertieft – denselben Haarton, die schmalen, ein wenig knochigen Glieder –, wirkten alle beide auf einmal sehr viel jünger. Wie Schwestern, die sie ja auch waren. Er musste an die »Meine Freundin Charlotte und ich«-Geschichten denken. Dieses Mal, so im Verbund mit der Tante, hätte ihn das Gekichere an der Mutter wahrscheinlich weniger gestört. Willi sah ihn an.

»Na, Fred. Was machen die Kinder?«

»Sind oben. Hast du wieder einen deiner Witze erzählt?«

»Willi ist eben unser Hahn im Korb«, sagte die Mutter, und jetzt kicherte sie tatsächlich.

Die Tante drückte seine Hand. »Schön, dass du ein bisschen zu uns kommst.«

Er erwiderte ihren Händedruck, aber er hatte nicht vor, lange hier sitzen zu bleiben. Er dachte an die Magie der ungeraden Zahl. Bis eben schien ihr Beisammensein vollkommen rund gewesen zu sein.

12

1992, Köln

MARGOT sah in den Spiegel.

Wir sind zurückgekommen, um hier zu sterben. Sie nahm die Haarbürste von der Ablage im Bad und fuhr sich ein paarmal damit durchs Haar. Es leistete kaum Widerstand. Lara hatte recht viel abgeschnitten, mit der Küchenschere. Die eine Seite, das sah sie jetzt, war einen Tick kürzer geraten als die andere. Aber was machte das schon. So kam sie jedenfalls gut klar.

»Du kannst doch wenigstens mal zum Friseur gehen!«

Willi hatte sehr gereizt geklungen, so kannte sie ihn gar nicht. »Lass dich bitte nicht so gehen.«

Margot ließ die Bürste sinken; sie zwang sich, ihr Spiegelbild möglichst geradeheraus anzusehen. Sie hatte noch nie gern lange in den Spiegel geschaut, auch früher nicht. Die Blicke der Welt – der Männer – hatten ihr stets genug reflektiert. Mehr als genug.

Die Frau, die ihr da nun entgegenblickte, ihre Haut, die Augenpartie, der Mund – alles wirkte stumpf; flächig und eingesunken zugleich –, ein Weiblein.

Das bin ich also jetzt, dachte sie. Die Alte. Und dann, in einem Anflug von heiterem Trotz, sagte sie laut: »Na und? Ein neuer Besen kehrt gut. Aber der alte kennt die Ecken.« Sie lächelte, öffnete das Spiegelschränkchen und griff nach der Nivea-Cremedose. Von all den Volksweisheiten und Sprüchen, die der Willi ständig zum Besten gab, war dies ihr liebster. Und sie – sie kannte die Ecken, o ja!

Nachdem sie sich eingecremt hatte, stellte sich der typische Effekt ein: Ihr Gesicht, allzu faltig war es noch nicht, immerhin, spannte und glänzte. Wie stets, wenn sie eine Weile vergessen hatte, die Creme zu benutzen. Vielleicht war es auch nicht die richtige Pflege für ihre Haut, aber sie kannte sich mit so was längst nicht mehr aus. Lara hatte ihr mal so eine teure zum letzten Geburtstag geschenkt.

»*Die in der Apotheke haben gesagt, das sei die richtige für eine Frau in deinem Alter.*«

Ihre Haut hatte das anders gesehen. Knallrot war ihr Gesicht danach gewesen. Eine geradezu allergische Reaktion. Dann eben doch Nivea.

Das musste reichen. Alles musste jetzt reichen.

Ihr Blick fiel auf den Lippenstift. Er war korallenfarben; aufrecht wie ein Zeigefinger stand er neben dem Maniküre-Set im Schränkchen. Sie hatte ihn seit Ewigkeiten nicht mehr benutzt. Als sie die Kappe abzog und den Stift herausdrehte, war es, als habe sich ein Sender in ihrem Inneren eingestellt: »*Des yeux qui font baisser les miens. Un rire qui se perd sur sa bouche …*«

Die Abendsonne ist seidig wie ein Tuch; eine sachte, schmeichelnde Berührung auf ihren Armen, ihrem Nacken, den Schultern. Willis Lächeln aber wärmt von innen. Es ist sein fünfundsechzigsten Geburtstag. Sie haben Glück mit dem Wetter. Der alte Gutsgasthof hat früher als sonst draußen eingedeckt; es sind nur einige wenige Tische. Eine Tafel mit den Gerichten wird herumgereicht, sie wählen beide die fangfrische Forelle. Als Beilage Salzkartoffeln in zerlassener Petersilienbutter, Gemüse aus dem Gutshofgarten.

Es ist sehr behaglich, etwas Feines zu erwarten. Ab und an knirscht es hinter ihnen im Kies – wohin kann man jetzt bloß wollen?

»Schau mal, da …«

Der Duft der Kirschblüten lockt die ersten Insekten des Jahres an; das ganze Mullerthal ist in diese überbordende Pracht der Bäume getaucht. Zwei Bienen schwirren dicht über ihren Köpfen hinweg zum Nachbartisch, wo ein träger Labrador zu Füßen seines Frauchens ein Nickerchen macht.

Der Willi hat, wie es seine Art ist, die Beine unter dem Tisch lang gestreckt. Nun beugt er sich zu ihr vor und schaut sie zärtlich an.

»Ich seh doch schon das Schönste.«

Sacht berührt er die Kuhle ihres Halses, wo die Perlenkette ruht, die sie heute zum Kleid trägt. Sie lächelt, führt das Weinglas zum Mund. Ihr Lippenstift hinterlässt einen korallenfarbenen Abdruck auf dem Rand.

»Das ganze Tal leuchtet jetzt.« Sie bestellt einen Kognak.

Später wird die Crème brûlée am Tisch flambiert. Unter dem sachten *Kracks* der karamellisierten Zuckerschicht zerfließt nun die Füllung, weich und sahnig, auf ihrer Zunge, ein Hauch von Vanille, von Kognak, die Ahnung der zerstobenen Hitze der Flammen.

Wie Liebemachen schmeckt das. Sie kichert und spürt, wie ihr die Wärme in die Wangen steigt. Als sei sie noch mal zwanzig. Sie legt Willi ihre Hand auf den Oberschenkel.

»*Des yeux qui font baisser les miens. Un rire qui se perd sur sa bouche*«, summt sie vor sich hin.

Einer der Gäste blickt zu ihnen herüber, zückt seine Mundharmonika: »*Il est entré dans mon coeur, une part de bonheur, dont je connais la cause …*«

»La vie en rose«. Sie trug die Farbe auf, presste die Lippen zusammen, ließ wieder locker.

War das erst zwei Jahre her? Als sie noch Farbe, als sie noch Kleider getragen hatte. Kleider, die so anschmiegsam waren wie die Tage, denen sie schmeichelten. Tage, die so luftig, so in sich ruhend, so heiter gewesen waren. Als sie noch ein Heim hatten, als Emilie noch … als sie noch da gewesen war.

Nein! Sie nahm ein Stück Klopapier, rieb den Lippenstift wieder ab.

Ich male mich an.

Das Papier mit ihrem Lippenabdruck darauf verschwand rauschend in der Toilette.

Margot wusch sich die Hände, trocknete sie ab. Der Pullover – wann hatte sie den noch mal gestrickt? – spannte leicht über dem Bauch. Sie öffnete den Hosenknopf. Schon besser.

»*Lass dich bitte nicht so gehen.*«

Willis Blick war über sie geglitten, vorhin in der Küche, als würde er nach irgendetwas suchen. Und trotz seiner Gereiztheit hatte sie das Flehentliche darin bemerkt.

Sein Blick war verwaschener, müder; es lag inzwischen stets ein leicht grauer Schleier über seiner Haut, den silbernen Haaren. Aber er war immer noch ein schöner Mann – die buschigen, jetzt grauen Augenbrauen, die markanten Züge, die große Gestalt mit den leicht vorgebeugten Schultern, dem Zwinkern um die Augen. Augen, um die herum jene herrlichen Fältchen aufsprühten, wenn er zu jemandem sprach, den er gernhatte.

Was er jetzt wohl sah, wenn er sie anblickte?

Margot setzte sich auf den Badewannenrand. Erstaunlich, dass sie sich das noch nie gefragt hatte. Vielleicht hatte sie es auch nur verlernt, hatte für eine sehr lange Zeit vergessen, sich derlei Dinge bewusst zu machen, sich überhaupt Fragen zu stellen.

Schau dich doch mal hier um!, hätte sie ihm am liebsten vorhin gesagt und damit diesen Blick von sich gewischt. Was erwartest du denn?

Aber das war es ja: Hier gab es nichts zu sehen. In dieser kleinen

Zweizimmerwohnung im dritten Stock eines schäbig-braunen Mietshauses in der Deutz-Mülheimer Straße, das sie früher noch nicht einmal bemerkt hätte, wenn sie von jemandem dazu gezwungen worden wäre, davor stehen zu bleiben; in einer Gegend, in der sie auch an helleren Tagen nicht freiwillig einen Fuß vor die Tür gesetzt hätte.

Nun, einen »Austritt« gab es immerhin, von der Küche zur Hinterhofseite, eine Art handtuchgroßen Balkon, gerade genug Platz für ihren Wäscheständer und einen Stuhl. Nein, hier gab es nichts zu sehen. Die Decken waren niedrig, vergilbter Putz, renovierungsbedürftig. Aber wozu? Irgendwie wars ja auch stimmig so. Sie lebten in einer Box. Auf Halde, sozusagen.

Das Ende, Emilies Schlaganfall, war so plötzlich gekommen. Sie hatte in der Küche gestanden, einen Topf in der Hand …

»*Oh!*«

»*Millie?*«

Und als sie wegen des ungewöhnlichen Ausrufs der Schwester vom Kartoffelschälen aufblickte, sah sie Emilie, begleitet vom überlauten Scheppern des Topfes, bereits in sich zusammensacken, niederfallen – so entsetzlich dumpf schlug ihr schmaler Leib auf den Boden auf … Niemals würde dieser Laut wieder aus ihren Sinnen verschwinden.

Mehr sind wir nicht. Ein Sack Knochen und Fleisch.

Als sie Sekunden später nur bei ihr kniete, war sie schon tot gewesen.

Sie hatte Emilies Hand umklammert und irgendetwas geschrien, bis Willi, der Notarzt, der Werner und sonst wer gekommen waren.

»*Gehen Sie bitte zur Seite.*«

»*Komm, Liebling …*«

Der Willi hatte ihre Finger mit Gewalt von denen der Schwester lösen müssen. Finger, die plötzlich wieder einer Elfjährigen gehörten.

Emilie – ihre Mädchenhand, die bei Tisch stets das Taschentuch bereithielt, die trotz ihrer Atemnot so zielsicher nach dem Wasserglas griff und später nach Jérômes Hand beim Tanz. Nach der ihren auf der Sauerbrücke, auf dem Rückweg vom Markt, schlenkernd, scherzend. Finger, die schlummernd ein Buch auf der Brust gehalten hatten, dort im Schatten von ihrem und Alois' Zusammensein. Die rechte Hand der Mutter war sie gewesen, als deren eigene zu zittern begann, unstet geworden war. Hände, die die des kleinen Werner umfasst hielten, ihn getragen, genährt, gehalten hatten, bis dies nicht mehr nötig gewesen war. Hände, die sich fürs Leben mit denen von Jérôme verschränkten bis hin zu den letzten Spaziergängen, den dämmrigen Stunden an seinem Bett; Hände, die ihn wuschen, pflegten, aufrichteten. Die so gekonnt all die Blumen auf den Fenstersimsen arrangierten, die Willi ihnen pflückte, die Freds Hand im Garten gedrückt hatten und die sich ihr, der Jüngeren, so oft auf die Schulter gelegt hatten, kurz, wie beiläufig. Die die Mahlzeiten mit jener Ruhe und Könnerschaft vorbereiteten, die ihr selbst so fremd war, die alles in Gang hielten, unaufgeregt, stetig –

»*Komm, Liebling.*«

»*Sie sind der Schwager? Fassen Sie mal mit an. Ja, gut so, wir betten sie hier hoch.*«

Emilie war tot. Als sei eine Sicherung aus ihrer Fassung herausgesprungen. Klack! – Und von jetzt auf gleich war alles dunkel geworden. Es gab nicht mehr viel zu sehen, es gab nicht mehr viel zu sagen.

Eigenbedarf – das war alles, war das Wort, das übrig geblieben war, danach. Emilies Grab war noch frisch gewesen. Noch nicht einmal der erste Regen, der erste Wind waren darüber hinweggegangen. Die Kränze und Blumen lagen noch obenauf; diese hilflose Geste der Hinterbliebenen: sich noch einmal anzuschmiegen an das, was jüngst noch so lebendig für sie gewesen war.

»Deine Mutter hätte das nicht gewollt. Es ist ja nun auch unser Zuhause. Gib uns doch noch ein Weilchen, Werner, bitte.« Sie hatte geradezu verzweifelt nach Werners Arm gegriffen, der bei dieser unerwarteten Berührung prompt erstarrte, als zähle er innerlich die Sekunden, bis sie ihn wieder sich selbst überließ. Dann murmelte er etwas von seinen Bedürfnissen, finanziellen Zwängen, Eigenbedarf.

»Zwecklos.« Hatte Willi bloß gesagt und die Wohnungsanzeigen für Köln studiert.

»… ihm viel zu verdanken. Nitrichowsky. N – I – T – R – I …«
»Warte mal kurz, Opa.«
Daniels Schritte näherten sich. Er klopfte gegen die Badezimmertür.
»Oma, ich muss mal!«
»Ja. Momentchen …«
Sie öffnete die Tür, ließ den Enkel hinein, während Willi gerade an ihr vorbei ins Wohnzimmer ging. Da würde er jetzt sicherlich eine ganze Weile stehen und aus dem Fenster blicken; direkt auf den Rhein, der dort so stetig wie träge floss, den einen oder anderen Frachter wie an einer langen unsichtbaren Leine hinter sich herziehend. Willi liebte diesen Fluss.

Sie ging in die Küche. Auf dem Tisch stand ihre Schreibmaschine, die Daniel für seine, wie hatte er das genannt?, ach ja: Hausarbeit benutzte. Ein Lebensbericht über ein Familienmitglied sollte das werden, im Fach Geschichte. Was war er, zwölfte Klasse?

Sie schaute auf den Schnellhefter, in dem bereits mehrere, dicht beschriebene Seiten lagen, vom letzten Mal. Sie zögerte kurz – Daniel war noch im Bad –, dann zog sie einige der Blätter aus dem Hefter heraus. Wenns der Lehrer lesen durfte, dann sie ja wohl auch.

Das Leben des Wilhelm Koch. Ein Bericht, so lautete die Überschrift. Sie begann, das Ganze zu überfliegen – sie kannte das alles ja schließlich aus erster Hand –, dann, zunächst recht wahllos, hier und da ein wenig genauer hineinzulesen, was sich ihr Enkel über den Opa notiert hatte:

»... *was ihn über Wasser hielt, war die Tatsache, daß die geliebte Oma mit ihnen umzog. Die Abschiebung Älterer in Altersheime und der damit verbundene Bruch der Familie sei, so Wilhelm, erstens schlimm und zweitens inzwischen leider an der Tagesordnung.*«

»*Wegen des Umzugs geht Wilhelm, Willi genannt, vom dritten Schuljahr an auf die Volksschule in Köln-Zollstock. Diese besucht er von 1934 bis 1939. Er legt Wert darauf, daß diese Schule mit der modernsten Bautechnik im Reich ausgestattet war ...*«

»*Auf Anordnung des Schulleiters hin werden alle Schüler zusammengerufen. Willi ist der Grund des Treffens nicht bewusst. Formationsmäßig marschieren sie in Richtung Südstadt, wo bereits die Synagogen brennen. Ihnen offenbart sich ein Bild der Zerstörung: Die Fenster jüdischer Geschäftsleute sind eingeschlagen, sie selber rausgeschmissen, ihre Einrichtungen und Wertgegenstände geraubt. Mehr als ein Hauch von Sadismus liegt in der Luft.*

Willi hat das Unrecht erkannt, doch das gesamte Ausmaß dieses Verbrechens ist ihm nicht klar geworden. Er sah die Vorgänge als Wahnsinn in seiner negativsten Art an, doch die Zusammenhänge hat er in seinem jugendlichen Alter nicht erkannt. Auf dem Rückweg zur Schule sieht er, wie ein jüdisches Ehepaar von Nazis zusammengeschlagen wird. Es war für ihn der erste Weltuntergang, die bittere Einsicht, helfen zu wollen, ja zu müssen, aber nicht zu können, nicht zu dürfen. Sein positives Denken wollte er deswegen noch nicht aufgeben, er hat vielmehr versucht, die Geschehnisse der Reichskristall-

nacht zu verdrängen. 1939, ein Jahr später also, beendet er seine Schullaufbahn mit dem Volksschulabschluß und beginnt eine dreijährige Lehre als Bautechniker und Maurer ...«

»In den Jahren 1941–42 hatten die Alliierten ihre Luftangriffe auf Köln ausgeweitet. Willi hatte eine Sanitäterausbildung mitgemacht. Es entsprach nicht seinem unternehmungslustigen, mutigen und agilen Naturell, welches man heute noch unweigerlich zu spüren bekommt, bei Luftangriffen in irgendeinem Keller zu kauern und zu hoffen, daß doch hoffentlich bald alles vorbei sei. Ihn begleitete stets das Gefühl, anderen helfen zu müssen. Er fühlte sich stark genug, die Wirklichkeit des Krieges draußen hautnah mitzuerleben, wozu sicherlich Unbekümmertheit gehört. Er fungierte als Feuerwehrmann, Sanitäter und Helfer in den Luftschutzkellern.
   Diese Abenteuer, als solche wird Willi seine Tätigkeiten als 16-Jähriger wahrscheinlich empfunden haben, hatten ihre guten und ihre schlechten Seiten. Zum einen gibt einem das Gefühl, anderen Menschen geholfen zu haben, eine gewisse Zufriedenheit. Zum anderen wird er aber immer wieder mit der Grausamkeit des Krieges konfrontiert. Er sah, bei seiner Tätigkeit unvermeidlich, viele verbrannte und verstümmelte Menschen. Wie er diese Eindrücke innerlich verarbeitet hat, ist unklar. Vielleicht war es wieder der Effekt des Nichtverstehens ...«

»Sein Freund und er waren bereits große Kinder, als sie sich im Juni 1942 zum Kölner Versorgungsamt aufmachten, um sich freiwillig für den Krieg zu melden. Doch als sie jenes Amt betraten, waren für Willi der Mut und die Begeisterung für dieses ›witzige Unternehmen‹ zuende. Angaben über ein Streitgespräch fehlen – der Freund ging hinein, Willi aber kniff.«

»Der Freund, der natürlich angenommen worden war, wurde zwei Monate später zur Marine eingezogen. Im Oktober 1942 kommt seine Mutter zu den Kochs. Ihr Sohn hatte die erste richtige Schlacht gar nicht mehr erlebt.«

»In Dębica werden Willi und seine Truppe von einer äußerst unfreundlichen Gruppe von Offizieren erwartet – sie waren zu spät gekommen. Im barschen Kommandoton wird ihnen befohlen auszusteigen. So wie sie sind, in Zivilklamotten und mit Handgepäck, wird ihnen befohlen, bis zum nahe gelegenen Armeelager zu laufen. Daß es vom Himmel hoch regnete, wurde völlig ignoriert.

Das Lager machte laut Willi einen furchterregenden Eindruck. Es war mit Holzlatten und Stacheldraht umzäunt. Es gab Wachtürme. Am Eingangstor des Lagers angekommen, müssen sich die Jungen in den Dreck legen und durch das Tor hineinrobben ...«

»Er wurde im Kompanietrupp als Sprechfunker ausgebildet. Diese Zeit der Ausbildung zum Funker ist für Willi sehr schön, da er sich mit vielen Gleichgesinnten anfreundet. Ihn und seine Freunde verbindet ein ähnliches Schicksal. Daher auch der gute Zusammenhalt.«

»Die Division wird im November 1943 Richtung Mittelmeer verlegt. Sie wird als ›Division zur besonderen Verwendung‹ getarnt und muss sich versteckt und unauffällig bewegen. Für Willi und die anderen Soldaten bedeutet das: eine Woche Pfadfinderleben in den Wäldern des Mittelmeerraumes; für einen naturverbundenen Menschen wie Willi ein Genuß. Das Schwimmen im Mittelmeer, dessen tiefblaues Wasser ihn so begeisterte, daß er heute noch oft davon spricht, bezeichnet Willi als das schönste Erlebnis des Krieges. Im dreckigen Rhein oder in irgendwelchen Bädern zu schwimmen war er gewohnt ...«

»Im Herbst 44 wird Willi mit seinem Kameraden bei St. Denis (Südfrankreich) von Mitgliedern der Resistance gefangen genommen. Jene waren für die Deutschen eine ebenso große Gefahr wie die herannahenden Amerikaner. Durch einen billigen Trick, das Ködern mit einem oder zwei hübschen Mädchen, waren sie den Franzosen in die Hände gefallen. Diese hatten natürlich nichts anderes im Sinn, als jeden deutschen Soldaten zu erschießen, der ihnen in die Hände fiel (was wir ihnen nicht verdenken können). Um ein Haar hätte man den Bericht über das Leben Wilhelm Kochs hier mit dem Satz: ›und er wurde erschossen‹, beenden müssen. Doch sein Schutzengel, von dem Willi auch im Alltag oft spricht, ließ ihn einmal mehr nicht im Stich. Deutsche Soldaten, die zufällig (!) von dem Mißgeschick Willis und seines Kameraden erfahren hatten, hatten Teile der Zivilbevölkerung gefangen genommen. Durch Austausch kamen beide Seiten frei. Ein erneuter Glücksfall!«

Margot ließ Daniels Notizen sinken, stutzte. Was hatte sie da gerade gelesen?

Ein plötzlicher Drang nach Frischluft überkam sie. Sie ging auf den Balkon, schob sich an dem Wäscheständer vorbei, fegte ein paar versprengte Birkenblättchen von dem Plastikstuhl in der Ecke und ließ sich darauf nieder.

Es klang ja gar nicht falsch, das alles. Nein, in gewisser Weise war das alles korrekt. Und dennoch so ... *verstellt*.

Wen sie beim Lesen klar vor sich gesehen hatte, das war Daniel. Wie der gute Junge auf seine typisch akribische, etwas umständlich-altkluge Art versuchte, die Fakten über Willis Leben möglichst richtig und ausgewogen wiederzugeben, sie irgendwie mit dessen Persönlichkeit: dem geliebten, starken, positiven Opa, dem »Glücksritter Willi«, wie er ihn kannte, in Einklang zu bringen.

Aber Willi? Er schien ihr von Zeile zu Zeile mehr zu verschwinden, von den Schatten all des Ungesagten verwischt zu werden; Schemen, die so spürbar, so greifbar zwischen den Worten lagen. Was ihm wohl gerade durch den Kopf ging, dort am Wohnzimmerfenster mit Blick auf den Fluss, nach diesem Gespräch mit seinem Enkel?

Die Lehne des Plastikstuhls drückte sich unangenehm in ihren Rücken. Dies war kein guter Platz, um lange auszuharren, dieser »Austritt«. Sie wandte sich um und sah durch die Balkontür, dass Daniel bereits wieder über seinen Notizen saß. Vielleicht sollte sie aufstehen und ihm einen Tee kochen? Doch vorerst blieb sie, wo sie war. Etwas stieg da gerade in ihr hoch; unangenehm, verstörend ...

Eifersucht.

Warum hat er *mich* nicht nach *meinem Leben* gefragt?

Daniel, ihr Daniel, war stets das Oma-Kind gewesen, Lara das Opa-Kind. So war es von Anfang an gewesen, hatte sich über die Jahre so eingespielt, verfestigt.

Und dennoch, jetzt, wo es um solch persönliche Auskünfte, einen Blick auf das Leben ging, hatte Daniel sich für den Opa entschieden. Seine Fragen galten dem Willi, während Lara ... Ja, sie hatte ihr schon als kleines Mädchen Löcher in den Bauch gefragt.

Oma, erzähl mir von früher ...
Oma, warum wart ihr früher so reich und heute nicht mehr?
Vermisst du Luxemburg?
Wie klang das, wenn ihr da gesprochen habt?
Oma, erzähl mir vom Krieg. War das schlimm?
Warst du vor dem Opa auch schon mal verliebt?

Ja, und sie? Was hatte sie der Enkelin denn eigentlich von sich erzählt? Sie hatte den großen Schlüsselbund der Mutter klirren lassen, die halb zahmen Eichhörnchen heraufbeschworen und das Hausmädchen Clarissa. Ihre Streiche, die sie und Charlotte den Nonnen gespielt hatten, ihre Sonntagsspazierfahrten im Marmon, die heimlichen, ausgelassenen Tanzabende, nach denen sie das Parkett gewienert hatte, einen gut aussehenden Offizier erwähnt, Alois …

Margot zog ein großes Handtuch vom Wäscheständer, praktischerweise war es schon getrocknet, und legte es sich um die Schultern. Es wurde langsam kühl hier draußen.

Lara konnte aber auch Fragen stellten! Immerhin, seitdem sie Politik und Literatur studierte, war sie ein wenig ruhiger geworden; weniger »aufgepeitscht«, wie Willi meinte. Als die Mauer gefallen war, war sie – schon halb auf dem Weg nach Berlin – bei ihnen hereingestürmt, eine Flasche Sekt in der Hand, und wollte doch tatsächlich feiern.

»Wozu?«, hatte sie gewagt zu fragen, während Willi immerhin so etwas von sich gegeben hatte wie: »Gut, dass das Ding endlich weg ist. Die Menschen wollen nun mal frei sein. Aber teuer wirds jetzt werden.«

Da hatte Lara auf ihre übliche Art losgelegt. Was der Willi mal wieder alles sagte: zu pauschal, zu allgemein. Und sie selbst, was sie mal wieder alles *nicht* sagte: »Und du, Oma? Ja, freust du dich denn gar nicht?«

Nein. Hätte sie am liebsten erwidert. Natürlich war es gut, dass dieses Land jetzt wiedervereint war. Es war richtig. Nicht mehr und nicht weniger. Aber es berührte sie nicht. Es gab andere Mauern, die ihr näherginge. Mauern, die sich nicht einreißen ließen. Aber sie hatte nichts dergleichen gesagt, natürlich nicht, sondern mit Lara den Sekt getrunken und versucht, das Thema umzulenken, auf die Dinge, die sie wissen wollte.

»*Hast du jetzt eigentlich mal einen festen Freund?*«
»*Nö. Wozu?*«

Was hat das Mädchen bloß so misstrauisch werden lassen?, fragte sie sich. Aber sie hielt sich still.

Laut, sehr laut war es hingegen geworden und dann zwischendurch auch sehr still, als Lara sich für den Holocaust – »›Shoa‹, es heißt ›Shoa‹, Oma!« – zu interessieren begann.

»Was heißt hier: interessieren? Als ob es dabei um eine Art Hobby geht! Es ist doch eine ganz tiefe Verstörung. Das wart ihr, ich meine: Eure Generation, und das Ganze wirkt weiter. Klar, DU kannst sagen, dass das hier nicht dein Land ist, praktischerweise. Das können der Opa und ich nicht behaupten. Begreifst du das nicht? Ich will versuchen, das zu verstehen ... Wie Ingeborg Bachmann sagt: Die Wahrheit ist dem Menschen zumutbar.«

Also hatte sie sich in diesem Fall hauptsächlich auf den Willi gestürzt mit ihren Fragen, als habe sie ein Recht darauf. Woher kam sie eigentlich, die Anmaßung dieser jungen Leute über das Leben eines anderen Auskünfte einzufordern, derlei Privates in Erfahrung bringen zu dürfen? Dinge, die man doch selbst kaum gesichert wusste? Als ob die Wahrheit etwas wäre, was man einfach so in petto hatte und mit der man nur nicht rausrücken wollte. Sie selbst war nicht dabei gewesen bei jener »Befragung«, hatte sich zurückgezogen. Aber wenn sie sich Daniels Notizen vor Augen führte, konnte sie sich ungefähr vorstellen, wie der Willi sich *dazu* geäußert hatte.

In der letzten Zeit schien es ihr allerdings, dass Lara hauptsächlich zum Schlafen herkam. Sie tranken einen Nescafé oder ein Kölsch in der Küche, und dann warf sie sich geradezu auf das Sofa im Wohnzimmer und schlief wie ein Stein, sodass sie und Willi dann für ein, zwei Stunden nur noch auf leisen Sohlen in der Wohnung umherschlichen. Sie fand das unnatürlich. Willi nicht.

»Das Kind braucht das jetzt.«

Was für ein Kind? Lara war längst erwachsen. Sie fragte sich, was »das Kind« wohl sonst so tat in seinem Leben. Woher kam diese merkwürdige Erschöpfung? Wie auch immer – von Befragungen schien Lara vorläufig offenbar genug zu haben.

»Ja, der hat mir viel bedeutet …«

»Lebt er denn noch?«

Willi war zu Daniel in die Küche zurückgekehrt.

Offenbar ging die Sache mit dem Lebensbericht noch weiter. Daniels Lehrer kam ihr in den Sinn. Warum der seinen Schülern wohl eine derartige Aufgabe stellte? Natürlich war Geschichte immer auch Familiengeschichte. Aber wie wollte man so etwas bewerten?

Margot nahm das Handtuch von den Schultern. Es brachte nichts, wärmte nicht. Sie legte es zusammen und schob es sich unter den Po. Vielleicht saß sie so wenigstens etwas weicher. Die Stimmen drangen durch die geöffnete Tür zu ihr her.

»… weiß das nicht mehr so genau.«

»Kannst du denn versuchen, dich zu erinnern?«

Möglicherweise war das ja der Sinn der ganzen Übung, dieser Art von Geschichtsschreibung: dass die Schüler die Unmöglichkeit erkannten. Zu spüren, wie wenig man die eigene Familie, das Nahe letztlich schon verstand. Und wie es dann erst sein musste, wenn nur noch die sogenannten Fakten übrig blieben, wenn sich die Einfühlung ganz und gar aus deren Deutung zurückzog? Machte das das Verstehen leichter oder schwerer?

»Oma? Kann ich einen Tee haben?«

Ihr Willi. Er war auf der anderen Seite gewesen; auf Alois' Seite und auf der von Hermann, im Krieg.

Wie viel man doch vergaß, dachte sie verblüfft. Man vergaß – und wurde es dennoch nicht los. Wie Schatten, die man nur bemerkte, wenn das Licht entsprechend fiel. Und sie sah ihn vor sich, ihren Willi, wie er in schöner, vertrauter Manier die Fenster aufriss, Rollläden hochzog, sich über den Stand der Sonne vergewisserte. Sie schloss die Augen. Eine tiefe Mattigkeit breitete sich in ihr aus. Müdes, abgeriebenes Leben … Es war genug.

»Oma! Kann ich einen Tee haben?«

»Ja … gleich …«

Sie blieb, wo sie war. Wartete darauf, dass dieser *Anflug* vorüberging. Er würde vorübergehen. Er musste.

»Oma?«

Es aussitzen, dachte sie. Sie rieb sich über die Ärmel, roch an der leicht klammen Wolle. Dumpf, muffig; wie wenn man sich zu lange im Keller aufgehalten hatte. War ihr vorher gar nicht aufgefallen. Sie lüftete ihre Sachen zu selten aus offenbar.

Hinter ihr klopfte es jetzt sacht von innen an die Fensterscheibe. Sie drehte sich um. Willi stand da, wie immer leicht vornübergebeugt. Er lächelte sie an, auf seine unvergleichliche, alterslose Willi-Art-und-Weise. Hauchte gegen das Fenster und zeichnete mit dem Finger eine Blume auf die beschlagene Scheibe.

Manche Nebelflecken löst kein Auge auf.

Sie stand auf, leicht zittrig zwar, aber das musste reichen.

Plötzlich wollte sie nur noch hinein, ins Warme. Auf die andere Seite der Tür.

13

1994, Flughafen

FRED entfaltete Daniels Brief. Er hatte ihn auf dem Weg zum Flughafen aus dem Postkasten gefischt, und jetzt, wo die Maschine nach Kairo mal wieder verspätet war, wollte er die Wartezeit dazu nutzen, ihn zu lesen:

Lieber Papa,
»seltsam, im Nebel zu wandern« –
Auch wenn ich nicht so gern Romane und derlei Dinge lese. Aber ich finde, das ist ein treffender Satz. Und soviel ich weiß, schätzt Du Hermann Hesse ja sehr. Tja, damit wären wir schon beim Thema: Was weiß ich eigentlich von Dir? Nicht allzu viel, würde ich sagen. Dafür, dass Du ja immerhin mein Vater bist.
Du hast mir das Schachspielen beigebracht, und ganz sicher habe ich nicht nur mein Aussehen, sondern auch meine mathematische Begabung von Dir. Aber sonst?
Weißt Du, dass ich früher oft mit dem Fahrrad zu Dir an den Hirschsprung rausgefahren bin? Ich dachte, wenn ich mich einfach bei Dir auf die Treppen setze, so wie die eine Frau das damals gemacht hatte, die die Oma unbedingt treffen wollte, dann würde ich Dich überraschen, und wir würden uns vielleicht mal unterhalten. Ohne dass irgendetwas anderes auf dem Programm steht wie früher immer dieses Einmal-die-Woche-mit-uns-schwimmen-gehen-und-uns-dann-bei-der-Oma-Abliefern. Aber Du warst

nie da. Und damit meine ich, dass Du nicht nur nicht zu Hause warst, sondern überhaupt abwesend. Und so ist es geblieben. Warum ist das eigentlich so? Vielleicht magst Du mir ja mal darauf antworten. Wir haben doch viel gemeinsam.
Dein Daniel

Fred faltete den Brief sorgfältig zusammen und steckte ihn in das Seitenfach seiner Umhängetasche. Es war schön, dass Daniel ihm mal schrieb. Auch wenn es ihn ein wenig überraschte. Er hätte nicht gedacht, dass sein Sohn jemand war, der sich ohne Anlass auf so einem Wege mitteilte. Aber er freute sich darüber.

»Wir bitten nun die Passagiere, gebucht auf den Lufthansa-Flug LH 713 nach Kairo ...«

Tatsächlich, dachte er leicht erstaunt. Es war schon wieder so viel Zeit vergangen, seit sie das letzte Mal miteinander gesprochen hatten, da hatte der Junge recht. Dabei hatte er Daniel fragen wollen, bei wem er die Kurse in linearer Algebra belegt hatte und mit welchen Büchern sie inzwischen dort arbeiteten. Wenn er zurück war, würde er sich bei ihm melden. Sobald er den Entwurf zur Neuübersetzung dieser umstrittenen Schriften aus der 18. Dynastie abgeschlossen hatte, die, wie er fand, ziemlich eindeutig belegten, dass Thutmosis III. seinen Sohn Amenophis II. in den letzten Jahren seiner Herrschaft bereits hatte mitregieren lassen.

Er seufzte. Es war nun mal viel los. Nicht nur in seinem Beruf – auch die zusätzliche Dozentenstelle in Bonn und all die Forschungsreisen, die Betreuung seiner Schüler und Studenten. Irgendwer wollte immer etwas von ihm. War es da ein Wunder, dass er schwer zu erreichen war?

»*Du hast mir das Schachspielen beigebracht.*«

Fred lächelte, während er sich in die Schlange vor dem Abflugschalter einreihte.

Ja, er erinnerte sich noch gut daran, wie er mit Daniel die ersten Partien gespielt hatte, am Wohnzimmertisch in der Mariawaldstraße, während Lara malte, der Willi im Garten die Vögel vertrieb und die Mutter in der Küche einen ganzen Eimer Kartoffeln für die Fritteuse schälte und schnibbelte. Fritten waren nicht nur Daniels Lieblingsessen, sondern auch seines. Im Grunde alles mit Kartoffeln. Und Zwiebeln. Auch das war eine ihrer Gemeinsamkeiten.

Anfangs waren dem Jungen die kleinen Bauernfiguren immer wieder aus den Fingern gerutscht, und er hatte die Bewegungen des Springers mit denen des Läufers verwechselt. Sie hatten stets um eine Tüte Haribo gespielt. Kleine, schlichte Zehn-Züge-Blitzpartien, und natürlich hatte er Daniel jahrelang gewinnen lassen. Er wusste schließlich noch gut, wie schlecht er selbst in dessen Alter hatte verlieren können. Sicher wäre sein Sohn ebenso wütend geworden wie er damals, hätte die schönen alten Holzfiguren vom Brett gefegt und allerhand Theater veranstaltet.

Irgendwann aber hatte Daniel angefangen, Schachmagazine zu lesen und im Verein zu spielen. Seitdem waren die Partien ernsthafter geworden. Sein Fortschritt ließ sich gut an der alljährlichen Herbstferienwoche festmachen, die sie in schöner Regelmäßigkeit ja doch immerhin gemeinsam verbrachten, seit so vielen Jahren nun schon. Viel hatte der Daniel – apropos: voneinander wissen! – bei solchen Gelegenheiten allerdings nie von sich erzählt. Hatte er eigentlich je eine Freundin gehabt? Oder Probleme in der Schule? Oder sonst irgendwelche anderen Interessen als Schach, die er verfolgte? Hatte er ihm, dem Vater, mal irgendetwas anvertraut? Was er werden wollte zum Beispiel oder sonst irgendeine Zielvorstellung? Nein, davon war nie die Rede gewesen.

Wie auch immer – jetzt war der Junge erwachsen, studierte, führte sein eigenes Leben. Und es schien ihm dabei recht gut zu gehen. In jedem Falle war er unter weit besseren Bedingungen aufgewachsen als er. Vielleicht sollte er ihm das bei Gelegenheit einmal sagen. Nicht jeder hatte so viel Glück im Leben, aber das konnte der Junge vielleicht noch nicht sehen.

»*Seltsam, im Nebel zu wandern ...*«

Ja, dachte er und stieg in die Maschine, das war wirklich ein treffender Satz.

14

1997, Topeka, Kansas

LARA lag auf dem Rücken im harten Präriegras. Sie spürte, dass ihr Herz im selben dumpfen Rhythmus schlug wie die großen Fasstrommeln, die drüben auf dem Festplatz nun bereits zum x-ten Male Probegeschlagen wurden. Bald war Powwow.

»*Ehe kininyanka ukiye*
Ehe kininyanka ukiye
They come to tell news
They come to tell news ...«

Das Gras war widerspenstig; leistete Widerstand gegen ihren Drang, sich in ihm auszustrecken. Struppig und spröde blieb es, dort unter ihrem Körper. Irgendetwas Kleines, Nichtiges krabbelte über ihren Nacken, verschwand im toten Winkel ihres Rückens, tief unten an der Wade pikste es.

»*Wakanyan inyankin kte*
Wakanyan inyankin kte
Canhlexka wan luzahan inyankin kte
Canhlexka wan luzahan inyankin kte
Wawanyang upo
Come and see
Come and see ...«

War das nicht Chucks Stimme, die sie da heraushörte? Anscheinend sangen die älteren Jungs auch mit, nicht nur die Erwachsenen. Chuck, der ständig Steine und Büchsen so hart vor sich hertrat, als wolle er der ganzen Welt in den Hintern treten. Sie sah ihn noch auf diesem lärmenden Rasenmäherungetüm vor sich, Käppi in der Stirn, und alle möglichen Kreise und Muster in die Reservatsgründe schneisen, während die gesamte Hundemeute, die ihn bei seinen Touren stets umsprang, sich gleich hinterher in den locker aufliegenden Grasfransen wälzte, sich Zecken und Flöhe zuzog, die sie alle dann mühsam wieder aus den Fellen herauskämmen mussten – früher aber, vor Chucks Generation und den Rasenmähern, als das Gras hier noch so hoch wuchs, dass es in den Himmel zu ragen schien und man die Hand vor Augen nicht sah, waren die Grastänzer vorausgegangen. Sie traten heftig mit den Füßen auf, um die Schlangen zu verscheuchen, und bahnten mit ihren Gliedern dem Stamm einen Weg.

»*Unci itazipi micu wo*
Unci itazipi micu wo
Grandmother give me my bow
Grandmother give me my bow ...«

Lara lächelte. Während sie hier im Gras liegend dem Gesang der Geistertänze lauschte, den die Sommerbrise sanft herübertrug, stellten sich die Bilder ganz von alleine ein. Inzwischen erkannte sie die Grastänzer unter all den vielen anderen Tänzern an den langen Lederfransen, die ihre Gewänder umspielten und die, wenn sie sich im Rhythmus der Trommeln wiegten, die Bewegungen des Grases im Wind nachahmten.

Allan hatte ihr das erklärt, denn für sie hatte es beim ersten Mal, als sie den Tänzern beim Üben für den Powwow zugesehen hatte, so ausgesehen, als tanzten sie Erinnerungen. Erinnerungen, denen die gerodete Festplatzlichtung den Atem mehr verschlug als spendete, war sie doch von so profanen Dingen wie dem Health-Center, der Parkplatzbucht und dem Spielcasino umgrenzt.

Wieder pikste sie etwas. Lara verlagerte ihr Gewicht, drehte sich ein wenig auf die Seite. Ja, das Gras war zutiefst lebendig. Konnte man sich *in* ein Lebewesen betten?

»*Liebe ist nicht genug.*«

Sie krallte ihre Hände in die kurzen, aber starken Halme. An ihren Fingern haftete noch Fett vom Hamburgerbraten. War dies etwa alles, war das der Abdruck, den sie hinterließ? Ein bisschen tierisches Fett. Sie seufzte. Ausgerechnet hier, so weit von ihrem bisherigen Leben entfernt wie nur möglich, stieg er nun in ihr hoch, blieb hartnäckig: Tims Satz. Ruhig, fast beiläufig. Wie Gift, das leise aus der Ferne tötete.

»*Liebe ist nicht genug, Lara.*«

»Sei still!«, rief sie in den unfassbar weit aufgespannten Sommerhimmel über ihr und kam sich gleich darauf unsäglich albern vor. Vielleicht lag es daran, dass nun auch die Trommeln wie mit einem Schlag verstummt waren und ihre eigene kieksige Stimme nun so seltsam schief und unaufgelöst in der Luft hing. »Sei still ...«

Tim. Nein, T. Ich kürze dich ab. Setze einen Punkt hinter dich. Hinter deine Bedeutung, den Schmerz.

»*Liebe ist nicht genug.*«

Dabei war es dieses eine Mal tatsächlich genug gewesen. Für sie. Genug, auf Tuchfühlung zu sein. Dort auf T.s abgewetztem Sofa bei Musik, den Platten aus ihrer beider Jugendzeit – ein bisschen retro, ein bisschen trotzig, sentimental –, oder aneinandergerückt auf der Bank ihres Balkons, diesem kleinen Refugium mit den spärlichen, aber zähen Pflanzen inmitten des pulsierenden Stadtverkehrs. Und genug war es gewesen, einander zu halten, unter der zerwühlten Bettdecke, nachdem sie sich geliebt hatten, zu spüren, wie sich ihrer beider Atem langsam wieder beruhigte, gemächlich sozusagen in sie selbst zurückfloss. Genug war es, nebeneinander Zeitung zu lesen, darin diese so seltsam eingerichtete Welt zu studieren, mal lachend, meist kopfschüttelnd, fast immer bestürzt; Kaffee zu trinken – sie ihre Füße auf seinem Schoß –, über Flohmärkte zu streifen, die kleinen Entdeckungen zu feiern, ins Off-Broadway, in Die Filmdose zu gehen, auf den Uni-Wiesen zu liegen in diesem leicht diffusen Licht der Stadtsommernächte. Sich Sätze zuzuwerfen: Gehörtes, Gelesenes, Erlebtes. Am Rhein unter den Brückenbögen hindurchzuspazieren, aufs Wasser zu schauen; all das Schmutzige, Verworfene, das Funkelnde, das Ungereimte, Ungeschminkte der Stadt als ihre Verbündeten empfindend. Genug war es, sich in all dem Unausgesprochenen zu begegnen, einander Raum zu geben, sich geborgen zu fühlen; sich mitzuteilen.

»He said, I read the bible everyday to try to keep the demons at bay ... Thank god when the sun goes down, I don't blow away ...«

T. Ein Säufer war er. Tauchte immer wieder ab, tagelang, wochenlang. Ließ sich gehen, verkam. Vor allem innerlich. Meinte, er müsse da alleine rauskommen. Was sicher stimmte. Dennoch, warum hatte es so lange gedauert? Bis sie sich eingestand, dass er sich gar nicht ändern wollte. Sich lieber einrichtete, sich in sich verschanzte.

Feigling. Weichei.

Ja, letztlich trank er aus Selbstmitleid. T. war – unfassbar, wie weh das tat –, er war einer, der sich hellwach, sehend vergeudete. Der wissend an sich scheiterte.

Hier allerdings, im Reservat, war Alkohol strengstens verboten. Sie hatte unterschreiben müssen, sich strikt an diese Regel zu halten. Die Gesetze des Stammes waren hart. Wer trank, wurde geächtet.

Doch erst neulich war es wieder passiert. Andy, ausgerechnet, der stille, hoch aufgeschossene Social Worker mit dem trockenen Humor und den unergründlichen Hosentaschen, aus denen er immer etwas Zeitvertreibendes hervorzog, war nach Horton gefahren in einen Store, hatte sich Bier besorgt.

Nicht viel, nur ein oder zwei Flaschen Budweiser, hatte ihr Susan zugeflüstert. Doch sie hatte dabei zu Boden gesehen, als solle der sich bitte auftun. Das tat sie seitdem: zu Boden schauen. Der Boden hingegen blieb hart. Mit Andy war das passiert, was man den »genetischen Effekt« nannte. Als sei – von jetzt auf gleich – irgendeine Sicherung in seiner Psyche herausgesprungen, war er vom Store heimgefahren, hatte Susan das Auge blau geschlagen, den Fernseher aus dem Fenster geworfen. Dann hatte er sich in sein Auto gesetzt und war gegen einen Baum gefahren. *This day is a good day to die!*

Sein himmelblauer, eh schon verbeulter Ford-Pick-up landete auf dem stets anwachsenden Schrottplatz, auf dem sie heute Mittag Hamburger für die Kinder gebraten hatte. Andy selbst hatte überlebt. Seit seiner Rückkehr aus dem Health-Center hatte er sich in seinem Bungalow verbarrikadiert; sein Platz an der Trommel blieb leer.

Nur was nicht aufhört wehzutun, bleibt im Gedächtnis.

Die Trommeln schlugen jetzt wieder. Dieses Mal ohne Gesang. Dafür kamen jetzt Rasseln hinzu, Schellen.

Lara lächelte, obwohl ihr gar nicht danach zumute war. Nietzsche. Ausgerechnet der fiel ihr jetzt ein. Auch so ein Blödmann. Überhaupt, Männer –

Ich bin mindestens ebenso pathetisch wie T. Und, wer weiß, vielleicht ebenso feige. Woher kommen sie bloß, all diese Ängste?

»T« wie Tatsache: »*Liebe ist nicht genug.*«

Ihr Gesicht war nass. Vielleicht hatte er recht. Vielleicht war es nicht genug. Wie viel Kraft für die kostbaren, die wirklich tiefen Berührungen im Leben man wohl besaß? Konnte man in ihrem Alter bereits herzensmüde sein, sich schon verbraucht haben? Und wenn die Kraft nun mal nicht mehr reichte, musste man sich dann nicht weg- oder ganz und gar auf sich selbst werfen?

Am Himmel brach das Abendlicht eine weite Schneise in die lang gezogenen Wolkenfäden. Hier war der Himmel so weit, dass man sofort begriff, dass die Erde sich wölbte. Und sie selbst spürte es, so auf dem Rücken liegend, wie sehr sie selbst an dieser Erde haftete; nichtig, bedürftig.

Warum bin ich eigentlich hier?

Der sachte Wind schob die Wolken eher voran, als dass er sie antrieb. Was für gleichgültige, höchst unsichere Zeugen, diese Wolken. Sie zogen einfach weiter, woben ihr Dasein aus Wind, Licht und Schatten jenseits der Menschen; jenseits von ihr.

»*He tuwe cheya ee*
He tuwe cheya ee
Iwahuni, iwahuni ...«

Köln. Auf ihrem Anrufbeantworter lastete der Staub von Monaten. Er blinkte, reichlich müde, wie ihr schien. Dabei wussten doch alle, dass sie erst heute zurückkam.

Die Untermieterin hatte alles ordentlich hinterlassen. Sogar ein Bund Schnittblumen stand da auf dem Flurtischchen neben dem Schlüsselbund. Nett. Wenngleich unnötig. Sie mochte keine Schnittblumen. Ihnen beim Sterben zusehen, es bereits Tage vorher den Blättern und Blüten anmerken, es riechen, bevor sie schließlich ganz offenkundig verwelkten.

Sie ließ das ganze Gepäck im Flur stehen, riss die Fenster auf und ließ sich dann, so wie sie war, in Jacke und Schuhen, auf den Stuhl neben dem Telefon fallen und drückte auf den Knopf. Fünf Nachrichten.

»*Hey, Süße, herzlich willkommen zurück! Meld dich doch, wenn du in Ruhe wieder angekommen bist. Kann es kaum erwarten, mit dir zu reden. Kuss, Nat.*«

– PIEP –

»*Na, wieder unter den Bleichgesichtern? Klingel mal durch ... Steff.*«

– PIEP –

»*Hallo, Lara, hier ist der Papa. Tja ... Der Opa ist gestorben. Wir haben ihn eingeäschert. Er wollte kein Grab. Melde dich doch bitte mal, wenn du zurück bist. Ich hoffe, es geht dir gut.*«

– PIEP –

»*Schätzchen, Mama hier! Ist das nicht traurig mit dem Opa?! Fast hättest du ihn noch gesehen, es ist sozusagen gerade erst passiert ... Bitte melde dich doch, sobald du das hörst. Ich komme dann vorbei.*«

– PIEP –

»*Hey, hier ist Daniel. Also, ich war schon auf dem Lembacher Friedhof, wo die Wiese ist. Die mit der Asche vom Opa. Sehr traurig, das Ganze. Am schlimmsten ist es natürlich für die Oma. Bitte melde dich, ich hoffe, du hattest eine schöne Zeit.*«

– PIEP –

»Tja. Hier liegt er also. Der Willi ...« Der Vater räusperte sich mehrfach. Er stand dicht neben ihr und zeigte auf ein Stück schmucklose Wiese, deren Halme so ebenmäßig geschoren waren, dass das Ganze wie ein blassgrüner Teppich aussah. Keine Grabsteine, keine Hinweise auf die genaue Stelle.

Lara schluckte.

»Das hat er wirklich gewollt? So anonym begraben zu werden?«

»Ja.«

»Warum?«

Der Vater schwieg, murmelte schließlich, er habe wohl nicht gewollt, dass Würmer an seinem Körper nagen. »Vielleicht hat er uns auch die Arbeit mit der Grabpflege ersparen wollen ...«

Aber vom Vater hatte sie gar keine Antwort erwartet. Sowieso hatte sie weniger zu ihm gesprochen als zu dem stummen, gesichtslosen Stück Wiese dort vor ihr, das die Asche des Menschen barg, der ihr im Leben bisher am meisten bedeutet hatte. Und von dem genauso wenig eine Antwort zu erwarten war wie von irgendjemandem sonst.

Warum?

Ihr Opa – der die Gärten, die Pflanzen, das Erde-Umgraben geliebt hatte. Der die Natur so sehr genossen hatte, ihr Wachsen, Blühen und Gedeihen. Der stets nach dem morgigen Wetter Ausschau gehalten hatte, nach Regen, Wind und Sonnenschein. Der die Vögel vertrieben und seine Aussaat geschützt hatte. Der sich am liebsten draußen aufhielt, an der frischen Luft. Der seine besonderen Plätze, Bäume gehabt hatte. Der nun Asche war und keinen Platz wollte, der gehegt und gepflegt, der bepflanzt werden durfte.

Ich habe dich nicht wirklich gekannt.

»Willst du noch ein Weilchen bleiben oder ...?«

»Nein.«

Bevor der Vater sie nach Hause fuhr, aßen sie noch irgendwo in der Nähe des Friedhofs in Gedenken an den Opa ein Stück Torte, das nach nichts schmeckte, dessen schwere Sahnepampe im Hals kleben blieb. Sie tranken einen verbrühten bitteren Kaffee, den sie halb stehen ließ und in dem sie lediglich mit dem Löffel herumrührte, während der Vater ihr bereits zum dritten Mal erzählte, wie der Opa gestorben war.

»Er war auf dem Heimweg vom Einkaufen. Er hat es noch bis hinauf, bis vor die Wohnungstür geschafft. Und dann ist er auf der Schwelle umgekippt. Einfach so, mitten aus dem Leben. Herzstillstand. Er war sofort tot. Das Einkaufsnetz lag daneben. Ein schöner, passender Tod. Stell dir doch mal vor: der Willi an ein Bett gefesselt. Die armen Pfleger! Nein, das wäre nichts für den Opa gewesen. So war es viel besser …«

In dieser Nacht lag Lara lange wach und wartete. Auch all die Wochen, Monate danach wartete sie. Darauf, dass sie um ihn weinen würde. Dass sich irgendetwas löste. Aber da war nichts. Außer einem tauben Gefühl, das, anstatt zu verschwinden, stetig fester wurde.

Wenn sie an ihn dachte, dann war da zuerst seine Stimme. Überlaut, voller Freude. Die Tür, die er aufriss, die Fältchen um seine hellen, ein wenig wässrigen Augen, die Arme, die sich ihr stets weit öffneten, all die Sonnen und Gesichter, die er an die Autofensterscheiben gehaucht hatte. *Ksch, ksch* – das Klatschen seiner Hände, mit dem er die Vögel vertrieb, sein hoch aufgerichteter, wachsamer Rücken auf der Terrasse; sie hörte sein unablässiges Murmeln »*jawoll*«, »*jawoll*«, »*nein*«, »*nein-nein-nein*«, dieses seltsam trockene, schabende Geräusch seiner Hände, die er sich im Schlaf rieb, seine ewig gleichen Witze von Tünnes un Schäl, wenn er in der Küche beim Kölsch oder über einem Stück Torte saß. Sie sah ihn, wie er selbst im Winter die Fenster aufriss und wie er die Oma manchmal so still von der Seite her ansah; als sei alles zutiefst gut. Sie sah ihn Schallplatten auflegen, Unkraut zupfen, sich den Rücken halten, ein Hemd ausbessern. Sie hörte ihn ein Melodiechen pfeifen, sah ihn mit seinen langen Beinen weit ausschreiten, die Zülpicher Straße, den Stadtwaldgürtel entlang, die Einkaufstüten schleppen.

Sie sah ihn nicht auf der Schwelle liegen, stumm, wie ein vom Blitz gefällter Baum; sie sah ihn niemals tot. Sie sah nur die Orangen. Viele Orangen, die sich bei seinem Sturz aus dem Einkaufsnetz gelöst haben mussten und die nun unaufhörlich die Treppe hinunterkullerten.

15

1999, Köln

MARGOT hielt den Telefonhörer in der Hand. Dass sie das tat, fiel ihr erst auf, als sie nach einer Weile das »*TUUUUT*« übergehend ins »*TUT-TUT-TUT*« dicht an ihrem Ohr vernahm. Sie legte den Hörer wieder auf, blieb aber neben dem Telefon stehen. Warum stand sie hier?

Etwas stieg in ihr hoch; sie schaute auf ihre Füße. Von dort unten schien das unangenehme Gefühl zu kommen. Richtig, sie hatte vergessen, sich Strümpfe anzuziehen. Kühl wars. Die Heizung musste hochgeschaltet werden. Sie schaute aus dem Wohnzimmerfenster. Ewig gleiche Straße, ein paar parkende Autos, der Rhein. Der Himmel verhangen; milchiges Licht. Jahreszeit, unklar.

Seit Willis Tod – Fred sagte neulich, es sei jetzt ein knappes Jahr her – war sie aus der Zeit gefallen.

»*Willst du nicht mal zum Arzt, zur Vorsorge wenigstens?*«

»*Nein.*«

Sie verließ das Haus nicht mehr. Fred kaufte ein. Sie teilte sich die Vorräte ein, bis er wiederkam, sie aß immer das Gleiche: Kartoffeln, Butter, Joghurt, Brot und Wurst. Manchmal einen Apfel. Es hielt immer vor, bis Fred die Woche darauf neue Lebensmittel brachte. Sie brauchte auch sonst nicht viel. Bloß Zigaretten. Und Nescafé. Lara schnitt ihr weiterhin von Zeit zu Zeit die Haare, löste Kreuzworträtsel mit ihr. Auch Anne kam, stellte die Waschmaschine an, brachte ihr Bücher, der Daniel ein paar Zeitschriften.

Meistens ließ sie das Radio laufen, irgendeine Sendung. Menschliche, wenngleich belanglose Stimmen. Es war zu still, viel zu still. Ohne Willi. Alles, jeder Atemzug, jeder Handgriff war zu viel und war zu wenig. Sie hängte die Uhr in der Küche ab. Das gleichmütige Vorrücken, das Ticken des Zeigers machte sie unruhig.

Warum bin ich noch da?

Der Fernseher lief jede Nacht, sie schlief ein über seinem Bilderstrom, der irgendwann in das Sendepause-Flimmern überging. Noch einen Tag hinter sich gebracht, dachte sie beim Zubettgehen. Noch eine Nacht. Die Zeit totschlagen – an Freds Besuchen konnte sie abmessen, wann wieder eine Woche herum war. Er kam jeden Sonntagmorgen um zehn.

An den Tagen dazwischen stand sie oft gar nicht erst auf. Lag im Bett und versuchte, möglichst flach zu atmen. Vielleicht hörte ihr Herz dann einfach auf zu schlagen.

Es hörte nicht auf. Nichts hörte auf. Da über ihr war weiterhin die Zimmerdecke. Die Bücher lagen neben ihrem Bett, handfest, sie alle hatten ein Ende. Nur ihr Körper wollte einfach nicht aufgeben: Ihr Magen regte sich, wenn sie zu wenig aß, sie stieß nach wie vor sauer auf, wenn sie zu viel Kaffee trank. Die Sonne draußen vor dem Fenster, sie ging auf, sie ging unter.

Aber da war nichts mehr.

Sie hatte sich angewöhnt, Willis Sachen zu tragen. Seine Polo- und Baumwollhemden. Sie trug sie am Tag, und sie trug sie in der Nacht. Anfangs hatte es ihr noch die Tränen in die Augen getrieben, wie schnell sich Willis Geruch daraus verflüchtigt hatte; getilgt von der Stickigkeit des Schrankes, vom dezenten Frischeduft des Waschmittels und den Überschreibungen ihres eigenen Körpers. Nachtwärme, Schweiß, Trostlosigkeit.

Willi war fort.

Als sie ihn vor der Türschwelle gefunden hatte, war sie in ihrer

Überrumpelung geradewegs in ihn hineingelaufen. Und bevor ihr Herz, ihr Verstand noch begriffen hatte, was soeben passiert war, bevor sie zu schreien begann und alles in sich zusammenfiel, hatte ihr Körper – dumpfe Berührung, Tritt ihres Schuhs gegen seine Rippen: *Knochen und Fleisch* –, es schon verstanden: Willi, *ihr Willi,* ist tot. War aus diesem Leib da unten zu ihren Füßen verschwunden. Punkt.

Müdes, abgeriebenes Leben.

Punkt.

Etwas zog an ihr. Sie sah, dass sie anscheinend erneut nach dem Telefonhörer gegriffen, sich die Schnur in alter, eingefleischter Gewohnheit um den Unterarm gewickelt hatte.

Zum ersten Mal seit undenklichen Zeiten musste sie lächeln. Auf einmal war ihr leicht, fast heiter zumute.

Sie wählte Freds Nummer.

»Ja, bitte?«

Ich bin es, wollte sie sagen.

»Hallo? ... Mama?«

Ein scharfer Schmerz durchfuhr sie, vom Kopf bis runter in den linken Arm – Gardinen, Fenster, Licht, ihr Körper, alles zerfloss, wurde herrlich taub, dann schwarz –

16

1999, Pflegeheim

FRED hätte die Verwaltungstante, die sich da hinter ihrem Wall aus Riesenbildschirm, Topfpflanze und Aktenordnern verschanzte, am liebsten angeschrien: SCHAUEN SIE MICH AN! HELFEN SIE MIR! ICH VERSTEHE DAS ALLES NICHT! UND ICH DREH IHNEN GLEICH DEN HALS UM! IHNEN UND IHREN ZEHNTAUSEND FORMBLÄTTERN! DIE SIND DOCH NICHT FÜR MENSCHEN GEMACHT!

Er spürte den Druck auf seinen Schläfen, den leichten Schwindel, diese unnatürliche Hitze. Bluthochdruck und die Nachwirkungen von zwei Flaschen Rotwein am gestrigen Abend.

»Könnten Sie mir bitte ...«, er räusperte sich, zwang mehr Nachdruck in seine Stimme. »Also, noch mal: Warum wird meine Mutter als ›Pflegefall Stufe drei‹ eingeschätzt?«

Ein körperloser Blick streifte ihn.

»Ihre Mutter ist Kettenraucherin ...«

Fred unterdrückte mit Mühe einen Seufzer.

»Das habe ich doch alles bereits mit der Heimleitung besprochen. Niemand erwartet, dass meine Mutter wegen des Rauchens Tag und Nacht unter Aufsicht stehen muss, damit hier nichts in Flammen aufgeht. Man kann ihr doch Nikotin intravenös zuführen, gegen die Sucht. Oder ein Nikotinpflaster.«

»Das kann ich nicht beurteilen. Aber offenbar fällt sie unter die Kategorie: verhaltensauffällig.«

»Weil sie nach Zigaretten ruft? Ist das ein Wunder? Zur Not ...«, und seine Stimme wurde heiser. »Egal. Aber wer soll denn das alles bezahlen? Ich bin das einzige Kind ...«

»Da hätte ihre Mutter halt zu Lebzeiten dran denken müssen. Und für eine bessere Pflegeversicherung sorgen.«

Fred stand auf.

»Erstens, meine Mutter ist noch nicht tot. Sonst würden wir dieses Gespräch ja nicht führen müssen. Und zweitens, sie gehörte ... Sie gehört zur unteren Einkommensschicht.«

Die Frau griff nach einem Papier im oberen Ablagefach.

»Aber Sie offenbar nicht, Herr ...«, sie warf einen Blick zurück auf ihren Bildschirm. »Doktor ... Doktor Heider. Zwei Doktortitel? Und jetzt entschuldigen Sie mich bitte. Ich habe zu tun. Wenn Sie gegen unsere Bestimmungen Widerspruch einlegen möchten, wenden Sie sich an ...«

»Ach, halten Sie doch den Mund!«

Fred raffte die Unterlagen an sich und lief aus dem Raum. Die Tür schlug er hinter sich zu.

Zurück im Auto, startete er den Wagen nicht gleich. Er blieb hinter dem Lenkrad sitzen; darauf wartend, dass er wieder zu sich kam. Warum war er so außer sich geraten?

Herr Doktor ... Doktor ...

Fred umklammerte das Lenkrad. Er war kurz davor, zu der Verwaltungstante zurückzugehen und ihr klarzumachen, dass nicht jeder akademische Titel automatisch Reichtum bedeutete. Vor allem wenn man, wie in seinem Fall, keinen eigenen Lehrstuhl innehatte oder irgendeine lukrative wissenschaftliche Institution leitete. Viertausend D-Mark monatlich wollten die sehen. Das musste erst einmal verdient werden. Er selbst musste ja schließlich auch noch irgendwie leben.

Dennoch, es war, als säße diese Verwaltungstante direkt hinter ihm, als flüstere sie ihm mit ihrer unangenehmen Stimme ins Ohr: *Sie verdienen immer noch weit mehr als ich. Herr Doktor Doktor. Und es gibt schließlich genügend Anträge auf Zuschüsse. Da müssen Sie sich eben mal kümmern ...*

Er stellte das Autoradio an, drehte an dem Knopf.

»*I'm a big big girl in a big big world, it's not a big big thing ...*«

Fred fuhr sich über die Augen. Immerhin, er hatte ein schönes, helles Zimmer für sie gefunden. Helligkeit war ihr nun mal wichtig, das wusste er. Vor allem in ihrem momentanen Zustand der, wie nannten die Ärzte das?, Desorientierung. Eine Nachwirkung des Schlaganfalls.

Anfangs, als sie immerzu »Hilfe, Hilfe!« geschrien hatte, da hatte er, dort an ihrem Bett sitzend, wirklich geglaubt, sie sei in Not, und nach den Schwestern gerufen.

»Na, was ist denn los, Frau Koch?«, hatten die zwei, die sich offenbar mit den Patienten hier auf dem Gang abwechselten, in erstaunlich gleichem Tonfall gesagt, der Mutter die Bettdecke aufgeschüttelt, ihr die Hand gedrückt oder die Vorhänge ein wenig weiter aufgezogen. Manchmal gaben sie ihr auch etwas zur Beruhigung oder stellten, wenn er dann ging, das Radio an. Sie schien jedenfalls in guten Händen zu sein.

Er zog den Reißverschluss seiner Jacke hoch, stellte die Standheizung an. Wie schnell so ein langes Leben verräumt, aufgelöst war! Wenn man wollte, konnte man sich, so wie der Willi, in Asche verwandeln, spurlos verschwinden. Man hinterließ nichts, nahm nichts mit – gabs da nicht auch so ein Sprichwort für, wie der Willi sie immer auf Lager gehabt hatte? Er lächelte. Ach ja: *Das letzte Hemd hat keine Taschen.*

»*... but I do do feel, that I do do miss you much ...*«

Er hatte ihre Wohnung von der Caritas entrümpeln lassen, ruckzuck war das gegangen. Die Möbel waren keine große Überlegung wert gewesen. Alles billiges 50er-Jahre-Einbauzeugs, das Wohnzimmersofa war eh durchgelegen, und was sollte er mit all den vielen Stühlen? Nur bei der Kommode hatte er kurz gezögert. Er hatte davorgestanden und, wie die Mutter es von Zeit zu Zeit getan hatte, über die schönen Messingbeschläge gestrichen. »*Jesses, Fred, wie die Zeit vergeht* ...«

Ihre Hände, rau und spröde inzwischen. Ungepflegt, voller Altersflecken ... Obwohl, als sie vorhin im Halbdämmer seine Hand gedrückt hatte, kaum dass die Pflegerin das Zimmer verließ, hatte sich das nicht eigentlich noch recht kraftvoll angefühlt? Er war sich nicht sicher. Sah sie nicht wirklich vor sich, diese Hände, sah klarer die junge Mutter vor der Kommode: ihre schöne, dezent elegante, in sich gekehrte Gestalt.

Die Mutter, die sich bückte und etwas aus der Schublade zog, ein Baumwolltuch für den Kohlengang, dessen Tuchenden sie zusammenband, als schicke sie ihn nicht in den Keller, sondern auf Wanderschaft. Und er, mit dem Tuch, mit diesem leichten Würgen im Hals, ging all die schief gelaufenen Treppen seiner Kindheit runter, hinab in den Keller, unter diesem flackernden Glühbirnenlicht. »*Es klappert die Mühle am rauschenden Bach, klipp, klapp* ...« – Dann war der Willi gekommen. Und von da an war es bergauf gegangen oder besser gesagt: treppauf, Stufe um Stufe.

Die Kommode. Ausgerechnet dieses sperrige, unförmige Ding hatte sie durch alle Zeiten, Orte und Wohnungen hinweg begleitet. Er hatte die Schubladen aufgezogen und ihren gesamten Inhalt unbesehen in seine große graue Reisetasche verstaut.

Erst daheim hatte er alles hervorgeholt und die Sachen übergangslos in seinen Wohnzimmerschrank eingeräumt: zwei säuberlich zusammengebundene Bündel Briefe, eine Baskenmütze, eine verblichene blaue Krawatte, einen Lippenstift, einen ausgeleierten

Briefumschlag mit Bildern, die zahlreichen Fotoalben, die Willi von den Kindern angelegt hatte, eine Schachtel mit Dokumenten, Willis Armbanduhr, einen Stoß Schallplatten.

Die Kommode hatte die Caritas mitgenommen. Als er den zwei breitschultrigen Männern dabei zusah, wie sie das Ding die drei Stockwerke hinunterhievten und in den Kurven leise fluchten, fühlte er sich seltsam erleichtert.

Er hatte nur zwei Dinge für sich zurückbehalten. Die teure Stehlampe und die Perlenkette. Sie war, bis auf den Ehering, das einzige Schmuckstück, das er je an ihr gesehen hatte.

»Als würde ihr Körper lächeln.«

Anne hat das mal gesagt, als sie die Mutter mit der Perlenkette sah. Und er hatte es sich gemerkt, weil es so ungewohnt poetisch, blumig klang. Annes Mutter hingegen hatte zu den Frauen gehört, die sich mit Schmuck geradezu behängten, als sei ihr Körper ein einziges Symbol: Uns geht es gut. Wir haben es geschafft.

Willi hatte der Mutter nie Schmuck geschenkt. Sie wollte auch keinen. Aber woher kam die Kette? Wer hatte ihr die Perlen geschenkt?

Fred runzelte die Stirn. Er wusste es nicht. Irgendwie war sie immer da gewesen. Damals in Holland schon, wo sie noch viel ausgegangen war. Mit Johan. Auf seiner Hochzeit mit Anne, auf ihrer eigenen mit Willi, den Taufen der Kinder und zuletzt, ja, zuletzt hatte sie die Kette auf Daniels Abiturfeier getragen. Soweit er sich erinnern konnte, war das der letzte Anlass gewesen, zu dem sie das Haus verlassen hatte.

»Mama!« Das hatte sie gerufen, als die Sanitäter in ihrer Hast auf dem Weg in die Notfallklinik mit der Pritsche im Treppenhaus angestoßen waren.

Nach ihm hatte sie nicht gerufen. Auch hier im Heim nicht, wenn er an ihrem Bett saß, ein Buch lesend; halb darauf wartend, dass sie aufwachte. Nicht ein einziges Mal. Er schlug mit der Faust aufs Lenkrad.

Warum hörte es nie auf?

Ständig ging es nur um sie. Sein ganzes Leben lang war er ihren Entscheidungen, Launen und Zuständen ausgesetzt. Was er wollte, wie er sein Leben vielleicht führen wollte, zählte nicht. Und jetzt schon wieder. Klar, *ihn* brauchte sie nicht erst zu rufen. Er war ja immer da, in Rufnähe. Er oder all die anderen Männer. Johan. Willi. Das Gefühl, das in ihm hochstieg, nein, hoch*kochte*, war so bodenlos wie unverständlich. Und es war alt, uralt.

»*Halten Sie den Mund!*«

Hatte er diese Verwaltungstante da eben wirklich so derart unflätig angeschrieen? Kaum zu glauben. Er brauchte dringend eine Auszeit. Nur wie? Wie?

»*Alte und Schwerkranke sind wie Kinder*«, hatte die Pflegerin zu ihm gesagt. Vielleicht um zu erklären, warum die Mutter jetzt wieder Windeln trug, um Hilfe rief und manchmal einfach nur grundlos vor sich hin lächelte oder weinte.

Warum konnte es nicht einfach endlich vorbei sein? Das alles ...

Ich bin ungerecht. Undankbar. Sie war doch immer bei mir, hat mich durchgebracht, irgendwie ...

Er fuhr sich über die nun nassen Augen. Ließ den Motor an, fädelte sich in den Verkehr ein. Als er die Ortschaft hinter sich ließ – alle bergischen Käffer sahen gleich aus –, atmete er auf.

Die Bundesstraße Richtung Köln / Bonn war zum Glück recht frei; die meisten Menschen waren um diese Zeit noch bei der Arbeit. Er hielt sich dennoch an die vorgeschriebene Höchstgeschwindigkeit. Er hielt sich ja immer an alles. Allerdings nahm er heute die frühere Ausfahrt. Er würde mal kurz beim Caritas-Laden vorbeischauen, ob die Kommode noch da war.

17

1999, Pflegeheim

LARA rieb die Hände der Oma bis hoch zu den Armbeugen mit Vaseline ein.
»Na, nehmen Sie die und reiben Sie sie damit ein, das tut ihr gut. Und vielleicht wacht sie ja davon auf. Dann haben Sie auch etwas von ihr«, hatte die Pflegerin zu ihr gesagt, eine für einen derart »zupackenden« Beruf erstaunlich feingliedrige, mitteilungsbedürftige Person.
»Ständiges Liegen, wissen Sie, macht wund. Spaßig ist das weiß Gott nicht. Ich bin übrigens die Karin. Ihre Oma, nicht wahr?, und ich, wir zwei kennen uns inzwischen schon recht gut.«

Lara hatte genickt und gelächelt, aber im Grunde nur, damit diese Karin endlich aus dem Zimmer ging und sie hier in Ruhe allein am Bett sitzen ließ. Als sie schließlich endlich verschwand – »Wie schön, dass Sie mal kommen! Dann war das wohl Ihr Bruder, neulich. Ja, ohne die Familie gehts nicht …«–, stellte sie die Dose sofort zur Seite, auf das Beistelltischchen neben die ebenfalls dort geparkten unnützen Zeitschriften und das Wasserglas.

Sie hatte keinesfalls vor, die Oma einzucremen. Die Oma war auch zu guten Zeiten – nein: zu *ihrer* Zeit –, sie war auch zu ihrer Zeit stets zurückhaltend mit Körperkontakt, sparsam mit Berührungen gewesen. Sicher wäre ihr das nicht recht, wenn sie, Lara, jetzt plötzlich begann, an ihr herumzufingern, ohne dass sie sich wehren oder sagen konnte, ob sie das überhaupt mochte.

Und außerdem: Sie war sich auch nicht sicher, ob sie selbst wollte, dass die Oma aufwachte. Am meisten aber fürchtete sie sich davor, die Oma wieder so zu erleben wie schon einige Male zuvor. So verstörend fremd und *ausgestülpt*. Ja, ihr fiel kein anderes Wort ein für diese Art von Auflösung. Um Hilfe rufend und irgendetwas Unverständliches brabbelnd. In Windeln und einem schlabbrigen, rutschenden Nachthemd.

Als blicke man in einen inneren Abgrund, nein, das wars nicht, mehr so, als sähe man durch ein Schlüsselloch jemandem beim Toilettengang zu.

Es war, als begreife sie zum ersten Mal die wirkliche Bedeutung des Wortes *intim*. Eine Schutzzone war das. Für die Würde.

Lara rückte den Besucherstuhl vorsichtig ein wenig näher ans Bett.

»Es tut mir so leid«, sagte sie. Halb hoffend, halb fürchtend, die Oma könnte sie hören. Und erst als sie sich einigermaßen sicher war, dass die Oma sie nicht zu hören schien, reglos, wie sie da lag ohne erkennbare Traumbewegungen, griff sie nach ihrer Hand, die wie losgelöst oben auf der geblümten Bettdecke auflag.

Lara zuckte zusammen. Wie trocken sie war! *Verschrumpelt*.

Vorsichtig strich sie über den Handrücken, spürte, wie ihr Gesicht feucht wurde.

Sie hatte sich regelrecht zwingen müssen herzukommen. Immer wieder Ausreden ersonnen. Morgen, morgen ist ein besserer Tag dafür.

Für was?

Um das Dahinschwinden, das Verdämmern eines geliebten Menschen zu ertragen. Gab es gute Tage dafür?

Der Tod konnte gnädig, das Leben unbarmherzig sein. Nicht gerade eine neue Erkenntnis. Aber hier, in diesem Heim – und, wenn sie ehrlich war, früher schon, bei den letzten Besuchen der Oma daheim – hatte sie es nicht nur abstrakt gedacht, sondern auch gefühlt, gerochen. Der ganze Raum, ja auch die Oma, roch. Nicht nur muffig roch es, ungelüftet und nach abgestandenem, kaltem Nikotin. Sondern auch nach etwas, das wie vergorene Pilze sich penetrant verströmte: alte Zellen, ein bis zum Überdruss sich weiterschleppendes Leben.

»Der Opa hat es gut!« Sie schrak ein wenig zusammen beim Klang ihrer weinerlich-kindlichen Stimme, die so plötzlich in diesem stillen Raum aufstieg, unpassend wie ein greller Luftballon.

Die Oma sollte beim Opa sein. Asche zu Asche meinetwegen. Aber nicht hier. So allein. Abgesondert, unerlöst ...

Wünsch ich ihr etwa den Tod? Erschrocken und bloß um irgendetwas zu tun, etwas Lebensnahes, griff sie nun doch nach der Vaseline. Sacht hob sie die Hand der Oma, die näher zu ihr lag, ihre rechte, von der Bettdecke und begann erst die Finger, dann das Handgelenk und schließlich ihren Unterarm bis zum Ellbogen hoch einzucremen.

Die Oma leistete keinen Widerstand. Im Gegenteil, nach einer Weile begann sich der Arm in ihrer Hand schwerer anzufühlen, als fülle er sich gewissermaßen mit Leben. Lara strich noch mehr Gel auf. Es war schön zu spüren, wie die Haut unter ihrer Berührung zusehends weicher, geschmeidiger wurde.

Wir haben ja exakt die gleichen Glieder, schoss es ihr durch den Kopf. Ja, es stimmte. Außer ihr und der Oma hatte niemand sonst in der Familie diese auffallend langen, schlanken Arme, diese schmalen Handgelenke. Sie konnte ihr eigenes Gelenk mit dem Daumen und Zeigefinger der anderen Hand stets wie einen Ring umfassen.

Und viele Geschlechter reihen sie dauernd an ihres Daseins unendliche Kette ...

Hoppla, dachte sie und musste schmunzeln. Dem Goethe fiel wirklich zu allem was ein. Kein Wunder, dass er ihr jetzt einfiel, wo sie selbst irgendwie feststeckte.

»Oh!« Der Arm entwand sich ihr so plötzlich, dass sie überrascht aufrief.

Die Oma schlug die Augen auf.

Laras Herz begann heftiger zu schlagen. Die Oma war wach! Und sie wirkte weder verwirrt noch hilflos. Sie tastete nach Laras Hand, drückte sie. Ihr Blick war ruhig und klar. Sie lächelte. Und sogleich wurde es lichter im Raum.

»Danke, Agnes«, sagte sie.

18

Gegenwart

HOFFENTLICH, dachte Lara, und sie denkt es auch heute noch des Öfteren, hoffentlich ist sie friedlich gestorben. Einige Tage nach ihrem letzten Besuch in jenem zerstreuten, lauwarmen Sommer 99, als die Oma noch einmal wach geworden und mit ihr gesprochen hatte, war sie im Pflegeheim gestorben. Allein. Als die Schwester nach dem Schichtwechsel am Morgen ins Zimmer kam, um die Vorhänge aufzuziehen, war sie bereits tot.

»Bestimmt war der Willi bei ihr, in diesem letzten Augenblick. Irgendwie.« Sie sah ihren Vater erstaunt an. War dieser tastende Trost etwa für sie bestimmt? Aber der Vater – seltsam aufgeweicht, konturenlos – schaute bloß auf seine Füße. Hier, neben ihr am Grab der Oma, stand er, ohne den Blick zu heben.

Zwischen ihnen beiden blieb ein kleiner Zwischenraum, ganz so, als stünde dort jemand.

Daniel hingegen hielt sich dicht neben ihr, auf ihrer anderen Seite, den Kopf gesenkt, während sie den Strauß Margeriten, den die Mutter ihnen unter Tränen mitgegeben hatte, möglichst sacht in das offene Grab fallen ließ.

Es sollte noch jemand hier sein ...

Alles fühlte sich nach Regen, nach Feuchtigkeit an, die Luft aber war trocken, leidlich warm. Alle drei waren sie fahrig, unruhig. Sie blieben nicht lange. Doch bevor sie auseinandergingen – jeder von ihnen hatte plötzlich Dringliches zu tun –, fingen sie alle drei bitterlich an zu weinen. Vielleicht war es das Grab, das dies möglich machte.

Wer waren sie, die hier fehlten?

Und um was, um wen genau trauerten sie eigentlich, sie und Daniel? Und der Vater?

Was für eine Schieflage: Hier, in dem frisch ausgehobenen Stück Erde nahe der Akazie, lag jetzt die Oma. Und irgendwo dort hinten, unter der weiten, kurz geschorenen Rasenfläche, befand sich die Asche vom Opa.

So unzertrennlich waren die beiden im Leben gewesen. Und so versprengt lagen sie nun, zur ewigen Ruhe gebettet, einander fern wie zwei Fremde.

Es war nicht richtig.

Oder vielleicht doch? Aber wenn ja, warum?

Weil mit dem Tod auch die Liebe endete? War das so?

Und wenn ja – was blieb, was zählte dann? Dass sie, Margot und Willi, von woandersher kamen und daher auch woandershin gingen? Wollte sie so etwas glauben?

»*Vielleicht ist die voraussetzungslose kindliche Liebe – man liebt den einen bestimmten Menschen, so als sei er für einen selbst entstanden, ohne geschichtliches Beiwerk, ohne Erfahrungen, die sich auf anderes als die gemeinsamen Momente geteilter Gegenwart beziehen – (...) ein Erholungsangebot.*«

Die Lara von heute, Mutter inzwischen und damit selbst Gegenstand jener bedingungslosen, geschichtslosen Kinderliebe, legt das Buch, in dem sie diesen klugen Satz gerade liest, für einen Augenblick beiseite.

Sie hatte damals beim Tod der Oma in erster Linie um sich selbst geweint. Um den Verlust einer besonderen, einer kindlichen Empfindung; einer Liebe, deren Geschichte nun unwiederbringlich zu Ende war.

Begonnen, und dies merkte sie erst allmählich, hatte damit etwas anderes.

A wie Anfang. Sie nimmt das Buch erneut in die Hand. *Lavinia* heißt der Roman. Sie hatte danach gegriffen, weil dieser Frauenname sie im wahrsten Sinne des Wortes ansprach. *La* wie Lavinia, *La* wie Lara, wie ... Ja, es war zugleich auch der ihre, dieser hell auffliegende, zum Lied sich öffnende Anlaut, *La* – sie liest den soeben angefangenen Satz, führt ihn zu Ende wie ihren Namen, spürt nach, wo hinein-, hinab- er sich senkt: »*Vielleicht ist die voraussetzungslose kindliche Liebe – man liebt den einen bestimmten Menschen, so als sei er für einen selbst entstanden, ohne geschichtliches Beiwerk, ohne Erfahrungen, die sich auf anderes als die gemeinsamen Momente geteilter Gegenwart beziehen – für die Kriegsverstörten auf beiden Seiten, Täter wie Opfer, ein Erholungsangebot: Scham und Verbrechen zunächst zu beschweigen. Das Erholungsangebot wird tückisch, sobald die Kindheit zu Ende ist. Dann geht es über in wilde Schadstoffentsorgung im Gewebe der Nachkommen.*«

A wie Agnes.

Ja, denkt sie, dort unter der Erde, bei Asche und Knochen, befindet sich ein weithin unerforschtes, schwer zugängliches Gebiet. Manche nennen es Herkunft, manche nennen es Scham.

»Wer ergründen will«, sagt Lavinia, »muss hinab.«

Schwarzarbeit. Sie denkt an den letzten Satz, das letzte Wort der Oma.

»*Wer ist Agnes?*« Dort, am offenen Grab, hatte sie den Vater das gefragt, als der sich gerade abwandte, um über den langen, sauber geharkten Kiesweg zurück zum Auto zu gehen. Er hatte nicht geantwortet. Vielleicht hatte er sie, wie so oft, nicht gehört.

Ihr selbst aber scheint es, als sei diese Frage schon eine sehr lange

Zeit in ihr gewesen, als habe sie dort irgendwo am Rande ihres Bewusstseins gehaust, schlummernd. Bei dem vom Ausflug mit Oma und Opa zurückkehrenden Mädchen, bei der hübschen, ungekämmten Frau mit dem schlackernden Mantel auf der Treppe, in der sich hastig hinter der Oma schließenden Tür, der sie fortziehenden Hand des Opas, im Blick der Sterbenden, in all den Lücken, die der Vater ließ, unbewusst. Schlummernd. Bis ...
Der Tod ist die Geburt der Frage. Erst durch ihn fällt sie ihr, Lara, sprichwörtlich ein.

Wer ist Agnes?

»Meine Schwester. Wusstest du nicht, dass ich eine habe? Ich dachte, du hättest sie damals bei Opa und Oma auch mal gesehen.«

»Ach, aber da war ich doch noch so klein ... Hast du denn noch Kontakt zu ihr?«

»Wie? – Nein. Die Oma hat es versucht, eine Weile. Mit der Agnes. Es hat dann aber nicht geklappt.«

»Warum?«

»War wohl schwierig. Weißt du übrigens, dass die Oma noch eine Schwester hatte?«

»Schwester? Ja klar. Tante Mielchen. Also wirklich! Wir waren doch so oft dort ...«

»Sie hieß Mathilde. Sie ist in die Sûre gegangen. So hat man damals tatsächlich dazu gesagt.«

»Wozu?«

»Na, *dazu*.«

Ein Anfang war dies gewesen, für Gespräche mit dem Vater. Gespräche, die über all die Jahre immer wieder abrissen, aus Zerstreuung und Zeitmangel und über all den anderen, halb unbewussten Formen praktizierter, eingeübter Entfremdung. Eine Schnur mit Knoten und Rissen bleibt dieses Sprechen also, an das sich erstaunlicherweise dennoch immer wieder anknüpfen lässt. Und je mehr sie, die Tochter, die Enkelin, fragt, umso mehr füllt sich ihr Leben nach und nach mit Menschen. Ihr kleiner, überschaubarer Familienkreis bricht auf des Vaters Seite auf, und Schemen um Schemen reiht sich hinter ihr, Lara, dort im blinden Winkel, oder vielmehr: Sie sieht sich selbst und Daniel bei ihnen stehen: bei Margot und Willi. Bei Anne und Fred. Aber auch hinter Alois, Hermann und Johan, hinter Johanna und Georg Rickes, Emilie, Jean und Charles, hinter dem Kättchen und dem Franz, hinter Carola und Karl-Maria Koch, hinter Eliška, der Krankenschwester, und einer Französin namens Gisèle. Hinter Mathilde. Und Agnes ...

»Warum war es immer so still um Opa und Oma herum? Außer uns war ja kaum je jemand da.«

Sie hatte den Vater das einmal gefragt, als sie schon etwas mehr wusste und sich seltsam betrogen fühlte, um all die Menschen, die es in ihrem Leben eigentlich gab und doch nicht gab.

»Und was war mit Freunden? Sie waren doch früher so gesellig? Ich meine, vor allem der Opa.«

Der Vater antwortete nicht sofort.

»Sie haben sich wohl selbst genügt«, sagte er schließlich. Wieder dieses Tastende. Sie hört das »Vielleicht«. Es klingt stimmig.

Ja, und dann verschwinden für einen Augenblick all die Fragen; eine Erinnerung steigt hoch.

Diese Erinnerung – vielleicht ist sie gerade erst geworden, vielleicht ist sie stillgestellt –, es umgibt sie ein ganz besonderes Licht. Sanft, in sich gekehrt; wie es nur jenen frühesten Tagen im Jahr innewohnt, in denen die Welt, zögernd noch, ihre Augen aufschlägt.

Es ist ein ganz normaler Vormittag im Winkelhaus. Sie, Lara, sitzt am Küchentisch in ihrem gemütlichen Winterpulli, den die Oma

gerade erst für sie fertig gestrickt hat; grün ist er, wie ihre Augen. Sie hat gerade ihr zweites Nutellabrot gegessen, und obwohl sie weiß, dass sie inzwischen längst zu alt dafür ist, schmiert der Opa ihr gerade ein drittes. Die Oma rührt in ihrem Nescafé und fragt: »Hört der Daniel da im Wohnzimmer etwa immer noch ›Fünf Freunde‹?«
Der Opa blickt vom Broteschmieren auf, schmunzelt.
»Vermisst du ihn schon?«
Und sie schaut den Opa und die Oma an, die ihr am Küchentisch gegenübersitzen, und fragt: »Wie habt ihr euch eigentlich kennengelernt?«
Eine schöne kleine Stille tritt ein. Die beiden schauen sich an, dann wieder auf ihre Hände, die Oma schiebt ihre Kaffeetasse beiseite, der Opa den Brotteller. Sie lächeln. Ein jeder so vor sich hin, und doch ist es ein gemeinsames Aufleuchten. Ihr selbst, dort auf der anderen Seite des Tisches, ist ganz wohlig zumute. Sie ist ein-, nicht ausgeschlossen.

»*Ja, also, wir mussten unsere Wohnung am Eigelstein damals umbauen. Und der Willi, also, er war derjenige, der diesen Umbau durchgeführt hat.*«

»*Deine Oma hat da so in der Tür gestanden – ich ahnte ja nichts –, zusammen mit dem Fred. Und ich hab gleich gedacht: Mein lieber Scholli ...*«

»*Es war noch ganz früh im Jahr ...*«

»*Aber eigentlich war es recht mild ...*«

Sie hatten ihr das Äußere, Mitteilbare erzählt. Das Wesentliche behielten sie für sich. Und doch war es spürbar gewesen, anwesend. Strömte. Wie das Licht.

»*Ich weiß noch genau, was du anhattest: einen roten Rollkragenpullover und eine braune Caprihose.*«
»*Und ich dachte, hui, was für ein schöner Mann!*«
»*Und das Licht war so weich – wie soll man sagen ...*«
»*Und dann, ja, dann war der Willi gewissermaßen schon zur Tür herein.*«
»*Viel gesagt haben wir erst einmal nicht.*«
»*Das waren ganz andere Zeiten damals, weißt du ...*«

Margot und Willi hatten ihr Glück, das in jenem schönen Zufall ihrer Begegnung lag, begriffen; hatten verstanden, es zu halten. Und all die langen, sich am Leben und seinen Schatten abnutzenden Jahre war ihre Freude darüber niemals so ganz verschwunden; dies leise, tiefe Erstaunen. Und vielleicht ist es ja das, was Liebe ist.

Die verwendeten Zitate stammen aus folgenden Quellen:

Ingeborg Bachmann: »Die Wahrheit ist dem Menschen zumutbar. Essays, Reden, Kleinere Schriften«. Hrsg. von Christine Koschel, Clemens Münster, Inge von Weidenbaum. Piper Verlag 2011.
Daniel Defoe: »Robinson Crusoe«. Anaconda Verlag 2011.
Gustave Flaubert: »Emma Bovary«. 3. verbesserte Aufl. Diogenes Verlag 1987.
Johann Wolfgang von Goethe: »Gedichte und Epen I«. Band 1. Hamburger Ausgabe. 16. durchgesehene Aufl. Verlag C. H. Beck 1996.
Herodot: »Historien«. Deutsche Gesamtausgabe. 5. Aufl. Alfred Kröner Verlag 2017.
Hermann Hesse: »Stufen: Ausgewählte Gedichte«. Insel Verlag 2011.
Philip Heuser: »Das Leben des Wilhelm Koch. Ein Bericht«. [Notizen, unveröffentlicht]
Dagmar Leupold: »Lavinia«. Jung und Jung 2019.
Friedrich Nietzsche: »Jenseits von Gut und Böse. Zur Genealogie der Moral. Kritische Studienausgabe«. Hrsg. von Giorgio Colli und Mazzino Montinari. dtv 1999.
Felix Johannes Poeschel: »Das Marchen Vom Schlaraffenlande (1878)«. Deutsch. 10. Auflage, Kessinger Publishing 2010.
W. G. Sebald: »Die Ausgewanderten«. 6. Aufl. Fischer Verlag 2001. [»Manche Nebelflecken löst kein Auge auf.«]
Ernst Toller: »Eine Jugend in Deutschland«. 23. Auflage. Rowohlt

Verlag 1963. [»Wieder ist Frühling. In der Waldlichtung aus den Gräbern der Soldaten sprießt Gras ...«] Wilhelm Wildhage: »Geistertanz-Lieder der Lakota. Eine Quellensammlung«. 3. Aufl. Verlag für Amerikanistik 1994.

Der Ausspruch: »Die ganze Welt ist ein Fußboden« stammt von Johann Nestroy.

Danksagung

Jede Geschichte schreibt sich inmitten des Lebens – da diese Geschichte aber eine ganz besondere für mich ist, gilt es, Dank zu sagen. An diejenigen Menschen, die mich dabei eine sehr lange und / oder innige, bedeutsame Strecke begleitet haben. Ohne euch wäre dieses Buch tatsächlich nicht dasselbe:

Dank an erster Stelle an *Siri, Milo und Moritz Eggert* für ihre Liebe, ihre mich tragende Zugehörigkeit

Dank an *Ingrid Heuser-Müller* für ihre lebenslange warmherzige Zuwendung und Fürsorge

Dank an *Anne Rörig* für – c'est alles klar – buchstäblich alles

Dank an *Angela Tsakiris* für ihren unverzichtbar-einfühlsamen und genauen Leserinnenblick und für ihre liebevolle, stärkende »Betreuung«; dies ist *unser* Buch

Dank an *Sabine Cramer* für ihr Vorschussvertrauen und mein glückliches Verlagszuhause

Dank an *Julia Eichhorn* für die so professionelle, in Freundschaft gemündete Zusammenarbeit

Dank an *Meike Herrmann* für das »Aufnehmen des Fadens« im besten Sinne

Dank an *Regina Jorde* für das Dazugehören zu meiner Familie und für die glücksspendenden »Care«-Pakete

Dank an *Miriam Jakobs* für ihre solidarische Wärme und die nie versiegenden Anregungen

Dank an *Birgit Müller-Wieland* für das stete innere Obdach und für »Vom Träumen und vom Lügen«

Dank an *Dagmar Leupold* für das Großeschwestersein im schönsten Sinne. Und für »Lavinia«

Dank an *Fridolin Schley* für das einfühlsame, bestärkende Einanderlesen

Dank an *Norbert Niemann* für die so klugen, fachmännischen Anregungen

Dank an *Karin Havranek* für ihr unverzichtbar bodenständiges Herz und Ohr. Und für »Garten«

Dank an *Antje Böhlandt* für ihre unschätzbare Begleitung und für unser »Stüberl«

Dank an *Marco Böhlandt* für eine unendliche Geschichte und für die Wahrheit des Reims

Dank an *A*. Für das Dasein zwischen allen Zeilen

Dank an *Eva Rohrer* für das Verlassenkönnen des Jägerstands und die herzerwärmenden »Tee«-Tage

Dank an *Anja Hammelehle* für die Solidarität und Freundschaft unter einem Dach

Dank an *Sandra Vogell* für ihren unbestechlichen Glauben an die Kunst

Dank an *Andrea Mortusewicz* für ihr unbeirrbar großes Herz

Und, last but not least, ein »*Dankeschön!*« an Dich, liebe Leserin und lieber Leser, der/die Du dieses Buch bis zu dieser Stelle noch in den Händen hältst. Auch wenn ich Dich leider noch nicht persönlich beim Namen kenne ...

—

»Ein vielschichtiger, kluger Debütroman«
SÜDDEUTSCHE ZEITUNG

224 Seiten / Auch als eBook

Als die fünfjährige Augusta mit ihrer Mutter Barbara ihr Zuhause verlässt, ahnt sie nicht, dass dies ein Abschied von ihrem bisherigen Leben ist. ›Augustas Garten‹ ist die ebenso poetische wie aufwühlende Geschichte einer Trennung und eines ersehnten Neubeginns, eine Geschichte über das Verschwinden und über die tragischen Folgen, die aus zu langem Schweigen erwachsen können.

www.dumont-buchverlag.de